滨江年鉴

杭州市滨江区地方志编纂委员会 编

2021

（总第5卷）

方志出版社
Publishing House of Local Records

图书在版编目（C I P）数据

滨江年鉴. 2021 / 杭州市滨江区地方志编纂委员会编. -- 北京 : 方志出版社, 2021.12
ISBN 978-7-5144-4837-5

Ⅰ. ①滨… Ⅱ. ①杭… Ⅲ. ①区（城市）—杭州—2021—年鉴 Ⅳ. ①Z525.54

中国版本图书馆CIP数据核字（2021）第278364号

滨江年鉴（2021）

编　　者：杭州市滨江区地方志编纂委员会
责任编辑：王　娜

出 版 者：方志出版社
地址　北京市朝阳区潘家园东里9号（国家方志馆四层）
邮编　100021
网址　http://www.zgfzcb.cn
发　　行：方志出版社图书经销中心
（010）67110500
经　　销：各地新华书店
照　　排：南京德玺文化发展有限公司
印　　刷：南京凯德印刷有限公司

开　　本：889mm×1194mm　1/16
印　　张：32
字　　数：848千字
版　　次：2021年12月第1版　2021年12月第1次印刷
印　　数：0001~1000册

ISBN 978-7-5144-4837-5　定价：280.00元

杭州市滨江区地方志编纂委员会

滨江年鉴编辑部

滨江区政区图

西湖
西湖区
萧山
五老峰
棋盘山
南高峰
九曜山
凤凰山
将台山
玉皇山
狮峰
大山头
大慈山
虎跑山
马鞍山
白塔山
五云山
钱塘江
九溪
珊瑚沙水库
万松岭隧道
九曜山隧道
玉皇山隧道
五老峰隧道
紫之隧道
杨公堤
南山路
虎跑路
复兴路
复兴街
之江路
中河南路
城
复兴立交桥
侯潮门站
复兴路站
水澄桥站
地铁4号线
钱塘江大桥
之江大桥
麦岭沙立交桥
G2504 杭州绕城高速
梧桐路
枫桦路
东信大道
江南大道
滨盛路
滨文路
江陵路
火炬大道
长河
浦沿
西兴
长河街道
浦沿街道
彩虹
滨盛
信诚
钱潮
省儿保
宝龙城
华美达酒店
之江
联庄站
联庄
龙禧福朋喜来登酒店
江南
滨文
中医药大学站
浙江中医药大学
浙江机电职业技术学院
浙江艺术职业学院
浙江商业职业技术学院
杭州医学院
浙江警察学院
杨家墩站
杨家墩
浦沿站
新浦
浦联
明德
回龙山
鸡鸣山
汽车南站（在建）
石塘河山
紫红岭
黄山岭
冠一
冠二
山二
东冠
岩大房
火炬小区
六和
东信
华悦湾
新生
西浦
海创基地
华为技术
东方通信
正泰太阳能
海康科技
康恩贝制药
华业科技
长虹苑

江干区
上城区
滨江区
萧山区
西兴大桥
机场公路
S4
望秋立交桥
市心路立交桥
西兴立交桥
中兴立交桥
杭州奥体博览中心
杭州国际博览中心
奥体
水电
七甲闸
星民
丹枫
滨盛金茂府
缤纷西苑
春江彼岸公寓
中国杭州低碳科技馆
星光国际广场
杭州滨江银泰喜来登大酒店
歌山品悦大酒店
江南大街商业中心
滨江医院
中南国际商城
阿里巴巴滨江园区
东冠高新科技园
网易
中控软件园
海康威视
春风集团
中兴
月明
观潮
闻涛
江汉
江二
江一
温馨
金东方
共联
新州
协同
滨和
西陵
西兴街道
西兴
官河
长河街道
晶都
南岸晶都花园
襄七房
庙后王
滨康二苑
长河
长二
天官
白马湖
马湖
汤家桥
白马湖建国饭店
中国动漫博物馆
冠山公园
冠山
茅山
大狼山
华数数字电视产业园
塘子堰
傅家峙
城山
汤家井
纱帽山
张家村
狮子山
癞子山
湘湖
地铁1号线
地铁2号线
地铁5号线
沪昆铁路客运专线
湘湖站
江陵路站
滨和路站
西兴站
滨康路站
长河站
聚才路站
江晖路站
博奥路站
金鸡路站
人民广场站
杭发厂站
建设三路站
建设一路站
振宁路站
飞虹路站
盈丰路站
近江站
婺江路站
甬江路站
江南大道
风情大道
市心北路
市心中路
金城路
萧杭路
建设一路
建设二路
建设三路
建设四路
文明路
图例
区政府
街道办事处
社区居委会
区界线
街道界线
铁路
高速及编号
高架及立交
地铁线及站点
河流
学校
医院
酒店
商场
博物馆
汽车站
单位
山峰
杭州市勘测设计研究院 编制
比例尺 1：45 000
审图号：浙杭S（2020）047号
行政界线不作划界依据 仅供参考

滨江全景

（区委宣传部　供图）

白马湖生态创意城

（区委宣传部　供图）

2020年12月31日，中国共产党杭州市滨江区委五届十次全体（扩大）会议在区文化中心召开

（区委宣传部　供图）

2020年3月20日，中国共产党杭州市滨江区第五届纪律检查委员会第五次全体（扩大）会议暨作风建设、警示教育大会在区文化中心召开

（区委宣传部　供图）

2020年1月18—20日，杭州市滨江区第五届人民代表大会第四次会议在白马湖建国饭店召开
（区人大办　供图）

2020年1月18—20日，中国人民政治协商会议第二届杭州市滨江区委员会第四次会议在白马湖建国饭店召开
（区政协办　供图）

2020年12月1日，区委书记王敏（左二）到杭州爱科科技股份有限公司开展“亲清三访”活动
（区委宣传部　供图）

2020年11月20日，区委副书记、区长李志龙（右三）到江北区块走访杭州游卡网络技术有限公司

（区委宣传部　供图）

2020年11月17日，杭州高新区（滨江）与普华资本举行战略合作签约仪式　　（区委宣传部　供图）

2020年8月24日，杭州高新区（滨江）和浙江省能源集团举行共建能源科创基地签约仪式
（区委宣传部　供图）

2020年8月31日，杭州高新区（滨江）举行企业e服务平台——"上马石"上线新闻发布会

（区委宣传部　供图）

2020年10月30日，中国（浙江）自贸试验区滨江区块项目签约暨高新区（滨江）扩大有效投资项目集中开工活动举行

（区委宣传部　供图）

2020年11月12—18日，第二十四届中国国际软件博览会在白马湖国际会展中心举行

（区委宣传部　供图）

2020年5月5日，“杭向未来、滨朋远至、江成大业”第三届杭州滨江国际人才节在白马湖建国饭店举行

（区委宣传部　供图）

2020年11月24日，浙江中控技术股份有限公司在上海证券交易所挂牌上市，成为杭州高新区（滨江）第53家上市公司

（区委宣传部　供图）

2020年2月14日，浙江大学医学院附属第二医院援鄂抗疫医疗队出发前在杭州萧山国际机场合影
（区社发局　供图）

2020年2月14日，浙江大学医学院附属第二医院医疗队在湖北武汉协和医院肿瘤中心ICU参与抗疫工作
（区社发局　供图）

2020年3月16日，杭州优思达生物技术有限公司研发的新型冠状病毒核酸检测试剂盒取得医疗器械注册证　　（区委宣传部　供图）

2020年2月14日，区委书记王敏（右三）走访慰问贝莱胜电子（杭州）有限公司
（区委宣传部　供图）

2020年2月22日，杭州高新区（滨江）第一批工地“暖心返岗”专车抵达　（区委宣传部　供图）

2020年2月19日，杭州博世电动工具（中国）有限公司复产
（区委宣传部　供图）

2020年2月11日，区委副书记、区长李志龙（左三）在寰宇湾小区督导疫情防控工作
（区委宣传部　供图）

2020年2月6日，江南豪园农贸市场红外测温仪对出入人员进行体温检测　（区委宣传部　供图）

2020年2月5日，中兴花园小区工作人员对出入人员进行登记
（区委宣传部　供图）

2020年11月13日，浙江省抗击新冠肺炎疫情先进个人和先进集体颁奖仪式举行，图为杭州高新区（滨江）分会场

（区委宣传部　供图）

2020年12月1日，杭州市抗击新冠肺炎疫情总结表彰大会召开，图为杭州高新区（滨江）分会场

（区委宣传部　供图）

2020年4月21日，普天鲲鹏产品发布暨浙江省鲲鹏生态创新中心、浙江大学滨江研究院揭牌仪式在东方通信科技园举行（区委宣传部　供图）

2020年6月16日，2020西湖论剑·网络安全线上峰会举行　　（物联网产业园发展服务中心　供图）

2020年11月5日，第九届中国创新创业大赛全国总决赛在杭州高新区（滨江）开幕
（区委宣传部　供图）

2020年11月17日，杭州长光产业技术研究院在杭州高新区（滨江）举办企业推介会

（区委宣传部　供图）

2020年10月17—18日，2020杭州湾全球数字技术大会暨第九届中国创新创业大赛浙江赛区总决赛启动仪式在杭州高新区（滨江）举行　　（区委宣传部　供图）

2020年12月28日，北京航空航天大学杭州创新研究院量子精密测量与传感研究中心·德诺医疗战略合作签署暨联合实验室成立仪式在杭州高新区（滨江）举行　　（区委宣传部　供图）

2020年10月17日，杭州高新区成立30周年纪念大会在杭州奥体博览城网球中心举行

（区委宣传部　供图）

2020年12月4—20日，“滨江故事——光影里的前世今生”图片展在杭州永禾艺术馆举行

（区委宣传部　供图）

2020年8月12日，"薪火相传、砥砺奋进"纪念杭州高新区成立30周年同心诗会在区文化中心举行　（区委宣传部　供图）

2020年10月17日，杭州高新区成立30周年纪念大会歌舞表演《相亲相爱》现场　（区委宣传部　供图）

2020年9月，杭州市奥体实验小学投入使用　　（区教育局　供图）

2020年9月，月明幼儿园江虹路分园投入使用　　（区委宣传部　供图）

2020年9月，海康威视幼儿园投入使用

2020年9月，奥体中心幼儿园扬帆路分园投入使用　　　　（区委宣传部　供图）

（区教育局　供图）

2020年9月，钱江湾幼儿园海创分园投入使用　　　　（区教育局　供图）

2020年8月18日，杭州高新区（滨江）庆祝第三个中国医师节文艺晚会在区文化中心举行　　（区委宣传部　供图）

2020年9月29日至10月4日，第十六届中国国际动漫节在白马湖国际会展中心举行
（区委宣传部　供图）

2020年10月29日至11月1日，第十四届（2020）杭州文化创意产业博览会在白马湖国际会展中心举行

（区委宣传部　供图）

2020年10月29日，“花的山河——最葵园艺术中心首展”在最葵园艺术中心开展　（区委宣传部　供图）

2020年12月26日，杭州高新区（滨江）优秀群众文化团队展演在区文化中心举行 （区社发局 供图）

2020年12月8—31日，“诗画滨江、最美逆行者”书画作品展在区文化中心举行

（区委宣传部 供图）

2020年11月13—15日，2020杭州草莓音乐节在白马湖胜利桥草坪举行　　（区委宣传部　供图）

2020年12月9日，首届全国大学生网络小说大赛颁奖仪式在白马湖建国饭店举行
（区委宣传部　供图）

经济发展质效提升

生产总值

805.9亿元（2015年）
1745.7亿元（2020年）

财政总收入

200亿元（2015年）
358亿元（2020年）
增长79%

一般公共预算收入

106亿元（2015年）
183亿元（2020年）
增长73%

人均GDP

3.2万美元（2015年）
5.1万美元（2020年）
增长59%

列全省第一位

产业结构持续优化

三产结构

2015年
0.2：53.3：46.5

2020年
0.04：46.34：53.62

产业结构持续优化，第三产业贡献度有所提高，二三产业融合发展

数字经济核心产业增加值占GDP的比重

76.9%
2020年

列全省第一位，细分的八大产业均实现正增长，为全市唯一

信息软件占服务业的比重

67.3%（2015年）
69.8%（2020年）

战略性新兴产业增加值占规上工业增加值的比重

74.8%（2015年）
78.3%（2020年）

三驾马车齐头并进

固定资产投资

2015年 2020年
增长17%

社会消费品零售总额

106.7亿元（2015年）
417.1亿元（2020年）
增长291%

自营出口总额

319亿元（2015年）
544亿元（2020年）
增长71%

“十三五”期间，自营出口总额列全市第二位。

创新能力持续提高

每万人发明专利拥有量

2015年：175件
2020年：390件
增长123%

始终列全省首位，全国领先

孵化器

2015年：15个
2020年：60个

其中国家级
2015年：4个
2020年：10个

新引进各类人才

2015年：2.3万人
2020年：3.3万人

2015年 硕博：3749人 占比：16.3%
2020年 硕博：8751人 占比：26.5%
占比提高10.2个百分点

2020年全区引进各类人才创历年新高，数量列全市第一位，人才结构持续优化。

市场主体量质齐升

当年新办工商注册企业数

2015年：6048家
2020年：11323家
增长87%

2020年注册企业数首次突破1万家，继续保持全省第一位。

上市企业数

2020年，新增上市企业6家、过会7家，累计培育上市企业53家，均列全省第一位。

高新技术企业

2020年新认定高新技术企业385家，有效数量达到1550家。

浙江省高新技术企业创新能力百强中，杭州高新区（滨江）12家企业入选，且包揽前三位，数量列全省第一位。

生态文明稳步增强

2020年工业企业单位增加值综合能耗

0.03吨标准煤每万元

2020年单位生产总值电耗下降率

11%以上

2020年扩绿面积

32万平方米

2020年空气质量

90.3%
城市空气质量（AQI）优良天数比率

28.4毫克每立方米
细颗粒物（PM2.5）年均浓度

注：【优】空气质量指数（AQI）≤50
【良】空气质量指数（AQI）≤100

编辑说明

一、《滨江年鉴》是中共杭州高新区工委（滨江区委）、杭州高新区管委会（滨江区政府）主办的地方综合年鉴，逐年记载杭州高新区（滨江）经济建设、政治建设、文化建设、社会建设、生态文明建设基本情况，为各级党政机关、研究机构，以及社会各界人士和中外投资者了解、研究杭州高新区（滨江）提供地情资料。

二、《滨江年鉴（2021）》以马克思列宁主义、毛泽东思想、邓小平理论、“三个代表”重要思想、科学发展观、习近平新时代中国特色社会主义思想为指导，坚持辩证唯物主义和历史唯物主义的立场、观点和方法，记述2020年杭州高新区（滨江）锚定“世界一流”，打造“三个滨江”，争创社会主义现代化先行示范区中的大事、要事，以及发展进程中的新特点、新问题。

三、《滨江年鉴（2021）》资料收录时限为2020年1月1日至12月31日，个别条目内容或表格中的数据适当上溯或下延。

四、《滨江年鉴（2021）》按分类法编辑，主体内容分为类目、分目、条目3个层次，以条目为主要记事单元。全书框架结构在2020卷的基础上主要有以下调整：将法治·军事单独分设为法治、军事类目，取消旅游·会展·邮政·通信类目，更改商贸类目名称为商贸服务与区域合作、社会民生类目名称为社会生活，将文化、体育类目合并为文化·体育类目。调整后的类目设置如下：区情概览、中共杭州高新区工委（滨江区委）、滨江区人民代表大会、杭州高新区管委会（滨江区政府）、政协滨江区委员会、中共滨江区纪律检查委员会 滨江区监察委员会、民主党派、群众团体、法治、军事、经济管理、财税·金融、高新技术产业、产业平台·特色小镇、科技创新、工业·农业、商贸服务与区域合作、城区建设与管理、建筑业·房地产业、环境资源、教育、文化·体育、卫生健康、人力资源、社会生活、街道、人物和荣誉。卷首彩页根据年度热点和杭州高新区（滨江）特色设置分类主题。

五、《滨江年鉴（2021）》中的统计资料均使用法定计量单位，数字用法、标点符号用法均执行国家新颁布的标准。所刊载的综合性数据以区统计局核定的数据为准，未纳入统计范围的数据由各单位提供。由于统计口径不同，个别单位提供的数据会与区统计局数据不尽相同，引用时请注意。除特别说明外，文中数据对比均为2020年与2019年相比，“上年”指2019年，其他年份之间数据的比较均写明年份。区直属各单位和相关单位名称使用规范化简称。“全年”“年内”“年底”和条目内未标注年份的均指2020年。《滨江年鉴（2021）》所用稿件均由各有关部门和单位提供，经各供稿单位主要负责人审核，文后署作者名，条目连续为同一作者的署一次。

六、因涵盖范围不同，书中分情况使用杭州高新区（滨江）、滨江区。

目　录

特　载

专　记

年度聚焦

大事记

区情概览

中共杭州高新区工委（滨江区委）

滨江区人民代表大会

杭州高新区管委会（滨江区政府）

政协滨江区委员会

中共滨江区纪律检查委员会 滨江区监察委员会

民主党派

群众团体

法　治

军　事

经济管理

财税·金融

高新技术产业

产业平台·特色小镇

科技创新

工业·农业

商贸服务与区域合作

城区建设与管理

建筑业·房地产业

环境资源

教　育

文化·体育

卫生健康

人力资源

社会生活

街　道

人物和荣誉

统计资料选辑

附　录

索　引

特 载

锚定“世界一流”打造“三个滨江”争创社会主义现代化先行示范区

——在中共杭州市滨江区委五届十次全体（扩大）会议上的报告

（2020年12月31日）

中共杭州市滨江区委书记　王　敏

同志们：

这次全会的主要任务是：高举习近平新时代中国特色社会主义思想伟大旗帜，深入贯彻习近平总书记考察浙江、杭州重要讲话精神，全面落实党的十九届五中全会和省委十四届八次全会、市委十二届十一次全会精神，中央和省委经济工作会议精神，回顾总结工作，研究部署“十四五”重点任务和明年主要工作，审议通过《关于制定杭州高新区（滨江）国民经济和社会发展第十四个五年规划和二〇三五年远景目标的建议》，动员全区上下把握高质量发展“三对关系”，深化产城人“三态融合”，坚持“创新滨江、数字滨江、国际滨江”发展导向，奋力建设世界一流高科技园区，争创社会主义现代化先行示范区，打响“重要窗口”的高新品牌。

一、区委五届八次全会以来的主要工作

2020年既是“十三五”的收官之年，更是高新区成立30周年。10月17日，我们举行了杭州高新区成立30周年纪念大会，省委书记袁家军为此专门作出批示。袁家军书记指出：杭州高新区三十年发展成绩显著，成为高质量发展的一面旗帜。希望高新区乘势而上，保持“闯”的精神，“创”的劲头，“实”的作风，努力建设一流高新园区，为建设“重要窗口”贡献力量。杭州高新区作为首批国家高新区，30年来始终坚守“发展高科技、实现产业化”初心使命，艰苦创业、砥砺前行，成功实现从无到有、由弱变强的历史性跨越，阔步走在国家高新区第一方阵，创造了赶超跨越的发展奇迹，为杭州建设世界名城注入了强劲动力、作出了重要贡献。三十年筚路蓝缕、新时代再攀高峰。杭州高新区要深入学习习近平总书记在深圳经济特区建立40周年庆祝大会上的重要讲话精神，全面践行新发展理念，紧扣推进高质量发展、构建新发展格局，登高望远、敢为人先、继续奋斗，以强化科技创新培育新动能、提升新势能，以深化改革开放激发新活力、争创新优势，不断提升城市治理能力和人民生活品质，全力创建世界一流高科技园区，奋力谱写杭州展示“重要窗口”头雁风采的“高新”篇章。

同志们，回顾过去30年的发展历程，我们

坚持“一张蓝图绘到底”，打造了科技创新与体制创新的实践样本，闯出了一条创新驱动高质量发展的新路子。特别是，面对今年的复杂严峻形势，区委常委会坚决贯彻落实中央和省委、市委决策部署，团结带领全区广大干部群众，统筹推进疫情防控和经济社会发展，各项工作取得了令人振奋的成绩。

这一年，是逆势而进、再创佳绩的一年。在中美贸易摩擦和新冠疫情的双重冲击下，我们以新发展理念引领高质量发展，深入实施数字经济“一号工程”和“新制造业计划”，持续推进数字经济和新制造业“双引擎”发展，区域经济率先实现V形反弹、保持高位运行。预计全年实现生产总值1700亿元，增长7%以上；一般公共预算收入182.3亿元，增长3.8%；规上工业增加值712.8亿元，增长11%，持续领跑全国；工业投资增长16%，投资四项结构性指标实现三年来首次全部转正；数字经济核心产业增加值1300亿元，增长14%，综合评价总指数位列全省第一。高能级创新平台建设取得重大进展，浙江大学滨江研究院、杭州中科国家技术转移中心、杭州长光产业技术研究院、北京航空航天大学房建成院士团队的“超高灵敏极弱磁场和惯性测量重大科技基础设施”培育项目等重量级创新平台先后落地；北京航空航天大学研究生院和量子实验楼开工建设，北航杭州创新研究院获评首批省级新型研发机构。高新区影响力不断增强，先后承办2020杭州湾全球数字技术大会、第九届中国创新创业大赛全国总决赛、第24届中国国际软件博览会等国家级盛会、重量级赛事，发布《建设世界一流高科技园区发展纲要（2020—2035）》，修订新一轮“1+X”政策，制定生命健康、直播产业、楼宇、孵化器等专项政策。市场主体活力充分迸发，全社会研发投入占生产总值比重保持10%左右；全年新增注册企业1.1万家，增长23.7%，创2015年以来最高增幅；新认定海螺邦等国家级孵化器和众创空间9家、江南智谷等省级孵化器和众创空间14家，在孵企业3093家，均列全省第一；预计新认定国高企395家，有效国高企数量达到1550家，实现三年倍增目标；新增国际标准4个，累计28个，列全省第一；海康威视获评省政府质量奖，我区获评全省唯一区县级省政府质量奖组织奖；新增上市公司6家、过会7家，累计培育上市公司达到53家，均列全省第一。我区成功创建为全国首批国家数字服务出口基地、长三角唯一国家级文化产业示范园区、全国首批先进制造业和现代服务业融合试点、全国第三批大众创业万众创新示范基地，纳入中国（浙江）自由贸易试验区范围。这张报表的背后，是我们坚持把创新作为最持续、最长久的竞争力，围绕产业链部署创新链，围绕创新链布局产业链，形成了以企业为主体、面向经济主战场的产业创新体系，形成了产业链供应链质地强韧的数字制造枢纽，在关键时刻展现出打通上下游、技术变产能的强大发展动能，在引领全省、全市经济发展中体现了高新担当。

这一年，是逆风而行、众志成城的一年。突如其来的疫情，拉开了大战大考的序幕，我们坚持数字赋能、精密智控，率先成立疫情防控指挥部，率先运用“五色图”动态调整管控举措，率先部署企业分类分批分时段有序复工，展现出高新区（滨江）的科技实力与治理能力。我们全区上下与企业共克时艰、与百姓共渡难关，坚持硬核管理与暖心服务一体推进，率先出台“复工复产专项政策”“暖心24条”“云上引才”等措施，强六链、破六难，落实降本减负75亿元；兑现产业扶持资金超60亿元，为历年最高；我们的1428名党员干部坚守初心使命，第一时间下沉一线、冲锋在前，一大批优秀共产党员和担当作为好干部，充分发挥先锋模范带头作用，做到关口前移与网格兜底相统一，首站负责制、属地责任制和基层单位负责制相结合，“大数据+网格化”实现全链条闭环防控；我们的卫生战线自觉履职尽责，用实际行动诠释了医者仁心，“2个武汉娃和7位爱心妈妈”的故事被广泛点赞；我们的企业坚守服务社会、产业报国责任，克服万难、加班加点生产红外热成像仪、核酸检测试剂等科技抗疫物资，累计捐款捐物超过4亿元，助力全省乃至全国夺取大战大考双胜双赢，展现出感人至深的家国情怀和赤子之心。这张报表的背后，是我们坚决落实习近平总书记指示精神，坚持人民至上、生命至上，不惜一切代价保护人民生命安全和身体健康；是我们坚持用好精密智控这一关键招法，坚定信心、清醒有为，凝聚了社会正能量，画出了最大同心圆。

这一年，是乘风破浪、改革创新的一年。我们聚焦如何锻长板、补短板这个关键，加快构筑面向未来的制胜新优势。我们率先探索科技创新体制机制改革，以龙头企业牵头组建创新联合体，启动硬科技攻坚；全国首创基于创新能力的科技企业增信机制“企业创新积分”，得到科技部推广；深化国家知识产权服务业集聚发展示范区建设，落地中国（杭州）知识产权保护中心，全省唯一试点实施知识产权一件事改革，每万人发明专利拥有量达到370件，列全省第一。我们率先探索政务服务数字化改革，首推行政服务中心“去中心化”改革，加速政务服务“网办+掌办”，街道（平台）“亲清驾驶舱”建设工作全市推广；首创商事登记无人智能审批，获批全国商事制度改革促进政务环境提升标准化试点，《人民日报》头版点赞；全面启动全域智慧交通治理，浙大儿院街区治理成为全市典型案例；深化工地数字化建管，“工地一码通”全省现场会在我区召开。我们率先探索民生事业供给侧结构性改革，聚焦人才“引育用留”全链条，打好教育、养老、医疗、住房等关键要素组合拳，全市首推“揭榜挂帅”机制，实施人才战略伙伴专家公推制，开办产业园区嵌入式幼儿园，推出“多代同楼”养老服务，打通浙大二院人才就医绿色通道，试点人才（租赁）房公开摇号。预计全年新引进各类人才3.3万人，增长7%，硕博士占比达到26%。我们率先探索空间集约型开发，滨富特别合作区形成了跨区域要素配置利益共享机制，落点7个高端制造业项目；组织光云科技等四家企业联合开发地下空间，突破相邻地块间相互退界、出入口设置、赋码备案、绿地率指标等限制，扩大使用面积1.35万平方米，节省基建投资3000万元；改革村级留用地统筹开发机制，首批3个试点项目已完成规划选址。亩产效益持续领跑全省，规上工业亩均增加值达到1634.4万元，“亩均论英雄”改革获省政府督查激励。这张报表的背后，是我们坚持市场有效和政府有为，以改革“有形之手”激发市场“无形之手”的无限活力；是我们坚持刀刃向内、勇于自我革新、坚决革除弊端，推动重要领域改革攻坚取得突破，为经济社会发展提供坚强制度保障。

这一年，是顺势而为、城市提能的一年。我们紧抓杭州城市能级提升、亚运聚光效应的契机，紧抓主会场、主通道、核心区等关键点，全面展开亚运城市行动。现代城市风貌更具魅力，邀请上海同济设计院系统开展总体城市设计，形成“滨江有机生命体”的规划理念，精细谋划智慧新天地、白马湖生态创意城、奥体中心等重点片区和滨水城市空间；滨盛路下穿隧道、时代大道改造工程高架如期完工，江南大道提升改造工程进展顺利，地铁5、6、7号线开通试运营，地铁接驳等公共交通服务体系更加完善。全生命周期民生服务大幅提升，新名校集团教育发展机制迭代升级，教育现代化发展水平跃升至全省第二；成立全市首家婴幼儿照护服务指导中心，成为全国唯一全域示范的智慧健康养老基地，慈善发展指数位列全省第一；启动社区创新治理三年行动计划，推出首批社区美好生活共同体，启动建设首个产业社区，社区服务国际化现代化水平有效提升，获评省级城乡社区治理和服务创新实验区；农转居安置房建设项目全部开工，既有住宅加装电梯数量占全市近半。全域美丽全域平安建设提质增效，“污水零直排区”首批通过省市验收，白马湖片区“美丽河道”高分通过省级“美丽河湖”复核，垃圾分类超额完成减量目标，全力配合完成第二轮中央生态环保督察；基层治理“一中心四平台一网格”体系基本建成，发布全市首个社区治理风险评估五色图；矛调中心建设实现街社全覆盖，全国首创“一码解纠纷”被中央电视台《新闻联播》点赞、全省推广，“和滨江”物业纠纷调解新机制得到省市领导高度评价；稳妥处置网贷等涉稳风险，历史积案逐步化解、有效稳控。执法司法规范化水平全面提升，政法队伍精气神明显提振，服务保障中心更加有力，圆满完成全省公安机关队伍教育整改试点任务，受公安部充分肯定；建成一批“新时代枫桥式退役军人服务站”，精准服务保障退役军人取得新进步。这张报表的背后，是我们坚持统筹谋划行政区、新城区和高新区"三重使命"，统筹推进民生福祉、城市能级、创新生态的提能升级，持续深化产业业态、城市形态、人才生态"三态融合"，打造宜居宜业宜创的美丽城市、美好家园。

这一年，是乘势而上、凝心聚力的一年。我们坚持党委总揽全局、协调各方，重塑了风清气正的政治生态和勇往直前的奋斗精神。我们巩固深化"不忘初心、牢记使命"主题教育成果，通过区委常委会会议、区委理论学习中心组学习会、座谈交流会、工作部署会、调研宣讲、"院士讲堂"等方式，第一时间学习习近平总书记的重要讲话、重要文章、重要指示，认真组织传达学习、研讨交流，进一步坚定政治立场、提高政治站位、把握政治方向，全面提高"七种能力"。我们推进"基层组织建设年"，推出"亲清三访"机制，发布"美好e达"，高质量完成社区组织换届，高标准做好股社分离，全市率先实现街社大工（党）委全覆盖、党群服务阵地体系化，两新组织"红色+"党建、民营企业统战"同心荟"品牌彰显特色，城市新乡贤工作初显成效，在凝聚各方力量中进一步夯实基层基础。我们全面修复持续净化政治生态，一体推进不敢腐、不能腐、不想腐，持续整治基层"微腐败"，积极配合支持省委巡视，认真落实巡视反馈意见整改，社区巡察实现全覆盖。我们注重严管厚爱，开展不担当不作为专项整治，实施职级晋升"正负面清单"，营造上下同欲、干事创业的浓厚氛围。这张报表的背后，是我们把坚持党的全面领导作为最首要原则，善于将理论指引运用到基层实践，将实战经验转化为制度优势，运用制度优势应对风险挑战；是我们牢记"打铁必须自身硬"，强化"当干部就必须接受更严格的约束"意识，风清则气正，气正则心齐，心齐则事成。

在全区上下的共同努力下，我们的"十三五"画上了圆满句号，顺利迈入建设高水平现代化新征程。五年来，我们充满闯劲，经济总量持续壮大，改革开放全面深化，产城融合加快推进，公共服务不断优化，社会治理水平稳步提高，人才活力、创新能力、产业实力、城市能级、民生福祉显著提升，跻身全国十个世界一流高科技园区创建序列。五年来，我们勇于创新，国家自主创新示范区核心区和浙江省全面创新改革试验区建设全面推进，科技创新体制机制、市场化运行制度、营商环境便利化改革、跨区域经济协作模式取得全面进步，一大批创新举措走在全省全国前列。五年来，我们干在实处，全域城市化、全域景区化建设全面推进，城市形象迎来蝶变，基层党建引领基层治理，平安滨江、文化滨江、法治滨江建设全面深化，清廉滨江建设成效显现，对口帮扶工作成效突出，丹寨、麻江两县提前实现减贫摘帽。我们始终坚持党的全面领导，区管委会、政府履职尽责、依法行政，区人大、政协服务大局、担当作为，区监委、法院、检察院及政法各单位公正司法、护航发展，各民主党派、无党派、群团组织发挥优势、凝聚力量，人民武装扛起政治责任、促进军民融合，干部队伍的精气神进一步提振，高新区（滨江）在全省的产业龙头地位不断巩固，在全国高新区的战略地位不断提升，在国际上的知名度和影响力日益提高，为开启世界一流高科技园区的国际化现代化建设新征程奠定了坚实基础。

同志们，成绩来之不易，这是以习近平同志为核心的党中央和省委、市委坚强领导的结果，是全区党员干部攻坚克难、接续奋斗的结果，是全体滨江人民同心同德、辛勤创造的结果。在此，我代表区委常委会，向同志们表示衷心的感谢和崇高的敬意！

二、把握新形势新任务新目标，努力交出"十四五"高分报表

"十四五"对高新区（滨江）发展至关重要，提交全会审议的《关于制定杭州高新区（滨江）国民经济和社会发展第十四个五年规划和二〇三五年远景目标的建议》，按照"把握新发展阶段、贯彻新发展理念、构建新发展格局"的要求，围绕"建设世界一流高科技园区"的主题主线，紧扣"创新滨江、数字滨江、国际滨江"的发展导向，提出了"十四五"时期我区经济社会发展的总体要求、主要目标、重大任务、重要举措和二〇三五年远景目标，聚焦新发展、亚运会、数字

化，谋划了一批推进工作的重要载体，贯穿了数字赋能、改革破题、创新制胜的工作方法。

我们贯彻好党的十九届五中全会精神，落实好中央和省委、市委、区委“十四五”规划建议，必须认清新形势、找准新方位。一是从当前时代方位看，2021年是建党100周年，2022年是党的二十大召开之年、两区体制合一20周年和亚运会举办之年，2024年是建国75周年，2025年是习近平总书记视察我区10周年、“十四五”收官之年，2035年是远景目标实现之年。我们必须着眼这些重要的时间节点观大势、谋大局、抓要事，力争年年有突破、两年大提升、五年大跨越。二是从国际国内形势看，一方面，当前正处于中华民族伟大复兴战略全局和世界百年未有之大变局中，新一轮科技革命和产业变革深入发展，中美贸易摩擦和新冠肺炎疫情充满不确定性，我们唯有更加主动开放地参与全球竞争，才能开好顶风船，抢占产业竞争制高点。另一方面，我国进入新发展阶段，经济长期向好的基本面没有改变，我们唯有勇当国内国际双循环发展的开路先锋，才能更好巩固领跑优势。三是从自身发展阶段看，我们已经处在较高发展水平上，站在“十四五”新征程的历史关口，面对全球竞争新态势，要进一步迈向卓越，需要拿出“而今迈步从头越”的勇气和决心，直面发展不平衡不充分问题，在如何进一步优化科技创新体制、打通双循环关键堵点，如何进一步加强基础研究和原始创新、打造新的经济增长极，如何进一步整合空间资源、高质量推进全域城市化，如何进一步提升城市能级、精准提供公共服务，如何进一步扩大改革开放、做优营商环境，如何进一步提升社会治理能力、强化涉稳风险排查稳控等问题上，思想再解放、改革再深化，努力赢得新优势、掌握主动权。全体党员干部要胸怀“两个大局”，准确把握国际形势变化、数字化变革、城市形态演化带来的机遇挑战，辩证看待当前的时与势、竞与合、危与机，增强“窗口”意识，保持创造性张力，把战略机遇转化为自身发展的独特优势，把外部压力转化为未来发展的强大动力，努力以确定性工作应对不确定性形势，在危机中育先机、于变局中开新局。

形势决定任务，时代赋予使命。区委常委会认为，在新发展阶段，必须传承创新基因、厚植发展优势、打响数字品牌，聚焦“创新、改革、开放、产业、城市、文化、治理”七个“先行示范”：

1. 深化“产学研用金、才政介美云”十联动，力争科技创新现代化先行示范。新发展阶段是创新制胜的时代，高新区的核心竞争力是创新生态。我们必须坚持全域创新发展，推动创新要素加速汇聚、紧密联动、深度融合，形成人才集聚、平台协同、产业引领的创新生态优势，加快形成符合创新规律、高效协同的创新治理体系，打造全球数字技术创新策源地。重点要抓住“三个高”：一要引育高层次创新人才。人才是创新的第一资源，既要有“引才”的大格局，又要有“留才”的优服务，还要有“用才”的活机制，打造最优人才生态圈，汇聚全球英才。不断优化人才政策和“5050计划”，完善全球化引才、市场化评价、便利化服务等一揽子举措，建设更有竞争力的人才制度体系；不断提升高素质人才培养机制，整合科研投入和产业基金，扩大科创基金和人才扶持基金规模，承接、服务好科研院所、创新平台引入的人才资源，充分激发人才创新创业活力。二要提升高能级创新平台。创新平台是汇聚创新人才、集聚创新资源、培育创新项目、转化创新成果的战略阵地。要建立与产业地图相匹配的技术创新地图，以国家自主创新示范区核心区建设为抓手，以浙江大学滨江研究院、北航杭州创新研究院和研究生院、“极弱磁和惯性测量”大科学基础设施、杭州中科国家技术转移中心、杭州长光产业技术研究院等重大载体为引领，推动高新区（滨江）富阳特别合作区、江北科技园、白马湖生态创意城、物联网产业园、互联网产业园、智慧新天地等产业平台高质量发展。三要组建高效率创新联合体。联合是最有效率的发展。在创新过程中，要联合一切可以联合的力量，调动一切可以调动的资源，积极探索打造分工明确、优势互补、风险共担、利益共享的创新联合体，推进科技自立自强。继续发挥企业创新主体作用，确保全社会研发投入占生产总值比重保持在10%以上，引导和支持龙头企业、“链主型”企业牵头组建创新联合体，实施关键核心技术攻坚行动，打通产业链供应链的堵点，做强自主创新能力突出的行业领军企业，壮大科技型中小微企业队伍，进一步巩固广大企业“发展高科技、实现产业化”的主力军地位。

2. 推动数字化改革撬动各领域改革，力争营商环境现代化先行示范。营商环境是高新区的金字招牌，杭州争创世界银行营商环境评价样本城市，高新区必须走在前、作示范。我们要运用数字化技术、数字化思维、数字化认知，打通制约发展的深层次体制机制梗阻，对标最高最优，加快打造口碑好、活力强的营商环境，实现“三个更”：“一张网”更通达。深入推进行政服务中心“去中心化”改革，全面推行“不见面”办事，建好用好“数字资源超市”，把“亲清在线”的理念、方法、机制运用到公共服务的各个方面，打造一站式、一键通的政务服务系统，提供“24小时不打烊”的在线政务服务，让企业和群众办事像网购一样方便。“一件事”更系统。以“一件事”视角重塑各个领域的跨部门事项，构建综合集成、协同高效的运转机制。持续新增和迭代“一件事”，完善公民个人、企业法人以及机关事业单位人员职业生涯全生命周期“一件事”，加快延伸扩面至双创服务、基层治理、综合执法、金融风险防范等各个领域，推进改革事项跨部门流程再造、业务协同、数据共享，加快实现从单一事项到“一件事”、从“找单个部门”到“找整体政府”的系统变革。“一座城”更智慧。拓展城市大脑应用场景，推动重点场景全域覆盖，全面推广“亲清驾驶舱”，推动“美好e达”“一码解纠纷”“交通事故便捷通”“上马石”“工地一码通”等创新场景提质扩面，开展重点街区综合治理，持续在各领域打造一批新的智慧应用场景，形成即时感知、科学决策、主动服务、高效运行、智能监管的新型治理形态和治理模式，实现现代数字技术与城市生产生活生态紧密融合。

3. 建设全球数字自由贸易示范区，力争对外开放现代化先行示范。中国（浙江）自由贸易试验区的扩区，为“三个滨江”建设提供了更加广阔的想象空间。我们要发挥数字产业、数字金融先发优势，加快数字贸易、数字物流、数字治理等关键领域发展，突出制度集成创新，探索建立数字贸易的新模式新规则，加快建设数字自由贸易中心。重点强化“三个保障”：一是制度保障。率先开展以数字自由贸易为特色的制度创新探索，加快建立与国际投资贸易通行规则相衔接的制度体系，推进通关便利化等改革。鼓励企业积极参与数字经济领域国际规则、标准研究制定，推动标准行业互信互认，实现要素流动便利化、自由化。二是平台保障。深化跨境电子商务综合试验区建设，开展数字贸易新技术新业态新模式先行先试，完善国际贸易全链条数字化生态。全力争取全球数字贸易博览会在我区举办，构建多元化的数字贸易交流平台，引进一批大型数字贸易平台地区总部、结算中心等落户，支持本土数字贸易平台加快国际化，鼓励企业布局海外数字贸易平台。开展服务贸易创新发展试点，加快国家数字服务出口基地建设，探索服贸便利化创新举措，培育以高端服务为先导的“数字+服务”新业态新模式，不断提升数字产业国际竞争力。三是金融保障。充分利用全球数字金融中心落户杭州的优势，以钱塘江金融港湾建设为契机，推进金融科技小镇建设，创新数字金融合作项目，吸引一批知名金融机构落户滨江，建设全国数字金融创新的技术策源地和服务输出地。发挥连连科技、PingPong等数字金融头部企业的作用，提供多元化支付清算服务，构建完备的支付结算体系，积极探索跨境支付的监管模式和标准规范。

4. 打造数字产业新生态，力争产业体系现代化先行示范。省市提出努力打造全球数字安防产业中心、国际金融科技中心、全球区块链平台，高新区（滨江）在这些领域都有扎实的产业基础，也必将全力落实省市规划部署。我们要立足数字经济核心产业全产业链基础，强化技术融合创新、融合发展，强化平台经济创新发展有序发展健康发展，推动产业迈向全球产业价值链中高端，形成畅通国内国际双循环的竞争新优势，加快探索构筑新发展格局的有效路径。坚持“四个面向”的前行方向，重点打造“三大产业新生态”：一是智能物联产业新生态。发挥数字安防全球领先的产业优势，整合集成电路、数字通信、智能计算、智能装备等产业力量，聚焦“人工智能+物联网”领域寻找新的突破口，构建智能物联产业新生态，助力企业向智能物联网整体解决方案转型，推动万物互联向万物智联转变，推进新一代人工智能创新发展试验区建设，打造全球智能物联产业中心。二是数字健康产业新生态。瞄准生物技术与数字技术的融合发展趋势，运用人工智能、大数据、云计算等数字技术赋能，以智慧健康、高端医疗器械等为主导方向，加快形成以数字化、智能化、网络化为特征的数字健康产业新生态，打造千亿级数字健康产业集群，争创生命健康世界科创高地。三是数字制造产业新生态。实施“新制造业计划”，加快数字技术在优势制造业行业的全流程渗透，发展工业互联网平台，打造数字制造产业新生态，推动数字经济和制造业融合发展、再上新台阶。落实制造业首台套提升工程，鼓励企业软硬件一体化发展，从单一技术创新逐步向整体系统解决方案供应转变，向全球制造业输出智造供给方案，打造全球智能制造产业高地。

5. 全面实施亚运城市行动，力争城市形态现代化先行示范。亚运会将把世界眼光齐聚滨江，这是城市能级的跃升契机，也是高新品牌形象的集中亮相。我们要围绕“国际滨江、亚运核心”定位，打造开放包容的城市文化和安全便利的城市品质，推动人的现代化与城市现代化共生共融，建设宜居宜业宜创的未来新城。要提升“三个国际化”：一是城市品位国际化。以绿色可持续发展理念统筹布局生产生活生态空间，系统实施总体城市设计和重点片区城市设计方案，构建“C形山水融城、一环三区协同、一核两心引领”的整体空间架构，精细谋划智慧新天地、白马湖生态创意城、奥体中心、区政府北等重点片区和沿江滨水城市公共空间，打造滨江锦带、山湖绿心、七条山水生态廊道、十个产城融合组团，更新提升产业生态空间、增加产城复合活力、提升街巷空间环境，构建未来风、国际范、江南韵的“国际滨江、亚运核心”。二是基础设施国际化。谋划推进一批未来社区建设，创造性探索未来场景应用，与老旧小区改造、美好生活共同体等相融合，打造现代化的新型城市功能单元。加快推进江南大道快速化改造等亚运交通工程建设，优化城市主干道路和轨道交通网络，提高路网承载能力。提升生态系统碳汇能力，实现减污降碳协同，做好碳达峰、碳中和工作。三是公共服务国际化。以更高标准提升民生福祉，落实民生保障，强化“一老一小”民生关切，持续深化教育领域综合改革，启动新一轮校园建设五年行动计划，加快推进杭州国际学校、国际化学校、特殊学校和嵌入式幼儿园等多样态校园建设，推动全区教育国际化现代化发展水平走在全省前列；积极推进托幼一体化建设，健全婴幼儿托育服务体系；丰富社区居家养老服务中心功能，构建医养护一体化康养体系，打造片区医养综合体；高标准推进商贸服务配套，打造富有街区特色的一站式商业综合体。

6. 推动特色文化繁荣兴盛，力争文化建设现代化先行示范。文化是一个地方由古至今发展的脉络和印记，文化的厚度决定了发展的高度。我们必须延续滨江文脉，弘扬创新文化、数字文化、国际文化，形成“高新味”和“滨江味”相互交融的区域特色文化。要注重三个维度：一是以文化凝聚人心。持之以恒用先进思想凝聚人心，推动学习贯彻党的先进理论学懂弄通做实，培育践行社会主义核心价值观，推动传统文化与亚运文化、青春文化、科技文化有机融合，秉持“鼓励创新、宽容失败、支持再创业”的高新理念，倡导产业报国的时代新风，营造包容审慎、富有弹性的成长空间。二是以文化造福人民。倡导健康文明的生活方式，提升“大小莲花”、最美跑道、蜗牛读书馆等地标功能，打造国际动漫节、国际网络文学周、文博会、樱花跑、滨江四季等文体品牌，推进垃圾分类、文明殡葬等文明专项行动，加强基层文化阵地和惠民文化项目建设，不断提升居民的文化获得感和满足感。三是以文化推动发展。深入挖掘运河源、古海塘、浙东唐诗之路等文化内涵，推进西兴、长河历史老街的保护和开发，依托白马湖国家级文化产业示范园区等重大平台，高标准布局以动漫文化、网络文学为基础的文化产业，进一步发展基于互联网的数字文创新业态。

7. 推动整体智治，力争治理体系现代化先行示范。大战大考再次彰显了中国的制度优势，只有制度更成熟、更强大，应对风险挑战才更有依托、更有底气。我们要坚持和加强党的全面领导，形成齐抓共建的治理格局，高水平建成整体智治体系，实现区域社会治理现代化。突出“四个层次”的体系建设：一是党建引领。建立健全党委“总揽全局、协调各方”的领导体制和工作机制，支持人大、政府、政协、监委、法院、检察院和群团组织依法依章程履行职能、开展工作，形成上下贯通、执行有力的组织体系，大力弘扬唯实惟先、善作善成的团队文化，努力锻造政治过硬、具有现代化建设能力的干部队伍。二是数字赋能。依托城市大脑滨江平台建设，推动区域治理适应城市发展、人口结构、生产生活方式变革，聚焦平安滨江、法治滨江建设，加快从“事”向“制”“治”“智”转变，努力打造整体智治的先行示范。发挥新技术新业态新模式的作用，以“数治”手段优化“智治”形态、完善治理模式，形成社会治理数字系统解决方案，为城市精密智控提供技术支撑。三是系统推进。以系统观念系统方法推进社会治理，优化职责界定和业务协同，强化区域统筹、资源统配，理顺职能部门、街道和平台之间的关系，健全风险预警监测和快速响应机制，从源头上破解“多头管”“三不管”问题，形成条抓块统的治理格局，实现从“碎片化”向“一体化”治理转变。四是底线思维。牢牢守住政治安全底线、发展安全底线、社会保障底线、公共安全底线，保持清醒头脑，深刻认识和高度重视经济运行、社会发展中的突出矛盾和问题，高标准做好社会保障、社会救助、社会福利、优抚安置等工作，高水平建设城市安全防控、应急管理、国防动员体系，提升疾病预防和公共卫生监测预警和处置能力，统筹发展和安全。

“十四五”时期我区经济社会发展的具体目标是：生产总值达到2600亿元、力争达到3000亿元，数字经济核心产业主营业务收入实现翻番、超过6000亿元，力争上市公司达到100家、国家高新技术企业达到3000家，万人拥有有效发明专利达到450件，年引进人才3.5万人以上，年新增工商企业数1.5万家以上；产业业态、城市形态、人才生态进一步融合，世界一流高科技园区初具形态。

三、开展“三大主题年”活动，全力确保“十四五”开局良好

锚定“世界一流”、打造“三个滨江”，争创社会主义现代化先行示范区，不是等得来、喊得来的，而是拼出来、干出来的。“十四五”时期的主要任务和工作抓手，建议稿已经作出全面部署。2021年，我们要以“三大主题年”为载体，抓紧抓实抓好各项工作。建议2021年全区生产总值增长7.5%以上、力争8%，一般公共预算收入增长8%；规上工业增加值和数字经济核心产业增加值增速保持两位数增长。

第一，推进“重点项目提速年”。今年，全区上下狠抓有效投资不放松，新开工19个产业项目，同比实现翻番；落点了25个亿元以上产业项目，创历史最高。明年既要加快既有产业项目落成投产，打好有效投资翻身仗，更要全力攻坚亚运基础设施建设，全力以赴确保所有项目高质量如期建成。要全面梳理拟落点项目和在建项目进度，强化清单管理、挂图作战，确保“谋划储备一批、开工建设一批、投产达效一批”，实现“六个提速”：一是产业链招商提速。聚焦产业链上下游和龙头企业衍生裂变项目，在智能物联、数字健康、数字制造等项目招引上取得新突破，着力引进一批标杆性、引领性的“龙头项目”特别是制造业大项目，加快形成更高能级的产业集聚。二是项目落地提速。建立重点项目联系机制和专班专员全程服务制度，形成“项目化实施+专班化推进”大抓项目的浓厚氛围，破除项目推进过程中的流程性堵点和体制性障碍。三是要素保障提速。深化投资项目审批改革，完善政府投资项目生成机制，发挥前期办统筹协调作用，确保供地再提速、审批再提速、前期再提速。优化投融资机制，提升国有平台融资能力，形成政府基金与产业资本、社会

资本的多方联动，撬动重大产业项目落地。四是亚运场馆建设提速。全力推进“大小莲花”和区体育馆改造，加速推进亚运场馆周边环境整治提升，全面完善国际化标识系统，加快推进各项硬件设施和体育工艺设施建设，建设一批精品场馆、传世工程、城市新地标。五是基础设施提速。加快形成“两横两纵”的快速路系统和“五横四纵”的城市主干道路网络，做好公交线路和地铁站点的接驳，推进全域智慧交通体系建设，积极推进地下空间互联互通，全面提升城市综合承载力。六是数字基建提速。积极推广新能源汽车充电桩、人工智能、物联网、5G等新型基础设施，全面运用到场馆运行、赛事活动和服务保障中，加快推进道路交通设施、市政公用设施、环卫设施、地下管网等基础设施数字化升级，打造新一代数字基础设施标杆区。

第二，推进“重大改革攻坚年”。今年，我们以数字化为牵引，推进各个领域改革亮点纷呈。“重大改革攻坚年”主要是进一步理顺“全区一盘棋”统筹发展的体制机制，注重系统集成，把握“民生福祉、城市能级、创新生态”三个维度的定位，强化“整体智治、高效协同”的治理理念，推动改革再创新优势、再造新样本。重点开展五个方面系统性改革：一是以改革优化系统治理总体方案。以区域治理体系和治理能力现代化为导向，加快构建与城市功能定位相适应、人民群众期盼相符合的治理体系。优化数字化改革顶层设计，破解智慧城市应用场景碎片化的问题，重塑理念实现治理模式的变革，完善城市治理现代化数字系统解决方案。推进城市管理体制改革，破解社会化服务品质不高、响应速度不快等弊端，理顺基础设施养护管理机制，形成条抓块统的城市管理新格局，打造扁平高效的“大综合一体化”执法体系。探索街道财政体制改革，破解事权财权不匹配、职责边界不清等问题，构建权责清晰的财政体制，优化财力分配格局，进一步规范街道财政管理，实行街社财务全流程、数字化监管，推动社区集体经济健康有序发展。二是以改革激活产业平台发展动能。发挥高新区平台整合、要素集聚的优势，提升资源统筹效率，为产业发展和城市能级提升注入强劲动力。深化财税金融体制改革，放大政府引导基金领投作用。推进国有企业改革落地，理顺组织架构、畅通融资渠道、健全完善现代企业制度，提升投资运营水平。推进平台绩效管理改革，对产业平台的工作成效进行量化评价，形成一套科学合理的绩效评价指标体系，更大程度激发平台争先创优的积极性。健全发展空间保障机制，加速工业综合体建设，加快村级留用地统筹开发模式落地，推进街道传统工业园区改造提升，进一步盘活存量、做大增量，更大程度提升国有物业的体量和效益。三是以改革加速数字自由贸易制度创新。我们的商事登记制度改革走在全省全国前列，为一流的营商环境打下了扎实的基础，要继续以改革提升环境软实力，加快形成便利的投资贸易环境、规范审慎的政府监管环境和高效便捷的政务服务环境。对标北京、上海等自贸试验区建设，高质量编制实施方案及创新清单，在贸易便利化、产业国际化、城市数字化等领域先行先试，全面推进制度创新和重大项目建设，形成一批示范引领的“滨江经验”。四是以改革吸引全球人才资源。针对人才的现实需求和实际困难，持续提升服务保障能力，降低创新创业成本。深化人才安居改革，启动“人才房三年倍增计划”，力争2023年底增至1万间，探索“住创一体”的人才综合体建设。落实人才子女入学优待政策，做优“1+X”课后托管服务，推广产业园区嵌入式幼儿园办园模式，加快建立3岁以下婴幼儿托育服务体系。持续完善智慧医疗、智慧养老服务体系，深化区域高水平医联体建设，推广“多代同楼”特色养老模式。五是以改革激活干事创业活力。立足扁平高效的高新区体制，聚焦干部梯队建设，注重严管厚爱相结合，构建科学规范、充满活力的选人用人机制，全面激发干部队伍的内生动力。建立健全实干实绩担当体系，树立正向激励的鲜明导向，制定政绩考核实施办法，推行重点项目攻坚领办制，在服务大局中发现识别和选拔任用干部。实施好鼓励干部探索创新的容错免责机制，为担当作为的干部澄清正名，让更多干部轻装上阵。完善专业聘用人员制度，打通优秀人才充实党政干部队伍途径，建立科学完备的成长通道和薪酬体系，打造高素质专业化的党政人才储备队伍。

第三，推进“基层组织提质年”。2021年是建党100周年，要以省委巡视反馈意见整改为契机，推动党的全面领导再上新台阶。“基层组织提质年”是在今年圆满完成社区组织换届的基础上，全面加强政治生态建设，巩固“基层组织建设年”成果，着力补齐短板弱项、打响特色品牌，力争基层组织面貌焕然一新、全面引领发展，实现“六个再提质”：一是基层党建再提质。巩固深化“不忘初心、牢记使命”主题教育成果，加强基层党建整体性、系统性建设，推动党员干部政治建设走深走实，加强党内政治文化建设，常态化开展党员干部政治素质考察，创新理论学习中心组学习形式，推动学习教育入脑入心。二是清廉建设再提质。持续做好扫黑除恶“后半篇文章”，强化警示教育，全面推进清廉机关、清廉社区、清廉企业、清廉学校等建设，常态化开展廉政风险防控建设，实施“一把手”监督和“八小时以外”监督，积极探索对“一肩挑”人员的有效监督，一体推进不敢腐、不能腐、不想腐。突出巡察全覆盖，开展巡察“回头看”，健全“常规巡察、提级巡察、交叉巡察”三位一体的巡察监督体系。三是社区治理再提质。开展全区社区规划，推进社区运行机制改革，推进社区美好生活共同体全域覆盖，建好社区党群服务中心，做实全科网格、做强“四个平台”，优化风险预警处置机制，真正实现“小事不出社、大事不出街、矛盾不过江”。规范党组织领导下的组织架构和运行机制，制定日常管理、激励保障等一系列制度，确保换届后社区运行有序。四是队伍建设再提质。强化理论学习、实战练兵、述职评议，围绕中心工作比武打擂，拓宽社区班子成长通道，进一步提振社区书记干事创业的精气神，营造比学赶超、争先创优的浓厚氛围。五是党建品牌再提质。全面开展“亲清三访”，加强与企业和群众的密切联系，继续打响高新服务品牌。因地制宜推进行业党建，做强两新组织党建，推进上市企业、非公企业等党建工作，加强民营经济统战工作，探索“双强孵化”党建模式，打造更多“红色+”党建品牌。六是数智党建再提质。融合基层组织政治优势与数字技术先发优势，积极探索数字赋能基层党建新路径，强化数据驱动、业务协同，破解党建工作中痛点难点问题，大力提升基层组织服务效能。

明年和“十四五”的各项工作能否落实，关键取决于我们的党员干部是否具有“把握新发展阶段、贯彻新发展理念、构建新发展格局”的素养和能力，是否具有争先进位的意识和干事成事的担当，特别是亚运会筹备和保障工作，更是对我们领导力、执行力和凝聚力的检验。全区各级党组织和党员干部要保持“闯”的精神，勇当开路先锋。在社会主义现代化的新征程中，不可避免地还会遇到各种难以预料的困难和挑战，我们必须拿出开路先锋应有的追求和志向，保持一往无前的奋斗姿态、风雨无阻的精神状态，逢山开路、遇水架桥，在实践中求真知，在探索中找规律，不断迎接挑战、攻坚克难，努力创造让世界刮目相看的新的更大奇迹。要保持“创”的劲头，扛起高新使命。在新发展道路上，我们依然要与时俱进、解放思想，勇于冲破惯性思维的定势，紧紧牵住创新这个“牛鼻子”，在科技创新、体制创新上拿出更加扎实的举措，坚决破除一切阻碍发展的体制机制障碍，接续奋斗、砥砺前行，努力书写“重要窗口”建设中的高新华章。要保持“实”的作风，锻造一流团队。船到中流浪更急、人到半山路更陡，我们必须保持创造性张力，唯实惟先、善作善成，打造堪当现代化建设重任、始终走在前列的高新团队，坚持扎扎实实、认认真真办好自己的事，一步一个脚印，把既定目标一项一项变成现实，努力创造无愧于新时代要求的新业绩。

同志们，风正时济，自当破浪前行；任重道远，更须策马扬鞭。让我们更加紧密地团结在以习近平同志为核心的党中央周围，深入贯彻落实中央和省委、市委的决策部署，以只争朝夕、不负韶华的紧迫感，以不负使命、不负人民的责任感，锚定“世界一流”、打造“三个滨江”，奋力开启社会主义现代化的新征程！

政府工作报告

在杭州市滨江区第五届人民代表大会第五次会议上

（2021 年 1 月 21 日）

杭州市滨江区人民政府区长　李志龙

各位代表：

现在，我代表杭州市滨江区人民政府向大会报告工作，请予审议，并请各位政协委员和其他列席人员提出意见。

一、2020 年主要工作和“十三五”发展回顾

2020年是全面建成小康社会和第一个百年奋斗目标实现之年，也是杭州高新区三十而立之年。一年来，面对国际国内形势的深刻复杂变化特别是突如其来的新冠肺炎疫情，全区上下高举习近平新时代中国特色社会主义思想伟大旗帜，认真贯彻习近平总书记在浙江、杭州考察时的重要讲话精神，忠实践行“八八战略”，在市委市政府和区委的坚强领导下，统筹推进疫情防控和经济社会发展，扎实做好“六稳”“六保”工作，全力推进“一园四区”建设，成为全省高质量发展的一面旗帜，较好地完成了区五届人大四次会议确定的目标任务，向全区人民交上了一份高分成绩单。

（一）疫情防控慎终如始。牢牢把握战“疫”主动权，下好先手棋，打好人民战争、总体战、阻击战。我们快速反应、迅速决断，率先成立疫情防控指挥部，启动非典级别防疫响应，建立每日例会制度，实时掌控、及时处置各类突发事件；我们靠前指挥、群防群治，率先实行四套班子包片、机关干部驻点，构建“指挥部—街道—社区—小区—楼道长”和“专班—平台街道—楼宇园区—企业”双线工作体系，实现网格化全覆盖和闭环管理；我们精密智控、暖心服务，率先推进复工复产，率先运用“五色图”实行人员分类动态管控，有序做好常态化疫情防控。截至目前，全区未发生一起因人员脱管失控的感染病例或二代病例，疫情防控和复工复产工作均得到省委袁家军书记批示肯定。

（二）经济发展逆势飘红。综合实力稳步提升。实现地区生产总值 1700亿元，增长 7%，增速列全市第一；在降本减负 90.35 亿元的情况下，实现财政总收入 358.43 亿元，增长 4.8%，其中一般公共预算收入 182.75亿元，增长 4.1%。实现社会消费品零售总额 414.4 亿元、自营出口额 510亿元。纳入中国（浙江）自由贸易试验区新片区，获评全国首批先进制造业和现代服务业融合试点、全省唯一五星级国家新型工业化产业示范基地。主导产业持续壮大。实现规上工业增加值 704.2亿元、增长 10.8%，总量列全市第一。实现数字经济核心产业增加值 1300亿元，增长 14%，占地区生产总值比重达 76%，列全市第一，综合评价总指数居全省首位。数字安防、网络通信、生命健康产业分别实现营收 1500亿元、1750亿元、230亿元。产业项目加速建设。长川等 25个亿元以上项目落点，萤石等 12个项目公告摘牌，虹软等 19个项目开工，落点、摘牌、开工产业项目数创近五年之最。完成固定资产投资 263 亿元，四个结构性考核指标实现三年来首次全部正增长，其中工业投资增长 16%，高新产业投资增长 9%。引进地平线等新兴产业项目 76个，实际利用外资 10.3 亿美元。企业梯队不断完善。修订新一轮“1+X”政策，制定生命健康、直播产业、楼宇、孵化器等专项政策，下达产业扶持资金 61.04亿元，创历史新高。光云科技、泰格医药、中控技术等 6家企业上市，税友软件、宏华数码等 7家企业过会，上市企业累计达 53 家，培育经验荣登《领跑者》。预计新认定国高企 395 家，有效数达 1550 家，实现三年倍增目标。认定瞪羚企业 307 家，9 家企业入选“鲲鹏”表彰企业。获评国家双创示范基地，新认定国家

级孵化器和众创空间9家、省级14家，市级以上孵化载体累计达104家，在孵企业3093家，居全省第一。全年新增注册企业1.13万家，增长27.3%，列全市第一。累计净迁入企业1485家，近五年首次实现顺差。产业基地全面提质。杭州高新区（滨江）富阳特别合作区签约新制造业项目7个，总投资470亿元；江北科技园391家企业实现“北企南迁”；物联网小镇命名为省级特色小镇，获评全省唯一国家首批数字服务出口基地、全省亩均效益领跑者；互联网小镇连续三年考核优秀、省级现代服务业集聚示范区综合评价第一；白马湖生态创意城命名为首批国家级文化产业示范园区；智慧医健小镇实质性启动，8个产业项目全面开工。

（三）科技创新亮点纷呈。创新要素进一步集聚。引进各类人才3.3万人，增长7%，其中硕博人才8751人。新设政府引导基金子基金4只，累计规模达36.67亿元。全年技术交易额超78.7亿元，研究与试验发展经费支出占地区生产总值比重达10%，居全省第一。创新平台进一步壮大。浙大滨江研究院、杭州中科国家技术转移中心、杭州长光产业技术研究院、“超高灵敏极弱磁场和惯性测量装置”培育项目等重量级创新平台正式落地，北航杭州研究生院顺利结顶，海康威视“视频感知新一代人工智能开放创新平台”被认定为国家级AI创新平台。新增省级重点实验室2家，省级企业研究院9家，省、市研发中心140家，市级以上研发机构累计达454家。双创服务进一步优化。持续开展“亲清三访”等活动，组建企业合规促进会、生物医药创新联盟、直播产业联盟等产业服务组织，帮助解决问题近2万个。开展“商事制度改革促进政务环境提升国家级标准化试点”，成为全市唯一“亲清D小二”上线试点先行区。率先开展“无人智能审批”，行政服务中心压减窗口60%，线上办件率超过85%，群众满意率提升4.7个百分点，“一次不用跑”成为常态，相关经验获全市推广。全省试点知识产权“一件事”改革，获批浙江高新技术产业高价值知识产权培育平台，中国（杭州）知识产权保护中心正式落地。创新氛围进一步营造。率先开展企业创新积分试点，得到科技部认可推广。成功举办杭州高新区成立三十周年纪念大会、杭州湾全球数字技术大会、第九届中国创新创业大赛全国总决赛、第二十四届中国国际软件博览会等重量级活动，创新创业活力持续迸发。创新成果进一步涌现。全年专利申请量21987件，专利授权量13071件，其中发明专利3874件，增长31.8%，每万人发明专利拥有量达370件，居全省第一。主导完成国际标准4项、国家标准2项、行业标准2项，6家企业获中国标准创新贡献奖。获国家科技进步、技术发明二等奖各2项，中国专利奖7项，创新指数、创造力榜单均居全省第一。海康威视获省政府质量奖，区政府获全省唯一区县级省政府质量奖组织奖。

（四）城市风貌更具魅力。高标准规划重点区域。按照三江汇未来城市先行实践区和拥江发展要求，率先开展分区总体城市设计，精细谋划智慧新天地、白马湖生态创意城、奥体中心、区政府北等重点片区，沿江景观提升改造项目列入三江汇十大启动项目。高效率供出发展用地。全力推进征迁清零，35个项目实现完整有效交地，历时16年之久的长一、冠一区块在3月全部清零。调整村级留用地开发建设模式，第一批3个试点项目完成规划选址。落点启动涉及27个社区的整村拆迁奖励指标项目。优化做地收储工作机制，调整做地主体，明确职责边界，全年收储经营性用地41宗、1220亩；出让工业用地、经营性用地7宗、577亩。获批新增建设用地项目21个、3127亩。处置“供而未用”“低效利用”土地2035亩。高品质建设基础设施。地铁5、6、7号线开通运营，新增运行里程22.8公里、站点12个。滨盛路下穿隧道、时代大道滨江段高架、冠山路西段贯通，兴宁路、滨城路等6条“断头路”打通，浦沿路提升改造工程完工，江南大道提升改造工程、映翠路、新生路等顺利推进，区政府南广场、物联网感知之轴等项目开工建设。新增（优化）公交线路26条，开通定制线路77条，其中上下班专线53条、求医求学专线17条。高水平美化城市环境。大力开展“美丽杭州”专项行动，对十类城市乱象进行“地毯式”排摸整治。推进“一区一鼎”，铺设雨水管网 11 公里，疏浚 1385 公里，通过“污水零直排区”创建验收。北塘河畔提升工程实现 2.1 公里游步道贯通，智慧新天地区块沿江景观带正式开放。白马湖片区河道以全市最高分入选省级“美丽河湖”，全国首个劳模工 匠休闲绿地—西兴铁路工匠公园精彩亮相，全年实现扩绿 32 万平方米。深入打好污染防治攻坚战，空气优良天数 337 天，优良率达 92.1%，创历史新高；断面水质考核优秀，获评全市生态文明建设考核优秀区县。

（五）社会治理全面加强。社区环境开始蝶变。有序推进 12 个安置小区综合整治。电梯加装开工 519 台、完工 473 台，列全市第一，3 个小区实现全覆盖，发布全省首个《既有住宅加装电梯技术规范》，形成加梯“滨江经验”。拆除保笼 1.1 万户，11 个小区实现全面清零。完成楼廊改造 484 个。新建（改建）垃圾集置房 100 个、投放点 589 处、再生资源回收网点 124 处，住宅小区 100%实现“定时定点”投放，垃圾总量下降 8.16%，日常检查得分列全市第一。强势推进物业提档升级，考核淘汰物业服务企业 7 家。数字治理初见成效。完成城市大脑区级驾驶舱整体框架开发和43个业务系统超30 亿条数据归集，长河街道建成全市首个街道“亲清”驾驶舱。接入经济主体大数据平台、美好 e 达、基层治理综合信息平台等 12 个重点应用场景。浙大儿院、浙大二院、龙湖天街、互联网产业园交通综合治理示范区场景成为全市典型案例。 基层治理破题开局。制定高水平社区治理实施意见，组建社区治理专家委员会，完成年度十大社区治理创新项目。全省首推“民生服务综合体”，建成美好生活共同体 9 个。创建全省首个“产业社区”“国际社工学院”，全市率先实施社工专业化招录机制。出台社会组织培育扶持办法，新增社会组织 300余家，区慈善发展指数连续两年居全省第一。全面建立区、街、社三级人民调解委员会，“一码解纠纷”获全省推广。高质量完成 58 个社区居委会和 29 个（股份）经济合作社换届选举，顺利完成 18 个安置小区 3.93 万平方米商业用房公开招租。公共安全更有保障。深化平安滨江建设，率先实现社会治理重点事件五色预警评估到社区、精细至网格。大力推进护企行动，严防严打电信网络诈骗，全面出清网贷平台。切实做好防汛抗台、地灾防治等工作，扎实开展交通、消防、建筑施工等重点领域安全专项整治，省级食品安全区跟踪评价列全市第一。受理群众来信、来访、来电 6.6 万件，满意率达 96.1%。全年无较大以上事故发生。

（六）民生事业蓬勃发展。基础教育扩容提质。投用奥体实验小学及幼儿园等学校 4 所，建成江南单元小学及幼儿园等学校 2 所，开工西兴中学等学校 7 所。着力破解供需缺口大、区块不均衡问题，新增学位 5130 个，平稳有序完成7508 名适龄幼儿和 9031 名中小学生招生。全省率先创设海康威视、海创基地 2 个产业园区嵌入式公办幼儿园，推出江南实验学校等首批 6个新名校教育集团。全省首推中小学“每天一节体育课”，校园足球实现市级联赛“大满贯”。推出家长群公约，规范引导家校关系，获央视点赞。教育现代化发展水平居全省第二。文体卫生稳步发展。成功举办第十六届中国国际动漫节、第十四届杭州文博会，持续开展“全民阅读节”“千堂万艺”等文化惠民工程。建成三街道“百姓健身房”，投用江三公园等口袋运动场。区体育馆成为亚运会唯一示范场馆。深化医联体、预共体，充分利用浙大二院、浙大儿院等资源，下派专家门诊服务 2.36 万人次，打通人才就医绿色通道；加强公共卫生应急管理体系建设，区疾控中心完成加强型 P2 实验室和 PCR 实验室升级改造，具备独立开展新冠病毒检测能力。安居工程高效推进。全区安置房项目实现全部开工，全年交付房源 2669 套、55.29 万平方米，回迁安置 2478 户次，26 个、395 万平方米在建项目进展顺利。新建人才租赁房 2.9 万平方米，续建 4.4 万平方米，配租 1353 套，其中公开摇号 200 套。发放高层次人才购房、租赁补贴 1860.2 万元，应届毕业生租房补贴 2.58 万人次 3.98 亿元。社会保障持续提升。全力推进稳岗就业，城镇新增就业人数 86773 人，推出“家燕回巢”4.0，帮扶 2157 名就业困难人员实现再就业。为征地拆迁家庭发放大病医疗补助 748.1 万元。全省率先实现军地两方医院退役军人优先优待医疗服务，征兵工作保持 省市领先。成立全市首家婴幼儿照护服务指导中心，成功创建国家智慧养老应用示范基地。丹寨、麻江、建始顺利实现 脱贫摘帽，与衢江、淳安山海协作持续深化，与长春新区对口合作不断加强。

（七）政府建设卓有成效。政治建设更加深入。始终把坚持和加强党的全面领导贯穿到政府工作全局，增强“四个意识”、坚定“四个自信”、做到“两个维护”。积极配合第二轮中央生态环境保护督察组、省委第四巡视组工作，严格落实反馈问题整改。运转体系更加高效。成立产业项目、建设项目前期办，开展政府数字化转型、人事制度、城市管理、综合行政执法、国企等改革，条块联动、条抓块统工作机制不断健全。工作作风更加硬朗。健全容错免责机制，落实好“三个区分开来”，让干部放下包袱、轻装上阵。紧盯“争先进位”，开展“比学赶超”，持续激发干部担当实干精气神。法治政府更加健全。全面落实依法民主决策机制，出台重大决策公众参与办法，加大政务公开力度，诚信政府、廉洁政府建设不断推进。

过去一年，我们全面贯彻落实中央和省、市、区委重大决策部署，自觉接受人大、政协和社会各界监督，办理人代会期间代表建议 68 件、闭会期间代表建议 10 件，办理政协提案 69 件，满意和基本满意率达 100%。积极支持工会、共青团、妇联、工商联、科协、社科联、残联、关工委等开展工作，国防、人防、地名、民族、宗教、老龄、外事、对台事务、侨务等工作取得新进展。

过去一年，我们深刻体会到：做好政府工作，要始终保持坚定政治力，坚持党的全面领导，善于用政治眼光观察和分析现象、处理问题，真抓实干把上级要求贯彻到工作各方面。要始终保持敏锐洞察力，善于在纷繁复杂的局势中抓住关键，增强风险预见预判能力，弄清轻重缓急，真正把问题找准、看透，做到见事早、识别早、谋划早、预警早。要始终保持战斗决断力，在涉及绝大多数群众切身利益的工作上，不瞻前顾后，不优柔寡断，做到快速反应、沉着应对、超前施策。要始终保持正确执行力，准确理解和把握决策意图，在不断变化的环境中牢牢锁定目标任务，千方百计化解矛盾、解决问题，确保把战略决策变为现实成果。要始终保持主动变革力，勇于创新制胜，敢于对理念、方法、流程进行全方位、系统性、重塑性变革，不断激发奋进者姿态和创造性张力，不断提高解决实际问题能力。

各位代表，2020 年主要目标任务的完成标志着“十三五”发展顺利收官。五年来，我们始终同中央省市保持高度一致，始终牢牢把握“高”“新”发展方向，始终紧紧依靠广大干部群众，迎难而上、担当有为，战胜了诸多困难风险和严峻挑战，办成了许多打基础的实事、利长远的大事、补短板的难事，经济社会发展取得新成就，为顺利开启“十四五”新征程奠定了坚实基础。这是我们被赋予战略使命最多的五年。成为国家自主创新示范区、跨境电商综合试验区，跻身世界一流高科技园区建设序列，纳入中国（浙江）自由贸易试验区新片区。这是发展质量最高的五年。全区生产总值在 2017 年首次突破千亿大关，年均增长 10.9%，财政总收入年均增长 12.4%，一般公共预算收入年均增长 11%，人均生产总值突破 5 万美元，规上工业增加值基本实现翻番，成为全市工业第一强区。净增市场主体 3.5 万家、国高企 1015 家，数字经济核心产业增加值年均增长 15%以上，亩均效益和单位能耗增加值保持全省第一。这是改革力度最大的五年。商事制度、知识产权、杭州高新区（滨江）富阳特别合作区、工业综合体、行政服务“去中心化”、企业创新积分等一个个“滨江首创”“滨江样板”“滨江经验”不断涌现。这是产城人融合最深的五年。亚运主会场奥体中心“大小莲花”建成投用；建成地铁 33.2 公里、站点 18 个，建成道路 60 条、54 公里，实现地铁成网、路网成型。每年净增常住人口近 5 万人，35 岁以下人口占常住人口 59.5%。人才房供给量、受益面均居全省第一。这是老百姓获得感最强的五年。民生保障支出 458.69 亿元。教育支出 99.27 亿元，学校总数翻番。实现省市医联体双覆盖、儿科医联体全覆盖。累计开工安置房 426 万平方米，交付 179 万平方米，安置 9098 户次。

各位代表，这些成绩来之不易，历经艰难险阻，这是以习近平同志为核心的党中央坚强领导的结果，是省委省政府、市委市政府和区委正确领导的结果，是区人大、区政协监督支持的结果，是全区上下凝心聚力、共同拼搏的结果。在此，我代表区人民政府，向全区人民和来我区发展的投资创业者、科技工作者、外来建设者，向人大代表、政协委员、各民主党派、无党派人士和人民团体，向各驻区单位、高校院所、部队官兵、公安干警、消防救援队伍，向在疫情防控一线奋战过的工作人员和志愿者们，向关心支持高新区（滨江）发展的社会各界人士、港澳台同胞、海外侨胞和国际友人，表示崇高的敬意和衷心的感谢！

在看到成绩的同时，我们也清醒地认识到，前进道路上还有不少困难和问题。国际形势日趋复杂，不稳定性不确定性明显增加；土地资源约束趋紧，要素成本上升较快，高能级研发平台偏少，综合承载能力不足；城市能级相对滞后于产业能级，社会治理相对滞后于经济治理，生活服务相对滞后于生产服务。上述这些阶段性问题，说明我们正处于“滚石上山、爬坡过坎”的关键时候，要直面问题、咬紧牙关，采取有力措施，切实加以解决。

二、“十四五”主要目标任务

根据区委《关于制定杭州高新区（滨江）国民经济和社会发展第十四个五年规划和二〇三五年远景目标的建议》，区政府编制了《杭州高新区（滨江）国民经济和社会发展第十四个五年规划和二〇三五年远景目标纲要（草案）》，提请大会审议。

（一）主要目标

到2025年，地区生产总值达2600亿元，力争达3000亿元，财政总收入突破500亿元、一般公共预算收入突破250亿元，火炬营收超万亿元，国家高新区第一方阵地位更加巩固，世界一流高科技园区初具形态，率先基本建成社会主义现代化先行示范区。一是建设更高水平的“创新滨江”。拥有创业孵化载体150家、国高企3000家、上市企业100家，万人有效发明专利450件，涌现出一批达到国际先进水平的科技成果。二是建设更高水平的“数字滨江”。数字经济、数字政府、数字社会建设一体推进，数字经济核心产业主营业务收入超6000亿元，数字治理场景不断涌现，“一脑管全城”成为现实，“互联网+”政务服务全面推行。三是建设更高水平的“国际滨江”。自贸试验区建设取得显著成效，基本形成高水平开放型经济体系，平均每年实际利用外资不少于7.5亿美元，市场化、法治化、国际化营商环境基本形成。

（二）主要任务

一是打造一流人才生态最优区。突出“高精尖缺”，面向全球吸引凝聚科技创新人才，打造人才高地；弘扬工匠精神，强化高技能人才队伍建设，着力构建集高端创新人才、复合人才、技能人才为一体的多层次人才队伍。深化人才发展体制机制改革，探索“人才安居集团”模式，加强国际人才社区建设，营造有利于海内外人才落户的便利环境。率先开展外国专家工作站建设、海外工程师引进试点。

二是打造高端创新平台体系。抢抓国家战略科技力量发展机遇，积极争取在信息科学、生命健康等领域布局建设一批重大科技基础设施，全力支持“超高灵敏极弱磁场和惯性测量装置”建设。深入推进“三名”工程，部署建设场景实验室、概念验证中心、未来实验室等新型创新创业平台，力争2025年国家级研发机构和新型研发机构达80家。强化企业创新主体地位，支持领军企业组建产业技术创新联盟，积极参与国家重点研发计划、国家科技重大专项、科技创新2030重大项目等科学计划，力争解决一批“卡脖子”问题。

三是壮大创新型企业群体。紧盯千亿企业、百亿企业发展目标，再培育一批世界级科技领军企业；紧盯“百家上市公司”目标，建立多层次上市后备企业库，实施梯度培育、分类指导，加速“凤凰计划”开花结果；实施“高企倍增计划”，雏鹰、瞪羚企业培育计划，壮大科技型高成长企业队伍，力争每年净增国高企350家。持续完善企业创新积分制，引导创新资源向科技型中小企业集聚。

四是完善创新创业环境。围绕科技型企业成长规律，完善政府资金和社会资金、股权融资和债券融资、直接融资和间接融资有机结合的科创金融服务体系。做优知识产权服务生态，持续推进国家知识产权示范园区、国家专利导航产业发展实验区和国家知识产权服务业集聚发展示范区建设。完善“众创空间—孵化器—加速器—产业园区—产业集群”梯级孵化体系，培育打造科技“硅巷”。每年新增国家级孵化载体7家，累计新增在孵企业7500家以上。

五是全面打造一流数字经济产业集群。夯实集成电路、智能计算两大基石，提升智能物联、数字通信等六大数字经济优势产业，加快数字产业化二次攀登；强化智能制造高端供给，打造全球智能制造产业高地。实施产业链协同创新工程，聚焦重点领域组建8家高效率创新联合体，提升产业链承载力和集聚效应。到2025年，人工智能产业规模达500亿元以上，生命健康产业营收突破1000亿元。

六是引领建设国家数字治理示范区。加快推进新基建，以全域场景试验区建设为牵引，全面提升城市大脑功能水平。健全数据整合共享机制，探索数据流通规则制度，强化数据安全保障和个人隐私保护，夯实一流数字生态底座。加快新型智慧城市建设，推动政府服务数字化向基层延伸，打造社会治理精密智控网络，建设高水平数字社会。

七是构建多维立体的新型开放格局。加快融入“一带一路”，支持企业高水平“走出去”，链接高端创新资源，打造具有全球影响力的国际合作研发基地。以数字贸易、数字服务、数字金融、数字物流、数字治理为重点，高水平建设自由贸易试验区。争取浙江数据交易所落地，争创全国数据资源交易中心，打造长三角、浙江大湾区数字高地。

八是构建区域协调发展的空间格局。立足拥江发展核心区与三江汇未来城市先行实践区定位，实施“东优、西建、南启、北融、中提升”发展战略，构建“C型山水融城、一环三区协同、一核两心引领”空间结构。聚焦产业链上下游互联、创新链产业链互补、服务业制造业互融，拓展区域合作新空间。充分利用国资平台“走出去”，开展品牌化运营，输出一流创新服务。

九是打造接轨国际的城市生活品质。大力推进科教融合、产教融合、体教融合、文教融合，构建与人口、人才结构相适应的现代化优质教育体系。积极构建以居民健康为中心，公共卫生和医疗服务联动的大健康体系。基本建成人人享有、医养康养相结合的普惠型基本养老服务体系。高质量完成在建安置房项目，竣工369万平方米、22272套。

十是建设宜居宜业宜创的未来新城。进一步完善公共交通网络体系，全面建成“两横两纵”快速路系统和“五横四纵”城市主干路网。深化“五水共治”“五气共治”“五废共治”，争创全国生态文明示范区。大力弘扬科学家精神、企业家精神和“最美滨江人”精神，高水平打造特色文化空间载体，建设一批杭城都市圈公共文化新地标。加快村级留用地项目开发建设，促进股社经济高质量发展。大力推进治理体系和治理能力现代化，构建形成党委领导、政府负责、社会协同、公众参与、法治保障的良好治理格局。

三、2021年政府工作安排

2021年是建党100周年，是“十四五”开局之年，也是我区争创社会主义现代化先行示范区启动实施之年，必须迈好第一步、展现新作为。

今年政府工作的总体要求是：坚持以习近平新时代中国特色社会主义思想为指导，全面贯彻党的十九大，十九届二中、三中、四中、五中全会精神，习近平总书记考察浙江、杭州时的重要讲话精神，坚持稳中求进工作总基调，立足新发展阶段，贯彻新发展理念，融入新发展格局，紧盯建设“世界一流高科技园区”目标不动摇，牢牢把握长三角一体化、杭州亚运会、自贸试验区等发展机遇，聚焦聚力高质量、竞争力、现代化，大力推进“产业链、创新链、服务链”三链耦合和“产、城、人”深度融合，围绕“重点项目提速年、重大改革攻坚年、基层组织提质年”，持续做好“产、创、服、城、人”五篇文章，在建设“重要窗口”新征程中走在前、作表率，以优异成绩庆祝建党100周年。

做好今年的政府工作，继续走好具有高新特色、滨江特点的高质量发展之路，要把握以下几点：

一是放大格局把握“三新”。要深刻认识新发展阶段，准确识变、科学应变、主动求变，在挑战增大、风险增多的发展环境中主动作为、率先破局。要全面贯彻新发展理念，发挥开路先锋、示范引领、突破攻坚作用，为全省乃至全国高质量发展探索新路、创造经验、树立样板。要积极融入新发展格局，在危机中育新机、于变局中开新局，敏锐捕捉变化、洞察趋势，下好“先手棋”、抢占制高点。

二是精准发力抓好“三链”。要围绕产业链部署创新链。全面梳理产业链上下游关键技术、核心产品对外依存度，积极探索企业为主体的新型科技攻关体制，从产业需求反向配置创新资源，加快形成一批标志性前沿创新成果。要围绕创新链布局产业链。面向世界科技前沿，前瞻布局具有爆发式增长潜力的未来技术群和具有高技术、高价值、高成长的中小企业群体，打造一批自主可控、国际领先的标志性未来产业链。要围绕产业链创新链完善服务链。聚焦产业发展全链条、企业发展全周期、技术研发全过程，完善各类服务，畅通要素循环，以服务优化带动科技创业、以科技创业带动自主创新、以自主创新带动产业发展。

三是狠抓落实推进“三年”。区委五届十次全会对今年工作作了全面部署，明确提出了“三大主题年”活动，区政府要不折不扣抓好落实，把“设计图”变为“施工图”，以抓铁有痕、踏石留印的劲头，着力推进重大项目、重点产业、重要平台、重大改革，确保全面完成全年各项目标任务。

综合各方面因素，建议2021年我区经济社会发展主要预期目标是：地区生产总值增长7.5%以上，力争8%；一般公共预算收入增长8%；研究与试验发展经费支出占地区生产总值比重在10%左右；规上工业增加值增长10%，力争11%；社会消费品零售总额增长8%；城镇登记失业率控制在3.5%以内。

完成今年的目标任务，首先要慎终如始做好疫情常态化防控，深化精密智控工作机制，继续交出防疫高分报表。重点要做好以下五个方面工作：

（一）瞄准技术交叉、产业融合，建设动能强劲的高新产业集群，打造高质量发展旗帜。一是做强支柱产业。聚焦数字经济做大规模，推动智能物联产业建立产业链协同机制，鼓励视频安防龙头企业衍生拓展创新业务；推动数字制造产业扩大市场，加强应用牵引、整机带动和共性技术供给，力争数字经济核心产业营收超3700亿元，增速保持在10%以上。聚焦生命健康提升势能，把握生物技术与数字技术融合发展趋势，布局医工交叉等高能级公共技术平台，打造以智慧健康为核心，以生物医药、高端医疗器械、CRO服务为特色的产业体系，实现优势叠加、头部引领。二是做大新兴产业。围绕新一代人工智能创新发展试验区建设，推动云计算、大数据、工业互联网、人工智能等新一代信息技术融合发展，抢抓一批产业新赛道，加速一批百亿级产业向千亿级跃进。支持5G、区块链等产业加快新产品研发和新场景应用，鼓励头部直播企业提升供应链管理水平和自有品牌培育孵化，进一步延伸产业链。超前布局量子信息、柔性电子、下一代通信技术等未来产业。全年新落点产业项目不少于20个、新开工不少于15个，工业投资、高新产业投资分别增长16%、10%。三是做优企业梯队。强化政策支撑，升级推出“1+X+N”政策体系。推动领军企业迈向国际水平，鼓励企业内部“裂变式创新”，支持裂变、衍生项目扎根发展。做强上市企业“滨江板块”，紧盯沪深交易所注册制改革，深化与上交所、深交所等战略合作，新增上市企业不少于8家，动态保持后备企业不少于60家。持续培育一批“单项冠军”“隐形冠军”、专精特新“小巨人”，力争规上工业企业突破210家。深化实施“高企倍增计划”，持续扩充“高成长”“硬科技”企业培育库，新认定国高企不少于350家、瞪羚企业不少于260家，新增注册企业突破1.2万家。四是做实产业基地。突出江北主阵地，强化孵化功能，推动北企南迁不少于300家；加快杭州高新区（滨江）富阳特别合作区富芯、正泰、东信等项目建设，打造先进制造业基地；提升物联网小镇国家数字服务出口基地国际竞争力，打造“中国视谷”和全球数字安防产业中心；发挥互联网小镇头部企业集聚优势，打造全球领先“互联网+”创新创业高地和全国领先直播特色园区；推动白马湖生态创意城国家级文化产业示范园区“样板区”建设，打造全国数字文化输出中心。加快智慧医健小镇、智造供给小镇项目推进，实质性启动金融科技小镇建设。

（二）立足自立自强、源头创新，建设全球数字技术创新策源地，打造双循环科创枢纽。一是建平台。进一步加快高能级平台建设与效能释放。支持北航杭州创新研究院争创省级实验室，加快“超高灵敏极弱磁场和惯性测量装置”建设，大力提升源头创新能力；加强浙大滨江研究院、杭州长光产业技术研究院、杭州中科国家技术转移中心、国家“芯火平台”、鲲鹏创新中心、省智能制造专家委员会等平台智库作用，合力破解数字技术、人工智能、视觉科技、生物医药等前沿细分领域创新链关键堵点。发挥企业创新主体作用，支持龙头企业组建创新联合体，鼓励吉利、中控争创国家重点实验室，充分利用海康国家级AI创新平台、泰格CRO平台和20家国家级企业技术中心优势，实施关键核心技术攻关，力争解决一批“卡脖子”问题、形成一批国际标准、抢占一批前沿产业制高点。主动对接国家重点科研院所、国家产业基金，大力引进国家先进技术项目，探索建立工业技术研究院，力争新落地1~2家高水平新型研发机构。二是引人才。瞄准“高精尖缺”，全力打好人才“引育留用管”组合拳。修订完善“5050计划”，发布新一轮人才新政，加大重点领域拔尖创新人才、基础研究人才、工匠人才、技能型人才招引力度，力争全年引进各类人才不少于3.3万人。做优“人才一件事”，推进人才创新创业服务综合体建设，集成“优岗直通车”“名师一对一辅导”等特色暖心服务，增强人才归属感。三是优生态。围绕人才、产业、企业实际痛点和诉求，推动“产学研用金、才政介美云”十要素紧密联动。充分发挥政府产业扶持基金引导作用，完善企业全生命周期科技金融服务链条，建成“业务培训、信息发布、项目推介、股权投资、贷款担保、上市并购”等一站式服务平台。完善创业导师制，推出顶尖战略专家伙伴公推制，持续举办国际人才节、创新创业大赛等活动，探索建立国家火炬创新学院，争创国家级创业投资综合改革试验区。加快孵化载体专业化、品牌化、国际化，推进双向孵化器建设，全年新认定市级以上孵化器、众创空间20个，在孵企业达3500家。

（三）聚焦数字变革、系统集成，建设全国数字治理示范区，打造一流营商典范。一是以政务改革为主抓手。深化商事制度改革，推进企业开办“一件事”向变更“一件事”延伸，探索实行新经济企业集群注册制度，加快企业开办“网上办”“零见面”国家试点区建设。以“去中心化”改革撬动政务服务全面数字化，依托“亲清在线”推出更多“无感 智办”场景，打造“24小时不打烊”在线行政服务中心；建设园区“企业e家”，下沉公共服务资源，构建“15分钟公共服务圈”。深化知识产权“一件事”改革，推进国家知识产权运营创新生态先行先试区、中国物联网产业知识产权运营中心建设，健全集创造、运用、保护、服务为一体的全链条知识产权体系。在推进“企业创新积分”试点基础上，运用区块链技术，完善企业信用与金融监管服务。二是以治理提升为主战场。坚持以基层组织建设为基础，以数字赋能为手段，加快城市大脑由单向度推进向全周期管理演化，推动社会治理由人力密集向人机交互、由经验判断向数据分析、由被动处置向主动发现转变，打造整体智治示范区。深入推进全域数据归集，建设“数字资源超市”，打通数据瓶颈。加快地理空间一体化信息平台和智慧感知系统建设，形成空间数据资源“一张图”，为各类场景应用提供支撑保障。大力推进全域智慧交通，率先开展数字道路建设试点，深化重点街区交通综合治理，通过智能诱导实现车辆分流、调度、停车最佳匹配，有效缩短通勤时间。进一步整合学校、公园、广场等停车资源，推进“撤杆行动”，新建智慧公共停车场8个。深化平安滨江、法治滨江建设，持续推进“一码解纠纷”“交通事故便捷通”“警源治理”“雪亮工程”等场景提质扩面，推动民法典在政府系统全面有效执行。三是以自贸试验区建设为主载体。发挥数字产业先发优势，突出制度集成创新，开展数字贸易新技术新业态新模式先行先试，鼓励企业布局海外数字贸易平台、参与国际规则标准制定，完善国际贸易全链条数字化生态，建设全球数字自由贸易中心。围绕国家金融科技创新发展试验区建设，支持连连、乒乓智能等开展跨境支付技术创新，引进大型数字贸易平台企业总部、结算中心，搭建完备数字金融产业体系。积极争取互联网医疗机构许可试点。

（四）围绕宜居宜业、职住平衡，建设未来风国际范江南韵科技新城，打造美丽杭州样板。一是放大城市格局。主动把握长三角建设世界级城市群、杭州构建特大城市、亚运会历史机遇，主动适应产业快速集聚、企业高速发展、人口迅速增长结构性变化，主动变革城市规划、建设、管理理念，着力重塑城市空间形态，推动城市能级跃升。围绕拥江发展战略、三江汇未来城市先行实践区要求和承载100万人口需要，统筹做好生产、生活、生态三大布局，实现生产空间集约高效、生活空间宜居适度、生态空间山清水秀。二是打开城市空间。系统实施分区总体城市设计和重点片区设计方案，依托“沿江依山抱湖串河”自然基底，精心打造智慧新天地、白马湖生态创意城、奥体中心、区政府北等重点片区；以冠山路、浦沿路等贯通为契机，加快铁路以南区块各项基础设施建设，带动人口、产业、公共服务合理布局；进一步强化土地资源统筹保障和精准供给，扎实推进征迁清零计划。统筹推进留用地开发和街道工业园提升改造，加强国有物业建设力度，实现空间资源充分利用、城市形象塑造提升、集体经济稳步增强。三是提升城市品质。实施迎亚运两年行动计划，高标准建设沿江景观带、北塘河畔游步道、江南大道景观带，推动滨水绿道互联互通，打造最靓名片、最美窗口、最红打卡点。加快建业路跨铁立交、南川路等建设，全年新建道路9.6公里。以建设全域“未来社区”为目标，围绕“三化”“九场景”，统筹推进小区整治、电梯加装、保笼拆除、垃圾分类、楼廊改造、物业提档升级等工作，按照集约、简洁、实用、复合、智能原则建好用好美好生活共同体，打造一批有归属感、舒适感和未来感的新型城市功能单元。四是美化城市环境。以省级生态文明示范区创建和“洁美杯”竞赛为抓手，深入推进“美丽杭州”建设。开展“迎亚运”环境整治攻坚战，大力推进河道、高架、入城口、地铁口、铁路沿线及产业园区等周边环境综合治理，加快无障碍环境建设。扎实做好时代河等14条“美丽河道”创建，全年新增绿化面积25万平方米，建成口袋公园10个。全面调整城市管理体制机制，下移综合执法、保洁市政养护工作重心，以19个城管驿站为阵地划定基础网格，形成主体明确、各方用力、协同治理的大城管格局。

（五）坚持普惠兜底、优质均衡，共建共治共享美好家园，打造民生幸福标杆。一是教育再提质。大力实施学校建设三年百亿行动计划。2021年投用钱江湾小学及幼儿园等学校3所，完工振浦中学等学校4所，续建白马湖中学等学校6所，新开工浦乐单元中学等学校14所。进一步推广嵌入式幼儿园办学模式，推进物联网小镇、智造供给小镇嵌入式幼儿园建设。继续加强与杭二中等名校合作，拓展优质教育资源，办好国际化学校、国际学校。实施学生身心健康发展“明亮工程”“固本工程”“阳光工程”，逐步探索人工智能教育中心、协同育人指导中心建设，打造“未来教育”新样态。推进校长职级制改革，大力培养卓越教师、名师、骨干教师，建设高素质专业化创新型教师队伍。二是安居再加速。围绕三年内建成所有安置房目标，2021年交付项目6个、62万平方米；安置2500户次。实施“人才房三年倍增计划”，全年新增2008套，确保三年内总量达1万套以上。整合资源、转变理念，推进“人才公寓”向“人才社区”升级，扩大人才房公开摇号房源。进一步规范房地产市场和住房租赁市场，构建多主体供给、多渠道保障、租购并举的住房保障体系。三是医疗再升级。推进“健康滨江”，升级扩容基层优质医疗资源，充实卫生人才队伍，加快社区卫生服务站和浦沿街道社区卫生服务中心建设；健全以居民健康为核心的智慧医疗体系，试点布局“智慧健康小屋”，构建“15分钟医疗服务圈”。加强区域卫生资源统筹，深化与浙大二院、浙大儿院、浙江中医药大学、市三医院合作，加快推进国际健康中心、医学影像中心等建设。完善疾病预防控制体系和重大疫情防控机制。四是文体再扩面。坚持文化惠民，办好中国国际动漫节、杭州文博会、首届中国国际网络文学周等重大活动，深化“滨江四季”“创客节”等品牌活动，推动公共文化服务向社区延伸。持续实施“图书馆+”行动，推进“杭州书房”“企业书房”建设，构建“10 分钟阅读圈”。深入挖掘“运河源”文化、官河文化、农耕文化内涵，持续做好西兴、长河历史老街保护传承利用，加快襄七房、长二历保公园建设。充分利用小型规划绿地、城市边角地、闲置地，新建口袋运动场、健身点 23 个，构建“10分钟健身圈”。五是商贸再完善。大力引进国际高端酒店、知名购物中心、商业品牌首店等，全面提升星光大道、龙湖天街、宝龙城等商业综合体，打造省级高品质步行街。推动数字技术与各类消费业态深度融合，打造线上线下一体发展的新消费中心，构建“15 分钟休闲生活圈”。六是保障再加强。深化“家燕回巢”行动，帮助就业困难人员实现再就业2000人，其中拆迁户家庭不少于 700 人。全面完成“新时代枫桥式退役军人服务站”建设。推进“一老一小”服务，坚持政府引导、家庭为主、多方参与，搭建区街社三级康养服务综合体，健全居家养老、“多代同楼”、3岁以下婴幼儿托育服务体系。争创国家级婚俗改革实验区。

各位代表，今年我们继续按照民生实事“群众提、大家定、政府办”理念，在广泛征求意见的基础上，形成了“加快推进安居工程”“推动教育事业高质量发展”“推进交通治堵”“迎亚运美化城市环境”“持续推进小区综合整治”“深入推进物业提档升级”“优化公共交通”“建设社区美好生活共同体”“巩固深化垃圾分类”“做好村级留用地开发”“优化营商环境”“加强养老服务”等 12 个候选项目，提请大会票选决定2021年10个民生实事项目。

为确保上述工作全面落地、取得实效，2021 年我们要按照习近平总书记“想干事能干事干成事”要求和省委袁家军书记批示精神，在政府系统实施“三保三提”工程，锤炼过硬干部队伍，打造“重要窗口”先锋。

一是保持“闯”的精神，提升“想干事”工作激情。三十年来，杭州高新区发扬“闯”字当头的精神，战胜了一个又一个困难，干成了一件又一件大事。如今，时代接力棒交到我们新一代高新人手中，要始终牢记为人民服务宗旨，始终牢记国家高新区初心使命，始终保持锐气朝气勇气，敢干“前无古人”的工作，敢抢“万众瞩目”的项目，敢破“不合时宜”的制度。

二是保持“创”的劲头，提升“能干事”工作本领。唯有保持“创”的拼劲韧劲干劲，方能干在实处、走在前列、勇立潮头。要树立战略眼光、创新思维，运用系统观念、系统方法，强化数字赋能、改革破题。要注意宣传群众、教育群众，用群众喜闻乐见、易于接受的方法开展工作，让大家心热起来、行动起来。要创新运用法治思维和法治方式推动发展、化解矛盾、维护公平。

三是保持“实”的作风，提升“干成事”工作实效。要“重实际”，坚持立足实情、因地制宜解决问题、推进工作；要“重实干”，坚持脚踏实地、久久为功，以钉钉子精神把工作做深做细、做实做透；要“重实绩”，坚持正向激励、善作善成，确保说一件、干一件、成一件；要“重清廉”，坚持把清廉作为实的前提、底线，深入推进依法行政，加快建设法治政府，严格规范政府行为，推动干部队伍自重自省自警自律，着力强化不敢腐的震慑，扎牢不能腐的笼子，增强不想腐的自觉。

各位代表、同志们，时代是出卷人，我们是答卷人，人民是阅卷人。高新区（滨江）已经站在创新发展的新起点上，让我们紧密团结在以习近平同志为核心的党中央周围，在市委市政府和区委的坚强领导下，以“愈是艰险愈向前”的英雄气概、“狭路相逢勇者胜”的革命气魄，只争朝夕、破浪前行，为实现“十四五”经济社会发展目标，加快建成世界一流高科技园区、社会主义现代化先行示范区而努力奋斗！

名词解释

1.“六稳”“六保”：稳就业、稳金融、稳外贸、稳外资、稳投资、稳预期和保居民就业、保基本民生、保市场主体、保粮食能源安全、保产业链供应链稳定、保基层运转。

2.“五色图”：浙江省于2020年2月10日在全国率先推出的县域疫情风险地图，用红橙黄蓝绿五色依次表示各区县（市）疫情风险高低。

3.“亲清D小二”：利用大数据、云计算、区块链、人工智能等前沿技术，架设政企实时互动的云桥梁，实现咨询在线答、办件全辅导、诉求有回响、评价实时测。

4.“企业创新积分”：一种基于定量评价、非传统财政或金融的新型政策工具，通过量化评价企业创新能力，构建起全周期企业创新画像，挖掘优质企业，同步推动政策精准扶持、银行授信等应用场景落地。

5.“一区一鼎”：“污水零直排区”和“五水共治”（河长制）工作“大禹鼎”。

6.美好生活共同体：以党群服务、居民活动、居民议事、邻里之家等为基本功能布局，按照集约、复合、智能的原则打造的社区综合体，是社区居民的共享空间、社区服务的载体阵地、社区共治的基础平台。

7.“产业社区”：以产业为基础，融入城市生活功能，形成集产业服务以及企业人才工作、生活、休闲等为一体的社区综合体，旨在提高产业空间与城市空间的契合度、产业功能与生活功能配套的融合度。

8.“一码解纠纷”：通过五色“调解码”实现纠纷智能分流、动态管理和实时管控，聚合多媒体沟通、在线法律咨询和智能心理服务等内容，集成智能分案、分层过滤、多渠道解纷、大数据监管等功能的数字化矛盾纠纷化解程序。

9.P2 实验室：世界卫生组织（WHO）根据致病能力和传染的危险程度等，将传染性微生物划分为4类，根据设备和技术条件，将生物实验室也分为4级（一般称为P1、P2、P3、P4实验室），1级最低，4级最高。P2适用于对人和环境有中等潜在危害的微生物。

10.PCR 实验室：又叫基因扩增实验室，能迅速掌握患者体内的病毒含量，其精确度高达纳米级别。

11.“三个区分开来”：把干部在推进改革中因缺乏经验、先行先试出现的失误和错误，同明知故犯的违纪违法行为区分开来；把上级尚无明确限制的探索性试验中的失误和错误，同上级明令禁止后依然我行我素的违纪违法行为区分开来；把为推动发展的无意过失，同为牟取私利的违纪违法行为区分开来。

12.“两横两纵”：“两横”指江南大道—机场高速、之江大 桥—彩虹大道；“两纵”指复兴大桥—时代大道、西兴大桥—风情大道。“五横四纵”：“五横”指江南大道、滨兴路、滨康路、冠山路、白马湖路；“四纵”指西浦路、东信大道—浦沿路、火炬大道、望江隧道—江晖路。

13.“五横四纵”：“五横”指江南大道、滨兴路、滨康路、冠山路、白马湖路；“四纵”指西浦路、东信大道—浦沿路、火炬大道、望江隧道—江晖路。

14.“1+X+N”政策体系：“1”指《关于打造数字经济和新制造业发展“双引擎”加快世界一流高科技园区的若干政策意见》；“X”指普适性政策，主要包括人才、企业梯队、创新、科技金融、招商引资等内容；“N”指具体产业政策，主要包括新制造业、智造供给、集成电路、5G产业、文化创意、直播经济等内容。

15.“产学研用金、才政介美云”：产业、学术界、科研、成果转化、金融、人才、政策、中介、环境、服务等十要素。

16.“企业e家”：将商事登记、投资项目审批等涉企服务集中于一个区域，形成企业服务专区，为企业提供“一站式、一键达”全生命周期服务。

17.“数字资源超市”：将已有数据资源像超市商品一样陈列，供政府部门、企业、个人依权限申请使用。

18.“三化”“九场景”：人本化、生态化、数字化和未来邻里、教育、健康、创业、建筑、交通、能源、物业、治理等九大场景。

19.“智慧健康小屋”：通过智能化设备，运用互联网等信息化技术，为居民提供自助健康检测、健康自我评估与健康指导干预的场所。

专 记

抗击新冠肺炎疫情

【概况】2020年初，新冠肺炎疫情发生以后，杭州高新区（滨江）成立区疫情防控领导小组和指挥部，组建各专项工作组和工作专班，各街道对应成立指挥部。全区开展宣传引导、排查核查、隔离观察、综合执法、小区封闭管理等工作，构建“指挥部—街道—社区—小区—楼道长”和“专班—平台街道—楼宇园区—企业”双线工作体系，实现网格化全覆盖和闭环管理，在全市率先做到“十个第一”，实现疫情防控工作的安全可控。建立地铁站点疫情联防联控处置机制，成立2个工作专班，驻点江陵路和中医药大学地铁站，实现1号、4号线在杭州高新区（滨江）的8座车站管控全覆盖。做好复工复产工作，按照即报即审即批要求，放开企业复工审批，严格企业法人防控责任，加强企业防控物资储备，落实企业内部防控措施，建立企业疫情应急处置程序。执行上级惠企助企政策，加快兑现区定“1+X”政策，制定出台疫情期间支持企业纾困解困的政策举措，安排5亿元专项资金帮助受疫情影响的企业。发布政策兑现实施细则，设立工作专班、服务专员、兑现专窗。开通企业定制员工通勤专线124条。审批加急，派专人跟踪服务并给予优先保障，全力推动重大项目开工建设，134个省市重点工程项目全部完成复工。利用网络市场资源，主动对接防疫物资保障及相关重点企业，开通“无接触招聘”专区，重点推荐发布复工企业急需岗位。开发“一站式”智能线上招聘系统进行“云招工”，拓展远程视频面试功能。全部区级领导联片包企、对点走访，所有区直单位、街道平台干部包楼助企、驻点服务，制定服务企业工作指南，帮助解决复工复产中的问题486个。在3个街道工作指导组的基础上，成立疫情政策、企业、健康码、工地、学校、市场、安置房过渡房、城市运行8个工作专班。结合属地网格化管理，建立“企业复工复产服务专员”制度，区级机关人员成建制、成体系到园区、楼宇和企业，驻点园区426个。建立健全疫情应急处置机制，严格处置程序。做好舆情应对，回应群众关切。至年底，全区没有出现1起死亡病例，没有发生1起因防控措施不到位造成的感染病例或二代病例。疫情防控和复工复产工作均获省委书记袁家军批示肯定。

资料：“十个第一”

第一个最高级别重大突发公共卫生事件应急响应区域；第一个推出新来杭、返杭人员分类管控措施；第一个实行四套班子领导包片模式；第一个派驻干部到小区蹲点，排查到楼宇、房间；第一个下发企业告知书；第一个下发房东、中介机构告知书；第一个采取硬隔离管控措施；第一个指挥部建制“1+7+7+N”模式；第一个采取“人防+技防”管控措施；第一个采取“社区+物业、干部+保安”管控模式。

【疫情网格化防控】2020年，杭州高新区（滨江）按照“联防联控、群防群治”工作要求，建立1支由362名专职网格员、2700多名兼职网格员组成的防控队伍，推进疫情网格化排查防控。建立健全“区—街道—社区—网格—楼道—居民”六级联动体系，规范完善网格微信群362个、楼道微信群1923个，实现社区、楼道全覆盖。制定完善微信工作规范，明确工作内容和责任清单，通过微信群开展权威信息发布、防疫知识宣传、困难群众帮扶等工作。利用微信群、微信小程序等方式方便群众主动申报和提供举报线索，掌握湖北、温州等重点地区人员的离杭返杭信息。通过“人防”+“技防”，实现14天居家隔离全天候无间隔管控。区委政法委联合区委组织部、区民政局成立联合督查组，对362个网格包干负责，到基层宣传引导和信息传递，开展疫情联防联控、群防群治工作督查，指导疫情防控。建立疫情防控数据组，整合公安、卫健等部门数据，对外地到杭人员或离杭后返杭人员进行全面排查，做好登记报告，提醒科学防护，落实防控观察要求。

【产业创新助力疫情防控】2020年，杭州高新区（滨江）企业利用产业优势，以产业创新助力疫情防控。杭州海康数字技术股份有限公司、浙江大华股份技术有限公司、浙江大立科技股份有限公司、浙江红相科技股份有限公司等企业发挥视频物联领域的技术优势，不停工、不停产，生产红外测温仪，运用在全国各地的机场枢纽、口岸、医院等。浙江宇视科技有限公司在湖北省武汉市雷神山医院前端部署批量IPC（进程间通信）筒机，搭配后端NVR（网络录像机）存储服务器，实现人员进出实时抓拍、回传、回放，助力医院特殊时期秩序维护。新华三技术集团为雷神山医院、火神山医院提供网络通信设备支持。杭州优思达生物技术有限公司、杭州博日科技股份有限公司、杭州莱和生物技术有限公司等企业展开试剂盒研发。其中杭州优思达生物技术有限公司的新型冠状病毒（2019-nCoV）核酸检测试剂盒（恒温扩增-实时荧光法）取得医疗器械注册证，为全省首个获批上市的新型冠状病毒检测试剂。丁香园与《人民日报》合作制作疫情动态地图，累计点击量12亿余次。

【疫情防控数字化】2020年，杭州高新区（滨江）运用互联网、大数据、人工智能等现代科技手段，助力疫情防控。运用互联网+宣传，做到疫情防控全覆盖。建立微信工作群，每日督促市场主办方、餐饮经营者、药械经营单位落实各项防控措施，要求16家市场落实“四个一律”要求，指导1100家餐饮服务经营者做到“六个禁止、六个规范”，督促311家重点药械生产经营企业加强对新冠肺炎的相关抗病毒药品、口罩、体温计等防护品的质量管理，打击哄抬防护物资物价等违法行为。通过“市监连联”系统，向4.6万家企业发送疫情防控信息，通过智能语音平台点对点向重点园区、企业食堂、沿街商铺、农贸市场等送达防控指导意见15万条。利用1800多台电梯智慧监管装置滚动播放疫情防控信息。利用互联网+服务，办事不用跑。推行商事登记“全程网上办、掌上办、寄递办、预约办”，减少人员聚集。新增年报智能语音应答及外呼提醒模块，鼓励企业开展线上年报，开通机器人语音咨询电话，7天24小时解答企业年报咨询。加强互联网+监管，治理违法行为。运用网络交易大数据监测平台，以阿里巴巴1688、考拉海购、网易严选、饿了么、美团五大电商平台为重点，开展疫情网络交易专项监测。运用“众食安”智慧餐饮监管系统在线监控养老机构食堂、集体配送单位等重点餐饮企业晨检、卫生、消毒情况。通过综合运用市场准入系统和区经济主体大数据平台，梳理全区7个园区、319个楼宇等市场主体信息6万余条，分类整理供区防疫部门使用。

资料：

“四个一律”：市场一律清洗消毒、市场经营人员一律戴口罩、市场一律张贴和滚动播放防控宣传资料、进场人员一律体温监测。

“六个禁止”：禁止采购、饲养和现场宰杀活禽畜动物；禁止采购、经营野生动物或野生动物制品；禁止接待集体聚餐活动（具体按照各地政府要求执行）；禁止采购、使用未按规定检疫或检疫不合格的肉类及其制品，和病死、毒死或死因不明的畜禽动物肉类及其制品；禁止采购、使用过期、腐败变质食品原料；禁止发烧、咳嗽、咽部炎症等有呼吸道症状和腹泻、皮肤有伤口或感染等其他有碍食品安全的从业人员上岗。

“六个规范”：规范食材采购、规范加工管理、规范员工管理、规范消毒管理、规范配送管理、规范内部自查。

【“云招聘”为企业线上引才】 2020年初，杭州高新区（滨江）开发“零接触云招聘”系统，助力企业复工复产和促进人才就业。该系统支持百家企业、千余名求职者同时线上投递简历和在线面试，应用于各类招聘场景，面试进程实时掌控，面试结果在线查，面试流程全打通。2月27日和3月1日，举行2场“云招聘”——杭州电子科技大学2020年春季招聘会和“高新技术企业精英人才”招聘会。杭州海康威视数字技术股份有限公司、浙江中控技术有限公司、恒生电子股份有限公司等74家参会企业，推出岗位2700多个，2000多人次投递简历，568人达成初步意向。至年底，开展云招聘51场，组织3486家企业线上引才，发布岗位信息15.58万条，吸引3.34万人次投递简历，1.31万人与企业达成意向。

【员工通勤专线定制】 2020年1月起，杭州高新区（滨江）与杭州市公交集团对接，开通定制员工通勤专线，助力企业有序复工。区住建局开通网上申请，企业提交“企业定制员工通勤专线申请表”，确定需求、人数、起止地点等信息，区住建局负责征求相关部门意见，与市公交集团确定通勤专线方案。企业签订协议后，只需支付租车费用的50%。3月初，相继开通博世电动工具（中国）有限公司、阿里巴巴集团有限公司、浙江红相科技股份有限公司、浙江大华科技股份有限公司、浙江吉利集团股份有限公司等124条企业定制员工通勤专线。6月10日，地铁公交正常运行后，专线取消。

【3.47万名学生接受远程网络授课】 2020年2月1日，杭州高新区（滨江）公布停课不停学的实施方案，同月18日起，各学校利用智慧教育平台，开展远程网络教学。9所公办初中全部采用统一的网络平台授课，各小学及民办学校采用“一校一策”的方案实施，采用直播+在线答疑、直播+微课+在线答疑、微课+在线辅导、电视点播+在线辅导、学习任务单+在线交流等多种形式交互进行。区教育局对接区内企业施强教育集团，将施强教育集团的700台平板电脑调剂给中学教师使用，确保网络教学平台顺畅，保障上课质量。小学低年级原则上不开展线上教学，幼儿园则禁止线上授课，由学校提供线上交流和指导，提高亲子陪伴质量。全区27所中小学共3.47万名学生接受远程教学，上线率99.9%以上，2600名中小学教师参与网络授课。至4月13日，高三初三学生重返校园；同月20日，初高中一、二年级和小学四、五、六年级开学；26日，小学一、二、三年级重回校园。

【十大举措推进企业复工复产】 2020年2月13日，杭州高新区（滨江）出台《关于坚决打赢疫情防控阻击战、帮助企业复工复产的若干意见》（简称“意见”）。意见明确落实国家和省市出台的系列惠企政策，加快原有政策兑现，支持疫情防控物资生产企业发展，给予区内企业房租减免、补贴等支持，解决企业融资困难，加大对外贸企业支持力度，加大对物业企业扶持力度，帮助企业解决员工过渡性住宿问题，鼓励企业定制员工通勤专线，缓解工程项目履约压力10条内容。持续开展“三服务”活动，建立企业有序复工专班，落实服务专员制度，安排5亿元专项资金，指导企业做好防疫工作，帮助企业解决复工复产遇到的困难。至2月26日，全区规模以上工业企业复工率100%。

【国有物业租金减免】 2020年2月13日起，杭州高新区（滨江）根据省、市委落实防疫国有租金减免精神，出台《坚决打赢疫情防控阻击战帮助企业复工复产的若干意见》《关于进一步助力市场主体纾困促进高质量发展的若干政策》《关于做好疫情防控落实国有企业免收房租措施有关事项的通知》等文件，明确国企兑现主体责任，落实国有物业租金减免工作。区财政局成立国有房租减免工作小组，专题研究全区国有企业免收房租方案，部署国有企业免收房租措施有关工作。各区属国有企业分别成立专项工作小组，为符合免租条件的租户办理免租手续。减租形式包括直接减免、清退已交租金、抵缴下期租金、延长租期等方式，通过发布通知公告、签订补充协议、确认回执、银行退款等形式给予减免。至年底，共减免国有物业租金8920.83万元。

【人才工作助力复工复产服务】 2020年2月15日，杭州高新区（滨江）发布“人才复工复产暖心24条”，从企业生产用工到人才关心关爱，助力企业复工复产。复工复产期间，指派工作人员做好企业复工复产服务专员工作，解读惠企政策。依托“5050计划”线上系统，推进人才项目申报认定工作、按需再造政策审批流程、高频兑现解决人才企业困难，兑现各类扶持资金近2000万元。通过“云签约”，引进“创客天下”总决赛获奖项目等3个高层次人才创业项目，并远程签约，发布55家重点企业白名单，兑现扶持资金1.8亿元。推进“云招聘”活动。建立“包企到人”的服务机制。组建“滨江高层次人才专家”“人才抗疫复工”“5050企业重点服务”等微信群，做好疫情期间的动态发布、复工政策解读等。

【重点项目复工】 2020年2月21日，海康威视数字音视频产品产业化基地、海亮科研教育基地及学前教育集团总部项目、杭州奥体博览城主体育场和网球中心项目等重点项目启动复工。区住建局联合浙江外事旅游股份有限公司组织客运包车，安排26辆“暖心返岗”专车到全国各地接500多名工人返杭。并加速与市、区运管部门协调，保障专车入杭。制定《建设工地疫情防控应急预案》《建设工地复工后疫情防控工作标准》《全区建设工人推行“工卡”管理制度》，落实封闭式管理、健康码申报、进出登记、两次测温，设置集中隔离区、应急观察室，储备防疫物资，确保工程复工后防疫工作措施到位。至3月9日，杭州高新区（滨江）134个省市项目全部复工。

【金融扶持政策】 2020年疫情期间，杭州高新区（滨江）专项安排2亿元疫情应急转贷资金，为受疫情影响的困难企业提供转贷支持，并免收转贷费用。全年转贷金额3.2亿元。对疫情期间在保、新增、展期、续贷的企业融资担保，免收3个月担保费，对在保企业贷款逾期的，提供不超过3个月的延期担保。完成区内在保企业3个月担保费的退费工作，合计退费118.97万元。鼓励市场化运作的担保公司加大对区内企业融资担保力度，区发改局设立2000万元担保风险池，针对区内小微企业融资担保产生的风险，按照担保额的30%给予风险补偿。单个担保对象最高不超过50万元。鼓励银行助力抗疫防疫，区内银行业为企业减免利息、手续费近3000万元，为受到疫情影响的226家企业进行展期、延期支付利息。区科创公司加快与银行建立批量化的转贷和担保业务合作，简化转贷和担保审计流程，解决企业融资难、融资慢的问题。

【疫情防控工作常态化】 2020年6月16日，杭州高新区（滨江）召开疫情防控工作指挥部例会，研究疫情防控和复工复产工作。8月21日，召开区政府常务会议，研究部署常态化疫情防控工作。10月14日，召开秋冬季疫情防控工作会议，研究部署常态化和秋冬季疫情防控工作。3次会议针对区内疫情防控形势总体稳定、外部情况比较复杂，特别是境外疫情持续蔓延、国内无症状感染者有所增加、局部地区出现异常的实际情况，进行部署。会议要求根据秋冬季疫情阶段性特点，关注近期国内外疫情防控中出现的新情况新问题，巩固防控成果；强化保障，明确工作职责，通力协作，落实后勤保障、舆论管控、疫情防控工作的监督检查等；落实责任，各相关部门抓好核酸检测、集中隔离点管理、卫生应急突发事件处置、流动人口关注、秋冬季防控应急物资储备、农贸市场和商业综合体等重点场所的防控措施以及预案演练、物资储备和专业培训等方面工作，做到有备无患。

【省、市级抗疫先进个人和集体】 2020年11月13日，省抗击新冠肺炎疫情表彰大会在杭州举行，区四套班子领导在杭州高新区（滨江）分会场参加会议。杭州高新区（滨江）傅静、赖立娟、陈少华、傅利泉4人获评省抗击新冠肺炎疫情先进个人，网易（杭州）网络有限公司、浙江菜鸟供应链管理有限公司2家单位获评省抗击新冠肺炎疫情先进集体，郑迪获评“浙江省担当作为好干部”。

12月1日，全市抗击新冠肺炎疫情总结表彰大会召开，区四套班子领导在杭州高新区（滨江）分会场参加，省级抗疫先进个人和集体代表受邀参加会议。杭州高新区（滨江）钭慧敏、卢炼、方涛、胡思源、高佳佳、傅铭良、来国芳、杨国庆、夏佳佳、凌云琴、程美山、丁鲁冰、郭吉龙、胡斌、蔡一尘、夏杰飞、李天天、金福娟、牛婷婷、马超、张小孟21人获评“市抗击新冠肺炎疫情先进个人”，西兴街道社区卫生服务中心、区疾病预防控制中心、西兴街道滨和社区、长河街道晶都社区、浦沿街道西浦社区、区社发局、浙江大立科技股份有限公司党总支、杭州优思达生物技术有限公司、聚光科技（杭州）股份有限公司党委9家单位获评“市抗击新冠肺炎疫情先进集体”，李天天、马超2人获评“市抗击新冠肺炎疫情优秀共产党员”，聚光科技（杭州）股份有限公司党委、浙江大立科技股份有限公司党总支2家单位获评“市抗击新冠肺炎疫情先进基层党组织”，丁昌钰、张炬刚、张志真3人获评市“担当作为好干部”，崔亚民、王晓芳、郭艳捷、朱炜、吕德军5人获评“市及时性表彰优秀共产党员”。

（区志编研室）

杭州高新区成立30周年活动

【概况】 2020年，是杭州高新区成立30周年。杭州高新区自1990年成立后，发扬“敢为人先、勇立潮头”的浙江精神，坚持创新驱动内生增长的发展布局，集聚创新资源和创新要素，完善创新创业生态，推动科技成果转化和产业化，发展的质量和效益同步提升；坚持开放协同发展，发挥辐射带动作用，利用全球创新资源，形成多形式、广领域、高水平的开放格局；坚持培育科技型企业，坚持聚焦特色主导产业，持续推进产业体制创新，坚持自主创新，形成一批具有世界影响力的高新技术企业和创新型产业集群。2020年，杭州高新区实现地区生产总值1745.7亿元，财政总收入358.4亿元，社会消费品零售总额417.1亿元，自营出口额544.2亿元，全区196家规模以上工业企业实现增加值704.2亿元，560家规模以上服务业企业实现利润369.1亿元，实现数字经济核心产业增加值1343亿元，实际利用外资10.3 亿美元。专利申请量24333件，专利授权量13222件，其中发明专利4034件，每万人发明专利拥有量390 件。引进各类人才3.3万人。居民人均可支配收入7万元。累计工商注册单位数55890家，拥有上市企业53家，“新三板”挂牌公司106家，有效国家高新技术企业1550家。

【杭州高新区沿革】 1990年3月21日，省政府批准建立高新区，区域范围为天目山路以北、莫干山路以西、余杭塘河以南、教五路（今丰潭路）以东约9平方千米的古荡—西溪地区，以及浙江大学和浙江农业大学两个点，总面积10.6平方千米。8月3日，杭州高新技术产业开发区管理委员会（简称“杭州高新区管委会”）成立。1991年3月6日，国务院批准杭州高新区为全国27个国家级高新技术产业开发区之一。同年7月，市政府提出适当扩大高新区区域范围的要求，报请省政府同意并转报国家科委。9月，国家科委派员踏勘、审定，原则同意高新区在原规划文教、电子仪表工业区域向西北适当扩展，并在杭州钱江外商台商投资区下沙区块设置片区。1992年3月3日，经省政府批准，市政府颁布《杭州高新技术产业开发区管理规定》。同月17日，国家科委批复省政府，同意高新区由主区（11.44平方千米）和下沙区块（1.2平方千米）两部分组成，总面积为12.64平方千米。1996年7月，根据市政府《关于同意将钱江投资区之江区块由杭州高新技术产业开发区接受和管理的批复》，杭州高新区管委会自7月16日起，全面行使之江区块开发管理职责。之江区块：北、西依钱塘江，南以浙赣铁路为界，东至长江路，先期规划开发面积10.5平方千米。2002年6月11日，杭州高新区和滨江区管理体制调整，实行“两块牌子、一套班子、全交叉兼职”的管理体制，既按开发区模式运行，又行使地方党委、政府职能，称杭州高新技术产业开发区（滨江），简称“杭州高新区（滨江）”。

【“高新30，迈向世界一流”主题征文】 2020年7月1日，杭州高新区（滨江）在“滨江发布”等媒体公布征文启事，启动“高新30，迈向世界一流”主题征文活动，庆祝杭州高新区成立30周年。至8月20日，收到全国各地小说、散文、诗歌309篇，取材聚焦杭州高新区经济、社会、生活各个方面，包括回望30年历史、描摹当下和展望高质量发展的未来。11月，经主办方组织专家评选，最终从参赛作品中评选出56篇获奖作品，其中一等奖1篇、二等奖2篇、三等奖3篇、优秀奖50篇。

【“30年·杭州高新区（滨江）蜕变”系列报道】 2020年10月15日至11月11日，《天堂硅谷》报连续在第一版推出“30年·杭州高新区（滨江）蜕变”系列报道，刊出《创新之魂，激发内生新动力》《更优生态，打造人才集聚地》《优质营商环境历经30年淬炼金字招牌》《民生之变，绘就幸福生活画卷》《路径之变，开启城市治理转型之门》5篇文章，从创新、产业、变革、开放、民生等视角，探寻杭州高新区（滨江）发展足迹，回顾追求世界一流高科技园区历程，解读发展成就和推动变革背后的使命与梦想。

【《高新群像：创业明星们的激荡三十年》专栏】 2020年10月21日，《天堂硅谷》报第三版刊出《高新群像：创业明星们的激荡三十年》，文章分为“我是传奇——创业尚不流行，这里就成为创业者的摇篮”“我来自江湖——从民房小院‘飞入’高楼大厦，助推创业‘草根’逐梦高新”“与时代同频——拥抱新未来，‘独角兽’们正在发力”3个部分，通过讲述东方通信股份有限公司第一任董事长——“中国移动通信第一人”的施继兴、杭州高新区成立后第一任人事劳动局长宋水娟、东冠集团总裁章敏杰、杭州才云科技有限公司创始人张鑫、校宝在线（杭州）科技股份有限公司创始人张以驰等人的故事以及他们的心路历程，折射出杭州高新区与一批创业明星们共同成长的30年创业创新历程。

【新媒体宣传】 2020年，区融媒体中心发布“顶流来祝贺·高新30，迈向世界一流”“写给三十”等系列宣传片，营造庆贺杭州高新区成立30周年氛围。“滨江发布”微信公众号策划“杭州高新区成立30周年纪念大会邀请函”“30年30笑脸”“我和高新区（滨江）的不解之缘”等系列新媒体作品，总阅读量突破10万余人次。“滨江发布”抖音号全程直播纪念晚会，推出“企业集结号”“小莲花开合”等抖音作品12个，观看量5万余人次；“滨江发布”App发布杭州高新区成立30周年相关报道165条，开设“三十而立，迈向世界一流”“企业黑科技系列”“30年30问”相关专题3个，全程直播30周年纪念大会，1.2万人次观看。

【《创新引擎》《高新浪潮》出版】 2020年8月，区政协依托文史研究会，借助多方力量，历时7个月，编撰完成《创新引擎——高新区（滨江）创新发展文化透视》，该书由杭州出版社出版，从企业视角，探寻杭州高新区（滨江）创新发展历程，感受创新的力量，印发5000册，发放到各部门及企业。10月，区委统战部牵头编撰出版《高新浪潮——杭州高新区三十年·我们的创业故事》，该书由浙江大学出版社出版，汇集85位民营经济代表人士创业故事，展现高新人的创新创业历程，印发8000册，在区内各企业和部门发放。

（区志编研室）

【“薪火相传、砥砺奋进”同心诗会】 2020年8月12日，“薪火相传、砥砺奋进”纪念杭州高新区成立30周年同心诗会在区文化中心剧场举行。诗会由中共滨江区委统战部主办，区文联和杭商传媒协办，浙江中赢控股集团承办，各民主党派市委会领导，区四套班子领导，区法院院长、检察院检察长，各民主党派成员、无党派代表人士，各街道、区级机关各单位、各直属单位负责人，各社区负责人及部分企业负责人等500多人参加。诗会由“序：梦的火种”“上篇：拥抱之江”“下篇：澎湃浪潮”“新篇：世界之窗”4个部分组成，回顾杭州高新区成立30周年历史，展现高新风貌，展望杭州高新区迈向世界一流。全区各民主党派及无党派代表人士推选10多个节目参演。

（徐哲宇）

【“创新滨江·活力滨江·国际滨江”杭州高新区成立30周年全国摄影作品展】 2020年6月，杭州高新区（滨江）启动“创新滨江·活力滨江·国际滨江”杭州高新区成立30周年全国摄影作品展征稿活动，向省内40多个摄影组织发送邀请，在腾讯网图片频道开辟活动专区，在“中国摄影报”微信公众号、新浪微博等媒体发布相关信息征集。活动由中国摄影报社、中共杭州高新区（滨江）党委宣传部主办，浙江省摄影家协会、杭州市摄影家协会、杭州高新区（滨江）文创发展中心、滨江区文学艺术界联合会协办，杭州永禾艺术馆、滨江区摄影家协会承办。省内外摄影作者到全区企业园区、公园广场、城市高楼、文体场馆等摄影创作，至8月15日截稿，共收到186名参赛作者的投稿作品2612幅。经过省内外专家评选，产生获奖作品50幅。10月17日，作品在杭州奥体博览城网球中心（小莲花）杭州高新区成立30周年纪念大会现场展出；11月20日《中国摄影报》、12月4—20日“滨江故事——光影里的前世今生”图片展分别刊载、展出部分作品。

（王春松）

【杭州高新区成立30周年纪念大会】 2020年10月17日，杭州高新区成立30周年纪念大会在杭州奥体博览城网球中心（小莲花）举行。省委书记袁家军对杭州高新区30年发展成绩分别做出批示。科技部火炬中心党委书记张卫星，副省长高兴夫，浙江大学党委书记任少波，省、市有关部门负责人，杭州高新区党工委书记王敏，杭州高新区党工委副书记、管委会主任李志龙，历任杭州高新区有关领导以及社会各界代表等3000多人参加。大会由李志龙主持并致欢迎词。袁家军在批示中指出，杭州高新区30年发展成绩显著，成为高质量发展的一面旗帜。希望杭州高新区乘势而上，保持“闯”的精神，“创”的劲头，“实”的作风，努力建设一流高新园区，为建设“重要窗口”贡献力量。张卫星、高兴夫、柯吉欣、王敏等现场致辞。纪念大会举行文艺演出，演出内容沿着“集结和情怀”“管理和服务”“奋斗和创新”“初心和未来”的思路，以朗诵剧、舞蹈、合唱等多种舞台形式，展现高新文化和高新精神。

（区志编研室）

中国（浙江）自由贸易试验区杭州片区滨江区块

中国（浙江）自由贸易试验区，简称“浙江自贸试验区”，是中国政府在浙江舟山群岛新区设立的区域性自由贸易园区，是中国唯一一个由陆域和海洋锚地组成的自由贸易园区，立足环太平洋经济圈的前沿地区，与“一带一路”倡议下的沿线国家建立合作的重要窗口。浙江自贸试验区总面积119.95平方千米，涵盖舟山离岛、舟山岛北部、舟山岛南部3个片区。2020年8月30日，国务院印发《中国（浙江）自由贸易试验区扩展区域方案》，浙江自贸试验区扩展宁波片区、杭州片区、金义片区3个区域，中国（浙江）自由贸易试验区杭州片区正式设立。杭州片区面积37.51平方千米，定位建设全国领先的新一代人工智能创新发展试验区、国家金融科技创新发展试验区和全球一流的跨境电商示范中心，建设数字经济高质量发展示范区。

9月24日，省委、省政府在人民大会堂举行中国（浙江）自由贸易试验区扩展区域挂牌仪式，中国（浙江）自由贸易试验区杭州片区挂牌。自贸试验区杭州片区由萧山区块、钱塘区块、滨江区块组成。自贸试验区杭州片区滨江区块的实施范围为11.32平方千米，具体四至范围为东信大道路以东、风情大道—滨和路—江晖路—滨康路—江淑路以西、江南大道以南（含阡陌路以东、丹枫路以南、西兴路以西区域）、南环路—长河路—滨康路—建业路—南环路以北区域，主要覆盖物联网小镇、互联网小镇、金融科技产业集聚区域。重点发展数字经济、金融科技、人工智能、数字识别（安防）等产业，包括集成电路设计、互联网、物联网、大数据、云计算、信息软件开发、电子商务、区块链、网络通信设备、5G、智慧医疗等高新技术产业和战略性产业。仪式上，杭州臻视界数字科技有限公司作为首批入驻中国（浙江）自由贸易试验区扩展区域的企业代表获颁营业执照。10月30日，中国（浙江）自贸试验区滨江区块项目签约暨高新区（滨江）扩大有效投资项目集中开工活动举行。德施曼机电（中国）有限公司、杭州泰一指尚科技有限公司、浙江万朋教育科技股份有限公司等4家企业代表分别与杭州高新区（滨江）签约。该次签约入驻企业共10家，总占地面积11.67公顷，计划总投资40.5亿元，涵盖杭州港务数字化港口、邦盛科技实时智能技术研发与产业化基地、万朋教育互联网+教育产业基地、宏杉科技存储设备研发及产业化基地4个数字经济产业项目，游卡网络数字文化研发产业化基地等2个文创产业项目，以及医疗互联网、智能制造、新电商等产业领域。11月26日，中国（浙江）自由贸易试验区建设推进大会在省人民大会堂召开。会上，自贸区滨江区块签约杭州港务数字化交通港口项目和紫光股份有限公司项目。自贸区滨江区块为浙江自贸试验区打造新型国际贸易中心、数字经济发展示

范区和先进制造业集聚区贡献滨江力量。（徐　灿）

企业创新积分制试行

2020年，为贯彻《国务院关于促进国家高新技术产业开发区高质量发展的若干意见》，落实科技部关于在国家高新区试点推广“企业创新积分制”的工作部署，科技部火炬中心经调研、统筹设计、制订方案、组织协调，确定6家国家高新区作为第一期试点单位。

2020年9月8日，杭州高新区（滨江）作为第一期试点单位率先启动“企业创新积分”全国试点工作。“企业创新积分”评价体系依托杭州高新区（滨江）数字经济产业优势，以数字技术赋能科技企业的创新发展，是基于企业创新能力的科技企业增信机制，引导和支持创新要素向企业集聚，实现系统集成、数据共享、业务协同，优化企业服务，帮助企业解决所需所求。评价体系设立创新投入、创新产出、成长性、辅助指标4个维度20多个指标，以企业营业收入规模为标准，将评价对象企业分为种子期—苗木期—成长期—壮大期—成熟期5个发展阶段，面向不同发展阶段企业采取不同评价标准进行分级分层评价，量化评价企业创新能力，构建企业全周期创新画像。评价系统1.0版本通过深度链接“企业码”落地，实现企业创新“一图清”、金融服务“一线通”、创新政策“一键配”“三个一”功能。企业创新“一图清”即点击“科技企业创新积分”，通过积分维度表和评分分析，获取总分与细分指标分值，找准科技创新领域争先创优方向。金融服务“一线通”即点击“金融超市”，获取银行机构贷款额度与专办热线，线上完成贷款手续。系统已上线的银行企业创新积分产品对企业创新积分参评企业的基础授信额度不低于50万元，覆盖范围超过95%。创新政策“一键配”即点击“政策推送”，根据企业创新画像一键进入高新技术企业、“瞪羚企业”、“独角兽”等相应阶段企业培育库，助力企业精准匹配政策，同时，企业创新积分与科技项目评比等扶持政策相结合，能提高企业创新积分与政府决策关联度。12月9日，杭州高新区（滨江）在全国高新区企业创新积分首批试点推广工作会上做经验交流。至年底，全区有5036家企业实现创新积分在线查询和即时金融服务。（周俊杰）

政务服务数字化改革推进

2020年，杭州高新区（滨江）依托数字赋能，持续推进政务服务数字化改革，以“减”促“简”，打造一站式、一键通的政务服务系统。根据《中共杭州市委关于做强做优城市大脑打造全国新型智慧城市建设“重要窗口”的决定》和区委五届九次全体（扩大）会议的要求，提升数字赋能城市治理水平、推进“数字滨江”建设，探索建设“指尖上的行政服务中心”。重塑政府服务的理念思路、业务流程、人员配置等，确保“减窗口不减服

2020年9月8日，杭州高新区（滨江）“企业创新积分”试点工作启动发布会举行（区委宣传部　供图）

务”，以前台的“减”促服务的“优”，启动一系列政务服务数字化改革举措，推进改革决策、服务模式、场景应用、管理治理等领域数字化转型。

7月，基于对办件规模、办事数据的分析，全区各部门压减线下窗口，从93个减少到39个。作为全市“亲清D小二”唯一试点区，组建首席、管理、督办、应答、业务五类“D小二”人员队伍共109人，覆盖20个部门、6个平台和3个街道，线下服务精细到“网格”，形成市—区—街道（平台）—网格四级服务架构，实行朝九晚九延时服务、在线座席3分钟响应、离线工单24小时办理的特殊工时和线上服务机制，做优涉企政务服务前端引导、在线咨询和后台审批与监管，全年完成企业建档2.93万家，为企业提供在线响应服务2569次。

区行政服务中心整合政务服务资源，优化大厅区域设置，扩大公共区域范围，增设“网办”“掌办”专区，配备终端设备，发挥线下办事大厅支撑网上办的支点功能，引导群众、企业利用浙江政务服务网、“浙里办”App、“亲清在线”平台、综合自助机等进行“线上办”；将原投资项目集中服务区改造为“一站式”、“一键通”、VIP式“企业e家”企业服务专区，提供企业全生命周期服务，并探索将相关专区模式延伸至产业园区。整合群众意见闭环管理、群众金点子征集、媒体监督、数据监督治理等工作，建成“一体化评价中心”平台，建立服务评价、实时上报、差评回访、整改反馈全流程闭环工作机制，联通“智慧大厅”窗口管理驾驶舱，做到群众办事、人员信息、回访信息全汇聚，对发现并核实确实存在的问题限期整改，并将处理结果反馈至群众，实现全过程线上闭环管理。全年开展回访36轮，回访7.96万人次，收集有效意见建议5869条。

区行政服务中心协调各部门，创新推广“主动办”服务模式，归集跨部门数据，推动流程再造，打造“一人一档”“一企一档”的场景式引导办理、数据分析主动服务的“主动办”模式，实现从“人找服务”向“服务找人”的理念转变和服务模式创新，实现“减窗口不减服务”。创建企业许可证到期主动提醒服务场景，首批选取食品经营许可证、医疗器械经营许可证、药品经营许可证等6项高频办理许可证作为试点，全年服务企业42家；老年卡从原来依申请办理，到“数据寻找到老人、系统获取照片和信息、免费制卡快递至社工、送卡上门”，实现无感办理和基层服务尝试，至年底，发放“主动找上门”的老年卡300多张。

9月27日，依托市“亲清在线”和区城市大脑平台，杭州高新区（滨江）建成全市首个街道（平台）“亲清驾驶舱”——长河街道“亲清驾驶舱”，打通40多个省市部门数据接口，构建税收、迁入迁出、经营异常等预警模型13类，涵盖“亲清服务”“亲清监测”“预警处理”三大功能模块，探索以数据共享实现跨层级跨部门协同，强化后台数据智库对基层政务服务的支撑功能，为全区经济运行状况分析、政策决策提供参考。11月，全市“亲清在线”“在线许可”版块暨“线上行政服务中心”建设工作现场推进会在杭州高新区（滨江）召开，街道“亲清驾驶舱”建设工作在全市复制推广。

杭州市公共资源交易中心高新区（滨江）分中心深化“阳光评审”制度，推进交易领域数字化改革，提高评标质量，规避廉政风险。在全市率先建设“e见证”数字开标直播间，完成开评标直播115场，为2.64万家投标企业提供现场直播服务。全年完成各类电子招投标317项，交易额56.23亿元，节约投标成本4380万元，实现招投标“低成本、零跑路”，相关工作经验获市政府领导批示肯定。

2020年，杭州高新区（滨江）政务服务领域多项创新工作省市领先，区市民之家作为全市“改革攻坚”比学赶超实地考察点，市政府主要领导现场考察工作，“去中心化”改革作为参比项目，取得全市第三名的成绩，获评2020年度杭州市改革创新最佳案例；区市场监管局推出商事登记“无人智慧审批”，以“机器审”代替“人工审”，获《人民日报》头版头条点赞；区交警大队轻微交通事故“便捷通”平台，从事故处理拓展至情报指挥和远程执法，新增“派警可视”功能，实现处理交通事故“像点外卖一样方便”，获省政府领导批示复制推广至杭州市上城区、江干区，金华市义乌市等交警大队；区退役军人事务局推出“崇军码”，覆盖全区登记在册的退役军人和其他优抚对象；区教育局推出教育线上服务平台，提供全流程线上咨询及办理服务，在全省率先实现转学申请“跑零次”；区人力社保局启用“社保易窗”平台，强化在线经办、业务咨询等延伸服务，网办、掌办业务受理率88.71%。

（叶修竹）

既有住宅加装电梯的“滨江经验”

2020年，杭州高新区（滨江）通过试点先行、摸索总结，提出“政府主导、住建主规、街道主抓、社区主责、业主主体”的20个字加梯原则，明确“一个中心两条线”的工作思路，确立“全覆盖四统一”的内在要求，制定“五阶段十四节点”的操作流程，总结“三看二议一交叉”和“一轴一基准”的管线迁改法，发布全市首部《既有住宅加装电梯技术规范》，形成可复制、可借鉴的滨江模式。至年底，签订加梯协议560个，开工519处，完工473处，各项指标均居全市第一位。缤纷、江虹、滨安3个小区实现电梯加装全覆盖。

杭州高新区（滨江）整体推进加梯工作，开展专项社会稳定风险评估和民意调查，发放问卷3000多份，加梯支持率75%。针对小区业主间因加梯而引发矛盾，区住建局搭建“圆桌会议”，组织业主、社区、设计单位、施工单位、监理单位等进行座谈，就低层业主提出的采光、噪音、占用绿化、楼道破损等顾虑，采用“加梯+旧改”模式进行解决，共同确定综合改造最优方案；配合楼道长、老党员、社区老书记等组成的“加梯老娘舅”志愿服务队，解决业主之间的加梯矛盾冲突。推出系列“加梯楼道样板间”，组织街道、社区、业主等实地考察加梯现场，观看施工过程，亲身试乘完工电梯；开展“走进电梯工厂”活动，业主参与噪音、采光等测试；实时公示设计图纸、加梯费用组成以及施工全流程监管结果，打消业主的加梯顾虑。成立区、街道、社区三级“加梯专班”，采用加梯现场化统一培训方法，实地讲解加装电梯业务知识，交流群众工作经验方法。发挥区、街道、社区三级党组织作用，“和滨江”物业纠纷专业调解队伍和志愿者“三支队伍”的宣传发动作用，助推加梯意见统一。

杭州高新区（滨江）同步推进加装电梯与老旧小区改造，将6个旧改小区139幢房屋326个楼道，全部列入加梯计划，分批次分步骤进场。坚持“一线驻点，现场破难”，组织管线单位、设计、监理等驻点办公，通过“日例会、周通报、月讲评”发现问题现场解决。实施“一轴一基准”管线迁改法，推动施工“串联改并联”，即以每月各管线单位进场完成80台迁改任务为目标轴，开工单位以电力割接变电箱时点为基准，落实施工点位和各管线单位进场时间，实现无缝对接；全市首创“一线送课”，邀请专家及管线单位，到一线培训管线迁改方法和应急处置方法。管线迁改速度提升近一倍。推广装配式电梯施工，钢结构内电梯85%的部件在电梯预制工厂完成制作安装，现场6个小时完成吊装，10天完成装修，从开工到电梯交付仅需60天。

杭州高新区（滨江）发布《既有住宅加装电梯技术规范》，明确加梯设计、施工、监理、验收、归档“全生命周期”管理标准。在缤纷小区、春波小区分别成立电梯售后服务中心，提供加梯前期至后期维保、检修、服务等为一体的“一条龙”服务。与中国人民保险公司合作，在电梯加装管理中引入保险机制，对乘梯人员意外伤害补偿、电梯日常维修保养等实施“保险全覆盖”，加装“一梯一档”云端存储，从源头降低电梯故障率。在加装电梯内试点安装“电梯维小保”系统，与城市大脑连接，实时采集数据，在线监测、动态监管，实现困人自动报警、自动派单、自动安抚，救援处置更及时、高效。

资料：

“一个中心两条线”：以人民为中心，农转居安置房小区加装电梯为主，商品房小区加装电梯为辅；“全覆盖四统一”：对全区安置房小区多层住宅进行全覆盖摸底，统一设计、统一品牌、统一招标、统一监理；“五阶段十四节点”：现场踏勘阶段（现场踏勘）、论证统一阶段（宣传动员、设计论证、签订协议、意愿摸底、方案公示）、联审招标阶段（施工图审、联合审查、招投标）、工程施工阶段（工程监理、电梯施工、管线迁改）、竣工交付阶段（验收交付、档案提交）；“三看二议一交叉”：提前看、燃气看、现场看，各自议、互相议，交叉施工；“一轴一基准”：以每月各管线单位进场完成80台迁改任务为目标，施工单位以电力割接变电箱时点为基准，逐一落实施工点位和各管线单位进场时间。

（胡启明）

知识产权集成服务改革

2020年，杭州高新区（滨江）持续推进知识产权“一件事”改革，通过数字赋能、改革破题构建便民利民的知识产权公共服务体系，打通知识产权高质量创造、高效益运用、强力度保护和高标准服务的“最后一公里”，实现由“事”到“制”和“治”的转变。至年底，全区有效发明专利拥有量17769件，占全市24.24%，每万人发明专利拥有量390件，居全省第一位。改革经验在省委改革办《领跑者》刊出，得到副省长冯飞，市委主要负责人的肯定批示。知识产权“一件事”办事指南经省高院、省司法局、省市场监管局和省版权局联合发文，印发全省参照学习。经验和做法被新华网报道、《人民日报》点赞。

杭州高新区（滨江）建立知识产权线上公共服务平台，推进专利、商标、版权等知识产权服务资源线上集聚。梳理集成知识产权“一件事”，涵盖专利、商标、版权等知识产权的申请、项目申报、政策兑现等75个事项，让企业“足不出户”就能办理知识产权事务。知识产权综合服务中心引入国家多个部委的受理点，服务范围涵盖专利、商标、版权等知识产权全领域，解决知识产权业务受理层级高、地点分散、流程复杂的问题，实现跨层级、跨部门、跨门类“一门式”受理，改变以往“跑多地”的情况。至年底，知识产权综合服务中心办理知识产权业务13万余件，其中商标窗口业务量在全国212个窗口中排名第三位；商标质押160件，质押金额61亿余元，质押金额居全国第二位；专利质押871件，质押金额总计206.5亿元。

杭州高新区（滨江）构建全国产业知识产权数据中台，实现数据融通。围绕数字经济、物联网、人工智能等重点产业，沿产业链上下游精加工全球专利和中国企业、工程师、投资机构等相关数据，构建产业链全景图谱，建成高新技术产业科技竞争合作知识图谱数据库。创新导航模式，支撑产业发展。针对智能安防、人工智能、生命健康等重点产业开展专利导航，制定并发布生命大健康、数字安防等产业图谱报告，完成人工智能、红外热成像、智能视频、智能家居等专利微导航20多项，精准分析全球创新成果，助力企业明晰创新路径，抢占全球技术科研“制高点”。申报中国物联网产业知识产权运营中心，以数据要素驱动物联网产业知识产权的资本化和产业化，全链条强化知识产权要素，全方位服务全国物联网产业创新生态。

杭州高新区（滨江）加强知识产权行政保护，结合区市监局和区社发局执法力量，借助已进驻知识产权大厦的中国（杭州）知识产权保护中心的技术支持和浙江省知识产权维权援助中心的调解功能，加强案件查处。设立杭州知识产权法庭（滨江）巡回审判庭，筹建白马湖法庭，集聚各类知识产权案件的审理功能，强化知识产权司法保护，全年举行巡回审判20多场。审判庭兼作国家知识产权局专利复审、无效的巡回口审审理部，全年举行巡回口审12场，近200人参加旁听。设立知识产权纠纷调解委员会，对接杭州仲裁委员会，“一站式”提供调解和仲裁等多元纠纷解决途径，加强仲裁调解。全年通过第三方机构开展知识产权纠纷调解近1600件。

杭州高新区（滨江）在新型冠状病毒肺炎疫情期间，打破传统束缚，实现流程再造，将专利资助兑现上线杭州市“亲清在线”平台，利用信息融合技术，形成智能化审批模式，为企业提供“一键即兑”服务，至年底，兑现知识产权产业扶持资金1.1亿元。集中采购101个“智慧芽”高级账号和50个“律商网”会员账号供相关企业免费使用。鼓励发展知识产权服务新模式，打造线上线下融合的知识产权服务平台，引导“互联网+”服务模式健康发展，鼓励服务机构深度参与企业研发、技术交易、投资并购等活动，鼓励机构入驻孵化器、众创空间，在物联网小镇、海外高层次人才创新创业基地新设立商标品牌指导服务站2个，为中小微企业提供知识产权服务；为科创板拟上市企业提供知识产权辅导，免费辅导企业10家。设立世界知识产权组织技术与创新支持中心和审查员实践基地，先后承办世界知识产权组织PCT（专利合作条约）高级巡回培训班、中欧知识产权工作组会议等活动，提升知识产权人才能力。举办知识产权培训班30多场次，受众1万余人。（张景元）

美好生活共同体建设

2020年1月3日，区委五届八次会议确定9个社区美好生活共同体建设作为区政府民生实事项目之一，分别在西兴街道滨和社区、西陵社区、星民社区，长河街道闻涛社区、江一社区、冠山社区，浦沿街道滨文社区、山二社区、冠二社区进行试点创建。社区美好生活共同体是以“党群公共服务”“居民活动”“邻里之家”“居民议事”4个功能区为基础，结合各社区的特点，设置多个特色服务功能区，形成“4+N”基本格局，集政务、生活、养老、托幼、文化、体育、自治等服务为一体，为居民提供最贴切生活的服务。社区美好生活共同体整合社区便民服务中心、养老服务照料中心、文化书屋、体育健身场所等服务设施，改善各部门业务单线下延到基层造成的服务区域分散、服务功能单一、服务设施闲置等社区服务状况，拓展社区公共服务空间。提倡一室多用、空间共享、最大化发挥效用。街道社区立足实际基础条件，结合社区居民生活需求等情况，进行优化完善，实行差异化配置。全区注册并启用社区美好生活共同体“邻聚里”（home+）及“一滨办”标识，体现品牌特色。

西兴街道滨和社区美好生活共同体位于滨江区科创公寓8号，总面积2100平方米，共两层，具有“党群公共服务”“居民活动”“邻里之家”“居民议事”等功能的社区综合体。以满足青年人才的“微需求”为目标，具备社交、学习、娱乐、健身等功能，提高入住人员对社区的感知度和信任度。项目于2020年1月开始设计，9月上旬全部完成，同月15日正式启用。

西兴街道星民社区美好生活共同体位于缤纷东苑9号楼，项目总面积3078平方米，

滨和社区美好生活共同体　（区民政局　供图）

由卫生服务分中心和运动健身中心组成。于2020年5月启动，12月底建设完成。

西兴街道西陵社区美好生活共同体位于西兴街道人民路13号，共4层，将西兴街道党群服务中心与西陵社区美好生活共同体合二为一，集成“党群服务、居民会客、居民议事、社会组织服务”四大功能。项目总面积5535平方米，于2020年5月份启动，12月底部分建设完成。

长河街道闻涛社区美好生活共同体与周边白金海岸农贸市场、社区食堂、卫生服务中心等多个生活场景构成社区美好生活共同体。围绕“最美闻涛”社区品牌，科学配置各类功能服务设施，推进“一点多用”，提高设施使用效率；于2020年6月底建设完成。

长河街道江一社区美好生活共同体位于春波西苑22幢，配有党群服务中心、健身馆、儿童活动室、舞蹈室、农贸市场等功能区，共4层，总建筑面积4782平方米，于2020年底建设完成。

长河街道冠山社区美好生活共同体由社区党群服务中心、居家养老服务中心、文体中心3个功能版块组成，总建筑面积7769平方米，于2020年底建设完成。

浦沿街道滨文社区美好生活共同体位于江畔云庐4幢沿街商铺，社区设置“慧康养”“慧启赋”“慧热点”“慧奉献”“慧美力”“慧乐味”6个版块区域，“六慧”并行，提供全新的社区服务模式。发挥辖区高校资源优势，创建“6N高校联盟”，为居民提供志愿服务。总建筑面积1588平方米，于2020年10月底建设完成。

浦沿街道山二社区美好生活共同体由山秀景苑2号楼及7号楼2个独立楼幢组成，配有党群服务中心、儿童活动中心、老年活动室、农贸市场等功能区，总建筑面积1.11万平方米，于2020年底建设完成。

浦沿街道冠二社区美好生活共同体由冠新佳苑西南侧（社区公共服务）及东南侧（大商业）两处组成，配有党群服务中心、健身室、儿童活动室等功能区，总建筑面积1.02万平方米，于2020年底建设完成。

（陈　超）

基层组织建设年

2020年4月10日，杭州高新区（滨江）“基层组织建设年”动员大会召开。会议确定2020年为基层组织建设年，要求全面加强党对各级各类基层组织的领导，以基层党建引领基层治理，提升管党治党水平、提高干部队伍建设水平，“高质量发展与高水平治理”相结合，紧扣城市化和产业化、产城人融合发展，突出政治功能，突出高新味、滨江味，强优势、补短板、破难点，形成杭州高新区（滨江）高质量发展动能。会上印发《关于全面开展基层组织建设年的实施意见》（简称“实施意见”）。

同月19日，杭州高新区（滨江）成立基层组织建设年领导小组办公室（简称“基层办”），区委常委、组织部部长商丽萍任办公室主任。基层办统筹推进实施意见落地，抓好项目推进、制定机制、培育示范点、组织活动、策划宣传、编发简报等工作。制定“三表三清单”即“重点任务推进表”“基础工作目标值”“基本任务推进表”“制度机制清单”“示范点统筹培育清单”“活动预排清单”，统筹推动落实4个方面13项重点工作和38项基础性工作。

基层办推进全区各部门摸清135家小区物业、业委会党组织覆盖和运行情况，314家规模以上数字经济企业、2338家中小微科技企业、87家市级以上科技孵化器和众创空间、263家社会组织党组织覆盖情况，明确指标数和责任人，确定组织体系中应补的短板目标。

推动“先锋滨·小区楼廊提升改造”纳入全年民生实事项目；新建社会组织党组织2家、律师事务所党组织9家；警示教育覆盖3800多人，“第一种形态”谈话提醒530人，排查处置违法违纪党员28人，下派24名机关年轻干部到街道社区挂职锻炼等基础性工作。

针对组织体系弱项、党员干部管理、社区组织建设等，列出制度建设清单18项。至年底，出台《关于做好社区组织换届七项“起底行动”工作的通知》《杭州高新区（滨江）发展党员工作质量18条》《关于股社分离股份经济合作社党组织设置的通知》《关于推进“初心五必”巩固深化“不忘初心、牢记使命”主题教育成果的通知》《推进“国际滨”高水平社区治理的实施意见》《滨江区社区配套用房建设使用管理办法》《全区社会组织“双强孵化”实施办法》《2020年民营企业统战工作通知》《城市新乡贤统战工作实施方案》《街道监察办公室规范化建设工作方案》《创建区域社会治理现代化标杆城区的实施意见》《撤村建居社区股社分离工作实施方案》《党员干部“八小时以外”监督实施意见》《受处分干部教育帮扶和评估任用实施意见》《干部职业成长通道》等制度15项。

根据“基层组织建设年实施意见”要求，制定《关于建立“亲清三访”联系服务机制的通知》，组织区管以上领导干部开展走访活动，优化企业、人才及基层群众服务的体制机制。建立“亲清三访”活动专班，明确各部门职责任务，实施专班推进。由区委组织部、区委人才办、区经信局分别牵头，为全区235名区管以上领导干部明确结对联系的社区、人才及企业名单。制定《关于开展“亲清三访”集中走访活动的方案》，全年走访服务企业4023家次，走访服务群众1.38万人次，梳理汇总相关问题10711个，问题办结数10667个，办结率99.59%。

强化街道党工委“加强党的建设”首要职能，区委办、区委组织部、区委编办、区发改局、规划资源滨江分局等部门和各街道，细化街道党工委“五项权力”（对区职能部门派驻机构干部管理考核权，对区职能部门派驻机构负责人任免征得同意权，街道党工委、办事处规划参与权，区域内重大决策和重大项目建议权，落实街道党工委的综合管理权）落地流程，明确关键环节，推进街道赋能赋权。推进街道大工委、社区大党委建设，加强股份经济合作社党的建设，一体推进党带群团，分类打造9个社区美好生活共同体，开办“国际社工学院”，建设社区大党委示范点4家、楼宇示范点2家，数智赋能党建引领社区治理线下应用场景4个，清廉社区示范点4个。

强化数字赋能基层治理，区城市大脑围绕“1+5+N”（即1个数字驾驶舱，5大重点领域，N个应用场景）主体架构搭建，实现数字赋能提升政府服务企业和基层治理能力，实现民生、惠企和治理3个直达，打通市级、区级、街道、社区等多层级，省、市等多业务系统，人力社保、市场监管、税务等多部门数据实时接入，接入部门单位23个，系统34个，数据15亿余条。整理19个区级应用场景，涉及牵头部门11家。助推襄七房等社区全力打造社区数字化政府治理的实战平台——社区级数字驾驶舱，全面实现社区有效指挥、快速管控、精准处置能力。

2020年，杭州高新区（滨江）以基层组织建设年为契机，推进各项工作取得新成就。“非公党建‘双积分’党建考核机制”列入省委“两新”党建工作重点，省委组织部将“滨江区聚焦加强党支部和党员队伍建设，积极探索党组织、党员‘双积分’，推动基本制度落实落细，促进党建工作与企业发展深度融合，取得较好成效”的滨江经验，在全省推广；全市基层组织建设5项重点工作试点落定杭州高新区（滨江）（全市18项），市委常委、组织部部长毛溪浩专题调研数智赋能、党建引领社区治理试点工作；承办全市“两新”党务工作者协会二届三次会员大会暨“红盟聚力”工作推进会，并做经验交流。在《人民日报》、新华网、中新社、《浙江日报》、《杭州日报》等媒体刊发信息57篇。

（李基凯）

大事记

1月

3日，区委五届八次全体（扩大）会议在区文化中心召开，区委书记王敏代表区委常委会做题为《把握三对关系、深化三态融合，高质量推进世界一流高科技园区建设》的报告。

6日，长河街道江汉社区被省残工委评为浙江省无障碍社区。

8日，区工商联被省工商联评为2019年度全省工商联系统先进单位。

9日，望江隧道全线通车。

△ 杭州高新区（滨江）“不忘初心、牢记使命”主题教育总结大会召开。区委书记王敏做题为《求实唯效、走深做实，以高质量主题教育推动高新区（滨江）高质量发展》的总结讲话。

10日，杭州市滨江区浦沿街道社区卫生服务中心医教及后勤保障科科长、全科副主任医师、扶贫医生张超突发疾病抢救无效去世。

14日，区委追授张超“杭州高新区（滨江）优秀共产党员”称号，并在全区广大党员干部中开展向张超学习活动。

15日，浙江泰林生物技术股份有限公司在深圳证券交易所创业板挂牌上市，成为杭州高新区（滨江）第50家上市公司。

17日，区经信局被省经信厅评为2019年度全省经信系统先进单位。

18—20日，中国人民政治协商会议第二届杭州市滨江区委员会第四次会议召开。王国珍当选为区政协主席，林榕兴、袁海峰、高翔、高澜当选为区政协第二届委员会常务委员。

△ 杭州市滨江区第五届人民代表大会第四次会议召开。选举夏涛为区人民检察院检察长。

21日，副省长陈奕君一行到杭州高新区（滨江）调研浙江吉利控股集团有限公司。

23日，区市场监管局承担的杭州高新区（滨江）商事制度改革促进政务环境提升标准化试点项目被国家标准化管理委员会评为第六批社会管理和公共服务综合标准化试点项目。

2月

5日，区委组织部、区财政局、区人力社保局推出《杭州高新区（滨江）关于进一步激励关爱疫情防控一线基层党员干部和医务工作者的十二项措施》。

△ 省委书记车俊到杭州高新区（滨江）指导新冠肺炎疫情防控工作，检查龙湖春江彼岸小区居家隔离等疫情防控工作落实情况，慰问基层一线党员干部群众。

12日，省委常委、组织部部长黄建发到杭州高新区（滨江）看望慰问一线社区干部，了解新冠肺炎疫情防控和“暖心八条”落实以及企业复工复产情况，走访浙江大立科技股份有限公司、杭州安恒信息技术股份有限公司、西兴街道“爱心天使驿站”。

△ 杭州高新区（滨江）知识产权综合服务中心新型冠状病毒防控专利专题库上线，免费向社会公众开放。

13日，杭州高新区（滨江）出台《关于坚决打赢疫情防控阻击战，帮助企业复工复产的若干意见》。

18日，省委常委、统战部部长熊建平到杭州高新区（滨江）了解民营企业新冠肺炎疫情防控和复工复产有关情况及面临的困难问题，听取意见建议，走访杭州宏华数码科技股份有限公司、杭州趣链科技有限公司。

△ 省人大常委会党组书记、副主任梁黎明，市人大常委会党组书记、主任于跃敏到杭州高新区（滨江）调研新冠肺炎疫情防控和推进企业有序复工情况、省人大常委会《关于依法全力做好当前新型冠状病毒感染肺炎疫情防控工作的决定》执行情况，考察杭州华为企业通信技术有限公司、博世电动（中国）有限公司。

22日，区委组织部、区民政局、区财政局出台《关于进一步关爱激励疫情防控一线专职社区工作者的通知》。

24日，杭州高新区（滨江）召开全区统筹推进新冠肺炎疫情防控和经济社会发展工作部署会。

26日，副省长王文序等检查指导残疾人服务机构新冠肺炎疫情防控工作，走访绿康阳光家园。

△ 省政协副主席、民建省委会主委陈小平走访调研杭州安恒信息技术股份有限公司。

27日，杭州高新区（滨江）举办“相约在高新”2020年春季招聘会的首场“云校招”。

3月

1日，杭州高新区（滨江）安置房建设项目长虹苑扩点（三期）率先复工。

2日，众合科技轨道交通研究院被省科技厅、省发改委、省经信厅认定为省级企业研究院。

△ 规划资源滨江分局不动产登记窗口被省自然资源厅评选为“2019年浙江省不动产登记窗口便民利民服务成绩突出的集体”。

3日，市委决定追授张超为“杭州市优秀共产党员”，并号召全市党员干部向张超学习。

5日，杭州高新区（滨江）举行“同心三服务”首场云签约仪式，区科创公司、杭州银行滨江文化中心小微专营支行等通过视频连线完成签约。

△ 省政协副主席孙景淼到杭州高新区（滨江）调研“更好发挥大数据在基层治理中的作用”。

9日，杭州高新区（滨江）居省深化“亩均论英雄”改革工作领导小组公布的“2019年浙江省高新区亩均效益领跑者”名单榜首。

10日，省委决定追授张超为“浙江省优秀共产党员”。

△ 区人防办被省人防办评为2019年度浙江省人民防空工作先进单位。

11日，杭州海康威视数字技术股份有限公司、网易（杭州）网络有限公司、浙江吉利控股集团有限公司、浙江大华技术股份有限公司4家企业入选2019年浙江省企业专利申请量10强名单。

16日，浙江省制造业高质量发展大会发布亩均效益领跑者、“雄鹰行动”培育企业、制造业单项冠军企业、“隐形冠军”企业、省级制造业创新中心5项制造业先进单位。杭州海康威视数字技术股份有限公司、新华三技术有限公司、浙江大华技术股份有限公司等6家企业入选浙江制造业亩均效益领跑企业。浙江吉利控股集团有限公司、海亮集团等7家企业入选浙江省“雄鹰行动”培育企业。杭州中科微电子有限公司、杭州迪普科技股份有限公司、浙江中控技术有限公司入选浙江省隐形冠军企业。

△ 杭州优思达生物技术有限公司研制的新型冠状病毒（2019-nCoV）核酸检测试剂盒（恒温扩增—实时荧光法）取得医疗器械注册证，是全省首个获批上市的新型冠状病毒检测试剂。

17日，杭州高新区（滨江）公益捐赠票据电子化改革完成，向捐款人开出第一张线上捐款电子票据。

△ 杭州高新区（滨江）富阳特别合作区项目集中签约暨集中开工仪式在宏华数码喷印装备和耗材生产基地项目地块举行。3个制造业项目和7个基建项目集中开工，总

投资453亿元。

18日，杭州高新区（滨江）扩大有效投资工作推进会召开。

△ 省人大常委会副主任姒健敏到杭州高新区（滨江）调研居民生活垃圾分类处置工作情况。

20日，中共杭州高新区（滨江）纪委五届五次全体（扩大）会议暨作风建设、警示教育大会召开。

25日，杭州海康威视数字技术股份有限公司投资建设运营的图像识别国家专业化众创空间、浙江众合科技股份有限公司投资建设运营的智能轨道交通国家专业化众创空间入选第三批国家专业化众创空间备案示范。

30日，西兴街道获2019年度省级垃圾分类示范片区（街道）。

4月

2日，杭州高新区（滨江）召开安全生产和消防工作会议。

8日，浙江大华技术股份有限公司研发的“超高精度人体热成像测温系统”获“浙江省AI赋能疫情防控十大创新成果”技术创新奖。

9日，市委副书记、代市长刘忻到杭州高新区（滨江）调研杭州奥体中心主体育场并座谈。

14日，杭州高新区（滨江）在建设平安浙江工作会议上被授予“平安牌”。

15日，省委常委、组织部部长黄建发到杭州高新区（滨江）调研新华三技术有限公司、华为技术有限公司杭州研究所、北京航空航天大学杭州创新研究院。

△ 省政协副主席、致公党省委会主委郑继伟到杭州高新区（滨江）走访看望致公党杭州市委会“明志海创联盟”副会长、杭州火石创造科技有限公司董事长、致公党员金霞，并听取公司情况汇报。

16日，杭州高新区（滨江）物联网产业园被商务部、网信办、工业和信息化部认定为首批12个国家数字服务出口基地之一。

17日，杭州高新区（滨江）被工业和信息化部评为全省唯一一个2019年国家新型工业化产业示范基地五星级示范基地。

20日，杭州高新区（滨江）居省市场监管局发布的“浙江省创造力十强县（市、区）榜单”首位，18家企业上榜“浙江省创造力百强企业名单”。

21日，普天鲲鹏产品发布暨浙江省鲲鹏生态创新中心、浙江大学滨江研究院揭牌仪式在杭州高新区（滨江）东方通信科技园举行。

△ 杭州高新区（滨江）与浙江大学在海外高层次人才创新创业基地签署战略合作协议。

22日，副省长成岳冲到杭州高新区（滨江）检查杭州东冠小学、浙江商业职业技术学院、浙江艺术职业学院开学工作。

23日，地铁5号线后通段开通运行，杭州高新区（滨江）开通长河、聚才路、江晖路、滨康路4个站点。

△ 杭州高新区（滨江）MY CRAFT众创空间、鲲AI空间、远方·极客众创空间、慧空间、3W-COFFICE、海螺邦6家众创空间入选科技部火炬中心发布的“2020年度国家备案众创空间”名单。

24日，省人力社保厅追授张超记大功奖励，并颁发奖章、证书。张超成为全省首位获该奖励的事业单位人员。

27日，省委常委、统战部部长熊建平到杭州高新区（滨江）调研矽力杰半导体技术（杭州）有限公司并座谈。

29日，省纪委书记许罗德到杭州高新区（滨江）调研奥体中心主体育场。

△ 副省长陈奕君到杭州高新区（滨江）调研省食品药品检验研究院。

△ 杭州光云科技股份有限公司在上海证券交易所科创板挂牌上市，成为杭州高新区（滨江）第51家上市公司。

5月

3日，市委副书记、市长刘忻到杭州高新区（滨江）调研中国网络作家村和文创企业并座谈。

△ 区市场监管局行政审批科团支部被共青团中央授

予“全国五四红旗团支部”称号。

6日，杭州高新区（滨江）居人民日报社“人民智库”发布的“浙江省56个区县（市）城市能级的测评及排名”首位。

8日，区法院挂牌成立杭州市银行业人民调解委员会滨江工作室，成为全省首家银行业人民调解委员会工作室。

19日，杭州高新区（滨江）浦沿街道社区服务中心之江家庭医生签约团队获评2020年度浙江省“优秀家庭医生团队”，浦沿街道社区卫生服务中心医生陈莲凤获评2020年浙江省“优秀家庭医生”。

20日，市委副书记、市长刘忻到杭州高新区（滨江）调研网易（杭州）网络有限公司和杭州长川科技股份有限公司。

21日，省委常委、省委政法委书记、省委依法治省办主任王昌荣到杭州高新区（滨江）考察知识产权综合服务中心。

27日，市委副书记、市长刘忻到杭州高新区（滨江）调研西可科技园，考察特抱抱科技（杭州）有限公司等企业，并座谈交流。

28日，全市“双引擎”驱动、“双招双引”比学赶超活动考察组到杭州高新区（滨江）考察杭州启明医疗器械有限公司。

30日，杭州高新区（滨江）举行与紫光股份有限公司战略合作签约仪式，宣布“5G网络应用关键芯片及设备研发项目”落户。

△ 杭州高新区（滨江）与中石化天然气分公司签署战略合作协议，宣布中石化天然气分公司浙江销售中心落户杭州高新区（滨江）。

6月

1日，市委副书记、市长刘忻到杭州高新区（滨江）调研浙江吉利控股集团有限公司。

4日，湖北省恩施土家族苗族自治州党政代表团到杭州高新区（滨江）对接东西部扶贫协作工作并考察浙江正泰太阳能科技有限公司。

5日，杭州中科国家技术转移中心落户杭州高新区（滨江）。

△ 杭州高新区（滨江）举行党委理论学习中心组（扩大）暨“院士讲堂”第一讲，邀请北京大学信息科学技术学院院长、中国工程院院士、教授高文做“人工智能发展现状与趋势”专题报告。

△ 全国首个“网络文学IP路演中心”揭牌仪式暨首场“IP直通车活动”在中国网络作家村举行。

8日，杭州高新区（滨江）与中科院长春光机所在吉林省长春市签约共建杭州长光产业技术研究院。

11日，第22届（网上）浙洽会——国家数字服务出口基地浙江企业全球推介会在杭州高新区（滨江）智慧e谷举行。

△ 网易（杭州）网络有限公司在香港联交所上市，成为2020年杭州高新区（滨江）首家在香港二次上市的企业。

13日，连通（杭州）技术服务有限公司获中国人民银行颁发的银行卡清算业务许可证，成为国内首家获得银行卡清算业务许可证的中外合资机构。

16日，杭州高新区（滨江）“一码解纠纷（诉讼）”平台试运行。

△ 副省长陈奕君到杭州高新区（滨江）调研浙江普康生物技术股份公司、鸿运华宁（杭州）生物医疗有限公司。

19日，华家排灌站通过竣工验收。

30日，2020年浙江省建筑安全整治三年行动暨“智慧供地”观摩推进会在杭州高新区（滨江）召开。

7月

1日，奥体网球中心决赛馆（小莲花）获第十四届“中国钢结构金奖”。

3日，中共杭州市滨江区委五届九次全体（扩大）会议在区文化中心召开，区委书记王敏代表区委常委会做题为《扛起高新使命、彰显滨江特色，在“重要窗口”建设中展现“数字滨江”魅力》的报告。

△ 杭州高新区（滨江）开通育华路停车场至浙江大学医学院附属儿童医院滨江院区、滨江实验小学停车场至

浙江大学医学院附属儿童医院滨江院区的公交免费接驳专线。

5日，杭州长光产业技术研究院揭牌仪式暨首批入驻企业签约仪式在海外高层次人才创新创业基地举行。

6日，杭州高新区（滨江）与国家开发银行浙江省分行签订战略合作协议。

7日，副省长朱从玖到杭州高新区（滨江）调研连通（杭州）技术服务有限公司。

△ 杭州高新区（滨江）启动防汛Ⅰ级应急响应。

8日，省委副书记、省长袁家军到杭州高新区（滨江）调研杭州启明医疗器械有限公司、杭州长川科技股份有限公司。

9日，省检察院检察长贾宇到杭州高新区（滨江）调研区院两房建设现场、杭州海康威视数字技术股份有限公司，看望区检察院干警，并座谈交流。

10日，杭州安恒信息技术股份有限公司在2020年世界人工智能大会云端峰会上获首个全球工业互联网大奖——“湛卢奖”。

13日，中央政治局委员、国务院副总理胡春华到杭州高新区（滨江）考察浙江大华技术股份有限公司。

△ 副省长王文序到杭州高新区（滨江）考察绿康阳光家园，召开康养工作座谈会。

14日，杭州高新区（滨江）7项专利被国家知识产权局和世界知识产权组织授予中国专利奖，其中专利银奖1项、外观设计银奖1项、专利优秀奖3项、外观设计优秀奖2项。

20日，杭州高新区（滨江）首批4家电影院恢复营业。

28日，浦沿街道华悦湾社区挂牌成立。

29日，杭州市“亚运城市运动”比学赶超活动考察组到杭州高新区（滨江）考察亚运会基础设施建设及相关筹备工作。

30日，省委书记车俊到杭州高新区（滨江）考察杭州趣链科技有限公司。

8月

3日，杭州高新区（滨江）3个项目入选工业和信息化部2020年新型信息消费示范项目。分别是杭州宇视科技有限公司“基于多维信息融合的智能人员管控系统”、新华三技术有限公司“Workspace远程工作解决方案”、杭州网易严选贸易有限公司“基于网易严选‘严选模式’新型信息消费的品质电商平台”。

5日，市委副书记、市长刘忻到杭州高新区（滨江）调研华为技术有限公司杭州研究所、网易（杭州）网络有限公司（二期）并座谈，调研TP-LINK杭州研发中心、杭州诺辉健康科技有限公司、易思维（杭州）科技有限公司、杭州趣链科技有限公司、杭州德同生物技术有限公司。

6日，据省发改委通知，杭州高新区（滨江）及杭州网易严选贸易有限公司列入首批先进制造业和现代服务业融合国家试点，成为杭州市入选的唯一地区和企业。同时，杭州高新区（滨江）是浙江省唯一入选地区。

7日，杭州泰格医药科技股份有限公司在香港证券交易所主板上市，是继2012年深圳证券交易所创业板上市后的二次上市。

10日，杭州高新区（滨江）与财通证券股份有限公司、杭州银行签署三方战略合作协议。

12日，杭州高新区（滨江）举行“薪火相传、砥砺奋进”纪念杭州高新区成立30周年同心诗会。

15日，杭州高新区（滨江）在北京举行《杭州高新区（滨江）建设世界一流高科技园区规划纲要》专家论证会。

18日，副省长、省公安厅厅长王双全到杭州高新区（滨江）调研“坚持政治建警全面从严治警”教育整顿工作试点情况，并调研公安滨江分局、西兴派出所党建文化馆。

19日，副省长成岳冲到杭州高新区（滨江）慰问西兴街道社区卫生服务中心工作人员。

21日，杭州高新区（滨江）成立企业刑事合规促进会。

△ 杭州市公布第二批公园名录，杭州高新区（滨江）有滨江公园、白马湖公园、冠山公园、四桥公园、滨江区市民广场公园、江一公园、一桥

公园、工业遗址公园、西兴互通公园、长河公园、六和公园、高教公园、江二公园、感知公园、缤纷公园15个公园入选。

24日，杭州高新区（滨江）与浙江省能源集团有限公司签约，共建能源科创基地。

△ 市委副书记、市长刘忻到杭州高新区（滨江）调研杭州泰格医药科技股份有限公司、杭州光云科技股份有限公司、祖名豆制品股份有限公司、浙江泰林生物技术股份有限公司。

26日，全国双拥工作领导小组办公室副主任、军委政治工作部群众工作局局长肖安水到杭州高新区（滨江）调研浙江吉利控股集团有限公司，考察企业拥军和国防教育工作情况。

27日，省政协副主席马光明到杭州高新区（滨江）考察奥体中心主体育场改造提升推进情况。

28日，省委常委、政法委书记、省委建设县级社会矛盾纠纷调处化解中心协调小组组长王昌荣到杭州高新区（滨江）调研社会矛盾纠纷调处化解中心建设运行情况。

△ 连通（杭州）技术服务有限公司揭牌，是境内唯一一家中外合资银行卡清算机构。

29日，全国政协经济委员会副主任刘利华到杭州高新区（滨江）调研杭州亚运会无线电安全保障工作。

30日，世茂·智慧之门A塔核心筒结顶，并举行首次灯光秀。

31日，杭州高新区（滨江）举行企业e服务平台——“上马石”上线新闻发布会。

9月

3日，杭州高新区（滨江）在绿康阳光家园举行“喜迎亚残”康复体育进家庭暨杭州市第十届残疾人健身周启动仪式。

△ 浙江吉利控股集团有限公司、浙江大华技术股份有限公司、浙江中南建设集团有限公司入选省市场监管局、省工商联共同发布的“2020浙江省民营企业100强”榜单，分别居第1位、第48位、第63位。

4日，副省长王文序到杭州高新区（滨江）参加2020年浙江省暨杭州市“中华慈善日”主题宣传活动和“钱塘善潮”论坛。

△ 杭州高新区（滨江）召开生命健康创新发展大会，发布生命健康产业发展规划及新政。

△ 中国农工民主党杭州高新区（滨江）基层委员会成立大会召开。

7日，区科创公司2020年非公开发行创新创业公司债券（第一期）成功发行，发行规模16亿元，期限3+2年，票面利率3.65%，成为浙江省首支由地方政府平台公司发行的双创债。

8日，市委副书记、市长刘忻到杭州高新区（滨江）督导第二轮中央生态环境保护督查交办信访问题，检查餐饮店油烟污染防治情况。

△ 杭州高新区（滨江）“企业创新积分”试点工作启动发布会在智慧e谷举行，科技部火炬中心主任贾敬敦出席。

10日，市人大常委会党组书记、主任于跃敏到杭州高新区（滨江）开展中央环保督察整改情况专项监督，调研北塘河渣土泵送中心噪音、扬尘及夜间灯光影响问题。

△ 浙江吉利控股集团有限公司、网易（杭州）网络有限公司、百世物流科技（中国）有限公司、浙江大华技术股份有限公司、浙江中南建设集团有限公司入选“2020中国民营企业500强”榜单，分别居第10位、第138位、第262位、第358位、第459位。

13日，全国政协常委、港澳台侨委员会副主任耿惠昌到杭州高新区（滨江）专题调研“服务‘一带一路’建设，推进海外华文教育”情况，考察杭州第二中学（滨江校区）、杭州国际学校。

15日，滨江区获评“2019年浙江省人民政府质量奖组织奖”，成为全省唯一获奖区县（市）政府；杭州海康威视数字技术股份有限公司获评“2019年浙江省人民政府质量奖”。

△ 杭州高新区（滨江）首家社区美好生活共同体——滨和社区美好生活共同体启用。

16日，省委副书记、代省长郑栅洁到杭州高新区（滨江）调研杭州宏华数码科技股份有限公司、浙江大华技术股份有限公司。

△副省长朱从玖到杭州高新区（滨江）调研杭州卧兔网络科技有限公司、杭州悦孚斯贸易有限公司、物联网产业园。

17日，张超入选中央文明办发布的“中国好人榜”。

21日，杭州高新区（滨江）举办首届“滨江工匠”发布会，浙江中控研究院有限公司总工程师王天林等10人获评首批“滨江工匠”称号。

24日，杭州高新区（滨江）物联网小镇、互联网小镇、金融科技小镇等区域11.32平方千米被列入中国（浙江）自由贸易试验区扩展区域。

△ 省经信厅公示102家2020年度省级工业互联网平台创建名单，杭州高新区（滨江）9家企业入围，总数居全省第一位。

27日，杭州市“改革攻坚”比学赶超活动实地考察组（第二组，市长刘忻带队）到杭州高新区（滨江）考察区行政服务中心“去中心化”改革。

28日，杭州山科智能科技股份有限公司在深圳证券交易所挂牌上市，成为杭州高新区（滨江）第52家上市公司。

29日，第十六届中国国际动漫节在白马湖国际会展中心开幕，10月4日闭幕。

10月

10日，副省长朱从玖到杭州高新区（滨江）调研浙江自贸试验区杭州片区滨江区块。

14日，市政协主席潘家玮到杭州高新区（滨江）开展杭州“十四五”发展思路调研，到海外高层次人才创新创业基地调研“芯火”双创基地并召开座谈会。

15日，杭州高新区（滨江）与中国联合工程公司举行战略合作协议签约仪式。

16日，省委书记袁家军到杭州高新区（滨江）考察正泰集团创新体验中心和智能制造车间，了解公司“一云两网”（正泰云，正泰工业物联网、正泰能源物联网）战略布局、智能制造与数字化转型、绿色智慧能源与智慧城市建设解决方案应用情况。

17日，杭州高新区成立30周年纪念大会在杭州奥体博览城网球中心（小莲花）举行。

△ 2020杭州湾全球数字技术大会暨第九届中国创新创业大赛（浙江赛区）总决赛在杭州高新区（滨江）举行。

△ 北京航空航天大学杭州研究生院量子精密测量与传感技术实验大楼奠基。杭州高新区（滨江）与北京航空航天大学举行“超高灵敏极弱磁场和惯性测量装置”重大科技基础设施培育项目签约仪式。

19日，中国侨联主席万立骏到杭州高新区（滨江）考察海亮集团并座谈交流。

24日，杭州高新区（滨江）举行2020中国生物医药产业创新大会主论坛，中国工程院院士李校堃、郑裕国参加。

26日，中国（杭州）知识产权保护中心落户杭州高新区（滨江）知识产权大厦。

28日，中国国民党革命委员会杭州高新区（滨江）第一届基层委员会成立。

29日，第十四届（2020）杭州文化创意产业博览会在杭州高新区（滨江）开幕，11月1日闭幕。

11月

3日，杭州高新区（滨江）与中国工商银行杭州分行签署战略合作协议。

4日，北京航空航天大学杭州创新研究院智能传感材料与芯片集成技术重点实验室和浙江大华技术股份有限公司视觉物联融合应用重点实验室入选2021年度浙江省重点实验室名单。

5日，第九届中国创新创业大赛全国总决赛在白马湖国际会展中心开幕。

6日，第七届“西湖论善”论坛发布《2019年度浙江城市慈善发展指数报告》，杭州高新区（滨江）慈善发展指数86.01，在全省89个区县（市）中排名第一位。

9日，“滨朋远至、江成大业”杭州高新区（滨江）十五期硅谷精英沙龙暨人才活动周启动，首推人才战略专家伙伴公推制度。

10日，浙江省水利学会2020学术年会暨科技治水峰会在杭州高新区（滨江）举行。

13日，省抗击新冠肺炎疫情表彰大会在杭州召开，杭州高新区（滨江）赖立娟、傅静、陈少华、傅利泉4人获评省抗击新冠肺炎疫情先进个人，浙江菜鸟供应链管理有限公司、网易（杭州）网络有限公司2家单位获评省抗击新冠肺炎疫情先进集体。

13—15日，2020草莓音乐节（杭州站）在白马湖畔举行。

15日，2020年福摩杯“舞动中国——排舞联赛”总决赛暨全国排舞冠军赛在区文化中心结束，全国50个城市、248支队伍、4000人参赛。

16日，全国政协外事委主任楼继伟到杭州高新区（滨江）考察连通（杭州）技术服务有限公司、国家数字服务出口基地。

17日，杭州长光产业技术研究院企业推介洽谈会在海外高层次人才创新创业基地举行。

△ 杭州高新区（滨江）与浙江普华天勤股权投资管理有限公司（普华资本）签署战略合作协议，就助力杭州高新区（滨江）早期创新类项目加速成长，中后期项目做大做强，高科技项目招商引入等多方面开展合作。

△ 省水利厅、省美丽浙江建设领导小组、“五水共治”（河长制）办公室公布2020年“美丽河湖”名单，共有140条河湖上榜，杭州高新区（滨江）白马湖片区上榜。

18日，物联网产业园配套幼儿园开工建设。

19日，浙江省智能传感材料与芯片集成技术重点实验室在北京航空航天大学杭州创新研究院挂牌。

24日，杭州“亲清在线”平台“行政许可”版块暨“线上行政服务中心”建设工作推进会在杭州高新区（滨江）召开。杭州高新区（滨江）的“亲清驾驶舱”建设工作获全市推广。

△ 浙江中控技术股份有限公司在上海证券交易所科创板上市，成为杭州高新区（滨江）第53家上市公司。

25日，市人大常委会党组书记、主任于跃敏到杭州高新区（滨江）考察海康威视产业园区嵌入式幼儿园。

12月

1日，北京航空航天大学杭州创新研究院入选浙江省第一批省级新型研发机构，成为杭州高新区（滨江）第一家省级新型研发机构。

9日，国家市场监管总局副局长甘霖到杭州高新区（滨江）调研公共服务质量。

△ 中国网络作家村第三次村民大会暨“村民日”活动、首届全国大学生网络小说大赛颁奖典礼举行。

10日，中华全国供销合作总社理事会主任喻红秋到杭州高新区（滨江）调研浙农控股集团有限公司。

△ 杭州高新区（滨江）与杭州联合银行签订战略合作协议。

24日，全省新时代美丽城镇和特色小镇建设工作推进会上，省长郑栅洁为第四批省级命名特色小镇授牌，滨江物联网小镇成为杭州高新区（滨江）首家省级命名特色小镇。

28日，北航杭州创新研究院量子精密测量与传感研究中心——德诺医疗战略合作签署暨弱磁医学应用联合实验室成立仪式举行。

29日，白马湖生态创意城被文化和旅游部命名为“国家级文化产业示范园区”。

△ 第十届浙江商贸高峰论坛暨首届中国（杭州）新商业峰会在杭州高新区（滨江）举行，“Bingo滨购”消费系列品牌发布。

31日，区委五届十次全体（扩大）会议在区文化中心召开，区委书记王敏代表区委常委会做题为《锚定“世界一流”、打造“三个滨江”，争创社会主义现代化先行示范区》的报告。

（区志编研室）

区情概览

自然概貌

【位置面积】 滨江区位于钱塘江下游南岸，地处北纬30° 08′20.4″～30° 14′20.4″和东经120° 07′4.8″～120° 13′55.2″之间。东、南面与杭州市萧山区北干街道、蜀山街道及闻堰街道接壤。西、北濒钱塘江与杭州市西湖区、上城区隔江相望。境域东西最大距离10.4千米，南北最大距离10.4千米。据第二次全国土地调查，总面积72.2平方千米，钱塘江水域面积11.3平方千米，占15.7%；内陆区域面积60.9平方千米，占84.3%。其中：内陆区域内河道和湖泊面积2.6平方千米，占3.6%；林地面积3平方千米，占4.2%。

【地貌特征】 滨江区地处萧绍平原西沿，北靠杭州复向斜丘陵，南依浦阳江平原。境内以平原为主，有少量低丘，地貌类型单调，界线清晰。以西江塘、北海塘为界，分为里畈片地貌和沙地片地貌。里畈片位于老虎洞山、美女山、狮子山一线以北至西江塘北段一带，为由富春江、浦阳江夹带的泥沙和湖沼堆积形成的冲积–湖积平原，有星散分布的孤丘。平原表面平展，北部和西北部地势略高，为6.2～6.8米，白马湖一带稍低，湖面常年正常水位5.6米，格子状、枝杈状水系密布，由西向东汇注白马湖。沙地片分布于浦沿街道半爿山至西兴街道西江塘以北的南沙冲积–海积平原西端，呈东西向伸展，宽2.6～4.8千米，由钱塘江、东海涌潮挟带的泥沙堆积形成。平原表面微微起伏，南部地势略微高起，河渠纵横，池、井、浜散布。濒临钱塘江水域，地面略微高起，沉积物明显变粗，主要为细砂和粉砂，土质松散。 （陈志根）

【气候特征】 杭州市滨江区地处亚热带季风气候带，温和湿润，雨量充沛，光照充足，四季分明，春秋较短，冬夏较长。春季一般始于3月中下旬，回暖早，冷暖转换快，气温日差较大。夏季平均始于5月下旬至6月初，初夏常为梅雨季节，高湿闷热；盛夏晴热少雨，也是台风影响最频繁时期。秋季多开始于9月下旬至10月初，多秋高气爽的天气。冬季多开始于11月底至12月初，多晴冷天气。

2020年，滨江区年平均气温18.2℃，较常年高1.2℃，是2000年以来第21个连续偏暖年份，气候变暖趋势持续；累计降水量1664.2毫米，较常年（1438.0毫米）多226.2毫米；年雨日数221.0天，较常年多31.4天。年日照时数1619.3小时，较常年少81.5小时。1月，平均气温偏高、降水偏多、雨日数偏多、日照偏少，最低气温低于0℃天数为有记录以来最少，极端最低气温为有记录以来最高值，最高气温24.5℃，为有纪录以来第二高值；5月，平均气温偏高，是历史同期第三高值，降水偏多，雨日数较常年略偏多，日照偏少；10月，降水量明显偏少，仅出现2次明显降水过程，部分地区出现轻度干旱；年末受寒潮影响，最低温降至–5.8℃，历史排名第五低。入梅早出梅迟，梅雨期明显偏长，有50天；梅雨量偏多，有643毫米；暴雨过程频繁。

气温。平均气温为18.2℃，历史平均气温为17.0℃，位列1951年建站以来第五高值。日最高气温为39.0℃，历史同期最高为41.6℃。日最低气温为-5.8℃，历史同期最低为-9.6℃。平均气温超过10℃的有282天，超过15℃的有233天。低于5℃的有10天，低于10℃的有84天。1月平均气温7.2℃，较常年（4.6℃）高2.6℃；2月平均气温9.9℃，较常年（6.4℃）高3.5℃；春季（3—5月，下同）17.7℃，较常年（16.0℃）高1.7℃；夏季（6—8月，下同）平均气温28℃，较常年（27.3℃）高0.7℃；秋季（9—11月，下同）平均气温19.3℃，较常年（18.6℃）高0.7℃；12月平均气温6.9℃，较常年（7.0℃）低0.1℃。极端最高气温为39℃，出现日期为8月15日。极端最低气温为-5.8℃，出现日期为12月31日。

降水。年降水量1664.2毫米，较常年（1438.0毫米）多15.7%，居1951年建站以来第12位。1月降水量227.6毫米，较常年（80.6毫米）多182.4%；2月降水量82.4毫米，较常年（88.2毫米）少6.6%；春季降水总量为353.1毫米，较常年（392.4毫米）少10.0%；夏季降水总量为685.6毫米，较常年（554.4毫米）多23.7%；秋季降水总量为294.6毫米，较常年（273.5毫米）少7.7%；12月降水量21.2毫米，较常年（48.9毫米）少56.6%。年雨日数为166天，较常年（147.4天）多18.6天。

日照时数。年日照时数1619.3小时，较常年少4.6%。1月日照时数73.9小时，比常年（110.8小时）少33.3%；2月日照时数108.5小时，比常年（100.1小时）多8.4%；春季日照时数461.8小时，比常年（419小时）多10.2%；夏季平均日照时数467.1小时，比常年（576小时）少18.9%；秋季平均日照时数388.8小时，比常年（435.3小时）少10.7%；12月日照时数119.2小时，比常年（129.6小时）少8%。

【五大天气气候变化】 2020年，滨江区出现五大天气气候事件。

梅雨时间较长，梅雨量历史第二。2020年入梅时间（5月29日）较常年偏早14天，出梅时间（7月18日）偏晚10天，梅期长50天，接近常年的2倍；全市梅雨量达815毫米，超过常年梅雨量的3倍，居历史第二位，其中滨江区梅雨量643毫米。

台风“黑格比”紧擦杭州北上，影响台风为零。常年影响杭州台风数量为1.5个，2020年仅台风“黑格比”紧擦杭州北上，风小雨弱，未达到影响台风标准，影响台风为零。7月西太平洋和南海没有台风生成，为中华人民共和国成立以来首次“七月空台”。

年初较暖年末偏寒，年末遇上大寒潮。从2020年初起就气温偏高，为自1951年以来最强暖冬。此后，入春、入夏、入秋时间都明显提前。8月“拉尼娜事件”形成，下半年偏冷，北方冷空气活跃且强度偏强，12月平均气温较常年偏低。12月29日起，为大风、降温天气，31日早晨最低气温-5.8℃，继2016年1月以来再次出现较大范围水管破裂，水表冻损现象。

污染治理持续见效，霾日数大幅减少。2020年全年霾日数57天，比近5年（2015—2019年）平均减少25天，霾日数减少30%；能见度持续改善，10千米以上高能见度天气占比近50%。

7月气温偏低，8月高温连续。7月月平均气温26.6℃，相比常年同期低2.0℃；高温日数仅有7天，为常年平均的50%。8月月平均气温30.3℃，比常年同期高2.3℃，高温日数23天，较常年多（常年9天），8月12—21日，杭州市气象台连续10日发布高温橙色预警信号。（黄　翊）

建置区划

【建置沿革】 新石器时代，滨江境内已有人类活动。春秋战国时，为越国属地。战国中期，楚威王（前339—前329）灭越，境域属楚。秦始皇二十五年（前222），置会稽郡，境域属会稽郡。西汉初至元始二年（2）间，始建县，名余暨，境域属余暨县。新朝王莽始建国元年（9），改余暨为余衍，境域属余衍县。东汉建武年间（25—56），复称余暨，属会稽郡。三国，吴黄武年间（222—229），改名永兴，属会稽郡。县治设古长兴乡（即今滨江区浦沿街道境内），境域属永兴县。西晋，属会稽郡。唐仪凤二年（677），复设永兴县，属越州。其间，废县89年，隶属不变。唐天宝元年（742），改永兴为萧山，越州亦改为会稽郡，境域属会稽郡萧山县。五代时，萧山属吴越国镇东军，境域属镇东军萧山县。北宋太平兴国三年（978），吴越国除，镇东军仍改为越州，境域属越州萧山县。时萧山县实行乡里制，滨江境域设夏孝乡（西兴、长河一带）、长兴乡（浦沿一带），仍隶属萧山县。南宋绍兴元年（1131），改越州为绍兴府，萧山均其属县，滨江境域属绍兴府萧山县。元世祖至元十六年（1279），改绍兴府为绍兴路，萧山属绍兴路。此年改乡为都、改里为图，改夏孝乡为三都，辖十一图；改长兴乡为四都，辖六图；设西兴场（煮盐），隶属不变。明至清末，沿袭元制。清康熙（1662—1722）间西兴设市，雍正七年（1729）称西兴庄；道光十一年（1831）称长兴乡为“浦堰”；清咸丰十一年（1861），太平军占领萧山，改县名为莦珊县。境域属莦珊县。同治二年（1863），太平军退出，复称萧山县，境域仍属萧山。同治二年（1863）至光绪（1875—1908）间长河设镇；光绪二十四年（1898）改“浦堰”为“浦沿”，隶属不变。宣统二年（1910），根据《城乡镇地方自治章程》《府厅州县地方自治章程》，县以下设乡，时滨江境内有西兴乡、长河乡、长兴乡，隶属萧山县。

民国元年（1912），废府，萧山为省直辖，滨江境域属萧山。民国三年（1914），省下设道，萧山属会稽道；民国十六年（1927），废道，萧山复由省直辖。民国十七年（1928），推行村里制，县下设区，区下设村、里，时设西兴里、长河里、浦沿里，属萧山县第二区；民国十九年（1930），将村、里、自治会改编为乡镇，滨江境域设2个镇1个乡。民国二十一年（1932）2月，长河设区，辖冠山、长河、傅许、沿山4个乡135个闾，归属不变。民国二十四年（1935），省设行政督察区，萧山属第三行政督察区；民国三十七年（1948），萧山复归省直辖县，境域归属依旧。

1949年5月5日，萧山县解放，由省直辖。同年5月，长河设区，隶属萧山。6月，萧山划入绍兴专区。1957年，划入宁波专区。1959年改属杭州市，滨江境域均属萧山县。1958年10月1日，实行政社合一的人民公社体制，长河区所辖西兴、长河、山河、浦沿、闻堰5个乡镇，联合成立长河人民公社，隶属萧山县不变。1984年3月，改公社为乡，滨江境域有西兴、长河、浦沿3个乡。1985年6月，改乡为镇，称西兴镇、长河镇、浦沿镇，仍属萧山县。1988年1月，萧山撤县设市（县级），境域属萧山市。

1996年5月9日，经《浙江省人民政府关于扩大杭州市市区行政区划的批复》（浙政发〔1996〕84号）批准，西兴、长河、浦沿3个镇从萧山市中划出，归杭州市西湖区管辖。同月24日，根据《浙江省民政厅关于同意将杭州市西湖区西兴镇的东湘、杜湖、湖头陈三村划归萧山市城厢镇的批复》（浙民行字〔1996〕9号），西兴镇划出东湘、杜湖、湖头陈3个村，并归萧山市城厢镇。同年12月12日，经国务院国函〔1996〕121号批复，以西兴、长河、浦沿3个镇地域设滨江区，因地濒钱塘江，故名“滨江”。2002年6月，根据杭州市委〔2002〕12号文件决定，对杭州高新技术产业开发区管委会和滨江区的管理体制进行调整：杭州高新技术产业开发区党工委、管委会作为市委、市政府的派出机构性质不变；杭州高新技术产业开发区党工委、管委会班子成员和滨江区党委、政府班子成员实行全交叉兼职；既按高新技术产业开发区模式运行，又行使地方党委、政府职能，称杭州高新技术产业开发区（滨江），简称“杭州高新区（滨江）”。2003年11月18日，根据浙政函〔2003〕191号批复，撤销杭州市滨江区西兴镇、长河镇、浦沿镇建制，其行政区域改由滨江区政府直辖。同年12月3日，杭政函〔2003〕170

号批复，设西兴街道、长河街道、浦沿街道。街道驻地、管辖区域、四至界限与原建制镇同。境域为杭州市滨江区。

（来小钦）

【行政区划】 2020年，滨江区新成立长河街道竹山社区、浦沿街道华悦湾社区。长河街道张家村、汤家井、塘子堰、傅家峙4个社区在保留股份经济合作社的前提下，完成撤并，新筹建越王社区。至年底，滨江区有西兴、长河、浦沿3个街道，59个社区（含新筹建越王社区）。其中：西兴街道有西陵社区、水电社区、温馨社区、新州社区、金东方社区、滨和社区、丹枫社区、奥体社区、官河社区、庙后王社区、西兴社区、襄七房社区、马湖社区、七甲闸社区、星民社区、共联社区、协同社区17个社区；长河街道有天官社区、中兴社区、闻涛社区、月明社区、晶都社区、白马湖社区、钱潮社区、冠山社区、观潮社区、江汉社区、长河社区、江一社区、江二社区、江三社区、长一社区、长二社区、汤家桥社区、山一社区、竹山社区、越王社区20个社区；浦沿街道有新浦社区、之江社区、滨文社区、彩虹社区、滨盛社区、六和社区、西浦社区、向南社区、东信社区、明德社区、信诚社区、江南社区、联庄社区、冠二社区、杨家墩社区、岩大房社区、东冠社区、新生社区、冠一社区、浦联社区、山二社区、华悦湾社区22个社区。 （占监楼）

人口状况

【户籍人口】 至2020年底，滨江区户籍人口292349人，比上年增加14108人，上升5.07%，其中西兴街道89649人、长河街道92797人、浦沿街道109903人。0～17岁67747人，占总人口的23.17%，上升5.05%；18～34岁80715人，占总人口的27.61%，上升3.15%；35～59岁103048人，占总人口的35.25%，上升5.67%；60岁以上40839人，占总人口的13.97%，上升7.54%。户籍总数79616户、292349人，增加3065户、14108人，增长4%、5.07%，平均每户3.67人。总人口中，男性147170人，占50.34%；女性145179人，占49.66%。城镇人口285336人，占总人口的97.6%。全区出生人口3853人，比上年4573人下降15.74%。出生人口中，男性2042人，女性1811人，出生人口性别比112.8。全区死亡人口836人，比上年680人上升22.94%。

【流动人口】 至2020年底，滨江区流动人口在册339041人，比上年增加13161人，上升4.04%，其中西兴街道110331人、长河街道112894人、浦沿街道115816人。居住时间1年以下161677人，占流动人口在册数47.69%；居住时间1～5年165271人，占流动人口在册数48.75%；居住时间5年以上12093人，占流动人口在册数3.57%。16～59岁流动人口在册304337人，占流动人口在册数89.76%。流动人口中男性为194932人，占57.5%，女性144109人，占42.51%，性别比例为135.3（以女性为100）。初中及以下学历流动人口119185人，占35.15%；高中学历87012人，占25.66%；大专及以上学历132844人，占39.18%。全区有少数民族47个，少数民族流动人口10253人，占全区流动人口总数3.02%。

【人口迁移】 2020年，滨江区迁移人口50219人，比上年45175人上升11.17%。其中：市内迁入9781人，比上年7686人上升27.26%；省内迁入6168人，比上年6432人下降4.1%；省外迁入7046人，比上年7614人下降7.5%；市内迁出10334人，比上年7410人上升39.46%；省内迁出465人，比上年357人上升30.25%；省外迁出1103人，比上年976人上升13.01%。

（楼　鹏）

经济建设

【地区生产总值增速居全市第一位】 2020年，杭州高新区（滨江）实现地区生产总值1745.7亿元，比上年增长7.2%，增速居全市第一位。其中：第一产业增加值0.6亿元，第二产业增加值809亿元，第三产业增加值936.1亿元，分别下降8.7%、增长9.6%和5%。三次产业结构调整为0.04∶46.34∶53.62。实现社会消费品零售总额417.1亿元，增长0.6%；自营出口额544.2亿元，增长11.2%。全区规模以上工业企业实现增加值704.2亿元，增长10.8%，总量居全市第一位。实现数字经济核心产业增加值1343亿元，增长16.6%，占地区生产总值的76.9%，居全市第一位，综合评价总指数居全省首位。杭州高新区（滨江）纳入中国（浙江）自由贸易试验区新片区，获评全国首批先进制造业和现代服务业融合试点、全省唯一五星级国家新型工业化产业示范基地。

【财政收支】 2020年，杭州高新区（滨江）实现财政总收入358.4亿元，增长4.8%。一般公共预算收入182.8亿元，增长4.1%，其中税收收入172.6亿元，占一般公共预算收入的94.4%，税收收入中增值税（含营改增）、企业所得税、个人所得税分别为64.8亿元、42.1亿元、31.8亿元，分别占37.54%、24.39%、18.42%。一般公共预算支出126.3亿元，增长2.1%，其中民生保障支出107.4亿元，占一般公共预算支出的85.04%。用于教育、产业扶持的支出分别为25亿元、53.7亿元，分别增长1%、59.7%。

【产业项目建设】 2020年，杭州高新区（滨江）落点杭州长川科技股份有限公司等25个亿元以上项目，萤石等12个项目公告摘牌，虹软科技股份有限公司等19个项目开工，落点、摘牌、开工产业项目数创近5年最多。固定资产投资下降9.6%。其中：项目民间投资增长18.4%，交通投资增长151.9%，生态环保、城市更新和水利设施投资增长30.5%，高新产业投资增长9.8%，工业投资增长16.3%。引进地平线等新兴产业项目76个，实际利用外资10.3亿美元，增长18.5%。

【企业梯队不断完善】 2020年，杭州高新区（滨江）修订新一轮“1+X”政策，制定生命健康、直播产业、楼宇、孵化器等专项政策，拨付产业扶持资金61.04亿元，创历史新高。杭州光云科技股份有限公司、杭州泰格医药科技股份有限公司、浙江中控技术股份有限公司等6家企业上市，税友软件集团股份有限公司、杭州宏华数码科技股份有限公司等7家企业过会，上市企业累计53家，培育经验在《领跑者》刊登。新认定国家高新技术企业385家，有效数1550家，实现三年倍增目标。认定瞪羚企业307家，9家企业入选“鲲鹏”表彰企业。获评国家双创示范基地，新认定国家级孵化器和众创空间9家、省级14家，市级以上孵化载体累计104家，在孵企业3093家，居全省第一位。全年新增注册企业1.13万家，增长27.3%，居全市第一位。累计净迁入企业1485家，近5年首次实现顺差。

【产业基地全面提质】 2020年，杭州高新区（滨江）富阳特别合作区签约新制造业项目7个，总投资470亿元；江北科技园391家企业实现“北企南迁”；物联网产业园获评全省唯一国家首批数字服务出口基地；物联网小镇被命名为省级特色小镇，获全省亩均效益领跑者第一名；互联网小镇连续3年考核优秀，居省级现代服务业集聚示范区综合评价第一位；白马湖生态创意城被命名为首批国家级文化产业示范园区；智慧医健小镇8个产业项目开工建设。

【人才引进数比上年增长6.9%】 2020年，杭州高新区（滨江）引进各类人才3.3万人，比上年增长6.9%。新增人才企业111家，省市领军团队9个。新设政府引导基金子基金4只，累计规模36.67亿元。全年技术交易额78.7亿元，研究与试验发展经费支出占地区生产总值的9.76%。

【创新平台壮大】 2020年，浙江大学滨江研究院、杭州中科国家技术转移中心、杭州长光产业技术研究院、“超高灵敏极弱磁场和惯性测量装置”培育项目等重量级创新平台落地，北航杭州研究生院结顶，海康威视“视频感知新一代人工智能开放创新平台”被认定为国家级AI创新平台。新建院士专家工作站2家、B类专家工作站4家。新增省级重点实验室2家，省级企业研究院9家，省、市研发中心140家，市级以上研发机构累计454家。

【双创服务】2020年，杭州高新区（滨江）持续开展“亲清三访”等活动，组建企业合规促进会、生物医药创新联盟、直播产业联盟等产业服务组织，帮助解决问题近2万个。开展“商事制度改革促进政务环境提升国家级标准化试点”，成为全市唯一“亲清D小二”上线试点先行区。率先开展“无人智能审批”，行政服务中心压减窗口60%，线上办件率超过85%，群众满意率提升4.7个百分点，“一次不用跑”成为常态，相关经验获全市推广。全省试点知识产权“一件事”改革，获批浙江高新技术产业高价值知识产权培育平台，中国（杭州）知识产权保护中心落地杭州高新区（滨江）。

【科技创新】2020年，杭州高新区（滨江）专利申请量24333件，比上年增长32.7%；专利授权量13222件，增长27.9%，其中发明专利4034件，增长37.3%；每万人发明专利拥有量390件，居全省第一位。主导完成国际标准4项、国家标准2项、行业标准2项，6家企业获中国标准创新贡献奖。获国家科技进步奖、技术发明奖二等奖各2项，中国专利奖7项，创新指数、创造力榜单均居全省第一位。杭州海康威视数字技术股份有限公司获“2019年浙江省人民政府质量奖”，滨江区获全省唯一“2019年浙江省人民政府质量奖组织奖”。

【产业用地保障】2020年，杭州高新区（滨江）按照三江汇未来城市先行实践区和拥江发展要求，率先开展分区总体城市设计，谋划智慧新天地、白马湖生态创意城、奥体中心、区政府北等重点片区，沿江景观提升改造项目列入三江汇十大启动项目。推进征迁清零，35个项目实现完整有效交地，历时16年之久的长一、冠一区块全部清零。调整村级留用地开发建设模式，第一批3个试点项目完成规划选址。落点启动涉及27个社区的整村拆迁奖励指标项目。优化做地收储工作机制，调整做地主体，明确职责边界，全年收储经营性用地41宗，81.33公顷；出让工业用地、经营性用地17宗，28.47公顷。获批新增建设用地项目21个、152.92公顷。处置“供而未用”“低效利用”土地135.7公顷。

（区志编研室）

【两化融合发展指数居全省第一位】根据2020年浙江省区域两化融合发展水平评估报告显示，杭州高新区（滨江）两化融合发展指数为115.22，继续居全省96个县级地区（89个区县市、7个功能区）第一位，高出全省县级地区平均分26.55，高出杭州市平均分6.25。两化融合指数是考核和评价地区两化融合发展水平、衡量地区工业经济转型升级的重要指标。面向全省11个设区市和96个县（市、区、功能区）的基础环境、工业应用、应用效益3类，26项二级指标进行评估。杭州高新区（滨江）的基础环境指数为26.53，比上年上升0.72，其中固定宽带普及率、固定宽带端口平均速率、信息化规划等指数排名靠前；工业应用指数为43.4，增长0.97，在ERP（企业资源计划）普及情况指数、SCM（供应链管理）普及情况指数、企业上云普及率指数方面有较大的优势。应用效益指数为42.43，居全省第二位，其中规模以上工业营业率、数字经济核心产业主营业务、第二产业全员劳动生产率均居第二位，单位GDP（地区生产总值）能耗最低。

（丁　柯）

政治建设

【基层组织建设】2020年，杭州高新区（滨江）巩固深化“不忘初心、牢记使命”主题教育成果，通过区委常委会会议、区委理论学习中心组学习会、座谈交流会、工作部署会、调研宣讲、“院士讲堂”

等方式，学习习近平总书记的重要讲话、重要文章、重要指示，组织传达学习、研讨交流，坚定政治立场、提高政治站位、把握政治方向，全面提高“七种能力”。推进“基层组织建设年”，推出“亲清三访”机制，发布“美好e达”微信小程序，完成社区组织换届，做好股社分离，全市率先实现街社大工（党）委全覆盖、党群服务阵地体系化，两新组织“红色+”党建、民营企业统战“同心荟”品牌特色，推进城市新乡贤工作，西兴、长河街道召开乡贤大会。修复净化政治生态，一体推进不敢腐、不能腐、不想腐，持续整治基层“微腐败”，配合支持省委巡视，落实巡视反馈意见整改，社区巡察实现全覆盖。注重严管厚爱，开展不担当不作为专项整治，实施职级晋升“正负面清单”。

【民生人大推进】 2020年，区人大常委会推进民生实事项目代表票决制工作，落实监督机制，分组开展民生实事监督活动43次，参加代表402人次。指导街道实施居民议事制度，开展民生实事项目会商票决工作。3个街道确定以人大代表为主的会商会议成员224人，票决产生街道民生实事项目18件，同步开展监督。开展“亲清三访”活动，走访企业、社区、人才和基层代表465人次，现场协调解决问题163个，收集反映问题意见42个，交办闭会期间代表建议29件，处理群众来信来访21件。听取和审议基层医疗卫生服务能力建设专项工作报告并开展专题询问，提出制订健康滨江五年行动计划、加大基层医疗卫生建设投入等10条意见清单。听取审议社区美好生活共同体建设情况报告，提出要科学制定总体规划，细化功能布局方案，提高管理运行效能，推进社区美好生活共同体建设。监督推动垃圾分类、老旧小区改造和加装电梯、居住小区配套设施建设，改善居民生活环境。

（区志编研室）

【新时代加强和改进人民政协工作的实施意见出台】 2020年3月31日，《中共杭州市滨江区委关于新时代加强和改进人民政协工作的实施意见》（简称“意见”）出台。意见由总体要求、发挥人民政协专门协商机构作用、把加强思想政治引领广泛凝聚共识作为履职工作的重要环节、健全人民政协工作制度体系、更好发挥政协委员在人民政协工作中的主体作用、加强党对人民政协工作的全面领导6个方面组成，为发挥人民政协专门协商机构作用，凝聚各党派团体和社会各界的智慧和力量，围绕“世界一流高科技园区”建设目标，干出新时代人民政协的新样子提供指导意见。（李庆莲）

【纪检监察】 2020年，区纪检监察组织统筹推进新冠肺炎疫情防控和经济社会发展各项部署，组建专项监督组5个，立查立纠问题500多个，快查快处涉疫信访投诉88件，制发督查通报91期，查处履责不到位典型3人。对照省委巡视反馈开展全面检查，督促45家单位党委（党组）常态化出具政治生态调研报告，对2家单位的政治生态修复净化情况开展政治巡察，推动政治生态建设。贯彻党委（党组）落实全面从严治党主体责任规定，注重履责情况成效考核，听取20家单位的主体责任汇报并提出13项问题，同步制定75条整改措施。追责问责6个社区在统筹开发项目推进、安置房空置房源管理、危旧房改造等工作中存在的不作为慢作为问题。落实中央八项规定及其实施细则精神，常态化开展正风肃纪明察暗访389次。发出纪检监察建议书11份、巡察建议书2份，提出针对性整改建议，督促做好查办案件“后半篇文章”。（区志编研室）

文化建设

【基础教育创新发展】 2020年，杭州高新区（滨江）投用杭州奥体实验小学及幼儿园等学校4所，建成江南单元小学及幼儿园等学校2所，开工杭州西兴中学等学校7所。破解供需缺口大、区块不均衡问题，新增学位5130个，完成

7508名适龄幼儿和9031名中小学生招生。全省率先创设海康威视、海创基地2个产业园区嵌入式公办幼儿园，推出杭州江南实验学校等首批6个新名校教育集团。全省首推中小学“每天一节体育课”，校园足球实现市级联赛“大满贯”。推出家长群公约，规范引导家校关系，在中央电视台播出。教育现代化发展水平居全省第二位。

【公共图书管理】 至2020年底，滨江区图书馆——杭州图书馆科技分馆（简称“区图书馆”）文献总量58.18万册（件）。全年外借文献28.78万册，流通人次31.67万人次，组织策划活动192场，参加人员9万余人。设立浦沿、西兴、长河3个街道分馆，31家社区图书室；组织送书下乡，配送文献2.3万册（件）。志愿者到馆服务183人次，服务时长1153.18小时，组织成员总计462人。区图书馆在滨江区科协发起的“2020年科技活动周”中上报的编程公益培训活动获二等奖。

【文体事业】 2020年，杭州高新区（滨江）成功举办第十六届中国国际动漫节、第十四届（2020）杭州文化创意产业博览会，持续开展“全民阅读节”“千堂万艺”等文化惠民工程，开展“翰墨滨江、金鼠送瑞”送春联活动70场次，赠送春联、福字1.5万副。开展“诗画滨江、最美逆行者”书画作品展，征集书法作品156幅。围绕历史文化传统、人生哲理和社会热点，举办“你好·滨江”系列人文大讲堂30场。举办福摩杯“舞动中国——排舞联赛”总决赛、“白马湖杯”校园足球联赛、区“迎新杯”小学生棋类比赛、区第五届机关干部运动会、“2020奔跑吧杭州”城市定向挑战赛（滨江赛区）等系列活动100多场。市级2020年城乡公共体育提升工程——浦沿东冠社区多功能运动场项目改造完成。建成3个街道“百姓健身房”，投用临江花园、江三公园等口袋运动场。区体育馆成为亚运会唯一示范场馆。

【非物质文化遗产保护】 2020年，杭州高新区（滨江）开展“文化和自然遗产日”系列活动，举办“滨江区少年非遗说”区级选拔赛，参加杭州市第十届“风雅颂”民间艺术大赛，根据滨江非遗改编的舞蹈《挑花带》获银奖。丝绸画绘、传统养生香制作技艺、雕版印刷、洞箫艺术、唢呐艺术、丝带绣、葫芦刻绘技艺7个非遗代表性项目被列入区第五批非遗保护名录；西兴竹编灯笼代表性传承人蔡雪安、蔡凤仙，西兴盘扣代表性传承人陈丐娱3人被列入区第二批非遗代表性传承人名录；杭州市丹枫实验小学、杭州市创意城小学、天禾艺术馆3个传承保护基地被认定为区第一批非物质文化遗产传承保护基地。

（区志编研室）

社会建设

【社区环境提升优化】 2020年，杭州高新区（滨江）有序推进12个安置小区综合整治。电梯加装开工519处、完工473处，居全市第一位，3个小区实现全覆盖，发布全省首个《既有住宅加装电梯技术规范》，形成加梯“滨江经验”。拆除保笼1.1万户，11个小区实现全面清零。完成楼廊改造484个。新建（改建）垃圾集置房100个、投放点589处、再生资源回收网点124处，住宅小区100%实现“定时定点”投放，垃圾总量下降8.16%，日常检查得分居全市第一位。推进物业提档升级，考核淘汰物业服务企业7家。

【数字治理见成效】 2020年，杭州高新区（滨江）完成城市大脑区级驾驶舱整体框架开发和43个业务系统超30亿条数据归集，长河街道建成全市首个街道“亲清驾驶舱”。接入经济主体大数据平台、美好e达、基层治理综合信息平台等12个重点应用场景。浙江大学医学院附属儿童医院、浙江大学医学院附属第二医院滨江院区、龙湖滨江天街、互联网产业园交通综合治理示范区场景成为全市典型案例。组建社区治理专家委员会，完成年度十大社区治理创新项目。全省首推“民生服务综合体”，建成美好生活共同体9个。创建全省首个“产业社区”“国际社工学院”，全市率先实施社工专业化招录机制。出台社会组织培育扶持办法，新增社会组织300多家，区慈善发展指数连续2年居全省第一位。全面建立区、街、社三级人民调解委员会，“一码解纠纷（诉讼）”获全省推广。

【平安滨江建设深化】 2020年，杭州高新区（滨江）深化平安滨江建设，率先实现社会治理重点事件五色预警评估到社区、精细至网格。推进护企行动，严防严打电信网络诈骗，全面出清网贷平台。做好防汛抗台、地灾防治等工作，开展交通、消防、建筑施工等重点领域安全专项整治，省级食品安全区跟踪评价居全市第一位。受理群众来信、来访、来电6.6万件，满意率96.1%。全年无较大以上事故发生。

【安居工程推进】 2020年，杭州高新区（滨江）安置房项目实现全部开工，全年交付房源2669套共55.29万平方米，回迁安置2478户次，26个共395万平方米在建项目进展顺利。新建人才租赁房2.9万平方米，续建4.4万平方米，配租1353套，其中公开摇号200套。发放高层次人才购房、租赁补贴1860.2万元，应届毕业生租房补贴2.58万人次共3.98亿元。

【社会保障持续提升】 2020年，杭州高新区（滨江）推进稳岗就业，城镇新增就业8.68万人，推出“家燕回巢”4.0，帮扶2157名就业困难人员实现再就业。至年底，职工基本养老保险参保48.4万人，净增5万人；基本医疗保险参保率99.5%。为征地拆迁家庭发放大病医疗补助748.1万元。成立全市首家婴幼儿照护服务指导中心，成功创建国家智慧养老应用示范基地。深化医联体、预共体，利用浙江大学医学院附属第二医院、浙江大学医学院附属儿童医院等资源，下派专家门诊服务2.36万人次，打通人才就医绿色通道；加强公共卫生应急管理体系建设，区疾控中心完成加强型P2（适用于对人和环境有中等潜在危害的微生物）实验室和PCR实验室（基因扩增实验室）升级改造，具备独立开展新冠病毒检测能力。（区志编研室）

生态文明建设

【环境治理成效显著】 2020年，杭州高新区（滨江）固体废物处理处置及时，土壤环境质量达标；声环境质量符合功能区要求。河道交接断面水质保持在II类；水环境质量考核为优秀；空气优良率90.3%，比上年提升14.9%，PM2.5浓度每立方米28.4微克，下降23.7%，降尘量每30天每平方千米3200千克，下降35.4%。

【出行便利度持续提升】 2020年，杭州高新区（滨江）内地铁5号、6号、7号线开通运营，新增运行里程22.8千米、站点12个。滨盛路下穿隧道、时代大道滨江段高架、冠山路西段贯通，兴宁路、滨城路等6条“断头路”打通，浦沿路提升改造工程完工，江南大道提升改造工程、映翠路、生地街等项目持续推进，区政府南广场、物联网感知之轴等项目开工建设。新增（优化）公交线路15条，开通定制线路77条，其中上下班专线53条、求医求学专线17条、其他7条。

【“美丽杭州”专项行动】 2020年，杭州高新区（滨江）开展“美丽杭州”专项行动。推进“污水零直排区”及暂夺治水“大禹鼎”工作，铺设雨水管网11千米，疏浚1385千米，通过“污水零直排区”创建验收。新增园林绿地面积32公顷，其中公园绿地面积17.5公顷。建成“口袋公园”10个、城管驿站9座。完成13条（段）河道约33千米绿道改造、新建。北塘河畔提升工程实现2.1千米游步道贯通，智慧新天地区块沿江景观带开放。白马湖片区河道以全市最高分入选省级“美丽河湖”，垃圾分类超额完成减量目标，完成第二轮中央生态环保督察；劳模工匠休闲绿地——西兴铁路工匠公园建成，全年实现扩绿32万平方米。持续开展污染防治，空气优良天数337天，优良率92.1%，为历年最高；断面水质考核优秀，获评全市生态文明建设考核优秀区县（市）。（区志编研室）

中共杭州高新区工委（滨江区委）

综　述

2020年，杭州高新区（滨江）以新发展理念引领高质量发展，实施数字经济“一号工程”和“新制造业计划”，推进数字经济和新制造业“双引擎”发展，区域经济率先实现“V”形反弹，保持高位运行。实现地区生产总值1745.7亿元，比上年增长7.2%，增速居全市第一位；在降本减负90.35亿元的情况下，实现财政总收入358.4亿元，增长4.8%，其中一般公共预算收入182.8亿元，增长4.1%。实现社会消费品零售总额417.1亿元、自营出口额544.2亿元。实现规模以上工业增加值704.2亿元，增长10.8%，总量居全市第一位。实现数字经济核心产业增加值1343亿元，增长16.6%，占地区生产总值76.9%，居全市第一位，综合评价总指数居全省首位。浙江大学滨江研究院、杭州中科国家技术转移中心、杭州长光产业技术研究院、北京航空航天大学房建成院士团队等创新平台落地。市场主体活力迸发，全社会研发投入占生产总值比重保持10%左右；全年新增注册企业1.13万家，增长27.3%，为2015年以来最高增幅；新认定国家高新技术企业385家，有效国家高新技术企业数量1550家，实现三年倍增目标；杭州海康威视数字技术股份有限公司获评省政府质量奖，杭州高新区（滨江）获评全省唯一区县（市）省政府质量奖组织奖；新增上市公司6家，过会7家，累计培育上市公司53家，均居全省第一位。

坚持数字赋能、精密智控，成立新冠肺炎疫情防控指挥部、运用“五色图”动态调整管控举措、部署企业分类分批分时段有序复工，展现杭州高新区（滨江）的科技实力与治理能力。坚持硬核管理与暖心服务一体推进，出台“复工复产专项政策”“暖心24条”“云上引才”等措施；兑现产业扶持资金61.04亿元，为历年最高；1428名党员干部下沉一线，做到关口前移与网格兜底相统一，首站负责制、属地责任制和基层单位负责制相结合，“大数据+网格化”实现全链条闭环防控。

全国首创基于创新能力的科技企业增信机制“企业创新积分”，获科技部推广；深化国家知识产权服务业集聚发展示范区建设，落地中国（杭州）知识产权保护中心，全省唯一试点实施知识产权一件事改革，每万人发明专利拥有量390件，居全省第一位。率先探索政务服务数字化改革，首推行政服务中心“去中心化”改革，街道（平台）“亲清驾驶舱”建设工作全市推广；首创商事登记无人智能审批，获批全国商事制度改革促进政务环境提升标准化试点，在《人民日报》头版刊登；启动全域智慧交通治理，浙江大学医学院附属儿童医院滨江院区街区治理成为全市典型案例；深化工地数字化建管，“工地一码通”全省现场会在杭州高新区（滨江）召开。全市首推“揭榜挂帅”机制，实施人才战略伙伴专家公推制，打通浙江大学医学院附属第二医院人才就医绿色通道，试点人才

（租赁）房公开摇号。全年新引进各类人才3.3万人，增长6.9%，硕博士占比26%。

围绕城市能级提升、亚运聚光效应，展开亚运城市行动。总体城市设计编制完成，包括智慧新天地、白马湖生态创意城、奥体中心等重点片区和滨水城市空间；滨盛路下穿隧道、时代大道改造工程高架完工，持续推进江南大道提升改造工程，地铁5号、6号、7号线开通试运营。推进新名校集团教育机制，教育现代化发展水平居全省第二位；启动社区创新治理三年行动计划，推出首批社区美好生活共同体，启动建设首个产业社区，获评省级城乡社区治理和服务创新实验区；农转居安置房建设项目全部开工，既有住宅加装电梯数量占全市约50%。全域美丽全域平安建设提质增效，“污水零直排区”首批通过省市验收，白马湖片区“美丽河道”通过省级“美丽河湖”复核，配合完成第二轮中央生态环保督察；基层治理“一中心四平台一网格”体系建成，发布全市首个社区治理风险评估五色图；社会矛盾纠纷调处化解中心建设实现街道社区全覆盖，全国首创“一码解纠纷（诉讼）”在中央电视台综合频道《新闻联播》播出、全省推广。

坚持党委总揽全局、协调各方，重塑风清气正的政治生态和勇往直前的奋斗精神。巩固深化“不忘初心、牢记使命”主题教育成果，通过区委常委会会议、区委理论学习中心组学习会、座谈交流会、工作部署会、“院士讲堂”等方式，学习习近平总书记的重要讲话、文章、指示精神，坚定政治立场、提高政治站位、把握政治方向。推进“基层组织建设年”，推出“亲清三访”机制，发布“美好e达”，完成社区组织换届、股社分离，全市率先实现街社大工（党）委全覆盖、党群服务阵地体系化，以“两新”组织“红色+”党建、民营企业统战“同心荟”品牌、城市新乡贤等工作凝聚各方力量。持续净化政治生态、整治基层“微腐败”，配合支持省委巡视，落实巡视反馈意见整改，社区巡察实现全覆盖。注重严管厚爱，开展不担当不作为专项整治，实施职级晋升“正负面清单”，营造干事创业氛围。（赵　璐）

重要会议

【中共杭州市滨江区委五届八次全体（扩大）会议】 2020年1月3日，中共杭州市滨江区委五届八次全体（扩大）会议在区文化中心召开，全体区委委员、候补委员和区纪委委员、监委委员，各部门（单位）负责人、曾担任过副区级以上职务的老干部、部分区党代表、各社区党组织负责人共200多人参加会议。区委书记王敏代表区委常委会做题为《把握三对关系、深化三态融合，高质量推进世界一流高科技园区建设》的报告。会议认为，要以习近平新时代中国特色社会主义思想为指导，全面贯彻中共十九大，中共十九届三中、四中全会，中央经济工作会议精神，落实省委十四届六次全会、市委十二届八次全会要求，把握好高质量发展“三对关系”，持续深化产城人“三态融合”，在改革创新中锐意进取，在干事创业中担当作为，高质量建设世界一流高科技园区。

【“基层组织建设年”动员大会】 2020年4月10日，杭州高新区（滨江）“基层组织建设年”动员大会在区文化中心召开，区四套班子领导，区法院院长、区检察院检察长，区级机关各单位、各直属单位，区人大常委会、区政协机关，各街道，市驻区各单位，各民主党派，各社区党组织主要负责人共200多人参加会议，区委书记王敏做动员讲话。会议认为，区委确定2020年为“基层组织建设年”，旨在固根基、补短板、扬优势、强品牌，全面加强中国共产党对各级各类基层组织的领导，以基层党建引领基层治理。2020年，全区的大党建工作以“基层组织建设年”为核心展开，围绕基层组织建设和基层治理，夯实基层基础，全面提升大党建工作质量。

【平安建设暨区域社会治理现代化推进大会】 2020年5月9日，滨江区平安建设暨区域社会治理现代化推进大会在区文化中心召开，市委相关领导到会指导。区四套班子领导,区法院院长、区检察院检察长,区级机关各单位、各直属单位主要负责人,区委政法委(司法局)、区信访局、区法院、区检察院、公安滨江分局中层以上干部,各街道、社区领导班子成员,市驻区单位主要负责人共200多人参加会议,区委书记王敏做动员讲话。会议要求,推动平安滨江建设提档升级,全面实现平安考核争先进位,加快打造高水平治理的滨江样本,为高质量推进世界一流高科技园区建设提供保障。

【中共杭州市滨江区委五届九次全体(扩大)会议】 2020年7月3日,中共杭州市滨江区委五届九次全体(扩大)会议在区文化中心召开,全体区委委员、候补委员和区纪委委员、监委委员,各部门(单位)负责人、曾担任过副区级以上职务的老干部、部分区党代表、各社区党组织负责人共200多人参加会议。区委书记王敏代表区委常委会做题为《扛起高新使命、彰显滨江特色,在"重要窗口"建设中展现"数字滨江"魅力》的报告。会议总结上半年主要工作,部署下半年重要任务,号召全区上下要持续学习贯彻习近平总书记在浙江省考察时的重要讲话精神,在"重要窗口"建设中找准高新定位、滨江特色,以"数字滨江"为品牌,以建设世界一流高科技园区实际成效,彰显杭州高新区(滨江)在"重要窗口"建设中的担当作为。 (赵 璐)

【中共杭州市滨江区委五届十次全体(扩大)会议】 2020年12月31日,中共杭州市滨江区委五届十次全体(扩大)会议在区文化中心召开,全体区委委员、候补委员和区纪委委员、监委委员,各部门(单位)负责人、曾担任过副区级以上职务的老干部、部分区党代表、各社区党组织负责人、企业代表共500多人参加会议。区委书记王敏代表区委常委会做题为《锚定"世界一流"、打造"三个滨江",争创社会主义现代化先行示范区》的报告。会议审议通过《关于制定杭州高新区(滨江)国民经济和社会发展第十四个五年规划和二〇三五年远景目标的建议》。

【区委常委会和书记专题会议】 2020年,中共杭州市滨江区委召开区委常委会会议27次,学习贯彻习近平总书记考察浙江、杭州重要讲话精神,贯彻落实中共十九届三中、四中、五中全会,省委十四届八次全会,市委十二届十一次全会精神。按照党委总揽全局、协调各方原则,落实好民主集中制,把方向、谋全局、抓大事、促改革。发挥党委的领导核心作用,就事关滨江经济社会发展的重大问题和中共建设工作进行研究。召开书记专题会议18次。

【区生命健康创新发展大会】 2020年9月4日,区生命健康创新发展大会在区文化中心召开,区四套班子领导出席会议,区法院院长、区检察院检察长,全体区管干部,生命健康类人才,企业、园区、孵化器及众创空间负责人,辖区医疗单位负责人等500多人参加。区委书记王敏在会上讲话。会议要求抓住数字经济,以生命健康产业融合发展为契机,支持企业研发创新,强化平台建设,强化空间保障,优化营商环境,发展具有滨江特色的生命健康产业。会议发布杭州高新区(滨江)生命健康产业发展规划及关于促进生命健康产业创新发展新政,揭牌区生物医药创新联盟,举行区党委理论学习中心组(扩大)暨"院士讲堂"第四讲——中国科学院院士、西湖大学校长施一公做"全球生命健康产业发展趋势及当前的机遇与挑战"专题报告。

【区迎接第二轮中央生态环境保护督察暨全国文明城市复评、"美丽杭州"建设工作推进会】 2020年9月9日,区迎接第二轮中央生态环境保护督察暨全国文明城市复评、"美丽杭州"建设工作推进会在区文化中心召开,区领导王敏、张玮、沈建、居国平、周力军,区有关部门主要负责人和各街道党工委书记、办事处主任共60人参加会议。区委书记王敏做动员讲话。会议要求调动社会各方参与积极性,凝聚人大代表、政协委员和广大群众等各方力量,坚持系统治理,以数字赋能工作,推动和形成长效机制;坚持问题导向,全力以赴抓整改、补短板、强弱项，打赢污染防治攻坚战，促进城市文明水平大提升，推动人居环境质量大转变。

【全区社区组织换届选举工作会议】 2020年10月14日，全区社区组织换届选举工作会议在智慧e谷举行，区社区组织换届选举工作领导小组全体成员，各街道三套班子成员，区民政局、区农业农村局相关科室负责人和社区党组织书记共140人参加会议。区委书记、区社区组织换届选举工作领导小组组长王敏做动员讲话。会议指出，高质量完成社区组织换届选举，是展现“基层组织建设年”成果的重要标志，街道党工委要发挥社区党组织领导核心作用，加强基层党组织对社区组织换届选举的领导；以省委提出的“六个一”（坚持一个方向、突出一个主题、抓住一个重点、提升一个素质、强化一个保证、实现一个目标）标准为遵循，找准人、选对人；严抓选风选纪、严打贿选。会议就社区党组织、居委会、居务监督委员会、股份经济合作社换届选举工作进行业务培训。

【全区领导干部大会】 2020年11月2日，全区领导干部大会在智慧e谷召开，区四套班子领导、区法院院长、区检察院检察长，区政协秘书长，区人武部负责人，各街道正职领导干部，区级机关各单位、各直属单位、市驻区各单位主要负责人或主持工作负责人共120人参加会议。区委书记王敏讲话，区委副书记、区长李志龙传达习近平总书记的重要讲话精神、中央“十四五”规划和2035年远景目标建议精神。会议要求把握大局大势，全面对标对表，精心谋划杭州高新区（滨江）“十四五”发展；加强领导，认真组织，及时传达学习会议精神；统筹抓好秋冬季新冠肺炎疫情防控、冲刺全年目标任务、加强巡视问题整改、推进自贸试验区滨江区块建设、做好社区组织换届、维护社会和谐稳定等各项工作，确保中共十九届五中全会精神落到实处。（沈高锋）

重要决策

【全面落实预算绩效管理的实施意见审议通过】 2020年3月11日，区委常委会审议通过《中共杭州市滨江区委、杭州市滨江区人民政府关于全面落实预算绩效管理的实施意见》（简称“意见”）。意见贯彻落实党中央、国务院，省委、省政府，市委、市政府关于全面落实预算绩效管理的实施意见精神，明确总体要求、主要任务、预算管理新机制、保障措施，按照“总体设计、统筹兼顾，全面推进、突出重点，科学规范、公开透明，权责对等、约束有力”的基本原则，逐步建立涵盖绩效评估、绩效目标、绩效监控、绩效评价及结果应用等内容的事前事中事后绩效管理闭环系统。

【撤村建居社区股社分离工作实施方案审议通过】 2020年3月31日，区委常委会审议通过《关于滨江区撤村建居社区股社分离工作实施方案》（简称“方案”）。方案由指导思想、基本原则、目标任务、实施步骤、保障措施5个方面组成，围绕“建设世界一流高科技园区”的总体目标，实行撤村建居社区股社的组织分设、财务分立、资产分置、权责分离和人员分开，提高撤村建居社区治理规范化、科学化和智能化水平，使社区治理更有序、股社管理更规范和人员结构更合理，促进股社经济高质量发展，不断提升社区居民的获得感、幸福感和安全感。

【全面开展基层组织建设年的实施意见审议通过】 2020年4月8日，区委常委会审议通过《关于全面开展基层组织建设年的实施意见》（简称“意见”）。意见贯彻落实习近平新时代中国特色社会主义思想和习近平总书记在浙江省考察时的重要讲话精神，分指导思想、主要目标、主要举措、组织领导4个方面，明确工作任务，按照基层组织建设年“固根基、补短板、扬优势、强品牌”总要求，不忘初心、牢记使命，聚焦“三对关系”，发挥基层党组织推动发展、服务群众、凝聚人心、促进和谐的作用，为提升基层组织建设水平提供保障。

【受处分干部教育帮扶和评估任用的实施意见和加强公职人员“八小时以外”行为监督办法审议通过】 2020年6月24日，区委常委会审议通过《关于受处分干部教育帮扶和评估任用的实施意见》（简称“意见”）、《关于加强公职人员“八小时以外”行为监督办法》（简称“办法”）。办法落实全面从严治党主体责任，增强公职人员廉洁自律意识，强化公职人员“八小时以外”行为监督，树立公职人员在公众中的良好形象。意见以总体要求、适用范围、主要措施、工作要求等5个方面，办法以17条具体措施，加强对受处分干部的教育帮扶和综合评估，引导督促公职人员在“八小时以外”修养政治品德、恪守职业道德、遵守社会公德、弘扬家庭美德，在公众中树立忠诚、干净、担当的良好形象。

（赵　璐）

【土地做地收储工作实施意见审议通过】 2020年11月6日，区委常委会审议通过《杭州高新区（滨江）进一步加强土地做地收储工作的实施意见》（简称“意见”）。意见明确“134+”做地收储方案：成立1个区级土地收储出让工作领导小组，明确街道、平台、部门的具体工作职责，规划资源滨江分局负责指导、督促做地改革工作；3个街道负责推进全域征迁扫尾、腾房拆房、青苗处理及交地工作；高新开发公司、资产经营公司、城建发展公司、白马湖创意城投资开发公司4个单位负责场地整理、前期手续办理等工作；相关职能单位协助开展违法建筑处置、管线迁改、控规调整等工作，提升高标准高质量的土地储备理念，提高土地资源配置效率，保障财政资金需求，实现国有企业做大做强，推动杭州高新区（滨江）产城人融合发展。

【区人才房建设分配改革实施计划审议通过】 2020年11月6日，区委常委会审议通过《杭州高新区（滨江）人才房建设分配改革实施计划》（简称“计划”）。计划明确人才房3年倍增计划，通过盘活国有空置房产、加快现有人才房项目建设、提高区级人才房入住率、加大政府统一配建人才房数目、开展企业自建职工（人才）租赁房试点、开展留用地开发建设人才房试点、开展人才租用安置房政府平台搭建等举措，拓展人才房来源途径，力争到2023年底实现人才房房源1万套（间）；明确人才房分配改革，推出部分房源公开摇号，适当倾斜人才房指标，加大年度配租力度，提升人才房流转率和入住率，提高人才房保障的精准性、普惠性、实效性，发挥人才房在招才引才、安商稳商、产业发展中的作用，服务人才安居乐业，为杭州高新区（滨江）高质量发展提供人才支撑。

【对党政“一把手”监督工作实施办法（试行）审议通过】 2020年11月20日，区委常委会审议通过《杭州高新区（滨江）党委关于加强对党政“一把手”监督工作的实施办法（试行）》（简称“办法”）。办法根据党中央全面从严治党要求，落实省委巡视反馈问题整改，深化扫黑除恶“后半篇文章”，明确指导思想、监督原则、监督对象、监督内容、监督方式、监督要求、责任追究等方面，形成“一把手”权力清单和负面清单，通过加强和改进对党政“一把手”行使权力的有效制约和监督，推进党政领导干部廉政风险防范工作，促进全区干部勇于担当、履职尽责，营造干事创业良好氛围。（沈高锋）

组织工作

【概况】 至2020年底，杭州高新区（滨江）有中共基层组织3299个，其中党委120个、党总支191个、党支部2988个，在册党员6.09万人。区管干部391人，其中：女性干部95人，占24.3%；35周岁以下年轻干部14人，占3.58%；党外干部21人，占5.37%；大学以上学历367人，占93.86%；处级领导干部288人，正处级86人、副处级202人；机关部门班子成员326人，街道班子成员50人，区直接监管国有企业班子成员15人。

年内，新转入党员36858人，新发展党员357人。党员组织关系转出32449人，出党37人，死亡63人，净增4666人。调整区管干部12批、105人次，提任“79后”正职2人、“84后”副职9人，女干部21人（其中正职6人）、党外干部7人。选派5名处级干部、10名科级及以下干部到科技部火炬中心、亚组委场馆部、贵州省黔东南苗族侗族自治州、湖北省恩施土家族苗族自治州、衢州市衢江县等地挂职。

编发《干部工作文件汇编（一）（二）》，为各单位党委（党组）开展干部工作提供基本依据和制度规范。完善物联网产业园发展服务中心、互联网产业园发展服务中心和江北科技园发展服务中心3个产业平台党组织设置，优化31家区直管企业党组织体系归口管理，调整区委“两新”工委、街道及平台工作职责，实现党建与发展主体边界重合。举办浙江省“党员进社区共建好家园”双领双优秀活动启动仪式，认领完成“契约化”共建项目103个，获省委常委、秘书长、省直机关工委书记陈金彪批示肯定。

（来雅萍　任卓伟）

【街道“大工委”和社区“大党委”制】 2020年7月1日，区委组织部印发《全面深化街道“大工委”制和社区“大党委”制的实施意见》，要求发挥街道社区党组织核心作用，增强街社班子功能。杭州高新区（滨江）在全市率先实现街社大工（党）委全覆盖，吸纳浙江中医药大学、恒生电子股份有限公司、浙江交工集团股份有限公司等省市属企事业单位、高新民营企业优秀党员225人担任街道、社区兼职委员，优化议事机制。

【社区党组织换届】 2020年7月3日，区委办公室、区政府办公室印发《关于建立2020年社区组织换届选举工作领导小组的通知》，区委书记王敏任组长，召开4次常委会专题研究，到各街道专题听取换届准备情况。10月14日，召开全区社区组织换届选举工作会议。11月14日，全区社区党组织选举，一次性选举成功，书记、委员均高票当选；换届后党组织书记调整率58.62%，两委班子更新42.2%；社区两委成员平均年龄38.15岁，下降4.64岁，30周岁左右人数128人；董事会成员平均年龄47岁。新班子人员大专及以上学历占96.1%，提高20.7%。

【“五来”数力量助力基层治理】 2020年，杭州高新区（滨江）开展“五来”（身份标签来、打通条块来、数据分析来、实战发现来、走访联系来）数力量行动，吸纳疫情防控、楼廊改造、纠纷调处等热心人士1.18万人，按照人员喜好、特长分类，通过组建（临时）党组织、交叉任职、兴趣社团等，推行“3+1”指数激励，即足值（力量足不足）、动值（叫不叫得动）、赢值（打不打得赢、成不成事）和失值（力量流失），将力量重新组织，编组成团，助力基层治理。

【区党群服务中心启用】 2020年9月15日，杭州高新区（滨江）党群服务中心开馆运行。区党群服务中心位于滨江区缤纷街615号，面积5500平方米，共4层，设党群综合服务区、党建风采展示区、红色政治生活区、党群共建活动区、人才发展服务区、智慧党建指挥区6个主题、30个功能区块。至年底，区党群服务中心开展杭州高新区成立30周年主题活动、“晚8点充电计划”、“平凡人不平凡计划”等活动801场，2.2万人次参与，组织读书会、摄影社等社团11个，覆盖会员600多人。

【“先锋滨·小区楼廊提升改造工程”】 2020年1月16日，区政府办公室印发《关于做好2020年区政府民生实事项目实施方案制定工作的通知》，“先锋滨·小区楼廊提升改造工程”被纳入政府民生实事项目。区委组织部将“楼廊更宜人”与“基层更夯实”融合，以改善“家门口”公共环境为切入点，以党建服务群众专项经费促进资源整合，以楼道党小组工作推进基层协商民主，推进楼道公约、楼道力量组织化，在加装电梯、垃圾分类等重点项目中发挥重要作用，提升干部治理、党员群众议事、居民自我管理能力。至年底，完成楼廊改造484个，累计完成922个。

【"暖滨心"项目获第九轮全省机关党建工作优秀创新成果奖】 2020年4月8日，区委组织部发布第三套"暖滨心"关心关爱实事项目迭代清单，通过摸底调研、征求意见，整合各单位党组织服务功能，链接外部优质资源，实施亲子学堂、口腔宣教及义诊、暑期夏令营等项目27个，1.5万人次参与，满意率93%，意愿再次参与率99.19%。10月，"暖滨心"关心关爱实事项目获第九轮全省机关党建工作优秀创新成果奖。（李基凯）

【"两新"党建经验在全省推广】 2020年3月10日，阿里巴巴集团"10%绩效考核"和聚光科技股份有限公司党员党组织"双积分"党建被列入全省"两新"组织党建工作要点，作为推动"两新"党建整体提质增效的重要经验，在全省推广。5月22日，省委组织部《组工情况》第40期刊发《杭州市滨江区探索推广"双积分"考核·以高质量党建助推企业高质量发展》文章，专题介绍杭州高新区（滨江）相关做法。

【3家企业列入省新生代企业家"双传承"培训班考察点】 2020年9月11日，正泰太阳能科技有限公司、浙江吉利控股集团有限公司和杭州海康威视数字技术股份有限公司被列为浙江省新生代企业家"双传承"（政治传承、事业传承）培训示范班现场考察点，全省84名新生代企业家考察3家企业发展和党建工作，与正泰太阳能科技有限公司董事长南存辉，杭州海康威视数字技术股份有限公司党委书记、董事长陈宗年，浙江吉利控股集团有限公司副总裁张爱群沟通交流。

【数字经济党建高峰论坛上获表彰】 2020年12月25日，"数字驱动未来·党建引领发展"——数字经济党建高峰论坛在杭州举行，论坛由市委组织部、市委"两新"工委联合《非公有制企业党建》杂志共同举办。阿里巴巴集团和观澜网络（杭州）有限公司党委作为代表企业做交流发言，省内唯此2家；阿里巴巴集团党委委员、合伙人孙利军，浙江大华技术股份有限公司党委书记、董事长兼总裁傅利泉获评"数字经济党建领军人物"；阿里巴巴集团、施强集团、网易（杭州）网络有限公司3家企业党组织公益项目作为数字经济党建公益项目集结发布。

【直播电商产业党建】 2020年11月27日，杭州高新区（滨江）聚焦新兴领域党建工作，在西可科技园召开直播产业党建工作会议，区委常委、组织部部长商丽萍，省、市委组织部两新处相关领导，直播产业代表近100人参加。会上成立区直播产业综合党委，发布《直播产业"双强"发展十条意见》，完善工作架构、推进党的组织体系建设、搭建党群服务中心资源共享体系和社会治理共商平台，将直播产业纳入人才政策等体系。启动"1+10+X"（"1"：活动主阵地云狐科技园；"10"：10家产业集聚园区形成党群阵地矩阵；"X"：构建以部门、属地和直播电商企业为主体，党组织牵引各级党员服务中心外部资源为补充的"资源中台"）资源体系。成立直播产业人才学院。3名主播递交入党申请书，相关做法被推荐为全省服务保障"两手都硬、两战都赢"示范教学案例。

【"扫楼扫街"专项行动】 2020年5月，杭州高新区（滨江）根据《2020年全市两新党建工作"五大行动"项目清单》工作要求，开展"扫楼扫街"专项行动，摸清314家规模以上数字经济企业、2338家中小微科技企业、87家市级以上科技孵化器和众创空间、21家快递行业企业、263家社会组织党组织覆盖情况。全年单建"两新"党组织168家，联建562家。（周益方）

【选人用人巡视】 2020年8月17—27日，省委组织部选人用人工作专项检查组对杭州高新区（滨江）2016—2020年选人用人工作进行专项检查。10月27日，省委组织部专项检查组反馈巡视问题及整改要求，提出问题16个，整改意见36条。至年底，完成整改12个，基本完成4个。杭州高新区（滨江）政府专业聘用人员工作、区管干部因私出国（境）工作等获省委巡视组肯定。

【优秀年轻干部综合比选】2020年7月，杭州高新区（滨江）推出10个副处级领导岗位，面向全市公开比选优秀年轻干部。经过组织动员、报名和推荐、资格审查和经历业绩评价、专业素养面谈、综合面试、确定考察对象、组织差额考察、确定拟任人选8个环节，引进“86后”区管副职8人，其中“88后”6人。区管领导干部平均年龄比上年下降0.9岁。

【专项整治集中“回头看”】2020年8月，杭州高新区（滨江）开展全区党委（党组）班子规范运行、选人用人、社团兼职、因私出国（境）、干部人事档案等专项整治“回头看”。以“一单位一清单”形式，督促整改选人用人规范问题133个，清理整改社团兼职问题39个，建立区管干部兼职数据库，发出干部人事档案查缺单358份，督办问题2475个。（来雅萍）

【公务员招录和保障工作】2020年3月，杭州高新区（滨江）提前用编，招录专业性公务员8人，平均年龄29周岁，学历均为硕士研究生，分布在区府办、区财政局、区市场监管局、规划资源滨江分局、区农业农村局、区检察院等部门。7月，组建滨江区公务员考试录用疫情防控工作领导小组，区委组织部、区委宣传部、区人力社保局、区社发局、公安滨江分局、区市场监管局等部门为成员单位，在疫情期间，保障辖区5个考点、253个考场笔试期间的考点秩序维护、食宿安全保障、舆情监测等工作。

【公务员一件事改革】2020年，杭州高新区（滨江）根据省市公务员生命全周期一件事改革要求，建立专班及钉钉工作群，会同区委编办、区人力社保局、区信息中心、区财政局等相关部门，理清部门职责，完善公务员综合管理平台单位机构信息、个人信息，组织各单位“云上学习”教学视频，制作工作表单及流程图，推进全区公务员一件事全覆盖。至年底，完成线上办理业务354件，平均办件时长2天2小时。（罗晓莉）

【线上培训新模式】2020年4月，杭州高新区（滨江）推出线上学习新模式——“三懂云课堂”，上线全国“两会”精神专题领学、习近平总书记在浙江省考察时的重要讲话精神、《中华人民共和国民法典》对民事权利的保护、复工复产等10多个优质课程，全年举行5期，2400多人次参加学习。12月起，通过“西湖先锋”App举行中共十九届四中全会精神轮训，采取弹性学习方式，领导干部在规定时间内自主安排时间，线上完成专题学习任务，至年底，374名区管干部全部完成学习任务。（张　磊）

宣传工作

【概况】2020年，杭州高新区（滨江）宣传思想工作以习近平新时代中国特色社会主义思想为指导，紧扣“战疫情、促发展”的目标任务和决胜全面建成小康社会、建设世界一流高科技园区使命，组织区委理论中心组成员围绕中共十九届五中全会精神、《习近平谈治国理政》（第三卷）等开展交流研讨，开展理论中心组学习21次。邀请两院院士、知名企业家围绕全国“两会”精神、《中华人民共和国民法典》等做辅导，提升领导干部理论实践水平。研究部署意识形态领域重点工作，实施《意识形态责任制约谈工作细则》，推动压实各级党委（党组）主体责任。配合区委对区属单位开展3轮巡察，根据市委提级巡察工作统一部署，对区法院意识形态工作责任制落实情况进行专项检查。开展“扫黄打非”新风行动、“绿书签行动”集中宣传月活动，查处侵权盗版等问题，梳理权力清单，新闻出版和电影管理等政府服务事项42件实现网上办、掌上办。杭州高新区（滨江）版权数量为438件，每百万人登记量居全市第一位。开展全面建成小康社会“百城千县万村”等主题调研，编写《学习参阅》刊物11期。“滨江发布”抖音号试运营，发布短视频93条，粉丝数增至5万人。推广“学习强国”平台应用，全区覆盖学员9.38万人，占常住人口33.5%。建立周通报制度，累计被上级学习平台采用稿件2264篇，其中被全国平台录用299篇。对辖区内50家重点互联网企业开展培训交流活动。成立杭州高新区（滨江）网络文化协会。推进网信领域互联网企业党建试点工作。举办中国网络作家村第三次村民大会，举办“打造直播产业第一区推介发布会”，开展区“十四五”文创产业发展规划编制工作。推进之江文化产业带建设，指导白马湖生态创意城成功创建为首批国家级文化产业示范园区。服务保障第十六届中国国际动漫节、第十四届（2020）杭州文化创意博览会等节展活动。成立高新青年宣讲团，“政+企+校”联动将习近平新时代中国特色社会主义思想和前沿科学理论成果入校园、入企业、入基层，挖掘和培育金牌青年宣讲员34人，开展宣讲活动6场，参加人数5000多人。经验做法获市委常委、市委宣传部部长戚哮虎批示肯定。

【新冠肺炎疫情防控、复工复产宣传】 2020年，区委宣传部（区融媒体中心）采编人员深入一线，融合传播、多点推送，宣传杭州高新区（滨江）新冠肺炎疫情防控、复工复产工作，在中央和省市各级媒体发布相关报道2600多篇；“滨江发布”微信、微博，滨江新闻网发布信息近2000篇，其中《滨滨实地暗访》专栏报道总阅读量50多万次。融媒体作品《抗击疫情、滨滨行动》获评2020年度全市创新重大主题报道优秀融媒体项目（活动）三等奖。印制“十个一律”等提示类宣传海报7500张，展板878套，送到社区小区进行宣传。组织文艺工作者创作抗疫主题原创文艺作品（音乐、曲艺、绘画等）100多件，通过“学习强国”“滨江发布”等平台传播。联合区民政局、团区委面向疫情防控一线医务人员及其家庭开展“八项关爱志愿服务专项行动”，并在钱塘江南岸楼宇播放“致敬白衣战士”主题灯光秀。

【杭州高新区成立30周年宣传】 2020年，区委宣传部围绕杭州高新区30年发展经验以及创新驱动、化危为机取得高质量发展成绩等主题，邀请人民日报社经济社会部、人民日报社内参部、人民日报浙江分社社长、新华社浙江分社副总编辑、科技日报社副总编辑等到杭州高新区调研，中央媒体调研次数和原创报道数量为历年最多。至年底，国家级媒体共刊播《上半年杭州高新区（滨江）规模以上工业增加值增长14.5%：强劲韧性，源自创新》《三十而立，数字经济好风正劲》《杭州：城市更“智慧”，群众得实惠》等报道722篇（条），省市级媒体刊播报道2982篇（条）。（王春松）

【融媒体工作】 2020年，“滨江发布”拥有“双微”读者近40万人，发布微博2543条、微信文章2290篇，8篇微信文章阅读量10多万次，在国家高新区微信公众号综合影响力评估中连续4年居全国第一位。双语发布持续创新，推出《滨滨探楼》《每周一景》等栏目。“滨江发布”微信公众号开设《曝光台》专栏，收到群众举报信息1300多条，发布曝光稿件41期，推动“美丽杭州”创建和文明城市复评工作。“滨江发布”App推出报道7674条，开设专题52个，开展图文直播22场，《天堂硅谷》报编发44期，报道1100篇，推出融媒体专栏《看滨江》17期。《天堂硅谷》杂志编发12期，刊发稿件300多篇，发行6万册。“滨江发布”抖音号试运营。《6万人散场后，在滨江留下了什么？》《震撼！17.4公里一线江景，给你好看》等作品获浙江省新闻奖二等奖、浙江省县市区新闻一等奖。（刘姿吟）

【精神文明建设】 2020年，区委宣传部开展“发现、争做最美滨江人”“我推荐、我评议身边好人”“寻找最美家庭”等活动，姚荷花、徐勇霖2户家庭获省级“最美家庭”、朱函坪等5户家庭获市级“最美家庭”，张超获一季度“杭州好人”，入选“浙江骄傲”候选人，徐骏明获市第二届“最美退役军人”，推荐上报市道德模范候选人4人。推进文明交通，举办“我文明、我守规、我安全”滨江分会场活动，向全区市民发出“文明骑行电动自行车倡议”，组织志愿者开展文明交通劝导。建立文明殡葬专项整治领导小组，制定《滨江区进一步加强“移风易俗、文明殡葬”的通告》《滨江区文明治丧奖励办法》，引导居民文明治丧。组建联合执法队，公布举报电话，接受群众监督，至年底，处理警情8起，处罚2起。开展“鲜花换纸钱”“云祭扫”“代为祭扫”等文明祭扫工作，获新华社、央视新闻频道等40多家媒体报道及转载。（来国丽）

【基层文化】 2020年，杭州高新区（滨江）围绕杭州高新区成立30周年，策划“眼里有光、心向未来”纪念大会文艺演出，推出30周年摄影作品比赛、征文大赛、书法大赛、微电影、微视频等。举办“滨江故事——光影里的前世今生”图片展。举办“逐浪高新、幸福滨江”杭州高新区（滨江）优秀书法作品展和迎新春美术作品展。开展“唐诗之路从西兴出发”摄影采风活动。杭州宝龙艺术中心、三花·江虹国际创意园、钟书阁等社会文化机构举办公益文化活动20多场。组织文艺志愿服务队到学校、企业、广场、社区等开展“红火过大年、写福送春联”“文艺讲堂进企业”等活动。整理浙东运河（滨江段）诗词、滨江文人故事，以解读运河文化为主题，拍摄《过塘行：大运河上的物流中心》《运河遗迹》《唐诗之路起点》《过塘行建筑》《九厅十三堂古建筑》等宣传片。开展城市记忆收集和宣传，《消失的铁陵关》《滨江长河农民协会旧址》《长河九厅十三堂》等12篇文章在“学习强国”杭州平台发布。推荐20部优秀作品参评省市“文化精品扶持工程”，其中动漫片《秦时明月沧海横流》、纪录片《浙东大北辙》入选省级扶持项目，电视剧《我最亲爱的陌生人》、广播剧《中国名片》入选市级扶持项目。（童黄骏峰）

【党委信息】 2020年，区委办修订《杭州高新区（滨江）党委政府信息工作考核办法》，针对考核序列、考核规则进行修改、优化完善。编发《高新（滨江）信息》本周要情51期，情况专报146期，《工作情况交流》6期，获区领导批示142条。上报社情民意类信息1140条，中办录用信息12条，省、市录用动态信息30条、情况交流9篇、专报16篇；获省领导批示14条、市领导批示12条。（来敏毓）

【“院士讲堂”报告会】 2020年，杭州高新区（滨江）推出“院士讲堂”5期，区四套班子领导，区法院院长、区检察院检察长，全体区管干部，部分企业负责人2500多人次参加学习。6月5日，邀请北京大学信息科学技术学院院长、中国工程院院士高文做“人工智能发展现状与趋势”专题报告。同月23日，邀请中国工程院院士、杭州城市大脑总架构师、阿里云创始人王坚做“城市大脑”辅导报告。7月7日，邀请中国工程院院士、浙江大学教授陈纯做“数字经济”辅导报告。9月4日，邀请中国科学院院士、西湖大学校长施一公做“生命健康”辅导报告。11月30日，邀请中国科学院院士、北京航空航天大学常务副校长房建成做“量子精密测量与传感技术的发展与展望”专题报告。

【硅谷创新论坛】 2020年，杭州高新区（滨江）在区文化中心、智慧e谷举办硅谷创新论坛报告会8场，区四套班子领导，区法院院长、区检察院检察长，全体区管干部，部分企业负责人等2000多人次参加学习。5月31日，邀请全国政协常委南存辉，全国人大代表陈宗年、蒋胜男结合“两会”精神，分享参会感受。7月25日，邀请杭州海康威视数字技术股份有限公司董事长、党委书记陈宗年传达学习习近平总书记在企业家座谈会上的重要讲话精神。同月27日，邀请省政协副秘书长、办公厅主任帅燮琅做“新时代人民政协工作”辅导报告。9月23日，邀请市委统战部副部长、民宗局局长邵根松做“新时代党的宗教政策和实践思考”辅导报告。10月21日，邀请丝路研究院（海口）首席专家、院长张湧做“以制度创新为动力，打造以数字自由贸易为特色的一流高新区”辅导报告。11月9日，听取中央宣讲团成员，中央政法委委员、秘书长陈一新做中共十九届五中全会精神宣讲报告。同月24日，邀请杭州市人民代表大会常务委员会党组书记、主任于跃敏做“人民代表大会制度及其杭州实践”辅导报告。12月4日，邀请市发改委党组书记、主任孔春浩宣讲中共十九届五中全会精神。

【区委理论学习中心组专题学习会】 2020年，杭州高新区（滨江）举行区委理论学习中心组专题学习会5次，区委理论学习中心组全体成员、列席人员参加学习交流。5月7日，学习《2019—2023年全国党政领导班子建设规划纲要》《中共浙江省委贯彻〈中国共产党宣传工作条例〉实施办法》。8月6日，邀请浙江省高级人民法院审判员樊清正做《中华人民共和国民法典》解读；结合总书记浙江调研精神，交流《习近平谈治国理政》（第三卷）。9月17日，学习交流习近平总书记系列重要讲话精神和省委书记袁家军在省委党校2020年秋季学期开学典礼上的讲话精神。11月20日，学习《中国共产党中央委员会工作条例》；学习习近平总书记系列重要讲话精神、新修订的档案法和有关保密法规。结合中共十九届五中全会精神开展学习交流。12月17日，学习交流习近平法治思想和中央全面依法治国工作会议精神。

【白马湖市民大讲堂】 2020年3月27日，区委宣传部印发《“白马湖市民大讲堂”活动安排》，部署安排课程内容、选课方式和师资队伍，课程内容包括中共十九大精神、中共十九届五中全会精神、习近平新时代中国特色社会主义思想、中国共产党历史、高质量建设世界一流高科技园区、新冠肺炎疫情后的心理健康、垃圾分类与文明殡葬等。课程采取实地参观学习与课堂老师讲授相结合，提升学习效果。至年底，“白马湖市民大讲堂”开展基层宣讲223场，受众3万余人次。

2020年白马湖市民大讲堂课程内容

表1

类别	主题	课程名称
必讲课程	党史党建系列	1.习近平新时代中国特色社会主义思想 2.中共十九大精神解读 3.中共十九届四中、五中全会精神解读 4.中共历史与中共知识 5.纪律处分条例 6.全面从严治党 7.社会主义核心价值观建设 8.基层统战与民族宗教工作
	区情形势系列	1.高新技术产业发展 2.高质量建设世界一流高科技园区 3.生态环境与美丽滨江 4.清廉滨江建设 5.平安滨江建设
选讲课程	法律法规系列	1.宪法知识宣传 2.常用法律知识 3.社保相关政策 4.生育相关政策 5.消防安全相关知识 6.小区物业管理
	文明礼仪系列	1.基层精神文明建设 2.垃圾分类 3.移风易俗，文明殡葬 4.家训家规家风 5.文明交通 6.职场礼仪和形象礼仪

续表1

类别	主 题	课程名称
选讲课程	休闲文化系列	1.文化自信和中华传统 2.摄影艺术 3.声乐辅导 4.书香社区 5.插花赏析 6.学茶品茶 7.中老年英语
	亲子教育系列	1.如何帮助孩子建立好习惯 2.如何当好孩子的学习教练 3.做一个高情商的家长 4.孩子的问题行为背后的原因 5.如何把握孩子关键敏感期 6.针对不同性格的情绪管理课 7.如何陪伴青春期孩子的成长 8.早教究竟如何选择？ 9.和孩子聊聊性，让孩子更安全
	家庭沟通系列	1.如何面对疫情中的家庭关系冲突 2.婆媳关系对对碰 3.隔代养育的家庭规则建立 4.三代同堂的沟通艺术
	健康养生系列	1.新冠肺炎疫情后的心理保健 2.轻松应对更年期变化 3.老年人的心理健康课 4.退休心理学 5.告别拖延症 6.抑郁症心理疏导 7.压力应对与情绪管理 8.不同年龄的睡眠健康课 9.中医四季养生 10.养生操
	操作技能系列	1.红十字急救技能 2.火场逃生自救技能 3.地震逃生与救援 4.伤害与自救互救 5.中老年防诈骗 6.中西式点心 7.化妆美容
实地参观	建议推荐点	1.创新之路成就展 2.智慧e谷 3.白马湖公园 4.奥体主体育场 5.西兴过塘行遗址 6.长河革命烈士纪念馆

（郭自青）

统一战线工作

【概况】 至2020年底，中共滨江区委统战系统7个民主党派有成员581人，比上年增加50人。年内，全国新时代民营企业统战工作理论研讨会、全市统战部部长会议暨网络人士统战工作现场会在杭州高新区（滨江）召开。借助培训、读书会、座谈会，组织民主党派、党外知识分子、新的社会阶层人士、网络代表人士、民营经济人士2500多人次参加。举办以“强信心、保增长”和“践行‘两山’理论，助力绿色发展”为主题的亲清直通车·政企恳谈会，帮助协调沟通企业难题50多个。成立非公企业“廉盟”，179家民营企业加入。以同心·众创基金为纽带，开展“同心众创·金融赋能行动”，开展4次项目对接和路演活动，为30多个创业项目提供路演服务。举办第三届国际人才节“侨联人才·相约高新”双创“侨”梁日为侨服务专场活动，为海外留学生提供500多个就业岗位。聚焦新型城区和千年古镇，围绕社会治理、乡贤文化、高质量发展3个目标，指导建立3项机制（工作领导小组、工作团队、运行机制），指导挖掘乡贤数据，指导长河街道、西兴街道成立乡贤联谊会。完成民革、民进、农工党、致公党4个民主党派基层组织换届工作，推进新老交替、政治交接。建立健全常态化工作机制，开展党外代表人士“双走访”调研活动30多次。成立民族团结志愿服务团，举办“最美民族广场”系列活动，共有300多人参加。与浙江警察学院西藏班开展民族团结共建，为50多名西藏班同学送上慰问品。举办“薪火相传、砥砺奋进”同心诗会，编辑出版《高新浪潮》一书。在57家建有党委的企业、科技园区成立企业统战部，打通民营经济统战工作“最后一公里”。各民主党派“建言直通车”意见建议被录用123篇，其中24篇被中办、中央统战部、全国政协、各民主党派中央、省委会等省级以上单位录用。

2020年，中共滨江区委统战部报送的《打造新时代网络统战工作的“一度四性”新磁力》获全省统战理论政策研究优秀成果二等奖、全市统战理论政策研究优秀成果一等奖，《夯实基层基础，促进两个健康，积极探索新时代民营企业统战工作》获全省统战工作实践创新优秀案例。

【统一战线结对帮扶】 2020年，中共滨江区委统战部发挥统一战线资源优势，组织新的社会阶层人士、网络代表人士、民主党派成员企业等统战成员，开展帮扶结对。5月17日，浙江花都美容美发培训中心对口帮扶贵州省黔东南苗族侗族自治州少数民族，组织21人到杭州高新区（滨江）接受职业培训。9月2日，农工党杭州高新区（滨江）基层委组织会员企业到贵州省黔东南苗族侗族自治州贫困村捐赠20万元，用于乡村建设，帮助解决土特产销售难问题。同月19日，中共滨江区委统战部到丽水市景宁畲族自治县开展“双百村结对”活动，实施丁香园基层医生赋能计划等4项网络公益项目，帮扶民族地区。10月17日，民建杭州高新区（滨江）基层委到青海省海西州德令哈中学捐赠教学物资20万元。11月23日，中共滨江区委统战部组织企业到湖北省恩施土家族苗族自治州建始县开展“东西部扶贫协作图书捐赠”活动，捐赠图书3000多册。

【“同心联企服务”小程序启用】 2020年2月，中共滨江区委统战部推出“同心联企服务”小程序，该平台包含“同心联企”小程序和“同心联企”政企服务后台。“同心联企”小程序将中共滨江区委统战部、企业和协同部门归类对应3种角色，通过服务后台注册分配身份，登录后，企业可通过小程序发布问题请求，中共滨江区委统战部作为统筹方解决问题或者分配问题，协同部门协助解决问题，形成“线上咨询—问题报送—协调跟进—解决到位”完整工作闭环。中共滨江区委统战部、区工商联、各民主党派组成16个服务小组，协同区相关部门、各街道，分片联系企业300多家，协调解决防疫及复工各类问题360多个，获《浙江日报》《杭州日报》等媒体报道。

2020年5月15日，杭州高新区（滨江）民主党派工作会议召开
（区委统战部 供图）

【民主党派工作会议】 2020年5月15日，杭州高新区（滨江）召开民主党派工作会议暨进一步加强民主党派自身建设推进会，中共滨江区委常委、统战部部长杨晓峰出席会议并讲话，区委组织部、区委统战部相关负责人及各民主党派主委、副主委，各支部（支社）主委等60多人参加。会议传达学习全市统战部部长会议暨民主党派工作交流会精神，围绕加强民主党派自身建设，就下一阶段民主党派重点工作进行安排部署。各民主党派主委汇报交流各自工作情况和下一阶段重点工作计划。

【全区民营企业统战工作推进会】 2020年7月9日，杭州高新区（滨江）民营企业统战工作推进会在智慧e谷召开，中共滨江区委统战部、区工商联负责人，各街道统战委员、统战干事，各平台统战工作负责人、联络员，全区57家民营企业统战部负责人共120多人参加。会议认为，民营企业统战部创新推动统战阵地建设，引领统战成员理想信念教育。会议表彰浙江吉利集团、东部软件园企业统战部，吉利集团“吉聚·同心荟”、网易集团“蜗牛·同心荟”、东部软件园“凤凰·同心荟”等同心荟阵地。杭州高新区（滨江）通过创新民营企业统战工作的理论成果和实践路径，受到中共中央、省委、市委统战部肯定，获全省统战理论调研成果一等奖、中共中央统战部民营经济统战工作理论研究优秀成果。

【同心·众创基金会客厅揭牌】 2020年6月30日，同心·众创基金会客厅揭牌暨项目对接交流会在杭州高新区（滨江）同心众创基地举行，中共滨江区委组织部（人才办）、中共滨江区委统战部、区商务局、区工商联等部门负责人，以及基金运营机构负责人、基金投资人代表等20多人参加，与会代表为同心·众创基金会客厅揭牌。同心·众创基金会客厅设在同心·众创基地，作为政府部门服务统战成员的实体平台，助力推动亲清新型政商关系，建立定期沟通交流机制，定期邀请区相关部门、基金运营机构、投资人代表等进行沟通交流，为杭州高新区（滨江）各类优质创业创新项目提供支持，助推经济高质量发展。在首次项目投资对接座谈会上，区商务局、区委人才办负责人推介优质项目，与同心·众创基金运营负责人沟通交流。

【全市统战部部长会议暨网络人士统战工作推进会在杭州高新区（滨江）召开】 2020年7月16日，全市统战部部长会议暨网络人士统战工作推进会在杭州高新区（滨江）召开。中共浙江省委统战部副部长张润生，中共杭州市委常委、统战部部长陈新华出席会议并讲话。会议学习习近平总书记在浙江省考察时的重要讲话精神和中共杭州市委十二届九次全会精神，交流经验做法，部署工作任务，推动全市统战工作提质增效、争先创优。会上，杭州高新区（滨江）、西湖区、江干区和无忧传媒做工作交流发言。杭州市网络作家协会“网络大咖·同心荟”、江干区“直播达人·同心荟”、拱墅区“运河·同心荟”新媒体新青年联盟、西湖区“艺创小镇同心荟”、杭州高新区（滨江）“中国正能量网红·同心荟”、余杭区“AI·同心荟”6家单位被授予“杭州市网络人士统战工作实践创新基地”。

【城市新乡贤工作会议】 2020年9月2日，杭州高新区（滨江）召开城市新乡贤工作会议，中共滨江区委常委、统战部部长杨晓峰、区城市新乡贤工作领导小组成员单位主要负责人等30人参加会议。会议传达学习全省新乡贤工作推进会议精神，杨晓峰要求新乡贤工作成为挖掘滨江人文历史的寻根之旅，并作为组织建设基层年的重点工作之一；把握重点环节，加大新乡贤工作推进力度，构建新乡贤工作平台；创造条件，为做好新乡贤工作提供有力保障，做好感情聚贤。至年底，长河街道和西兴街道均召开新乡贤大会。

【杭州高新区（滨江）网络人士联谊会成立】 2020年12月2日，杭州高新区（滨江）网络人士联谊会成立暨新时代网络人士发展论坛在智慧e谷举行，中共浙江省委统战部、中共杭州市委统战部，中共滨江区委组织部（人才办）、中共滨江区委宣传部（文创发展中心、网信办）、中共滨江区委统战部、区商务局、区经信局等部门分管负责人和区内60多名网络代表人士参加。杭州高新区（滨江）网络人士联谊会有会员57人，会议选举产生联谊会第一届理事会，设会长1人，副会长8人，秘书长1人。观澜网络杭州有限公司董事长李天天当选会长。阿里中心杭州滨江园区、上峰电子商务产业园、活水空间、云狐科技园、西可科技园、三花·江虹国际创意园被授予“网络人士创新创业实践基地”称号。网络人士代表李烈宣读网络人士倡议书；举行网络人士公益服务团启动仪式；区文创服务中心负责人进行政策解读；抖音浙江负责人董杰、杭州艺福堂茶业有限公司李晓军进行主旨分享；圆桌分享会以“直播产业发展”为主题，与会人员结合自身经历，分享心得体会。 （徐哲宇）

2020年12月2日，杭州高新区（滨江）网络人士联谊会成立暨新时代网络人士发展论坛在智慧e谷举行 （区委统战部 供图）

机构编制

【概况】 至2020年底，杭州高新区（滨江）有党委机构7个，管委会、政府工作机构19个，派出机构4个，人大常委会办事机关7个，政协办事机关7个，法院1个，检察院1个，街道3个。

【事业单位改革】 2020年5月13日，杭州高新区（滨江）召开全区事业单位改革部署培训会，动员部署全区事业单位改革工作。同月20日，区党委编委印发《杭州高新开发区（滨江）事业单位清理规范整合工作方案》，原则上清理撤销实际不开展核准业务活动的事业单位，整合优化部门内部职能相近、职能弱化或职能交叉的事业单位，规范事业单位机构编制，部署制定区属事业单位机构编制规定。至月底，完成87家区属事业单位机构编制规定制定工作。

【机构设置】 2020年5月21日，杭州高新区（滨江）设立杭州高新技术产业开发区（滨江）社会矛盾纠纷调处化解中心（简称“区矛调中心”）；9月30日，经市委编办批准，确定区矛调中心机构规格为副处级。8月18日,设立杭州高新区(滨江)富阳特别合作区产业发展服务中心。10月22日,撤销杭州奥体博览中心滨江建设指挥部。12月31日,杭州高新技术产业开发总公司更名为杭州高新技术产业发展服务中心。　（余　虎）

党史编研

【概况】2020年,区委组织部(区党史办)把握党史工作方向,构建党委统一领导、党史部门协调指导、有关部门密切配合、社会各方共同参与的"大党史"工作格局,以长河革命历史纪念馆和杭州高新区(滨江)党群服务中心为主阵地,挖掘"国际滨"红色历史文化资源,开展"我的滨江时光""跟着手艺游红色中国""红色历史手拉手"等活动22场。

【党史教育主阵地建设】2020年,区委组织部(区党史办)发挥长河革命历史纪念馆和杭州高新区(滨江)党群服务中心两大党史教育主阵地作用,通过多种形式宣传党史,长河革命纪念馆持续招募以"五老"群体为主的红色志愿者,开展"我把红色史料献给党""红色历史手拉手""主题党日我来讲"等特色活动;杭州高新区(滨江)党群服务中心设置"时光码头"功能区,"坤记理发铺""老茶馆"情景再现,活动者可以坐在小竹椅上看老电影,追忆过往。至年底,共有1万余人次参与活动。

【"我的滨江时光"老物件征集展】2020年5月,为纪念杭州高新区成立30周年,区委组织部(区党史办)开展第二批"我的滨江时光"历史性资料和物品征集活动,以杭州高新区成立后各单位、个人的代表性物件、历史资料、工作用品,各级媒体对杭州高新区的宣传报道等为重点展品,突出"初心、使命、担当"三大关键词,共收集物品120多件。11月13日,"高新迹·忆"时光展在杭州高新区(滨江)党群服务中心举行,分为"而立高新、双创传奇""幸福高新、科技体验""今夕往昔、华彩蝶变"3个展区,展现杭州高新区30年成长轨迹,展出持续到12月31日,吸引1万余人次观看。

【"不忘初心·书写芳华"红色沉浸式体验活动】2020年9月起,区委组织部(区党史办)联合杭州高新区(滨江)党群服务中心、网易蜗牛图书馆,持续开展"不忘初心·书写芳华"红色沉浸式体验活动,以"中共一大"为故事背景,将红色记忆与情景再现、益智闯关相结合。从故事叙述到内涵升华,参与者体会到召开"中共一大"的艰难,激励"高新人"不忘初心、勇敢前行。至年底,开展20多场,200多人次参与。　（陈尧兰）

老干部工作

【概况】至2020年底,杭州高新区(滨江)有离休干部5人,归口滨江属地管理的省、市离休干部21人,其中1人配备助老员服务,社区签约医生服务11人。区、街退休干部233人,其中副厅级以上12人、县处级以上141人(含副区级9人)、科级及以下80人。卫生教育退休干部438人。全年举办老干部情况通报会4次,学习参观活动2次。走访慰问离休干部31人次、四套班子退休干部44人次、退休困难党员30人次。长河街道中兴社区获评杭州市级"金秋驿站",区人力社保局第四支部、区级退休领导党支部获评省级首批标准化离退休干部党支部,谭启晓获评省级银尚达人。

【机关退休干部志愿服务活动】2020年,杭州高新区(滨江)组织机关退休干部到社区、街道党群服务中心开展志愿活动。元旦期间,组织退休干部书法班学员和区书法协会开展"翰墨飘香、福满人间"写春联活动。新冠肺炎疫情防控期间,组织老干部参与社区防疫,有25名退休干部到小区卡口登记外来人员,服务时长894小时。24名退休干部自发创作书画、诗歌作品57篇,自编防疫海报300多篇,编发抗疫简报7期。向区红十字会捐款1.28万元。6月

18日，开展“清风徐来、端午飘香”退休干部送文化活动，结香包寄情高层次人才、困难党员、困难群众，发放香囊300多只。9月15日，联合区文明办，在社区、华联星光大道综合体、人才公寓开展“公筷公勺，为爱夹菜”活动，发放宣传用品1000多份。12月12日，在区党群服务中心，开展“冬日暖阳，为爱行动”暨冬至包饺子活动，赠送给养老院老人。

【“9+X”干部荣誉退休仪式】 2020年5月21日，杭州高新区（滨江）在智慧e谷举行首次干部职工荣誉退休仪式，区检察院俞杰等10名老干部告别工作岗位。活动仪式上，杭州高新区（滨江）发布《关于实施干部职工荣誉退休“9+X”制度的通知》，通过常态化落实干部荣誉退休9项规定项目，鼓励各单位开展X项自选项目，100多人参加活动，省、市多家媒体参与报道，其中“浙江组工”微信公众号阅读量1万余条，市委常委、组织部部长毛溪浩，区委书记王敏均对此项举措做出批示。

资料：

干部荣退9个规定项目：开展一次组织谈话，制作一本“我的滨江时光”影集，举办一场初心闪耀荣退仪式，开通一键干部服务码，明确一名结对服务年轻干部，组织一起温暖送离岗位，推送一份乐龄生活指南，准备一份有意义“暖心包”，递上一封志愿服务倡议书。

（吕　吉）

综合考评和督查

【概况】 2020年，杭州高新区（滨江）综合考评紧扣国家高新区评价指标体系、省市重点工作目标任务、区委区政府重点工作，优化综合考评实施体系，2019年度市区两级131条社会评价意见整改完成率、2020年度“公述民评”15条意见落实整改反馈率均为100%。

2020年5月21日，杭州高新区（滨江）举行首次干部职工荣誉退休仪式

（区委组织部　供图）

【市级综合考评】 2020年4月23日，市考评办印发《杭州市2020年度综合考评实施意见》，对杭州高新区（滨江）开展年度综合考评。12月上旬，启动2020年度杭州市对杭州高新区（滨江）综合考评工作。市对区综合考评分为重点攻坚、日常履职、创新创优、满意度评价4个维度。重点攻坚分为“15+7重要经济指标”“高质量发展”“六大行动”，其中“15+7重要经济指标”采用晋优否优加分的方式；日常履职分为“打造国际一流环境”“平安创建”“职能目标”；创新创优涉及“国内影响”，工作获得省部级以上表彰肯定或正式推广的，予以认定赋分；满意度评价涉及“市县评议”和“社会评价”，2020年度“市县评议”和“社会评价”全部实行电子化操作，通过发送邀请短信、点击手机端链接登录的方式，参与评价，参评对象为两代表一委员、基层干部、市场主体和群众代表。社会评价意见整改工作满意度测评与社会评价工作结合进行；在保留领导班子建设、党风廉政建设考核的同时，加大党建责任考核结果在综合考评中的应用，党建工作考核继续采取“否优降档”“加减分”办法。根据《杭州市2020年度综合考评实施意见》，杭州高新区（滨江）综合考评成绩排名第9位，在全国高新区排名前3位的可直接“晋优”，未进入前5位的直接“否优”。

2020年度，杭州高新区（滨江）综合考评得分94.646分，居全市第二位，杭州高新区（滨江）在全国高新区排名中位列第九名，最终综合考评获良好等次。同时获转型升级攻坚、高质量发展、“三化融合”行动和打造国际一流营商环境4个单项奖。

【区本级综合考评】 2020年5月26日，区党委印发《关于实施2020年度综合考评的意见》，衔接市对区考评工作。9月22日，印发《2020年度区综合考评日常履职、创新创优、满意度评价考核办法的通知》，规范区综合考评实施办法。2020年度被考核单位分为3个序列，分别是街道（3家）、区级机关各单位及区直属各单位（43家）、市驻滨江单位（4家），共50家。考评内容包括“重点攻坚”“日常履职”“创新创优”“满意度评价”4个部分。其中：“重点攻坚”包括全国高新区评价指标、重要经济指标、高质量发展、“六大行动”、打造国际一流营商环境、平安创建，采用牵头单位与市对区考核结果挂钩，其他部门由牵头单位考核的方式；“日常履职”中市考核职能目标采用挂钩办法，区本级参照市对区考核结果同比例扣分，区共性任务由牵头部门负责考核，采用排名制赋分，区其他重点任务由牵头部门负责考核，采用负面清单考核办法；“创新创优”（国内影响）加分情况经区考评办初审汇总；“满意度评价”（领导评价、社会评价）中的领导评价仍然采用纸质化评价，社会评价采用电子化评价。参评单位综合评定分优秀、良好、达标、不达标4个等次。经区考评办组织实施，区综合考评领导小组审核通过，区委常委会讨论决定，印发《关于公布2020年度综合考评结果的通知》，14家单位获评优秀单位，9家单位获评良好单位，其余均为达标等次。（金　锐）

【党委工作督查】 2020年，杭州高新区（滨江）开展督查检查考核工作31项，比上年下降8.82%。落实区委主要领导批示共计934件，签收件125件，其中督办件100件。落实项目化管理，编写《高新（滨江）工作动态》半月报17期，26家单位完成专项工作33项。印发专项性工作通知单7份，专项工作交办单22份，编辑督查专报3份、督查通报7份，整理区新冠肺炎疫情防控指挥部督办（抄告）单90份。专项督查区委全会重点工作及区委五届八次、九次全体（扩大）会议分组讨论中提出问题和建议的落实情况，各单位均已办理完毕。（俞　越）

信访工作

【概况】 2020年，杭州高新区（滨江）受理群众来信、来访、来电和网上信访6.6万件。其中：来信300件，比上年上升16.7%；来访280批1040人次，下降11.9%和30.7%；市长公开电话交办5.31万件，上升46.78%；网上信访1.23万件，上升46.1%。编印《信访电日报》255期，群众信访反映问题主要集中在网络金融、城乡建设、消费纠纷、环境保护等方面。区领导带头坚持信访值守工作，四套班子领导及区法院院长、区检察院检察长全年接待来访群众72批137人次。区委主要领导带头坚持每天阅看《信访电日报》，全年对重要事项做出批示75件，阅批群众来信15件，推动信访事项迅速解决。确保疫情期间、各级“两会”、中央及省委巡视、中央环保督察、中共十九届五中全会、第十六届中国国际动漫节、第十四届（2020）杭州文化创意博览会、第七届世界互联网大会等重要时期信访稳定，实现“无信访积案区”工作目标。

【信访工作机制完善】 2020年，杭州高新区（滨江）制定《滨江区信访事项交（督）办机制》《区领导领衔包案化解信访积案工作机制》《滨江区领导接待集体访工作方案》《集体访接待处置流程图》。通过完善区本级信访工作机制，细化规范信访事项交（督）办流程及办理要求；明确以区领导领衔包案经营方式，推动积案化解；按照群体访规模确定区领导接待原则，以流程图形式规范集体访接待处置方式。至年底，梳理、办理区级重复信访件19件，区领导领衔包案化解信访积案25件，区领导直接参与协调处置集体访事项5件。

【社会矛盾纠纷调处化解中心建设】 2020年，杭州高新区（滨江）推进社会矛盾纠纷调处化解中心建设，成立区矛调中心建设领导小组，由区委书记王敏任组长，加强组织领导，确保工作稳步推进。整合诉讼服务中心、检察服务中心、行政争议调解中心、交通事故调委会等平台资源入驻，中心成建制入驻平台10个，功能性入驻平台3个，行业专业调委会4个，常驻部门11个，轮驻部门9个，构建矛盾纠纷调处化解联动体系，提升工作实效，矛盾纠纷在中心现场联合调处办理率90%。发挥人民调解、行业调解、司法调解等调解组织的作用，利用专业优势及时化解矛盾纠纷，实现工作重心从事后化解向事前预防的转变。至年底，全区人民调解受理995件，成功率99.6%；行政调解受理868件，成功率97.6%；物业调委会受理310件，成功率98%；劳动监察立案前调解成功4918件，成功率88.87%；劳动仲裁调解受理1523件，成功率93.8%。

【新冠肺炎疫情期间信访保障】 2020年，杭州高新区（滨江）受理群众涉新冠肺炎疫情信访件10868件，其中疫情防控件2126件、因疫情引发的各类矛盾纠纷信访件8742件，均得以及时有效办理，未形成集体访或不良社会影响。对直接涉疫件，建立区、街道、社区三级信访员联动处置工作机制，按照“特急件4小时、紧急件24小时”的原则，做到快转快办快结。突出重点有效应对，“一级响应期”针对涉疫件数量多、时间紧的特点，增配人员力量按照要求完成办理；复工复产后，组织人员汇总学习各类政策，及时回应群众关切，精确分类交办，加强对接协调，助力惠企政策落地提速；防控后期，针对房产中介合同类纠纷集中爆发情况，联合公安滨江分局、区住建局、各街道，组织公司、房东、房客搭建沟通平台，制定清偿方案，其中办理“青客公寓”投诉件3111件。

【省委巡视组交办件办理】 2020年，杭州高新区（滨江）收到省委巡视组巡视期间信访件211件，其中来电77件、来访101件、来信20件、网上信访13件，区信访局经过梳理，将初件转交事权单位，要求严格按照国务院《信访条例》进行办理，共转交99件，其中来电30件、来访62件、来信4件、网上信访3件。对前期已有明确答复的重件做存件处理，结合重复信访件专项治理活动进行办理。至年底，所有转交信访事项均按照相关规定办理。

【积案化解成效显著】 2020年，杭州高新区（滨江）梳理全区历史积案37件，确定25件为区领导领衔包案件、12件为事权单位领导包案件。区四套班子领导、法院院长、检察院检察长逐案包案经营，加强化解管控和检查指导，明确属地责任领导、信访干部和管控责任人的责任，通过专题会议研究部署、现场勘察调研、上门做思想工作等方式，推动积案化解，实现历史积案清零目标。至年底，未发生化解积案重复信访现象。

【重复信访件专项治理】 2020年10月，杭州高新区（滨江）受领上级交办的专项治理重复信访件570件，制定《滨江区关于开展集中治理重复信访化解信访积案专项工作实施计划》，明确2021年底前化解60%、2022年底前基本化解的目标，明确2020年重点化解农村建房信访问题、2021年重点化解征地拆迁和房地产信访问题、2022年重点化解涉法涉诉信访问题的阶段性重点任务，所有信访件均通过省统一平台予以交办，各事权单位明确包案领导和责任人员。至年底，化解109件。（汪知二）

滨江区人民代表大会

综　述

至2020年底，滨江区有各级人大代表186人，其中全国人大代表1人、浙江省人大代表3人、杭州市人大代表21人、滨江区人大代表161人。全年召开常委会会议10次、主任会议13次，审议讨论专项工作报告27个，开展执法检查、专题询问、视察调研78次，做出决议决定23项，发出审议意见书11件，任免国家机关工作人员41人次。专项审查超亿元政府重大投资项目21个，督查城市规划、设施、环境、管理4个大类、11个项目，参与治水巡河和环境巡查，推进“美丽滨江”建设。调研北航杭州创新研究院、长城战略咨询杭州研究所及区内“五大平台”发展情况，形成《杭州高新区（滨江）创新平台发展现状分析与对策建议》。启动“一周一释法”，新设微信公众号释法栏目，结合传染病防治、人口普查、社区组织换届等重点工作，每周推送1期释法案例。围绕依法决策、依法行政、学法用法等法治工作情况，继续开展“一年一述法”“一季一旁听”“一月一学法”“三个一”活动。推进民生实事项目代表票决制工作，分组开展民生实事监督活动43次，参加代表402人次。指导街道实施居民议事制度，开展民生实事项目会商票决工作。3个街道确定以人大代表为主的会商会议成员224人，票决产生街道民生实事项目18项，同步开展监督。加强代表联络站建设，规范化改造实体代表联络站60个，在区党群服务中心及社区美好生活共同体新建代表联络站，代表进联络站开展活动208次，接待选民1526人次，省、市、区领导干部代表参加联络站活动15人次。依托“代表e站”首次实行代表履职量化考核，115名基层代表开展履职活动1078人次。新冠肺炎疫情防控期间，区人大常委会包干联系14个社区60个小区、21个园区656家企业，收集整理相关建议84条，梳理防疫临时性应急行政管理措施文件42件，支持政府出台复工复产“滨江政策”。在“滨江人大”微信公众号发布《抗击疫情，滨江人大在行动》系列报道53期、82篇。开展“亲清三访”活动，走访企业、社区、人才和基层代表465人次，现场协调解决问题163个，收集反映问题意见42个，交办闭会期间代表建议9件，处理群众来信来访21件。　（阮淑慧）

重要会议

【区五届人大四次会议】 2020年1月18—20日，杭州市滨江区第五届人民代表大会第四次会议在白马湖建国饭店召开，应到代表161人，实到152人，列席人员109人。会议听取和审查区长李志龙所做的《杭州市滨江区人民政府工作报告》；审查《杭州市滨江区2019年国民经济和社会发展计划执行情况与2020年国民经济和社会发展计划草案的报告》，审查、批准《杭州市滨江区2019年国民经济和社会发展计划执行情况的报告与2020年国民经济和社会发展计划》；审议《2019年区政府民生实事项目完成情况和2020年民生实事候选项目形成情况报告》，测评2019年区政府民生实事项目；审查《杭州市滨江区2019年财政预算执行情况和2020年财政预算草案的报告》，审查批准《杭州市滨江区2019年财政预算执行情况的报告和2020年财政预算》；听取和审查区人大常委会主任韩建中所做的《杭州市滨江区人民代表大会常务委员会工作报告》；听取和审查区人民法院院长池海江所做的《杭州市滨江区人民法院工作报告》；听取和审查区人民检察院代理检察长夏涛所做的《杭州市滨江区人民检察院工作报告》。大会审议通过上述报告并做出决议。根据全体代表投票结果，选举夏涛为区人民检察院检察长（须报经市人民检察院检察长提请市人大常委会批准）；投票表决产生10项2020年政府民生实事项目。会议期间收到代表建议68件，交区政府和有关部门研究办理。

【区人大常委会会议】 2020年，区人大常委会举行会议10次，区人大常委会组成人员，区政府、区监委、区法院、区检察院及议题相关单位负责人参加会议。

2020年滨江区人大常委会会议情况

表2

日期	会议名称	会议内容
2020-01-10	区五届人大常委会第二十六次会议	听取政府工作报告、民生实事项目报告、计划报告、财政报告、法院工作报告、检察院工作报告起草情况的汇报，决定提交区五届人大四次会议审查和批准；审议并通过区人大常委会工作报告和2020年工作要点；讨论并决定区五届人大四次会议有关事项；审议并表决有关人事任免事项，举行颁发任命书、宪法宣誓仪式
2020-03-26	区五届人大常委会第二十七次会议	听取并审议2019年度环境质量状况和环境保护目标完成情况的报告；学习《浙江省街道人大工作条例》；听取并审议人大街道工委2019年度工作情况和2020年度工作计划的报告，表决通过3个街道工作委员会工作报告；表决通过《关于许可对个别人大代表采取刑事强制的决定（草案）》
2020-04-09	区五届人大常委会第二十八次会议	经表决，补选钱建中为杭州市第十三届人民代表大会代表，接受陈月利辞去滨江区第五届人民代表大会常务委员会委员职务；审议并表决有关人事任职事项
2020-05-21	区五届人大常委会第二十九次会议	听取并审议区政府关于安置小区商业用房管理运行情况的报告和区人大常委会财经工委关于滨江区安置小区商业配套用房情况的调查报告；审议并表决有关人事任免事项，举行颁发任命书、宪法宣誓仪式
2020-07-24	区五届人大常委会第三十次会议	听取并审议区政府关于滨江区基层医疗卫生服务能力建设情况的报告、区人大常委会教科文卫和民宗侨工委关于滨江区基层医疗卫生服务能力建设的调查报告，并开展专题询问；审议并表决有关人事任免事项；表决通过《杭州市滨江区人民代表大会常务委员会街道工作委员会工作办法（草案）》
2020-08-20	区五届人大常委会第三十一次会议	听取并审议区政府关于2020年新开工超亿元政府重大投资项目的报告和区人大常委会财经工委关于2020年区政府重大投资项目审查报告，表决通过《区人大常委会关于2020年新开工超亿元政府重大投资项目报告的审议意见（草案）》，同意2020年上半年政府新建超亿元重大投资项目计划；听取并审议滨江区2020年上半年国民经济和社会发展计划执行情况的报告、2019年财政决算（草案）和2020年上半年财政预算执行情况的报告、关于2019年度滨江区本级预算执行及其他财政收支的审计工作报告和区人大常委会财经工委关于滨江区2020年上半年国民经济和社会发展计划执行情况的调查报告、关于2019年财政决算和2020年上半年财政预算执行情况的审查报告，经表决，决定批准区政府提出的2019年度财政决算；审议并表决有关人事任免事项

续表2

日期	会议名称	会议内容
2020-09-17	区五届人大常委会第三十二次会议	听取并审议区政府关于社区美好生活共同体建设情况的报告和区人大常委会社会建设工委关于滨江区社区美好生活共同体建设的调查报告；审议并表决有关人事任免事项，举行颁发任命书、宪法宣誓仪式
2020-10-23	区五届人大常委会第三十三次会议	听取并审议区人力社保局、区住建局、区商务局、区市场监管局4个部门主要负责人述法工作报告、区人大常委会监察和法制司法工委述法工作调查报告，并进行满意度测评，经表决，对区人力社保局的测评结果为满意，对区住建局、区商务局、区市场监管局测评结果为基本满意；表决通过《区人大常委会关于设立社会建设工作委员会及法制内务司法工作委员会更名的决定（草案）》；审议并表决有关人事任免事项
2020-11-09	区五届人大常委会第三十四次会议	听取区政府传达的关于杭州市部分行政区划优化调整有关会议精神。经表决，通过《杭州市部分行政区划优化调整的意见（草案）》
2020-12-29	区五届人大常委会第三十五次会议	听取并审议区政府关于2020年区政府民生实事项目进展情况及区五届人大四次会议代表建议办理情况的报告，区经信局、规划资源滨江分局、区住建局关于重点督办建议办理情况的报告和区人大常委会人事代表工委关于滨江区五届人大四次会议代表建议办理情况的调查报告。对3件重点督办建议办理情况进行满意度测评，经表决，对区经信局承办的“关于进一步加大滨江区招商安商稳商政策力度的建议”办理情况、规划资源滨江分局承办的“关于对沿江景观进行提升改造的建议”办理情况，测评结果为满意；对区住建局承办的“关于加强对业主委员会和物业公司指导监督的建议”办理情况，测评结果为基本满意；听取并审议区政府关于加强滨江区基层医疗卫生服务能力建设审议意见落实情况的报告、区人大常委会教科文卫和民宗侨工委关于基层医疗卫生服务能力建设审议意见落实情况的督查报告，并进行满意度测评，经表决，对区政府加强滨江区基层医疗卫生服务能力建设审议意见落实情况办理情况的测评结果为满意；听取和审议区政府《关于提请区人大常委会审议的2021年第一批新开工超亿元政府重大投资项目的报告》和区人大常委会财经工委《2021年区政府第一批重大投资项目审查报告》，表决通过《关于2021年政府第一批重大投资项目计划报告的审议意见（草案）》；听取和审议区政府关于2020年杭州市滨江区地方政府债务限额的报告、关于调整2020年杭州市滨江区财政预算的报告，区人大财政经济委员会的相关审查报告，表决通过《关于批准2020年滨江区地方政府债务限额的决议（草案）》《关于批准调整2020年度财政收支预算的决议（草案）》。经表决，通过《关于召开杭州市滨江区第五届人民代表大会第五次会议的决定（草案）》，决定区第五届人民代表大会第五次会议于2021年1月下旬在白马湖建国饭店召开；陈艺飞、徐青松2名市人大代表向区人大常委会做述职报告；审议并表决有关人事任免事项

【区委人大工作会议】 2020年1月18日，区委人大工作会议在白马湖建国饭店召开。区四套班子领导，区法院院长、区检察院代理检察长，区人大常委会委员，区人大常委会机关全体干部，区有关单位、市驻区有关单位负责人和全体区人大代表参加会议。区委书记王敏做报告，区人大常委会主任韩建中讲话。会议指出要提高政治站位，坚定制度自信，坚持以新思想引领新时代人大工作；要聚焦改革发展，创新方

2020年1月18日，区委人大工作会议在白马湖建国饭店召开
（区人大办　供图）

式方法，坚持以更好质效做实新时代人大工作；要凝聚各方力量，强化人大意识，坚持以更强保障支持新时代人大工作。（李定炎）

人大常委会重要事项

【省市人大常委会领导到滨江调研】2020年2月18日，省人大常委会党组书记、副主任梁黎明，市人大常委会主任于跃敏到滨江区，调研杭州华为企业通信技术有限公司和博世电动（中国）有限公司新冠肺炎疫情防控、企业复工复产情况。同月19日，市人大常委会副主任陈红英到滨江区开展“三服务”活动，走访东冠集团有限公司、浙江万轮科技创业中心有限公司、浙江吉利控股集团有限公司，调研企业复工复产情况。3月18日，省人大常委会副主任姒健敏、市人大常委会主任于跃敏到滨江区调研居民生活垃圾分类处置工作情况，考察杭州绿能环保发电有限公司垃圾收集、处理、分类情况，踏看垃圾处置场所，听取企业对垃圾分类处置的相关汇报。4月8日，省人大常委会委员、财经委主任委员张金如、市人大常委会副主任许勤华，到滨江区开展数字经济发展情况专题调研、走访恒生电子股份有限公司、杭州医惠科技有限公司和浙江中控技术股份有限公司。5月15日，市人大常委会主任于跃敏到西兴街道丹枫社区开展《杭州市居住区配套设施建设管理条例》执法检查。6月17日，市人大常委会副主任徐小林到滨江区调研人大财经、民宗侨工作。7月7日，市人大常委会主任于跃敏到长河街道晶都社区人大代表联络站调研“智慧人大”建设情况。11月10日，市人大常委会副主任陈红英到滨江区开展人大工作督查调研。

【法治人大建设深化】2020年，区人大常委会落实“一月一学法”，人大常委会机关开展《中华人民共和国民法典》《中华人民共和国传染病防治法》等法律法规学习辅导。组织“一季一旁听”，落实人大代表旁听法院庭审制度，旁听法院庭审4次。开展“一年一述评”，对区人力社保局、区住建局、区商务局、区市场监管局开展述法评议和满意度测评。进行“一周一释法”，在“滨江人大”微信公众号设“一周一释法”栏目。跟踪监督上年度5个部门述法评议审议意见整改落实情况和区检察院公益诉讼开展情况。上下联动开展传染病防治法、土壤污染防治法、禁毒法执法检查，专项视察残疾人保障法、无障碍环境建设条例实施情况，走访调研宗教场所并听取宗教工作报告，备案审查社区配套用房建设使用管理办法等政府规范性文件9件。参与省、市人大立法调研，提出意见。

【助推创新主体培育】2020年3月31日、6月29日，区人大常委会调研长城战略咨询杭州研究所、北航杭州创新研究院，就创新平台发展状况进行调研。7月2日，区人大常委会会同省教育厅等部门相关负责人召开座谈会，就省人大代表提出的《关于落实省政府与北航战略合作协议支持加快北航杭州研究生院和创新研究院建设的建议》答复情况座谈交流。11月10日，邀请北京市长城企业战略研究所高级合伙人徐苏涛为人大常委会机关做《创新型服务政府与广义营商环境建设》专题讲座。至年底，区人大常委会完成调研报告《杭州高新区（滨江）创新平台发展现状分析与对策建议》，供区委决策参考。

【人大宣传工作】 2020年，区人大常委会在省、市人大网站及微信公众号刊稿106篇次，在全国、省、市纸媒刊稿28篇次，在杭州市第29届人大好新闻评选活动中获三等奖稿件1篇，“滨江人大”微信公众号发布原创稿件270篇，“滨江人大”网站刊稿181篇次，在《天堂硅谷》等区级媒体刊稿57篇次。编印《滨江人大信息》专刊、普刊12期，编发人大代表手机报40期。

【人事任免】 2020年，区人大常委会依法任免国家机关工作人员41人次。

2020年滨江区人大常委会任免情况

表3

日 期	会 议	任免	姓 名	任免职务	文 号
2020-01-10	区五届人大常委会第二十六次会议	决定	夏 涛	代理区检察院检察长	区第五届人民代表大会常务委员会公告（第1号）
		接受辞去	陈云高	区检察院检察长	滨人大常〔2020〕1号
		任命	余夏盛 周 静 郭丙丽	区法院审判员	滨人大常〔2020〕2号
		任命	夏 涛	区人民检察院检察员、检察委员会委员、副检察长	
2020-04-09	区五届人大常委会第二十八次会议	补选	钱建中	市十三届人大代表	滨人大常〔2020〕6号
		接受辞去	陈月利	区五届人大常委会委员	滨人大常〔2020〕7号
		决定任命	陈月利	区社会发展局局长	滨人大常〔2020〕8号
		决定免去	李放瑜	副区长	
		决定免去	吕林青	区社会发展局局长	
2020-05-21	区五届人大常委会第二十九次会议	决定任命	陈 健	副区长	滨人大常〔2020〕9号
		决定任命	陆文俊	副区长（证监局挂职干部）	
		决定任命	柴志冬	区科学技术局局长	

续表3

日期	会议	任免	姓名	任免职务	文号
2020-05-21	区五届人大常委会第二十九次会议	决定免去	梁　旭	副区长	滨人大常〔2020〕9号
		决定免去	汤　茵	区科学技术局局长	
2020-07-24	区五届人大常委会第三十次会议	任命	许小芹	区人大常委会浦沿街道工作委员会副主任	滨人大常〔2020〕10号
		免去	施明珠	区人大常委会浦沿街道工作委员会副主任	
2020-08-20	区五届人大常委会第三十一次会议	决定任命	谢迎光	区审计局局长	滨人大常〔2020〕12号
2020-09-17	区五届人大常委会第三十二次会议	决定任命	陶　峰	副区长	滨人大常〔2020〕14号
		决定免去	王斌达	副区长	
2020-10-23	区五届人大常委会第三十三次会议	任命	汤小萍	区人大常委会社会建设工作委员会主任	滨人大常〔2020〕16号
		任命	石　慧	区人民法院审判员	滨人大常〔2020〕17号
		任命	朱　昊	区人民检察院检察员	
2020-12-29	区五届人大常委会第三十五次会议	任命	彭　虹	区人大常委会监察和法制司法工作委员会主任	滨人大常〔2020〕19号
		任命	高　翔	区人大常委会财政经济工作委员会主任	
		任命	楼东文	区人大常委会城建环保工作委员会主任	
		任命	赵秀丽	区人大常委会监察和法制司法工作委员会副主任	
		免去	楼东文	区人大常委会法制和内务司法工作委员会主任	
		免去	胡志明	区人大常委会财政经济工作委员会主任	
		免去	项炳洪	区人大常委会城建环保工作委员会主任	
		免去	赵秀丽	区人大常委会法制和内务司法工作委员会副主任	
		接受辞去	楼东文	区第五届人民代表大会法制和内务司法委员会副主任委员	滨人大常〔2020〕23号
		接受辞去	许江晨	区第五届人民代表大会常务委员会委员	
		任命	彭　虹	区第五届人民代表大会监察和法制司法委员会副主任委员	

续表3

日期	会议	任免	姓名	任免职务	文号
2020-12-29	区五届人大常委会第三十五次会议	接受辞去	孔灿方 应兴江	区五届人大代表	滨人大常〔2020〕24号
		决定任命	许江晨	区商务局局长	滨人大常〔2020〕25号
		决定免去	郑　丽	区商务局局长	
		决定免去	许利萍	区农业农村局局长	
		任命	叶晓莲	区检察院检察员	滨人大常〔2020〕26号

（吕依莉）

视察与监督

【概况】 2020年，滨江区人大常委会围绕依法决策、依法行政、学法用法等法治工作情况，开展各项执法检查；推进民生实事项目代表票决制工作，落实一事一小组、一人一项目、一季一活动、半年一评估、一年一评价“五个一”监督机制，分组开展民生实事监督活动43次，参加代表402人次。

2020年4月7日，区人大常委会开展《中华人民共和国传染病防治法》执法检查

（区人大办　供图）

【《中华人民共和国传染病防治法》执法检查】 2020年4月7日，区人大常委会组织区人大常委会机关全体人员、区政府相关部门负责人共32人，考察省疾控中心、专题视察区疾控中心，听取区社发局关于《中华人民共和国传染病防治法》贯彻实施情况的报告，提出要更加重视滨江区基层医疗卫生能力建设，加强队伍建设，加大宣传和保障力度的建议。7月24日，在区五届人大第三十次常委会会议上，听取审议区政府关于滨江区基层医疗卫生服务能力建设情况的报告，并开展专题询问。

【《中华人民共和国土壤污染防治法》执法检查】 2020年9月25日，区人大常委会组织区政府及相关部门、各街道办事处分管负责人共16人，查看浦沿单元BJ0603-09及BJ0603-06地块修复现场，听取区政府关于《中华人民共和国土壤污染防治法》宣传贯彻执行等情况的汇报。提出要从强化依法治理、强化依法履职、强化严格执法和强化执法保障4个方面做好土壤防治工作。

【矛调中心“最多跑一地”改革专项监督】 2020年7月17日，区人大常委会副主任汤伟平率监察和法制司法工委负责人，视察区社会矛盾纠纷调处化解中心（简称“矛调中心”），召开社会矛盾纠纷调处化解“最多跑一地”改革专项调研会；同月21日，区五届人大常委会第48次主任会议听取区政府关于社会矛盾纠纷调处化解“最多跑一地”改革的专项报告，建议提高政治站位，分层分类，再造流程，推动中心实体化运作。

【诉源治理专项监督】 2020年7月18日，区人大常委会副主任汤伟平率监察和法制司法工委负责人分别到区信访超市、区信访局、区司法局、区人力社保局、区住建局，就创新发展“枫桥经验”、推进“诉源治理”开展调研。9月14日，区五届人大常委会第五十次主任会议听取区法院关于诉源治理工作报告。提出各职能部门要坚持问题导向、结果导向，增强工作合力，坚持专业化推进法院大调解工作，精准化分类源头治理，创新化改革提升工作质效等意见建议。

【无障碍环境建设工作督查】 2020年11月6日，区人大常委会副主任陈玉棠率督察组，专项督查区无障碍环境问题整改落实情况。督查组查看江陵路停车场、杭州江南实验学校、白马湖公园等区域的无障碍停车位、无障碍坡道、无障碍服务台、无障碍厕所等无障碍设施整改情况，提出完善工作机制、严格执行标准、加强日常监督等意见建议。

2020年滨江区人大常委会民生实事项目督查情况

表4

民生实事项目	督查时间	督查人员	督查内容	测评结果
推进安置房建设整治，提高百姓幸福指数	2020-04-27 2020-04-28 2020-05-08 2020-08-26 2020-10-21	区人大常委会副主任周建杭组织专项代表监督小组	踏看六区块五期、长二区块、十五区块扩点、宝龙东区块、长虹苑三期、秋波名府、浙新小区，提出加快土方外运进度、提高安置房建设进度以及提前谋划交付小区物业选聘等建议	满意
以打通“断头路”为重点，完善道路交通网络	2020-07-03 2020-11-10	区人大常委会副主任胡银根组织专项代表监督小组	踏看儿康路、国慷路、南川路（先锋电子西—江南大道）和中兴单元小学及幼儿园和江南大道拓宽工程，建议加大统筹协调、建设力度，调动各方积极性，严把工程质量关	满意
优化交通出行环境，提升居民便利度	2020-07-16 2020-11-13	区人大常委会副主任汤伟平组织专项代表监督小组	听取区住建局、滨江交警大队关于民生实事项目进展情况的汇报，建议各部门做好与代表的沟通，研究代表提出的意见建议，应用新手段加强调查研究、做好系统谋划	满意
加快校园建设，启动老校改造	2020-04-22 2020-11-05	区人大常委会副主任万爱民组织专项代表监督小组	踏看奥体单元小学及幼儿园、海康威视幼儿园、江南单元小学及幼儿园、月明幼儿园江虹路分园，听取责任单位区教育局关于民生实事工程进展情况的汇报，提出工作举措再强化、规划建设再提速、工作保障再升级等建议	满意

续表4

民生实事项目	督查时间	督查人员	督查内容	测评结果
建设社区美好生活共同体	2020-06-11 2020-11-11	区人大常委会副主任陈玉棠组织专项代表监督小组	踏看七甲闸社区、西兴人才公寓楼廊改造情况和闻涛社区、滨和社区美好生活共同体建设情况，听取相关部门关于该民生实事项目中小区楼廊提升改造、社区美好生活共同体建设、人才租赁房建设和配租情况等子项目进展情况的汇报，提出发挥社区主体作用，贴近百姓需求，制定和完善监管制度，加强后续有效管理运营等意见建议	满意
完善垃圾分类体系，推进污水零直排	2020-04-27 2020-11-13	区人大常委会副主任万爱民组织专项代表监督小组	踏看钱塘福苑、玲珑府、水晶城、百合苑和缤纷东院小区的“污水零直排”改造情况、垃圾分类工作推进情况，听取责任单位区城管局、区五水办关于民生实事工程进展情况的汇报，提出抓好落实、统筹、长效等建议	满意
推动物业提档升级，提升物业管理水平	2020-07-17 2020-11-12	区人大常委会副主任汤伟平组织专项代表监督小组	踏看龙湖春江彼岸小区物业建设，听取区住建局、各街道关于“推动物业提档升级”民生实事项目进展情况的汇报，提出加强顶层设计、营造工作氛围；规范组织建设、加强党建引领；突出问题整改、完善规章制度等意见建议	满意
新建改造农贸市场，升级居民菜篮子	2020-06-30	区人大常委会副主任胡银根组织专项代表监督小组	听取区商务局、区市场监管局关于民生实事工程进展情况的汇报，提出同步推进农贸市场硬件建设与食品安全监管工作、推进“智慧”农贸市场建设等建议	满意
“迎亚运·蓝天碧水绿地”环境提升行动，新建家门口的休闲廊道、“口袋”运动场	2020-04-10 2020-07-10 2020-11-09 2020-12-28	区人大常委会副主任丁幼芳组织专项代表监督小组	监督小组踏看井山坞农耕文化公园、北塘河游步道等建设情况，认为区政府及其职能部门思想高度重视，措施有力得当，责任明确落实，项目整体推进成效明显，建议区政府及相关职能部门要对标对表，查漏补缺，确保项目全面完成；提高标准，提升工程质量及美观性等建议	满意

续表4

民生实事项目	督查时间	督查人员	督查内容	测评结果
持续推进老旧小区加装电梯	2020-06-12	区人大常委会副主任陈玉棠组织专项代表监督小组	踏看缤纷小区加装电梯情况并召开座谈会，听取区住建局、各街道就项目实施进展情况、存在问题及下一阶段工作计划的汇报，提出统筹规划各项施工工作，优化施工方案，注重后续服务等意见建议	满意

（李定炎）

人大代表工作

【概况】 2020年，滨江区五届人大四次会议收到代表提出的建议68件，闭会期间代表建议9件，均按要求办理答复。加强实体代表联络站和网上代表联络站建设，代表进联络站开展活动208次，接待选民1526次。依托“代表e站”首次实行代表履职量化考核，115名基层代表开展履职活动1078人次。

【人大代表意见建议办理】 2020年1月18—20日，区五届人大四次会议收到代表提出的建议、批评和意见（简称“建议”）68件。至5月中旬，21个承办单位全部完成建议的答复工作，其中答复A类的55件、B类的10件、C类的3件。从办理结果看，解决率为77.9%，比上年提升18.2个百分点。12月，各人大街道工委开展代表建议办理工作满意度测评会，经测评，64件建议办理结果为满意，4件为基本满意，满意率为94.1%，提升24.7个百分点。至年底，区人大常委会专题听取审议代表建议办理情况报告，开展重点建议办理满意度测评，区经信局承办的“关于进一步加大滨江区招商安商稳商政策力度的建议”、规划资源滨江分局承办的“关于对沿江景观进行提升改造的建议”测评结果为满意；区住建局承办的“关于加强对业主委员会和物业公司指导监督的建议”，测评结果为基本满意。9件闭会期间代表建议均按要求办理答复。

【代表联络站建设】 2020年，区人大常委会按照“实体代表联络站提质、网上代表联络站扩面”的目标，发挥人大代表联络站反映社情民意“晴雨表”作用。代表进联络站开展活动208次，接待选民1526次。组织保障书记、区长在内的15名区领导人大代表及其他区管干部人大代表全部进代表联络站开展接待活动，接待基层代表及群众180人次，答复反馈意见建议98条。优化代表联络站布局，在区党群服务中心及9个美好生活共同体新增代表联络站，形成“1+9”组团式布局。开展2020年度杭州市“最美人大代表联络站”风采展示活动，西兴街道人大代表联络站、西兴街道滨和社区人大代表联络站、长河街道晶都社区人大代表联络站获评杭州市2020年“最美人大代表联络站”。

（吕依莉）

人大街道工委工作

【概况】 2020年，滨江区各街道人大工委服务保障常委会及代表履职，组织代表定向视察区人力社保局、区住建局、区市场监管局，围绕民生实事、垃圾分类、安置小区提升改造等开展代表小组视察，监督推动街道办事处工作，发挥街道人大职能作用。

【区人大西兴街道工委活动】 2020年1月7日，区人大西兴街道工委组织代表视察马湖区块安置房开工项目和康悦香庄竣工项目，听取区建管中心关于安置房建设管理工作汇报。5月25日、10月21日，2次组织部分市、区人大代表定向视察区住建局，察看春波东苑“加装电梯”、西陵路“打通断头路”、明月江南小区“物业提档升级”等民生实事项目完成情况，听取区住建局关于年度重点工作、民生实事项目完成情况和人大代表建议办理等情况汇报。6月16日，组织代表视察街道平安建设综合体验馆，开展“提升社会服务功能”“提升智慧管理与服务能力”2项民生实事项目重点督查，听取关于街道年度环境状况与环境保护目标完成情况、社区医疗服务和消防安全工作以及2项民生实事项目进展情况报告。6月24日、7月6日和14日，街道居民议事会议民生实事专项监督小组视察“启用白鹤苑农贸市场”“优化党群活动阵地”“提升集镇环境质量”“持续深入推进垃圾分类”项目。9月23日，组织3个代表小组围绕提升城市管理工作水平，到西兴铁路公园、十甲河沿岸、丹枫社区寰宇湾小区视察“美丽杭州”建设、“五水共治”和“垃圾分类”等工作，集中视察缤纷小区保笼拆除、加装电梯、环境整治工作，听取街道民生实事项目进展情况和城市管理工作汇报，就安置小区整治管理、无障碍设施推进、垃圾分类设施改善、河道环境整治提升等问题提出意见建议。11月24日，组织代表视察滨和社区美好生活共同体建设工作，听取和评议街道关于社区美好生活共同体建设、历年来征迁项目资金结算等工作。12月3日，组织代表测评西兴代表团在区五届四次人代会上提出的18件代表建议办理结果满意度，其中满意17件、基本满意1件。

【区人大长河街道工委活动】2020年，区人大长河街道工委定向视察区人力社保局2次。围绕“最多跑一次”改革工作开展和人才引培、就业创业等各项社会保障，视察区行政服务中心人力社保窗口，了解各个职能窗口的工作情况；围绕维护劳动关系工作，视察区矛调中心人力社保窗口和仲裁庭，就维护劳动者合法权益等方面工作进行互动交流。3月19日，街道召开2020年度第一次居民议事会议，选出6项民生实事项目。街道工委组建6个街道实事工程专项监督小组，对民生实事项目实施“一事一小组、一人一项目、一季一活动、一年一评价”的全程跟踪监督模式，落实监督责任。街道工委指导各组排定监督计划，全程开展监督活动。8月7日，街道召开2020年度第二次居民议事会议，听取街道关于民生实事项目推进情况的汇报，提出意见建议。各监督小组与相关项目负责人对接沟通，听取项目责任部门工作汇报并现场开展视察监督18次，提出建设性意见和建议38条，落实民生实事工程建设。

【区人大浦沿街道工委活动】2020年1月7日，区人大浦沿街道工委组织部分人大代表专题视察安置房建设情况，从加快建设进度、确保工程质量、加强施工管理、优化物业管理等方面提出建议。6月15日，组织部分代表定向视察区市场监管局，就食品安全监管难点、“最多跑一次”再提速等如何提高群众满意度问题提出意见建议。8月10日，邀请“代表e站”平台开发单位相关工程师对全体人大代表开展企业微信履职平台学习培训。11月24日，组织街道民生实事项目第五监督小组踏看东冠农贸市场、新生农贸市场，听取相关负责人对项目改造、建设情况的汇报，并提出监督建议。12月2日，组织代表对区五届人大四次会议上代表提出的24件建议办理情况进行满意度测评，其中满意21件、基本满意3件。同月23日，组织民生实事项目第四监督小组实地踏勘钱塘福苑、大同公寓“云梯”智能管控工程建设情况，听取相关负责人对项目建设情况的汇报，提出监督建议。29日，组织街道民生实事项目第三监督小组实地踏勘安五过渡房、谷丰大厦、西浦过渡房等租赁房配套设施完善工程建设情况，听取相关负责人汇报，并提出监督建议。（李定炎）

杭州高新区管委会（滨江区政府）

综　述

2020年，杭州高新区（滨江）统筹推进新冠肺炎疫情防控和经济社会发展，做好“六稳”“六保”工作，推进“一园四区”建设。地区生产总值1745.7亿元，比上年增长7.2%，增速居全市第一位；在降本减负90.35亿元的情况下，实现财政总收入358.43亿元，增长4.8%，其中一般公共预算收入182.75亿元，增长4.1%。实现社会消费品零售总额417.1亿元、自营出口额510亿元。

杭州光云科技股份有限公司、杭州泰格医药科技股份有限公司、浙江中控技术股份有限公司等6家企业上市，税友软件集团股份有限公司、杭州宏华数码科技股份有限公司等7家企业过会，上市企业累计53家。杭州高新区（滨江）纳入中国（浙江）自由贸易试验区新片区，获评全国首批先进制造业和现代服务业融合试点、全省唯一五星级国家新型工业化产业示范基地。

浙江大学滨江研究院、杭州中科国家技术转移中心、杭州长光产业技术研究院、“超高灵敏极弱磁场和惯性测量装置”培育项目等重量级创新平台落地，北航杭州研究生院结顶，海康威视“视频感知新一代人工智能开放创新平台”被认定为国家级AI创新平台。开展“无人智能审批”，行政服务中心压减窗口60%，中国（杭州）知识产权保护中心落地。举办杭州高新区成立30周年纪念大会、杭州湾全球数字技术大会、第九届中国创新创业大赛全国总决赛、第二十四届中国国际软件博览会等重量级活动。

推进智慧新天地、白马湖生态创意城、奥体中心、区政府北等重点片区建设，开展“美丽杭州”专项行动，白马湖片区河道以全市最高分通过省级“美丽河湖”复核。全省率先创设海康威视、海创基地2个产业园区嵌入式公办幼儿园，建成集服务、生活、自治、养老、托幼等为一体的社区美好生活共同体9个，成为新老滨江人“网红打卡点”。

推进政务服务数字化改革，以“减”促“简”，打造一站式、一键通的政务服务系统。在城市大脑滨江平台数字治理场景建设互学互比活动中，“去中心化”改革获选为优胜项目。行政服务中心标准化建设、企业“一件事”、政务服务“好差评”等多项成绩均居全市第一位。“e见证”数字开标直播工作在《杭州政务信息》专报刊登，获市领导批示，“人民网”“新华网”《杭州日报》等媒体均做报道。

持续推进政务公开，通过不同渠道和方式公开政府信息2.28万条。如期办复68件人大建议和69件政协提案。推进安置房建设整治，10项政府为民办实事工程的14个子项目全部完成。　（区府办）

重要政事

【概况】 2020年，杭州高新区（滨江）统筹推进疫情防控和经济社会发展，做好稳就业、稳金融、稳外贸、稳外资、稳投资、稳预期和保居民就业、保基本民生、保市场主体、保粮食能源安全、保产业链供应链稳定、保基层运转工作，各项工作取得新成就。启动“企业创新积分”全国试点工作，主导完成国际标准4项、国家标准2项、行业标准2项，6家企业获中国标准创新贡献奖。获国家科技进步奖、技术发明奖二等奖各2项，中国专利奖7项，创新指数、创造力榜单均居全省第一位。双创示范基地（精益创业方向）申报成功。入选省制造业高质量发展示范县（市、区）、省数字经济创新发展试验区创建名单，列入2020年先进制造业和现代服务业融合发展国家试点，被科技部火炬中心评为“2019年度火炬统计工作先进单位”。杭州高新软件园居科技部火炬中心综合排名第二位，其中产业发展规模第三位、产业发展水平第二位、成长性第三位，是参评的44家基地中综合排名和各一级指标排名均居前10位的3家园区之一。中国（杭州）知识产权保护中心在杭州高新区（滨江）知识产权大厦落户。电梯加装开工519处、完工473处，居全市第一位，3个小区实现全覆盖，发布全省首个《既有住宅加装电梯技术规范》，形成加梯“滨江经验”。滨江区获评“浙江省人民政府质量奖组织奖”，成为全省唯一获奖的区县（市）政府。白马湖生态创意城综合评比成绩第一名，被文化和旅游部命名为“国家级文化产业示范园区”，为长三角地区唯一一家入选园区。举办杭州高新区成立30周年纪念大会、杭州湾全球数字技术大会、第九届中国创新创业大赛全国总决赛、第二十四届中国国际软件博览会、第十六届中国国际动漫节、第十四届（2020）杭州文化创意博览会等大型赛事活动。

【上市公司数量再创新高】 2020年，杭州高新区（滨江）新增上市公司6家，总计53家，新增数和总数均居全省第一位。新增上市公司中，浙江泰林生物技术股份有限公司、杭州山科智能科技股份有限公司在创业板上市，杭州光云科技股份有限公司、浙江中控技术股份有限公司在科创板上市，网易（杭州）网络有限公司、杭州泰格医药科技股份有限公司在港交所二次上市。

【高能级创新平台建设取得新进展】 2020年，杭州高新区（滨江）高能级创新平台建设取得新进展。浙江大学滨江研究院、杭州中科国家技术转移中心、杭州长光产业技术研究院、北京航空航天大学房建成院士团队的“超高灵敏极弱磁场和惯性测量重大科技基础设施”培育项目等创新平台落地；北京航空航天大学研究生院和量子实验楼开工建设，北航杭州创新研究院获评首批省级新型研发机构。

【数字治理成效显著】 2020年，杭州高新区（滨江）完成城市大脑区级驾驶舱整体框架开发和43个业务系统30亿余条数据归集，长河街道建成全市首个街道“亲清驾驶舱”。驾驶舱接入经济主体大数据平台、美好e达、基层治理综合信息平台等12个重点应用场景。浙江大学医学院附属儿童医院滨江院区、浙江大学医学院附属第二医院滨江院区、龙湖滨江天街、互联网产业园交通综合治理示范区场景成为全市典型案例。“一码解纠纷（诉讼）”在中央电视台《新闻联播》播出。

【基础教育扩容提质】 2020年，杭州高新区（滨江）投用奥体实验小学及幼儿园等学校4所，建成江南单元小学及幼儿园等学校2所，开工杭州西兴中学等学校7所。缓解供需缺口大、区块不均衡问题，新增学位5130个，完成适龄幼儿7508人和中小学生9031人招生工作。全省率先创设“海康威视”“海创基地”产业园区嵌入式公办幼儿园2个，推出江南实验学校等首批新名校教育集团6个。

【全国首批国家数字服务出口基地获批】 2020年4月，杭州高新区（滨江）物联网产业园被商务部、中央网信办、工业和信息化部评为首批十二家国家数字服务出口基地之一，为全省唯一。9月，国务院印发浙江自由贸易区扩展区域方案通知，杭州高新区（滨江）物联网产业园列入自贸区扩区范围，并明确“把国家数字服务出口基地打造成为数字贸易先行示范区”。10月，浙江省数字贸易先行示范区建设方案明确杭州高新区（滨江）物联网产业园为浙江省数字贸易先行示范区“核心区”。12月，在中国（浙江）自由贸易试验区建设推进会上，省委书记袁家军在讲话中指出：“提升国家数字服务出口基地——杭州高新区（滨江）物联网产业园国际竞争力”。

【“去中心化”改革全市领先】 2020年7月，杭州高新区（滨江）各部门推进“去中心化”改革，基于对办件规模、办事数据的分析，线下窗口从93个减少到39个，相关工作经验获市委市政府主要领导批示，全市复制推广，获评市年度最佳改革创新案例。9月27日，区市民之家作为全市“改革攻坚”比学赶超实地考察点，市政府主要领导带队现场考察，“去中心化”改革取得全市第三名；在城市大脑滨江平台数字治理场景建设互学互比活动中，“去中心化”改革获评优胜项目。

【科技创新与经济形势分析监测点】 2020年10月13日，杭州高新区（滨江）被科技部火炬中心授予科技创新与经济形势分析监测点。科技创新与经济形势分析监测点是科技部火炬中心为监测国家高新区创新驱动发展实施效果，了解国家高新区发展特色和成效而设立的，通过典型高新区固定监测点，科技部火炬中心形成高效顺畅的工作协调机制，加强科技创新与经济形势分析相关工作，实现日常性的高新区经济化管理服务，为中央领导和国务院领导决策提供信息和依据。

【街道（平台）“亲清驾驶舱”全市复制推广】 2020年9月27日，杭州高新区（滨江）依托市“亲清在线”和区城市大脑平台，建成全市首个街道（平台）“亲清驾驶舱”，打通40多个省市部门数据接口，构建税收、经营异常等预警模型13类，涵盖“亲清服务”“亲清监测”“预警处理”三大功能模块，探索以数据共享实现跨层级跨部门协同，强化后台数据智库对基层政务服务的支撑功能，为全区经济运行状况分析、政策决策提供参考。11月24日，全市“亲清在线”“在线许可”版块暨“线上行政服务中心”建设工作现场推进会在杭州高新区（滨江）召开，街道“亲清驾驶舱”建设工作在全市复制推广。

【获评国家新型工业化产业五星级示范基地】 2020年3月9日，工业和信息化部公布2019年国家新型工业化产业示范基地发展质量评价结果，杭州高新区（滨江）获评浙江唯一一家五星级示范基地。国家新型工业化产业示范基地是国内制造业集聚发展的重要载体和制造强国建设的支撑力量，为加强对示范基地的分级分类指导和动态管理，工业和信息化部在产业实力、质量效益、创新驱动等方面对全国381家示范基地发展质量进行综合评价，共评出30家五星级示范基地。

【区管委会、政府会议】 2020年，杭州高新区（滨江）召开区政府常务会议13次，审议通过议题35项；召开主任（区长）办公会议14次，审议通过议题160项。主任（区长）、副主任（副区长），办公室主任、副主任，区监委、区司法局、区审计局负责人出席会议，根据会议内容，相关部门（单位）、街道负责人参加会议。

2020年区管委会、政府重要会议

表5

日　期	会议名称	会议内容
2020-01-06	区政府常务会议	学习传达省委经济工作会议、市委十二届八次全体（扩大）会议精神。审议并原则通过区管委会区政府领导工作分工调整方案、政府工作报告、民生实事项目、2020年政府投资项目、2019年国民经济和社会发展计划执行情况与2020年国民经济和社会发展计划草案的报告、2019年财政预算执行情况与2020年财政预算（草案）等议题

续表5

日　期	会议名称	会议内容
2020-01-06	主任区长办公会议	审议并原则通过征迁延后支付资金、2019年第五批政府投资建设计划项目、参与组建国家制造业转型升级基金、美女山公墓提升改造工程、部分超投资政府投资项目竣工财务决算工作、房租补贴扶持政策、房租补贴兑现，提请对2019年区政府质量奖拟获奖企业审定、建设突出贡献企业人才租赁房试点工作、特别合作区项目选址等议题
2020-03-03	区政府常务会议	学习传达全市战疫情促发展工作推进会及抗疫情相关文件精神。审议并原则通过复工复产工作及下一步形势分析，2020年民生实事推进方案、人大建议、政协提案办理，全面落实预算绩效管理等议题
2020-03-03	主任区长办公会议	审议并原则通过城中村改造、2019年物业考核结果、继续支持股社经济高质量发展、杭州搜房网络技术有限公司投资协议（补充本）、杭州呼嘭智能技术有限公司产业用地、杭州邦盛科技有限公司产业用地、杭州立方控股股份有限公司产业用地、杭州爱科科技股份有限公司产业用地等议题
2020-04-16	区政府常务会议	学习传达习近平总书记在浙江考察重要讲话精神。审议并原则通过社区配套用房建设使用管理办法、建筑业现场与市场联动管理、安全生产等议题
2020-03-26	主任区长办公会议	审议并原则通过浙江大华技术股份有限公司派生项目政策支持、新华三集团合作备忘录补充协议、维仕系企业项目相关政策扶持、联芸科技（杭州）有限公司新一轮合作备忘录、杭州萤石网络有限公司产业用地、杭州安恒信息技术股份有限公司产业用地、杭州长川科技股份有限公司产业用地、浙江泰林生物技术股份有限公司产业用地、杭州海康智慧产业股权投资基金拟投资杭州三汇数字信息技术有限公司等议题
2020-04-16	主任区长办公会议	审议并原则通过与浙江大学合作、浙江鲲鹏生态创新中心战略合作协议等议题
2020-04-28	区政府常务会议	学习传达市“两会”精神、市长刘忻调研杭州高新区（滨江）重要讲话精神。审议并原则通过长河街道一期工业园实施收储工作、杭州高新区（滨江）政府质量奖评审管理办法等议题
2020-04-28	主任区长办公会议	审议并原则通过物联网产业知识产权投资运营中心政策扶持、安置小区外立面整治提升涉及保笼拆除等相关政策、与杭州广立微电子有限公司签订合作备忘录、2019年度“瞪羚企业”建议名单、与浙江大学合作等议题
2020-05-21	区政府常务会议	审议并原则通过《关于加快推进新名校集团化建设实现区域义务教育优质均衡发展的意见》和“新时代枫桥式退役军人服务站”等议题
2020-05-21	主任区长办公会议	审议并原则通过《关于推动楼宇经济发展、促进安商稳商的实施意见》、公安交警消防业务用房建设规模、杭州游卡网络技术有限公司产业用地、创业慧康科技股份有限公司产业用地选址调整、浙江万朋教育科技股份有限公司产业用地、税友软件集团股份有限公司预留产业用地启动流程、共建中国科学院上海国家技术转移中心（杭州）、进一步推进“美丽杭州”百日集中攻坚行动等议题
2020-06-23	区政府常务会议	学习传达全国“两会”、省委十四届七次全体（扩大）会议精神。审议并原则通过编制2020年区政府重大行政决策目录等议题

续表5

日　期	会议名称	会议内容
2020-06-23	主任区长办公会议	审议并原则通过认定2020年上市后备企业，与紫光股份有限公司签订战略合作框架协议，杭州品联科技有限公司、浙江中控研究院有限公司、新翔维创科技股份有限公司、浙江科维节能技术股份有限公司、浙江远望信息股份有限公司、杭州国芯科技股份有限公司申请租购工业综合体，浙江微能科技有限公司、广脉科技股份有限公司、杭州景业智能科技有限公司、联众智慧科技股份有限公司、三汇系公司项目产业用地事宜，2019年度区人才激励政策（第二批）审核情况，与杭州电子科技大学共建杭州电子科技大学滨江创新中心，科技服务机构激励政策，与中科院长春光机所共建杭州长光产业技术研究院等议题
2020-07-15	区政府常务会议	学习传达区委五届九次全体（扩大）会议精神，研究学习贯彻习近平总书记关于统计工作的重要指示精神及统计督察等情况。审议并原则通过西兴、长河街道部分社区调整等议题
2020-07-15	主任区长办公会议	审议并原则通过杭州启明医疗器械股份有限公司产业用地、核拨2020年区县协作资金等议题
2020-07-28	主任区长办公会议	审议并原则通过夏季安全生产工作，杭州神甲科技有限公司、杭州泰一指尚科技有限公司、德施曼机电（中国）有限公司产业用地事宜，增补杭州三汇数字信息技术有限公司等5家企业为“瞪羚企业”，与浙江大学共建浙江大学滨江研究院等议题
2020-08-21	区政府常务会议	学习传达国务院第三次廉政工作会议精神及省政府第三次廉政工作会议精神。审议并原则通过《杭州高新区（滨江）关于建设教育创新生态打造美好教育新高地的实施意见》、直播产业发展扶持政策、编制滨江区2020年法治政府建设工作要点、《2019年财政决算和2020年上半年预算执行情况汇报》、《关于坚决落实厉行节约坚持过紧日子的通知》、《高新区（滨江）第二轮安全生产综合治理三年行动计划》、《滨江区“无废城市”建设工作方案》、常态化疫情防控等议题
2020-08-21	主任区长办公会议	审议并原则通过承办中国国际软件博览会、地平线征程（杭州）人工智能科技有限公司政策扶持、国有企业改革重组、股份经济合作社运行经费实行财政补助等议题
2020-09-02	主任区长办公会议	审议并原则通过开展《杭州高新区（滨江）创新发展指数研究》年度课题、区产业扶持基金同股同权投资杭州呼嘭智能技术有限公司等议题
2020-10-13	区政府常务会议	学习传达习近平总书记在全国抗击新冠肺炎疫情表彰大会上的重要讲话精神、省委书记袁家军在省委党校2020年秋季学期开学典礼上的讲话。审议并原则通过生命健康产业实施意见等议题
2020-10-13	主任区长办公会议	审议并原则通过杭州贝丰科技有限公司战略合作、支持杭州德诺睿华医疗科技有限公司建设海外创新孵化中心、区级孵化器备案、筹办2020杭州湾全球数字技术大会暨第九届中国创新创业大赛浙江赛区总决赛和第九届中国创新创业大赛全国总决赛、邮政大楼项目总部回迁及申请部分面积临时改变使用功能、地铁6号线下穿区域农转居拆迁安置房十二区块扩点（联庄二区）保护性作业等议题
2020-11-06	区政府常务会议	传达市委关于部分行政区划调整的意见

续表5

日　期	会议名称	会议内容
2020-11-23	区政府常务会议	学习传达中共十九届五中全会精神、习近平在纪念中国人民志愿军抗美援朝出国作战70周年大会上的重要讲话精神、习近平在中央党校（国家行政学院）中青年干部培训班开班式上的重要讲话精神、习近平在深圳经济特区建立40周年庆祝大会上的重要讲话精神、习近平在浦东开发开放30周年庆祝大会上的重要讲话精神。审议并原则通过扶持文化创意产业发展的实施意见、2020年度工业企业综合评价工作、修订“瞪羚企业”实施意见、2020年行政规范性文件清理结果、2020年法治政府建设年度报告、党政领导干部食品安全责任清单、《生态文明建设示范区规划》等议题
2020-11-23	主任区长办公会议	审议并原则通过杭州长川科技股份有限公司产业用地选址调整，浙江大立科技股份有限公司、浙江国自机器人技术有限公司、杭州迪普科技股份有限公司、杭州宏杉科技股份有限公司等产业用地事宜，建设杭州（滨江）网络安全侦查保护中心、杭州城市大脑滨江平台项目建设、全域智慧交通综合整治项目（一期）建设等议题
2020-12-16	区政府常务会议	研究被征地农民参加基本养老保险有关事宜
2020-12-23	区政府常务会议	学习传达浙江省委十四届八次全体（扩大）会议精神、市委十二届十一次全体（扩大）会议精神、习近平在全国劳动模范和先进工作者表彰大会、中央军委军事训练会议、中央全面依法治国工作会议、第三届中国国际进口博览会开幕式上的重要讲话精神。审议并原则通过2020年财政预算调整以及政府债务限额等议题
2020-12-23	主任区长办公会议	审议并原则通过零星国有空置房产处置、加强国有投资项目工程设计管理工作、修订《基层医疗卫生机构财政补偿机制实施办法（试行）》、浙江施强集团有限公司战略合作、杭州衡泰软件有限公司产业用地、浙江天地环保科技股份有限公司产业用地、杭州春来科技有限公司产业用地等议题

（王先梦）

【政府信息】 2020年，区府办制定《政务信息报送和录用考核制度》，建立“区府办—部门—街道—企业”信息网格，定期召开信息工作会，调动全区上下做好信息工作的积极性。创刊政务信息刊物《观察与思考》，及时总结基层新经验、传递各地新做法、反映杭州高新区（滨江）经济社会发展中新情况，共编印111期。全年上报省政府办公厅《专报》71篇、《要情》37篇，其中《专报》录用9篇、《要情》录用2篇、《工作交流》录用2篇；上报市政府办公厅《专报》137篇、《要情》229篇、上级约稿193篇，其中《专报》录用35篇、《要情》录用23篇、《参阅》4篇。8篇专报获省领导批示肯定，29篇专报获市领导批示肯定，市府专报录用比上年增长118%，专报批示增长123%。

（赵华琳）

政务公开

【概况】 2020年，杭州高新区（滨江）通过不同渠道和方式公开政府信息2.28万条。其中，通过门户网站主动公开信息1.03万条，通过“滨江发布”政务微博公开政府信息2540多条，通过“滨江发布”政务微信公开2290多条，通过“滨江发布”App公开7670多条，“滨江发布”App开设“治理创新大家谈”“让每一所公办初中都精彩”等专题52个，开展视频及图文直播22场。

【政务公开平台建设】 2020年，杭州高新区（滨江）推进政务公开平台建设，发挥政府网站主平台作用，重视政务微博微信新媒体建设，兼顾线下平台发展，构建全渠道公开载体。在门户网站设置政府信息公开专栏，集中发布区政府及部门、街道应当主动公开的政府信息，统一设置“政府信息公开指南”“政府信息公开制度”“法定主动公开内容”“政府信息公开工作年度报告”4个子栏目。根据2020年度工作开展情况开设基层政务公开两化、突发事件专题、疫情防控、“六稳”“六保”、重大建设项目批准和实施全生命周期公开、营商环境6个专题栏目，突出重点信息，方便信息查找。加强与区融媒体中心合作，重视政府信息公开主平台和政务新媒体平台衔接，在区门户网站设置政务新媒体专栏。出台《滨江区线下政务公开专栏建设方案》，细化场地选取和场地设计、功能职责、软硬件配备、人员配备、专区管理5个方面规范政务公开专栏建设，在区行政服务中心设立政务公开专区，做到统一标识、统一功能、统一管理，为办事群众提供政府信息查阅、信息公开申请、办事咨询答复等服务。

【依申请公开政府信息办理】 2020年，杭州高新区（滨江）按照“答复及时、内容完整、格式规范”的要求，依法依规、妥善处理政府信息公开依申请件。全年新收依申请公开147件，上一年度结转依申请10件。从申请人的情况看，其中自然人141件、商业机构4件、法律服务机构1件、其他1件。完成157件依申请件的答复工作（上一年度结转依申请10件），其中予以公开69件、部分公开16件、不予公开8件、无法提供42件、不予处理5件、其他情况17件（其中12件属于申请人沟通后撤销或者补正逾期视为撤销）。因政府信息公开引起的政府信息公开行政复议3件，其中结果维持2件、其他结果1件；行政诉讼3件，其中未经复议直接起诉尚未审结1件、复议后起诉结果维持1件、尚未审结1件。

（谢玲玲）

政务督查

【概况】 2020年，杭州高新区（滨江）落实省、市代表建议和委员提案、民生实事、重点工作涉区项目督办，完成区政府专项工作督查12项，督查完成区政府民生实事项目10项、14个子项目。印发督查通知单35件，编辑督查专报30份、督查通报37份。办理落实区政府主要领导批示件820件、签收件506件，其中督办件98件。

【杭州市人大代表建议和政协委员提案办理】 2020年5月14日，杭州高新区（滨江）收到杭州市十三届人大五次会议代表建议主办件2件、协办件2件，收到杭州市政协十一届四次会议委员提案协办件1件。建议、提案承办工作涉及区科技局、区教育局、区住建局、区城管局、规划资源滨江分局5家单位。8月13日，市人大代表建议、政协委员提案均办结。

【省、市政府涉区项目督查】 2020年，杭州高新区（滨江）督促省政府民生实事项目19项涉区子项目的推进完成。上报2019年度省政府督查激励对象，杭州高新区（滨江）实施“凤凰行动”计划、推动企业上市和并购重组工作，实施数字经济“一号工程”，发展数字经济，培育新动能获督查激励。专项督查市政府工作报告重点工作涉区子项目114项完成情况。专项督查市民生福祉项目涉区子项目19项完成情况，在全市民生实事“比学赶超”活动中获第四名。

【区人大代表建议和政协委员提案办理】 2020年1月18—20日，区五届人大四次会议和区政协二届四次会议确定代表建议68件、委员提案69件，其中重点建议3件、重点提案4件。建议提案内容涉及经济发展、城市建设和民生保障等方面。3月16日，区人大常委会、区政府、区政协联合召开2020年区政府民生实事项目实施工作动员部署会暨区“两会”建议提案交办会，印发《关于切实做好2020年区“两会”建议提案办理工作的通知》，要求各单位按照责任早落实、工作早安排、任务早明确的工作思路，研究建议办理工作，提升办理质量，各级各部门依法行政，吸纳代表、委员的意见和建议，办理好每一件建议提案。4月14日、5月14日对区住建局等31家建议、提案办理单位的办理情况开展专项督查。至5月15日，建议提案全部如期办复。68件人大建议中，财政经济类10件，占14.71%；城乡建设类46件，占67.65%；教科文卫类4件，占5.88%；政法、民政、社会福利类8件，占11.76%。已解决或在2020年度内能及时解决的53件，占77.49%；已制定解决措施或已列入改进计划，并明确答复代表办理时限的12件，占17.65%；因条件限制或其他原因不能予以解决，以及所提建议留作参考的3件，占4.41%。68件代表建议涉及建议代表218人次，建议代表对面商（电话）沟通率、答复态度满意率均为100%，办理结果满意率为94.12%。69件政协提案中经济科技类24件，占34.78%；城市建设管理类15件，占21.74%；社会事业类25件，占36.23%；社会法治类5件，占7.25%。已经解决和在2020年度内能够解决或基本解决的60件，占86.96%；已制定解决措施或列入改进计划逐步解决的7件，占10.14%；因条件限制或其他原因暂时不能解决的2件，占2.9%。提案委员对面商（电话）沟通率、答复态度满意率均为100%，办理结果满意率为98.6%。

【区政府民生实事项目督查】2020年1月18—20日，区五届人大四次会议由人大代表投票确定2020年10项民生实事项目。内容涉及推进安置房建设整治，提高居民幸福指数；以打通“断头路”为重点，完善道路交通网络；优化交通出行环境，提升居民便利度；加快学校建设，启动老校改造；建设社区美好生活共同体；完善垃圾分类体系，推进“污水零直排”；推动物业提档升级，提升物业管理水平；新建改造农贸市场，升级居民“菜篮子”；推进“迎亚运·蓝天碧水绿地”环境提升行动，新建家门口的休闲廊道、“口袋”运动场；持续推进老旧小区加装电梯，方便居民日常生活等10项共14个子项目24个分项。3月16日，区政府印发《关于2020年政府为民办实事工程实施方案的通知》，推进后续工作。分管副区长实行“各自分管各自督办”工作模式，定期现场督查，召开专题推进会，研究解决困难和问题。各责任单位运用现场问题现场办等创新工作方法，按照流程倒排时间，协调配合单位参与推进。自3月起，每月通报总体进展，首创实行牵头单位月度自评及督查核评制度，实行进度上墙、挂图作战，动态跟踪、提前研判，对可能存在的问题及进度滞缓项目进行现场督查和协调。区人大对项目进行全程跟踪督查，促进项目保质保量完成。至年底，2020年10项政府为民办实事工程14个子项目全部完成。

2020年滨江区政府民生实事项目完成情况

表6

实事工程项目	项目内容	责任单位	完成情况
推进安置房建设整治，提高百姓幸福指数	开工13万平方米，竣工24.5万平方米，交付55万平方米，共2669套	区建管中心	完成
	安置2450套，其中西兴街道100套、长河街道950套、浦沿街道1400套	各街道	
	完成缤纷小区、缤纷西苑、滨安小区、江虹小区、长虹苑、冠山小区6个小区环境综合整治	区建管中心	
	启动白马湖白鹤苑、缤纷北苑、滨康小区、春波南苑、长江小区、浙新小区6个安置小区的综合整治，同步推进安置房、过渡房周边临时停车场及电瓶车充电桩安装	各街道	

续表6

实事工程项目	项目内容	责任单位	完成情况
以打通“断头路”为重点，完善道路交通网络	打通“断头路”6条，即西陵路、南川路（先锋电子西—江南大道）、坚塔街、科技馆街（泰安路—通和路）、兴宁路（滨盛路—闻涛路）、滨城路（信诚路—平乐路）	区住建局	完成
	新建续建道路7条，即江南大道下穿隧道、滨盛路下穿隧道、江南大道地面道路拓宽、时代大道、映翠路东延伸段、冠山路、生地街		
	开工建设南广场提升改造项目，完成江晖路、阡陌路下穿江南大道地下人行过街通道工程2个		
	新建人行桥1座		
优化交通出行环境，提升居民便利度	实行定点、定量、定时清单化整治，整治交通堵点10个	滨江交警大队	完成
	新增公交线路7条，新增（扩容）公共自行车服务点15处，新增公共停车泊位900个	区住建局	
加快学校建设，启动老校改造	投入使用奥体单元小学及幼儿园、滨兴小区幼儿园，完成建设江南单元小学及幼儿园，开工建设滨盛路幼儿园、白马湖单元中学，启动西兴中学改扩建项目	区教育局、区城建发展公司	完成
建设社区美好生活共同体	建设9个集政务、生活、养老、托幼、自治等服务为一体的社区美好生活共同体	区民政局、各街道	完成
	推进小区楼廊提升改造，完成410个楼廊改造	区委组织部、区民政局、各街道	
	新建人才租赁房3万平方米，新交付人才租赁房450套	区城建发展公司	
	新配租人才租赁房400套	区住建局	
完善垃圾分类体系，推进“污水零直排”	垃圾总量实现负增长，改造垃圾投放点300个，完善大件垃圾、装修垃圾、园林垃圾等收运体系，完善再生资源回收网络，全区新建再生资源回收网点15个，总量达到86个	区城管局、区商务局	完成
	完成浦沿街道范围内所有排水单元、市政管线的雨污分流排查整改，基本完成全区“污水零直排”管网建设	区“五水共治”办、浦沿街道	
推动物业提档升级，提升物业管理水平	加强行业指导，推动安置小区物业提档升级工作100%全覆盖；物业管理纠纷调解覆盖率100%；加大物业考核力度，实行末位淘汰制，提升物业管理水平；全区创建10个“美好家园”小区；加大培训力度，全年开展业务培训不少于6次	区住建局、各街道	完成
新建改造农贸市场，升级居民“菜篮子”	推进农贸市场建设提升，白鹤苑农贸市场建成开业，长一农贸市场、东冠农贸市场完成改造提升	区商务局	完成
	全区创建4家省级放心农贸市场	区市场监管局	
推进“迎亚运·蓝天碧水绿地”环境提升行动，新建家门口的休闲廊道、“口袋”运动场	完成北塘河畔沿线两岸滨水景观及游步道项目（2100米），贯通游步道	区高新总公司	完成
	创建完成小砾山输水河、街道河、刺棱河、沿山河、塘子堰河、张家西直河、畈里孙河7条“美丽河道”	区城管局	
	建设井山湖农耕文化公园	白马湖生态创意城管委会	

续表6

实事工程项目	项目内容	责任单位	完成情况
持续推进老旧小区加装电梯，方便居民日常生活	完成不少于80台加梯任务	区住建局	完成

（来佳琪）

数据资源管理

【概况】 2020年，杭州高新区（滨江）着眼政府数字化转型改革工作，浙政钉2.0管理员激活率、用户信息完善率、普通用户激活率均为100%，浙政钉内部群全部迁移。70家单位申请246个电子印章（含电子签章和云签章），188家单位申请188个云签章，在用电子印章434枚。根据新冠肺炎疫情管控要求，区数据资源管理局与公安滨江分局、区社发局、区委统战部、区侨办等部门协同，核实入境返浙人员、公安密接人员等数据库。配合区市场监管局推进互联网+监管工作，现场执法掌上执法率 99.77%，“双随机”事项覆盖率、按时完成率均为100%。

完成“会展报批一件事”开发工作，全流程改造会展企业从提交申请到审批，合并内容3项，改造子流程2个。在完善原业务功能模块基础上，新增文档在线编辑、办件状态实时监控、办理情况超时统计3个功能，并公布系统视频操作手册、开通技术服务电话。

杭州高新区（滨江）门户网站录入和发布信息1.01万条，专题栏目6个。在新老OA系统的过渡期内，同步信息3246条，完善公文流转功能。组织全区各单位清查自建信息系统，总计调查信息系统60个（不包含微信公众号、小程序）。邮件系统由V3版本升级到V5版本。接入政务外网点位226个，接入计算机终端4000多台。处理各类网络故障496起，保障视频会议（含涉密）337场，无重大事故发生。完成信息化类项目采购10个，其中自有项目3个，承担项目申报、招标代理流程实施及招标结果公告、合同备案工作等7个。

（薛小燕　阮　静）

【政务数据归集和运用】 2020年，杭州高新区（滨江）制定数据共享规章制度，完善数据申请流程，归集29个部委办局43个业务系统数据30亿余条。梳理15个部委办局的数据资源目录、15个系统的数据；发布370多个API（应用程序）接口，供街道、社区、经济主体大数据平台、应急管理系统、人防系统、“智慧水脑”及物联网小镇等使用。至年底，7个部门申请共享数据交换项，16个部门申请页面查询资源67项，查询页面数据共享1262万次，5个部门开放数据集供群众下载查看16.8万次。各部门系统省市批量数据使用量1.53亿次，主要含区城管局、区教育局、区社发局、区委组织部、区科技局等20个部门系统数据；在市公共数据共享平台申请调用共享接口54个，调用量7507.3万次。

【城市大脑各级驾驶舱建设】 2020年9月，杭州高新区（滨江）为满足不同应用场景和层级需求，完成并上线运行大屏版、Web版、移动版、对接市中枢版4个版本驾驶舱，形成数据集成、感知监测、决策指挥、宣传推广等功能融合统一。至年底，开发完成并上线运行特色驾驶舱7个，其中区数据资源管理局驾驶舱1个、区教育局驾驶舱1个、街道驾驶舱3个、社区驾驶舱2个。

【市区两级数字化应用场景落实】 2020年5月中旬，杭州高新区（滨江）成立城市大脑专班，由区数据资源管理局、区市场监管局、区教育局、公安滨江分局、区发改局等部门人员组成。6月，区数据资源管理局配合专班各建设小组，进行实体化办公，至年底，完成数字赋能社会治理重点领域在线应用基础构架，推广“便捷泊车”“舒心就医”“多游一小时”“畅快出行”“统一地址库”5个市级重点场景，其中“统一地址库”成为全市治理领域的重点场景。杭州高新区（滨江）“工地一码通”“上马石”“云上交警”等应用场景被推荐为省市试点。依托“云上交警”进行全域智慧交通治理，完成132条斑马线安全改造、150个绿色停车位建设、4个路口拓宽优化施工，完成浦沿路、坚塔街、延庆寺路等8条共6千米支路建设，调优D级以上路口信号，拥堵路口减少12个，平均车速提升6.33%。

（薛小燕）

【政务外网运维保障】 2020年，杭州高新区（滨江）政务外网接入点位226个，接入计算机终端4000多台，覆盖全区直属机关、企事业单位、街道，并延伸至社区。重点监测网络干路区域18台路由交换设备和分布在网络边界及核心区域20台安全设备运行状况，每周形成周报，通过记录数据对比分析，排查风险隐患，及时采取应对措施。处理各类网络故障496起，无重大事故发生。梳理海越大厦、海归之家2幢大楼的政务外网，重新划定驻大楼各单位的IP分段，帮助相关单位和大楼物业规范网络管理，加强对接入终端的管理。

【网络运行安全保障】 2020年，杭州高新区（滨江）将网络信息安全服务从政务外网运维服务中剥离，引进专业服务提供商负责运维；采购安全设备，构建政务外网网络态势感知系统，提升安全防御能力。通过上级相关部门监测及自行开展扫描检测，直接处理高危漏洞、高危端口服务器22台，处理感染病毒服务器3台，修复系统漏洞245个，处理弱口令电脑以及服务器92台，处理违规外联电脑以及服务器36台。对区属机关企事业单位的网络信息安全整改提供远程技术支持，协助其落实安全隐患整改。

【办公系统运维保障】 2020年，区信息中心主要负责运维杭州高新区（滨江）门户网站、OA（协同）办公系统、电子邮件系统和移动办公系统（滨政钉）4套办公系统。区门户网站录入和发布各类信息1.01万条，专题栏目6个。每季度按要求上报季度自查报告，建设门户网站资源库。落实信息发布审查制度，确保信息内容准确无误，维护门户网站的政治性、权威性和严肃性。在新老OA系统的过渡期，保证2套系统正常运行，同步系统之间数据、信息3246条。根据业务部门需求，完善公文流转（即协同部分）各项功能。邮件系统由V3版本升级到V5版本，提高用户使用体验。与各业务系统所属单位做好协调对接，按要求在“滨政钉”移动端接入相应系统；确保移动端与各业务系统之间数据获取和数据推送稳定可靠；管理“滨政钉”组织架构，按需调整人员权限。

（阮　静）

应急管理

【概况】 2020年，杭州高新区（滨江）开展应急指挥中心和可视化调度平台建设，依托区城市大脑工作平台，开发自然灾害风险防范和应急救援指挥平台、安全生产风险防范和应急救援指挥平台，实现应急管理的数字场景化。工商贸领域发生事故2起，死亡2人。消防领域（生产经营性火灾事故）未发生事故，未发生自然灾害亡人事故，未发生较大以上（含）安全事故。落实安全生产责任，修订完善各责任制单位安全生产和消防工作职责，与26家区级责任单位及下属2458家企事业单位签订《安全生产和消防综合目标管理责任书》。在危险化学品、交通运输、建筑施工等高危行业领域实施安全生产责任保险制度，年内投保58家，累计124家。组织防汛防台应急综合演练、“10·13”国际减灾日综合救援演习等演练18场，1200多人次参与。

【安全生产专项工作专班成立】 2020年8月17日，杭州高新区（滨江）成立第二轮安全生产综合治理三年行动计划工作专班，印发《关于成立滨江区第二轮安全生产综合治理三年行动计划工作专班的通知》，由区应急管理局、区发改局、区经信局、滨江消防救援大队、滨江交通执法大队、区住建局等职能部门相关人员组成，总体布局“3个专题+9个行业领域”专项治理方案，明确各专班小组工作职责和任务，制定八大工作制度。紧盯重点领域，展开整治工作，提出需要由区安全委员会领导研究解决的问题和相关建议；掌握各街道、各部门工作推进情况，协调解决工作中遇到的具体问题，定期发布动态工作成效评价指数；开展明察暗访、联合检查，对重大问题、重大隐患实施挂牌督办；组织开展巡查、通报、约谈、警示、曝光等工作。至年底，协调各街道和相关社区做好国家安全发展示范城市创建等工作，组织消防救援大队、区住建局等部门核对风险点位19类2856个。各专项组排查隐患1680个，整改1678个，整改率99.88%。行政处罚78次，责令停产整顿企业20家，罚款87.06万元，约谈企业103家次。

资料：“3个专题+9个行业领域”

习近平总书记重要论述宣传贯彻专题、风险防控和数字应急专题、落实企业主体责任专题，危险化学品安全专项领域、加工制造类小微企业安全专项领域、特种设备安全专项领域、道路交通运输安全专项领域、建设领域安全专项领域、工业园区等功能区安全专项领域、危险废物等安全专项领域、城市运行专项领域、消防安全专项领域。

八大工作制度

每季例会制度、每月会商制度、每周研判制度、监督检查制度、隐患曝光制度、挂牌督办制度、工作报告制度、约谈问责制度。

【隐患排查治理】 2020年，杭州高新区（滨江）执行全区重大安全隐患暗访交办整改督办闭环机制。开展重点安全隐患暗访曝光行动5期，暗访各领域企业47家，曝光隐患236处。履行安全生产委员会办公室（简称“安委办”）综合协调职责，完成省市交办的重大隐患整改工作。迎接省暗访检查3次，检查企业（场所）6家，发现隐患11处，均完成整改。接收市安委办暗访督办的4期重大隐患（9家26处），组织区消防救援大队、区住建局、滨江交警大队等相关部门挂牌督办，均完成整改并销号。根据年度执法计划开展执法检查工作，全年开展安全生产执法检查440多人次，立案90起，办结90起，罚款金额118万元。

【特殊行业企业管理】 2020年，杭州高新区（滨江）根据风险隐患情况对140多家涉及危化品使用的企业进行“红橙黄蓝”分级管控，加大对危化品经营企业、危化重点使用企业安全监管力度，检查重点企业98家，发现隐患186处，开具整改指令书10份。加强涉氨制冷企业、有限空间作业企业、喷涂场所及涉爆粉尘企业安全管控，检查重点企业45家，发现问题隐患108项，开具整改指令书4份，均完成整改。全面推广特种作业人员和企业领取安全码，加强特种作业人员持证上岗数字化监管。至年底，有646家企业领取企业码，6222名特种作业人员领取安全码。

【应急安全宣传培训】 2020年，杭州高新区（滨江）建立以工程运输车和电动自行车场景模拟体验为特色的安全体验馆，提高工程运输车驾驶员和电动自行车驾驶人的交通安全风险预知能力。开展企业百万员工安全大培训，培训企业主要负责人、安全管理人员和重点岗位人员3682人。依托风险管控体系建设，召开工作推进会2次，有223家企业完成安全风险管控体系建设，完成率66.7%。开展防灾减灾宣传“进社区”活动，发放宣传手册300多份，发放宣传品100多份，张贴宣传画200多张，参加灾害知识有奖问答100多人。

【自然和地质灾害应对】 2020年，杭州高新区（滨江）建立统一指挥、分级负责、部门协作的指挥协调机构，落实“三包责任政策”。编制社区形势图、洪涝灾害风险图，开展预警系统建设工作和物资储备工作，提升洪涝灾害预防应对能力。出动检查人员4000多人次，检查各类设施场所750多处，发现并整改隐患32处，防范台风暴雨影响，有效应对降水量是上年同期近2倍的梅汛期、新安江九孔泄洪带来的洪水影响及第4号台风“黑格比”带来的外围环流影响。加强地质灾害预警监测系统建设，建立地质灾害监测点3个，落实专人专班预测预警；整治地质灾害易发区2处，开展地质灾害应急救援演练1次，培训基层人员90多人；落实地质灾害检查216人次，转移危险区域人员7人次。

【森林防火宣传和巡查】 2020年，杭州高新区（滨江）开展森林消防进社区活动3次，新增防火宣传横幅170多条，新设和修复防火宣传牌58块，发放巡山红袖章250多只，发放森林防火宣传册1.2万份；加强清明节、五一国际劳动节期间隐患检查，设立上山检查点61个，派出巡查人员730人次，出动宣传巡查车辆90台次，查处整改存在问题3起，教育违规用火2人。（江志平）

消防管理

【概况】 2020年，杭州高新区（滨江）发生火灾56起，比上年下降22.2%；直接财产损失43.3万元，上升1.2%；无人员伤亡。区消防救援大队及所辖长河、高新、浦沿3个中队接警出动1075次，其中出动火警310次、抢险救援374次、社会救助155次、其他61次、增援175次。调派消防车1930辆次、消防救援人员1.19万人次。抢救被困人员74人、疏散被困人员13人。配备各类执勤消防车辆14辆，执勤消防车灭火剂总装载量66.5吨（11.5吨泡沫，55吨水），消防员个人防护装备2356件（套），特种防护装备95件（套），抢险救援装备器材638件（套）。监督执法检查单位1910家，办理行政处罚案183起，拘留12人，临时查封33处，办理安全检查188起，火灾调查44起。

【重大活动消防安保】 2020年，区消防救援大队保障区“两会”、杭州高新区成立30周年纪念大会、第十四届（2020）杭州文化创意产业博览会、第十六届中国国际动漫节、2020杭州草莓音乐节等会议、活动安全举行。按照消防安全保卫工作方案要求，指派防火监督人员开展消防安全检查，派驻消防车和指战员开展巡逻执勤，先后开展活动前检查指导20多人次，部署消防车12辆次、指战员70多人次现场看护，落实边执勤、边检查、边宣传、边提示，确保消防安全。

【复工复产消防安全保障】 2020年2月5日，杭州高新区（滨江）印发《关于加强疫情期间火灾防控工作的通知》，提示各街道、各部门加强新冠肺炎疫情防控期间消防安全工作。针对企业陆续复工的实际情况，编写《滨江区复工企业消防安全八条提醒措施》，联合区经信局发给申请复工的企业，指导企业加强复工前火灾防控工作。摸清辖区4个集中隔离点、10多家涉疫复工企业的消防安全情况，采取点对点分片包干，落实每日“三个一”（一检查、一提醒、一通报），做好管理工作。通过微信、钉钉、视频连线、智慧消防平台和单位自主管理App等方式，开展非接触式服务指导，动态监管各单位消控室值班、消防巡查和隐患整改等工作，提供远程技术服务和培训指导相关工作人员，协助解决问题。印发消防安全检查要点。至年底，大队对涉疫企业、集中隔离点开展实地检查50家次，电话、视频指导提醒400多次，督促整改火灾隐患100多处，帮助解决消防疑难问题20多条。

【消防宣传系列动漫片推出】 2020年4月，区消防救援大队针对受众年龄7岁以上的儿童，联合浙江中南卡通股份有限公司推出3D消防系列动漫片《逃生达人小分队》。动漫片通过趣味动画与英雄故事相结合，普及消防安全知识和自救逃生技能。11月，其中两集《穿越高层火险》《油锅起火的“非”逃生指南》在“119”消防宣传月推出，剪辑版在“央视频”“人民视频”“爱奇艺”等平台播放；完整版在辖区学校、社区、综合体验馆等平台开展线下宣传。至年底，受众7万余人次。

【加油站消防安全专项检查】 2020年7月16—17日，区消防救援大队、区应急管理局、区商务局联合检查区内7个加油站，检查消防安全标准化工作创建和手机扫码支付服务管理工作情况。检查人员重点核查加油后手机扫码付款方式，明确加油站客户在加油站旁办公区内或加油站旁超市销售区内扫码付款；检查消防设施是否保持完好有效，应急预案是否制订并定期开展演练，员工消防安全培训是否落实到位，单位微型消防站是否有效建设，消防安全标准化创建相关台账是否按要求建立等。经检查，7个加油站均开通扫码支付服务功能，并落实提醒措施，确保车主离开加油区域后进行扫码付款。

【消防业务能力大比武】 2020年11月4日，杭州高新区（滨江）2020年度“119”消防宣传月启动仪式暨消防业务能力大比武活动在白马湖国际动漫广场举行。区委常委、常务副区长姜永柱，副区长、公安滨江分局局长荆慰等参加。活动举行授装仪式，授发新的消防标识标牌；表彰2019—2020年度“区优秀社区消防宣传大使”和“社区消防宣传先进工作者”；为“我是小小消防员”绘画、征文比赛获奖代表颁奖；社区微型消防站、重点单位微型消防站等举行消防技术比武；街道消安办工作人员和楼长以街道为团体组队参与防火知识竞赛抢答。浦沿街道获得团体总分第一名。

【龙湖滨江天街消防联合培训演练】 2020年12月30日，区消防救援大队联合区应急管理局、公安滨江分局、区社发局、区住建局等部门在龙湖滨江天街开展消防培训演练，消防指战员为驻龙湖滨江天街单位员工讲解疏散逃生相关注意事项，强调消防安全通道的重要性；消防指挥员对人员密集场所重点部位、消防隐患、常见致灾因素、日常管理薄弱环节等方面做现场讲解，普及预防火灾的基本知识；举行灭火器实操演练。200多人参加活动。（施桢俊）

2020年11月4日，杭州高新区（滨江）消防业务能力大比武在白马湖国际动漫广场举行（区消防救援大队 供图）

行政审批和服务

【概况】 2020年，杭州高新区（滨江）江南、江北办事服务大厅受理各类审批服务事项155万余件，比上年减少28.83%；共接待群众65.99万人次，减少28.61%。办事大厅开展延时服务512人次，午间值班服务7188人次，上门服务162次。32家单位领导班子成员到窗口一线坐班361次，办理业务及咨询461件，协调解决窗口工作困难和问题50件，提出合理建议86条。收到企业和群众表扬信137封、锦旗25面，免费提供快递送达证照5788件，免费复印办件材料3.47万人次共23.9万张。行政服务中心标准化建设、企业“一件事”、政务服务“好差评”等多项成绩均居全市第一位。

【“不见面”政务服务】 2020年1月底，为减少人员外出流动和聚集，区行政服务中心改

2020年9月，区行政服务中心办事大厅推出“网办”“掌办”专区，推进政务服务数字化改革（区行政服务中心 供图）

进工作方式、丰富办事渠道，提供适应群众需求的“不见面”政务服务模式。引导群众“掌办”“网办”，针对商事登记、海关、进出口检验检疫等重点网办企业业务，将网上办事的流程、界面、步骤等以图文并茂的方式开展宣传；倡导市民使用“浙里办”App、“杭州办事服务”App等，减少窗口流量；依托社工和园区工作站，实现居民和企业员工急事近办，办事不出园区、社区，提高各网点自助设备消毒频率，降低感染风险。

【办事大厅卡口登记“最多验一次”】2020年3月9日，杭州高新区（滨江）市民之家上线“温感通平台”，平台的温感通一体机运用城市大脑的算力算法和健康码建设成果，是一款集身份证、人脸识别、健康码、红外测温一体化的智能门禁设备。市民通过刷身份证，便可在该设备上同时进行身份识别、人脸比对、健康码验证和体温检测四合一验证，通过验证后即可语音播报结果并快速通行。平台实现戴口罩可识别人脸功能、实时测温功能、毫秒级延时识别健康码功能、远距离实时安检功能，减少人员接触，平均每人次通行仅需5秒，实现办事大厅卡口登记“最多验一次”。

【“就近办”提质增效】2020年，区行政服务中心协调各部门，梳理可下沉到街道、社区、园区、站所和银行等网点办理的“就近办”事项，其中街道224项、社区82项。推动“杭州办事服务”综合自助机延伸至龙湖滨江天街、第六空间、彩虹农贸市场等公共场所，76台自助机布点覆盖区、街道、社区、园区、商区，构建“15分钟办事服务圈”。全年群众“就近办”办理事项12.28万件，推进“去中心化改革”。

【“一件事”工作省市领先】2020年，杭州高新区（滨江）聚焦群众和企业普遍关切的“一件事”，推动政务服务转型升级，促进政务服务供给与群众、企业需求有效对接。其中，知识产权“一件事”纳入全省2020年度新增和迭代“一件事”清单，相关工作经验获《领跑者》第9期刊登推广，入选全省优秀改革创新案例；证照联办、企业开办“无人智慧审批”、招标投标等围绕企业全生命周期的“一件事”相关工作经验，4次获市政府领导批示肯定；轻微道路交通事故处理“一件事”，获省政府领导批示复制推广；退役军人“一件事”不断深化，在全省率先实现军地两方医院退役军人优先优待医疗服务，创新推出“崇军码”，获市政府领导批示肯定；在全省率先推出转学“一件事”，提供全流程线上咨询及办理服务，相关工作经验获《人民日报》等媒体报道。

【机关内部“最多跑一次”】2020年，杭州高新区（滨江）新增上线机关内部“最多跑一次”联办工作平台事项41项，新增入驻部门2个，平台共上线29个部门、248项机关内部事项。实现“90%以上机关内部非涉密事项‘一窗受理’‘一网通办’”。9月7日，“2020中国（杭州）数字安防生态大会暨安防·应急展”通过审批，是全市首个7日内、多部门全流程网上审批的会展项目。公安滨江分局、滨江交警大队、区消防救援大队、区城管局、区应急管理局等部门依托机关内部“最多跑一次”联办工作平台，推进5000人以下会展报批“一件事”改革，实现多部门间高效协同，审批时限从原20个工作日缩减至7个工作日，材料精简率73.21%，10月17日，相关工作经验获《浙江日报》报道。

【无障碍办事环境建设】2020年10月9日，区行政服务中心在全市率先开设2个无障碍专窗，专设无障碍服务台，配备爱心轮椅，提供咨询、帮办、代办大厅全门类政务服务事项，服务特殊群体。针对特殊群体设计服务流程，应用在线手语翻译等软件，开展业务培训，提高应急处理能力，提供“专窗专人专办”暖心服务，对办事大厅进行无障碍厕所升级改造，规范安全抓杆、标识、标牌，优化提升无障碍硬件设施。至年底，服务特殊群体20多人次。

【“无人智慧审批”新模式上《人民日报》头版头条】2020年6月17日，杭州高新区（滨江）“无人智慧审批”新模式获《人民日报》头版头条报道。“无人智慧审批”是以群众需求为导向，运用数字化手段，优化审批系统，以“24小时在线”无人智慧审批模式，实现“减环节、减材料、减时限”，提高服务效率，激发市场主体活力。用大数据和人工智能优化升级审批系统后，“机器审”替代“人工审”，做到“同质同标”的标准化审批，突破工作时间办事的限制，做到高效审批。至年底，通过“无人智慧审批”方式取得营业执照的企业578家。

【区域评估全市领先】2020年5月，由区行政服务中心牵头，杭州高新区（滨江）3个街道完成水土保持、水资源论证、防洪“三合一”评估，成为全市首个全域完成能评、环评、地质灾害、压覆矿、水土保持、水资源论证、防洪区域评估的区县（市）。区域评估全年累计受益项目475个，上传中介事项评价238条，审核测绘测量合同21份。

（叶修竹）

公共资源交易

【概况】2020年，杭州市公共资源交易中心高新区（滨江）分中心［简称“杭州高新区（滨江）分中心”］完成交易项目367项，成交总额82.41亿元。其中：建设工程类（含小型建设工程）项目350项，比上年增加44.03%，成交额81.31亿元（成交额超过1亿元项目22个，涉及商务、教育用房建设、农转居安置、美丽河道等重点民生实事项目）；政府采购类项目17项，成交额1.1亿元。联合招投标领域相关单位召开专题工作会议，协商推进优化营商环境相关政策，结合“亲清三访”开展“一对一”走访工作，走访企业95家，收集问题建议，主动服务企业。新冠肺炎疫情期间，暂免政府投资“5000万元及以下建设工程项目”投标保证金，实行信用投标。12月起，实行工程保函替代投标保证金。全年，杭州高新区（滨江）分中心获全国优秀公共资源交易中心（区县级）称号、全国公共资源交易科技成果大赛三等奖、全国公共资源交易十佳示范奖，并在颁奖典礼上向全国同行做经验交流。在浙江省2018—2019年度集中采购机构考核中，得分98分，获优秀等次。在杭州市公共资源交易中心2020年信息宣传工作评比中获优秀分中心称号，排名主城区第一位、区县（市）第三位。“e见证”数字开标直播工作在《杭州政务信息》专报上刊登，获市领导批示，“人民网”“新华网”《杭州日报》等媒体均做报道。审批服务科负责人林盛被国家发改委列入优化营商环境工作突出贡献个人，并获市委、市政府通报表扬。

【建设工程招投标实现“零跑”电子化】2020年3月3日，杭州高新区（滨江）实现建设工程招投标领域“零跑”电子化，保障疫情期间交易服务不掉线，减少投标人出行、避免人群聚集和不必要接触，降低企业参与投标的成本。至年底，采用电子招投标的项目平均参与投标企业有221家，比上年增长2.62倍，其中122个项目参与投标企业300多家，减少提交材料35.5万份，节约纸张175吨，节约投标成本4380万元。

【数字开标直播间建成投用】2020年8月5日，杭州高新区（滨江）“e见证”数字开标直播间在全省率先启用，“杭州高新区（滨江）教育局下属学校2020年舞台灯光音响视频广播设备采购及安装项目”在线直播开标。直播采用开标现场画面和网页图文同步对外公开，消除投标人对不见面电子招投标流程和环节的疑虑，实行一项目一赋码，兼容政府采购、工程建设等交易类型，投标参与者通过手机扫码即可同步观看开评标现场实况，实现远程开标场景全动态呈现，缩减交易周期，拓展社会监督。将原有2个开标室提质增效改造至4个，增加日开标承接量5场次，解决项目进场“流量高峰”堵点。9月2日，在“e见证”数字直播开标的基础上，将“阳光评审”与“e见证”数字直播结合，“杭州高新区（滨江）区级机关事务管理服务中心2020年度空调采购及安装项目”开评标，完成全省政府采购首例“阳光评审”掌上直播模式评标。至年底，“e见证”数字开评标直播115场，服务投标企业2.64万家。

【首个建设工程远程异地评标项目完成】2020年7月6日，区内首个工程建设远程异地评标项目完成，作为全市远程异地多点评标试点城区，杭州高新区（滨江）分中心完成主城区首批采用远程异地评标模式的项目评标工作。该次评标项目为“滨江区江南豪园高层住宅二次供水改造工程（室外、地下水及单元给水工程）”。依托市公共资源交易平台系统，以项目属地杭州高新区（滨江）分中心为评标主场，市公共资源交易中心为评标副场。5名评标专家分处两地电子评标室，全程通过电子化评审系统在线查看投标文件、借助远程视频平台在线交流，实现全流程电子评标。行业监管部门通过系统录屏全程监督，可查可溯。招标人、投标人与评标专家从地域上隔离不见面，保证评标的公平、公正。

2020年8月5日，杭州高新区（滨江）“e见证”数字开标直播间启用 ［公共资源交易中心杭州高新区（滨江）分中心 供图］

【在全市建设工程领域率先启用电子化招投标直播】2020年8月18日，全市建设工程领域首个全流程电子化招投标项目“2020年建设美丽河道创建项目”在杭州高新区（滨江）完成开标直播。截止开标时间，有67家单位参与投标。直播开标以“一码一项目”形式，运用“互联网+招投标”建设工程招投标模式，实现“零跑腿”和“无纸化”。

【政采云商品运维机制建立】2020年，杭州高新区（滨江）分中心构建政采云巡查和商品运维机制，引导企业参与“全省一张网”政府采购竞争，加速供应商入驻。依托大数据平台和信用手段，开展商品价格监测，实现推优退劣。全年共组织872家区内供应商、13.21万件商品参与浙江省政采云网上超市商品竞争。监测区内供应商481家（占区入驻供应商55.16%），涉及商品1704件，对63家违规企业作扣除诚信分、暂停或退出网上超市交易等处理。

【区公共资源交易目录出台】2020年12月7日，《杭州高新区（滨江）公共资源交易目录》（2020版）（简称“目录”）出台，是杭州高新区（滨江）首个交易目录。目录对区内5种行业11项交易类别进行梳理，厘清行业行政监管部门管理界限，实现应进必进，促进杭州高新区（滨江）公共资源交易的规范监管。（俞一帆）

外　事

【概况】 至2020年底，杭州高新区（滨江）有常驻国外人士1502人，受新冠肺炎疫情影响，比上年4700人减少3198人，涉及100多个国家和地区。年内，受新冠肺炎疫情影响，审批党政机关、事业单位出国（境）2批3人次，其中教师随团出国1批2人次。企业出国执行经贸项目考察、技术服务等任务1批1人次。1—6月，暂停办理邀请核实单；6月起，企业可以通过市外办、省外办、省商务厅申请“疫情期间外国人来华入浙‘快捷通道’”入境，办理“快捷通道”审核申报112批210人次。修订完善《杭州市滨江区涉外突发事件应急预案》，建立健全处置涉外突发事件应急机制。协调世亚德机械工程（杭州）有限公司6名员工回国复工复产、杭州海康威视数字技术股份有限公司1名塞内加尔籍高管滞留在尼日利亚回国等事宜。

【企业“民间外交”】 2020年，杭州高新区（滨江）推动企业开展“民间外交”。3月25日、27日，杭州启明医疗器械股份有限公司联合杭州堃博生物科技有限公司举行2场在线交流会，邀请钟南山院士等国内外专家向全世界分享中国防疫工作经验，吸引118个国家、近1万名医护人员与网友在线观看。观澜网络（杭州）有限公司（丁香园）是首家上线全球疫情地图的公司，入驻海外社交平台，并与澎湃新闻联合推出中、英、日、韩、德、意、西、波斯等八国语言的《居家隔离指南》，翻译制作武汉一线临床诊疗经验等资料。

【主要外事接待】 2020年，杭州高新区（滨江）主要接待外商3批次。7月15日，接待上海美国商会会长考察杭州莱和生物技术有限公司，并进行业务交流。11月2日，诺基亚中国区CEO Markus Borchert一行5人，参观智慧e谷，并与区主要领导进行交流。同月20日，法国驻上海总领事馆财政顾问Pierre Moussy、赛诺菲（杭州）制药有限公司总经理Julia一行7人，参加赛诺菲（杭州）制药有限公司成立25周年庆典活动，并与区主要领导进行交流。（林　治）

侨　务

【概况】 2020年，杭州高新区（滨江）侨务办公室围绕区委、区政府中心工作，贯彻落实工作决策部署，围绕服务社会经济发展大局，提升为大局服务水平，凝聚侨心汇聚侨力。在新冠肺炎疫情防控常态化背景下，做好涉侨境外疫情输入防控工作，构建联防联控、群防群控网络，建立侨情信息报送机制，累计在浙江省入境人员信息预申报平台收集上报华人华侨数据1.4万条。

【裘建平到杭州高新区（滨江）调研侨资企业复工复产】 2020年2月21日，市侨联党组书记裘建平到杭州高新区（滨江）侨资企业——杭州德同生物技术有限公司和鸿运华宁（杭州）生物医药有限公司调研企业复工复产情况。裘建平察看、体验公司的疫情防控措施，对公司的防控做法表示肯定。针对企业复工中遇到的问题与困难，鼓励企业要坚定信心、共克时艰，并向企业介绍市委市政府和滨江区出台的一系列帮扶政策、措施，建议企业可以通过侨联或者有关部门提出申请诉求。

【张建民到杭州高新区（滨江）调研涉侨工作】 2020年12月25日，中央统战部九局副局长张建民到杭州高新区（滨江）调研涉侨工作。张建民走访杭州第二中学（简称“杭二中”）、海外高层次人才创新创业基地（简称“海创基地”）、浙江林东新能源科技有限公司，了解中国迪拜学校（杭二中迪拜学校）的办学定位、课程设置、师资配备，肯定杭二中在传播中国文化、服务华人华侨、推进国际化教育工作等方面做的工作，向杭二中提出要总结经验、发挥特色、打造品牌，继续服务“一带一路”建设的要求。在海创基地，张建民参观杭州睿琪软件有限公司和杭州枫惠六和桥创投科技有限公司，了解留学人员归国创业及人才项目孵化器运营情况，与杭州市侨商会负责人交流杭州侨商在企业经营、项目开发、资金、环境、服务等情况。在浙江林东新能源科技有限公司，参观LHD联合动能海洋能大型实验室，了解公司在大型强子对撞机海洋潮流发电领域所取得的进展和未来规划，围绕新侨创新创业发展情况进行互动交流。

（俞以婷）

港澳台事务

【概况】 2020年，杭州高新区（滨江）围绕青年创新创业，推进香港杭州创新创业服务中心、港澳青年实习创业基地联盟建设，推动港澳青年融入发展。发挥高新企业集聚优势，开展港澳大学生“云上在线实习”活动，引导港澳青年增强对祖国的认同。全年接待港澳考察团3批次150多人次。

【港澳籍人士及家属走访】 2020年1月29日，中共滨江区委常委、统战部部长杨晓峰和香港杭州高新区（滨江）新冠肺炎同乡会负责人到西兴街道新州社区、长河街道闻涛社区、浦沿街道之江社区走访慰问港澳籍人士及家属。杨晓峰介绍杭州高新区（滨江）新冠肺炎疫情防控和经济社会发展情况，听取港澳人士的意见建议，就港澳人士在生活工作中遇到的困难，要求区委统战部与相关部门进行沟通协调，研究解决方案，为港澳人士在内地工作生活排忧解难。

【港澳大学生“云端实习”】 2020年8月21日，中共滨江区委统战部为配合做好杭州市港澳大学生线上实习活动，发挥高新技术企业集聚优势，在全区范围内征集并挑选金融科技公司——恒生电子股份有限公司（简称“恒生电子”）作为实习企业。恒生电子副总裁负责2名港澳学生在线实习工作，组建工作团队，策划实习工作计划。同月22日，2名港澳大学生“云端实习”到位，参与2021年恒生电子校招宣传及创意策划工作。9月21日，“云端实习”结束。

【港澳调研团到杭州高新区（滨江）考察】 2020年9月22日，广西壮族自治区港澳办副主任宋海军带领港澳调研团到杭州高新区（滨江）考察交流。调研团由港澳、商务、高新园区等工作部门及港企、商会人员等15人组成，在海外高层次人才创新创业基地（简称“海创基地”）了解园区情况，参观位于海创基地3楼的香港·杭州创新创业服务中心，肯定服务中心通过资源整合、提供专业孵化，重点引进和培育香港青年创新创业项目，促进香港、杭州两地的双向经贸交流，推动在港青年和企业家到杭州发展，并成为杭州企业到香港创新创业发展的服务窗口。调研团参观杭州乐湃网络科技有限公司，旗下包括鹊客智能体验吧、酒店自助入住机等软硬件物联网平台。

（徐哲宇）

【台湾事务】 至2020年底，杭州高新区（滨江）有台资企业27家，分属软件服务、文化创意、业务咨询等行业。年内，办理商务到台4批8人次。对2名到台就读新生开展行前教育，会同市台办工作人员开具赴台学习证明。新冠肺炎疫情期间，走访台资企业16家次，了解台资企业经营现状，精准提供后续服务，协助协调解决相关问题21个。落实“杭州惠台60条”等文件精神，做好惠台政策执行工作，服务区内台资企业。

（沈高锋）

政协滨江区委员会

综　述

至2020年底，区政协有政协委员159人。全年召开常委会会议5次、主席会议14次，组织集体学习61次，参加委员1360多人次。协助召开区委政协工作会议，制定新时代加强和改进人民政协工作的实施意见；邀请省政协专家做“新时代人民政协工作”辅导讲座；邀请区委书记王敏为全区政协委员授课并接受省政协《联谊报》策划推出的《新时代党委如何重视支持政协工作》书记专访。区委、区政府领导出席政协重要会议和活动75人次，领办重点提案4件。区政协印发《致全区政协委员的倡议书》，并在微信平台启动“抗击疫情 · 政协做什么”金点子征集讨论活动，通过移动履职、网络议政，就新冠肺炎疫情防控、复工复产、复课复学等建言献策，征集意见建议100多条，推出《抗击疫情 · 滨江政协在行动》专刊26期，捐款捐物2000多万元。制定完善履职管理办法、委员工作室创建、委员活动经费管理使用等制度13项。推出委员“菜单式”履职活动53项，参与委员1200多人次。组织各类协商活动48场，其中“请你来协商”活动28场，美好生活共同体夜协商活动被省政协列为“请你来协商”经典案例予以全省推介。全年报送调研报告6篇、社情民意专刊16期，获区委区政府主要领导批示17件次。《健全基层协商民主机制，促进政协协商与基层协商有效衔接的研究与思考》一文获全省政协理论研究论文一等等奖。推进门户网站、履职管理系统、公众号、掌上履职App的整合提升，拓展宣传阵地。利用《人民政协报》《联谊报》等传统媒体，“同心苑”“今日头条”等新媒体，加大政协履职活动和成果宣传力度，扩大滨江政协履职的社会影响力。“滨江政协”微信公众号推送原创稿件195篇；区级以上媒体刊发信息稿件148篇，其中7篇登上省政协“同心苑”热文榜，6篇登上《人民政协报》“政能量”榜。　（李庆莲）

重要会议

【区政协二届四次会议】2020年1月18—20日，区政协二届四次会议在白马湖建国饭店举行。会议应到委员159人，开幕式实到152人。市政协领导，区四套班子领导，区法院、检察院负责人，曾经担任过正区级领导职务的老领导，其他副区级干部和曾经担任过区级领导职务的退休老干部以及各街道、区级机关各单位、各直属单位和驻区各单位负责人等邀请人员124人，列席人员50人参加大会开幕式。会议听取区长李志龙所做的《政府工作报告》，听取审议区政协副主席余静漪所做的《政协第二届杭州市滨江区委员会常务委员会工作报告》和区政协副主席张爱莲所做的《提案工作情况报告》。委员们履行职责，通过提案、大会发言、小组讨论等形式，建言资政，凝聚共识。会议选举王国珍担任政协第二届杭州市滨江区委员会主席，林榕兴、袁海峰、高翔、高澜4人为政协第二届杭州市滨江区委员会常务委员。会议收到大会发言材料19篇，8名委员做口头发言；以提案形式提出意见建议90件，其中区各民主党派和政协各界别以集体形式提出26件、委员以个人名义或联名提出64件。

2020年4月1日，区委政协工作会议召开　（区政协办　供图）

【区政府区政协联席会议】2020年1月2日，区政府区政协召开联席会议，区政府、区政协领导班子成员及区政府办公室、区政协办公室、区政协各专委会负责人和部分区政协委员共21人参加。会议就《政府工作报告（征求意见稿）》和《政协常委会工作报告（征求意见稿）》及2020年度区政府区政协重点工作等事项进行双向协商。与会领导及各相关部门围绕高质量产业发展、高标准城市建设、高水平社会治理以及重点民生实事等具体工作提出意见建议。

【区委政协工作会议】2020年4月1日，区委召开政协工作会议，会议回顾总结区政协工作实践经验，研究部署新时代人民政协工作。区委书记王敏强调，要提高站位，增强做好新时代人民政协工作的责任感和使命感；要凝聚共识，发挥新时代政协工作的独特优势和重要作用；要加强中共领导，开创新时代政协工作的新局面和新发展，助力建设世界一流高科技园区。区委副书记、区长李志龙主持。区政协主席王国珍表示将发挥政协职能优势，通过数字赋能、人才赋能、文化赋能等手段助推政协履职活动开展、提高政协履职质效，开创政协工作新局面，为高质量建设世界一流高科技园区做贡献。区人大常委会主任韩建中、区委副书记张玮等区四套班子领导参加会议。

【区政协常委会会议和主席会议】2020年，政协滨江区委员会召开常委会会议5次，就有关问题进行协商审议。区政协主席、副主席，秘书长和常务委员参加历次会议。召开主席会议14次，组织集体学习、协商审议重点工作、月度安排等事宜。区政协主席、副主席、秘书长，区政协各办（委）正副主任参加历次会议。

2020年政协滨江区委员会常委会会议情况

表7

日 期	会议名称	会议内容
2020-01-19	二届十七次常委会会议	听取各组讨论《区政协常委会工作报告》《提案工作报告》《政府工作报告》和其他工作报告情况汇报；审议通过《政协第二届杭州市滨江区委员会第四次会议提案收集和初审情况的报告（草案）》《政协第二届杭州市滨江区委员会第四次会议决议（草案）》；审议通过大会选举办法（草案）；审议通过政协第二届杭州市滨江区委员会主席候选人建议人选名单，以及总监票人、监票人建议名单（草案），确定计票人。区委常委、常务副区长姜永柱到会听取对政府工作报告和政府工作的意见建议

续表7

日 期	会议名称	会议内容
2020-04-10	二届十八次常委会会议	传达学习区委政协工作会议精神和区委书记王敏讲话精神。会议审议通过有关人事事项，免去金永明区政协办公室主任职务
2020-06-30	二届十九次常委会会议暨提案办理专题协商会	开展提案办理协商，审议通过《界别和联络处（小组）履职管理办法》《委员履职管理办法》《委员工作室创建及评估办法》，审议通过有关人事事项。根据提案办理协商要求，会议听取区政府办公室关于区政协二届四次会议提案办理工作情况，区经信局、区民政局、区住建局、区社发局等单位关于4个重点提案办理情况，区政协提案委关于提案办理督查情况的汇报，与会人员围绕69件立案交办提案，特别是加快5G产业协同发展、实行社区差异化分类治理、完善公共交通服务配套、构建托育服务体系等4件重点提案内容，进行协商交流
2020-09-29	二届二十次常委会会议暨优化区域交通体系专题协商会	围绕优化区域交通体系主题，听取滨江交警大队、区住建局、区城管局、区城市大脑专班等部门和区政协城建委分别关于交通治理、公共交通、先离场后付费等工作建设情况和“优化区域交通体系”课题调研情况介绍，重点就交通治理更智慧、交通体系更优化、交通设施更科学等方面进行协商交流，提出制定交通快捷量化指标、新基建赋能数据治理、抓示范深化治理成效等意见建议
2020-12-30	二届二十一次常委会会议	审议通过区政协二届五次会议有关事项，审议通过《区政协常委会工作报告》《区政协常委会提案工作报告》，审议通过有关人事事项

2020年政协滨江区委员会主席会议情况

表8

日 期	会议名称	会议内容
2020-01-22	党组（扩大）会议暨二届四十五次主席会议	听取区政协二届四次会议提案审查立案情况和重点提案建议的汇报，交流区政协办和各专委会月度工作
2020-02-25	党组（扩大）会议暨二届四十六次主席会议	传达贯彻中央、省、市委关于统筹推进新冠肺炎疫情防控和经济社会发展工作部署会议精神，学习《中共杭州市委关于新时代加强和改进人民政协工作的实施意见》，讨论通过区政协主席会议成员分工调整方案
2020-03-17	二届四十七次主席会议	听取《关于新时代加强和改进人民政协工作的实施意见》（代拟稿）起草情况和区委政协工作会议建议方案的汇报，听取2020年度区政协工作要点及任务分解、重点调研课题、协商计划、民主监督计划的汇报，听取关于省政协“最美政协人”推选活动建议人选的汇报
2020-04-03	党组（扩大）会议暨二届四十八次主席会议	学习贯彻区委政协工作会议精神，听取《委员界别和基层联络处管理办法》《委员履职管理办法》《委员联系服务基层实施办法》起草情况的汇报，听取《创新引擎——高新区（滨江）创新发展文化寻踪》编撰出版情况的汇报，审议通过有关人事事项，讨论通过区政协二届十八次常委会会议方案，交流区政协办和各专委会月度工作
2020-04-29	党组（扩大）会议暨二届四十九次主席会议	传达学习市“两会”精神，听取2020年区政协党建工作要点的汇报，听取智慧政协平台建设情况的汇报，听取2020年“界别活动周”方案，交流区政协办和各专委会月度工作

续表8

日期	会议名称	会议内容
2020-06-01	二届五十次主席会议	传达学习全国“两会”精神，听取区政协机关财务管理制度、区政协社团组织财务管理制度的汇报，听取《区政协人才智库建设办法》《区政协委员工作室创建及评估办法》《关于调整区政协领导及专委会联系界别和联络处的通知》《关于调整区政协专委会与区级机关党政部门、街道对口联系单位的通知》的汇报，听取区政协二届十九次常委会会议暨提案办理专题协商方案的汇报，听取市政协“湘湖和三江汇流区块发展”专题协商会课题调研情况和分报告起草情况的汇报，交流区政协办和各专委会月度工作
2020-06-24	党组（扩大）会议暨二届五十一次主席会议	听取有关人事事项的说明，听取政协委员集中培训方案的汇报，听取主席会议视察“雪亮工程”建设方案、专题视察劳动监察执法工作方案，交流区政协办和各专委会月度工作；组织学习《关于杭州市滨江区政协委员退出机制的若干规定（试行）》和深化市政协委员工作站建设座谈会精神
2020-07-06	二届五十二次主席会议	传达学习市委十二届九次全会、区委五届九次全会精神，提出贯彻落实意见；听取调整西兴街道政协工作联络处负责人的说明
2020-07-30	二届五十三次主席会议暨《创新引擎》编委会会议	听取《创新引擎》书稿排版设计情况的说明，并进行校审；听取专题视察安置房建设暨“请你来协商”活动方案的汇报；交流区政协办和各专委会月度工作
2020-08-31	二届五十四次主席会议	听取构建3岁以下婴幼儿托育服务适性发展机制“请你来协商”活动方案、区政协二届二十次常委会会议暨智慧交通建设“请你来协商”活动方案的汇报，听取滨江区政协委员活动经费管理使用意见起草情况的说明，审议通过《滨江区政协委员联系界别群众工作机制》；交流区政协办和各专委会月度工作，组织学习葛慧君、马光明在省政协委员会客厅建设培训研讨班上的讲话和葛慧君在全国地方政协工作经验交流会上的发言
2020-09-28	二届五十五次主席会议	听取安商稳商“请你来协商”活动方案、“美好教育之轻负高质”专题视察方案的汇报，听取关于推进滨江区高新技术企业梯次培育与建设、关于优化区域交通体系等调研报告起草情况的说明，交流区政协办和各专委会月度工作
2020-10-30	党组（扩大）会议暨二届五十六次主席会议	宣读《关于杨晓峰等同志职务任免的通知》，组织学习中共十九届五中全会精神，听取数字赋能基层社会治理、探索数字化赋能助推委员主体作用发挥等调研报告起草情况的说明，听取滨江政协智库人选推荐情况的说明，交流区政协办和各专委会月度工作
2020-11-27	二届五十七次主席会议	集体学习中共十九届五中全会、习近平在浦东开发开放30周年庆祝大会上的讲话及省委十四届八次全会精神；听取《常委会工作报告》《提案工作报告》起草情况的说明；听取打造滨江文化旅游生态圈，助力文化旅游窗口建设课题调研情况的汇报；听取2020年度“优秀委员”等各类先进评选工作方案的汇报；交流区政协办和各专委会月度工作
2020-12-28	党组会议暨二届五十八次主席（扩大）会议	听取有关人事任免事项的说明，听取《常委会工作报告（修订稿）》《提案工作报告（修订稿）》的说明，听取2020年度“优秀委员”“优秀界别”“优秀联络处”“优秀活动小组”“提案办理先进单位”“优秀提案”等先进名单的汇报，听取二届五次会议有关事项的汇报，听取大会发言事宜的汇报，交流区政协办和各专委会月度工作，部署元旦假期加强廉洁自律、做好值班、出行安全等工作

（李庆莲　冯梦洁）

协商议政

【概况】 2020年，区政协聚焦协商主责主业，紧扣助力新冠肺炎疫情防控、经济发展、城市治理、民生改善4个方面内容，健全全体会议协商，重点落实专题议政性常委会会议协商、主席会议协商，常态化开展专题协商、对口协商、界别协商、提案办理协商，兼顾书面协商的“请你来协商”议政格局。全年围绕停课不停学、社区美好生活共同体建设、数字赋能基层治理、优化营商环境等议题，组织开展各类协商活动48场，其中“请你来协商”活动28场。

【“停课不停学”专题协商议政】 2020年3月11日，区政协举行首次远程“请你来协商”专题协商会，以视频连线方式发动委员就“停课不停学”协商建言。区政协主席王国珍、副区长包嘉颖、区政协全体副主席在主会场参加会议，中小学校长代表、教师代表、家长代表、学生代表和部分区政协委员等43人在线参会。会议听取区教育局关于滨江区“停课不停学”基本情况介绍，与会委员和代表们针对网络安全、视力影响、教学效果等问题进行探讨互动，提出网络教学应与传统课堂教学共融共生、合理安排远程教学时间、坚持家校合作推进“停课不停学”等意见建议。

【社区美好生活共同体建设专题协商议政】 2020年5月28日，区政协“请你来协商”走进滨和社区，与青年人才居民代表共商共议社区美好生活共同体建设。区政协主席王国珍、副区长包嘉颖、区政协全体副主席参加。区政府办、区政协办和各专委会相关负责人，部分区政协委员、青年人才社区居民代表、社区共建单位代表等72人围绕社区美好生活共同体建设建言献策，区委人才办、区民政局等相关职能部门负责人回应有关问题。活动首次采用图文直播+场内场外互动形式，与会人员对美好生活共同体提出的意见建议在线上进行评选点赞，以5G技术赋能美好生活共同体建设、重视打造美好生活共同体的品牌标识、加快建立社区服务智能系统和线上平台等3条建议获点赞数最多。全体区政协委员以及市民通过“滨江发布”App在线参与交流和讨论，收到精选留言300多条。

【数字赋能基层社会治理专题协商议政】 2020年10月27日，区政协围绕“数字赋能基层社会治理”主题，举行“请你来协商”活动。区委书记王敏与政协委员交流协商，专题探讨数字赋能基层社会治理的“立”与“破”。区政协主席王国珍主持会议并讲话。副区长陈健，区政协全体副主席，区政府办及各相关职能部门、区政协各办（委）负责人，政协委员共41人参加。会上，区委政法委汇报基层数字治理建设情况，区民政局、区城市大脑专班做补充汇报，长河街道、西兴街道襄七房社区、浦沿街道东信社区介绍各自的治理情况和应用场景，区政协社法委汇报课题调研情况。委员们针对基层数字治理工作提出打破部门壁垒、标签化运营数据、打破信息孤岛等意见建议。

【优化营商环境专题协商议政】 2020年10月29日，区政协召开“请你来协商”专题协商会，围绕优化营商环境和安商稳商工作建言资政。区委副书记、区长李志龙到会听取意见建议，并就打造一流营商环境提出要求。区政协主席王国珍主持会议并讲话。副区长陶峰，区政协副主席余静漪、夏福志、周翔，区政府办、区政协各办（委）及相关职能部门负责人、政协委员、企业代表等42人参加。与会人员听取区发改局、区经信局、区市场监管局关于服务企业安商稳商、优化营商环境工作的汇报，从政企沟通、产业联动、金融助力、人才政策等方面综合分析，提出加强企业服务和走访、建立初创期项目的科学评审机制、关注政策落地细节等意见建议。

【提案办理协商】 2020年3月16日，区政协参加2020年区政府民生实事项目实施工作动员部署会暨区“两会”建议提案交办会，集中交办提案69件，其中确定重点督办提案4件。

4—5月，区政协副主席张爱莲带队先后走访区发改局、区住建局、区城管局、区社发局、区民政局等提案办理单位和重点提案承办单位，调研督查政协二届四次会议提案办理工作，围绕提案办理情况提出意见和建议。6月30日，召开提案办理专题协商会，就年度提案办理和重点提案办理工作进行专题协商。通过区政府、区政协和各承办单位共同努力，提案如期答复率100%，委员对答复满意率98.6%。12月，组织开展2020年提案质量及提案办理质量双向评议工作，承办单位对提案质量满意率、委员对提案办理落实满意率均为100%；评出优秀提案7件，提案办理先进单位5家。

（李庆莲　颜利飞）

2020年区政协重要建议情况

表9

序号	建议形式	建议人	主　题	主要内容
1	社情民意专刊	区政协办	关于政协委员对做好新型冠状病毒感染的肺炎疫情防控工作的意见建议	针对新型冠状病毒感染的肺炎疫情形势，建议滨江辖区内所有学校推迟开学时间，教育培训机构可通过“联云课”等网络授课方式在线教学，保证学生安全；对辖区内人流密集处做好消毒防控措施，避免交叉感染；加强各社区、园区的登记、管理制度，保障居民环境安全；加强节后各类园区恢复生产后的用餐安全管理，消除隐患；对已隔离的疑似病人，在提供生活必需品的同时，可组建有心理医生的微信群，给予精神上的关心关爱。1月27日，建议以政协信息·社情民意专刊〔2020〕第1期报送区委、区政府主要领导
2	社情民意专刊	区政协办	关于企业复工时间的问卷调查及建议	针对企业是否按时复工及延迟几天等问题开展问卷调查和线上“微协商”，收到有效问卷187份。委员们建议企业复工时间不应“一刀切”，应综合考虑企业的类型、工作环境、排查情况等因素确定；中小企业因停工损失较大，政府应出台相应政策对企业予以扶持；企业复工后要严格落实防控措施，做好公共场所消杀等工作；根据企业工作性质进行评估，有条件的企业提倡员工在家利用互联网远程办公。2月6日，建议以政协信息·社情民意专刊〔2020〕第2期报送区委、区政府主要领导
3	社情民意专刊	区政协办	关于高新区江北区块破解发展困境的意见建议	针对市、区政协委员走访调研江北区块企业了解企业疫情防控和复工复产情况，根据安商稳商、优化服务环境等方面的困难和问题，建议在加大江北企业“北企南迁”推进力度的同时，坚持巩固发展江北大孵化器的定位，为江北企业提供更优质的服务；理顺体制，共建共享，增加财政转移支付额度，提高属地行政管理成本的分担比例；加强沟通，合作共赢，建立两区有关部门和辖地街道协商机制和沟通平台，共同维护江北区块营商环境，服务企业发展。3月13日，建议以政协信息·社情民意专刊〔2020〕第3期报送区委、区政府主要领导
4	社情民意专刊	区政协办	关于进一步优化“停课不停学”的建议	针对全区教育系统落实中小学延期开学期间“停课不停学”基本情况以及开展中小学远程教育教学中网络安全、视力影响、教学效果等问题，建议优化“线上”教学平台建设，注重技术平台端口的安全性、技术平台的效能性、平台技术的专业性；优化“线上”教师研修工作，启动、优化“线上”教研、培训、论坛等教师研修活动，建立健全利用信息化手段扩大优质教育资源覆盖面机制，提升教师信息化和教育现代化实力；优化“线上”教育治理模式，构建基于信息技术的教育服务供给方式及教育治理新模式，提升教育行政部门及校级管理者的信息化领导力和信息化素养，挖掘疫情带来的教育价值，将疫情危机转化为教育契机。3月13日，建议以政协信息·社情民意专刊〔2020〕第4期报送区委、区政府主要领导

续表9

序号	建议形式	建议人	主　题	主要内容
5	社情民意专刊	区政协办	关于区政协开展“亲清三访”活动的相关建议	针对社区治理、复工复产、企业高管子女教育、人才住房、政策支持等问题，建议健全社区治理长效运行机制，提升社区治理效能；加大服务协调力度，解决企业复工复产困难，简化企业复工复产审批程序；制定优惠扶持政策，关注中小微企业的成长，完善产业和人才等相关政策，加大政策扶持保障，留住企业及人才；利用现有的人才用房，鼓励和引导以企业为主体，为员工租房、购房，并提供免息贷款、资金补助等措施，解决企业突出贡献人才的住房难问题；强化教育政策宣传，加大上门服务力度，及时传递教育信息，为企业员工子女就学提供政策参考，分类解决企业人才子女“有书读”和“读好书”等问题；强化党建引领，帮助有关社区、企业建立中共组织，提升服务企业能力水平，提振企业发展信心。5月20日，建议以政协信息·社情民意专刊〔2020〕第5期报送区委、区政府主要领导
6	社情民意专刊	区政协办	关于进一步加快滨江区生物技术产业集聚发展的建议	针对滨江区生物技术产业发展定位不清、政策力度不大、物理空间不够、支撑配套不足、标杆培育不力5个方面的问题，建议关注生物技术产业发展态势，致力营造有利于生物技术创新创业发展的生态环境；注重发挥产业规划引领作用，全面梳理全区生物技术产业的基础、优势和短板，做好顶层设计，加快制定智慧新天地区块的建设规划方案；加大政策扶持力度与针对性，成立生物技术产业专项政府引导基金，重点扶持生物医药、诊断试剂、基因检测、细胞治疗等产业，鼓励企业自主研发创新；开发生物技术研发共享服务平台，推动产学研深度融合和协同创新；加大生物技术人才的引进和培养力度，吸引更多高端生物技术人才到滨江区创新创业；推动生物技术产业差异化集聚发展，形成区域特色和品牌。6月3日，建议以政协信息·社情民意专刊〔2020〕第6期报送区委、区政府主要领导
7	社情民意专刊	区政协办	关于加快推进社区美好生活共同体建设的建议	针对美好生活共同体推进中存在的智慧化服务有待提升、功能规划未能满足居民需求、房屋硬件设施亟待维修提升、高新特色欠明显、常态化开展活动难以保证等问题，建议以“5G技术”赋能美好生活共同体建设，发挥“一库三应用”融合服务平台作用；以“品牌”赋能美好生活共同体建设，建设具有高新特色、滨江特点的美好生活共同体；以“内容”赋能美好生活共同体建设，针对不同年龄层居民对室内场馆的需求，配足社区配套用房，合理规划建设用途；以“品质”赋能美好生活共同体建设，统筹考虑对社区进行生活配套项目优化、公共空间改造、房屋整修等方面内容；以“服务”赋能美好生活共同体建设，引进专业机构合作运营的服务模式，鼓励居民和社会多元主体共同参与。6月10日，建议以政协信息·社情民意专刊〔2020〕第7期报送区委、区政府主要领导

续表9

序号	建议形式	建议人	主　题	主要内容
8	社情民意专刊	区政协办	区政协“生活垃圾分类处理”专项集体民主监督开展情况及相关建议	针对生活垃圾房及标准化回收网点选址困难，分类标识混乱的现象依然存在，企业、园区的垃圾分类工作与生活小区仍有较大差距，物业公司及物业管理人员的管理水平参差不齐，过渡房分类工作不够乐观，再生资源回收体系不够健全等问题，建议区商务局、区城管局等相关部门加强对社区、企业、综合体等主体的指导，统一分类标识，完善垃圾房布局；建立资源回收长效机制，制定再生资源回收管理办法，提前规划再生资源回收标准化网点，鼓励良性竞争，推广智慧化应用；加大对企业、园区、过渡房分类工作的监督检查，加大执法力度，严格专项执法；做精做优亮点，总结复制经验，对标高标准，打造2.0升级版，提高治理效能。6月22日，建议以政协信息·社情民意专刊〔2020〕第8期报送区委、区政府主要领导
9	社情民意专刊	区政协城建委	关于三江汇流区块发展的建议	针对三江汇流区块（滨江段）发展中面临的杭州高新区（滨江）产业发展快、创新创业强、城市建设新等机遇和沿江景观特色不够明显、缺乏高新区特有气质，基础设施不够齐全、城市品质有待提升，产业集聚程度不够高、创新引领有待凸显等不足和挑战，建议转变规划设计理念，突出以人为本，加强市区之间、部门之间的沟通，尽快明确指导优化方案，构建完善的规划实施机制；发挥产业引领作用，形成产业带动效应，集聚产业高端要素，拓展产业辐射功能；融合山水凸显高新，植入文化元素，展现滨江城市风貌，体现高新气质；加强三江汇流区块内四区统筹，重点谋划交通布局，完善公共设施配套；注重区域因地制宜，具体地块具体调整，取消白马湖备用水源，调整平衡绿地指标。6月22日，建议以政协信息·社情民意专刊〔2020〕第9期报送区委、区政府主要领导
10	社情民意专刊	区政协经科委	关于有效破解滨江区科技型初创企业发展瓶颈实现高成长突破的建议	针对制约区内科技型初创企业成长发展的大中小企业之间联动发展不足，科创平台管理运营面临区域竞争挑战，知识产权等科研成果评价机制陈旧，人才、市场等创新要素支撑不足，部分政策与企业实际需求不匹配等问题和瓶颈，建议鼓励骨干企业以产业链协同带动初创企业协同发展，搭建大中小企业互联互通交流协作平台，促进产业链聚合与延伸；推动科创平台对初创企业双创服务精准供给，修订完善扶持政策，鼓励科创平台推动政策落地；打造知识产权运营服务体系，以知识产权作为重要考核指标建立政府扶持政策绩效评估体系；强化创新要素支撑，提升初创企业创新能力，试行对个税缴税的奖励力度，集聚高端创新人才，为初创企业提供更多的应用场景建设机会，助推先进技术应用；探索创新机制，建立优质初创企业发现机制，支持初创企业创新积分与政策创新衔接，对初创企业给予导向性、阶梯式支持，建立优质初创企业筛选和发现机制，向市级层面呼吁初创企业政策一致化。9月29日，建议以政协信息·社情民意专刊〔2020〕第10期报送区委、区政府主要领导

续表9

序号	建议形式	建议人	主　题	主要内容
11	调研报告	区政协城建委	关于优化区域交通治理的调研报告	针对道路规划设计和建设不够科学合理，停车资源缺乏有效利用和规范管理，公共交通发展相对滞后，文明出行意识尚需提高，交通数据完整性和有效性有待提升等问题，建议坚持规划先行，合理优化交通布局，高度重视大型建设项目交通环境影响评价，优化路网结构，减轻交通压力；加强数据整合和应用，持续推进数字治理，提升智慧化水平；盘活市区道路资源、停车资源，加强道路综合整治，提高道路交通管理科学化水平，解决出行难；落实公交优先，提高线路覆盖率，优化公交设施设置，提高公共交通吸引力和分担率；保持宣传工作的常态化，加强宣传工作针对性，扩大宣传工作的覆盖面，提高全民文明交通素质。10月19日，建议以政协信息·社情民意专刊〔2020〕第11期报送区委、区政府主要领导
12	调研报告	区政协经科委	关于加快推动滨江区高新企业梯次培育与发展的调研报告	针对高新企业梯次培育与发展中存在的数量增速有待提升、发展规模有待扩大、成长生态有待完善、服务环境有待优化等问题，建议增数量，强化培育与引进，储蓄一批国高企苗子，完善国高企培育库，倍增一批国高企，加大国高企研发投入，壮大一批优质国高企，完善上市企业培育机制，完善上下衔接企业培育机制；提质量，支持数字经济与新制造领域国高企“有中生优”，支持生命健康、文化科技领域国高企“有中生有”，抢占人工智能、金融科技、网络安全、区块链、5G等领域技术研发、产品应用制高点，优化细分产业龙头企业集群；聚要素，提升科技金融服务水平，加强创新人才队伍建设，强化空间要素保障，构建热带雨林式创新创业生态圈；优服务，发挥政策杠杆作用，健全完善立体式、全方位服务机制，完善健全数字化服务，完善国际一流营商环境。10月30日，建议以政协信息·社情民意专刊〔2020〕第12期报送区委、区政府主要领导
13	社情民意专刊	区政协办	关于进一步优化营商环境提升安商稳商工作质效的建议	针对企业服务质效还有挖掘提升的空间，部分企业创新扶持政策享受不够充分、人才招聘、留用仍存在困难，中小企业融资难、融资贵问题仍然存在等问题，建议提升企业服务质效，牢固树立人人都是营商环境一分子的理念，提升企业网格化服务和管理水平；提高产业发展政策精准度，修订完善产业发展政策时多听取各类企业的意见，建立统一的政策发布平台，搭建用好实时在线的政策呼叫平台，充分考量企业扶持政策效用的最大化；加大人才培育、招引和支持力度，完善校企合作机制、人才划分标准细则，加强人才引进相关配套政策支持，优化教育资源，优化人才住房供给和保障体系总体设计；缓解科技型初创企业融资困难，建立中小科技型初创企业金融服务长效机制，鼓励和引导金融机构加大对科技型初创企业投融资的支持力度，引导银行机构强化投资能力建设，依托金融科技开发更多适宜的融资产品，对于在缓解科技型初创企业融资困难方面有重要贡献的金融机构或投资机构给予相应政策奖励。11月6日，建议以政协信息·社情民意专刊〔2020〕第13期报送区委、区政府主要领导
14	调研报告	区政协社法委	关于数字赋能基层社会治理的调研报告	针对区内基层社会治理中存在的统筹指导不够深入、协作联动不顺畅、基层建设有观望、数据共享有困难等问题，建议转变理念赋能基层数字治理，始终坚持数字治理重在“治理”、落在“服务”、贵在“多元参与”的理念；统筹指导赋能基层数字治理，上下结合、有序推进，分类指导、统筹整合，梳理硬件、优化配置，力量下沉、减负增效；机制运行赋能基层数字治理，完善协作联动机制、评估考核机制；数据共享赋能基层数字治理，加强政务数据资产管理，制定开放流程和规范体系，建立基层数据共享清单实现“最多录一次”，向省市建议完善相关法律法规；创新实践赋能基层社会治理，做到样板项目、复制推广，发挥特色、打造样板；人才队伍赋能基层数字治理，建立系统性的培训制度，政府雇员挂职街道社区参与数字治理工作，完善社企共建机制。11月10日，建议以政协信息·社情民意专刊〔2020〕第14期报送区委、区政府主要领导

续表9

序号	建议形式	建议人	主　题	主要内容
15	调研报告	区政协教文委	关于打造滨江文化旅游生态圈助力文化旅游窗口建设的思考	针对制约区内文旅融合发展的历史文化资源挖掘、保护与利用不够，文旅产业建设体系谋划不足，文旅事业发展品牌影响力不足等问题，建议高水平打造浙东大运河唐诗之路文化遗产文旅带，打造古镇、唐诗之路等文旅特色；高规格打造高新产业文化旅游文旅带，打造物联网产业、互联网产业文旅特色，打造未来城市文化产业特色；高标准打造文化创意文旅带，打造动漫、先锋文创、中医药等文旅特色；高质量打造人文休闲美食文旅带，打造白马湖、“最美跑道”、美好生活共同体等休闲特色，打造“十大碗”传统美食特色；高起点打造体育亚运文旅带，打造亚运场馆、亚运文化等体验特色。12月9日，建议以政协信息·社情民意专刊〔2020〕第15期报送区委、区政府主要领导
16	社情民意专刊	区政协办	关于对滨江区制定实施“十四五”规划的意见建议	针对杭州高新区（滨江）国民经济和社会发展第十四个五年规划和二〇三五年远景目标的制定与实施，建议在产业发展方面，高度重视产业互联网发展，加大对中小微企业扶持力度，重视发展生命健康和生物技术产业，重视做好知识产权保护工作；在人才引育方面，完善产业人才专项政策，健全完善校企合作机制，优化人才住房保障供给；在教育文化方面，打造高质量国际滨教育，探索推进智慧教育，打造特色文化品牌；在城市规划方面，谋划三江汇流区块发展，优化城市道路交通环境；在民生领域方面，完善社会发展方面的内容，提升基层健康管理水平，重视拆迁安置小区的民生关切，重视公共服务设施建设，关注青年人才婚恋问题。12月11日，建议以政协信息·社情民意专刊〔2020〕第16期报送区委、区政府主要领导
17	重点提案	民建杭州高新区（滨江）基层委员会、特邀界董振华、盛立	关于统筹网络规划等基础设施建设，加快5G产业协同发展的建议	针对5G基站的选址存在一定的困难、基础建设有待加强、5G相关知识普及度不高、5G运营商与垂直行业融合还不够深入、5G交流平台尚未搭建、5G相关人才扶持政策相对缺乏等问题，建议加大5G部署范围，提升知识培训力度；设立5G产业基金，出台专业人才政策；发布5G产业链详图，打造国家级科创中心；打造滨江区协同产业链，形成高新产业合力；挖掘区内高校的力量，搭建企业创新开放平台；主攻5G设备，借助亚运会推进5G商用等。3月16日，建议由区委常委郑迪领办，区政协副主席夏福志督办，区经信局为承办单位，区政协经科委为督办部门
18	重点提案	农工党杭州高新区（滨江）总支部，教育界文燕、陈广城	关于优化公共交通的建议	针对如何有效化解产业项目对周边“一公里”范围内交通需求，区内公交网络相对不够完善导致部分小区居民“最后一公里”出行不便等现状，如何有效提升区内公共交通利用效率等实际问题，建议延长公交运营时间；建设滨江南部公交换乘中心；在一些人员相对较多的路口附近设置公交站点；在沿江主要景点附近设置公共自行车借车还车点；采用微公交形式，形成点与点无缝衔接，实现地铁口与白马湖区域的企业和公园、公交站点与企业、商业综合体与企业、区行政中心与偏远小区间的串联。3月16日，建议由区委常委屠国平领办，区政协副主席周翔督办，区住建局为承办单位，区经信局、白马湖生态创意城管委会为协办单位，区政协城建委为督办部门

续表9

序号	建议形式	建议人	主　题	主要内容
19	重点提案	民族宗教界	关于实行社区差异化分类治理的建议	针对滨江社会治理基础、基层相对比较薄弱，基层治理能力与滨江新老居民的多元需求之间存在一定的差距，基层治理的网格化精细化数字化水平有待进一步提高，城市管理方面缺乏精细化管理的举措等问题，建议加强顶层设计，健全完善社区治理体系，推行社区“差异化分类治理”，体现“一流城市治理”和“国际滨”特色；坚持分类施策，实现从“精细化管理”向“精准化治理”转变，加大安置房小区、外来人口较多的社区、人才社区和国际化社区等公用设施的投入和保障力度，提高社区公共服务保障水平；探索“产业社区”管理，体现高新和产业特色，促进产业功能与生活功能融合发展，打造产业细分、功能匹配、空间聚集的专门产业社区，推动产业链聚集，助力高质量发展。3月16日，建议由副区长包嘉颖领办，区政协副主席余静漪督办，区民政局为承办单位，区发改局为协办单位，区政协社法委为督办部门
20	重点提案	政协教文委、民进高新区（滨江）基层委员会、妇联界	关于构建托育服务适性发展机制的建议	针对区内托幼服务结构失衡、资源不足，托幼服务观念缺位、政策缺失，托幼服务质量参差、规范不清，托幼机构安全无保、缺乏监管等问题，建议明确相关部门职责，将托育服务纳入社会管理和公共服务体系建设中，形成托幼一体化的服务体系，实现多方联动；发挥政府主体监管作用，加大对托幼公共服务机构的审查力度和监管力度；推行多元化托幼服务模式，鼓励有条件有规模的企事业单位自办或者合办托育机构，政府出台相应的扶持政策进行协助；推进托幼公共服务专业化，提高从业人员待遇，保证服务人员梯队的稳定性；建立托幼意外保险制度，将托育意外伤害作为医保的一种新设险种，纳入居民医保报销范围，减轻企业、社会组织和个人承办托幼机构风险。3月16日，建议由副区长梁旭领办，区政协副主席张爱莲督办，区社发局为承办单位，区教育局、区民政局、区人力社保局、区住建局、区市场监管局、区妇联、区消防救援大队、各街道为协办单位，区政协教文委为督办部门

（李庆莲　兰桂平）

民主监督

【概况】2020年，区政协注重发挥政协协商式监督特色优势，围绕“全面建成小康社会补短板”“生活垃圾分类处理”“无障碍环境建设”等省市区政协联动专项集体民主监督，组织委员通过明察暗访、“随手拍”等方式，开展全员监督活动。围绕持续推进老旧小区加装电梯等4项政府民生实事项目，与区人大开展联合专项监督。组织委员参与“美丽杭州”创建、公共场所服务提升等监督评议活动56场，参与委员713人次。

【民生实事项目专项监督】2020年，区政协根据《2020年政府民生实事项目实施方案》，专项监督“以打通‘断头路’为重点，完善道路交通网络”“优化交通出行环境，提升居民便利度”“加快学校建设，启动老校改造”“持续推进老旧小区加装电梯，方便居民日常生活”4项民生实事项目。4月22日，区政协副主席张爱莲率委员专项监督小组6人，踏看奥体单元小学及幼儿园，听取区教育局关于民生实事工程进展情况的汇报。6月12日，区政协副主席余静漪率委员专项监督小组12人，踏看缤纷小区电梯加装情况并召开座谈会，听取区住建局、各街道就项目实施进展情况、存在问题及下一阶段工作计划的汇报。7月3日，区政协经科委率委员专项监督小组8人，听取区住建局关于项目进展情况的汇报。7月16日，区政协副主席周翔率委员专项监督小组6人，听取责任单位区住建局、滨江交警大队关于民生实事项目进展情况的汇报。11月5日，区政协副主席张爱莲率委员专项监督小组9人，踏看海康威视幼儿园、江南单元小学及幼儿园、月明幼儿园江虹路分园，对民生实事项目进展情况提出意见建议。

【“雪亮工程”建设主席会议视察监督】 2020年7月23日，区政协主席会议视察滨江区“雪亮工程”建设情况。区政协主席会议成员，区政协机关各办（委）负责人、政协委员等20人参加。与会人员考察公安滨江分局指挥情报中心，参观数字驾驶舱，并从不同角度，围绕维护个人隐私安全、加强部门联动、推进警企合作、拓展应用场景、加强内外宣传等方面与公安滨江分局开展交流，建言献策。

【“助推无障碍环境建设暨交通出行安全”联动视察监督】 2020年8月，区政协根据市政协“助推无障碍环境建设暨交通出行安全”联动视察监督实施方案要求，制定本级实施方案，视察监督无障碍环境建设3个方面6类影响交通出行安全的情况。8—9月，通过走访职能部门，召开座谈会，组织委员走进银行、运动场馆、居民小区等公共场所明察暗访、“随手拍”、实地视察等方式，摸清情况，开展监督，提出建议。10月中旬，完成视察监督报告，针对无障碍环境建设和交通出行安全等8个方面突出问题，提出加强宣传、完善监管机制等6点意见建议，并在市政协联动监督座谈会上交流心得。

【“生活垃圾分类处理”专项集体民主监督】 2020年5月14日，区政协根据省、市政协关于开展“城乡生活垃圾分类处理”专项集体民主监督的部署要求，制定《“生活垃圾分类处理”专项集体民主监督实施方案》，明确监督重点、监督要求。区政协各专委会和各街道政协工作联络处组建民主监督小分队，聚焦基层垃圾治理的宣传引导、前端分类执行、资源化回收体系建设等方面，组织政协委员通过现场视察、座谈交流、提案协商、宣传服务等多种形式开展监督。至年底，开展民主监督活动4次，参与委员80人次，助推打赢垃圾治理攻坚战。（李庆莲）

凝聚共识

【概况】 2020年，区政协围绕杭州高新区成立30周年时间节点，发挥统一战线组织功能，通过搭建协商平台、发挥社团（界别）作用、开展“亲清三访”、推进书香政协建设等，面向社会凝聚和传播共识，促进各党派团体和社会各界大团结大联合，为杭州高新区（滨江）迈向世界一流汇聚智慧力量。

【“请你来协商”议事厅建设】 2020年，区政协着眼“产城人”融合发展的高新特色、滨江特点，按照党建引领、厅室联建、资源共享思路，培育打

2020年5月28日，区政协在滨和社区与青年人才共商社区美好生活共同体建设　（区政协办　供图）

造“请你来协商”议事厅（区政协委员工作室），将政协协商延伸到人才社区的青年人才、创业园区的海创人才等特定群体。9月15日，区政协“请你来协商·青春议事厅”微平台和首个设于社区的政协委员工作室，在滨和社区美好生活共同体揭牌。11月9日，滨江区政协委员读书活动启动仪式暨海创议事厅和委员工作室揭牌仪式在海外高层次人才创新创业基地党群服务中心举行。至年底，搭建“请你来协商”主平台、中平台和微平台35个。

【界别活动周】 2020年5月18—22日，区政协围绕“战疫情、促发展”主题，举办“界别活动周”活动。15个界别通过跨界联合、与党派团体联手、与联络组工作站联动等方式，集中开展走进电商直播间带货助农、走进委员企业体验数字经济、走进社区以茶会民、走进北航杭州创新研究院探讨校企合作、走进青年人才聆听“后浪”故事、走进企业工会开办“政小工”法律云课堂等主题活动10场，159名界别委员参加。

【“书香政协”建设】 2020年3月，区政协推出“硅谷系列·书香政协”系列活动，通过开展“每周一学”（每周周一确定为集中学习日）、“每月一讲”（每月邀请1名政协委员走进政协机关做专题讲座）、“每季一荐”（每季安排1～2名区政协机关干部荐读分享图书）、“每年一论”（每年政协全体会议期间，组织开展大会发言）等系列活动，打造具有高新特点、滨江特色的书香政协。至年底，开展政协机关“每周一学”31次，学习中共创新理论；开展政协委员“每月一讲”活动7次，内容涵盖企业数字化转型及基础软件、民法典、书画艺术、中医保健、形象管理、中国文化和中美关系等；开展政协机关干部“每季一荐”活动3次。

【杭州高新区成立30周年系列庆祝活动】 2020年，围绕杭州高新区成立30周年，区政协发挥自身特色和职能优势，通过“一次培训、一堂课、一次专访、一本书”等形式，庆祝杭州高新区成立30周年。7月27—28日，区政协在智慧e谷举行2020年度政协委员集中培训。27日，邀请省政协副秘书长、办公厅主任帅燮琅做题为《新时代人民政协工作》专题报告，阐述新时代人民政协为什么、是什么、做什么、怎么做。区委书记王敏主持并讲话。区委理论学习中心组成员，区政协主席会议成员，部分省市政协委员、区政协委员，区政协机关干部和各委员活动小组及界别联络员共140多人参加。28日，区委书记王敏做题为《高新30，迈向世界一流》专题报告，激励委员立足岗位职责和委员责任，建设世界一流高科技园区。8月，区政协依托文史研究会，借助多方力量，历时7个月，编撰完成《创新引擎——高新区（滨江）创新发展文化透视》，该书从企业视角，探寻杭州高新区（滨江）创新发展历程，感受创新的力量。9月3日，区委书记王敏接受省政协《联谊报》策划推出的“新时代党委如何重视支持政协工作”书记专访。同月10日，《联谊报》头版刊发文章《营造良好政治生态、推动政协事业发展——杭州高新区（滨江）党委重视支持政协工作实效满满》。

【“亲清三访”活动】 2020年，区政协按照区委统一部署，结合“走亲连心三服务”和区领导联系社区组织换届选举工作、联系重大投资项目和领衔包案化解积案机制，开展“亲清三访”集中走访活动，走访政协委员及所在企业，走访联系社区（群众）、重点企业和人才，帮助解决企业、群众和基层反映的困难和问题，汇聚“政能量”，画大同心圆。全年区政协主席会议成员走访社区55个、企业313家次、委员（人才）242人次，解决问题50多个。（李庆莲）

中共滨江区纪律检查委员会 滨江区监察委员会

综　述

2020年，滨江区纪检监察组织受理信访举报108件次，比上年下降43.2%，其中检控类信访、重复举报和越级信访分别下降1.4%、13.6%、17.6%。处置问题线索147件，下降33.8%；立案70件，上升9.4%；结案70件，上升11.1%；党纪政务处分71人，上升22.4%；组织处理64人次。统筹推进新冠肺炎疫情防控和经济社会发展各项部署，组建专项监督组5个，立查立纠问题500多个，快查快处涉疫信访投诉88件，制发督查通报91期，查处履责不到位典型3人。推动精简社区事务性工作，46名纪检监察干部进社区进企业支持一线防控，协调解决企业复工审批、防疫物资调控、返杭企业员工安置、社区防疫管理等问题。运用监督执纪“第一种形态”，开展“两个责任”谈话1546人次，其中区领导谈话295人次。配合省委巡视，成立巡视整改监督工作小组，定期督查整改进展情况，推动各级党组织和党员干部自觉接受巡视监督。对照省委巡视反馈开展全面检查，督促45家单位党委（党组）常态化出具政治生态调研报告，对2家单位的政治生态修复净化情况开展政治巡察，推动政治生态建设。贯彻党委（党组）落实全面从严治党主体责任规定，注重履责情况成效考核，听取20家单位的主体责任汇报并提出13项问题，同步制定75条整改措施。督促47家单位通过“主体责任监督管理系统”申报履责事项905项，出示“电子红黄牌”91次，开展线下督查7次。查处形式主义、官僚主义问题16个，给予党纪政务处分4人，组织处理14人。追责问责6个社区统筹开发项目推进、安置房空置房源管理、危旧房改造等工作中存在的不作为慢作为问题。落实中央八项规定及其实施细则精神，常态化开展正风肃纪明察暗访389次，50家单位2000多名党员干部开展自查自纠，12名党员干部因违反中央八项规定精神问题被处理。发出纪检监察建议书11份、巡察建议书2份，提出针对性整改建议，督促做好查办案件“后半篇文章”。会同有关部门开展建设工程招投标（政府采购）专项整治。责成3家单位召开专题民主生活会，吸取教训、抓好整改。开展警示教育月活动，剖析通报典型案例，组织4200多人观看“反腐倡廉图片展”，130多名社区两委班子成员参加“庭前说纪”和庭审旁听，开展3次廉政宣讲座谈会，全区警示教育覆盖8500多人。在省级以上媒体发表稿件223篇。区纪委监委参赛作品《兄弟》获评第五届浙江省幸福小康人家微电影评选展示活动十佳影片。全面实施派驻机构“六个一体化”管理，加强履责协同。各派驻机构参加单位领导班子会议718次，督促落实问题整改258个，提出建议83条。推动街道纪检监察机构规范化建设，在每个社区设立监察工作联络站，聘任站长和联络员303人。

（袁晓婧）

重要会议和活动

【区纪委五届五次全会】2020年3月20日，中共杭州市滨江区第五届纪律监察委员会第五次全体（扩大）会议在区文化中心召开，区纪委委员、区监委委员、各级领导班子成员、全体纪检监察干部和区委巡察机构干部等260多人参加会议。会议邀请市纪委监委第六纪检监察室负责人到会指导，学习贯彻习近平新时代中国特色社会主义思想，全面贯彻落实中共十九大精神，按照十九届中央纪委四次全会、省纪委十四届五次全会、市纪委十二届五次全会和区委五届八次全会的部署，回顾总结2019年党风廉政建设和反腐败工作，研究部署2020年任务，增强“四个意识”，坚定“四个自信”，做到“两个维护”，坚持稳中求进工作总基调，全面履行党章和宪法赋予的职责，协助党委持续深化全面从严治党，持续做深做细做实“后半篇文章”，强化对权力运行的监督制约，一体推进不敢腐、不能腐、不想腐，减存量、遏增量，提升正风肃纪反腐的精准性和有效性，深化清廉滨江建设，在高水平推进治理现代化中发挥监督保障执行、促进完善发展作用，实现新时代纪检监察工作高质量发展，为全面推进世界一流高科技园区建设提供坚强保障。

【受处分干部教育帮扶和评估任用】2020年6月24日，区纪委监委制定《关于受处分干部教育帮扶和评估任用的实施意见（试行）》（简称“意见”）。意见按职级分类，通过谈心谈话、回访等方式教育帮扶受处分干部，掌握受处分干部的思想、工作和生活。从思想政治、廉洁自律、作风状态、工作实绩4个方面评估干部在受处分期间表现，提出评价建议意见，给予“特别突出”“优秀”“合格”“不合格”4个等次评价，附“干部自我评价表”“受处分干部群众评价表”“受处分干部组织评价表”，严管与厚爱相结合，帮助受处分干部纠错改错，为组织重新任用干部提供依据。至年底，开展分批谈话50人，回访教育受处分干部12人并完成综合评估。

【“八小时以外”监督】2020年7月17日，区纪委监委制定《滨江区关于加强公职人员“八小时以外”行为监督办法（试行）》（简称“办法”），办法明确监督标准，建立公职人员在“社交圈”“生活圈”“娱乐圈”负面清单21条，将公职人员“八小时以外”行为情况纳入日常监督管理和巡察监督范围，运用“主体责任监督管理系统”，推动各单位谈心谈话、廉情家访等工作，建立8个部门共享信息传递机制，协助发现苗头性、倾向性问题，有效监督公职人员对工作时间以外所进行的与职务影响相关、事关个人公众形象的行为。

【问题线索规范处置】2020年12月，区纪委监委制定《进一步规范问题线索处置相关工作办法》（简称“办法”），办法就问题线索分办和移送、问题线索处置会商、问题线索报备和报告三大方面做出具体规定，明确承办室收到检举控告和问题线索的会商范围、会商程序、会商执行，对区管干部问题线索处置情况、审查调查情况报告、问题线索未结件如何报备提出要求，进一步规范全区纪检监察机关问题线索处置和审查调查相关工作。至年底，处置问题线索147件。

（袁晓婧）

党风廉政建设

【概况】2020年，区纪委监委制定全面从严治党主体责任工作清单、责任落实考核办法，通过履责考核、督查检查等方式压实责任。依托“主体责任监督管理系统”，采用“线上线下”全过程动态监督，在线检查各单位申报的履责事项905项，督查抽查7次，督促整改问题13个。开展警示教育月活动，发挥身边典型案例的警示震慑作用，在全区作风建设和警示教育大会上通报近3年案件查处情况，开展“庭前说纪”、旁听庭审、廉政宣讲等活动，编发廉政教育“活教材”《忏悔录》。

【‘烟票’问题专项整治】 2020年3月11日，区纪委监委印发《关于开展“烟票”背后“四风”问题专项整治的工作方案》，按照“清廉滨江”建设的总体要求和部署，结合领导干部利用名贵特产类特殊资源牟取私利整治深化工作，对“烟票”背后“四风”问题进行专项整治，坚决查处党员干部、公职人员以“烟票”“天价烟”作为利益输送的媒介，靠烟吃烟、以烟谋私等问题，营造风清气正的政治生态。专项治理工作分动员部署、集中治理、成果巩固3个阶段，通过对照自查、梳理摸排、明察暗访，查实1家卷烟销售户印制、销售19张“烟票”，1家卷烟销售户有回收28条卷烟行为，均做相应处罚。

【《忏悔录》编发】 2020年3月20日，区纪委将2018年1月至2020年2月区内被查处、违纪违法部分党员干部的忏悔书及剖析材料汇编成《忏悔录》，向区四套班子领导、其他市管干部、全区各单位区管正职领导干部、全区各单位党组织、各街道纪工委、区纪委监委派驻纪检监察组发放。各单位党组织利用这本“活教材”，开展警示教育专题学习、讨论，组织干部谈体会、找问题、补漏洞，结合该单位党风廉政建设具体内容，分析在履行主体责任过程中存在的问题，结合经验教训做好整改后半篇文章。至年底，向62家单位发放《忏悔录》500多册、受教育8500多人次。

【滨江区社区财务监督管理系统投用】 2020年5月，滨江区社区财务监督管理系统在长河街道江二社区和闻涛社区试点启用，将社区经费收支全部嵌入新的支付系统，全区统一标准，规范流程，将原来社区经费“先用后审”的线下管理模式变为“先批再用”的线上监管模式。街道纪工委通过系统平台能查看所有社区的经费使用情况，进行实时监督，进入系统点击一张报销单，即可获取款项申请的依据、数额、具体使用内容、审批人等信息，从源头上化解社区经费使用管理的廉政风险。7月12日，浙江电视台《反腐前线》栏目对此做专题报道。

【清廉学校建设专项监督】 2020年5月26日，区纪委监委、区教育局、区财政局、区审计局等相关部门负责人到杭州滨兴学校调研滨江“清廉学校”建设工作。调研组听取杭州滨兴学校、杭州江南实验学校、区纪委监委派驻第二纪检监察组、区教育局相关负责人关于买“清”菜和财务智慧监督云平台使用情况和“阳光招生”“阳光食堂”“阳光审批”等一系列“清廉学校”建设进展情况汇报，提出教育系统要围绕新时代全面从严治党要求和“清廉学校”的决策部署，完善信息化平台的开发应用，加大推广力度，拓宽应用维度，建设“清廉学校”高质量样本。

【清廉亚运智慧监督舱】 2020年6月，区纪委监委推出“清廉亚运智慧监督舱”（简称“监督舱”），探索全流程嵌入式数字监督方案，借助网站页面和手机App“双屏互通”“共享监督”，监督舱可从项目招标、工程建设、施工进度、安全验收等角度，落实主体责任和监管责任，实现对杭州奥体博览

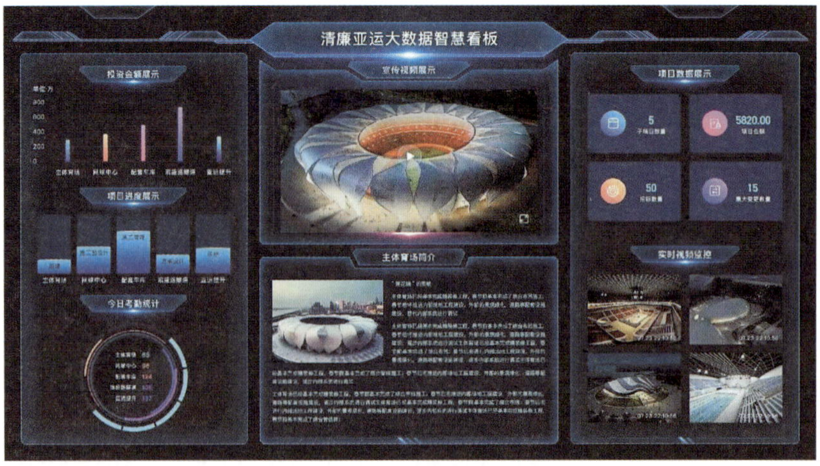

2020年6月，区纪委监委推出“清廉亚运智慧监督舱”

（区纪委　供图）

城网球中心等4个在建亚运项目、62.4亿元建设资金监督的“一舱收纳”。监督舱与区城市大脑互联互通，从立项预算即实现自动识别、摘录、归类所有与项目资金有关的内容。单独设计“重大项目变更监督”模块，对被列为重大项目变更的实行“双线并行”式审核，防范以项目变更为由套取施工款等问题。系统参照各责任单位填报的廉政风险点和防控措施，开发廉政风险预警分析模型，集成政府监管、应急管理、社会评价、来访登记、投诉建议等九大功能。预警以“五色赋码”差异化呈现，对苗头性、倾向性问题及时介入，通过提醒谈话等方式，构建全程覆盖的前置型智慧监督体系。

【杭州高新区（滨江）非公企业“廉盟”成立】 2020年11月25日，在区工商联（总商会）第五次会员代表大会上，杭州高新区（滨江）非公企业“廉盟”成立。区工商联主席（会长）、杭州安恒信息技术股份有限公司董事长兼总裁范渊发出倡议，120家参会代表企业共同签订“杭州高新区（滨江）非公企业‘廉盟’公约”。非公企业“廉盟”由区纪委监委指导设立，以构建“亲”“清”新型政商关系、优化营商环境为共同目的，支持纪检组织和工作队伍建设、培育企业廉洁文化，规范企业管理、健全企业内控廉洁机制等，通过深化运用市“亲清在线”、区“廉通企业”等平台，总结宣传企业清廉建设工作经验，树立企业良好的社会责任形象，持续营造亲而有度、清而有为的政商关系，助力区委区政府“清廉滨江”建设。 （袁晓婧）

执纪审查与监察调查

【概况】 2020年，区纪委监委惩贪肃腐，推进不敢腐、不能腐、不想腐机制建设。注重抓早抓小、动辄则咎，运用“四种形态”处理183人次。对查办案件中发现的社区商业用房管理不到位、征地拆迁管理薄弱、国有企业内控不到位等重点领域问题发出纪检监察建议书11份。综合运用派驻、巡察，跟踪监督相关单位落实案件整改后的制度建设和制度执行情况。向公安滨江分局、区城管局、区农业农村局（建管中心）、长河街道办事处发出监察建议书4份。专项检查全区28家单位、164个单一来源采购项目和40个直接发包项目，提出整改意见126条。

【案件办理】 2020年，区纪委监委处置问题线索147件，比上年下降33.8%；立案70件，上升9.4%；结案70件，上升11.1%；党纪政务处分71人，上升22.4%，其中区管干部5人、原社区书记7人；组织处理64人次。办结白马湖建国酒店有限公司原党支部书记、总经理倪某、中国电信杭州分公司原钱塘分局局长冯某等留置案件并移送司法机关。

【涉黑涉恶腐败惩治】 2020年，区纪委监委将审查调查力量向重点涉黑涉恶腐败案件倾斜，排查2010—2019年信访问题和问题线索，对重点部门、街道、社区相关信访举报、问题线索开展“回头看”，梳理问题线索54件、“三多”（多年、多人、多次）信访人员12人，召开会议对相关线索处置及案件查办工作进行专题研究部署，精准突破彻查，加大震慑力度。至年底，全区纪检监察系统处置涉黑涉恶腐败和“保护伞”问题线索115件，立案34件，已全部结案。给予党纪政务处分32人，其中区管干部16人。开除党籍7人，开除公职4人，采取留置措施并移送司法机关3人。结案115件，组织处理51人，其中批评教育42人、诫勉9人。

【联合研判和传递机制】 2020年，区纪委监委持续加强与区委政法委、公安滨江分局、区检察院、区法院等政法机关的日常联系和信息沟通，建立健全涉黑涉恶问题线索研判和传递机制，2018—2020年政法机关等单位向区纪委移送问题线索29件，区纪委向政法机关等单位移送问题线索8件。区纪委监委对市级督办的陈某涉黑案件及夏某、罗某、姜某、聂某、李某等涉恶案件同步介入，派员提审、阅卷，立案处分涉及陈某案公安滨江分局民警3人、区法院审委会原专委留置并移送司法1人，对5个恶势力集团中，未发现涉黑涉恶案件背后腐败及保护伞问题的，按要求撰写查否报告并上报。

【滨江区作风评价系统上线】2020年9月28日，区纪委监委设计开发的作风评价系统上线，提升行政服务“去中心化”过程中服务质效的在线监督能力。该作风监督平台分为数据采集、数据中台和数据应用3个板块，利用区“城市大脑”数据库资源，在前端设置接口，直接抓取职能部门行政审批时长、数量、满意度等数据信息，掌握“第一手资源”。对各部门的处理事项时长、接收事项数、完成事项数等进行加权汇总，产出效能得分，形成集领导决策平台、数字化可视平台、评价汇总平台、定时监管监测平台四位一体的数字化作风评价监督系统，为纪检监察部门精准监督提供依据。11月11日，该举措获《杭州日报》宣传报道。

（袁晓婧）

巡察工作

【概况】2020年，中共杭州市滨江区委按照中央和省、市巡视巡察工作总体部署，分3轮对区发改局、区经信局、区审计局、区人力社保局、区农业农村局（建管中心）、区财政局、白马湖生态创意城、区科创公司、区城管局、规划资源滨江分局、区退役军人事务局、区委办、区府办、互联网产业园、城建发展公司、浦沿街道16家区级单位党组织开展常规巡察，对11个社区党组织开展延伸巡察。抽调巡察干部参加市委提级巡察组对滨江区法院党组、公安西湖分局党委开展提级巡察，对9家被巡察单位党组织巡察整改情况开展回访督查。巡察组共发现各类问题278个，向被巡察单位党组织提出整改意见建议98条，移交问题线索10件，移交区职能部门处理事项3件。

至年底，五届区委累计巡察区管单位党组织42个，常规巡察覆盖率85.7%；累计反馈常规巡察问题460个，整改405个，整改率88.04%。累计延伸巡察社区党组织59个，于2020年6月完成延伸社区巡察全覆盖；累计反馈社区巡察问题605个，整改589个，整改率97.36%。

【五届区委第五、六轮巡察情况反馈】2019年12月12日、2020年1月7日，区委巡察工作领导小组、区委书记专题会先后听取并审议通过第五轮巡察情况报告和综合情况汇报。2020年1月8日、15日、16日、17日，区委第一、第二、第三巡察组分别向区委政法委、长河街道党工委、西兴街道党工委、区商务局党组、区社发局党委、区市场监管局党委6家单位反馈巡察意见，就巡察发现的97个问题，提出整改意见26条。至年底，6家单位完成96个问题整改，整改率99%。

2020年3月18日、4月8日，区委巡察工作领导小组、区委书记专题会先后听取并审议通过区委第六轮巡察情况报告和综合情况汇报。4月16日、17日，区委第一巡察组、第二巡察组、第三巡察组分别向区资产经营公司党总支、高新总公司（奥体滨江公司）党总支、区住建局（人防办）党组反馈巡察意见，就巡察发现的33个问题，提出整改意见12条。至年底，3家单位整改问题32个，整改率97%。

【2020年度区委巡察工作动员部署会】2020年4月22日，区委召开全面从严治党主体责任落实情况专题汇报会暨2020年度区委巡察工作动员部署会。区委书记王敏，区委常委、纪委书记、监委主任黄利文，区委常委、组织部部长商丽萍，各街道党工委和区级机关各单位及各直属单位主要负责人、区纪委和区委巡察机构工作人员等共30多人参加会议。区委巡察办通报2019年区委巡察发现10个典型问题和2020年度区委巡察计划。黄利文结合各单位汇报情况进行综合点评，针对落实全面从严治党主体责任存在的共性问题明确整改要求。王敏就2020年全区落实全面从严

治党主体责任和推进巡察工作做部署，强调要提高站位，增强落实主体责任的政治自觉；要突出重点，抓好落实主体责任的关键环节；要标本兼治，推进巡察工作高质量发展；坚持问题导向，推动巡察工作全覆盖；注重成果运用，确保巡察整改长效化；强化联动配合，实现巡察工作高质量。

【五届区委第七轮巡察】2020年4月1日至6月3日，区委派出4个巡察组分别对区发改局、区经信局、区审计局、区人力社保局、区农业农村局（建管中心）、区财政局6家单位党组织领导班子开展常规巡察。巡察组在被巡察单位召开动员大会，进行民主测评、张贴巡察公告、设置巡察意见箱，在《天堂硅谷》报和“清廉滨江”公众号公布举报电话和电子邮箱。听取被巡察单位党组织近5年工作汇报6次，开展个别谈话242人次，委托第三方专业机构开展财务合规性检查，走访有关职能部门、企业、社区，延伸了解下属单位。7月24日、10月13日，区委巡察工作领导小组、区委书记专题会先后听取并审议通过区委第七轮巡察情况报告和综合情况汇报。10月29日、30日，区委4个巡察组分别对上述6家单位党组织领导班子反馈巡察意见，就巡察发现的63个问题，其中区发改局党组11个、区经信局党组9个、区审计局党组10个、区人力社保局党委12个、区农业农村局（建管中心）党组12个、区财政局党委9个，提出整改意见23条。至年底，6家单位整改问题62个，整改率98.4%。

【五届区委第五轮延伸社区巡察】2020年5月6日至6月10日，区委派出3个社区巡察组对长河街道江一社区、张家村社区、天官社区、闻涛社区、观潮社区、江汉社区，浦沿街道新生社区、浦联社区、联庄社区、冠一社区、山二社区11个社区党组织开展延伸巡察。巡察期间，巡察组开展个别谈话315人次，走访群众121户，发放并回收民主测评501份，查阅相关台账资料，召开座谈会，共收到群众来信164件，来电3次，接待来访群众12人次，发现各类问题100个，巡察组向被巡察社区党组织提出整改意见35条。至年底，11个社区整改问题97个，整改率97%。

【五届区委第八轮巡察】2020年7—8月、10—11月，区委派出4个巡察组分别对白马湖生态创意城、区科创公司、区城管局、规划资源滨江分局、区退役军人事务局5家单位党组织领导班子开展常规巡察。巡察组在被巡察单位召开动员大会，进行民主测评和政治理论测试、张贴巡察公告、设置巡察意见箱、公布举报电话和电子邮箱。听取被巡察单位党组织近5年工作汇报，开展个别谈话168人次，委托第三方专业机构开展财务合规性检查，走访相关职能部门、企业、社区，延伸巡察下属单位。共发现各类问题52个，其中白马湖生态创意城党工委11个、区科创公司党组织9个、区城管局党组12个、规划资源滨江分局党组10个、区退役军人事务局党组10个，巡察组向被巡察单位党组织提出整改意见19条。至年底，均在整改中。

【提级巡察区人民法院党组】2020年8月16日至9月30日，杭州市委提级巡察组对滨江区法院党组开展巡察。巡察期间，市委提级巡察组召开巡察工作动员会，开展民主测评和问卷调查，听取法院党组近5年工作汇报和有关专题汇报，个别谈话43人次，查阅相关台账资料5000多册，召开相关部门座谈会和律师代表座谈会，委托第三方进行财务审计，查访区法院和浦沿法庭，对接联系上级法院，走访市委组织部、市民政局和公安滨江分局、区住建局、规划资源滨江分局、各街道等了解重点情况。市委提级巡察组共发现4个方面13个问题，向区法院党组提出整改意见4条。至年底，整改问题13个，整改率100%。

【省委巡视办巡察工作专项检查】2020年8月27日至9月1日，省委巡视办专项检查组通过听取汇报、查阅台账、个别谈话、实地走访，专项检查滨江区委巡察工作情况。10月22日，省委巡视办向滨江区委巡察工作领导小组反馈4个方面14条专项检查反馈意见。对照反馈意见，区委巡察工作领导小组逐项研究整改措施，经区委批准，12月3日上报整改方案，制定巡察制度6项，落实整改举措47条。

【9家单位党组织巡察整改情况回访督查】 2020年9月11日，区委巡察工作领导小组制定实施《滨江区巡察整改回访督查和质效评估实施办法》，通过量化指标、多维考核、综合运用，推动巡察整改落地见效，开展巡察整改质效评估。9月14—18日，区委巡察机构会同区纪委监委、区委组织部组建3个回访督查组，对区教育局、区科技局、区行政服务中心、资产经营公司、物联网产业园发展服务中心、智慧新天地发展服务中心、区民政局、高新总公司（奥体滨江公司）、区工商联9家单位党组织开展巡察问题整改情况回访督查和质效评估。区委巡察机构专项督查组对照巡察反馈意见和巡察整改报告，发现并向被巡察单位党组织指出存在整改的具体问题27个，督促各单位立行立改。

【五届区委第九轮巡察】 2020年11月23日起，区委派出4个巡察组分别对区委办、区府办、互联网产业园发展服务中心、城建发展公司、浦沿街道5家单位党组织领导班子开展为期2个月的常规巡察。听取被巡察单位党组织近5年工作汇报5次，开展个别谈话277人次，发放并回收领导班子民主测评表259份，委托第三方专业机构开展财务合规性检查，走访相关单位，延伸了解有关下一级单位。发现各类问题50个，其中区委办8个、区府办党组8个、互联网产业园党委10个、城建发展公司党支部11个、浦沿街道党工委13个，巡察组向被巡察单位党组织提出整改意见17条。（刘玄木）

2020年11月18日，区委第九轮巡察工作动员部署会召开（区委巡察办 供图）

民主党派

民革杭州高新区（滨江）基层委员会

【概况】 2020年10月28日，中国国民党革命委员会杭州高新区（滨江）基层委员会［简称“民革杭州高新区（滨江）基层委”］成立。至年底，民革杭州高新区（滨江）基层委有党员50人（新增11人），其中女性20人。大专以上学历50人，其中硕士研究生以上学历17人；中高级职称34人；国家级专家2人。担任市政协委员3人（常委1人），区人大代表1人、区政协委员4人（常委1人），副区长1人。全年开展各项活动16次，其中党员参观调研培训活动3次、宣传和社会服务活动6次、走访企业7次。年内，支部党员提交社情民意信息23篇，被上级部门录用37篇次，4名党员获评2019—2020年民革市委会参政议政工作先进个人。党员王挺担任副总经理的杭州东信网络技术有限公司团队支持武汉抗击新冠肺炎疫情期间通信保障工作，紧急改造泰康同济（武汉）医院通信网络，完成5家方舱医院的通信改造工程；党员孙敬成所在的浙江泰林生物技术股份有限公司向全国捐赠价值200多万元消毒设备，其中湖北省占20%。6名党员获评民革省委会防控抗疫先进个人，1名党员获评2020年度民革全省组织工作先进个人，1名党员获评2020年度民革全省宣传思想工作先进个人。民革杭州高新区（滨江）基层委获评2019—2020年民革杭州市委会参政议政工作先进集体二等奖、2020年度民革全省组织工作先进集体，区“民革党员之家”获评民革省委会2020年度“五有民革之家”。

【优化孵化平台周期评价的建议】 2020年1月，中国国民党革命委员会杭州高新区（滨江）支部委员会［简称“民革杭州高新区（滨江）支部”］针对区内传统优势产业发展逐渐进入瓶颈期的情况，组织3名党员走访区市场监管局、集成电路企业、安防企业、信息软件企业等单位，分析产业扶持政策中的优势和不足，在区政协二届四次会议上提交集体提案《关于完善滨江高科技产业孵化平台全生命周期评价体系的建议》，建议依托孵化评价新体系转变，从局部选优扶优转变为全局优化，借助孵化评价新体系，推动资源配置与优化，建立产业分层分级的评估体系，通过优化和完善高科技产业孵化平台全生命周期评价体系，推动新制造业高质量发展。

【公共法律服务体系建设的建议】 2020年1月，民革杭州高新区（滨江）支部针对部分群众遇到法律问题或具体纠纷时，习惯性求助于信访、公安等部门寻求法律帮助的问题，组织4名党员走访区公共法律服务中心、社区、派出所等单位，了解滨江区公共法律服务情况，在区政协二届四次会议上提交集体提案《关于进一步推进滨江区公共法律服务体系建设》，提出公共法律服务驻点全域化、对象多元化、服务内容体系化、管理信息化、经费保障社会化的建议，通过多主体、多层次、多渠道为公民提供法律服务，以保障社会公平正义的社会主义现代化法律服务体系。

【“同心·博爱”新春送福】2020年1月14日，民革杭州高新区（滨江）支部联合民革书画支部、杭州民间文艺家协会，在西兴街道党群服务中心开展“同心·博爱”新春送福活动。民革书画支部、杭州民间文艺家协会的书法家写春联、写福字，为社区居民送出新春祝福。民革市委会专职副主委方方，市文联党组成员、副主席张敏，西兴社区60多名居民参加活动。

【暴力伤医防范机制的建议】2020年4月，民革杭州高新区（滨江）支部党员沈丽萍针对暴力伤医事件，结合杭州市《关于和谐医患关系建设平安医院长效工作机制的意见》和实际工作，撰写《建议我市进一步完善暴力伤医防范机制》，提出尽快出台相关办法，设立安检制度，落实安全保卫措施，建立全市医院安全保卫信息平台，优化矛盾调解沟通机制。该建议被省政府、市政府录用，得到市委主要领导批示。

【互联网舆情管理的建议】2020年4月，民革杭州高新区（滨江）支部党员帅玉环针对与突发性公共卫生事件同步的新闻舆情管理机制尚未有详细规定，无法满足互联网新媒体舆情的环境需求的实际情况，撰写《关于突发性重大公共卫生事件中升级互联网舆情管理的建议》，提出应当对重大公共卫生事件的内容报道设置准入门槛，构建突发公共卫生事件应急条例中的舆情管理条例，增加对于互联网内容生产者的素养宣教与舆论监管。4月30日，该建议被省统一战线智库办公室录用。

2020年1月14日，民革杭州高新区（滨江）支部联合民革书画支部、杭州民间文艺家协会，在西兴街道党群服务中心开展“同心·博爱”新春送福活动　［民革杭州高新区（滨江）基层委　供图］

【2个作品在“同心诗会”获奖】2020年7月31日，民革杭州高新区（滨江）支部组织党员参加中共滨江区委统战部主办的纪念杭州高新区成立30周年“同心诗会”朗诵比赛，创作并选送诗朗诵《在这么一个地方》《“码农”的乐章》，分别从杭州高新区30年成就和建设者心灵感悟出发，展现杭州高新区30年创业艰难、变化和成就。2个作品分别获二等奖和三等奖。

【民革杭州高新区（滨江）基层委员会成立】2020年10月28日，民革杭州高新区（滨江）基层委员会成立大会在白马湖建国饭店召开。市政协副主席、民革市委会主委叶鉴铭，杭州高新区（滨江）区委常委、统战部部长杨晓峰出席并讲话。民革城区基层组织代表、区各民主党派代表和滨江民革对口联系单位、共建社区负责人共53人参会。冯枫当选民革杭州高新区（滨江）第一届基层委员会主任委员，李晶、郭媛、邱林杉、韩俊当选副主任委员，黄伟、王涛当选委员。

（韩　俊）

民盟杭州高新区（滨江）基层委员会

【概况】至2020年底，中国民主同盟杭州高新区（滨江）基层委员会［简称“民盟杭州高新区（滨江）基层委”］有6个支部，盟员121人，其中女盟员65人。本科及以上学历115人，中高级职称97人，市管领导干部1人，区管领导干部1人，省政协委员1人，市政协委员2人，区人大代表1人，区政协委员8人，其中区政协常委2人。年内，上报调研课题3个、建言建议62篇，其中被全国政协录用1篇，省委会录用1篇，市委会录用28篇。持续开展“走亲联心三服务”“党盟同行，送你一把健康伞”“幸（信）好有你”杭黔两地书活动等系列社会服务。6个支部全部获评民盟市委会星级支部，其中五星级2个、四星级3个、三星级1个。基层委教育支部获民盟省委会2020年度十佳特色基层组织（组织建设类）。民盟杭州高新区（滨江）基层委获评民盟省委会抗击新冠肺炎疫情先进集体、民盟市委会新冠肺炎疫情防控先进集体、民盟市委会2020年度反映社情民意三等奖。2个支部获市委会反映社情民意鼓励奖。2名盟员获评民盟省委会抗击新冠肺炎疫情先进个人，5名盟员获市委会2020年度反映社情民意积极分子，1名盟员获市委会2020年度宣传信息工作积极分子，1名盟员获民盟中央2020年度反映社情民意信息工作先进个人。

【“幸（信）好有你”杭黔两地书活动】2020年5月，民盟长河高中支部在贵州省黔东南苗族侗族自治州民族高级中学开展第二届两地书活动，51名高一学生参与，信件统一寄到杭州市长河高级中学，由盟支部根据信件内容分发给热心公益的结对学生，让两地学生互通信件了解对方的学习生活情况，部分有心理咨询需求的信件，支部特邀学校心理委员回复。活动增进杭黔两地学生交流，打开学生视野。第一届“幸（信）好有你”杭黔学生两地书活动于2019年5月在贵州省台江民族中学启动。

【健全农业企业有限空间作业安全保障的建议】2020年5月11日，民盟杭州高新区（滨江）基层委盟员马宏利向市委会提出《建立健全我国农业企业有限空间作业安全保障》的建议，建议从农业有限空间作业法律法规、安全制度建设和作业人员安全意识3个方面分析国内农业企业有限空间作业存在的问题，提出加强国内农业企业有限空间作业安全管理与监督的立法工作、健全农业企业安全生产制度、提高农业企业有限空间作业人员的安全意识3个方面的建议。该建议以全国政协委员的名义上报全国“两会”，被全国政协采用并转送有关部门。

【“走亲连心三服务”结对观潮社区】2020年6月29日，民盟杭州高新区（滨江）基层委在长河街道观潮社区服务中心成立社区脑健康测训服务中心，由盟员企业杭州凡聚科技有限公司定期携带检测设备免费为社区居民提供专业的脑健康检测，并根据检测结果向居民提出有针对性的脑健康建议，有效干预和预防脑健康问题，至年底，在社区服务7次，为40多位老人进行免费测试并提供干预和预防建议。12月29日，民盟杭州高新区（滨江）基层委和盟员单位北京德恒（杭州）律师事务所在观潮社区联合成立社区法律咨询服务中心，借助北京德恒（杭州）律师事务所专业力量，定期免费为社区居民提供法律问题咨询服务，提升社区居民法律咨询便捷度。

【规范建设用地司法拍卖公告的建议】2020年9月3日，民盟杭州高新区（滨江）基层委盟员马宏利向民盟市委会提出《完善建设用地司法拍卖法院公告信息，保障政府部门和竞买主体的合法权利》的建议，针对国内司法拍卖建设用地使用权过程中涉及多个部门、多项程序，且不同地区规定各异，导致与建设用地使用权有关的拍卖，在操作过程中容易产生争议，给被执行人、建设用地使用权竞买人以及相关政府部门带来困扰，提出完善建设用地司法拍卖指导、加强法院跟规划与自然资源部门联系、增进竞买人对建设用地使用权司法拍卖了解等3个方面提出建议。该建议由市委会推荐上报并被民盟省委会录用。

【“送你一把健康伞”活动被列入民盟市委会“育英行动”】 2020年，民盟杭州高新区（滨江）基层委与浙江中医药大学联合举办的“党盟同行，送你一把健康伞”活动被列入民盟市委会“育英行动”。11月3日、6日，民盟杭州高新区（滨江）基层委2次组织浙江中医药大学基础医学院公共卫生学院党员学生，到月亮湾幼儿园开展“预防传染病”讲课，120多人次参加。同月12日，民盟杭州高新区（滨江）基层委组织浙江中医药大学老师牛永宁到月亮湾幼儿园，开展“从中医认识生命——谈少儿生长发育常见问题与保健”讲座，30多名家长参加。 （孟晓勤）

2020年11月12日，民盟杭州高新区（滨江）基层委在月亮湾幼儿园开展少儿发育问题讲座

［民盟杭州高新区（滨江）基层委　供图］

民建杭州高新区（滨江）基层委员会

【概况】 至2020年底，中国民主建国会杭州高新区（滨江）基层委员会［简称“民建杭州高新区（滨江）基层委”］下设5个支部，新增会员3人，共有会员136人。其中：男性96人、女性40人，平均年龄46.7岁；本科以上学历113人，硕士研究生以上27人；中级以上职称66人，副高以上职称24人；机关事业供职人员16人，公有经济人士16人，非公经济人士60人，新的阶层人士30人；各级人大代表3人，各级政协委员14人。2020年，民建杭州高新区（滨江）基层委获评民建省委会先进基层组织、民建市委会参政议政先进集体。5个支部全部获评民建市委会先进支部。1名会员获评民建全国优秀会员、浙江省最美政协人，1名会员获评民建省委会优秀会员、广西优秀民营企业家，2名会员获评民建市委会抗击新冠肺炎疫情先进个人。会员顾惠波当选市民建会员企业家联谊会杭州高新区（滨江）分会第二届会长。

【民建参政议政成果】 2020年，民建杭州高新区（滨江）基层委向民建市委会提交信息36条、调研报告4篇，向中共滨江区委统战部提交信息26条，7条被民建省委会录用，会员范渊《加强工业互联网安全技术手段建设，防范化解网络安全风险》等3条被民建中央录用。民建杭州高新区（滨江）基层委有18名会员参加区五届人大三次会议、区政协二届三次会议，围绕民生改善、经济发展等方面，向区人大、区政协提交个人提案、建议10条，集体提案1条。集体提案《关于推进5G风口，抢占5G产业制高点的对策建议》，作为主委詹艳青大会发言材料。

【民建助力抗击新冠肺炎疫情工作】 2020年，民建杭州高新区（滨江）基层委做好疫情情况通报，宣传各级政府防控政策，提出《关于新型冠状病毒感染肺炎疫情中服务企业复工复产的几点建议》，上报中共滨江区委统战部，作为建言直通车报区主要领导，获领导签批。会员企业杭州安恒信息技术股份有限公司直接参与武汉火神山、雷神山医院建设；会员企业杭州甲骨文科技有限公司免费为市民建企业家联谊会、中共滨江区委统战部开发助企App，助力企业复工复产；会员企业浙江新再灵科技有限公司向武汉同济医院捐赠价值400多万元的智慧电梯器械。民建杭州高新区（滨江）基层委会员企业及会员捐赠口罩3万余只，捐款115.5万元，捐赠产品和输出技术价值700多万元。

【民建议政日活动】 2020年，民建杭州高新区（滨江）基层委所属支部开展议政日活动5次。5月29日，四支部、五支部联合举办议政日活动，围绕“后疫情时代中小企业的生存与发展”提出应加强企业合作、创新分享、顺势而为、灵活应对。6月8日，一支部、二支部联合在同心助老智慧食堂开展主题为“社区智慧食堂建设”议政日活动，与会会员就未来社区建设，如何将社区智慧食堂进一步普及化，全方面给老年人提供健康、美味饮食问题提出合理建议。11月18日，三支部围绕“十四五”规划开展议政日活动，认为要保持战略定力，立足科技创新，自立自强，做好本职工作，牢记使命，避虚就实，做有担当有作为的会员。同月20日，一支部在华数产业园开展“亚运会前城市建设与管理相关意见建议”议政日活动，提出对全区建筑外立面的问题进行普查，从排查危险因素、清洁、整治提升等方面入手；对城市交通的完善以及无障碍设施的改造应符合相关规范与世界接轨两大建议。11月27日，四支部、五支部以“十四五”规划下的发展与机遇为主题，开展议政日活动，与会会员从“十四五”金融布局、绿色发展、社会治理能效、文化自信、区块链新技术革命和RCEP区域全面经济伙伴关系协定的签订等方面，结合自身所处行业和工作特点，提出意见建议。

2020年10月17日，民建杭州高新区（滨江）基层委会员向青海省德令哈一中捐赠20万元　［民建杭州高新区（滨江）基层委　供图］

【民建会员爱心捐助】 2020年，民建杭州高新区（滨江）基层委会员参与爱心捐助。五支部会员、长河初中老师郭燕支教青海省德令哈市，并主动延长支教时间，发动全体会员为孩子们捐赠储物柜、书柜、书籍等，一支部会员董佳尉捐赠20万元，为学校礼堂购买多媒体和音响并安装到位。董佳尉为长河街道春波居家养老服务中心捐助整套价值20多万元的智慧食堂厨具，助力社区智慧食堂建设。二支部会员卢立君发起捐赠10万元，用于支持长河初中建设浙江省树人阅读研究院阅读示范基地和民建“光与未来”成长共建基地。五支部主委汤利忠捐赠3万元，精准扶贫湖北省恩施土家族苗族自治州。杭州民建滨江企联会发动副会长以上会员捐赠扶贫物资采购资金3万元。三支部捐助杭州市社会福利中心电脑2台。（周文嘉）

民进杭州高新区（滨江）基层委员会

【概况】 至2020年底，中国民主促进会杭州高新区（滨江）基层委员会[简称“民进杭州高新区（滨江）基层委”]下设4个支部，新发展会员12人、转出6人，有会员65人。52人具有中高级以上技术职称。担任市政协委员2人、区人大代表4人、区政协委员7人。年内，会员提出意见建议29条。其中：中央及省、市有关部门采用18条，被全国政协及民进中央采用3条，获市领导批示1条，被列为市政协优秀提案1篇、重点提案2篇，被列为区政府重点提案1篇。举办各项活动17次，完成基层委换届工作。开展“冬病夏治”系列活动、“高考志愿填报咨询”大型服务活动、“关爱脑瘫儿童”系列活动。所属支部为抗击新冠肺炎疫情捐款捐物，筹集款项2万余元，捐赠专业医疗级空气净化设备、医用酒精、口罩等物品。2名会员到贵州省黔东南苗族侗族自治州麻江县、丹寨县支教。民进杭州高新区（滨江）基层委获评民进省委会优秀基层组织、民进市委会参政议政信息工作先进集体。1个支部获评民进市委会先进支部。2名会员获评民进市委会优秀会员，2名会员获评民进市委会“战疫情、促发展”先进会员。

【民进参政议政】 2020年，民进杭州高新区（滨江）基层委聚焦产业发展、社会治理现代化开展调研，撰写各类信息提案29条，被上级部门录用18条。其中：《优化营商环境应加强对具有垄断性地位央企的监管》《异地缓刑撤销存在诸多问题亟待作出统一的制度安排》《疫情后社会纠纷和诉讼案件或将爆发式增长，建议未雨绸缪提前防范因法律适用不统一造成的法律纷争》被民进中央录用；《建议试点狂犬病疫苗进社区工作》被市政协录用，获市领导批示；《后疫情时期应参照自然灾害防护体系提增城市公共卫生应急防护能力》被市疫情防控指挥部采纳；提案《对标长三角先进城市工作经验，推进我市3岁以下婴幼儿托育服务工作的建议》《关于推广“舌尖上的杭州品牌”，做强杭帮食品“安全名片”的建议》在第十一届市政协四次会议上分别被表彰为优秀提案、重点提案；论文《构建与城市能级相适应的优质多元学前教育服务体系的实践探索》，在民进省委会第四届开明教育论坛征文中获一等奖；提案《关于构建我区3岁以下婴幼儿托育服务体系适性发展机制》，在区政协二届四次会议上被作为大会发言材料，列为2020年度重点提案。

【纪念民进成立75周年暨马叙伦诞辰135周年系列活动】 2020年，民进杭州高新区（滨江）基层委开展一系列活动，纪念民进成立75周年暨马叙伦诞辰135周年。5月4日，开展“爱满民进，薪火相传”五四青年会员主题教育活动，搭建青年会员沟通桥梁。8月5日，三支部会员以指引、前行、祝愿3个篇章，将三支部2020年的会员拜年活动、纪念马叙伦诞辰135周年、民进成立75周年、全年其他学习参观活动汇成1个视频，视频被民进市委会录用并登陆民进中央网站。

【2个作品参加纪念杭州高新区成立30周年晚会】 2020年，民进杭州高新区（滨江）基层委发挥会员优势，组建诗歌朗诵队代表基委会参加中共滨江区委统战部组织的“同心诗会”活动，创作、改编的《留得人才赢未来》获一等奖，《江有樱伴，城有星光》获组织奖。2个节目均参加纪念杭州高新区成立30周年晚会演出。

【“舒馨”服务站成立】 2020年2月，“舒馨”服务站在西兴街道奥体社区成立。服务站主要由民进会员叶丽萍、施洁园、陈向杰、杨海燕、毕生泰负责，三支部其他会员参与。服务内容有：贵州省黔东南苗族侗族自治州麻江县困难家庭与教师微心愿服务；与贵州省黔东南苗族侗族自治州麻江县各学校结对支援，线上线下讲座培训、物资提供；疫情期间对有需要的社区提供额温枪平台服务；滨江区各社区幼儿入学咨询；与杭州市书画协会联合开展义卖活动等。至年底，“舒馨”服务站开展各类活动近20次，服务800多人次。

【民进杭州高新区（滨江）基层委换届】 2020年11月20日，中国民主促进会杭州高新区

（滨江）基层委员会第三届委员会换届选举大会在白马湖建国饭店举行。民进市委会、中共滨江区委统战部相关负责人，基委会全体会员、其他党派代表共70多人参加。主委陈月利代表民进杭州高新区（滨江）第二届基层委做题为《不忘初心服务为民、永立潮头砥砺奋进》的工作报告。选举产生陈月利、黄美丽、吴惟明、陈杰、孙超、范少卿、朱冬生、刘国钢、叶丽萍、汪珊珊10人为新一届基委会委员。新当选的基委会委员召开三届一次全体委员会议，投票产生主任委员、副主任委员。陈月利当选民进杭州高新区（滨江）基层委第三届主委，黄美丽、吴惟明、陈杰当选副主委。

（陈月利　陈　杰）

农工党杭州高新区（滨江）基层委员会

【概　况】 2020年9月4日，中国农工民主党杭州高新区（滨江）基层委员会[简称“农工党杭州高新区（滨江）基层委”]成立。至年底，农工党杭州高新区（滨江）基层委有支部3个，新发展党员8人，共有55人。党员中有市人大代表1人，区人大代表1人，区政协委员5人（常委1人）。农工党杭州高新区（滨江）基层委获评农工党省委会2020年度先进基层组织。1名党员同时获评纪念农工党成立90周年先进个人，农工党省委会宣传工作先进个人、2020年度社会服务工作先进个人，省监狱管理局修心教育公益大使。2名党员获评农工党市委会优秀党务工作者，2名党员获评农工党市委会优秀党员，3名党员获评农工党市委会新冠肺炎疫情防控先进个人，4名党员获评农工党市委会“助脱贫、保抗疫”先进个人。1名党员多项技术成果获浙江省科技进步奖二等奖、中国发明协会发明创新奖一等奖、湖北省技术发明奖三等奖、江苏省科技进步奖三等奖。1名党员在德清县创建全国文明城市工作中记三等功。在杭州高新区成立30周年“同心诗会”朗诵比赛中，2个作品获三等奖。

【农工党参政议政】 2020年，农工党杭州高新区（滨江）基层委撰写政协提案3篇、政协大会发言材料1篇、政协大会书面材料1篇。人大提案2个，其中党员徐朱丹撰写的《关于加强对业主委员会和物业公司指导监督》被评为优秀提案。罗红英撰写的《对妇女权益保障的研究》入选农工党中央第三届人口发展战略研讨会研究项目，《关于助力民营企业复工复产的建议》《让一线“英雄”享有特殊待遇的建议》《加快推进钱江潮申报世界遗产的进度》被农工党市委会录用，《面部、手部医用护具皮肤磨损护理指南》被中共杭州市委统战部录用。

【农工党社会服务活动】 2020年，农工党杭州高新区（滨江）基层委结合人员构成、人才特色，开展各类社会服务活动。疫情期间，党员陈恩丰、施孟伊、俞小红、来亚丽等在防疫救治工作第一线，党员宣苏岚、许丽丹、丁珍洁、莫利荣等在基层协助防疫。党员罗红英编写《面部、手部医用护具皮肤磨损护理指南》，帮助医护人员增长护肤知识。各党员捐献价值2.25万元的口罩、护目镜等物资，捐款8.25万元。开展农工党·滨江·丹寨对口帮扶美容美发技能培训、阿克苏美容美发职业技能培训，免费培训学员100人。党员徐朱丹向贵州省黔东南苗族侗族自治州丹寨县捐赠20万元，改善当地党群服务中心、学校环境。全体党员向贵州省毕节市大方县消费扶贫6052.7元。在敬老院、监狱、社区、火车站等开展爱心义剪等活动10多次，服务100多人次。

【农工党杭州高新区（滨江）基层委成立】 2020年9月4日，中国农工民主党杭州高新区（滨江）基层委员会成立大会召开，农工党市委会主委及中共滨江区委统战部部长出席并讲话，农工党兄弟城区基层组织代表、区内其他党派负责人共51人参加。农工党杭州高新区（滨江）总支部主委罗红英做工作报告。会议选举产生第一届基层委员会班子成员7人，宣苏岚当选为农工党杭州高新区（滨江）第一届基层委员会主委，金铎、许丽丹、陈恩丰当选为基层委副主委，丁珍洁、胡鹭婷、徐朱丹当选为基层委委员。（许丽丹）

致公党杭州高新区（滨江）总支部

【概况】 至2020年底，中国致公党杭州高新区（滨江）总支部委员会［简称“致公党杭州高新区（滨江）总支部”］下设西兴、长河、浦沿3个支部。新增党员3人，转出1人，共有党员40人。有市管干部1人、区管干部2人，担任区人大代表3人，区政协委员5人，区外区（县）级政协委员2人。2020年，致公党杭州高新区（滨江）总支部获评致公党市委会参政议政工作先进集体、社会服务工作先进集体、对外联络工作先进集体、抗击新冠肺炎疫情先进集体。2名党员获评致公党中央抗击新冠肺炎疫情先进个人；各有1名党员获评致公党市委会社会服务工作、宣传思想工作、抗击新冠肺炎疫情、参政议政工作、对外联络工作先进个人。

【致公党调研成果】 2020年，致公党杭州高新区（滨江）总支部提交调研报告及参政议政信息22篇，其中《抓住美国金融的三个弱点精准打击》被中办、中央统战部《零讯》录用。《建设新型产业基础设施，促进生命健康产业高质量发展》被作为致公党中央中国发展论坛重点发言材料和致公党浙江省委会调研课题。《关于打造世界生物医药科技创新高地，加快发展浙江省生物医药产业的建议》获省委主要领导和省政府领导批示。《疫后杭州市生命健康产业发展建议》《建议结合“十四五”规划布局，加快打造数字驱动生物经济发展的全国高地，着力打造“十四五”经济发展新增长极》获市领导批示。《充分发挥数字经济优势，加快布局生物医药产业》《民主党派基层政协委员履职的实践与思考》被列入致公党市委会年度课题。《关于实行社区“差异化分类治理”的建议》作为区二届四次政协会议大会口头发言材料、重点提案和优秀提案。《以老旧小区提升改造为契机，推进基层治理共建共享新格局的建议》被作为区二届四次政协会议大会发言材料。

【致公党杭州高新区（滨江）总支部换届大会】 2020年10月24日，致公党杭州高新区（滨江）总支部委员会换届大会召开。中共杭州市委统战部、致公党市委会、中共滨江区委统战部相关负责人，致公党杭州高新区（滨江）总支部全体委员，下属3个支部党员，致公党兄弟城区组织代表、区内各民主党派代表、对口联系单位区商务局、生态环境滨江分局、公安滨江分局代表共60多人参加。会议听取并审议通过总支主委许利萍代表致公党杭州高新区（滨江）第一届总支部委员会所做的工作报告，选举产生第二届委员会领导班子，许利萍任主委，钟琛琛、黄东良、董诺任副主委，潘冠泽、罗志勇、傅逸东、伍雪君为委员。通过换届，总支班子平均年龄39.6岁，男女比例1:1。

【“我为展现‘重要窗口’的‘头雁风采’献良策”主题活动】 2020年11月18日，致公党杭州高新区（滨江）总支部开展“我为展现‘重要窗口’的‘头雁风采’献良策”主题活动，调研走访京崎科技园园区内杭州雅阁科技有限公司、杭州北冥星眸科技有限公司、杭州磅礴科技有限公司、杭州贝鲁卡卡网络科技有限公司、浙江玖维客信息技术有限公司等企业，了解企业经营和人才发展情况。同月29日，结合前期调研情况，在网易蜗牛读书馆与区党委人才办、区商务局、区人力社保局和公安滨江分局相关人员就“如何留住人才”“人才新政如何落到实处”“杭州高新区（滨江）人才新政”“兄弟城区的政策解读”等内容开展议政日活动。活动得到市委会副主委吴静的肯定。

【致公党社会服务】 2020年，致公党杭州高新区（滨江）总支部党员参与“三服务”“六送”等特色活动。党员、杭州第二中学退休医师李军，参加市委会组织的到建德航头镇航川村开展“走亲连心三服务”和市政协“六送服务之送医疗”活动，为村民量血压，提供健康咨询。党员侯志在线上和线下宣讲普及《中华人民共和国民法典》，在杭州高新区（滨江）、西湖区、上城区及桐庐县等地举行公益普法讲座31场。致公党杭州高新区（滨江）总支部联合西兴街道卫生服务中心创建的预防艾滋病“爱心小屋”，党员吴勍翀普及预防艾滋病知识，提供心理辅导、免费抗体检测。制作预防艾滋病的宣传牌30套（每套3块），送到3个街道卫生服务中心、26个社区卫生服务站和1个高校站点。党员罗志勇联合杭州健信科技有限公司首席执行官肖劲青在网易蜗牛读书馆开展新书《破茧》读书分享会，分享2人从程序员（工程师）到首席技术官再到创业的成长历程，激励创业者。

【致公党员抗击新冠肺炎疫情】2020年，致公党杭州高新区（滨江）总支部党员发挥自身优势，助力新冠肺炎疫情防控和企业复工复产。全体党员参与致公党中央捐赠“致公爱心小包裹”活动，捐款3.76万元用于购买口罩、护目镜、增加免疫力的中药茶饮等，通过中国宋庆龄基金会捐赠给海外华人华侨和留学生。党员汪坚涛，开展线上心理辅导课100多小时，服务对象包括杭州本地青少年和家长、受疫情严重影响地区民众共80多人次，通过杭州电视台少儿频道《青少年心理援助》直播，解答家长和学生疫情居家学习期间心理困惑，4.3万人同时在线观看。党员金霞等采购医用口罩1300只，捐赠给东信国际社区，支援一线疫情防控工作；带领员工，放弃假期加入志愿者团队，搭建“疫情防护物资供需平台”；为西兴街道社区卫生服务中心捐赠5000副医用手套，协调对接党员企业采购口罩50万只。党员伍雪君负责网易慈善基金会所有捐款捐物的协调工作，累计捐款捐物7500万元。党员黄东良，向杭州高新区（滨江）慈善总会捐款100万元，用于杭州地区采购防疫抗疫急需物资、慰问一线医护人员、救助疫情中出现的困难家庭、疫情防控公共卫生所需；减免承租企业租金和物业费200万元。（钟琛琛）

九三学社杭州高新区（滨江）基层委员会

【概况】 至2020年底，九三学社杭州高新区（滨江）基层委员会共有3个支社、社员114人，新发展7人，转入1人。女性社员30人。担任市政协委员3人，区人大代表1人，区政协委员9人（区政协常委2人）。具有中、高级以上职称78人，区食品药品质量义务监督员2人、区“五水共治”监督员1人。2020年，九三学社杭州高新区（滨江）基层委员会获评九三省委会新冠肺炎疫情防控工作先进集体、全省社会服务工作先进基层组织，5名社员获评全省社会服务工作先进个人，1个支社获评九三市委会五星级支社、1个支社获评九三市委会四星级支社。提交建议、提案19件，其中《我国历次灾害都出现政府征用行为，建议尽早制定行政征用法》《疫情后期企业或出现裁员潮，建议员工拿到的一次性补偿金免征个人所得税》《“拥江发展”背景下对滨江区段沿江区域提升改造项目的几点建议》《关于加快滨江人工智能领域高质量发展的建议》《关于规范区块链技术在“互联网+医疗”中探索应用的提案》《聚焦数字化，加快建筑强省建设》《关于突破数字经济发展瓶颈培育杭州发展新动能的建议》等建议、提案被九三中央、九三省委会、九三市委会及中共滨江区委和中共滨江区委统战部采用和批示。参加杭州高新区成立30周年“同心诗会”，社员胡丹丹创作的《高新如虹》获中共滨江区委统战部部长表扬。

【九三学社抗击新冠肺炎疫情】2020年新冠肺炎疫情期间，九三学社杭州高新区（滨江）基层委社员承担防控指挥部、行政中心防控、疾控中心及其

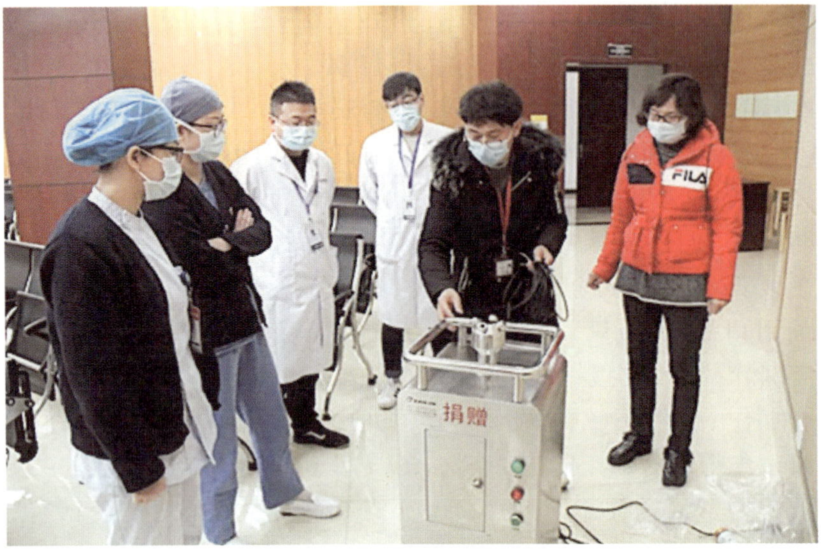

2020年1月20日，九三学社杭州高新区（滨江）基层委会员企业向武汉市协和医院捐赠抗击新冠肺炎疫情设备

［九三学社杭州高新区（滨江）基层委　供图］

他应急公务出行、应急物资分发、社区园区结对等一系列任务。通过各种渠道捐款捐物600多万元，其中一支社280多万元、二支社310多万元、三支社30多万元。区机关、企事业单位社员下基层、摸情况、送服务，3个支社共联系服务社员企业40多家，解决企业复工复产面临的实际困难11个。走访社内骨干社员企业10多家，送温暖送政策，及时解决企业实际困难3个。

【参政议政培训班】 2020年11月15日，九三学社杭州高新区（滨江）基层委在临安区指南村举行参政议政培训班，市青年工作委员会和九三学社杭州高新区（滨江）基层委共50多人参加。培训班学习传达中共十九届五中全会精神及习近平考察浙江时的讲话精神，让社员结合自身党派身份，领悟习近平在浙江省考察时的讲话精神，结合讲话精神发挥党派参政议政和民主监督职能。邀请省政府参事、原九三学社省委会副主委叶烈窑讲授“党派成员履职中的修养与风范”，提升社员文化修养和参政能力，激发社员对参政议政和中华文化认识兴趣。

【沿江区域提升改造的建议】 2020年11月，九三学社杭州高新区（滨江）基层委针对杭州高新区（滨江）提升沿江景观工程建设进行调研，结合“海塘安澜千亿”前期调研，向中共滨江区委提出《“拥江发展”背景下对滨江区段沿江区域提升改造项目的几点建议》，建议沿江区域提升改造要一次规划、分期实施，提前示范、争取补助，查明隐患、除险加固，借智借力、完善规划，建议杭州高新区（滨江）邀请曾参与省级“海塘安澜”规划研究方面的专家会商，将“海塘安澜”建设理念提前融入相关规划。该建议获中共滨江区委书记王敏的批示。

【物业提档升级的建议】 2020年9月，九三学社杭州高新区（滨江）基层委通过对区内物业公司、业委会、业主现场调查30多次，归集业主和物业服务企业、业主和业委会、业委会与物业企业3对主要矛盾，聚焦业委会的缺位和越位、经济问题、公信力等问题，向区政府建议小区治理探索建立职业化运行机构、服务费用和日常维修费用分离、小区公共收益参照维修基金管理办法建账监管、重大事项公开招投标等事宜。该建议被区政府采纳。　（吴义明）

群众团体

杭州高新区（滨江）总工会

【概况】 至2020年底，杭州高新区（滨江）有工会3188家，年内新增工会678家、因拆迁等原因迁出246家，新增会员1.3万人，新建工会数居全市第二位。指导辖区工会和企业工会开展工资集体协商要约行动，全年单建工会工资专项集体合同签订率96.9%。加强工资集体协商队伍建设，75家企业职工代表完成工资集体协商业务培训并上岗。走访慰问祖名豆制品股份有限公司、浙江苏泊尔家电制造有限公司等企业，发放慰问金11万元；通过"滨江工会"微信公众号，建立"企业复工协助群"，由常年法律顾问在线回答企业和职工涉及复工申报、支付周期、工资支付、假期延迟等法律问题1000多条。6家企业获评市"战疫情、促发展"履行社会责任优秀企业。开展"安康杯"竞赛活动，在安全生产月期间，组织各级工会开展讲座、培训、演练等活动，有512家企业3.59万人参与，其中杭州银泰喜来登大酒店等10家单位获评全区平安示范单位。

【抗击新冠肺炎疫情一线人员关爱】 2020年，区总工会设立新冠肺炎疫情防控专项资金，向3个街道及街道卫生服务中心6家单位拨付抗击疫情慰问金30万元，用于慰问帮扶防疫一线人员、购买配备防疫物资等。上门慰问一线医护人员263人和参与基层疫情防控工作的机关、街道、社区工作者、志愿者和公安交警7944人，为街道、园区、机关发放84消毒液、消毒湿巾等防疫物资和拨付慰问资金共117万元。4月22日至10月21日，组织疫情防控一线的社区工作者、医护人员、公安干警、交辅警和抗疫志愿者到桐庐、建德、衢州等地进行"感恩有你"免费疗休养活动，520人参加。

【劳模工匠选树和培育】 2020年，区总工会聚焦建设"创新滨江""数字滨江""国际滨江"，做好典型选树、培育工作。5月，首届"滨江工匠"认定工作启动，重点关注数字经济、高端制造业、城市大脑建设、教育、社会治理等领域，涉及众多行业和工种，认定浙江中控研究院有限公司总工程师、高级工程师王天林等"滨江工匠"10人。9月21日，区委区政府召开"匠心传承、初心永在"首届"滨江工匠"发布会，为首届"滨江工匠"颁奖，宣布第四届"杭州工匠"杭州高新区（滨江）入围入选名单。《都市快报》、杭州电视台等市级媒体对活动进行报道，在"网易直播"、"滨江发布"App、"滨江发布"微信公众号、"滨江工会"微信公众号等多个平台现场直播，仅"网易直播"点击率40.94万次。同月26日，劳模工匠休闲绿地在西兴街道浙赣铁路沿线启用，绿地面积15万平方米。全年组织劳模工匠进校园、进社区活动4场，开展劳模工匠"十四五"规划意见征集座谈会。获评全国劳模1人，市五一劳动奖状3家、奖章6人。

2020年7月25日，第五届“谁羽争锋”杭州高新区（滨江）企业羽毛球联赛现场（区总工会 供图）

【品牌文体活动】2020年，杭州高新区（滨江）各级工会开展贴合高新企业职工特点的文体活动。举办第五届“谁羽争锋”企业职工羽毛球联赛，70支队伍、770人参加。举办首届职工足球联赛，37支代表队、520人参赛。“周末去哪里”单身青年职工联谊等系列品牌活动与职工疗休养相融合，通过提升服务质量，营造和谐氛围，现场成功牵手5对。结合市总工会“植书计划”“新杭州人文化家园”示范点选树等工作，优化区内文化阵地，诺基亚通信系统技术（北京）有限公司浙江分公司、浙江网新恒天软件有限公司成功创建省、市级职工书屋，完成职工“植书计划”书屋挂牌改造。组织职工参加市总工会和区委宣传部的征文活动，征集“中国梦·劳动美——奋斗者的故事”和“高新30，迈向世界一流”主题征文79篇。在全区工会系统开展“春风沐浴·温暖阅读——让书远行”活动，动员企业和职工助力湖北省恩施土家族苗族自治州、贵州省黔东南苗族侗族自治州等杭州对口援建地区及杭州淳安、建德、临安、桐庐等地援建“爱心书房”和杭州主城区“米粒图书馆”，共募捐书籍7146册。

【职工技能竞赛】2020年，区总工会组队参加市级技能竞赛，47人参加数控车工、评茶员等10个工种的竞赛，5人获奖，其中浙江大立科技股份有限公司的刘波在数控车工竞赛中获全市第一名，申报市五一劳动奖章称号；杭州艺福堂茶业有限公司的贾磊在全市评茶员竞赛中获第一名，获“杭州市技术能手”称号。开展汽车维修工、智能楼宇管理师、劳动关系协调员、创客研发4场区级职工技能竞赛，237家企业、751人参与，评出区级职业技能带头人2人。各街道、园区、直属系统工会开展应急救护、计算机、数控机床操作技能等区域性技能竞赛15场，参与职工1386人。基层各级工会开展技能比赛51场，参与职工9063人。

【职业技能培训】2020年，区总工会以培养现代知识型职工和新型技术型蓝领作为重点，开展职业技能培训82班次3828人次，取得职业技能证书3002人；开展专项职业能力培训19班次739人次，取得合格证书695人；开展职工大讲堂33场，覆盖员工2122人次。浙江万利金刚石工具有限公司技术部等4家企业部门获杭州市“工人先锋号”；杭州安恒信息技术股份有限公司张海泳高技能人才（劳模工匠）创新工作室获评市创新工作室。杭州大和热磁电子有限公司吴奕武、浙江大华科技有限公司冯伟峰、杭州河合电器股份有限公司廖旭毅、浙江中控技术股份有限公司刘志勇4人被聘任为杭州市职工技能带头人。“互联网+新能源汽车共享出行研发运营平台”项目获评2020年度杭州市“三重一新”立功竞赛活动。

【特殊群体关爱帮扶】2020年，区总工会继续关心关爱企业女职工、职工子女、外来务工人员、困难职工等特殊群体，在全区基层工会中新增妈咪小屋6家，妈咪小屋总数71家。暑期开设4个职工子女暑期爱心班，安排趣味体验、

2020年6月20日，区总工会在区职工服务中心举行电工初级职业技能培训　（区总工会　供图）

社会实践、暑期作业辅导等课程，惠及职工204人。为702名外来务工人员开展职工免费健康体检，报销500名优秀和困难外来务工人员节后车票金额8.9万元；为347家单位5.44万名职工发放医疗补助金91万元；组织4826名机关单位职工、3487名企业一线职工参加山海协作和杭州都市圈疗休养，组织100名企业工会主席到对口支援（帮扶、合作）地区疗休养。拨付帮扶资金60万元，用于湖北省恩施土家族苗族自治州建始县，贵州省黔东南苗族侗族自治州麻江县、丹寨县3家总工会开展工会建设。

【和谐劳动关系构建】 2020年，区总工会着力构建和谐劳动关系。新冠肺炎疫情防控期间，关注全区建会企业动态信息，发现和上报集体上访、群体性事件苗头、劳动关系紧张等不稳定因素，排查546家企业，向企业提供法律咨询914次，向职工提供法律咨询634次。开展“遵法守法·携手筑梦”服务职工公益法律活动，通过发放宣传资料、律师现场咨询等方式，提升群众和企业职工法治意识，预防和减少矛盾纠纷。开展“工伤联合预防进工地”活动19期，覆盖工地69家，加强在建工程项目的工伤预防工作。给予企业减半缴纳工会经费3500万元，对符合条件的250家小微企业全额返还工会经费196.72万元。

【区劳模工匠协会一届二次会员代表大会】 2020年9月21日，杭州高新区（滨江）劳模工匠协会一届二次会员代表大会在物联网小镇智慧e谷召开，区总工会领导班子成员，协会会长傅利泉等理事会成员、会员代表，直属机关、各街道和园区工会负责人等45人参加。会议审议通过增加第一分协会秘书长李建芳和第四分协会秘书长梁骏为第一届会员代表大会代表，增补梁骏为杭州高新区（滨江）劳模工匠协会第一届理事会理事。协会副会长、秘书长鲍雄亮代表理事会做题为《提升能力素质、优化服务水平，努力把协会建设成为劳模工匠的“温暖之家”》工作报告。举行杭州高新区（滨江）劳模工匠宣讲团成立仪式，聘请全国一级战斗英雄、公安滨江分局三级高级警长黄仲虎等10名劳模工匠为宣讲团成员，宣讲团成员将工匠精神与自身经历结合，到企业、学校、社区宣讲，至年底，进企业、学校、社区宣讲3场，500多人参加。

（王建中）

共青团杭州高新区（滨江）委员会

【概况】 至2020年底，共青团杭州高新区（滨江）委员会（简称“团区委”）下设基层团（工）委37个、团总支11个、团支部326个，共有团员14317人。年内，新建诺基亚通信浙江分公司、杭州趣链科技股份有限公司、浙江大华技术股份有限公司等非公企业团组织40个，推动杭州金绣国际科技中心、杭州茂源大厦等楼宇园区建立团组织，覆盖企业300多家，成立区（县）级律师行业协会团委。成立全市首个高教园区大学生交通治理工作站、全市首个人才社区“青年之家”。持续开展“陪伴是最长情告白”、“相约星期六”、垃圾分类、文明引导、平安巡防等志愿服务，参与第九届中国创新创业大赛全国总决赛、第十六届中国国际动漫节、第十四届（2020）杭州文化创意产业博览会、杭州高新区成立30周年纪念大会等大型赛会志愿服务。联合区关工委、青荷基金继续结对贵州省黔东南苗族侗族自治州考取浙江省大学的贫困生21人，其中麻江县10人、丹寨县11人，共资助10万元；到丹寨县开展帮扶考察工作，募资10万元用于丹寨县金钟第一小学心灵驿站等服务设施建设。联合西兴街道开展“小蒲公英e家公益夏令营”进楼宇园区活动，服务企业50多家、服务人数200多人。区市场监管局行政审批科团支部获评“全国五四红旗团支部”。3名青年代表当选为第十三届全国青联委员，黄进被授予“全国青年岗位能手”称号。

【“共青团与人大代表、政协委员面对面”活动】 2020年1月10日，2020年度区“共青团与人大代表、政协委员面对面”活动在区文化中心举行，部分区人大代表、政协委员与物流配送、网络达人、青年网络作家等青年代表30多人参加，参会人员参观杭州市党群服务中心、明月江南业委会，围绕“青年如何参与基层社会治理”展开面对面交流，提出要整合身边资源，优化资源配置，实现资源共享等建议。

【助力新冠肺炎疫情防控和复工复产】 2020年新冠肺炎疫情防控期间，团区委发动全区各级团组织、社会组织、青年志愿服务队伍组建政策宣传、办事服务、心理援助、企业防疫、法律咨询、志愿防疫、团银青年七大类青年帮帮团、青年突击队68支，组建防疫志愿者队伍在社区、小区、楼宇、区红十字会等岗位协助网格排查、秩序维护、体温测量、便民服务、防疫宣传、物资整理、心理疏导等工作，组织“益剪青年帮帮团”为40多家企业1000多人提供理发服务。共参与志愿者3万余人次、服务时长12万小时。

【“滨团”行动暨“志愿码”发布仪式】 2020年4月25日，区“滨团”行动暨“志愿码”发布仪式在星光大道一期广场举行，“滨团”行动推出职工公益法律服务、维权姐妹帮帮团等11个重点项目，组成11支志愿服务队，号召全区市民通过志愿服务参与社会治理。区委副书记张玮、团市委副书记孙陆炜、区人大常委会副主任陈玉棠、区政协副主席余静漪，以及各群团组织、志愿者代表等200多人参加。现场推出“志愿码”，志愿者通过申请注册“志愿码”，凭借“志愿码”展示志愿者身份，享受消费权益和服务。活动联合网易严选、滨江宝龙城、武警浙江省总队医院、龙湖滨江天街等成为“志愿码”激励伙伴，激发更多市民加入志愿服务行列。

【优秀青年表彰座谈】 2020年4月28日，杭州高新区（滨江）庆祝“五四”青年节战“疫”青年代表座谈会在区文化中心举行。区委副书记张

2020年4月25日，区“滨团”行动暨“志愿码”发布仪式在星光大道举行
（团区委　供图）

玮，第六届团区委委员、各直属团组织负责人，部分社区、机关、企业团组织负责人80多人参加。会议表彰2019年度长河街道团工委等区级先进团组织6个、杭州浦沿中学团委宣传委员马钰等优秀团干部10人、西兴街道奥体社区陈晨等优秀共青团员12人、区社发局团委等新冠肺炎疫情防控工作先锋集体6个、西兴街道星民社区社工胡丹翡等新冠肺炎疫情防控工作先锋个人10人。社区团干部代表童靓晨、城管青年代表徐灵炯、青年医务工作者代表黄绿宝、青年志愿者代表陈福利、社会组织青年代表夏杰飞5人围绕各自的工作做交流发言。

【电动自行车交通文明劝导志愿服务专项行动】 2020年5月18日，团区委联合区文明办、滨江交警大队启动电动自行车交通文明劝导志愿服务专项行动，连续3个月组织社区、企业志愿者在全区39个重点路口开展交通劝导志愿服务，参与志愿者5000多人次，服务时长2万余小时。

【青年工作联席会议第一次全体会议】 2020年5月28日，杭州高新区（滨江）青年工作联席会议第一次全体会议在区文化中心召开。区委副书记张玮、副区长包嘉颖，区青年工作联席会议成员单位分管领导和联络员50多人参加。会议研究《杭州高新区（滨江）青年工作联席会议制度》，审议通过《杭州高新区（滨江）青年工作联席会议成员单位职责分工》《杭州高新区（滨江）青年工作联席会议成员单位2020年重点工作任务》。

【年轻干部“三懂学堂”知识产权专题培训】 2020年6月22日，区委组织部、团区委、区市场监管局开展以“知识产权，滨江发展的硬实力”为主题的年轻干部“三懂学堂”培训，全区各部门60多名“85后”青年干部参加。活动邀请六棱镜知识产权科技集团、区市场监管局知识产权科负责人授课，讲述知识产权本土化改革新思潮和杭州高新区（滨江）知识产权的探索与实践。

【3名青年当选第十三届全国青联委员】 2020年8月17日，中华全国青年联合会第十三届委员会全体会议在北京开幕。浙江南网电力建设有限公司董事长舒建平，中国网络作家村入驻作家、杭州丢手绢文学创作工作室法定代表人祝敏绮（笔名：疯丢子）等3名杭州高新区（滨江）青年当选全国青联委员并出席会议。

【与丹寨县开展电商直播培训共建】 2020年8月22日，丹寨“云上”主播青年培训学院揭牌，团区委与贵州省黔东南苗族侗族自治州丹寨团县委签订电商直播培训共建协议，制定年度培训计划。丹寨“云上”主播青年培训学院通过链接杭州高新区（滨江）直播产业联盟，发挥滨江直播产业的资源优势，以线上授课和线下实操相结合的形式，培养本地青年主播队伍，持续开展扶贫带货活动，助力丹寨“直播+”新经济。至年底，开展培训4期，受益学员100多人。

【全市首个人才社区“青年之家”启用】 2020年9月15日，全市首个人才社区“青年之家”在

2020年5月28日，杭州高新区（滨江）青年工作联席会议第一次全体会议在区文化中心召开
（团区委　供图）

西兴街道滨和社区揭牌启用。青年之家结合社区年轻人多、高学历人才多、创业回国人才和外籍人才多的特点，将“青年之家”分为六大特色空间：“和未来”，是社区工作前台与核心区域；“和青春”，可以参加交友联谊、国际讲堂、社团聚会；“和热爱”，是举办聚会、音乐沙龙、主题活动的场所；“和悦享”，是有藏书2000多册的阅读空间，打通杭州市图书馆和滨江区图书馆借阅系统，实现图书自由借还；“和梦想”，是可容纳50～60人的活动空间，根据需求转换空间和功能；“和信念”，是24小时健身房。至年底，参与活动青年3600多人次。

【“青春力量”高新青年宣讲团成立】 2020年9月17日，“青春力量”高新青年宣讲团成立暨“高新伴我成长、我为高新添彩”活动启动仪式在杭州长河高级中学举行。宣讲团吸纳网易（杭州）网络有限公司、浙江宇视科技有限公司、浙大中控技术股份有限公司、杭州安恒信息技术股份有限公司、杭州趣链科技有限公司、杭州林东新能源科技股份有限公司等首批15家高新技术企业人才17人，成立“青春力量”高新青年宣讲团，确定学习生涯规划、新能源、智慧安防、航空航天、生命健康、人工智能、大数据应用等15个活动主题，排定课程计划表，定期送课入校园。至年底，宣讲团开展宣讲活动6场，5000多人次参加。

【2020年杭州市美发美容青工技能比武在海创基地举办】 2020年10月20日，杭州市美发美容青工技能竞赛在海外高层次人才创新创业基地（简称“海创基地”）举行。竞赛由各区县（市）、单位推荐的210名选手报名参与，最终50人参与决赛，同台竞技美容、美发2个工种4个子项目，12名选手获杭州市“青年岗位能手”荣誉称号，其中杭州高新区（滨江）2人。

【全国首个区（县）级律师行业协会团委成立】 2020年11月27日，共青团滨江区律师行业委员会成立大会暨第一次团员代表大会在白马湖建国饭店召开，团市委、市司法局、市律师行业党委、市律师行业协会、区委政法委（区司法局）、团区委、区律工委等相关负责人以及区律师代表50多人参加会议。会议选举产生共青团杭州市滨江区律师行业第一届委员会委员9人，浙江靖霖律师事务所律师倪雨苗当选为书记。该团委是全国首个区（县）级律师行业协会团委。

【滨江区青年业委会委员联谊会成立】 2020年12月30日，滨江区青年业委会委员联谊会成立大会暨“青春社区”主题沙龙活动在区党群服务中心举行。联谊会汇集15名来自滨江区各小区业委会的青年委员，平均年龄35岁，选举产生由明月江南小区业委会主任吴涛担任会长。会后，全体参会人员到上城区紫阳街道“紫阳先锋·红邻一家”、滨江区明月江南小区参观学习并开展交流。

【“亲青恋”系列交友活动】 2020年，团区委举办“亲青恋”相亲交友活动4场，参与青年200多人。8月22日，亲青恋“七夕浪漫派对”活动在拎包客青年创业社区举行，区内各企业的50多名单身青年参加。9月5日，亲青恋“浪漫金秋·缘聚滨江”滨江教育科研交友专场活动在北航杭州创新研究院举行，区教育系统、北航杭州创新研究院、浙江吉利集团70多名单身青年参加。9月28日，亲青恋“情满中秋·遇见幸福”活动在长河党群服务中心举行，宁波银行杭州滨江支行40多名单身青年参加。11月14日，亲青恋“情满滨和·只因遇见你”活动在西兴街道滨和社区举行，辖区内40多名单身青年参加。（孙轶婧）

杭州高新区（滨江）妇女联合会

【概况】 2020年，杭州高新区（滨江）新增楼宇（园区）妇联5家，涵盖企业577家。区妇联接待来信来电来访14件，接处“110”社会应急联动案件722起，通过街道司法所平台对接解答法律问题102人次，协同联动处置疑难案例2件，为未成年人提供法律援助案件1件。区婚调委参与法院诉前调解婚姻家事案件6件，成功调解1件。参与西兴街道司法调解5件。开展纪念国际妇女节成立110周年活动，对优秀抗疫巾帼代表进行“云表彰”。成立“一户一帮扶”结对小组，为坚守抗疫一线的医务单位送慰问、送温暖，给居住区内的援鄂医务人员家庭送“爱心菜”、上门理发。提前将15万元女性创业扶持资金拨付17家女创企业，助力复工复产、共渡疫情难关。开展“建设法治中国、巾帼在行动”活动，举办平安宣传活动80多场，7000多人次参加。开展各类普法活动，组织平安家庭宣传、巾帼志愿服务211次，9560人次参加。

全区建有家长学校146所，家庭教育指导中心4个，有省级示范家长学校6所、市级示范家长学校12所、区级示范家长学校80所，全国亲子阅读基地1个。社区、学校、幼儿园家长学校建校率100%。开展特色家庭创建评比活动，年内，获评全国五好家庭1户，省级五好家庭1户、省级最美家庭2户，市级最美家庭5户，区级最美家庭、平安家庭各60户，区级绿色家庭100户。

开展“新春送温暖”系列活动，走访慰问区内特殊妇女儿童30多人。2次组织“巾帼文明岗”、女企业家到桐庐县江南镇看望结对困难妇女15人，送去价值6万余元的慰问资金和慰问品。与贵州省黔东南苗族侗族自治州麻江县、丹寨县和湖北省恩施土家族苗族自治州开展结对帮扶活动，送去慰问品和扶持资金7万元。

探索“数智妇联”建设，赋能基层“她”治理。在西兴街道试点“数智妇联”驾驶舱建设，将妇联相关工作数据导入街道、社区驾驶舱，直观地呈现阵地分布、维权纠纷、服务项目、活动发布、女性参与度等数据，推动基层治理现代化。

【抗击新冠肺炎疫情心理危机干预热线开通】 2020年2月1日，区妇联联合乐培心理服务中心开通杭州市新型冠状病毒感染的肺炎疫情心理热线——“国际滨”心理咨询热线（“13386508065”）。热线24小时开通，免费为新冠疫情突袭而至后，心理压力增大、焦虑情绪蔓延的民众提供心理危机干预。至年底，共接听电话26个，为妇女疏导负面情绪，调解亲子和夫妻关系，做好身心防护。

【国际家庭日宣传活动】 2020年5月15日，第27个国际家庭日，区妇联联合省妇女儿童基金会在西兴街道滨康小区广场举办以“传承优良家风家训，建设幸福和谐家庭”为主题的“慧教育·共成长”国际家庭日宣传周活动。活动设置家庭教育知识竞答、写家训立家规、为爱发声（录制《我和家人说句心里话》小视频）3个线上打卡活动，融入垃圾分类、《浙江省家庭教育促进条例》解读，以及提倡公勺公筷等，倡导家庭、社会新风尚，推动文明滨江建设。

【“滨团”协作以直播带货助力精准扶贫】 2020年5月18日，区妇联主席彭虹、调研员潘丽萍、兼职副主席林镜在“‘滨团’行动，巾帼扶贫”直播间直播带货，利用网络直播平台向网友推荐对口帮扶贵州省黔东南苗族侗族自治州的特色农产品及杭州高新区（滨江）特色高科技产品，直播当天销售额5万余元。

【国际妇女节纪念活动创新开展】 2020年，区妇联以“云表彰、云手工、云共读”等创新形式，开展“三八”国际妇女节纪念活动。在《天堂硅谷》报发布专刊，对抗击新冠肺炎疫情中表现突出的15位巾帼代表进行“云表彰”。联合“她视界”、西兴街道妇联开展“云花艺”线上插花教学、“宅家手工”等“云手工”活动。开展“亲子共读”和“诗词祝福最美的她”作品线上征集等“云共读”活动。

【拓森科技园区妇联成立】 2020年7月30日，杭州高新区（滨江）首家科技园区妇联——拓森科技园区妇女联合会成立仪式举行，区妇联主要负责人参加。会议选举产生拓森科技园妇女联合会执委5人，其中主席1人、副主席2人。拓森科技园妇联将发挥园区妇联作用，找准女性关心的热点和难点问题，了解园区妇女需求，团结各企业姐妹，加强行业间沟通交流，促进行业健康发展，不断为妇女创业创新、素质提升、家庭建设提供支持和帮助。拓森科技园入驻企业160多家，园区人数1500人，女性占比60%。

【区妇联五届五次执委会议】2020年9月15日，区妇联五届五次执委会议在英飞特大厦召开，27名执委参加。会议回顾区妇联上半年工作，围绕加强基层组织建设、“数智妇联”建设、全国文明城市国测迎检、妇女儿童“十三五”规划收官与妇女儿童“十四五”规划谋划等工作做部署。执委们就妇女儿童“十四五”规划建言献策。会议增补、替补区妇联挂职副主席1人、区妇联第五届执委会委员4人。

【杭州市网红巾帼联盟滨江分基地成立】2020年9月16日，杭州市网红巾帼联盟滨江分基地成立暨直播培训活动在西可科技园杭州风马牛西可科技有限公司举行。市妇联、贝贝集团、区政协、区妇联、区互联网产业园发展服务中心、市网红巾帼联盟余杭分基地负责人，科技园区员工代表、女性创业者代表等50多人参加。市妇联副主席吕芬芳和贝贝集团副总裁张龙珠为“杭州市网红巾帼联盟滨江分基地”授牌。杭州市网红巾帼联盟滨江分基地利用直播优势，为贫困地区产品打开销路；在直播领域树立最美“网红”形象；开展网络直播培训，培养更多女主播，提供创业机会。

【婚恋咨询智能机器人启用】2020年5月30日，由浙江连信科技有限公司研发的婚恋咨询智能机器人在“相约高新、情定滨江”户外联谊活动中首次启用。10月18日，由华数传媒网络有限公司和浙江连信科技有限公司共同研发的智能化、专业化居家心理健康服务机器人“华仔”，在“全城邂逅季，浪漫西子情之情定滨江，邂逅爱情”联谊活动中启用。机器人提供人机互动式婚恋服务，运用数字时代精准算法，性格分析大数据，服务企业单身青年，2场活动有200多名单身青年参加，10多对单身男女牵手成功。

【民法典专题讲座】2020年10月21—22日，区妇联在海外高层次人才创新创业基地举行《中华人民共和国民法典》（简称“民法典”）专题讲座，邀请市民法典婚姻家事调解员讲师团成员授课，全区基层妇女干部150多人参加。授课人员围绕民法典婚姻家庭编，从婚姻家庭编概述、夫妻人身关系、夫妻财产关系、父母子女关系4个板块进行解读，结合真实案例，重点讲解“夫妻共同财产”“离婚冷静期”“继承法”等内容，阐述民法典颁布的意义和对日常生活的指导作用，提升基层妇女干部学法用法意识和依法管理事务的能力。

【“滨滨巾帼护蕾行动”系列活动】2020年，区妇联联合区检察院、区教育局推出“滨滨巾帼护蕾”系列普法活动，活动以保护未成年人，预防未成年人性侵为主题，邀请国家二级心理咨询师、高级性教育讲师陶剑丽和儿童防性侵教育女童保护基金杭州团队负责人、浙江大学特约讲师郭榕作为主讲人，分别为孩子和家长授课，全年开展活动4次、550多人参与。8月13日，在西兴街道丹枫社区开展防范性侵安全教育，30多名孩子参

2020年8月13日，“滨滨巾帼护蕾行动”在西兴街道丹枫社区开展防性侵安全教育
（区妇联　供图）

与。9月17日，在长河街道晶都社区开展防性侵家长教育讲座，社区居民30多人参与。同月18日，在长河中学开展青春期讲座，围绕自主、健康、责任3个关键词展开，450多名初一年级同学参加。10月22日，在浦沿街道之江社区开展防性侵家长教育讲座，社区居民40多人参与。

【家长学校负责人培训】2020年11月11日，杭州高新区（滨江）家长学校负责人培训举行，培训由区家长学校总校主办，全区各中小学、幼儿园家长学校负责人70多人参加。市家庭教育指导中心主任、研究员陈小云向与会人员解读《浙江省家庭教育促进条例》，市社区大学老师刘笑婷讲解创建数字家长学校、建设家长学校智慧化平台及操作方法，区家长学校总校负责人对创建数字家长学校提出要求，布置社区教育开放日、家长学校大讲堂等工作要求。（孙艺蕾）

杭州高新区（滨江）科学技术协会

【概况】 至2020年底，杭州高新区（滨江）科学技术协会（简称“区科协”）下属街道科协3个，企业科协30个，年内新增浙农科创园科学技术协会、北京航空航天大学杭州创新研究院科学技术协会2家企业科协。新冠肺炎疫情期间成立应急科普专项工作小组，在数十个微信公众号上推送文章65篇，阅读量2.76万人次。开展“千名专家进千企”活动，走访企业30多家，收集各类需求40多个，解决各类问题20多个。拨付院士专家工作站区级配套资助金350万元。年内新建北京航空航天大学杭州创新研究院青少年航空航天科普教育基地、浙江力太工业互联网有限公司青少年科普教育基地、浙江地质科创园地球科学科普教育基地和杭州中天模型有限公司青少年科普教育基地4家区级青少年科普教育基地，全年向公众免费开放，开展科普宣传。

【区科协五届二次全委会】2020年7月2日，杭州高新区（滨江）科学技术协会五届二次全委会议在智慧e谷召开，市科协、区四套班子负责人、区科协负责人及各行业代表160多人参加会议。会议总结2019年工作，部署2020年重点工作；选举柴志冬为区科协主席；审议通过《区科普教育基地管理办法》《科普资助项目管理办法》；强调要注重服务科技人才，尊重广大科技人员的创造精神和科研成果，搭建平台、创设载体，做创新的推动者、实践者、引领者；注重服务全民科普，推进“城市大脑”在基层科普领域应用，以信息化数据治理助推社会治理现代化，推进反邪教、科普等工作，提高全民科学文化素养。

【“科普中国”应用推广】2020年，区科协开展“科普中国”App注册科普员推广工作，利用科普大篷车进街道、社区、企业和学校开展地推，在区内6所高校开展专题注册推广。至年底，全区共注册2.8万人，新增9000多人，居杭州市第四位；分享文章190.7万篇，新增85万余篇，居杭州市第三位；月均活跃3.23万人，居杭州市第二位。

【科技活动周和科普宣传周】2020年8月24日，围绕“科技战‘疫’，创新强国”主题，区科技周活动在北京航空航天大学杭州创新研究院启动；9月，围绕“决胜全面小康，践行科技为民”主题，区科普宣传周活动采取线上云启动方式，首次尝试在区域内电梯间投放宣传短视频。2次活动发动100多个单位共同参与，向公众免费开放11个青少年科普教育基地，开放1处科研院所，发放1万余份疫情防治、低碳生活、反邪教和“五水共治”等宣传资料，组织讲座20多场，制作展示各类展板50多块，2万余人次参与。

【反邪教教育宣传月】2020年9月16日，“崇尚科学、远离病毒、防范邪教——2020年杭州市防范邪教宣传月”活动在中国杭州低碳科技馆启动，启动仪式上，滨江“六校反邪教联盟”代表宣读《反邪教倡议书》，呼吁广大市民弘扬科学精神，自觉抵制邪教，做科学健康生活方式的实践者与宣传员，共同营造阳光、文明、健康向上的社会氛围；现场举行“杭州市群众性反邪教工作十年回顾展”，展览从科普反邪、文化反邪、法治反邪、宗教反邪、校园反邪等视角，从理论研究到基层实践，回顾民间反邪教力量工作成果。宣传月期间，杭州高新区（滨江）以科普大篷车为载体，开展反邪教宣传进企业、进社区活动12场。

2020年10月12日，滨江六校反邪联盟主题联展在浙江商业职业技术学院图书馆举行 （区科协 供图）

【六校反邪教专题活动】 2020年10月12日，滨江六校反邪教联盟“丹青绘锦绣，科普反邪教”图书、书法、摄影主题联展在浙江商业职业技术学院图书馆举行。该次主题联展是滨江六校反邪教联盟科普进校园、文明反邪教活动之一，共展出书画、摄影作品100多幅，以丹青艺术形式，引导师生认识邪教本质，树立“崇尚科学，反对邪教”思想意识，自觉抵制邪教，共建清朗校园，提高滨江六校师生认识和抵制邪教意识与能力，主题联展历时2个月，共有1.2万人次观展。

【反邪教理论研究成果】 2020年，区科协围绕反邪教理论，开展8项区级课题研究，分别是《依法治邪的可行性研究》《对流动人口有效开展防范邪教的措施研究》《社会协同开展邪教人员教育转化的实践与思考》《城市社区开展反邪教宣传的内容和形式的研究》《新时代高校邪教治理能力提升研究——滨江六校联盟反邪教实践》《基于文化养老的农村留守老人反邪教策略研究》《加强社区文化建设，筑牢群众性反邪教工作阵地》《社区反邪教工作与科普工作相结合的新思路、新举措》，为反邪教工作提供参考。在杭州市“市域社会治理现代化与新时代反邪教工作”优秀论文评选活动中，浙江警察学院《新时代乡村治理视域下的邪教防治对策实证研究——以浙江省天台县、苍南县为例》获一等奖（该成果同时获省反邪教理论研究论文征集活动一等奖）；浙江商业职业技术学院《基于协同治理的市域反邪教共建共治共享制度建设:内在机理及实践路径》获二等奖（该成果同时获省反邪教理论研究论文征集活动二等奖）；区委政法委《滨江区社会协同开展反邪教人员教育转化的实践与思考》获三等奖。

（李明达　陈　玥）

杭州高新区（滨江）归国华侨联合会

【概况】 至2020年底，杭州高新区（滨江）归国华侨联合会（简称“区侨联”）有委员69人，其中主席1人、副主席6人、秘书长1人。2020年10月19日，在省第十次归侨侨眷代表大会上，侨界代表人士、浙江海亮慈善基金会理事长冯亚丽获评“浙江省侨界十杰”。

【“侨联人才·相约高新”为侨服务专场】 2020年5月7日，第三届滨江国际人才节“侨联人才·相约高新”双创“侨”梁日为侨服务专场活动在物联网小镇举行。活动由区委统战部（侨联）、诺贝尔奖工作站主办，诺贝尔化学奖获得者、人工智能与脑科学研究院院长阿达约纳特连线致辞。

活动汇集杭州海康威视数字技术股份有限公司、恒生电子股份有限公司、杭州安恒信息技术有限公司等30多家企业进行推介招聘，向海外留学生提供岗位698个，采用线上远程视频面试，求职者和企业实现无接触招聘。活动在“央视直播”“网易直播”“今日头条”“滨江发布”等平台全程直播，吸引40多万名海外留学人员及家长参与。

【“为侨服务公益活动”暨侨法宣传月活动】 2020年9月29日，杭州高新区（滨江）“为侨服务公益活动”暨侨法宣传月系列活动在长河街道闻涛社区最美广场举行。活动安排文艺会演，通过歌曲、古筝琵琶合奏、诗歌朗诵等传统文化表演节目，搭建与侨界群众文化交流平台，活跃侨界群众业余文化生活；提供“磨剪刀”“义剪”等多项公益服务，开展《中华人民共和国归侨侨眷权益保护法》宣传、政策咨询等多项“为侨”服务。活动现场，区侨联发挥社会组织力量，成立花都益剪、爱来家2支为侨服务志愿者队伍并举行授旗仪式，拓宽为侨服务渠道。

【在“创业中华”——杭州侨界创新创业十周年选树活动中获5个奖项】 2020年10月18日，“创业中华——2020侨界精英创新创业（中国·杭州）峰会”在杭州举行，中国侨联党组书记、主席万立骏出席。在“创业中华”——杭州侨界创新创业十周年选树活动中，杭州高新区（滨江）侨界获5个奖项，分别是海外高层次人才创新创业基地获“侨界创新创业示范基地”称号，杭州安恒信息技术股份有限公司、聚光科技（杭州）股份有限公司获“侨界创新创业领军企业”称号，杭州康奋威科技股份有限公司董事长任天挺获“侨界创新创业领军人物”称号，杭州华迈医疗器械有限公司董事长江涛获“侨界创新创业新锐之星”称号。

2020年9月29日，杭州高新区（滨江）“为侨服务公益活动”启动

（区委统战部　供图）

【“侨连五洲·情满西湖”考察团到访】 2020年12月6日，“侨连五洲·情满西湖”考察团到杭州高新区（滨江）考察，考察团成员来自全球五大洲60多个国家和地区的华侨华人共200多人，省侨联党组成员、副主席张维仁，市侨联党组书记、副主席裘建平等陪同。考察团参观考察杭州海康威视数字技术股份有限公司全球总部体验展馆——海康威视展示中心，探访企业梗概、技术展示、数字企业、智慧城市和展望未来展区等。

（俞以婷）

杭州高新区（滨江）工商业联合会

【概况】 至2020年底，杭州高新区（滨江）工商业联合会（总商会）（简称“区工商联”）有街道商会3家、园区商会1家、行业协会7家，会员单位1112个。2020年，区工商联召开民营企业家座谈会，专题学习《中共中央国务院关于营造更好发展环境支持民营企业改革发展的意见》、十九届五中全会、习近平总书记在浙江考察讲话等精神。开展“每月赠书读书”活动，向民营企业家赠送书籍3000多册。发挥商会优势，发动企业抗击新冠肺炎疫情，助力企业复工复产。牵头成立杭州高新区（滨江）生物医药创新联盟，承办第四届世界杭商大会生物医药分论坛活动，开展“新时代工商联的新样子”大讨论。组织企业参加工商联系统“三服务”基层服务典型案例公益宣传活动。完成3个街道商会换届工作。

2020年，区工商联获2019—2020年度全国工商联“四好”商会、2019—2020年度浙江省“五优”县级工商联，获评年度全省工商联系统“能力提升年先进单位”“2020年度民营企业调研点工作先进单位”“抗击新冠肺炎疫情以来民营企业调查点先进工商联”，杭州市工商联“2020年度区县（市）工商联扶贫攻坚优秀单位”、2020年度区县（市）工商联促进“两个健康”优秀单位。《推进依法合规治理，夯实健康发展基石》获评省工商联服务“两个健康”优秀案例，《数字赋能，助力企业复工复产》获评全省民营经济统战工作优秀案例，《关于进一步推动滨江区生物医药产业发展的建议》获2020年全省工商联系统优秀调研成果二等奖。

【区工商联助力企业复工复产】 2020年1月26日，区工商联成立新冠肺炎疫情防控工作领导小组，落实责任和分工。通过网上办公、线上服务的方式，了解企业相关情况、做好宣传引导，在“滨江商会”微信公众号发布《关于防控新冠肺炎倡议书》《新生代青力量助力打赢疫情防控阻击战——致区新生代企业家的倡议书》，设置疫情防控专栏，宣传疫情防控相关政策。与区委统战部联合开展“同心三服务、助企抗疫情、联企复生产”专项行动，成立6个工作专班，形成区委人才办、区发改局、区经信局等政府职能部门，5个产业平台和各街道21家单位协同参与的工作格局。以区工商联执常委企业、区新生代企业、区女企业家委员会会员单位200多家为重点，开展送温暖、送政策、送信心活动，聚焦企业反映问题，组建金融服务团、法律服务团、物资保障团3个专项服务小组，深化“三服务”活动，为企业协调解决困难问题90多个。

【省、市工商联领导到杭州高新区（滨江）调研】 2020年，省、市工商联领导到杭州高新区（滨江）调研11批次。3月24日，市工商联主席冯仁强围绕“当前国内、国际疫情形势下，跨境电商面临的机遇与挑战”主题到连连数字科技有限公司调研。4月22日，省工商联副主席张必来到创业慧康科技有限公司、盾安控股集团有限公司2家企业，了解企业复工复产情况及企业在经营过程中遇到的困难问题。4月27日，省工商联党组书记陈浩到杭州高新区（滨江）开展浙江人经济与浙江民营经济融合发展调研，走访矽力杰半导体技术（杭州）有限公司。6月18日，市工商联副主席周华到杭州高新区（滨江）了解疫情常态化防控形势下企业的经营发展情况及面临的困难问题，听取企业代表对第四届“杭商大会”组织形式、板块设置等相关议程安排的意见建议。7月1日、10日，省工商联党组书记陈浩2次到杭州高新区（滨江）调研企业复工复产情况。8月21日，市工商联党组成员、副主席吴隆到浙江时迈药业有限公司考察指导。9月3日，省工商联副主席林建良到杭州高新区（滨江）调研，走访鸿运华宁（杭州）生物医药有限公司、杭州景业智能科技有限公司2家民营企业，协调解决企业遇到的问题和困难。9月18日，市工商联主席冯仁强到浙江孚临科技有限公司调研。11月11日，市工商联党组书记麻承荣到杭州高新区（滨江）调研，召开企业家代表座谈会，征集了解企业家对2021年度民生实事项目的意见建议，以及企业经营发展中面临的主要困难和问题。12月7日，市工商联主席冯仁强到杭州安恒信息技术股份有限公司调研，听取公司基本情况和技术创新汇报，开展座谈交流。

【“亲清直通车·政企恳谈会”活动】 2020年，区工商联会同职能部门举行2次“亲清直通车·政企恳谈会”。5月29日，区工商联会同区发改局在区文化中心联合举办首场“亲清直通车·政企恳谈会”。区委常委、统战部部长杨晓峰，副区长王斌达出席并讲话，12

家科技型、外贸型、制造业等类型企业家代表和区发改局、区科技局、区财政局等部门负责人25人参加会议。企业家代表围绕惠企政策延续落实、政务服务线上线下结合、建立联席服务企业机制、高新人才引育保障等问题，提出意见建议。各职能部门负责人就企业提出的问题建议和最新惠企政策做解答和回复。8月28日，区工商联会同生态环境滨江分局在区文化中心联合举办以“践行‘两山’理论，助力绿色发展”为主题的第二场“亲清直通车·政企恳谈会”。副区长周力军出席会议并讲话，区内生态环保行业企业家代表10人和区发改局等部门及街道负责人共22人参加会议。生态环境滨江分局负责人介绍环保相关政策，企业家代表围绕“践行‘两山’理论，助力绿色发展”主题，结合企业自身的经营发展进行交流，介绍企业在节能减排、环保产业、环保建议等方面工作。围绕环保惠企政策、企业绿色发展等提出意见建议。相关部门负责人分别就企业提出的问题建议和相关政策规定做解答和回复。

【区工商联四届八次执委（理事）会议召开】 2020年6月29日，杭州高新区（滨江）工商联（总商会）四届八次执委（理事）会议在区行政服务中心召开，区委副书记张玮出席会议并讲话。区工商联党组书记、副主席（副会长）、常委（常务理事）、执委及企业家代表80多人参加会议，区委办、区委组织部、区委统战部等部门负责人应邀参加。会议传达学习浙江省工商联关于做新时代“奔跑的工商联”的指示精神，观看《新时代工商联新样子》视频短片；审议通过区工商联2019年工作报告、2020年工作要点和有关执常委人事调整事项；浙江中南集团有限公司常务副总裁张观贤、浙江中控研究院有限公司董事长张伟宁、浙江三维通信有限公司总经理李越伦3位企业家代表围绕自身企业发展经营分别做交流分享，浙江宇视科技有限公司副总裁张浙亮代表全体执委宣读《坚定发展信心，实现“两战全胜”》的倡议书。

【杭州高新区（滨江）5家企业入围中国民营企业500强】 2020年9月10日，2020年中国民营企业500强榜单揭晓，杭州高新区（滨江）5家企业入围，比上年增加1家。其中：浙江吉利控股集团有限公司以3308.18亿元的营业收入总额居“2020年中国民营企业500强”第10位，浙江省第1位；网易（杭州）网络有限公司以592.41亿元的营业收入总额居全国第138位；百世物流科技（中国）有限公司以351.76亿元的营业收入总额居全国第262位；浙江大华技术股份有限公司以261.49亿元的营业收入总额居全国第358位；浙江中南建设集团有限公司以220.06亿元的营业收入总额居全国第459位。同时，全国工商联发布“2020中国民营企业制造业500强”名单和“2020中国民营企业服务业100强”名单。浙江吉利控股集团有限公司列“2020中国民营企业制造业500强”第5位，网易（杭州）网络有限公司、百世物流科技（中国）有限公司分别列“2020中国民营企业服务业100强”第45位，第81位。

【区工商联第五次会员代表大会和第一次主席会议召开】 2020年11月25日，杭州高新区（滨江）工商联（总商会）第五次会员代表大会在白马湖建国饭店召开。区委书记王敏，市委统战部副部长、市工商联党组书记麻承荣出席会议并讲话。区四套班子领导及相关部门负责人出席。会议听取区工商联第四届执委会工作报告，选举产生第五届执行委员会委员。召开杭州高新区（滨江）工商联第五届第一次执委会议，选举产生第五届执委会主席（会长）、副主席、副会长、秘书长、常务委员、执行委员。杭州安恒信息技术股份有限公司董事长兼总裁范渊当选区工商联第五届执委会主席（会长）。审议通过区工商联设立咨询委员会决议，聘任浙江中控研究院有限公司董事长张伟宁为主任，朱中兴、蒋文龙、张浙亮、朱志宜、王月敏、陈建凯、袁樟良7人为顾问。12月9日，杭州高新区（滨江）工商联第五届第一

2020年11月25日，杭州高新区（滨江）工商业联合会（总商会）第五次会员代表大会在白马湖建国饭店召开　　（区工商联　供图）

次主席会议在杭州安恒信息技术股份有限公司召开，会议以“新班子谋划新思路畅谈新气象”为主题，区工商联主要负责人等15人参加。与会人员结合十九届五中全会精神、“十四五”规划和省委书记袁家军在省委中共群团会议上的讲话精神，参政议政、建言献策，谋划下一步工作思路。

【3个街道商会换届工作】2020年9月15日，浦沿街道商会第五届会员代表大会召开。会议通过浦沿街道商会第四届理事会工作报告，选举产生街道商会第五届理事会会长、副会长、秘书长、副秘书长。东冠集团有限公司董事长章方祥当选会长。12月6日，长河街道商会第五届会员代表大会召开，会议通过长河街道商会第四届理事会工作报告，选举产生街道商会第五届理事会会长、副会长、秘书长、副秘书长。浙江中南建设集团有限公司董事长吴建荣当选会长。同月30日，西兴街道商会第五届会员代表大会召开，会议通过西兴街道商会第四届理事会工作报告，选举产生西兴街道商会第五届理事会会长、副会长、秘书长、副秘书长。杭州万轮科创中心有限公司董事长方树强当选会长。

（魏秀璐）

滨江区文学艺术家联合会

【概况】至2020年底，滨江区文学艺术家联合会（简称“区文联”）下设作家协会、书法家协会、舞蹈家协会、朗诵协会、音乐家协会、美术家协会、摄影家协会7个协会，共有会员856人，有国家级64人、省级128人、市级360人。年内，各协会举办、承办、协办各类活动100多场，围绕杭州高新区成立30周年策划“眼里有光、心向未来”——杭州高新区成立30周年纪念大会文艺演出。推出30周年摄影作品比赛、征文大赛、书法大赛、微电影、微视频等。推荐20部作品参评省、市“文化精品扶持工程”，其中动漫片《秦时明月沧海横流》、纪录片《浙东大北辙》入选“省级扶持项目”，电视剧《我最亲爱的陌生人》、广播剧《中国名片》入选“市级扶持项目”。

【抗击新冠肺炎疫情文艺作品】2020年，区文联朗诵协会会员朗诵的诗歌《我多么心疼这些剃了光头的姑娘》《暖流》《战斗吧，黑夜终将过去》《请铭记，这个冬天》《妈妈，我等您平安回家》《这场战“疫”我们能赢》，区音乐家协会原创抗疫歌曲《待到山花烂漫时》《点亮星空》《为爱发声》《我看到了这个春天》《渺小的呼吸》《我们是荆门》在“学习强国”“人民网”“浙江在线”等平台播出。

【“滨江故事——光影里的前世今生”图片展】2020年12月4—20日，“滨江故事——光影里的前世今生”图片展在杭州永禾艺术馆展出，3000多人次观展。图片展由区委宣传部、杭州永禾艺术馆主办，滨江区摄影家协会承办，6月20日至8月20日，组织者通过查阅、搜寻省市区各级档案馆、图书馆，拜访知名老照片收藏家，发动社会大众寻找与滨江有关的老照片，精选入展400多张老照片和历史图片，反映滨江历史人文；特邀创作专题摄影作品反映滨江发展新成就，展示新老滨江风貌以及滨江人生活状态，呈现滨江的“前世今生”。

【中国网络作家村第三次村民大会】 2020年12月9日，中国网络作家村第三次村民大会暨“村民日”活动在白马湖建国饭店举行。中国作家协会网络文学委员会主任、中国网络作家村名誉村长陈崎嵘，杭州市委宣传部副部长应雪林，杭州市文联党组书记、常务副主席汪华瑛，杭州高新区（滨江）领导张玮、沈建，网络作家管平潮、蒋胜男、月关、柳下挥及129名村民参加。活动上，区领导发布文创最新扶持政策，唐家三少与优酷、喜悦娱乐（杭州）股份有限公司《冰火魔厨》签约，作客中文网—杭州美盛动漫有限公司、刘阿八—杭州快风投资有限公司、安徒生—麦奇影业达成合作，现场签约，管平潮、我本纯洁、暗魔师与杭州若鸿文化创意有限公司动漫新作发布，区委宣传部与浙江文艺出版社就共同推进网络文学发展签署战略合作，“浙江文艺出版社网络文学工作室”“两岸青年网络文学大赛”宣告落户杭州高新区（滨江）。

【首届全国大学生网络小说大赛】 2020年9月30日，“萌芽计划”首届全国大学生网络小说大赛截稿，共收到参赛文稿736篇，参赛者覆盖汉族、满族、彝族、土家族等多个民族，以大一至大三学段学生为主，其中男性作者213人、女性作者523人。经过初评和终审，最后由肖惊鸿、夏烈、毛晓青等专家评选出大赛一等奖1人、二等奖2人、三等奖5人。12月9日，在中国网络作家村第三次村民大会上，由中国作家协会网络文学委员会主任、中国网络作家村名誉村长陈崎嵘，网络作家管平潮、蒋胜男为获奖者颁奖。现场宣布第二届全国大学生网络小说大赛启动。（童黄骏峰）

杭州高新区（滨江）残疾人联合会

【概况】 至2020年底，杭州高新区（滨江）持有第三代智能化残疾人证的残疾人3687人，比上年增加261人。其中：视力残疾273人、听力残疾613人、言语残疾43人、肢体残疾1882人、智力残疾439人、精神残疾357人、多重残疾80人，西兴街道951人、长河街道1307人、浦沿街道1429人。年内，全面实施残疾人专项扶持救助，提升残疾人劳动技能，推进残疾人精准康复，开展扶残助残活动，丰富残疾人文化生活，开展垃圾分类、电瓶车戴头盔等文明倡导活动。新增残疾车23辆，实现区内残疾人社保（医疗保险、养老保险）、意外伤害保险、机动轮椅车第三方责任险、家电统保服务全覆盖。组织残疾人成立巨蟹队，参加杭州市首届“星星杯”残疾人之家直播带货创业比赛，获团体二等奖，刘飞获最佳明星主播、赵姝姝获最佳队长个人奖项。开展社区残疾人网格化服务，办理日常信访、受理来电咨询政策10多次，复信率、办结率、满意率均为100%。在市第三届“最美杭州人——十佳残疾人”和第四届“最美助残志愿者”评选活动中，杭州高新区（滨江）视力残疾人黄国芳获“最美杭州人——十佳残疾人”，徐文娥获“最美杭州人——十佳残疾人”提名奖，虞海燕获“最美助残志愿者（助残人）”提名奖。西兴街道水电社区通过第三批省级无障碍社区创建验收，浦沿街道华悦湾社区申报创建第四批“浙江省无障碍社区”工作启动。

2020年12月7日起，区残联办公场所由原来的滨江区人民路1号搬迁至滨江区春晓路580号钱塘春晓大厦8楼。

【残疾人专项扶持】 2020年，杭州高新区（滨江）全面实施残疾人专项扶持救助，至年底，向残疾人按月发放残疾津贴、困难残疾人生活补贴、重度残疾人护理补贴、燃油补贴等补助资金760多万元；为3791名残疾人购买意外险，为103人理赔36.8万元；为262名机动轮椅车主购买机动轮椅车第三方责任险并发放燃油补贴；提供家电统保服务

6815人次；为2154名残疾人或家庭提供残疾人生活救助、就业扶持、康复医疗等，发放扶持救助专项资金652万元。落实残疾人就学补助政策，资助残疾学生和残疾人家庭子女484人，补助资金148.5万元，全区适龄残疾儿童少年义务教育入学率90.6%。向入住区定点托养机构2503名残疾人补助资金390万元。联合华数、移动、联通、电信为全区残疾人家庭免费办理“数字电视和宽带”基础套餐1份，安装1852户。为近400名困难残疾人提供助残呼叫器并免费建立关爱套餐服务。开展“送清凉”夏季高温慰问活动，慰问定点托养机构残疾人206人，发放慰问金10.3万元；慰问“残疾人之家”70人，发放慰问金7万元。

【残疾人就业服务】 2020年，杭州高新区（滨江）选送28名残疾人参加省、市残疾人盲人按摩等职业技能培训，组织区残疾人职业技能培训、残疾人直播带货、制作手工艺品等6次，免费培训30多人，提升残疾人劳动技能，促进残疾人就业进程。依法足额征收残疾人就业保障金2.19亿元，残疾人按比例就业758人，全年新增就业人数45人，续签合同62人，并全部纳入实名制登记管理。鼓励超比例安置残疾人的用人单位11家，兑现超比例补贴、岗位补贴291万元，开展年度用人单位残疾职工用工情况审核600多家。创新残疾人就业服务模式，拓宽残疾人就业领域，启动残疾人就业培训公益创投项目，投入资金20万元，推动残疾人就业服务。组队参加市残联首届残疾人直播带货竞赛，获第二名。

【残疾人精准康复服务】 2020年，杭州高新区（滨江）推进残疾人精准康复服务，在“康复服务半小时服务圈”基础上，为全区有需求的重度残疾人开展“康复进家庭”和“辅具上门评估”服务，为残疾人开展康复辅助器具适配382例。其中：大额类175例，为56名听力残疾人验配助听器，为10名视力残疾人验配盲人智能眼镜，配置电动轮椅12辆、为8名截肢残疾人安装假肢；小额类207例。在杭州市残联首届助残护理员大赛中，选派的2名选手分别获二等奖、三等奖。

【扶残助残文体活动】 2020年，杭州高新区（滨江）举办多项文体活动，扶残助残，丰富残疾人文化生活。杭州高新区（滨江）残疾人表演的歌曲《好运来》，参加由省、市残联主办，区残联承办的“彩虹爱心云音乐节”活动，歌曲由残障人士与社会公益代表线下录制，通过“云表演”“云观赏”展示残疾人励志故事，吸引42.5万人收看。在全民健身周期间，亚组委、省市区三级残联共同举办“喜迎亚残”康复体育进家庭暨杭州市第十届残疾人健身周活动启动仪式，启动仪式在亚组委官网等各类媒体宣传报道，新浪直播收视率74万人。在国际残疾人日期间，杭州高新区（滨江）举行“残疾人之家开放日”活动，组织人大代表、政协委员、社会组织、志愿者等走进“残疾人之家”，与残疾人朋友互动交流。在市残联举办的“迎亚残运会”——市残联中国网络象棋比赛中，杭州高新区（滨江）戴惠娟获女子组第一名。在各街道“残疾人之家”开展中秋宫灯制作、“浓情中秋，欢度国庆”的冰皮月饼制作、才艺展示、残疾人主题音乐月等活动。结合“亚运四进”活动，杭州高新区（滨江）推广围绕脑卒中、小儿麻痹、智力等残疾人开发的康复体育健身操。区残疾人各专门协会组织“走进安吉余村，鉴学‘两山’理念诞生地”“中医养生健康沙龙活动”“走进茶博馆，感受茶文化”“迎端午，访良渚”等活动，500多人次参与。主办旱地冰壶友谊赛，邀请江干区、拱墅区和萧山区3个兄弟城区的聋人冰壶队参赛。

【区残疾人无障碍环境促进会成立】 2020年1月10日，杭州高新区（滨江）残疾人无障碍环境促进会成立大会在绿康阳光家园召开，市残联、市无障碍环境促进会、区残联相关负责人，3个街道残联代表，区各专门协会代表，区残疾人无障碍环境促进会会员等90

多人参会。促进会成员由辖区内各类残疾人组成，共50名会员。促进会全年配合市残联、其他部门参与体验活动10多次。配合“迎亚运”无障碍环境提升行动和市、区两级人大开展无障碍环境建设视察活动，为专项督查提供问题清单10项。

【区残疾人专门协会年度工作推进会】 2020年4月21日，区残疾人专门协会年度工作推进会议在她视界创新助力发展中心召开，区残联、区肢残人协会、聋人协会、盲人协会、智力精神残疾人亲友会、残疾人文体中心、残疾人无障碍环境促进会、她视界等相关负责人30多人参加会议。各协会负责人汇报2020年工作计划及活动方案，讨论各协会之间联合开展活动事宜。会议肯定各协会通过开展活动，帮助弱势群体融入社会、感受生活，后续活动要向定人、定项目、定时间，做优做精发展。

2020年杭州高新区（滨江）残疾人各专门协会主要活动情况

表10

日期	主办方	活动内容
2020-05-31	区残联、智力精神残疾人亲友会、盲人协会	“爱心助力，中医健康养生沙龙”，特邀拥有18年中医院工作经验的专家讲解健康养生、中医保健等知识
2020-06-06	区残联、区肢残人协会和智力精神残疾人亲友会	安吉余村鉴学参观活动，在余村文化礼堂观看习近平总书记“绿水青山就是金山银山”专题纪录片，参观亚洲最大、名列世界第二的抽水蓄能电站
2020-06-07	区残联、区聋人协会	“做香囊，迎端午”主题活动，参观中国茶叶博物馆、趣味制作驱蚊香囊、开展摄影比赛
2020-06-21	区残联、区盲人协会	参观良渚博物院
2020-07-24	区残联、区智力精神残疾人亲友会	第十四次全国特奥日活动
2020-07-26	区残联、残疾人文体协会、盲人协会	2020年滨江区残疾人象棋、扑克大赛暨“弈趣”滨江残友象棋队成立仪式
2020-08-08	区残联、肢残人协会	“平等尊重、相知相融，为生命喝彩，向极限挑战”庆祝活动
2020-08-29	区残联、区残疾人文体协会	开展残疾人家庭“快乐相伴、与爱同行”微景观亲子DIY活动
2020-10-18	区残联、区盲人协会	重阳节登高及制作重阳糕
2020-10-19	区残联	组织辖区内30名视障朋友参加市残疾人综合服务中心举办的2020年无障碍电影送影活动，在悦江新远影城观看电影《夺冠》
2020-10-31	区残联、区肢残人协会	开展茶艺音乐活动，学习茶艺和尤克里里
2020-12-26	区残联、区残疾人文体协会	开展应急救护培训讲座，特邀省红十字会一级救护培训师普及急救基本知识

【第三代智能化残疾人证换发完成】 2020年6月11日，杭州高新区（滨江）完成第三代智能化残疾人证换发工作，并于7月1日起，全面启用第三代智能化残疾人证，新增杭州通优待卡功能，残疾人可持第三代智能化残疾人证在市内免费乘坐地铁、公交、水上巴士。全区3511名残疾人换领新证。

【盲人定向行走训练】 2020年7月11日，区残联组织辖区内的19名重度盲人开展“盲人定向行走培训”，特邀盲人智能眼镜公司专业人员组织培训，采取先理论后实践，讲解盲人定向行走的基础理论、随行技巧、盲杖使用和独立行走等内容，并进行示范操作。指导老师将参训者带到平地、楼梯、盲道，练习盲杖行走，在室外道路上，盲人跟家属2人1组进行定向行走练习。通过

2020年7月11日，区残联组织区内重度盲人开展定向行走训练
（区残联　供图）

指导老师讲解和实践，参训人员掌握接触、引座、随行、转弯、换边、过窄道等技巧。区残联为10名申报辅具的重度视障残疾人发放天使眼智能眼镜及滚轮盲杖。

【“喜迎亚残”聋人骑车健步活动】 2020年9月20日，“喜迎亚残”浙江省暨杭州市聋人骑行健步活动在省康复医疗中心（滨江区滨盛路2828号）举行启动仪式，活动由省、市、区聋协联合主办，省康复医疗中心等承办，省聋协、市残联、第4届杭州亚残组委亚残运会工作部、省康复医疗中心、滨江区残联等单位负责人出席，全市8个区的近200名聋人健步、骑行爱好者参与。活动分为钱王射潮组健步5千米和奥体中心组骑行15千米，市聋人柔力球队、华武扇队和手语姐姐团队带来群体项目和手语歌表演。（贾胜军）

杭州高新区（滨江）红十字会

【概况】 2020年，杭州高新区（滨江）培训红十字救护员2909人次，普及培训1.45万人次。造血干细胞捐献志愿者登记入库60人，器官（组织）、遗体捐献登记762例，遗体捐献1例，眼角膜捐献2例，器官捐献2例。全区有3351名志愿者成功献血，献血总量94.05万毫升。到3个街道开展“情暖滨江·红十字博爱送温暖”活动，慰问因病、因伤、失独困难户42户，发放慰问金4.2万元、慰问物资价值8400元。推进红十字基层组织建设，成立杭州大和热磁电子有限公司、杭州启明医疗器械股份有限公司、浙江中南建设集团3家企业红十字会。完成杭州海康威视数字技术股份有限公司红十字会换届工作。

【区红十字会助力新冠肺炎疫情防控】 2020年，区红十字会发动社会各界和爱心人士开展捐赠，协助区疫情防控指挥部做好款物的分发使用。制定《滨江区防控新型冠状病毒感染的肺炎捐赠资金物资管理使用办法》，对捐赠款物做到一事一登记，派专人到防疫指挥部物资仓库接收社会捐赠物资，验货登记后直接移交；协助防控指挥部发放捐赠物资，跟踪物资的流向；对接银行，快速开通微信、支付宝捐赠二维码，每笔捐赠实现“捐赠、公示、发放捐赠证书、开具电子（纸质）票据”一体化流程；邀请审计和纪检组进行指导和监督，疫情防控捐赠款物通过区审计局和第三方审计机构的审计。至年底，接收疫情防控社会捐赠款物1528.04万元，其中资金1136.64万元、物资价值391.4万元，接收捐赠款物总量居全市第三位。支出社会捐赠款物1503.23万元，其中资金1111.83万元、物资价值391.4万元，结余资金24.81万元。

【第73个“5·8”世界红十字日活动】 2020年5月12日，“热血先锋、‘疫’战到底”无偿献血活动暨纪念第73个“5·8”世界红十字日活动在龙湖滨江天街举行。活动由区红十字会、团区委联合举办，东冠集团有限公司、中建五局华东建设浙江分公司、杭州华业高科技产业园有限公司、网易（杭州）网络有限公司、中建七局上海浙江分公司、西兴街道、长河街道、浦沿街道等单位90多人参加。活动有“热血先锋、‘疫’站到底”无偿献血活动、“爱相‘髓’”造血干细胞采样入库活动、“助力疫情防控，红十字救在身边”急救技能演示、爱国卫生宣传、优生优育咨询等，共有73人报名参加无偿献血活动，其中44人成功献血，献血总量1.24万毫升，7人登记造血干细胞采样入库，40多人参加现场急救技能实操学习。

【第四个中国器官捐献日活动】
2020年6月11日，是第四个中国器官捐献日。杭州高新区（滨江）在浙江大学医学院附属第二医院（简称“浙大二院”）滨江院区门诊大厅开展“生命是一首歌”中国器官捐献日主题活动。活动由浙大二院，杭州高新区（滨江）管委会、政府联合主办，区社发局（红十字会）承办。浙大二院院长王伟林、副区长陈健等出席活动。王伟林和陈健向参加活动人员阐述器官捐献的意义，区红十字会的工作人员为市民讲解器官捐献相关事项，呼吁更多市民参与器官捐献。

2020年10月12日，杭州市滨江区红十字海豹救援队成立
（区红十字会　供图）

【区红十字海豹救援队成立】
2020年10月12日，杭州市滨江区红十字海豹救援队成立授牌仪式暨国际减灾日综合救援演习在闻涛路2560号举行。区红十字海豹救援队由退伍军人、医务工作者、水利专家等公益志愿者组成，是以水上救援、环境保护和水生物多样性保护为主要职能的公益救援队伍，后续将完善沿岸各段的基层响应队伍建设，提高沿岸居民及游客防灾减灾的安全意识、扩大环境及水生生物保护的宣传力度。救援队以志愿服务为原则，推动和完善社会力量有序参与突发事件救援及救助，弘扬“人道、博爱、奉献”红十字精神，协助政府推进防灾减灾能力建设。仪式前志愿者进行水上、陆上综合救援，火灾救援，高层建筑救援等演习。

【区红十字会无偿献血活动】
2020年6—7月，由区委组织部、区红十字会主办，各街道办事处协办的“我为七一献热血”活动在省血液中心滨江院区举行。活动报名人数2505人，成功献血2269人，造血干细胞采样入库53人，献血总量62.27万毫升。全年，杭州高新区（滨江）推出“红色接力·大爱滨江”固定主题党日无偿献血项目，组织机关、企事业单位的12个党组织利用固定主题党日，每月轮流开展接力献血，成功无偿献血717人，献血总量19.36万毫升。至年底，全区累计献血100次以上的献血者12人，年内新增2人，分别是慧而特（中国）餐饮设备有限公司仓库管理员陈宗鱼，成功献血131次，累计献血量5.19万毫升；老家在台州市黄岩区的新滨江人王雪芬，成功献血108次，累计献血量3.77万毫升。（来　蕾）

法　治

政法委及综治

【概况】 2020年，杭州高新区（滨江）推进平安滨江和法治滨江建设，协调高质量发展和高水平治理关系，维护社会稳定，实践探索数字赋能，推进社会治理优化升级，为经济社会高质量发展提供平安保障。推进扫黑除恶专项斗争，共核查全国和省市交办的涉黑涉恶线索21件，办结20件，抓获涉黑恶人员并强制措施64人，移诉76人，抓获各类涉黑涉恶犯罪在逃人员13人，实现逃犯“清零”；查办涉黑涉恶案件5件。以区级社会纠纷矛盾调处化解中心（简称“矛调中心”）建设为基础和样板，全面推进街道、社区矛调中心建设，实现3个街道和58个社区的整体覆盖。全区政法各单位共排查案件4670件，排查问题806个。

【民生社会风险管理】 2020年，杭州高新区（滨江）加强社会面防控，保护人民群众。新冠肺炎疫情期间，根据区防疫指挥部指示，排查疫情风险8类42项问题，在全区建立网格群、楼道群、校园群2253个，通过网格精准管理和线上舆论引导确保社会面平稳。受疫情影响导致的劳动仲裁、劳动复议、租房纠纷，通过统筹线上线下两个矛调中心运行，调解案件3700多件。宣传各类防诈骗知识，避免经济社会和群众财产安全遭受通信网络诈骗危害，遏制发案势头，获市委常委、市公安局局长金志肯定。落实重要时点维稳安保的要求，完成全国“两会”、杭州高新区成立30周年纪念大会、第十六届中国国际动漫节等活动安保任务。

【数字赋能基层治理】 2020年，杭州高新区（滨江）以“基层治理四平台”为基础，整合平安建设、网格管理、“雪亮工程”、统一地址库等多个基层治理相关数据系统，对全区290个小区、972个院落、8290幢建筑物、31.45万个户室进行数字化编码，形成三维电子地图，实现各类基础数据及事件动态信息的资源汇集和“一屏展示”。创新建设集智能分案、分层过滤、多元解纷、大数据监管等功能于一体的“一码解纠纷（诉讼）”小程序，以五色调解码为媒介，打通与矛调中心、法院诉服中心之间的渠道，创建诉源治理新模式；创新探索心理服务数字化体系，打造平安滨江“心防工程”；创新矛盾纠纷化解最多“跑一次”（跑一地），中心整体进驻11个部门，轮驻4个部门，设有导访台1个，信访综合窗口2个，其他受理窗口14个。随驻部门由矛调中心综合窗口登记后，通知事权单位在15～30分钟内到达，为办事群众节约时间。

【网格化治理推进】 2020年，杭州高新区（滨江）规范全科网格建设，强化网格员和网格队伍规范化管理水平和网格服务能力，全年采集上报各类事件信息25.48万件，办结25.43万件，办结率99.8%。实施防区警务机制，建成覆盖全区的12个防区警务站，按照“一网格一辅警”要求，配齐基础辅警372人、巡控辅警104人。

新建3000路人脸识别探头，完成72个智安小区、47个智安单位的提升改造；建立平安创建巡查体系，以平安隐患整治、平安三率提升为重点，建立街道、部门常态化平安创建风险隐患自查自纠制度，累计排查问题隐患1.76万个，整改落实1.59万个，整改率90.34%。

【平安创建基础工作】 2020年，杭州高新区（滨江）调整完善“平安滨江”领导小组，以区委主要领导为组长，部门负责人为组员。抽调6名骨干力量成立平安创建工作专班，以全天候暗访、经常性会商、常态化督导的形式，推进平安创建工作。围绕省市对区平安考评的13项专项工作和10项重点工作，制定61项风险隐患排查项目清单、72项宣传工作任务清单、49项“六和工程”推进项目清单和29项重点工作任务清单，进行指标的细化量化，明确任务和责任，推动责任层层压实。建立“日检查、周报告、月分析”制度，每日对重点行业领域开展暗访督查；每周对发现的风险隐患情况进行汇总、通报、交办；每月召开平安创建工作例会，研究难点问题，部署推进平安建设重点工作，形成闭环管理体系。至年底，召开月度工作例会10次、印发平安创建工作周报32次、督促问题隐患整治3137处。

【“一码解纠纷（诉讼）”在中央电视台《新闻联播》播出】 2020年11月16日，“一码解纠纷（诉讼）”平台作为推进基层治理法治化、夯实全面依法治国根基的典型代表，在中央电视台《新闻联播》《新闻直播间》播出。“一码解纠纷（诉讼）”于6月在杭州高新区（滨江）启动试点，区委政法委联合区法院、区司法局等职能部门和街道，整合区、街、社区三级调解队伍，梳理行业调解组织。平台在矛盾纠纷化解领域引入“健康码”概念，参考国际通行突发事件颜色预警机制，以黄、橙、蓝、红、绿五色“调解码”融入纠纷化解过程，区分纠纷分流路径，记录纠纷化解信息。依托微信小程序，用户只需通过一部手机，即可实现全流程纠纷调解。平台创新研发法律咨询和智能心理咨询服务，进入小程序点击“智能咨询”，就可以打开法律智能咨询机器人。机器人收录3万余份法律法规，1600多万个真实案例。用户只需将矛盾纠纷关键词输入对话框即可获取相关法律知识。平台引入心理咨询机器人，聚焦快节奏、高压力时代下公众心理失衡和负面情绪问题，提供24小时全天候心理援助服务。至年底，平台受理案件5584起，调解成功2555起，经验被中央电视台、新华社、人民日报社、人民法院报社、浙江卫视等40多家媒体报道，受到中宣部全面建成小康社会“百城千县万村”大型主题采访活动和中央政法委“大国小鲜@基层之治”网络主题宣传活动的专门采访。

（邵建国）

2020年6月28日，区委副书记、区委政法委书记张玮（左一）指导服务业人员使用消防器材　（区委政法委　供图）

法治政府建设

【概况】 2020年，杭州高新区（滨江）出台《滨江区关于为新冠肺炎疫情防控期间企业复工复产提供法治保障的意见》，主动参与疫情防控、服务企业复工复产法治保障工作，加强疫情防控法治宣传，组织律师公益服务团为企业提供法律咨询。出台《杭州市滨江区重大决策公众参与工作办法》，重大民生决策事项广泛征求民意。坚持“有件必备、有备必审、有错必纠”的原则，做好规范性文件报送、备案、清理工作，清理规范性文件101件。全面推行政府法律顾问制度，区本级及各部门聘用政府法律顾问41人。推进依法防疫和经济社会发展，深化“最多跑一次”改革，推动重大行政决策目录化管理全覆盖。持续加大政府信息公开力度，增强公开实效，规范平台建设，加强政务新媒体管理，规范依申请办理答复格式和办理流程，通过不同渠道和方式公开政府信息2.28万条。推进行政复议规范化建设，坚持严格依法办案，提升政府依法行政水平，受理行政复议案件54件，审结61件，行政复议纠错率为17.6%。依法配合法院审理工作，组织承办行政应诉案件73件，行政诉讼发案量下降41.1%，区长李志龙带头出庭应诉，区本级及部门负责人出庭率98.9%。全区24个行政执法部门完成执法目录清单认领6322项。至年底，全区有效行政执法证件有517本。

【行政复议规范化建设】2020年，杭州高新区（滨江）行政复议纠错率为17.6%，制发行政复议意见书2份，予以防范诉讼风险，提升依法行政水平。审结行政复议案件61件，经复议后应诉案件的败诉率为5.2%。将行政复议工作融入社会矛盾纠纷调处化解，邀请检察官、律师、调解员等组成调解团队，助推矛盾纠纷依法有序化解。扩大行政复议听证范围，复议听证率70%以上。增强行政复议透明度、公信力，推动行政机关负责人参加重大行政复议案件调解、行政复议听证会。提高复议案件审理质量和行政机关应诉水平，组织4期全区行政复议应诉专项业务培训，提高一线办案人员办案能力。复议案件发案量、纠错率比上年下降38.5%、19%。

【规范公正文明执法】2020年，杭州高新区（滨江）开展“街道一支队伍管执法”综合执法改革试点工作，确定西兴街道为综合执法改革试点。落实执法“三项制度”（行政执法公示制度、行政执法全过程记录制度、重大执法决定法制审核制度），做好执法事前、事中、事后公示，实现“一案一卷一查”，执法记录设备全覆盖，各行政执法部门及街道配备执法记录仪（设备）600台，推行柔性执法和轻微违法告知承诺制。加强行政执法队伍建设，严格执行行政执法人员持证上岗制和执法人员资格管理制度，全区有效行政执法证件517本，开展执法检查2.09万次，掌上执法率99.77%，其中双随机抽查3373次、专项检查289次。开展行政处罚7790宗，行政许可8.45万宗。加强行政执法外部监督，特邀区法治建设监督员（暨特邀行政执法监督员）及公职律师对13个部门提交的执法案卷，采取“一案一表一评”交叉评查的方式，集中评查，提升执法质量。

【领导干部法治能力提升】2020年9月23日，区委全面依法治区委员会第二次会议审议通过《杭州市滨江区党政主要负责人履行推进法治建设第一责任人职责实施方案》，明确党委政府主要负责人在推进法治建设中第一责任人的定位及主要职责，强化党对法治政府建设的领导。11月23日，区政府常务会议专题听取《2020年法治政府建设情况报告》，推进法治政府建设各项工作。区委区政府抓住领导干部“关键少数”，落实政府常务会议学法制度，全年组织5次专题学法活动，开展领导干部年终述法，举办处级领导干部任前法律知识考试，提升领导干部的法治思维能力，27名市管干部、1045名公务员通过法律知识考试。

【依法有效化解行政争议】2020年5月8日，杭州高新区（滨江）出台《滨江区关于预防和化解行政争议的若干意见》，结合区法院、区检察院、区司法局联合制定的《关于共同推进行政争议实质性化解的工作意见》，强化行政争议府院、府检联动调解，明确调解主体责任，提升矛盾纠纷的源头治理水平，推行行政争议受理前调解工作，行政争议调解中心进驻矛调中心。至年底，经过调解成功化解行政争议49件。

【街道社区合法性审查】 2020年9月2日，杭州高新区（滨江）出台《关于推进街道合法性审查全覆盖工作的通知》《关于建立社区合法性审查机制的通知》，推进基层民主法治建设，明确责任主体，落实审查工作机制，解决基层依法治理"最后一公里"，合法性审查工作覆盖3个街道、58个社区。10月30日，举行街社合法性审查实务专项培训会，推动审查工作落地见效，提升街道各项工作的法治化水平。至年底，3个街道合法性审查行政决策决议180件、文件282件、合同68件。（虞立建）

公　安

【概况】 2020年，杭州市公安局高新区（滨江）分局（简称"公安滨江分局"）处置各类警情5.6万起，破获刑事治安案件5889起，采取刑事强制措施818人、治安拘留615人。66起恶性案件保持100%快侦快破，惩治敲诈淘宝店铺、"美容贷"等涉网黑恶团伙5个，核查线索63条，抓获逃犯13人。聚焦电诈案件，以涉网新型犯罪研判中心为引擎，惩治"1118""1008""DT刷单"等8个电诈团伙，公安滨江分局成为全市首个实现境外电诈团伙"回流打"的分局。破获假冒"农夫山泉"等民生领域案件。移诉网贷案件19起，办结率95%，抓获嫌疑人194人，抓获外逃西班牙"猎狐"逃犯曹某，逃犯缉捕率95%，累计追赃34亿元。分局主要领导多次主动约访"小泰"等平台投资人，做好通报沟通，确保投诉群体总体平稳。创新"110"联动"警源"治理，流转化解非警务类矛盾纠纷964件，化解成功率77%。破获浙江宇视科技有限公司、网易（杭州）网络有限公司、浙江吉利控股集团等重大涉企案件22起，抓获各类经济犯罪嫌疑人45人，帮助企业挽回直接经济损失5600万余元。公安行政服务窗口推出综合服务业务"一窗通办"，实现出入境、户籍、流动人口、交通管理、行政许可等85项业务一站式服务。在星光大道举行"四联三防"反恐防爆演练、反恐宣传进校园活动。完成杭州高新区成立30周年、第十六届中国国际动漫节、第十四届（2020）杭州文化创意产业博览会等160多场大型展会赛事的警卫活动。年内，4个集体、16名个人立三等功，11个集体、51名个人获得嘉奖。公安滨江分局网警大队党支部获2019—2020年度市政法系统"最强党支部"称号。

【智慧警务建设】 2020年，公安滨江分局建成智能感知网络，3000路人脸、1000个AP（无线访问接入点）全域覆盖，131个"智安小区（楼宇）"完成改造提升。研发完成"风云"在线警务平台，汇聚多维数据。以"一所（队）创建"（西兴派出所智慧联勤岗、长河派出所智慧楼宇、浦沿派出所智慧工地、高新智链平安共同体、基层基础管理大队多维度融合数据、加强流动人口管理、网警大队电诈技术反制和经侦大队风险企业排查及挤压）为载体，围绕难点痛点，找准科技赋能结合点、突破点，以点带面形成新的战斗力增长点。以"情指行一体化"（情报引领、指挥精准、行动高效）为牵引，建成横向集成、纵向贯通的合成指令平台，初步建成"自动感知—在线运算—行动落地"的在线警务机制，全年通过"人脸识别+线上研判"制导精准行动，抓获各类逃犯145人，缉捕效能居全市第二位。

【1个案件入选公安部2020年首批挂牌督办电诈专案】 2020年1月，公安滨江分局以"回流打"方式打处的全市首个跨境电诈团伙案件被列为公安部2020年首批挂牌督办电诈专案。2019年11月18日，公安滨江分局接到受害人报警，称被人以指导炒股的名义，在虚拟交易平台（由诈骗团伙控制）先后打款被骗200多万元。公安滨江分局成立专案组开展分析研判，通过案线追溯，

发现藏匿于老挝境内金木棉地区某大厦的诈骗团伙。2020年1月19日，公安滨江分局在市局刑侦、技侦、网警等部门支撑协助下，组织警力100多人，分别在浙江省、安徽省、湖北省、河南省、江苏省等五省十市开展集中收网，抓获主犯刘某、曹某在内的团伙成员13人。至11月，共抓获48人，上网追逃5人。案件共移诉30人，带破外省市案件30多起，查证涉案金额1000多万元。

2020年8月21日，杭州市滨江区企业刑事合规促进会成立

（公安滨江分局　供图）

【企业刑事合规促进会成立】 2020年8月21日，杭州市滨江区企业刑事合规促进会成立启动仪式在区知识产权大厦举行。滨江区企业刑事合规促进会围绕“共建、共享，自治、智治”理念，按照“党委领导、公安主导，部门联动、企业主体、社会参与”总体架构，联合网易（杭州）网络有限公司、杭州海康威视数字技术股份有限公司、浙江大华技术股份有限公司、创业慧康科技股份有限公司、浙江宇视科技有限公司、恒生电子股份有限公司、新华三技术有限公司和浙江拾贝保知识产权服务有限公司，提升企业安全合规水平，促进企业健康发展、区域社会治理现代化。至年底，促进会开展走访、交流活动10次，参与企业171家次，人数260人次。

【区平安高新智链协会成立】 2020年11月6日，杭州市滨江区平安高新智链协会成立大会在华为全球培训中心召开，公安滨江分局、浦沿街道、高新派出所相关负责人，中控科技集团、南都物业、宝龙商业地产等111家协会成员单位参加。平安高新智链协会契合“创新滨江”“数字滨江”“国际滨江”战略定位，探索创新数字化时代群防群治模式，强化“共建共治共享”社会治理格局，智慧化链接全域主体的平安需求与政府资源，形成以高新派出所、各社区为区域“智链光缆”，企业、园区、物业、学校、综合体等为“中转基站”的互联平台，运用城市大脑，以“智链”赋能，共建共治共享平安滨江。大会为中控科技集团有限公司、浙江南都物业管理有限公司、宝龙商业地产管理有限公司、杭州彩虹物业管理有限公司、世贸天成物业管理有限公司、高新派出所、杭州高新实验学校、杭州德邦电子机械有限公司、信诚社区9个理事会成员单位授牌。至年底，区平安高新智链协会围绕平安高新智链民政注册、2021年度考核办法征求

2020年11月6日，杭州市滨江区平安高新智链协会成立

（公安滨江分局　供图）

意见、民间义务巡逻队常态巡逻等开展工作。

【政企双引直通车宣讲】2020年11月10日，公安滨江分局会同省厅、市局出入境管理局联合举办“助企双引”（引才引资）直通车宣讲活动。省委、市委及区委三级人才工作部门，省公安厅、市公安局、公安滨江分局，浙江华为通信技术有限公司、阿里巴巴集团、浙江吉利控股集团、网易（杭州）网络有限公司、杭州海康威视数字技术股份有限公司、恒生电子股份有限公司等40多家单位和企业相关负责人共160多人参加。公安出入境部门宣讲“2017年杭州国家自主创新示范区7项新政、2019年12条移民出入境措施”等政策，扩大政策知晓面。通过制度创新、流程再造和科技赋能，创新打造外籍人才涉外警务助理服务、外国人工作许可和居留许可“一件事”办理、移民事务服务中心“一站式”服务（境外人员服务站）等人才服务新模式，打通政策落地“最后一公里”。

（楼　鹏）

检　察

【概况】2020年，滨江区人民检察院（简称“区检察院”）坚持“深化法律监督、彰显司法权威、维护公平正义”工作主线，忠实履行法律监督职责，推动区委办公室出台《关于进一步加强检察机关法律监督工作的通知》，推进刑事、民事、行政、公益诉讼四大检察全面协调充分发展。履行批捕、起诉职能，推进平安滨江建设，服务“六稳”（稳就业、稳金融、稳外贸、稳外资、稳投资、稳预期工作）、“六保”（保居民就业、保基本民生、保市场主体、保粮食能源安全、保产业链供应链稳定、保基层运转）；树立“双赢多赢共赢”民事检察理念，构建多元化监督格局，强化精准监督，切实维护司法权威；联合区法院、区司法局出台《关于共同推进行政争议实质性化解的工作意见》，实现案结事了政通人和；拓宽公益诉讼线索来源，开展无障碍环境建设治理、守护“美丽河湖”、基本养老保险金流失公益诉讼等系列专项行动。围绕“执法司法规范化水平提升年活动”，提升检察工作质效，落实认罪认罚从宽制度，发挥捕诉一体优势降低案件比。举办案件公开听证会8场，邀请20多名社会各界人士担任听证员，促进矛盾化解，创新发展新时代“枫桥经验”。参与社会治理，践行司法为民，彰显检察人文关怀，对6名涉罪未成年人做不起诉处理。联合区妇联、区教育局开展“滨滨巾帼护蕾行动”，以青春期教育和防性侵为主题，通过专题讲座、法治微课、现场教学等形式在社区、学校开展宣讲6次，覆盖1000多人。畅通群众反映诉求渠道，做到“群众来信件件有回复”。

2020年，区检察院连续第5年获评“全国检察机关宣传先进单位”，3名干警立个人三等功；1名干警入选省检察院“百名检察教官”，4名干警入选全省检察机关人才库；9个案例入选省、市检察院精品案例、典型案例，6篇理论调研文章获市级以上表彰奖励。

【案件受理审查】2020年，区检察院受理审查逮捕案件264件435人，依法批准逮捕214件332人；受理审查起诉495件766人，依法提起公诉329件520人；全年依法对轻微刑事犯罪不批捕59人，不起诉189人。全年适用认罪认罚从宽案件440件，适用率92.63%，量刑建议采纳率94.02%。决胜扫黑除恶，依法起诉涉黑犯罪2人、涉恶犯罪4件20人；起诉抢劫、强奸、故意伤害等严重暴力犯罪29件30人；办理电信网络诈骗及灰黑产业犯罪56人。监督立案6人，追诉漏犯4人，其中3人被判处10年以上有期徒刑、6人被判处3年以上有期徒刑。对疑难复杂案件提前介入22件次，对侦查过程中存在的违法取证瑕疵问题提出书面纠正意见5件次。全年办理民间借贷、买卖合同等民事监督案件25件。办理行政争议实质性化解案件10件。办理公益诉讼诉前程序案件26件，与2起破坏野生动物资源民事公益诉讼案侵权人达成诉前赔偿协议，与1起生产、销售有毒、有害食品刑事附带民事公益诉讼案被告人达成和解。

【检察服务民营企业】 2020年，区检察院服务"六稳""六保"，参与新冠肺炎疫情联防联控，派出干警400多人次，从严从快办理涉疫犯罪案件4件4人，保障疫情防控。出台《关于服务和保障民营企业发展的意见》等文件，护航民企发展，助力复工复产。全年办理侵犯民营企业合法权益案件36件59人，其中林某职务侵占案、闫某侵犯著作权案均入选省级典型案例。组建法律服务队伍，与区工商联协作，以检察开放日、调研走访、法治讲座等形式开展活动20多次，提升民营企业刑事法律风险防范能力。

【国家司法救助工作跨省协作办法运用】 2020年2月，区检察院在排查司法救助线索时，发现12年前被砍成重伤的冯某符合司法救助条件，但冯某是湖南籍务工人员，当年留下的联系方式及所有证人均联系不上，且新冠肺炎疫情期间取证困难。区检察院因案制宜，同月28日与湖南省长沙市芙蓉区检察院会签司法救助工作协作办法，简化救助流程，实现互通共享，化解跨区域司法救助工作中的对接障碍及协调困难，推动跨省司法救助工作，保障被害人的合法权益。借助司法救助工作跨省协作机制，区检察院成功办理该起时隔12年的跨区域司法救助案件。3月2日，2万元救助金转入冯某账户。区检察院创新工作模式和方法，探索协作机制，运用国家司法救助工作跨省协作办法，保障和维护被害人合法权益。

【1个案件入围全省检察机关惩治侵犯知识产权犯罪十大典型案件】 2020年4月26日，闫某侵犯著作权案获评全省检察机关惩治侵犯知识产权犯罪十大典型案例。2018年上半年起，闫某未经某网络有限公司授权，雇佣人员开发《大话西游》手游私服，并于同年11月起收费运营。截至2019年3月13日，累计获得非法经营额1020万余元。2019年11月7日，区检察院以侵犯著作权罪对闫某提起公诉。同月25日，闫某被判处有期徒刑3年10个月，并处罚金510万元。区检察院在办案过程中提前介入，引导公安机关侦查取证，并通过诉前会议加强释法说理，促使闫某认罪认罚，起到警示和教育作用。

【全省首个检企共建"法律网校"】 2020年4月27日，区检察院与"乐课网"线上教育平台合作建立"线上法治宣传学习教育基地"，通过检企联动协作，突破传统普法限制，创作精品微课，提升普法效果。"法律网校"实现辖区中小学生法治教育全覆盖，并面向全国300多万名学生。11月30日，该做法获评全市未成年人司法保护精品事例。

【未成年人检察开放日活动】 2020年6月3日，区检察院举行未成年人检察开放日活动暨校园观察员聘任仪式，区人大、区政协、区妇联、团区委等相关部门代表以及部分区人大代表、政协委员、教师代表共20多人受邀参加。活动中，区检察院通报滨江区未成年人检察工作情况，就校园内外安全、青少年普法等进行交流，聘请杭州市旅游职业学校、杭州闻涛小学等学校的8名教师担任校园观察员，形成未成年人保护合力，构建未成年人权益保障长效机制。

2020年4月23日，杭州市滨江区人民检察院民事申诉案件公开听证会现场

（区检察院　供图）

【保障退役军人权利机制出台】2020年7月，区检察院与区退役军人事务局率先联合出台《关于行政检察与退役军人保障相衔接促进行政争议实质性化解的工作意见》，维护退役军人合法权益，加强在行政检察中的协作配合，建立区检察院和区退役军人事务局信息通报制度等，共同维护退役军人合法权利。区检察院在区退役军人事务局服务中心设立联络工作室，开展普法教育、受理退役军人法律咨询、举报等工作。

【全省民事检察调处典型案件】2020年11月30日，陈某买卖合同纠纷检察调处案获评2020年度民行调处典型案例。2017年8月，杭州某科技公司因与安徽某科技公司产生货款纠纷，向法院提起诉讼，同时申请对担保人陈某名下不动产进行财产保全。庭审中，安徽某科技公司与陈某均未出庭。2018年9月，法院判决陈某对安徽某科技公司的100万余元货款及违约金承担连带清偿责任。一审判决生效后，陈某向杭州中院申请再审被驳回。2019年4月，杭州某科技公司申请执行，陈某被列为失信被执行人，并被限制高消费。同年9月，陈某以其承担保证责任《担保函》中的“陈某”字样签名系伪造为由，向区检察院申请监督。区检察院受理后，在鉴定查明相关签名捺印非陈某本人所留的基础上，于2020年4月23日，举行公开听证会，据此组织双方达成和解。相关做法被《检察日报》报道。 （陈开腾）

法 院

【概况】 2020年，滨江区人民法院（简称“区法院”）坚持中国共产党的领导，围绕区委决策部署，以司法为民、公正司法为主线，为经济社会稳定发展保驾护航。受理各类案件1.3万件，比上年下降0.06%；办结1.35万件，上升4.45%。一线法官人均结案489件，超出全省法院平均值185件，居全市第二位、全省第六位。坚持防疫办案两手抓，组织干警2000多人次参与一线防疫，帮扶27家企业复工复产。深化知识产权“三合一”审判工作，推进知识产权“一件事”改革。依法惩治刑事犯罪，受理一审刑事案件335件，办结339件（含旧存）。妥善化解民商纠纷，受理一审民商事案件（含知识产权）6063件，审结6396件（含旧存）。监督支持依法行政，受理一审行政诉讼案件89件，审结153件（含旧存），审结行政非诉审查案件107件。开展“一码解纠纷（诉讼）”平台试点工作，创新推出浙江ODR“调解码”。探索“微法庭”工作模式，实现辖区内58个社区和西兴街道“微法庭”全覆盖，诉前纠纷化解率提高24.43%。落实“法治是最好的营商环境”重要指示精神，畅通涉企买卖合同纠纷立审执绿色通道，助力营造稳定公平透明、可预期的营商环境。巩固“基本解决执行难”成果，全年新收执行案件5208件，执结案件5281件（含旧存），执行到位金额9.44亿元。

2020年，区法院获评“全国司法宣传和通联工作先进单位”“全国司法链应用试点工作三等奖”“全省政法系统执法办案、矛盾纠纷调解成绩突出集体”，立案庭获集体二等功，2人获三等功。

【刑事案件审理】 2020年，区法院受理一审刑事案件335件，审结339件（含旧存）。审结抢劫、强奸、故意伤害等严重暴力犯罪案件21件。审结涉P2P网络平台非法吸收公众存款、集资诈骗案件29件，涉案金额217.5亿元，妥善审结涉案金额110多亿元的“启蓝”平台非法吸收公众存款案。审结贪污、受贿等职务犯罪案件2件，依法审结长河街道江二社区原党委书记、主任周某等人贪污、非国家工作人员受贿、诈骗、串通投标、赌博案。严惩扰乱市场秩序犯罪，审慎审结全国首例证券配资型非法经营案，对利用“外挂”软件提供证券非法交易的3名被告人依法判处有期徒刑，净化网络营商环境。严格审查把关，改变公诉机关指控罪名2件，变更量刑建议8件8人，确保法律正确适用。强化人权司法保障，依法适用认罪认罚制度，对406人从宽处理、为51名未聘请律师的被告人通知援助律师出庭辩护。

【民商事案件审理】 2020年，区法院受理一审民商事（含知识产权）案件6063件，审结6396件（含旧存）。审结婚姻、继承、赡养、抚养等家事案件340件，柔性调处家事纠纷，维护家庭和谐。审结生命健康、名誉、隐私等人格权案件58件，妥善审结全市首例信用侵权案，认定因信用卡盗刷而未能及时还款者，不应被纳入不良征信名单，助推银行规范征信管理制度。审结劳动争议案件324件，强化劳动争议仲裁与诉讼衔接，维护劳动者合法权益。审结买卖、承揽、服务等合同纠纷案件5274件，依法审结多名网红艺人与经纪公司合同纠纷案，针对单方随意违约行为，以示范性判例引导网络直播新业态健康发展。严格区分经济纠纷与经济犯罪界限，审慎处理涉杭州某经济合作社合同纠纷案，厘清个人犯罪与单位合同的关系，保障刑民交叉案件中合法合同的效力不受影响。

【行政案件审理】 2020年，区法院受理一审行政诉讼案件89件，审结153件（含旧存）；受理并审结行政非诉审查案件107件。推进行政争议调解中心实体化运作，联合市规划和自然资源局建立诉前调解协作机制；化解行政争议13件。依法保护行政相对人合法权益，妥善审结涉省水电新村房屋行政赔偿系列案11件，保障产权人得到公平合理的赔偿，推动亚运会重点项目建设。推行行政机关负责人出庭应诉制度，行政机关出庭应诉率98.47%，其中规划和自然资源滨江分局、公安滨江分局负责人出庭应诉答辩。甄别单纯以营利为目的的“职业投诉”行为，以判决驳回的方式，支持行政机关依法行政。以行政执法存在的问题为导向，强化司法与行政互动，召开府院联席会议，合力规范行政行为。

【执行案件审理】 2020年，区法院新收执行案件5208件，执结案件5281件（含旧存），执行到位金额9.44亿元。持续加大强制惩戒和失信惩治力度，纳入失信名单3754人，限制高消费3940人。打击恶意规避、抗拒执行行为，罚款117人，向公安机关移送涉嫌拒执犯罪案件7件8人。开展“六稳”“六保”专项行动，执结涉民生案件690件，执行到位金额1194.8万元，强制或引导腾退房产50多套。坚持立审执协调运行，强化诉中释明、诉后跟踪，督促当事人主动履行，自动履行率47.7%。推进执转破工作，移送案件32件，促进执行积案化解。

【知识产权案件审理】 2020年，区法院受理一审知识产权案件850件，审结697件。审结著作权案件334件，依法办理涉《三生三世十里桃花》知名影视作品著作权侵权纠纷系列案14件，保护衍生作品的著作权不受侵犯。审结商标权及不正当竞争案件313件，依法审结涉“五常大米”“阿克苏苹果”“红星二锅头”等商标权及不正当竞争系列案，打击民生领域品牌侵权行为。稳妥处理恶意抢注商标案件16件，对恶意抢注、囤积商标者依法不予保护，规范商标注册秩序。深化知识产权刑事、民事、行政“三合一”审判工作，对销售假冒注册商标“贵州茅台”“五粮液”“剑南春”的2名被告人处以刑罚，精准打击侵犯知识产权犯罪。推进知识产权“一件事”改革，促成杭州知识产权法庭（滨江）巡回审判庭落户，为辖区提供多元化的司法保护。

【扫黑除恶专项斗争】 2020年，区法院审查涉案财产的来源、性质、权属，运用财产刑等手段，梳理利益链条，判处财产刑623.4万元。受理涉黑恶犯罪财产刑执行案件18件，执行到位率90.92%。推进“打伞破网”，持续加强黑恶“保护伞”“关系网”线索挖掘，移送犯罪线索6条。打击恶势力犯罪团伙，依法审结邱某等人“小区服务队”涉恶案，惩治强买强卖的恶势力犯罪。甄别和依法惩治“套路贷”违法犯罪，审结涉案金额4100万元、受害人2.4万人的“714高炮”系列涉恶案，清除恶势力生存空间。

【繁简分流改革试点】 2020年，区法院推进民事诉讼程序繁简分流改革试点工作。适用简易程序审结案件4438件，平均审理期限为56.36天，提升审判效率。推广小额诉讼程序适用前置，建议涉案标的5万～10万元的当事人适用小额诉讼程序，适用率比上年上升12.98%。扩大独任制审判，适用独任制普通程序审结案件213件，细化案件分流，完善团队设置，强化监管督查。优化司法确认程序，办理司法确认案件1015件。指导基层调解组织，实现司法调解和人民调解无缝对接，确认西兴街道人民调解委员会做出的人民调解协议，其中涉疫劳资纠纷案50件。

【无纸化考核指标居全市首位】 2020年，区法院以“办案现代化、办公无纸化、管理数据化”为导向，推动现代科技与法院工作深度融合。推进无纸化立案，依托“浙江法院网”“移动微法院”等平台，引导当事人在线提交诉状，无纸化立案率100%。强化网上庭审，完善电子证据平台，改建互联网法庭10个，减少当事人讼累。运用“E键送达”智能系统，形成“线上电子推送为主、线下邮政投递为辅”的送达模式，提升审判效率。借助办案平台功能，推进电子归档，实现诉讼卷宗网上随案生成。推进政法一体化协同平台建设，刑事案件全流程实现数据100%协同，助力提升政法工作智能化水平。全院无纸化多项考核指标均居全市首位。

【区法院助力营商环境优化】 2020年，区法院针对营商环境评价中法院牵头的“执行合同”“办理破产”“中小投资者保护”3项指标，对标世行标准，畅通涉企买卖合同纠纷立审执绿色通道，助力营造稳定公平透明、可预期的营商环境。保护中小投资者利益，在审理涉周某股权转让案中，确认公司股权转让存在恶意串通情形，判决转让协议无效，保障小股东权利免遭侵犯。发挥破产审判的市场救治和净化作用，审理浙江龙禧投资集团有限公司、杭州博泰置业有限公司等破产案件29件，审结9件。开展虚假诉讼协同治理专项行动，排查发现虚假诉讼案件27件，通过移送公安、对当事人罚款、提起再审等方式，维护诉讼秩序，优化营商环境。

【启蓝公司非法吸收公众存款案宣判】 2020年10月13日，区法院公开宣判14名被告人非法吸收公众存款罪一案。2014年1月起，启蓝公司以“启蓝资管”“启蓝投资”等名义，通过线下门店及线上推广“元泰金服”App等方式销售债权转让、私募基金份额等理财产品。通过夸大宣传、承诺支付5%～24%年化收益、约定回购等手段，吸引社会不特定公众投资。2018年7月26日起，启蓝公司因资金链断裂，导致无法兑付。经审计，启蓝公司非法吸收公众存款113亿余元，未兑付25亿余元，未兑付人数9700多人。区法院依法以非法吸收公众存款罪判处14名被告人有期徒刑8年6个月至3年不等，并处相应罚金。

【首推竞争方式确定鉴定机构】 2020年11月17日，区法院受理一起关于口罩机的买卖合同纠纷案。原告方对被告方供应的口罩机质量提出异议，要求解除双方的买卖合同、退款退货，并要求赔偿经济损失。在审理过程中，原告方对案涉口罩机的质量是否符合双方合同约定提出鉴定申请。经双方同意后，主审法官采取“三步走”的竞争方式确定鉴定机构：第一步是在“浙江省杭州法院在线司法鉴定平台”中筛选出有资质的鉴定机构，共有6家机构符合要求；第二步是向6家有资质的鉴定机构发送“竞争询邀函”；第三步是根据鉴定机构提交的“参与竞争申请书”采取量化计分方式确定得分。经计算，浙江省机电产品质量检测所以用时30天，鉴定费用46302元获得最高分，以此确定为案件的鉴定机构。

【银行业人民调解委员会滨江工作室挂牌】 2020年5月8日，杭州市银行业人民调解委员会（简称“市银调委”）滨江工作室在区法院挂牌成立，是浙江省银保监局牵头的银行业人民调解委员会在法庭设立的全省首家工作室。工作室由区法院与市银调委合作建立银行业纠纷诉讼与调解合作机制，市银调委派驻1～2名人民调解员常驻区法院，以凝聚共识，加强行业调解为目的，规范开展对接工作，制定《杭州市滨江区人民法院、杭州市银行业人民调解委员会银行业纠纷诉调对接合作机制操作规则（试行）》，规定合作机制、受理范围、机构设立、操作规则4个方面。诉调对接，明确受理经区法院受理登记并适合诉前调解的涉及银行类纠纷案件和经市银调委自行调解的涉及银行类纠纷案件两类案件。至年底，工作室调解银行类纠纷案件20件。

【“移动微法院+QQ视频”模式采用】 2020年2月17日，区法院首次探索运用“移动微法院+QQ视频”模式推进网上庭审。面对新冠肺炎疫情形势，区法院召开网上会议研究部署网上开庭工作，由部分员额法官开展网上庭审试点，法官借助移动微法院做好庭前准备工作，在开庭时再次视频审核当事人身份，展示证据，并进行庭审。疫情防控期间共网上开庭147次。

【全国首例证券配资型非法经营案】 2020年11月30日，区法院公开宣判卫某等3人提供侵入、非法控制计算机信息系统程序、工具罪，非法经营罪一案，该案为全国首例证券配资型非法经营案。2018年3月至2019年10月，被告人卫某未经国家有关主管部门批准，以杭州某软件有限公司等3个公司名义，使用“云服管家”软件，非法为482名证券交易配资客户提供开立虚拟二级子账户、委托交易、查询、结算等证券业务，为配资客户提供保证金7～10倍的资金，在股市大盘进行证券交易配资业务，并按照每日交易量的万分之一或一次性买断的方式，向购买者收取费用。经营额共3.6亿元，非法获利680万余元。区法院依法以提供侵入、非法控制计算机信息系统程序、工具罪、非法经营罪判处被告人卫某等3人有期徒刑8年6个月至3年不等，并处相应罚金。

【全市首例信用侵权案】 2019年12月，原告杨某的信用卡发生一笔金额为9999元的跨行异常消费，后经公安机关侦查，嫌疑人被广州警方抓获。原告将相关情况告知被告农业银行杭州某支行后，被告仍因原告未及时还款而将其纳入不良征信记录，原告因此诉至法院。区法院经审理认为，因信用卡被盗刷造成还款延迟者不应被纳入不良征信名单。后经区法院多次调解，被告最终撤销原告的不良征信记录。 （彭梦玮）

司法行政

【概况】 至2020年底，杭州高新区（滨江）有律师事务所49家，比上年增加3家。专、兼职律师538人，减少10人。基层法律服务所4家，法律服务工作者18人。累计建立独立律师党支部17个、律师联合支部7个，律师党员227人。新冠肺炎疫情期间，区司法局根据市局及区委区政府的相关要求，分析疫情防控形势，做好疫情防控工作部署。围绕高质量发展和高水平治理，完善调解机制，区、街、社三级人民调解组织61个，各类人民调解员239人，共建立劳动、消费、物业、家事、道路交通事故、知识产权等10个行业调解组织，调解各类纠纷2952件。依托“一码解纠纷（诉讼）”诉源治理平台，提升纠纷化解能力。以维护稳定为目标，全面打造智慧社区矫正体系。推进普法宣传教育，开展各类法治宣传活动300多场，发放宣传资料2.3万册。构建惠民便民公共法律服务体系，利用“滨江区公共法律E服务平台”查律师、约公证、找调解等1005次，智能法律咨询452条，心理热线咨询404次。全年办理法律援助案件381件，其中行政援助案件4件、刑事援助275件、民事援助102件，为当事人挽回经济损失或者取得经济利益98.67万元，其中为农民工讨薪87.34万元。

【矫正人员管理】 2020年，区司法局推进“精准矫正”体系建设，落实《中华人民共和国社区矫正法》，严格执法办案，统一执法内容、标准、流程与文书；规范区矫正一体化办案协同；投入10多万元，在矫正中心初设数字化卷宗案管室，初步实现单轨制协同案件全面规范管理。在社区矫正宣告室、心理辅导室、集中教育室等社区矫正点布置远程监管系统。与“壹点灵”心理辅导机构合作，对167名社区矫正对象建立心理健康档案，规范入矫、中期、解矫3个阶段心理评估。将社区矫正对象的社会心理服务纳入城市大脑应用项目，建立社区矫正对象使用的软件系统，完善“问题发现+智能干预+人工服务”，依托数字智能化社会心理服务提升智慧社区矫正工作。至年底，全区在册归正人员271人，均未出现脱管漏管、重新犯罪情况。

【评优促进基层法治】2020年，杭州高新区（滨江）推进民主法治建设，通过评优工作，促进基层治理。西兴街道金东方社区，长河街道钱潮社区、汤家桥社区、月明社区4个社区完成省级“民主法治村（社区）创建”。开展“法律明白人”“法治带头人”“遵纪守法示范户”培育工作，由区普法办牵头组织，各街道负责具体推荐工作，以社区为单位，按照居民自荐和社区推荐、组织选拔、核准发文等程序，全区选拔产生“法治带头人”61人，“法律明白人”305人，“遵纪守法示范户”183户。

【全省首家工匠调解工作室成立】2020年9月21日，全省首家工匠调解工作室在杭州高新区（滨江）成立。工作室由全国模范人民调解员、省一级人民调解员、市先进人民调解员、区首届“调解员工匠”杨国庆负责，聚集区内多支调解队伍，共筑调解阵营。工匠调解员队伍与“来就调”律师调解队伍、“和滨江”物业纠纷调解队伍三位一体入驻矛调中心，补充矛调中心原有16个服务窗口。将调解“工作十法”与“晓之以理，动之以情”的调解原则相结合，至年底，化解家庭邻里纠纷、工伤事故、人身意外伤害等各类矛盾纠纷150多起，疑难民间纠纷10起，防止民间纠纷激化16起，调解成功率100%。

2020年9月21日，全省首家工匠调解工作室在杭州高新区（滨江）成立　　（区司法局　供图）

【市场主体法律服务网格化全覆盖】2020年10月12日，区司法局发动全区律师、法律工作者，启动全区市场主体法律服务网格化全覆盖工作。针对区、街道、社区三级园区、写字楼、小镇等市场主体，排查摸底企业现有法律服务获取途径及法律服务需求，按照区位集中、业务类同的原则，以全区律所、律师团队与企业群进行配比，至年底，完成7个园区小镇、9个楼宇、58个社区的法律服务覆盖对接，摸底分类企业1429家，以律所与企业一对多、多对一、打包团购等多种模式，配备专业、优质律师或团队，确定法律服务对象。

【社区矫正对象关爱基金（心度基金）成立】2020年12月15日，杭州高新区（滨江）社区矫正对象关爱基金（心度基金）在区慈善总会成立，资金来源于社区矫正对象、企业、社会组织、个人的捐赠。对符合条件的在册社区矫正对象及其家庭成员按照不同的标准进行关爱，主要包括重大疾病、意外伤害救助，伤残救助和就学救助共3项关爱内容。同日，区司法局、区民政局、区慈善总会联合印发《杭州市滨江区社区矫正对象关爱基金（心度基金）实施办法》，确保基金的规范长效运行。至年底，募集来自100多名社区矫正对象和杭州金盛集团、华数集团2家企业关爱基金近29万元。

【区社区矫正委员会第一次全体会议召开】2020年12月30日，杭州高新区（滨江）社区矫正委员会第一次全体会议召开，区委常委、常务副区长、社区矫正委员会主任姜永柱，区社区矫正委员会成员单位分管负责人近20人参加会议。姜永柱对做好全区社区矫正工作提出要求。区司法局负责人回顾社区矫正工作开展情况，介绍社区矫正在体制机制、监管安全、执法规范、教育帮扶、信息化建设5个方面的做法和成效，学习贯彻《中华人民共和国社区矫正法》情况和下一步工作打算。区法院、区检察院、公安滨江分局3家单位作为社区矫正委员会成员单位做交流发言。会议审议《杭州市滨江区社区矫正委员会工作规则（审议稿）》《杭州市滨江区社区矫正委员会办公室工作细则（审议稿）》《杭州市滨江区社区矫正委员会成员单位工作责任清单（审议稿）》3个文件。

（虞立建）

劳动仲裁

【概况】2020年，杭州高新区（滨江）劳动人事争议仲裁院采取滚动式开庭、双休日开庭等模式，全年开庭1700次。受理劳动人事争议案件2316件，结案（含上年度结转件）2302件，结案率99.4%。调解集体欠薪案件，为64名劳动者挽回损失90多万元。受理集体争议案件14件，涉及劳动者194人，为劳动者挽回损失300多万元。区人力社保局获评省级2020年度调解仲裁案件处理工作成绩突出单位，区劳动人事争议仲裁院“来就调”律师工作室入选省级调解仲裁案件处理工作成绩突出基层调解组织名单；仲裁员徐靖入选省级调解仲裁案件处理工作成绩突出仲裁员名单，调解员朱建良入选省级调解仲裁案件处理工作成绩突出调解员名单。

【“互联网+仲裁调解”模式运用】2020年，区人力社保局优化网络平台效用，推进数字赋能矛盾纠纷调解工作。开展“互联网+仲裁调解”模式，推进线上调解、仲裁政策宣传、疑难答疑、典型案例分析等工作，推动“最多跑一次”改革向仲裁服务延伸。注重网络视频调解，全年通过网络办案359件，网络调解案件106件，网络办案率15.5%。

【定向援助律师窗口开设】2020年4月，区人力社保局与区司法局法律援助中心合作设立定向援助律师窗口1个，专门指派1名专职律师坐班接访，提供免费法律咨询、劳动仲裁申请书写等法律援助服务，提升窗口服务质效。至年底，窗口接待、解答各类法律咨询1.2万人次，接听电话5000多个。

【企业HR调解联盟成立】2020年8月1日，区人力社保局成立企业HR（人力资源）调解联盟。联盟招募20名企业HR担任兼职调解员，其中8人拥有国家中高级人力资源管理师、劳动关系协调员等相关资格证书；汇编劳动法律、法规、规章和政策，明确HR兼职调解员工作职责，细化调解流程，提出注意事项和岗位要求，签订廉政风险责任书；借助钉钉平台语音、视频等网络媒介构建线上移动“调解室”，提高调解效率。至年底，HR调解联盟调解劳动争议案件206件，平均1.9天调解1起劳动纠纷，有效提升案件处置效率。

【区内企业劳动用工诊断评估】2020年8月，区人力社保局开展企业劳动用工诊断评估工作，以委托第三方形式，通过上门走访、问卷调查等形式，了解企业员工入职离职管理、规章制度、工作时间、休息休假、薪酬管理等方面情况，为250家企业量身定做用工风险报告，并提出完善建议，从源头上规范企业依法用工，防范企业用工风险。经抽查回访，企业反馈满意度100%。

（徐　靖）

军 事

人民武装部

【概况】 2020年，区人武部坚持习近平新时代中国特色社会主义思想和强军思想引领，根据杭州警备区党委和区委区政府决策要求，针对新冠肺炎疫情、中印边境冲突、中美贸易摩擦等形势，聚焦主责主业，铸军魂，强能力。区人武部注重从思想上政治上统领部队，落实党委中心组理论学习制度，推进“不忘初心、牢记使命”和“传承红色基因、担当强军重任”主题教育，推动理论武装向信仰扎根、向工作转化、向备战打仗聚焦。按计划完成应急、专业和特殊“三类力量”年度训练任务，突出“急时应急、战时应战”两个重点，提升战备训练水平。持续挖掘区内资源、人才和技术优势，拓展在高新企业、科研院所和新社会组织编兵力度，在重点企业和中小企业编建新质民兵。区人武部4篇要讯被省军区刊用，获杭州警备区要讯工作先进单位。完成年度征兵工作，征集入伍新兵中大学生比例100%、大学毕业生比例45.7%，“五率”考核排名居全省第一位，获评省征兵工作突出贡献单位。落实专项经费，采购配齐“防汛抗洪、森林灭火、反恐维稳”3类车载应急救援装备器材和卫星通信设备，组织军地联合防灾救灾实兵演练，配合区人防办、人民防空指挥所演习，获省市领导肯定。调整完善国家国防动员委员会组织机构，完成国防潜力数据调查。完成年度民兵组织调整工作。滨江民兵作为省市代表队接受军委民兵调整改革抽考、东部战区拉动检验均获得满分，3个街道武装部“评星挂牌”建设全部通过“五星级”验收，9个社区获评“五星级”民兵连部。在军内外媒体刊发新闻报道140多条。

【强军思想学习与宣传】 2020年，区人武部坚持“周二理论学习日”制度，持续紧抓习近平新时代中国特色社会主义思想和习近平强军思想学习，开展“不忘初心、牢记使命”和“传承红色基因、担当强军重任”主题教育。区人武部主要领导就民营企业如何开展武装工作等进行课题调研。街道武装部部长和专武干部主动上党课，全年开展形势教育、国防知识辅导20多场，3000多人次参与。

【党管武装制度落实有效】 2020年，杭州高新区（滨江）定期组织议军、议战议训和两级第一书记党管武装述职，确保发挥国家国防动员委员会、人民武装委员会、国家教育委员会、军事设施保护委员会作用。区人武部每月向区委区政府报送武装工作、重要工作专题报告。常态召开武装工作例会，组织区领导过“军事日”，为街道武装部教导员颁发命令状，党管武装原则和根本制度落实有效。

【首长机关训练】 2020年，区人武部首长机关突出基本理论、指挥技能等训练重点，采取函授作业、网上学习、军事职业教育在线学习等方式，抓实基础训练。9月，区人武部结合区属民兵应急连担负省军区战备值班民兵分队任务、组织备勤轮训和参加抢险救灾备勤和抢险行动等契机，完成64小时的课题训练。12月底，人武部机关派员参加省军区统一组织的军师团三级机关动员指挥技能网上集训和警备区统一组织的首长机关基础技能培训，完成训练课目集中普考。

【民兵训练】 2020年，区人武部根据分级组训、按纲施训要求，落实依法治训、训练监察。针对纳入年度训练计划的民兵分队，按照《中国人民解放军军事训练条例》《民兵军事训练大纲》，完成民兵训练任务。完成民兵教练员和学生军训教官遴选、训练、签约工作。组织区民兵应急连成建制集中备勤轮训，完成战备值班课题训练和防汛防台课题专业训练，结合组织民兵干部骨干和民兵教练员集训，同步完成全区基干民兵“三实”训练考核。选派专武干部参加省市两级新任职专武干部集训；二、三季度按计划和任务指标数组织专业分队参加上级组织的民兵专业分队集中训练、区域协作训练和基地化轮训。9月，参加警备区民兵岗位练兵比武，获通信指挥专业第三名。

【基层规范化建设】 2020年，区人武部坚持分类指导、依法抓建，聚力夯实国防后备力量建设基础。推出非公有制企业武装工作规范化省级示范点典型，跟踪督导3个街道武装部规范“四个秩序”（训练秩序、工作秩序、生活秩序、战备秩序），所属3个街道全部通过全市首批基层武装部评星挂牌“五星级”考评验收。按照“组织建设落实、政治思想坚定、军事素质优良、作用发挥明显、基础设施完善”标准，采取“规范—验收—再规范—再验收”的方式，对全区社区民兵连规范化建设进行检查评比，评选首批“五星级”社区民兵连，区委区政府负责人给首批“五星级”社区民兵连部负责人颁奖授牌。以落实法规制度、完善运行机制、规范工作程序作为重点，投入资金改造部机关值班、办公、库室等设施，采购战备训练器材，提升硬件建设层次。根据杭州警备区要求，向区委区政府提交抓后备力量规范化建设“窗口”单位的建议，重点打造“窗口”示范单位，列为区委议军会议题，明确责任分工，出台具体激励措施，提升后备力量基层建设规范化水平。

【学生军训工作完成】 2020年，区人武部加强军地协调对接、整合军地力量资源，创新推开部队承训、领训与院校自训“三结合”的军训格局。经过遴选审核，在杭州江南专修学院组织为期5天的民兵军训教官培训，开展作风纪律教育、军事技能训练和承训资质考核。参加杭州军训联席工作会议，学习政策法规、交流经验做法、受领军训任务、明确标准要求和研究对策措施。召开全区学习军训工作座谈会，传达上级指示精神，对接区内设有高中部的中学学生军训任务，协调落实承训工作。至9月底，完成辖区内浙江中医药大学、浙江机电职业技术学院、浙江商业职业技术学院3所高校和杭州市长河高级中学、浙江省杭州第二中学2所中学9600多名学生军训任务，帮助新开办的杭州奥体实验小学组织学军专题训练营。

【军事职业教育推进】 2020年，区人武部依据《军事职业教育条件建设规范》和省军区军事职业教育统一部署，采取边建设边完善方法，全面推开军事职业教育。3月，组织所属现役官兵、文职人员，完成军综网和互联网个人学习账号注册、网上学习小组搭建、个人学习计划制订，利用现有网络平台和学习资源先用先学。4月，拟制人武部工作和建设方案并向杭州警备区上报，月底，完成本级互联网在线学习室和图书室改造建设。10月底，完成军事职业教育考试监考系统等配套条件建设。至年底，开展2门在线课程，《之江新语》《习近平谈治国理政》（第一卷）2本精读图书学习，参训人员均通过2门在线课程学习考试，撰写上传2篇1000多字的读书心得。

【部队安全管理】 2020年，区人武部每月组织安全自查，排查安全隐患，夯实安全基础；每季度落实一次安全训练，主要包括安全防护技能、安全操作技能、应急避险技能、自救互救技能等内容。在组织军事训练、岗位培训和执行重大军事任务时结合任务性质进行风险评估，针对性组织安全防护训练。规范文印室、保密室管理，增配设施设备，确保重点部位安全。完成武器装备移交更换、换季保养、日常检查等。

【战备训练提升“两应”能力】 2020年，区人武部突出“急时应急、战时应战”两个重点，提升战备训练水平。完成战时专项行动预案拟制，修订非战争军事行动预案和日常战备方案。参加战区、省军区和警备区组织的国防动员专项行动演练，以“参加重要目标防卫行动”为基本课题完成应战课题训练。结合区属民兵应急连担负省军区战备值班民兵分队任务、组织备勤轮训和参加抢险救灾备勤及抢险行动等契机，完成应急课题训练。配备“防汛抗洪、森林灭火、反恐维稳”3类车载应急救援装备器材和卫星通信设备，组织联合防灾救灾实兵演练。7月8日，组织民兵参与钱塘江大汛防灾抢险行动。

【区委议军会和“军事日”活动】 2020年12月26日，杭州高新区（滨江）区委议军会议在杭州警备区民兵训练基地党委会议室召开，区四套班子负责人，法检“两长”，区人武部负责人，区国防动员（人民武装）、国防教育、军事设施保护委员会成员单位负责人，各街道党（工）委书记、武装部部长、专武干事，武警医院、预备役侦察营等驻军代表共70多人参会。区委书记王敏主持会议并讲话。会议传达学习中共浙江省委、杭州市委议军会议有关精神和省委书记袁家军批示精神，听取区人武部2020年度武装工作开展情况和新年度工作筹划汇报，3个街道党（工）委书记做党管武装工作述职，讨论研究党管武装工作有关事项。会后区“四套班子”领导参加“军事日”活动，观看区民兵应急装备器材成果展示，体验轻武器实弹射击训练。

【区党管武装工作会议】 2020年12月26日，杭州高新区（滨江）党管武装工作会议暨国防动员（人民武装）、国防教育、军事设施保护委员会全体会议在杭州警备区民兵训练基地召开，区四套班子负责人及相关部门负责人20多人参会。区人武部相关负责人宣读街道武装部政治教导员、街道民兵营政治教导员的任职命令，区委书记王敏颁发各街道党（工）委书记武装部政治教导员、民兵营政治教导员命令状；区委副书记、区国防教育委员会主任张玮宣读表彰“五星级”街道人民武装部和“五星级”社区民兵连通报并授牌。会议印发《国防动员和后备力量建设法规汇编》《滨江区党管武装机构设置资料汇编》，明确7类涉军机构的机构编成、人员组成和职责任务。

【预备役侦察营】 2020年，预备役侦察营通过整理兵员档案、走访编兵单位、调整队伍成员、落实政审体检、健全完善组织等步骤，完成兵员组织整顿。围绕森林灭火、反恐维稳、防汛防台等非战争军事行动任务，组织应急分队训练。清查和静态点验各类固定资产、装备器材、战备物资、文件资料等，对运输车辆进行冬季换季保养。（潘　岩）

人民防空

【概况】 2020年，区住建局（人防办）完成辖区在建人防工程项目现场检查、在建人防工程质量监督、新受理人防工程质量监督、人防工程竣工备案、人防工程平时使用登记等各项工作，收取人防易地建设费。办结行政处罚案件3起，罚款3万元。区住建局（人防办）获评区人武部国防教育先进单位，获评省人防办和市人防办人民防空工作先进单位。

【人防宣传进社区】 2020年5月12日，区住建局（人防办）开展“5·12”防灾减灾救灾宣传，发放宣传资料500份。9月18日，组织200多名社区居民进行人防应急疏散演练，并通过宣传展示、示范教学等形式，传授社区居民逃生技能和自救互救方法，增强和平时期民众国防意识。

【人防队伍整组点验】 2020年6月17日，区住建局（人防办）抢险抢修专业队和消防专业队队员接受省、市检查组战备点验。10月9日，区人民防空指挥部对区各人民防空专业队队员进行整组点验，通过点验，锻炼区各级有关部门应对突发事件的快速反应能力，检验人防专业队伍的抢险抢救水平，实践和深化人防指挥部实体化建设、常态化运行。

【人防实战化演习】 2020年10月20日，杭州市暨滨江区人民防空实战化演习在杭州高新区（滨江）举行，演习以城市防空区划内防空袭行动为主线，以信息化战争城市防护和重要经济目标防护为背景，坚持聚焦实战、信息主导，突出杭州高新区（滨江）高新技术、信息枢纽、数字经济产业园区、高新科技人才集聚区等区位特征，采取上导下演、计划导调与随机导调相结合，市、区联动，市区各级指挥部指挥长、副指挥长及各专业队伍力量参加演习。副市长缪承潮，省人防办党组副书记吴家曦，市人防办党组书记、主任裘信谷，滨江区委副书记、区长李志龙等现场观摩。

【人防数字化建设】 2020年10月，区住建局（人防办）以数字赋能探路人防工作，找准新兴技术在人防应用场景中的结合点和突破口，建立数字人防体系。将滨江人防基础设施信息融入城市大脑的系统平台，研发战时辅助决策系统，并首次应用于人防实战化演习；研发智慧精准疏散系统，结合实时数据及算法，一键精准发送车辆和人员疏散信息，就近、合理疏散引导；创新研发“我身边的人防工程”二维码，构建“云上人防”，实现战时疏散、自动生成疏散路线、民防知识库3项突破；更新防空警报的手段与模式，在传统警报方式中创新使用无人机相结合，警报覆盖率90%以上，鸣响率100%，实现人防指挥信息链路在多层级之间、多网系之间、多业务之间的全程贯通。 （胡晶晶）

2020年10月9日，滨江区人民防空指挥部对区各人民防空专业队进行整组点验 （区住建局 供图）

经济管理

发展和改革管理

【概况】 2020年，杭州高新区（滨江）围绕全年“两战赢”（疫情防控阻击战、企业复工复产持久战）目标，集中精力稳就业、稳金融、稳外贸、稳外资、稳投资、稳预期，保居民就业、保基本民生、保市场主体、保粮食能源安全、保产业链供应链稳定、保基层运转，开拓新基建、新消费、新制造、新电商、新健康、新治理。全区地区生产总值1745.7亿元，比上年增加7.2%，增幅分别高于全国、全省、全市4.9、3.6、3.3个百分点。第一产业增加值0.64亿元，下降8.7%；第二产业增加值809亿元，增长9.6%，其中工业增加值794.2亿元，增长9.7%；第三产业增加值936.1亿元，增长5%。

完成《2020年全区国民经济和社会发展计划执行情况及2021年国民经济和社会发展计划草案》《2020年上半年国民经济和社会发展计划执行情况的报告》，经区政府同意报区人大常委会审议通过。

制定《关于坚决打赢疫情防控阻击战、帮助企业复工复产的若干意见》，加快原有政策兑现，完成区鼓励发展类企业房租补贴兑现，惠及企业2376家，金额4072万元。帮助30家新冠肺炎疫情防控保障企业争取专项贷款贴息政策，获优惠贷款金额25.6亿元。加快政策迭代，形成“1+X+N”产业政策框架，出台《关于推动楼宇经济发展、促进安商稳商的实施意见》，完成企业上市、融资、产业基金和领军企业等政策修订稿。加快政策兑现，推动兑付流程再造。至年底，“亲清在线”上线政策19条，累计兑现8.61亿元，惠及企业18231家。做好杭州高新区（滨江）投资、政策、金融、服务业等专班工作，建立各专班协同落实、定期会商机制，建立37家重点服务业企业的提前服务、预警机制，持续跟踪省、市工作动态，全区MEI（经济运行月度评价）指数4月居全省第一位、5月居全省第三位。

推进“十四五”规划纲要编制，到广州、成都、合肥、北京中关村等高新区调研，形成《杭州高新技术产业开发区杭州市滨江区国民经济和社会发展第十四个五年规划和二〇三五年远景目标纲要（征求意见稿三）》，完成12项规划课题研究成果。制定街道工业园提升改造方案，长河街道一期工业园区块启动整体收储。做好绿色数据中心认定及示范单位创建工作，区信息中心机房被认定为三星级（最高级别），区财政局被授予“浙江省节约型公共机构示范单位”称号。

【产业集聚发展】 2020年，杭州高新区（滨江）推进与浙江大学、国家电网有限公司合作，并签署战略合作协议，承办新基建、新消费、新制造、新电商、新健康、新治理发展现场会。成功创建先进制造业和现代服务业融合试点，为全国首批、杭州首例国家试点地区。协调推进特色小镇建设，其中：互联网小镇入选省级特色小镇创建对象优秀小镇名单；物联网小镇被命名为第四批省级特色小镇，入选省级特色小镇年度考核优秀单位；物联网产业园获评首批国家数字服务出口基地。强化项目申报支持，杭州高新区（滨江）企业入选2020年浙江省物流创新发展试点名单2家（全市9家），入选省产教融合型试点企业4家（全市24家）。

【政府投资管理】 2020年，杭州高新区（滨江）成立项目谋划前期办公室，负责全区重大产业发展项目和政府投资项目的总体布局谋划，完成区政府以北地块使用功能设计、滨江区公共文体中心项目（暂定名）、公安交警消防业务用房项目等评估论证。做好政府投资项目审批管理，优化企业投资项目供地前期审批流程，至年底，完成74个政府投资项目可行性研究报告批复，项目计划总投资103.78亿元；完成32个政府投资项目概算审查，审定投资55.97亿元。14个超亿元新开工项目全部开工建设。协调对接省、市发改委，做好投资项目申报，上报标志性工程项目8个；申报省级新基建项目21个，意向总投资28.2亿元；成功申请2020年地方政府专项债项目17个（棚改项目14个、老旧小区改造项目2个、交通基础设施项目1个），批复债券资金20亿元。

【重大产业项目推进】 2020年，杭州高新区（滨江）召开全区扩大有效投资工作推进会，对全区扩大有效投资进行部署、落实，组织中国（浙江）自贸区滨江区块项目签约暨高新区（滨江）扩大有效投资项目集中开工活动。通过挂图作战，保障重大产业项目推进。全年，全区重大产业项目63个（10亿元以上项目22个），总投资836亿元。至年底，6个省重点项目完成投资15.92亿元，完成全年计划总投资的119.3%；19个市重点实施项目累计投资55.41亿元，完成全年计划总投资的123.2%，均超额完成年度投资计划。

【15家单位入选全省新基建产业创新联盟成员单位】 2020年3月，杭州高新区（滨江）15家单位入选全省新基建产业创新联盟成员单位，数量居全市（40家）第一位。该联盟确立101家企事业单位为首批成员单位，包括轮值理事长单位4家、副理事长单位22家、会员单位75家。杭州高新区（滨江）企业杭州华为企业通信技术有限公司为轮值理事长单位，网易（杭州）网络有限公司、新华三技术有限公司等7家企业为副理事长单位，北航杭州创新研究院、杭州安恒信息技术股份有限公司等7家企业为第一批会员单位。

【6个项目入选全省“2+6”重大项目清单】 2020年3月，省发改委印发“2+6”重大项目清单，杭州高新区（滨江）6个项目入选。其中，虹软视觉人工智能开放平台、智慧医疗人工智能融合创新应用、新华三人工智能公共科学计算平台及中控智能制造与自动化工业控制系统远程服务平台4个项目被列入数字浙江基础设施建设项目清单，计划总投资6.49亿元；东方通信鲲鹏计算产业基地及富芯半导体模拟芯片IDM2个项目被列入抢抓窗口期争取国家支持重大项目清单，计划总投资404亿元。“2+6”项目中“2”指抢抓“窗口期”争取国家支持重大项目清单、抢抓实物量提速推进重点项目清单；“6”分别是中央预算内投资项目清单、地方政府专项债券项目清单、企业债券发行项目清单、重大产业项目清单、数字浙江基础设施建设项目清单、央企合作重大项目清单。

【阿里巴巴集团的5G智慧医疗项目入选国家“新基建”工程项目】 2020年6月2日，国家发改委、工业和信息化部联合印发2020年“新基建”工程（宽带网络和5G领域）项目计划表，阿里巴巴（中国）有限公司“面向重大公共卫生突发事件的5G智慧医疗系统建设”项目入选，是全省唯一入选项目。“新基建”指5G网络、数据中心等新型基础设施建设，包括信息基础设施、融合基础设施、创新基础设施。 （李钰磊）

经济和信息化管理

【概 况】 2020年，杭州高新区（滨江）实现规模以上工业增加值704.2亿元，比上年增长10.8%，增加值总量居全市第一位，增速居全市第三位；工业投资完成17.7亿元，增长16.3%；数字经济核心产业增加值实现1343亿元，占地区生产总值比重76.9%，居全市第一位，增长16.6%，总量居全市第二位；在库规模以上工业企业196家，增加20家。区经信局获省经信厅2020年度目标责任考核先进单位、2019年度省中小微企业培育工作成绩突出集体等多项荣誉，《"强基础、补链条、提能级"杭州高新区（滨江）抓好工业经济高质量发展》获2020年三季度全省争先创优行动工业领域"最佳实践"。杭州高新区（滨江）被列入浙江省制造业高质量发展示范区县（市）创建名单，入选全省首批数字经济创新发展试验区创建名单，全省唯一一家获评国家五星级新型工业化产业示范基地，"亩均论英雄"改革、数字经济工作获省政府督查激励，2019年度数字经济发展综合评价指数居全省第一位。

区经信局牵头制订和落实《企业、园区复工疫情防控工作方案》等制度、措施。帮助企业解决复工复产各类问题，率先对接网易严选上线企业口罩申购平台，得到省防控指挥部肯定并在全省推广；协调解决企业员工过渡性住宿、隔离医学观察、返岗等问题。提前排查企业、园区、职工防疫及涉疫信息，核查企业员工数22.3万人。组织申报疫情保障重点单位，拨付过渡住宿补贴、包车补贴、员工租房补贴3204.02万元。

杭州高新区（滨江）成立工业经济专班落实专项工作，推进工业投资"保存量""挖增量"工作，围绕制造业高质量发展示范区建设，完成规模以上工业企业增加值、工业投资、规模以上企业数量等指标任务，落实减负降本政策，帮扶企业渡过难关。4月，MEI综合评价和工业攻坚指数均居全省第一位。机器人推广应用159个，规模以上工业企业数字化覆盖率90.76%。开展"三化融合"专项行动，全区数字经济规模不断扩大并保持两位数增长，数字经济核心产业增加值占地区生产总值比重平稳上升。新增上云企业1051家，培育国家高新技术企业累计727家。举办第二十四届中国国际软件博览会。制定《高新区（滨江）安商稳商工作考核办法》。建立区领导联系重点企业相关制度，牵头开展"亲清三访"企业服务，制订海康、大华、新华三、网易、阿里巴巴五大系30强企业的领导服务机制。至年底，走访企业5941次，收集、协调、解决问题6878个。

2020年，杭州高新区（滨江）产业项目开工19个，总用地面积28.67公顷，总投资61亿元。落点杭州安恒信息技术股份有限公司、杭州长川科技股份有限公司等25个亿元以上产业项目。做好入驻工业综合体企业遴选等工作，有中控研究院、杭州品联科技有限公司等8家单位申请入驻。梳理已开工、已招拍挂、已上会落点及洽谈中等5个阶段100个项目，跟踪统筹推进领军企业产业建设项目和衍生产业项目。

认定2019年度瞪羚企业307家，参照享受政策的上市后备企业35家，共342家，兑现补助资金2.68亿元。争取省、市专项资金5.22亿元，兑现区级配套资金4.28亿元，主要用于支持软件名城、5G、集成电路项目、生物医药、工厂物联网项目、产业链配套提升、制造业双创平台等项目。出台《关于促进生命健康产业创新发展的实施意见》，重点布局智慧健康领域，加快推进数字经济产业与生命健康产业深度融合，以智慧健康，高端医疗器械，检测试剂，创新药为主攻方向，建设生命健康世界科创产业园。

【3个项目入选新型信息消费示范项目】 2020年8月3日，杭州高新区（滨江）3个项目入选工业和信息化部2020年新型信息消费示范项目，占全省入选数量（7个）的42.9%，居全省第一位。3个项目为：宇视基于多维信息融合的智能人员管控系统获评新型产品类示范项目、新华三技术有限公司的Workspace（工作空间）远程工作解决方案获评平台类示范项目、网易严选基于"严选模式"新型信息消费的品质电商平台获评行业类示范项目。

【17个项目入选杭州市5G产业拟补助项目】 2020年8月24日，杭州高新区（滨江）17个项目入选2020年杭州市5G产业拟补助项目名单，占全市入选总数的43.3%，数量居全市第一位。杭州市在5G基建、产业项目、技术研发、场景应用和人才引进等方面加强政策支持。加快推进公共区域、社区、园区楼宇的5G深度覆盖，对符合5G产业发展方向的园区给予优先免费布局室内加密站点，规划建设完成率超70%，实现5G基建全国领先。

2020年杭州高新区（滨江）入选杭州市5G产业拟补助项目名单

表11

序号	企业名称	项目名称
1	新华三技术有限公司	5G虚拟化融合核心网产品开发
2	浙江大华技术股份有限公司	5G智慧安防设备研发项目
3	东方通信股份有限公司	基于NFV支持5G的通信能力开放平台
4	杭州东方通信软件技术有限公司	面向5G的智能运营和智慧监控服务平台
5	杭州中恒电气股份有限公司	5G用1.5千瓦/2千瓦微基站电源研发项目
6	杭州初灵信息技术股份有限公司	5G前传通信系统
7	杭州趣看科技有限公司	5G+AR/VR超高清采编录播一体机系列研发项目
8	杭州当虹科技股份有限公司	5G移动视频立体化巡逻防控系统研究和应用项目
9	浙江新再灵科技股份有限公司	基于5G 机器视觉、人工智能电梯安全管理系统
10	中国空分工程有限公司	5G技术在智慧化工园区的应用
11	杭州拓深科技有限公司	基于电流指纹的5G消防边缘计算终端
12	浙江威力克通信股份有限公司	面向低时延的5G室分微基站研发项目
13	浙江中控研究院有限公司	基于5G的边缘计算工业控制系统
14	杭州恒生数字设备科技有限公司	基于物联网的5G全域定位终端及基站的研发
15	杭州春来科技有限公司	基于5G技术的智慧环保多参数立体监测系统平台开发与应用
16	纳里健康科技有限公司	基于医联体的5G智慧医疗服务平台建设
17	华信咨询设计研究院有限公司	基于自有5G网络实验环境的5G技术及应用创新服务平台

【支撑新冠肺炎疫情防控和复工复产工业互联网平台解决方案】 2020年8月25日，工业和信息化部公布支撑新冠肺炎疫情防控和复工复产互联网平台解决方案名单，全国评出66个解决方案，浙江省入选12个。其中，杭州高新区（滨江）4个方案入选，居全省第一位。4个方案分别为：浙江中控技术股份有限公司的"控制系统云端监控诊断维护解决方案"和浙江大华技术股份有限公司的"校园防疫复课联网监控解决方案"入选"提升突发事件响应能力方向"方案；杭州优海信息系统有限公司的"基于优海云的机械零部件数字化制造解决方案"和浙江力太工业互联网有限公司的"基于微服务的企业制造管理解决方案"入选"恢复制造企业产能方向"方案。

【9家企业入围省级工业互联网平台创建名单】 2020年10月12日，省经济和信息化厅公布2020年度省级工业互联网平台创建名单，共评定102家工业互联网平台，其中杭州高新区（滨江）入选9家，总数居全省第一位。网易离散制造工业互联网平台、熊监宝-智慧能源行业工业互联网平台、天富德泰纺织印染行业工业互联网平台、德联锅炉行业工业互联网平台、明度智慧生物医药行业工业互联网平台、中建水泥行业工业互联网平台6家入选"行业级工业互联网平台"，

新华三网络通信产业链工业互联网平台、大华数字安防产业链工业互联网平台、鸿雁智能家居产业链工业互联网平台3家入选“产业链级工业互联网平台”。

【金绣国际科技中心获评国家小型微型企业创业创新示范基地】 2020年10月30日，工业和信息化部公布2020年度国家小型微型企业创业创新示范基地名单，杭州金绣花边有限公司（金绣国际科技中心）获评。金绣国际科技中心成立于2015年6月，由杭州金绣花边有限公司运营和管理，占地2公顷，园区年产值15亿元。金绣国际科技中心专注于Wi-Fi产业及IoT（物联网）和AI（人工智能）项目孵化，被评为“中国Wi-Fi产业基地”，是一家投入运营并拥有全要素的专业化创新创业平台。至年底，有省级孵化器、市级科技企业孵化器、市级众创空间各1家，规模以上企业5家，上市企业、获得上市公司投资的企业、“新三板”挂牌企业各1家。

【2家企业获评国家中小企业公共服务示范平台】 2020年12月11日，工业和信息化部公布2020年度国家中小企业公共服务示范平台名单，杭州高新区（滨江）的杭州金绣花边有限公司（金绣国际科技中心）、浙江火炬生产力促进中心有限公司2家机构作为创业服务平台入选，是杭州唯一的2家。服务平台为中小企业开展公益性服务，承担政府部门委托的各项任务，在提升产业链供应链现代化服务、助力制造业做实做强做优等方面发挥服务作用。示范平台自认定起有效期3年。工业和信息化部委托第三方机构组织专家不定期对示范平台服务情况进行测评，测评不合格的平台将撤销示范平台称号。（许江鸿）

市场监督管理

【概况】 2020年，杭州高新区（滨江）新设市场主体15093家，累计70802家，其中新设企业11323家，比上年增长27.3%。新增注册资本753.61亿元。受理企业变更登记28333家次，增长20.3%。办理迁入区内企业3775家、迁出区外企业2290家，注销市场主体5336家。股权出质设立登记111家，质押股权36.53亿元；助力企业融资194.8亿元。落实党中央、国务院和省、市各项纾困工作要求，完成小微企业及个体工商户“两直（直达市县基层、直接惠企利民）”工作，共确认市场主体7685家，其中小微企业6322家、个体工商户1363家，累计兑现补助资金6594.6万元，完成率居全市主城区首位。该项工作获省市场监管系统集体三等功及时奖励。开展“三服务”，通过上门走访、调研座谈、政策宣讲等方式，为企业解难题、链资源。助推小微企业成长，滚动实施“小微企业三年成长计划”，走访企业园区、强化政策推广力度，全年新增小微企业9107家，新办“个转企”73家。培育省级信用示范企业14家，市级信用示范企业12家。助推重点产业发展，以服务发展为目标，由传统监管向综合治理转变。

新增浙江省AAA级“守合同重信用”企业18家，续展浙江省AAA级“守合同重信用”企业39家；新增浙江省AA级“守合同重信用”企业20家，续展浙江省AA级“守合同重信用”企业30家；新增浙江省A级“守合同重信用”企业62家，续展浙江省A级“守合同重信用”企业10家。创建浙江省第一批“五化”（便利化、智慧化、人性化、特色化、规范化）提升改造市场4家，新增浙江省放心农贸市场1家，累计成功创建浙江省放心农贸市场9家、“五化”市场4家、星级文明规范市场11家。

全年处理答复行政复议27件，被复议机关纠错案件6件，行政复议发案量比上年下降31%。应对行政诉讼22件，行政诉讼发案量上升38%，行政机关负责人出庭应诉率100%。及时、准确地公开政府信息，依法依规在政府门户网站主动公开部门财政预决算、食品监督抽检等信息。

2020年，受理各类投诉举报咨询件55252件，其中举报11068件、投诉43854件、咨询330件，办结率100%，满意率95%，为消费者挽回经济损失570多万元。启动“凝聚力量抗疫情、科学消费护安全”“3·15”国际消费者权益日系列宣传活动，在微信公众号发布电商平台消费服务承诺、防疫用品和价格消费知识、消费维权网络运行报告、行政处罚和消费维权案例等，阅读量2万多人次。助力消费市场复苏，在大综合体和餐饮单位向群众发放消毒棉片、纸巾、外卖食品安全封签等防疫用品3000多份。组织开展电动自行车销售单位专项整治，对全区电动自行车经营户展开摸底排查，建立“一户一档”，实行动态更新。建立周巡查联动机制，开展安全警示和法制宣传，推行“滨江区电动自行车销售信息公示牌”，强化监督抽样和执法检查，开展产品质量专项抽查7批次，会同交警部门开展联合检查25次，累计立案查处电动自行车销售案件9起，查扣违法车辆60多辆，移交公安部门追究刑事责任1起。推进“放心消费在浙江”创建活动，累计创建放心单位981家、无理由退货单位489家、放心工厂100家、放心消费街区1条。

全年立案查处各类违法违规案件174件（含移送公安机关案件5件），办结一般程序案件174件，罚没款338.05万元；大案要案41件。其中：食药类案件75件（药械类10件，食品类65件），罚没款82.44万元；食药类大案要案13件，罚没款75.64万元。对防疫物资抽检样品5个批次，立案10件，结案10件，罚没款金额16.28万元。查处产品质量类案件17件，罚没款41.82万元。其中：网购服饰案7件，罚没款1.6万元；网购化妆品案2件，罚没款38.43万元；其他违反产品质量法案8件，罚没款1.79万元。开展线上线下商户价格监管工作，累计检查商家4959户，告诫商家652户，价格承诺的商家1897户。价格领域案件立案5件，结案5件（含移送公安机关案件1件、移送其他部门案件1件），大案要案2件，罚没款总计6.26万元。开展“亮剑2020”系列行动，围绕消费领域、知识产权、食品安全等重点领域违法行为进行查处，出动执法人员1037人次，检查经营户2754家，开展行政指导、行政约谈10次，办结50起，罚没款105.4万元。

【网络交易监管】 2020年，区市场监管局开展网络交易大数据监测，常规监测网店商品350万件；对社会热点问题和重点领域开展疫情物资、直播带货等专项监测12项，监测商品135万件，发现疑似违法违规线索近万条，均进行核实并处理。对阿里巴巴1688平台、考拉海购、饿了么、美团等大型网购平台存在商标侵权、假冒伪劣、虚假宣传、消费维权等主要问题开展16次专项行政指导和约谈。开展“浙江省放心消费示范网店”创建，50家网店完成申报，并通过复查。办理涉网案件40件，罚没款172.36万元。应用智慧网监系统实时调取阿里巴巴1688平台、天猫商城、淘宝网的网店交易数据，完成网店协查2426件；通过红盾云桥系统，对阿里巴巴1688平台执行网店限制措施8077次。

【商事登记“去窗口化”改革】 2020年，根据数字政务、数字滨江建设的要求，区市场监管局开展商事登记数字化转型，推广商事登记“亲清在线”网上办模式。整合实体大厅窗口，减少线下服务窗口，商事登记服务窗口从原来15个减到4个，减窗幅度是全区入驻行政服务中心部门中最大的。压减下来的人员专门组建“网办D小二队伍”和“亲清D小二队伍”，引导和服务企业、群众通过网上办理业务，全时段响应在线咨询，专员“一对一”线下指导，引流企业网上办事，新设企业全流程网办30分钟办结，窗口平均等待时间由10分钟压缩到7分钟，实现“线上线下”双增速。

【“证照分离”改革推进】 2020年，杭州高新区（滨江）在2018年试点实施“证照分离”改革的基础上，通过“全面认领”“全速铺开”“全面推行”“全力推进”“全面实施”配套改革举措，确保“证照分离”改革全覆盖任务稳步推进。至年底，通过“证照分离”改革先行试点和推进全覆盖，在商事登记中获益企业11538家，其中取消审批2家、审批改备案2253家、实行告知承诺制632家、优化准入服务8651家。

【杭州高新区（滨江）企业e服务平台——“上马石”上线】 2020年8月31日，杭州高新区（滨江）举行企业e服务平台——“上马石”上线新闻发布会。杭州高新区（滨江）基于城市大脑大数据平台，通过应用数据支撑，构建企业e服务平台——“上马石”，联接政府与企业、银行与企业、园区与企业、企业与企业的关系，推动政府企业互助合作，营造创新创业良好生态。微信小程序“上马石”按照政企联动、信息互通、企业互助三大方向，通过政策、园区、金融、服务四大模块帮助企业解决创业困难。至年底，依托“上马石”企业服务平台品牌效应，开展园区线下活动6场。服务平台企业访问量8.4万次，通过平台为小微企业融资3000多万元。

【经营异常名录移除“跑零次”】 2020年9月，区市场监管局坚持“包容审慎”原则，探索轻微信用缺失修复机制，规范经营异常名录管理，在全市率先试点经营异常名录移除网上办，实现经营异常名录办理“跑零次”，提升信用监管效能。至年底，受理线上移出申请1208条，审核通过910条，其中年报移出273条、地址异常移出637条。 （高铁舟　张　敏）

【质量技术监督管理】 2020年，区市场监管局检查特种设备2234台件，发现安全隐患98个，封停设备10台，发出安全监察指令书46份，完成整改46个，整改完成率100%。受理特种设备安装维修告知722台件，处罚特种设备违法案件6件，罚款10万元。开展产品质量监督抽查5批次，处罚产品质量不合格企业11家，罚款8.8万元，检查工业产品许可证企业4家，培育“放心工厂”63家。全年未发生特种设备安全事故。“浙江制造”品牌培育走在前列，全区企业累计获得“浙江制造”认证证书24张，自我声明证书35张，发布“浙江制造”团体标准28项。“浙江制造”证书拥有量居全市第一位。滨江区政府以101.4分排名全市质量工作考核第一位，连续5年居全市前三位。杭州市企业首席质量官制度深化推进会暨首席质量官联盟成立大会在杭州高新区（滨江）召开，杭州高新区（滨江）“首席质量官”推进经验在会上得到推广。鼓励企业主导和参与国际、国家、行业标准制定，培育具备国际竞争力的创新型企业和知名品牌。累计兑现标准、品牌类奖励资金670万元。累计参与制定并发布国际标准31项、国家标准310项、行业标准291项，参与制定并发布国际标准数量全省区（县）排名第一位。杭州高新区（滨江）品牌企业和实施“浙江制造”标准企业销售占规模以上企业销售比例为76.96%，居全市第一位。

【特种设备及产品质量“双随机”监督检查】 2020年4—12月，区市场监管局开展特种设备及产品质量“双随机”监督检查。监督抽查与“特种设备安全大检查”“百日攻坚行动”等专项监督检查相结合，做到重点监控单位全覆盖、重点特种设备全覆盖、电梯故障多发小区全覆盖。利用浙政钉“掌上执法”终端，按照《现场安全监督检查规则》的相关要求，逐项进行检查，录入相关信息，实施动态监管；发挥双预防机制的作用，督促企业落实主体责任，落实安全风险分级管控，加大安全隐患排查治理力度，提高监管质量。针对监督检查中发现的安全隐患，建立安全隐患账单并实施分类治理，指定专人跟踪闭环，确保安全隐患都整改到位。至年底，检查特种设备使用单位81家次，检查各类特种设备1354台件，发现各类隐患58处，发出特种设备安全监察指令书31份，整改58处，整改率100%，录入率及公示率均为100%。与企业协调对接，解答企业在特种设备、产品质量等方面的疑问和困惑15个，发放《特种设备现场检查规则》《浙江省特种设备分类评价系统操作手册》450本，帮助企业提高管理使用特种设备的能力。

【质量奖组织奖和质量奖】 2020年9月15日，省政府发布表彰通报，滨江区政府获首届“浙江省人民政府质量奖组织奖”，成为全省唯一获奖的区县（市）级人民政府。该奖项是省政府对市、区县（市）人民政府开展政府质量奖创奖培育工作成效显著、政府质量工作考核优秀和区域质量安全稳定的奖励。杭州海康威视数字技术股份有限公司获“2019年度浙江省人民政府质量奖”，成为滨江区继浙江中控技术股份有限公司、杭州鸿雁电器有限公司、浙江吉利控股集团有限公司之后，第四家获该荣誉的企业，获奖企业数量位居全省各区县（市）首位。

（赵伯银　陈　菀）

【药品监督管理】 2020年，区市场监管局加强对药品企业质量检查。以品种和风险为主线，统筹省市检查要求，结合新冠肺炎疫情防控，运用多种方式，开展药品监督检查。全年建成24小时“网订店送”药房10家；共完成药品零售企业换证、日常及飞行检查356家次；检查药品批发企业63家次、药品生产企业15家次、新开办批发企业1家次；完成对二类精神药品批发企业专项检查16家次；完成药品监督抽样74批次，合格率100%；全年受理完成药品类许可事项786件次；配合省市局对16家药品生产、批发企业，开展17次飞行检查或换证检查。年内，医疗器械有1个国创产品、2个省创产品通过审批，1个省创产品获批上市。至年底，杭州高新区（滨江）拥有医疗器械国创产品7个，其中注册上市2个，数量居全省区县（市）第一位。

【新冠肺炎疫情期间团餐管理】 2020年，区市场监管局制定《关于企业食堂疫情防控的指导意见》《食堂管理、人员就餐操作指南》，并通过现场检查、微信等方式推广。通过电话、微信核实复工企业用餐方式，核实企业140多家，开展现场检查指导90多家。走访集体用餐配送单位、部分企业员工餐供应单位，加强政企沟通，及时掌握供餐情况。对企业临时团餐配送单位开展备案，帮助企业对接配送单位。开展对集体用餐配送单位、临时团餐配送单位的全覆盖检查，重点检查供餐单位防疫物资配备、员工健康监测、原料采购、加工制作、配送工具、场所消毒等。

【餐饮行业监管】 2020年，区市场监管局推行餐饮“红黑榜”制度，扶优汰劣，曝光不符合要求的餐饮单位，推动餐饮单位主动落实食品安全主体责任，通过“杭州滨江市场监管”和“滨江发布”微信公众号发布6期餐饮“红黑榜”。借助认证公司的专业队伍，辅助监管人员在日常巡查、平安创建、省创复评等工作方面开展第三方巡查，完成148家次大型餐饮单位、438家次中小型餐饮单位的巡查和调研。与第三方机构合作开展食品安全调研工作，调研文章《发挥第三方力量协助开展餐饮监管“食安慧眼”推广及应用的探索》获杭州市食品安全调研课题二等奖。

【食品安全执法和创建】 2020年，区市场监管局开展迎接省食品安全区创建暗访跟踪评价工作，出动执法人员625人次，检查单位1420家次，发现问题208个，整改完成134个，立案查处2起。开展省食品安全区创建群众满意度调查，抽取样本450个，食品安全总体满意度为81.5，食品安全创建工作知晓率为94.2%，支持率为95.1%。长河街道食安办获评省四星级街道食安办，西兴和浦沿街道食安办获评省三星级街道食安办。承办2020年杭州市暨滨江区食品安全事故应急处置演练。

【医疗器械企业监管】 2020年，区市场监管局完成放心工厂创建8家，推进医疗器械唯一标识（UDI）试点等工作。完成195家医疗器械企业经营许可事项、658家二类医疗器械备案的现场检查及事后监管。检查医疗器械生产企业90家次；检查医疗器械经营企业植介入类42家次、体外诊断试剂35家次、特殊验配类的59家次。完成医疗器械企业国家抽样调查4批次、省级抽样调查23批次、市级抽样调查6批次的监督抽样；完成行政处罚案件3起，罚没款26.08万元。

【化妆品监管】 2020年，区市场监管局检查化妆品备案企业377家次，审查产品1415

款。开展化妆品“线上净网线下清源”风险排查处置，现场检查网络化妆品电子商务平台6家、化妆品网络销售者36家次，网上巡查网络销售者365家次，清理问题产品数量7674个，清理非法宣传产品10696个。开展《化妆品监督管理条例》宣传贯彻工作，举办现场培训4次，线上直播2次，发放宣传资料1300多份，入企宣传20所（家），大屏幕滚动播出宣传视频累计6小时，受益群众8000多人。

【市级放心肉菜示范超市、示范小蔬菜门店创建】 2020年，区市场监管局根据摸底排查情况，挑选辖区内规模较大、管理规范的永辉超市滨江宝龙城店和明康汇东方郡店、杭鑫食品店、郑钏蔬菜商行、“三食三刻”生鲜商行4家小蔬菜门店申报创建市级“放心肉菜示范超市”“示范小蔬菜门店”。对照创建标准，监管人员到现场进行培训指导，查找存在的问题。在有限的准备时间内，督促申报单位逐项落实整改到位。通过检查现场和查看台账，确保各单位能符合创建标准并通过验收。根据市市场监管局公布的2020年度杭州市“放心肉菜示范超市”名单及“示范小蔬菜门店”名单，永辉超市滨江宝龙城店和明康汇东方郡店、杭鑫食品店、郑钏蔬菜商行、“三食三刻”生鲜商行入选。

【餐饮环节专项检查】 2020年，区市场监管局开展年夜饭专项检查。通过签订责任书、召开座谈等方式落实食品安全责任，对23家承接年夜饭活动的餐饮单位逐一检查，组织监督抽样，落实应急值班人员，确保春节期间食品安全。开展餐饮单位双随机抽查检查，对150家经营单位开展双随机检查，查处问题51家。开展网络订餐食品安全净网行动，约谈饿了么、美团2家外卖订餐平台，督促其落实网络交易平台主体责任；梳理在册餐饮经营户信息3300家，通过信息比对，下架处理违法网络餐饮提供者252家；制作“放心消费，食安滨江”外卖封签2000份并发放；加快推进网络订餐平台店铺阳光厨房的接入，完成80家“网络阳光厨房”。持续推进餐饮店“浙冷链”扫码工作，保持餐饮店进口冷链食品扫码率100%。做好餐饮环节监督抽样工作，共抽样445批次，其中不合格14批次，全部处置完成。

【护校安园及校园食品安全监管】 2020年，区市场监管局开展护校安园专项整治行动，同时结合春季、秋季开学学校食堂食品安全专项检查及国家、省、市级城市文明指数测评、平安暗访等工作，对全区各高校、中小学、幼儿园食堂及周边餐饮经营户开展监督检查。至年底，出动执法人员308人次，检查学校食堂210家次、周边餐饮经营户72家次，组织食品安全抽检110批次，其中1批次不合格。参加多部门联合对属地高校疫情期间复学验收工作，检查属地高校食堂12家次。

【重大活动食品安全保障监督】 2020年，区市场监管局参与保障辖区内多项重大会议、展会和活动，包括区“两会”、第十六届中国国际动漫节、第十四届（2020）杭州文化创意产业博览会、中高考、公务员国考省考、硅谷精英沙龙、中国创新创业大赛、国际软件博览会、草莓音乐节等活动，统筹安排监管力量，会同各所按照重大活动保障监督规范做好前期对接，约谈指导，排除隐患。活动期间，落实值班人员岗位职责，做好全程跟踪监管，发现问题及时处置消除，确保不发生群体性食品安全问题。至年底，参与重大食品安全活动24次，保障就餐近30万人次。

【阳光厨房和餐饮智慧监管】 2020年，区市场监管局在视频阳光厨房的基础上，结合物联网、人工智能及大数据等技术的场景应用，升级餐饮智慧监管平台，实现监管“智慧化”转型。借助AI技术，对操作人员衣帽穿着不规范、使用手机等违规行为，第一时间进行抓拍预警，消除食品安全隐患；借助物联网技术，将冰箱储存温度、紫外线灯消毒时间、专间温度、餐饮具消毒温度时间等关键数据实时记录上传，通过大数据筛查“异常”情况，及时预警排查，实现关键环节数据化，提高监管效率与针对性。至年底,全区实现中小学幼儿园食堂“食安慧眼”智能抓拍100%,建成智能阳光厨房43家,建设“食安慧眼”场景应用项目1个。

【食品自动售货设备经营行为专项检查】 2020年7月,区市场监管局排查全区各商业综合体、广场、写字楼、医院、宾馆、大学校园、地铁站等点位的食品自动售货设备,出动56人次,排查20家经营企业的334台食品自动售货设备。检查要求经营企业对摆放的设备数量、摆放位置、增设、撤销等进行备案,对营业执照、食品经营许可证、商家联系方式等信息进行公示,并能满足食品贮存条件。排查发现有5家企业的24台设备未公示证照信息,其中2家企业(2台设备)为辖区企业,要求其尽快整改;另外3家企业(22台设备)注册地不在滨江且未收到备案信息,区市场监管局将名单报给市市场监管局并协调有关区局进行处置。(赵正业　李　慧)

【家政市场管理】 2020年,区商务局联合区市场监管局,针对家政行业入行门槛低、底数摸清难的问题,利用市商务局提供的家政企业及个体工商户名单,筛选明确从事家政类的企业94家。通过电话沟通联系,建立微信群,查清各企业细分行业领域及从业人员、公司发展情况,核实正常经营的家政企业19家。组织区内2家企业参与保育员、育婴员等岗位练兵技能大比武,5名保育员经初审合格予以推荐,1人以全市综合成绩第六名的成绩获“杭州市商贸服务业保育员技术标兵”称号。推荐杭州创乔信息技术有限公司和杭州滨江绿康养老服务有限公司申请“三强”企业,杭州创乔信息技术有限公司入选浙江家政行业“三强”首批培育企业名单。推广“安心找家政”系统,经实地走访企业、召开线上动员会等方式,录入“安心找家政”系统企业11家,家政服务人员数据2334条,其中“家政安心码”绿码人员1974人。(朱华萍)

统计管理

【概况】 2020年,区统计局聚焦数据质量,贯彻落实防范和惩治统计造假系列工作要求,做好工业、服务业、科技(火炬)、贸易、建筑业、固定资产投资、劳动工资、农业等统计年、月报审核上报工作。做好第七次全国人口普查、住户调查、采购经理、生产经营、景气调查、月度劳动力调查、工业生产者价格调查、固定资产投资价格调查等普查调查工作。完成食品安全、综合考评、生态环境等社情民意调查及临时性调查工作。高质量完成规模以上企业申报工作,新入库企业数量居全市前列。强化统计信息化建设,实时更新“滨江统计”App数据;及时更新《统计月报》《统计快报》《统计公报》《统计年鉴》等信息。通过“滨江统计”App等新媒体发布最新统计数据,为区委区政府领导、社会公众等各方面需求提供参考。

区统计局创新开展第七次全国人口普查,组织拍摄的人口普查宣传视频代表省、市刊发在国家统计局微信公众号“统计微讯”。完成第七次人口普查的短表登记,提升网络自主填报的知晓率、上报率、正确率,全区人口普查摸底与登记自主申报率为31.7%,分别高于浙江省和杭州市25个百分点和18个百分点。区统计局获评浙江省第四次经济普查省级成绩突出集体。长河街道办事处、西兴街道星民社区、长河街道江三社区、浦沿街道滨盛社区获评杭州市第四次经济普查先进集体。

【综合统计分析】 2020年,围绕区委区政府中心工作,区统计局撰写《八成企业营收预期减少、企业期盼政府精准扶持——新冠肺炎疫情对滨江区企业影响专项调查报告》《一季度滨江区营利性服务业对GDP的影响分析》《关于重点企业近期走访情况调研报告》等统计分析报告30多篇,18篇获区委书记等领导批示,全年上报各类统计信息、调研分析文章100多篇。在全市优秀统计分析评比中获一等奖,杭州高新区(滨江)成为近3年全市唯一连续2年获一等奖的区县(市)。

【"争先进位"火炬统计】 2020年，区统计局围绕杭州高新区"争先进位"，做好火炬统计。成立杭州高新区"争先进位"工作领导小组，定期召开领导小组会议，制订杭州高新区"争先进位"三年行动计划。排摸火炬统计入库企业，组织业务培训10场，参会企业2000多家，同时强化审核数据质量，通过部门合力对企业表和综合表共339项统计指标开展精细审核，高质量完成2019年度2294家火炬统计企业年报及杭州高新区综合表的上报工作、火炬统计工作总结和考核材料，并以考核总分第一名获"火炬统计工作先进单位"称号。

【统计法治建设】 2020年，区统计局继续加强统计法治工作，健全统计普法责任制。做好统计基础建设工作，完善普法队伍建设，创新普法宣传手段，加快推动"互联网+监管"行政执法平台建设、维护，做好"七五"普法验收工作，在全市统计系统中获评"七五"普法先进集体。多形式、全方位进行普法教育。开展2019年杭州高新区（滨江）诚信单位评选工作，组织开展统计法律知识竞赛等，加强对各级领导干部的统计普法教育，推进统计工作人员学法用法，抓好统计调查对象学法用法。在"12·4"国家宪法日和"12·8"统计法颁布纪念日期间，走进浙农科创园等园区、企业，发放以案释法宣传手册、开展"法治答题"竞赛，调动企业员工学法、守法、用法的积极性，引导树立法治意识，做到遵法、守法、用法。

【工业统计】 2020年，区统计局组织企业召开企业年报会议，加强企业业务培训；加强重点单位监测，逐家审核，确保源头数据质量；加强与企业交流，除日常电话沟通和QQ交流外，加强实地业务指导，全年走访企业100多家次。完成工业、能源等统计年报、季报、月报的审核上报。配合省、市统计局对全区工业企业数据质量自查自纠和重点企业走访。至年底，全区有规模以上工业企业196家，净增"小升规"企业22家，年报合计218家。

【服务业统计】 2020年，区统计局召开服务业企业年报会议；加强重点单位监测，逐家审核；加强与企业交流，对企业实地指导，走访企业300多家次。配合做好季度报表、电子商务交易平台情况和生产经营景气状况调查、企业用工调查等工作。至年底，全区有规模以上服务业560家，净增"小升规"企业109家，年报合计669家。

【贸易统计】 2020年，区统计局召开贸易企业年报会议，宣传贸易统计法律法规，指导企业建立统计台账、填写报表、审核等基础统计工作，对存在数据错误的企业，督促企业更正并跟踪检查，走访企业200多家次。至年底，全区有规模以上批发和零售业354家、规模以上住宿和餐饮业41家，共计395家，净新增企业112家，年报合计507家。

【建筑业统计】 2020年，区统计局组织做好建筑业统计年报、季报上报工作，加大报表监测、审核力度，提升数据质量，落实防范和惩治统计造假、弄虚作假相关文件精神，对所有建筑业企业展开数据自查、核查工作。至年底，全区有资质以上建筑业企业60家。

【固定资产投资统计】 2020年，区统计局对投资统计工作加强各类项目摸底和入库，对接区财政局、区住建局、区商务局等部门抓政府投资项目、房地产开工项目和重点产业投资项目，通过对企业项目的实地走访、数据核查，了解企业投资情况，确保统计数据应统尽统。根据国家、省、市统计局部署固定资产投资统计数据质量核查的工作要求，结合全区固定资产投资统计工作实际，对全区投资项目开展固定资产投资统计数据质量自查和抽查，做好监测和预警，与涉及投资考核的区住建局、区商务局等部门对接，配合做好投资项目入库业务咨询指导，对投资项目统计查漏补缺，严把质量关。至年底，全区固定资产投资项目共287个，其中投资项目242个、房地产项目45个。

【劳动工资统计】 2020年，区统计局完成1500多家单位劳动工资统计季报，2000多家法人单位劳动工资统计年报。劳动工资专业报表涉及规模以上工业企业、资质等级建筑业企业、限额以上批零住餐企业、规模以上服务业及规模以下单位，企业涵盖国民经济二十大行业。上报数据反映杭州高新区（滨江）企业的实际薪酬及从业人员变化情况，为区委区政府掌握全区人才结构变化、工资变动提供数据基础。

【基本单位名录库】 2020年，区统计局继续做好基本单位核查和名录库维护，“小升规”单位的新增和变动审批、跨区搬迁划转工作。至年底，全区名录库系统有法人单位33271家，比上年增加6467家，产业活动单位5819家，增加347家。全年共维护名录法人单位16717家，其中新增单位5655家、修改10996家、剔除66家；维护产业活动单位2591家，其中新增443家、修改1786家、剔除362家。全年增加在库法人和产业单位共6814家，其中新增入库6098家，第四次经济普查变动单位716家。 （张崇文）

审计监督

【概况】 2020年，区审计局采取多种审计组织形式提升审计效能。推行“1+N”式审计组织形式，将审人、审单位、审资金、审项目有机融合，对同一审计对象的不同领域审计内容，采取“经济责任+自然资源资产审计”“经济责任+专项审计调查”“区政府重大决策审计+专项审计调查”等方式。对区超过1亿元重大政府投资项目开展“嵌入式”跟踪审计，建立跟踪审计现场联席会议工作机制和月度报告制度，将审计监督嵌入项目建设全过程。依据审计权限和资源，强化国家审计与内部审计的协同机制建设，实现国家审计与内部审计的协同。

全年完成审计项目11项，国有房产专项审计调查项目获杭州市优秀审计项目。浙江吉利控股集团有限公司内审部被中国内部审计协会授予“全国内部审计先进集体”称号。开展企业走访活动，指导企业开展内审项目27个，查出违规金额35.02万元，提出审计建议50多条。2篇投资审计案例入选省审计厅刊发的《投资审计案例和政策文件选编》，1篇计算机案例入选省审计厅优秀案例。区党政主要领导对审计报告及专报作出批示13篇次，被省部级报刊《中国审计报》采用信息4篇、省部级杂志《浙江内审杂志》等3篇、浙江审计官网2篇、杭州审计信息（网站）37篇。出具审计决定1个，上缴区财政资金834万元（商业用房租金），街道收回下属经营性资产早餐广场摊位租金210万元。

【政府投资项目跟踪审计】 2020年，区审计局结合杭州高新区（滨江）2020年度政府投资项目计划和超亿元政府投资重点工程项目，对农转居安置房建设、城市基础设施、亚运场馆等31个重大建设项目开展跟踪审计。分别派驻跟踪审计小组，出具审计月报198份，发现工程进度、项目建设工程质量等方面存在的问题，分析原因，提出建议，边审边改，发挥跟踪审计前瞻性、预防性作用。根据《杭州高新区（滨江）审计局跟踪审计项目审计质量考核办法》，从审计工作纪律、项目前期规范、跟踪过程规范和审计成果4项一级指标、34项二级指标，按月考核跟踪审计中介机构，注重过程管控、成果管理和奖惩管理，提升跟踪审计绩效。

【经济责任审计】 2020年，区审计局对区商务局、高新总公司（奥体公司）2个单位的2名领导干部实施经济责任审计，对浦沿街道2名领导干部实行自然资源资产离任审计。会同区纪委（监委）、区委组织部，完成全区50家单位领导干部及国有企业领导人员2019年度履行经济责任情况报告制度，实现经济责任审计监督全覆盖。审计结果为干部管理提供参考。

【审计整改】 2020年，杭州高新区（滨江）将审计整改工作纳入区级年度综合目标考核，提高各单位主要负责人的责任意识，建立审计问题整改清单，逐一进行销号，促进整改落实金额3457万元，上缴各类财政资金823万元。年底由区政府专题向区人大常委会报告审计整改情况，接受区人大常委会监督，同时加强与区纪委（监委）、区委组织部的联动，发挥各部门的职能作用，形成齐抓共管的监督合力，保障审计整改工作落到实处。按照财政审计、固定资产投资审计、企业审计、事业单位审计及经济责任审计五大类编制审计发现问题共性清单，清单包括问题领域、问题性质、常见问题表现形式、主要定性依据及建议措施5个方面，供各部门参考，防止问题屡审屡犯。

【财政管理和预算执行审计】2020年，区审计局开展2019年度财政预算执行、决算草案和其他财政收支情况审计。在落实公共资金审计监督全覆盖要求，重点关注资金运行和政策落实等方面，对"就业政策落实情况"和"保工资、保运转、保基本民生支出情况"等方面进行重点审计。开展浦沿街道财政决算审计，重点关注预决算管理、财务收支管理和资产资源管理等方面，通过审计，督促整改收回围垦土地租金65万元。

【科技创新重大政策落实情况专项审计】2020年3—5月，区审计局开展科技创新重大政策落实情况专项审计调查，重点关注杭州高新区（滨江）科技政策落实、资金运行、资金产出绩效等情况，发现财政性科技经费对基础研究、试验发展、共性技术攻关及科技成果转化投入不足、区域创新服务体系建设有待完善等问题，提出审计建议，促成相关部门完善科技创新管理等方面的制度。

【新冠肺炎疫情防控资金和捐赠款物专项审计】2020年3—5月，区审计局成立审计组，开展新冠肺炎疫情防控资金和捐赠款物专项审计工作，摸清采购流程，规范捐赠款物管理。完成上报相关报表材料80多份，抽查捐赠资金1838.68万元，抽查财政资金2049.58万元，现场盘点抽查捐赠物资196万件；推进相关单位边审边改。至5月，完成疫情防控资金和捐赠款物专项审计阶段性审计报告，发现问题2个，审计期间整改问题4个，提出建议2条。（单梦晶）

国有资产管理

【概况】至2020年底，杭州高新区（滨江）有区属国有及国有控股企业19家，其中直接监管企业6家、委托监管企业3家、各级子公司10家。全区国有企业资产683.36亿元，负债225.67亿元，净资产457.69亿元。区财政局完善国有企业监管制度，分层分类制定相关国企薪酬制度，实施国企工资总额管理，开展企业业绩考核，完善优化国有企业负责人薪酬。会同区人社局出台《杭州高新区（滨江）招商招才专员薪酬管理办法（试行）》。强化清廉国企建设，会同区纪委开展区属国有企业落实清廉国企建设专项检查，督促落实专项检查整改工作。

【国有企业改革】2020年，区财政局根据区党委全面深化改革委员会重点改革任务的部署要求，确定区属国有企业改革重组总体思路，调整完善国有企业股权及组织架构，完成国企改组改制，梳理整合国有资产，做大国有企业资产规模，构建国有集团公司大平台，提升国有企业融资能力。6月24日，区委常委会会议研究通过区财政局提交的区属国有企业改革重组方案。8月21日，主任区长办公会议研究通过国有企业改革中关于组建高新控股集团公司、杭州高新技术产业开发总公司事业单位与国有企业分离及全民所有制企业改制、杭州奥体博览中心滨江建设指挥部改制实施方案。9月24日、27日，区财政局分别出具《关于杭州奥体博览中心滨江建设指挥部改制工作事宜的批复》《杭州高新技术产业开发总公司改革重组有关事宜的批复》。10月底，完成杭州滨江奥体博览城开发建设运营管理有限公司改制及工商登记；完成杭州高新开发建设管理运营有限公司改组及工商登记。12月11日，组建杭州高新国有控股集团有限公司（简称“高新控股公司”），完成工商注册登记。同月18日，印发《关于调整区属国有企业出资人关系的通知》，调整理顺国有企业出资关系，构建以高新控股公司为主的1+N集团管理架构模式。明确国有企业做地主体模式，出台《关于进一步加强土地做地收储工作的实施意见》，明确高新开发公司、资产经营公司、城建发展公司、白马湖投资公司作为做地主体并明确部门职责分工。规划资源滨江分局、区财政局分别举办做地业务培训会、国有平台与金融机构融资座谈会。

【国有企业融资多元化】 2020年，区财政局引导国有企业在产业经济发展和城市能级提升中发挥主动作用和融资功能，推进区属国有企业多元化融资渠道。提升国有企业信用等级，6月16日和7月3日，区科创公司和区城建发展公司分别获评AA级主体信用等级，拓宽在资本市场的融资渠道。创新融资产品，9月7日，浙江省首支由地方政府平台公司发行的双创债——区科创公司2020年非公开发行公司债券成功发行，此次债券发行规模16亿元，期限为3+2年，票面利率为3.65%。10月26日，区资产经营公司完成定向债务融资工具（PPN）8.5亿元发行工作，票面利率3.6%，期限为3+3年。区财政局批复同意区城建发展公司申请发行20亿元私募公司债券，协调推进城建发展公司申报工作。12月9日，区财政局举办国资系统债券基础和国企改革融资业务培训会，提升国有企业申报债券融资业务技能。

【国有房产管理处置】 2020年4月9日，杭州高新区（滨江）组建国有房产管理工作专班，印发《关于成立区国有房产管理工作专班及明确责任分工的通知》，明确专班人员，细化工作责任分解。分批推进零星房源处置，委托市产权交易所公开挂牌处置零星房源拍卖工作；盘活成批闲置住宅房源，将部分安置类空置房源改造成人才类租赁房源，加大区人才租赁房源供给；理顺教育、卫生系统行业房产归口管理和非住宅类直管公房公司化归口管理；数字赋能开发国有房产信息系统，利用数字“驾驶舱”功能，实时反映区国有产业用房供需状况；谋划建设一批国有房产，落实2021年国有物业（产业用房、孵化器、工业综合体）建设方案和国有企业融资建设主体，增加人才房租赁房源。至年底，委托杭州产权交易所公开挂牌出售13套零星房产，拍卖成交总价2825万元。滨江城建发展公司完成钱塘·滨和花园457套人才租赁房源装修，印月尚庭91套、中兴花园32套住宅被纳入2021年度人才租赁房源实施装修。教育和卫生系统房产由各街道划转行业主管部门管理；非住宅类区直管公房由区房管中心划转区城建发展公司管理。

【水务一体化试点改革】 2020年5月20日，区财政局与市水务集团签署《水务合作框架协议》，6月22日，签署《滨江水务股权收购协议》《杭州滨江水务有限公司章程》。7月14日，杭州滨江水务有限公司完成工商股权变更登记。8月31日，区城管局与杭州滨江水务有限公司签订《杭州市滨江区城市供水特许经营协议》《杭州市滨江区污水运营与处理特许经营协议》《滨江区污水运营与处理服务协议》。水务一体化改革后，杭州市水务集团和区财政局分别占杭州滨江水务有限公司60%和40%股份，区域内供排水投资建设和运营按照两个特许经营协议约定执行。杭州高新区（滨江）率先完成水务一体化试点改革。区域水务一体化改革打破各区分散经营格局，以市水务集团为水务一体化经营平台，形成现代化配供水格局。（黄慧敏）

财税·金融

财　政

【概况】 2020年，杭州高新区（滨江）财政总收入358.43亿元，比上年增长4.8%，一般公共预算收入182.75亿元，增长4.1%，占财政总收入的51.0%。一般公共预算收入中税收收入172.60亿元，占一般公共预算收入的94.4%；一般公共预算支出126.34亿元，增长2.1%。全年非税收入118.71亿元，其中纳入一般公共预算收入管理的非税收入10.16亿元，土地出让金收入97.72亿元，其他政府性基金收入10.83亿元。

区财政局落实各级厉行节约精神和“过紧日子”要求，制定《关于坚持过紧日子确保财政收支平稳运行的通知》，对2020年区级部门一般性支出预算进行压减，压减非急需非刚性支出。至年底，压减、延缓非刚性、非重点项目支出4.02亿元。全区全年“三公”经费支出858万元，比上年下降17.1%。全区预算执行情况良好，财政收支平衡。

【财政收入稳中有升】 2020年，区财政局克服新冠肺炎疫情、降本减负、经济下行等减收因素带来的影响，加强重点税源管理，定期开展全区纳税百强企业的税收数据分析，通过注册、税收等信息数据比对，跟进分析企业业务剥离转移、股权变更转让等异动信息，掌握企业经营动态和税源流动情况，做好安商稳商工作，争取企业一次性税源入库。强化非税管理，加强协调沟通，跟踪出让地块挂牌进程，对接摘地单位，争取土地出让金及时入库。梳理各执收单位非税收入项目，动态更新全区收费目录清单，督促各执收单位及时足额上缴非税收入。争取债券资金，向上级财政部门申报各类政府债券，2020年新增地方政府专项债券20亿元，争取中央抗疫特别国债2.39亿元。

【新冠肺炎疫情防控和复工复产财力保障】 2020年，针对新冠肺炎疫情，区财政局强化“财为政服务”理念，为疫情防控和复工复产提供财力支撑。保障防疫经费，拨付疫情防控经费1.01亿元，重点保障疫情防护设备、物资采购等资金需求。落实惠企政策，拨付各类产业扶持资金61.04亿元，其中区本级41亿元、上级转移支付20.04亿元，创历年新高。减免国有物业租金8920万元，拨付区级疫情防控专项政策资金2.6亿元，组织40家疫情防控重点企业成功申请专项再贷款贴息资金3174万元，资金规模居全省第一位。拨付以抗疫特别国债为主的中央“两直资金”（直达市县基层、直接惠企利民的财政资金）5206万元，为7682户小微企业、出口企业和个体工商户降本减负。深化为企服务，开展“走亲连心三服务”“亲清三访”活动，走访服务企业615户次，帮助解决困难和问题42个；协同市财政局开展服务万企“云直通”杭州高新区（滨江）专场活动，实现屏对屏宣讲惠企政策、“面对面”为企答疑解惑。

【民生事业改善】 2020年，杭州高新区（滨江）投入区级一般公共预算民生支出99.61亿元，比上年下降0.4%，占一般公共预算支出总额的78.8%。投入26.91亿元保障教育医疗优质均衡发展，新建、扩建、续建学校13所，提升义务教育段教师工资待遇标准，落实社区卫生服务中心改造经费，支持推进“健康滨江”建设。投入24.55亿元用于科技创新及研发项目资助、北航杭州创新研究院合作项目等。投入3.25亿元支持文体事业发展，支持第十六届中国国际动漫节、第十四届（2020）杭州文化创意产业博览会等重大活动举办，保障奥体场馆、体育馆提升改造和“百姓健身房”“口袋”运动场等项目建设。投入14.43亿元提升社会保障功能，落实农转非拆迁人员大病医疗补助、退休人员节日慰问、就业补助等政策，支持各项社会保障事业发展。投入22.1亿元用于市政公用设施养护、市容环卫管理、绿化养护及整治、垃圾分类管理等。投入2.02亿元加大对口帮扶力度，持续保障对口支援、对口合作、山海协作、区县协作等经费，支持全面打赢精准扶贫攻坚战。投入6.35亿元支持平安滨江建设，保障公共安全，支持节能环保、农业发展项目资助等。

【城市建设保障】 2020年，杭州高新区（滨江）投入111.56亿元支持城中村改造、城市基础设施配套及区域环境质量改善等重点项目实施。投入33.36亿元保障推进征迁清零，投入11.25亿元推进地铁5号、6号、7号线滨江段建设，投入14.79亿元保障实施时代大道、江南大道、冠山路、浦沿路、滨盛路等改造提升工程，投入47.68亿元支持安置房建设，推进城中村改造，投入4.48亿元推进“五水共治”，支持“一区一鼎”行动。

【基层财政治理】 2020年，区财政局落实“基层组织建设年”任务，走访调研社区经费运行现状，修订完善《滨江区社区经费保障工作办法》。发挥数字化赋能基层财政治理作用，规范社区经费管理，试点推进社区财务集中支付改革，开发“社区资金集中监管平台”，率先在长河街道各个社区实现全覆盖，并在西兴、浦沿2个街道开展试点，实现对社区日常财务处理数据实时监控，有效防范化解社区财务运行风险。至年底，社区资金集中监管平台共审批资金2520笔、2.6亿元，集中支付系统支付社区运行经费2901笔、3477万元。

【预算绩效管理】 2020年，区财政局出台《杭州高新区（滨江）2020年预算绩效管理考核办法》（简称“办法”）等绩效管理制度，加快构建预算绩效管理体系。办法明确预算绩效管理考核包括事前绩效评估、绩效目标编报、绩效运行监控、绩效评价、绩效信息公开5个方面内容，将事前绩效评估和绩效公开建设首次纳入考核；设置5项一级指标和15项二级指标，细化扣分项，新增绩效评价的加分项；适当压减绩效管理资金覆盖率的考核分值，细化提升对绩效目标编报质量的考核，新增绩效监控和绩效评价结果应用考核。将考核结果纳入区对街道、部门综合考评，与下一年的预算安排和财政绩效管理双挂钩。建立区级绩效指标库，完成306条核心指标，指标量化率88%。对500万元以上的23个部门重点绩效项目实施财政重点监控，核减预算228万元。对8个政策项目实施绩效重点评价，涉及资金5337万元，发现问题72个，全部落实整改。

【财政监督管理】 2020年，杭州高新区（滨江）规范政府债务管理，按照5年化债（化解债务）计划，采取有效措施，开展隐性债务化解工作。全年完成隐性债务化解30亿元，完成年度化债任务，累计化债率40.7%。强化政府投资项目管理，跟踪项目进度，有序拨付项目资金，确保项目推进。健全项目审核制度，优化审核程序，不断提升预算、结算、竣工财务决算审核质量，有效控制项目成本。全年审核拨付政府投资项目资金99.3亿元；审核预算项目273个，审核金额56.19亿元，净核减1.97亿元；审核结算项目243个，审结金额4.54亿元，净核减0.14亿元；批复竣工财务决算项目100个，批复金额108.33亿元。加强政府采购监管，全面排查采购项目，清理入围招标项目。依法处理有关政府采购项目投诉事项，立案调查并处罚采购代理机构3家。优化政府采购营商环境，印发《关于进一步优化营商环境开展政府采购意向公开工作的通知》，启动政府采购支持中小企业信用融资工作。组织开展全区单一来源采购项目专项检查，督促采购单位完成问题整改，健全管理制度，形成长效监管机制。加强对采购单位、采购代理机构的业务培训和指导，提高从业人员专业化水平。加强财政票据监管，组织全区各执收单位开展财政票据自查工作，按要求开展票据“双随机”抽查，发现并纠正存在的问题。实现电子票据管理系统上线运行，全面推广电子票据开具工作，审核电子票据赋码单位37个，赋码各类财政票据12万余个。

（周贵勇）

税　务

【概况】 2020年，杭州高新区（滨江）有纳税户6.52万户，其中企业纳税人5.37万户，个体工商户1.15万户。全年完成各项税费收入457.25亿元，其中：税收收入355.49亿元，增收12.25亿元，比上年增长3.57%；社保费及非税收入101.76亿元，下降14.62%。各项税收收入中，增值税收入121.99亿元，企业所得税收入109.84亿元，个人所得税收入80.68亿元，城市维护建设税收入14.07亿元，印花税收入2.97亿元，土地增值税收入9.22亿元，房产税收入6.99亿元，车辆购置税收入5.44亿元，其他税收收入4.29亿元；各项社保费及非税收入中，社保费收入89.68亿元，教育费附加收入5.59亿元，地方教育附加3.76亿元，残疾人就业保障金2.19亿元，文化事业建设费0.03亿元，其他收入（工会经费）0.51亿元。区税务局推进超24万余人的个人所得税综合所得首次年度汇算，处理4786户次自然人异议申诉，首次年度汇算申报补税1.99万人，计3860.39万元，申报退税14.87万人次，计9950.49万元。

【税收营商环境深化】 2020年，区税务局在原有“税+X”办税提效工程的基础上，通过多部门联合，推进简政放权，降低办税成本，推出深化“税+X”办税再提效项目。与区市场监督管理局、区人力社保局、区住建局、规划资源滨江分局等部门合作，通过派驻工作人员到各部门窗口办公，在区行政服务中心设置联办窗口等形式，共享空间和资源，解决纳税人一个事项多头跑的问题，将“最多跑一次”升级为“一次跑多家”，缩短纳税时间，节约办税成本。与区市场监管局联办企业开办一件事，领取营业执照加办理税种登记、一般纳税人认定、发票领用、税控盘发放等一系列涉税事项，全套通办只需要30分钟。与区不动产交易中心联办契税业务，设置联办窗口，一比一配比办理不动产交易过程中涉及的契税相关业务，至年底，办理契税业务2756件。与区人力社保局联办社保费补缴业务，至年底，办理社保补缴业务3823件。在“车天车地”汽车城设置车购税自助办税机，办理车购税的申报征收等涉税事宜，实现从购车到上牌一次办结。

【新冠肺炎疫情期间的减税降费】 2020年，区税务局落实国务院支持新冠肺炎疫情防控和复工复产的21项税费优惠政策、浙江省支持小微企业渡过难关的17条意见等疫情防控税费优惠政策，助力杭州高新区（滨江）企业复工复产。至年底，全区办理缓缴512户次，缓缴金额58.5亿元；落实“五减”（减税、减费、减租、减息、减支）相关税收政策7.75亿元；落实“降本减负”相关税收政策90.35亿元；做好阶段性减免企业单位应缴纳的社会保险费、社保费延期缴纳工作，共办理社保缓缴2180户、1.6亿元，社会保险费阶段性减免惠及3.44万户，减免34.45亿元。

【企业复工复产税务服务】 2020年，区税务局利用多种方法支持企业复工复产。利用“滨税嘟嘟”语音呼叫台，将各种资讯以语音形式通知企业，帮助纳税人涉税咨询“零跑路”。组建涉税中介交流群，包括150多家中介、300多名中介从业人员，辐射区内7000多家企业。通过涉税中介了解区内中小企业的经营情况和涉税需求，针对热点问题开展政策辅导和办税服务。制订办税服务应急预案，组建党员先锋队“滨税先锋”，随时支援办税服务厅。帮助驻企业志愿者执行“五查五登记”工作，协助企业核实人员信息和健康状况，帮助企业做好出入管控、定时消毒等工作。对各类特殊业务，明确电话咨询、分类指引、预约登记、按期办结的流程；为区内疫情保供企业安排“一对一”服务，实时对接企业涉税需求，优先处理其涉税业务。全年，区税务局实现网上办税率96.96%，办税服务厅日均取号量比上年下降45.42%。

【增值税电子普通发票推广】 2020年，区税务局推广增值税电子普通发票，明确部门职责分工，按照先易后难、先大后小的原则，将纸质发票使用量大的纳税人作为推行工作的重点。推行方法采用“纵向+横向”相结合的方式，纵向采用分步骤分阶段逐户通知，横向采用组建专班实时介入的形式开展。至年底，完成电子普票推广2.95万户。电子发票开具174.29万份，占全部增值税普通发票开具份数的99.5%，电子发票开具基本实现全覆盖。

【税务司法协作】 2020年，区税务局推动建立税务司法沟通协调机制，深化税务司法协作。实现与区检察院信息互通，分析区检察院移送的个人涉嫌虚开增值税发票案件，结合岗位职责将相关线索移交稽查处理，并回函处理进度情况。对接市中级人民法院、区法院，根据区税务局破产债权申报内部操作流程文件规定，统筹做好企业破产债权申报工作。至年底，申报破产债权36户、1.98亿元，入库税费款2.35万元。加强与区法院的沟通协调，做好“职业放贷人”税费征收工作，至年底，接收3件区法院《关于协助征收税费的函》，征收税费17.37万元。

【税收大数据和风险管理】 2020年，区税务局加强增值税发票后续管理，梳理历年发票虚开共性特征，建立新办纳税人风险指标过滤机制及存量纳税人关联方解剖机制，持续打击和防范增值税发票虚开行为。开展风险应对工作，对22批172户次纳税人实施提示提醒、纳税辅导、纳税评估等风险应对工作，补缴税款1002.78万元，加收滞纳金99.8万元，调减增值税留抵税额785.36万元。

（王　俨）

金　融

【概况】 杭州高新区（滨江）银行业、证券业、保险业归属于杭州市统一管辖，统一由“一行两会”负责监管。区内金融业主要有小贷、担保、典当等非银行业金融机构。2020年，全区有4家小额贷款公司，注册资金合计7亿元，贷款余额8.27亿元，累计发放贷款384笔，实现营业收入5854.26万元，净利润2573.45万元，年均贷款利率13.9%。有5家融资性担保公司，注册资金20.5亿元，担保业务金额174.9亿元，担保户数264万户，其中，为小微企业和“三农”担保金额14.18亿元，担保户数390户。担保业务期末责任余额81.87亿元，担保户数192万户。有典当法人企业5家，注册资金1.16亿元，发生典当总额1.33亿元，业务笔数957笔，服务收入182万元。

2020年，杭州高新区（滨江）举办创业板注册制改革培训、上市公司董事长及高管培训、拟上市企业培训，助力企业融资发展，全年新增上市企业6家（累计培育53家，数量居全省第一位），已过会7家，上市工作受省政府督查激励，经验总结在省改革办《领跑者》刊登。加强与上海证券交易所、深圳证券交易所等战略合作，与财通证券、杭州银行、国家开发银行浙江省分行、中国工商银行杭州分行、杭州联合银行等8家金融机构签订战略合作协议，集聚更多金融资源。发挥政府产业基金作用，开展合作基金、股权投资等业务，运作子基金22只，总规模45.15亿元，累计投资项目256个，投资金额26.22亿元，其中新增直投项目5个，投资金额2.35亿元；为区内重点企业提供转贷资金63笔，转贷金额39.51亿元，在保余额3.14亿元，在保企业47家，有效化解资金风险，为企业解决融资难问题。

2020年驻杭州高新区（滨江）保险公司机构

表12

类型	机构全称	机构地址
财险	渤海财产保险股份有限公司浙江分公司杭州营业部	滨江区江南大道618号东冠大厦7楼
	中国平安财产保险股份有限公司浙江分公司滨江支公司	滨江区共联路新州花苑商铺11号1～2层
	长安责任保险股份有限公司杭州市滨江支公司	滨江区滨和路188号
	阳光财产保险股份有限公司滨江支公司	滨江区西兴街道滨安路222号
	中国人民财产保险股份有限公司杭州市分公司滨江支公司	滨江区启智街36号
	中国太平洋财产保险股份有限公司杭州市滨江支公司	滨江区滨康路222号
	中华联合财产保险股份有限公司杭州市滨江支公司	滨江区西兴街道滨安路126-7号
	浙商财产保险股份有限公司滨江支公司	滨江区长河街道泰安路239号盾安发展大厦9楼
	浙商财产保险股份有限公司电销中心	滨江区滨文路470号18号楼
人身险	中国人寿保险股份有限公司杭州市滨江支公司	滨江区西兴街道江陵路1916号兴祺大厦1幢一层112～114室、四层401～406室
	华夏人寿保险股份有限公司浙江分公司杭州滨江营销服务部	滨江区西兴街道滨盛路1509号天恒大厦2502室
	中国平安人寿保险股份有限公司浙江分公司滨江区营销服务部	滨江区西兴街道月明路560号1幢2号楼2楼、4楼404～412室
	中国太平洋人寿保险股份有限公司杭州市滨江支公司	滨江区江南大道380号1幢10层1003～1007室
	泰康人寿保险有限责任公司浙江电话销售中心	滨江区江南大道3888号信雅达科技大厦7楼
财险（省公司）	渤海财产保险股份有限公司浙江分公司	滨江区江南大道618号东冠大厦7楼
	太平科技保险股份有限公司浙江分公司	滨江区长河街道泰安路239号11层1103～1104室

2020年驻杭州高新区（滨江）银行机构

表13

序号	银行机构名称	下辖分支机构数量	机构地址
1	工商银行杭州钱江支行	8	滨江区江晖路1761～1767号
2	农业银行杭州滨江支行	10	滨江区江南大道288号
3	中国银行杭州滨江支行	5	滨江区江南大道3806号

续表13

序号	银行机构名称	下辖分支机构数量	机构地址
4	建设银行杭州滨江支行	8	滨江区江南大道480号
5	交通银行杭州滨江支行	1	江南大道588号恒鑫大厦105室、2006室
6	邮储银行杭州市西兴镇支行	0	滨江区滨安路162～168号
7	浙商银行杭州滨江支行	0	滨江区新联路625号
8	中信银行杭州滨江支行	0	滨江区江南大道1090号中南国际商城
9	华夏银行杭州滨江支行	0	滨江区江南大道288号
10	光大银行杭州滨江支行	0	滨江区江南大道123～127号
11	民生银行杭州滨江支行	2	滨江区长河街道江南大道588号恒鑫大厦裙楼1楼105室及主楼8楼808室
12	渤海银行杭州滨江支行	0	滨江区江南大道380号
13	恒丰银行杭州滨江支行	1	滨江区泰安路九号星光中心
14	浦发银行杭州钱塘支行	0	滨江区西兴街道江陵路2028号星耀城一期3幢1层、20层
15	兴业银行杭州滨江支行	1	滨江区江南大道90号中化大厦B座
16	招商银行杭州西兴支行	1	滨江区阡陌路459号聚光中心D座101室
17	招商银行杭州钱塘支行	0	滨江区滨盛路1869号
18	招商银行杭州滨江支行	0	滨江区滨盛路4305号
19	平安银行杭州滨江支行	0	滨江区江南大道4288号
20	广发银行杭州滨江支行	0	滨江区江南大道1088号中南国际1～2层
21	杭州银行滨江支行	5	滨江区钱龙大厦1～2楼
22	杭州银行科技支行	0	滨江区江南大道3850号创新大厦1～2层
23	北京银行杭州滨江小微企业专营支行	1	滨江区滨盛路1509号
24	上海银行杭州滨江支行	0	滨江区江南大道380号
25	南京银行杭州滨江科技支行	0	滨江区滨盛路1508号
26	江苏银行杭州滨江小微企业专营支行	0	滨江区滨盛路汉氏大厦1786号
27	宁波银行股份有限公司杭州高新支行	1	滨江区滨康路308号聚才大厦2幢
28	稠州银行杭州滨江支行	0	滨江区滨盛路1501号银丰大厦1楼
29	泰隆银行杭州滨江支行	0	滨江区江南大道3850号
30	民泰银行杭州滨江小微企业专营支行	0	滨江区滨康路228号万福中心B座
31	金华银行杭州滨江小微企业专营支行	0	滨江区江南大道288号康恩贝大厦B座
32	杭州联合银行西兴支行	5	滨江区西兴街道固陵路12号
33	杭州联合银行长河支行	4	滨江区长河街道长江路21号
34	杭州联合银行浦沿支行	5	滨江区浦沿街道东冠路793号

2020年驻杭州高新区（滨江）证券机构

表14

序号	企业名称	企业地址
1	大通证券股份有限公司杭州星光大道证券营业部	滨江区江南大道288号1幢502–3室
2	国元证券股份有限公司浙江分公司	滨江区长河街道江汉路1785号网新双城大厦4幢2201–1室
3	财通证券股份有限公司杭州江南大道证券营业部	滨江区长河街道江南大道380号1幢1层109室
4	国泰君安证券股份有限公司杭州滨江科技馆街证券营业部	滨江区长河街道科技馆街1505号凯瑞金座101室
5	中泰证券股份有限公司杭州滨和路证券营业部	滨江区西兴街道滨和路598号星澳商务中心1幢1805室
6	中信证券股份有限公司杭州火炬大道证券营业部	滨江区浦沿街道火炬大道581号C座114室、115室、701室
7	民生证券股份有限公司杭州长河路证券营业部	滨江区长河路1318号1幢2102室
8	海顺证券投资咨询有限公司浙江分公司	滨江区长河街道江汉路1785号网新双城国际1幢2501室
9	国信证券股份有限公司浙江互联网分公司	滨江区长河街道滨盛路1688号明豪大厦1002室、1005室
10	华创证券有限责任公司杭州伟业路证券营业部	滨江区伟业路601号
11	浙商证券股份有限公司杭州滨江威陵大厦证券营业部	滨江区江南大道380号505室、506室、507室
12	华泰证券股份有限公司浙江分公司	滨江区江虹路1750号信雅达国际创意中心1幢2302～2306室、2404室
13	方正证券股份有限公司杭州滨江通和路证券营业部	滨江区通和路68号4楼B区403室
14	新时代证券股份有限公司杭州江虹路证券营业部	滨江区江虹路1750号信雅达国际创意中心1幢2406室
15	中信证券股份有限公司杭州滨盛路证券营业部	滨江区滨盛路1508号海亮大厦1层104室、2层203室
16	中山证券有限责任公司杭州江陵路证券营业部	滨江区西兴街道江陵路2028号星耀城3幢1001–3室、1001–4室
17	恒泰证券股份有限公司杭州江南大道证券营业部	滨江区长河街道江南大道588号主楼12层1203室、1205室
18	安信证券股份有限公司杭州滨盛路证券营业部	滨江区滨盛路1688号明豪大厦7层705室
19	信达证券股份有限公司浙江分公司	滨江区西兴街道丹枫路676号香溢大厦7层702室
20	东莞证券股份有限公司浙江分公司	滨江区西兴街道丹枫路788号1幢101室
21	华福证券有限责任公司杭州江南大道证券营业部	滨江区西兴街道江南大道88～96号（双号）1–A楼2层1–3室

【新增上市企业6家】 2020年，杭州高新区（滨江）新增浙江泰林生物技术股份有限公司、杭州光云科技股份有限公司、网易（杭州）网络有限公司、杭州泰格医药科技股份有限公司、杭州山科智能科技股份有限公司、浙江中控技术股份有限公司6家上市公司。累计培育上市公司53家、"新三板"挂牌企业106家，数量居全省各区县（市）第一位。区领导带队走访企业110多家，了解企业上市进程，解决拟上市企业的困难；完成上市、拟上市企业募投项目备案38个；帮助上市公司、拟上市公司出具联系函120次。

【上市后备企业培训】 2020年，杭州高新区（滨江）举办大型资本市场专题培训3次。5月21日，创业板改革并试点注册制政策解读暨杭州资本市场拟上市企业IPO专项辅导交流会在区文化中心举办，介绍深圳证券交易所创业板注册制改革及企业上市辅导重点关注事项，助力企业及时掌握资本市场的发展趋势和政策动向，抢抓创业板发行制度改革红利。10月28日，杭州高新区（滨江）上市公司高质量发展大会在区文化中心举行，邀请浙江证监局和财通证券专家讲解上市公司最新监管要求和并购重组业务，提升企业发展质量和效益。11月26日，全景网杭州路演中心举办为期2个月的拟上市后备企业培训，69家区内拟上市企业高管参加。邀请金融监管部门、沪深港交易所及中介机构专家就注册制全面推行下的上市发行进行实务培训，并与企业探讨上市要点问题、审核经验交流等话题。

【上市后备企业梯队建设】 2020年，杭州高新区（滨江）认定上市后备企业75家。根据《关于推进企业上市和并购重组的实施意见》和"百家上市公司"行动计划，开展上市后备企业的认定和培训工作。梳理瞪羚企业、"独角兽"、准"独角兽"、行业隐形冠军的重点企业，鼓励符合上市的企业股改和辅导备案，加快上市进程。至年底，在浙江证监局辅导企业18家，过会7家，报会企业2家，涵盖新一代信息技术、生物健康、智慧城市等高新行业，形成多层次、密集型的上市后备企业梯队。

【杭州高新区（滨江）和工商银行杭州分行签订战略合作协议】 2020年11月3日，杭州高新区（滨江）与中国工商银行杭州分行在分行大楼签订"1+N"战略合作协议，围绕国有平台整合、区域重点板块建设、新兴产业扶持、智慧政务服务升级等重点领域开展全面合作。根据协议，在2021—2023年，中国工商银行杭州分行向杭州高新区（滨江）实体经济和社会发展提供不少于等值人民币500亿元的意向性融资。工行杭州分行综合运用项目融资、资本市场融资等金融产品和服务，助力国有平台公司更好发挥项目建设、产业培育等职能。重点支持白马湖、奥体、浦沿、滨富特别合作区等区块政府项目及辖区内企业建设等。加大对区内特色科技型企业的培育扶持，提供定制化融资产品，包括瞪羚贷、科技积分贷、人才贷、科创贷，为区内中小型企业及产业园区提供普惠金融服务，包括固定资产购建贷、税务贷、结算贷、住房抵押贷款等，助力杭州高新区（滨江）建设现代化产业体系。助推杭州高新区（滨江）智慧政务服务升级，为行政事业机构的资金收藏、支付结算、代收代理、现金管理等需求提供定制化平台化的方案和金融服务。

（来　霖）

高新技术产业

综　述

2020年，杭州高新区（滨江）规模以上工业增加值704.2亿元，比上年增长10.8%，总量居全市第一位，其中高新技术产业、战略性新兴产业和装备制造业增加值分别增长11.1%、11.2%和11.7%。信息技术产业优势明显，实现收入3956.88亿元，增长11%；数字经济核心产业实现增加值1343亿元，增长16.6%，占地区生产总值76.9%，居全市第一位，综合评价总指数居全省第一位。

2020年，杭州高新区（滨江）获评浙江省高新区亩均效益领跑者、国家双创示范基地、全国首批先进制造业和现代服务业融合试点、全省唯一五星级国家新型工业化产业示范基地、浙江省制造业高质量发展示范区、浙江省数字经济创新发展试验区。拥有国家软件和信息技术服务竞争力百强企业10家，国家规划布局内重点软件和集成电路设计企业40家，占全省70%；认定国家高新技术企业692家，其中新认定385家；有效数1500家，居全省前列，实现三年倍增目标。新增上市企业6家（其中2家企业是二次上市），上市企业累计53家。新认定“瞪羚企业”307家，5家企业入选省级“雄鹰企业”培育库，新增省级产业链上下游企业共同体6个。新增国家科技进步奖二等奖2项、国家技术发明奖二等奖2项。新增浙江省科学技术奖励12项（其中一等奖4项），获奖数居全省第一位。新认定省重点实验室2家，省级企业研究院9家，省、市研发中心140家，新立项科技部“科技助力经济2020”重点专项1项、省级重点研发项目28项，居全省第一位。杭州海康威视数字技术股份有限公司获省政府质量奖，滨江区获全省唯一区县级省政府质量奖组织奖。　　（张　瑜）

2020年杭州高新区（滨江）数字经济及相关产业情况

表15

指标名称	营业收入（规上）		增加值	
	总量（亿元）	增速（%）	总量（亿元）	增速（%）
数字经济核心产业	3757.6	12.9	1343.0	16.6
电子商务产业	541.9	14.1	364.8	14.3
云计算与大数据产业	1386.9	19.0	659.8	17.6
物联网产业	1545.9	5.8	460.8	12.8
数字内容产业	1718.4	12.7	769.1	15.6
信息软件产业	2316.9	11.9	920.4	16.3
电子信息制造产业	2057.5	13.2	591.2	18.2
集成电路产业	133.0	26.3	39.9	24.6
机器人产业	12.6	30.4	4.0	22.1

（区统计局）

通信设备产业

【概况】 2020年，杭州高新区（滨江）通信设备制造业实现营业收入1885.27亿元，比上年增长11.4%；利润总额247.47亿元，增长6.7%。全区形成从元器件制造供应到系统设备对接到通信网络技术服务的网络通信设备产业链，宽带接入设备、企业级路由器等产品市场份额居全国第一位。5G基础研发项目布局，紫光股份有限公司5G研发项目落户；全区入选杭州市5G产业项目数量居全市第一位。全球移动设备供应商前8家中有7家在区内设有企业或研发中心。加快结构优化和转型升级，形成以新华三集团、华为杭州研究所、诺基亚研究所、东方通信股份有限公司等领军企业为代表的百亿级通信设备制造产业集群。新华三集团发布自主可控的5G核心网高端路由器，设备达到国外厂商同类产品水平。东方通信股份有限公司承担2020年全国“两会”通信保障任务，组织人员15人次、车辆6辆，设置保障站点22座，完成保障任务。新华三集团为山西省太原地铁提供城轨线网云解决方案，保障太原地铁开通运营；获2020CEIA“年度最佳数字媒体方案提供商”。

【威力克无线通信系统保障极地科考】 2020年，浙江威力克通信股份有限公司（简称“威力克”）承建极地科考船雪龙2号手机及ELTE（1.4G专网频段的LTE网络）集群系统无线信号覆盖工程。威力克负责建设极地科考专用的宽带ELTE集群系统，满足3个运营商基础的语音通信综合无线系统。工程采用综合分布系统，各类无线通信方式在船舶内部所有区域实现强信号全覆盖，并实现科考船周围15千米范围内均能使用ELTE集群系统进行无线通信应用，确保科考工作顺利进行。威力克是信息通信产品、网络解决方案和智慧应用服务的提供商，致力于为社会的数字化、网络化、智慧化发展营造稳定、安全、高效、全方位的通信环境。

【2020 NAVIGATE领航者峰会首次以“屏对屏”模式举行】 2020年4月20—25日，2020 NAVIGATE（领航）领航者峰会举行。峰会由紫光集团和旗下新华三集团主办，1.6万人在线观看，以“智·变”为主题，首次以“屏对屏”模式进行，通过33个专题、120多场演讲，围绕“智·变”相关的核心技术支撑与演进方向，展示新华三集团在智能数字基础设施、云与智能平台、主动安全、统一运维，以及联合生态伙伴共同构建智慧应用的能力和一站式数字化解决方案。在峰会主论坛上，发布“AI in ALL”（人工智能无处不在）智能战略；公布“数字大脑计划2020”升级版。成立紫光云与智能事业群，升级“紫光云”系统，推出新一代融合云桌面方案等。活动邀请英特尔公司市场营销集团副总裁兼中国区总经理、慧与（中国）有限公司（HPE）首席技术官兼核心实验室主任，分享智能时代的变革与创新。峰会上，参会嘉宾针对所处的行业以及所关注的议题，通过线上直播内容和交互中获得个性化参会体验。

【紫光股份5G研发项目落户杭州高新区（滨江）】 2020年5月30日，杭州高新区（滨江）与紫光股份有限公司（简称

2020年5月30日，杭州高新区（滨江）与紫光股份有限公司签署合作协议

（区经信局 供图）

"紫光股份"）签署合作协议，宣布"5G网络应用关键芯片及设备研发项目"落户杭州高新区（滨江）。区委书记王敏、区长李志龙等区领导，紫光股份联席总裁、新华三集团首席执行官于英涛等出席仪式。李志龙与于英涛代表双方签署协议。合作围绕云计算、通信与网络、大数据、人工智能、工业互联网等新基建领域，共同推进紫光股份更多优质资源落户杭州高新区（滨江），加快培育"千亿新华三"、构建云计算行业服务生态圈，加速全区数字经济和制造业高质量发展。双方计划共建数字城市治理新样板，共同探索智慧项目的应用场景落地，建设杭州城市大脑的滨江样板。

【三维通信获评"2020年度无线通信技术及解决方案提供商"】 2020年8月，*APAC CIO Outlook*（《亚太首席信息官展望》）公布2020年度亚太地区"Top10 Wireless Tech Companies"（十大无线科技公司）榜单，浙江三维通信股份有限公司（简称"三维通信"）获评亚太地区2020年度无线通信技术及解决方案提供商。三维通信作为通信领域高科技企业，向海内外客户提供专业的移动通信、行业专网、工业物联网、卫星通信、互联网内容营销等领域的产品及运营服务，设有大数据研究院、南邮物联网研究院、博士后科研工作站等，专注5G、物联网等核心技术的研究开发及人才培养。*APAC CIO Outlook*是一本面向首席信息官、首席技术官以及其他高层级互联网技术购买者和决策者人群的专业杂志，专注于向电商企业首席惊喜官群体分享企业IT的经验、智慧与建议。

【新华三S12500R融合交换路由器获"2020年度技术卓越奖"】 2020年9月18日，新华三集团（简称"新华三"）推出S12500R融合交换路由器，在媒体IT168年度评选中获"2020年度技术卓越奖"之"2020年度最佳创新产品奖"。新华三S12500R融合交换路由器是面向广域网、5G承载网及数据中心DCI互联场景的交换路由器产品，采用CLOS+多级多平面正交交换架构，可提供超强的转发性能和广域流量调度特性。S12500R单机可提供3072个线速10G端口、25G端口，768个线速40G、100G、400G端口，具备超高密度万兆和高密40G、100G、400G功能；面对广域网流量突发特征，采用"分布式入口缓存"。IT168为IT（互联网技术）垂直门户媒体，"技术卓越奖"获奖产品由首席信息官、首席技术官、IT媒体等选出。（张　瑜）

信息软件产业

【概况】 2020年，杭州高新区（滨江）信息软件产业实现营业收入3186.46亿元，比上年增长14.8%；利润总额608.52亿元，增长15.9%。集聚全国软件和信息技术服务业竞争力百强企业10家，创业慧康科技股份有限公司、杭州安恒信息技术股份有限公司等国家规划布局内重点软件企业40家。根据科技部火炬中心对全国软件基地的最新排名，杭州国家软件产业基地综合排名居第二位。信息化发展水平连续6年列全省第一位。举办中国国际软件博览会、网易未来大会、安恒西湖论剑·网络安全大会。恒生电子股份有限公司收购广州安正软件股份有限公司。

【8家企业入选全国软件业务收入百强名单】 2020年1月19日，工业和信息化部公布2019年中国软件业务收入前百强企业发展报告。杭州海康威视数字技术股份有限公司、浙江大华技术股份有限公司、新华三技术有限公司、中控科技集团有限公司、恒生电子股份有限公司、信雅达系统工程股份有限公司、银江股份有限公司、杭州士兰微电子股份有限公司8家杭州高新区（滨江）企业入选，其中杭州海康威视数字技术股份有限公司排名第六位，浙江大华技术股份有限公司排名第16位。名单主要评定企业在规模效益、研发创新、新兴领域成长、深化国际布局和对新经济发展支撑作用等方面所取得的成就和突破。

【第四届万物生长大会·信息安全与金融科技专场在杭州高新区（滨江）举行】 2020年6月29日，第四届万物生长大会·信息安全与金融科技专场在杭州高新区（滨江）物联网小镇举行。大会由市政府和中国投资发展促进会主办，全国信息安全及金融科技领域准“独角兽”企业、一线投资机构等代表90多人参加。专场以“信息安全与金融科技”为主题，分享行业优秀实践案例，探讨信息安全的未来趋势。杭州电子科技大学网络空间安全学院副院长徐明做题为“智能安全与安全智能”的分享，杭州银行、财通证券股份有限公司、纳里健康科技有限公司代表分别从银行、券商和医健视角发表信息安全在其行业的应用与发展的演讲。杭州沃趣网络科技有限公司、美创科技有限公司、杭州每刻云科技有限公司作为新技术、新模式、新业态、新产业的代表，与现场行业代表、专家学者分享企业的发展历程。

2020年6月29日，第四届万物生长大会·信息安全与金融科技专场在杭州高新区（滨江）物联网小镇举行　（区委宣传部　供图）

【省级首版次软件产品应用推广指导目录入选数全省第一】 2020年7月8日，省经信厅公布《2020年浙江省首版次软件产品应用推广指导目录》，杭州高新区（滨江）20家企业的软件产品入选，占全市51%，获评数量全省第一。省级首版次软件产品应用推广指导目录主要考核评定企业的软件产品功能或性能有重大突破，具有技术领先优势或者打破市场垄断，填补国内空白的创新产品，支持一批技术水平高、带动力大、竞争力强的首版次软件产品的推广应用。

2020年杭州高新区（滨江）入选省级首版次软件产品应用推广指导目录名单

表16

序号	产品名称	企业名称
1	趣链面向企业的极速可编程区块链平台软件V1.8	杭州趣链科技有限公司
2	创业智慧社区医疗与健康服务系统软件V2.0	创业慧康科技股份有限公司
3	猛犸大数据平台软件V5.1	网易（杭州）网络有限公司
4	明度智慧制药信息化MES软件V1.0	浙江明度智控科技有限公司
5	远望网络安全管理支撑系统软件V1.0	浙江远望信息股份有限公司
6	新迪CADV1.0	杭州新迪数字工程系统有限公司
7	银通大数据定时智能反欺诈系统V1.0	连连银通电子支付有限公司
8	网易轻舟微服务平台软件V1.0	杭州朗和科技有限公司
9	基于大数据技术的网络行为安全分析平台V3.0	杭州安恒信息技术股份有限公司
10	人工智能驱动的智慧城市管理平台软件V1.0	城云科技（中国）有限公司
11	宇视实景指挥管理软件V1.0	浙江宇视科技有限公司
12	聚安统一授权认证系统 V1.0	浙江汇信科技有限公司

续表16

序号	产品名称	企业名称
13	mi8工程企业管理软件V5.1	杭州新中大科技股份有限公司
14	虹软车载疲劳与分心预警嵌入式软件V1.0	虹软科技股份有限公司
15	基于云计算大数据人工智能技术的智慧税务大脑软件V1.0	税友软件集团股份有限公司
16	东信北邮物联网智能监测系统软件V1.0	杭州东信北邮信息技术有限公司
17	智能巡检机器人集中管理系统V1.0	浙江国自机器人技术有限公司
18	HUNDSUN智能客服系统软件V1.0	恒生电子股份有限公司
19	中软安人小安智能政务服务机器人软件V2.0	杭州中软安人网络通信股份有限公司
20	汉尚教考APPV1.0	杭州恒生数字设备科技有限公司

【安恒信息获全球工业互联网大奖“湛卢奖”】 2020年7月10日，2020全球工业智能峰会在上海举行。作为世界人工智能大会云端峰会的主题论坛之一，峰会以“创新·融合·筑基，开启智能工业未来”为主题，采取“线下互动+线上直播”形式。会上，首次评选首个全球工业互联网大奖——“湛卢奖”，有18家企业获奖，杭州安恒信息技术股份有限公司（简称“安恒信息”）为工业安全方向唯一获奖者。安恒信息打造一站式工业互联网安全服务平台，构建“一池一脑一网，N平台多生态”运营体系。平台通过提供基于SaaS（软件即服务）化的在线产品服务与解决方案，为用户提供方便快捷、安全的服务，实现“安全即服务”。“湛卢奖”评选分为工业引擎、最具活力平台、工业安全、工业互联网创新、新秀、伯乐6个方向，涵盖工业互联网各领域。评审专家委员会由联合国工业发展组织、工业互联网产业联盟（AII）、美国工业互联网联盟（IIC）、中国工程院专家和知名投资机构代表，以及美国、欧盟等行业内的权威代表组成，通过双盲评审的形式进行评选。

资料：“一池一脑一网，N平台多生态”

“一池”，将工业企业安全咨询、评估、防护、安全应急响应等技术与服务实现在线部署，为企业提供完备的工业互联网安全服务资源池。“一脑”，建设工业安全大脑，全面收集、分析工业安全数据，实现对工业互联网威胁的自动化、智能化响应和处置。“一网”，建设贯穿行业、区域、市级的工业互联网在线监测网络，提供全方位、全天候的安全监测服务。“N平台”，以此平台为核心打造行业级、区域级的工业互联网安全运营子平台。“多生态”，汇聚工业互联网平台服务商、云服务厂商、设备制造商构建共建、共赢的强大生态体系。

【宇视科技成为国家信息安全漏洞库支撑单位】 2020年7月22日，国家信息安全漏洞库（CNNVD）公示2020年度新增技术支撑单位，全国有16家单位入选，浙江宇视科技有限公司（简称“宇视科技”）入选。CNNVD依据中央授权，由中国信息安全测评中心建设运行维护，在信息安全漏洞搜集、重大漏洞信息通报、高危漏洞安全消控等方面发挥作用，为中国重要行业、关键基础设施的安全保障工作提供技术支撑和数据支持。宇视科技主营IP视频监控产品，是AIoT（人工智能物联网）行业唯一涉及视频监控、网络架构设计、视频安全防护的企业，拥有独立安全实验室，配备研发团队50人，专注物联网安全漏洞挖掘。宇视科技从事视频安全相关业务14年，获国家信息安全中心认证、国家密码局和公安部检测机构等权威机构认证，有安全创新专利30多项。

【省级软件产业高质量发展重点项目入选数全省第一】 2020年10月10日，省经信厅公布入选2020年浙江省软件产业高质量发展重点项目名单，网易（杭州）网络有限公司、浙江大华技术股份有限公司等35个杭州高新区（滨江）软件产品项目入选，获评数量居全省第一位。

2020年杭州高新区（滨江）入选省级软件产业高质量发展重点项目名单

表17

序号	项目名称	企业名称	申报方向
1	面向MaaS的城市轨道交通出行数据可信与智慧服务平台关键技术研发及应用	八维通科技有限公司	行业应用软件
2	面向智慧城市的市容AI管理系统研发及应用	城云科技（中国）有限公司	智慧城市
3	基于国产软件的数字市民云服务平台	浙江创建科技有限公司	行业应用软件——智慧城市
4	创业智慧医疗物联网接入基础平台软件	创业慧康科技股份有限公司	应用软件
5	基于物联感知的数据智能云平台	浙江大华技术股份有限公司	行业应用软件
6	面向大数据的工业互联网态势感知平台	杭州迪普科技股份有限公司	行业应用软件
7	基于自主可控LFS标准的中间件及平台研发	东方通信股份有限公司	关键基础软件——中间件
8	杭州城市大脑舒心就医系统	浙江和仁科技股份有限公司	行业应用软件——智慧城市
9	恒生新一代数字化金融中间件	恒生电子股份有限公司	关键基础软件
10	基于地理标志的农产品品牌保护系统	浙江鸿程计算机系统有限公司	行业应用软件——智慧农业
11	面向汽车行业产业链的云MES平台	杭州吉利易云科技有限公司	工业软件——制造执行系统
12	智慧农业全产业链智能化解决方案	浙江甲骨文超级码科技股份有限公司	行业应用软件——智慧农业
13	ManuGence工业互联网平台	浙江力太工业互联网有限公司	行业应用软件
14	面向医药行业的自主可控软件平台研发及产业化	浙江明度智控科技有限公司	工业软件
15	基于共性需求的数字化医疗服务平台研究	纳里健康科技有限公司	行业应用软件
16	旗捷设备数据综合管理系统	杭州旗捷科技有限公司	工业软件
17	趣链高效自主可控区块链平台	杭州趣链科技有限公司	区块链
18	基于国产化基础软硬件的智慧电子税务局	税友软件集团股份有限公司	行业应用软件
19	基于多芯模组化智能用电管理系统与关键芯片研发及应用	杭州万高科技股份有限公司	操作系统
20	人社大数据管理平台	浙江网新恩普软件有限公司	行业应用软件——政务服务
21	易数批流一体实时数据中台	网易（杭州）网络有限公司	面向大数据领域的关键技术和支撑平台
22	基于云的自主三维CAD设计协同平台软件研发	杭州新迪数字工程系统有限公司	工业软件
23	面向工程建设领域的集中式项目管理数字化平台	杭州新中大科技股份有限公司	工业软件 行业应用软件
24	银江数据中枢平台	银江股份有限公司	行业应用软件
25	面向离散制造行业数字工厂建设的“e优优”工业App	杭州优海信息系统有限公司	工业软件——工业App
26	基于自然语言理解的人机智能交互中台研究项目	杭州远传新业科技有限公司	行业应用软件
27	流程工业智能管控全链路平台的开发	中材邦业（杭州）智能技术有限公司	工业软件

续表17

序号	项目名称	企业名称	申报方向
28	轨道交通线网智慧运营大脑关键技术研究及产品开发	浙江浙大中控信息技术有限公司	智慧城市
29	基于信创生态体系的Easyweb业务基础快速开发平台项目	杭州中软安人网络通信股份有限公司	关键基础软件——工具软件
30	远望主机监控与审计系统（国产化版）	浙江远望信息股份有限公司	行业应用软件——信息安全
31	1+IOT物联网云平台软件	浙江互灵科技有限公司	行业应用软件
32	基于人工智能和5G应用的VR智能实车驾驶系统	杭州拓叭吧科技有限公司	行业应用软件——人工智能
33	基于cat1通讯以及北斗GPS定位的外出押解智能管控系统	杭州中芯微电子有限公司	行业应用软件——智慧城市
34	低代码信息化开发平台	杭州明云网络科技有限公司	工业软件
35	智能化生命体征监测和健康管理系统	维灵（杭州）信息技术有限公司	行业应用软件

【恒生电子获最佳交易银行整体解决方案奖】 2020年10月29—30日，2020未来交易银行峰会在上海举行。峰会以“开启数智时代公司银行业务的转型与创新之路”为主题，围绕交易银行市场的发展与变革、以客户为中心的全生态网络思维、金融科技引领产品服务创新、优化数智运营与风控体系建设4个主题展开探讨。中国银行业协会、中国银行等200多名行业代表参加。会上，举行“金鼎奖”颁奖典礼，恒生电子股份有限公司（简称“恒生电子”）获“最佳交易银行整体解决方案奖”。恒生电子于2002年开始为国有银行提供IT（互联网技术）服务，到2009年发布现金管理产品，2015年布局产业端，与银行端解决方案合作，形成从负债端延伸到资产端、从金融机构延伸到场景的解决方案。至2020年底，恒生电子服务银行100多家、企业10万多家，覆盖行业方案20多个，打通金融端和产业端、政务端、商务端，为各类型企业和机构提供端到端的一站式金融以及泛金融服务。

【第二十四届中国国际软件博览会在杭州高新区（滨江）举行】 2020年11月12—18日，第二十四届中国国际软件博览会（简称“软博会”）在白马湖国际会展中心举行。软博会由国家工业信息安全发展研究中心、市经信局、杭州高新区（滨江）承办，以“软件铸魂、数智转型”为主题，采用“线下+线上”O2O结合新形式，线下活动包括“九会一赛一展四发布”，线上活动包括1场主题云展和13场平行论坛。会上，发布2020年度软件和信息技术服务竞争力百强榜单，浙江省有12家企业入选，其中杭州高新区（滨江）10家。分别为阿里巴巴（中国）有限公司、杭州海康威视数字技术股份有限公司、网易（杭州）网络有限公司、新华三技术有限公司、浙江大华技术股份有限公司、中控科技集团有限公司、恒生电子股份有限公司、信雅达系统工程股份有限公司、银江股份有限公司和浙江宇视科技有限公司。高峰论坛上，院士陈左宁、倪光南，中国电子信息产业集团等企业代表发表主题演讲，从人工智能、云计算、大数据、企业数字化转型、工业和互联网、5G移动通信等角度，分析未来发展趋势和方向。中国国际软件博览会是中国唯一的、全行业的国际软件会议，首次在杭州高新区（滨江）举行。

【2020网易未来大会】 2020年12月18—20日，2020网易未来大会在杭州奥体博览城举行。大会由市政府和网易公司联合主办，市商务局、市经信局、杭州高新区（滨江）、北京网易传媒有限公司、网易（杭州）网络有限公司承

办。大会以“洞觉、未见”为主题，涵盖预见未来、新基建、人工智能、区块链、潮商业等论坛，汇聚中外院士、科学家、企业家和投资人，共同探寻下一个十年的发展方向。中国科学院院士欧阳自远、美国国家工程院院士陈世卿、英国皇家工程院院士王江舟分别做题为“向太阳系的星辰大海挺进”“基于类脑网格边缘超算的大数据应用场景”“新基建新经济——处于全球战略竞争制高点的5G应用”的主题演讲。中国工程院院士张平、沈昌祥则分别做“5G与实体经济的未来”“开创网络空间安全主动免疫新生态”的主题演讲。大会展现AI技术在音乐类产品中实用场景，发布首支AI主题曲——《未来之歌》。主题曲由网易伏羲、雷火音频部提供作词、编曲、演唱的全链路AI技术支持。 （金轶城）

物联网产业

【概况】 2020年，杭州高新区（滨江）物联网产业实现营业收入1669.6亿元，比上年增长4.9%；净利润284.6亿元，增长10.7%；出口额255.2亿元，增长4.5%。集聚杭州海康威视数字技术股份有限公司、新华三技术有限公司、浙江大华技术股份有限公司、聚光科技（杭州）股份有限公司等物联网产业链相关骨干企业。物联网产业园坚持云、管、端一体化发展，重点支持集成电路设计、大型软件系统研发、高性能计算、高端网络设备制造、大数据存储与智能分析、信息安全、智能传感器、物联网系统集成、联网机器人和智能装备系统、电子商务、互联网金融、网络传媒12个产业细分领域的技术研发和产业化，打造杭州智慧经济应用的先行区。省数字贸易先行示范区建设方案明确杭州高新区（滨江）物联网产业园为浙江省数字贸易先行示范区“核心区”。物联网产业园与上海浦东软件园、中国（南京）软件谷、合肥高新技术产业开发区达成共建长三角数字服务高质量一体化发展战略合作。

【三维通信参加2020深圳国际物联网展】 2020年7月29—31日，第十四届IOTE2020国际物联网展在深圳会展中心举行。展会由中国物联网产业应用联盟主办，以“数智新基，万物生G”为主题，聚焦5G新基建、智慧城市、工业物联网落地场景。展览产品从技术架构到产品配件、整机设备、项目应用，囊括物联网感知层、网络传输层、运算与平台层、应用层。三维通信股份有限公司（简称“三维通信”）在会上展出万物智慧连接平台、物联网网关设备、海上人员定位方案及非侵入式AI智慧抄表解决方案，以及基于室内外定位、AI智能识别等技术推出的多种行业应用解决方案。

【安恒信息居2020中国新科技100强榜单第一位】 2020年9月16日，由中国科学院主管的《互联网周刊》发布“2020中国新科技100强榜单”，杭州安恒信息技术股份有限公司（简称“安恒信息”）居榜单第一位。安恒信息围绕解决服务商与企业之间信任问题，推出一站式安全服务平台；将安全助手、巡检、服务、监管、应急能力打造为公共资源，为下游企业赋能，降低企业享受安全服务成本，为中小企业数字化改造，上云平台做好保护工作。入围企业是由行业权威专家从各领域行业中遴选出实现可持续增长的科技型、创新型企业。

【大华股份与浙大网新签署合作协议】 2020年12月21日，浙江大华技术股份有限公司（简称“大华股份”）与浙大网新科技股份有限公司（简称“浙大网新”）签署合作协议。根据协议，双方加速推进物联网、AI、大数据等前沿技术与产业的融合发展，助推行业数字化转型。利用各自领域的专业能力，在智慧城市、智慧交通、视觉智能等领域开展合作，打造更多精品工程，构建各行业信息化融合生态，共同推进数字化技术与产业、城市的深度融合。大华股份是以视频为核心的智慧物联解决方案提供商和运营服务商，以技术创新为基础，提供端到端的视频监控解决方案、系统及服务。浙大网新是以浙江大学综合应用学科为依托的信息技术咨询和服务集团，为智能化技术整合服务提供商。

【"紫光UNIPower工业互联网平台"入选国家双跨平台清单】2020年12月24日，"紫光UNIPower工业互联网平台"入选工业和信息化部2020跨行业跨领域工业互联网平台（简称"双跨平台"）清单。评选由工业和信息化部牵头，从资源管理、应用服务、基础支撑、可持续发展4个维度对国内工业互联网平台进行系统梳理和评价，遴选出平台15家，通过打造业内标杆示范平台，助推制造业与互联网融合发展，推动国内制造业探索可复制、可推广的新模式和新业态。"紫光UNIPower工业互联网平台"由新华三技术有限公司和紫光云引擎科技（苏州）有限公司共同建设，依托海量数据的工业知识库、全场景的工业物联能力、工业大数据分析能力、低代码工业应用使能服务和工业云App，围绕多行业、多领域的共性需求，为工业企业提供数字化工厂解决方案及各类创新应用；服务覆盖电子信息、钢铁冶金、装备制造、电气、化工、光电缆、新能源等10多个行业；赋能区域产业发展，为政府部门产业精细化治理、产业园区数智化建设提供支撑。

【新迪公司工业互联网平台入选国家制造业与互联网融合发展试点示范项目】2020年12月24日，新迪数字工程系统有限公司（简称"新迪公司"）"面向装备制造业的研发设计与供应链协同工业互联网平台"项目入选工业和信息化部2020年制造业与互联网融合发展试点示范项目。平台以"新迪3D设计软件"为核心，将"新迪3D设计软件"产生的产品三维数字化模型数据应用于研发设计、生产制造、营销、供应链、后期服务等环节，主要服务轨道交通装备、电力设备、环保节能装备、工程机械、物流机械、数控机床、自动化装备、医疗器械、纺织机械、农业机械、泵阀、电机、减速机，以及汽车零部件、轴承、传动件、液压气动、工业自动化零部件等行业。平台采用云数据库方式存储产品模型数据，平台上的应用App通过访问数据库获取产品数据模型并实施各自的应用。（范歆晨）

安防产业

【概况】2020年，杭州高新区（滨江）安防产业实现营业收入1541.1亿元，比上年增长5.6%；净利润274亿元，增长11.5%；出口252.7亿元，增长4.2%。杭州高新区（滨江）聚焦产业链部署创新链和服务链，落地浙江大学滨江研究院、杭州中科国家技术转移中心、杭州长光产业技术研究院、国家安防质检中心滨江实验室等共性技术研发平台和公共检测检验中心，完善数字安防产业生态。集聚杭州安恒信息技术有限公司、杭州迪普科技股份有限公司、银江股份有限公司、浙江大立科技股份有限公司、浙江红相科技股份有限公司等企业。杭州海康威视数字技术股份有限公司、浙江大华技术股份有限公司在2020年度"全球安防50强"榜单居第一、第二位，浙江宇视科技有限公司居第六位。浙江宇视科技有限公司入选"ISC（互联网安全大会）物联网安全创新十强"名单；推出燕山安全解决方案，具备视图数据准入、社会资源接入、视频数据加密防泄漏等功能，应用在公共安全、交通、教育、医疗等领域。

【宇视科技两款AI摄像机获"红点奖"】2020年3月12日，德国"红点奖"2020年评选结果公布，有60多个国家的6300多件作品参赛。浙江宇视科技有限公司（简称"宇视科技"）的HIC9381系列智能网络摄像机、IPC-S64系列智能网络摄像机两款产品获奖。HIC9381系列智能网络摄像机在业界首创单IP双通道图像联动采集功能。IPC-S64系列智能网络摄像机兼具人脸识别及行为检测等智能分析功能，支持8张人脸并发检测。红点奖创办于1955年，与德国IF奖、美国IDEA奖、意大利A'并称世界四大设计奖。

【大华股份AI获双目立体匹配算法评测全球第一名】2020年4月7日，浙江大华技术股份有限公司（简称“大华股份”）基于深度学习的双目立体匹配算法获双目立体匹配算法评测全球排名第一。大华股份基于自主研发的深度学习平台，开发出基于深度神经网络的立体匹配算法，该算法采用ASPP结构，对输入图像进行多尺度特征提取，将传统SGM算法融入神经网络中。该技术应用在大华双目摄像机等产品，可提升双目摄像机捕获目标深度数据、目标分离等性能，赋能场景化应用价值。双目立体匹配算法通过对左右目相机拍摄的图像进行相似性匹配，并获得视差图，后根据立体几何原理推测场景深度。双目立体匹配是场景三维感知的重要手段，应用在3D重建、智能机器人、自动驾驶、AR（增强现实）等领域。

【海康威视产品入围“2020中国品牌日”国货新品推广目录】 2020年5月10日，国家发展和改革委员会、工业和信息化部等部门联合主办的“中国品牌日”活动首次以云端形式举行，公布《2020年中国品牌日电子信息行业国货新品推广目录》。杭州海康威视数字技术股份有限公司（简称“海康威视”）自主研发的雷达视频一体机系列、环保抓拍系统和双系统智能采集站入选。海康威视的雷达视频一体机系列产品，将高精度77吉赫毫米波雷达技术和高性能人工智能视频技术深度融合，实现对目标物的速度、位置、特征等信息高精度、远距离、全天候的检测和分析，广泛应用于信号控制、盲区预警、交通测序、道路事件检测、园区测速、车路协同等业务。环保抓拍系统采用多光谱融合技术结合AI算法，解决道路上白光爆闪灯带来的光污染问题。双系统智能采集站打破传统x86框架，采用嵌入式+Android双系统设计，提升设备稳定性和性能，最大支持32台记录仪同时采集，内置国产深度学习智能芯片，通过人脸识别解锁仓位，实现“一人一机一仓”，解决设备错拿、乱拿，实现高效安全的数据上传和设备存取，应用在公共安全、交警、城管、税务、食药监、消防等多种行业。全年，雷达视频一体机、环保抓拍系统、双系统智能采集站分别实现销售收入1亿元、11.2亿元、2000万元。

【安恒信息成为第19届亚运会官方网络安全服务合作伙伴】 2020年11月23日，杭州2022年第19届亚运会官方网络安全服务合作伙伴签约发布会在浙江乌镇举行，杭州安恒信息技术股份有限公司（简称“安恒信息”）成为杭州亚运会官方网络安全服务合作伙伴。安恒信息负责亚运会的网络安全保障工作，依托安恒信息网络安全管理指挥中心管理、指挥调度亚运会的各项网络安全工作，包括威胁情报分析、攻防对抗、应急响应等。安恒信息先后参与北京奥运会、广州亚运会、深圳大运会、武汉军运会、上海进博会、上海世博会、世界互联网大会等国际国内综合性大型会议、体育赛事的网络信息安全保障工作，拥有保障大型体育赛事网络安全经验。

【迪普科技获评工业信息安全优秀应急服务支撑单位】 2020年12月4—5日，2020年中国工业信息安全大会在北京召开。大会由国家工业信息安全发展研究中心、工业信息安全产业发展联盟联合举办，以“新挑战，新基建，新安全”为主题，聚焦新基建背景下工业信息安全发展现状和重点任务。会上，杭州迪普科技股份有限公司（简称“迪普科技”）被授予“工业信息安全优秀应急服务支撑单位”。迪普科技作为国家信息安全漏洞库一级技术支撑单位、国家工业信息安全应急服务支撑单位，先后参与G20杭州峰会、亚太经济合作组织北京峰会等安保活动；为工业企业提供风险评估、安全咨询、应急响应等全周期的安全服务，帮助工业企业构建内部或行业的风险信息通报与应急处置体系，形成集工业互联网安全风险告警收集、分析研判、预警通报、加固处置、跟踪复查于一体的闭环工作机制。至年底，迪普科技推出工控防火墙（IFW1000系列）、工控监测审计系统（IMA3000系列）、工控入侵检测系统（IDS2000-I系列）、工控漏洞检测产品（IVD1000系列）、工控安全管理平台、工业互联网态势感知平台、自安全工业交换机（LSW系列）等工控安全产品体系及解决方案。

（范歆晨）

集成电路产业

【概况】2020年，杭州高新区（滨江）集成电路产业实现营业收入145.76亿元，比上年增长35.1%；利润总额17.19亿元，增长53.2%。杭州高新区（滨江）是国家最早批准的7个国家级集成电路设计产业化基地之一，形成整机与芯片互动的良性产业生态。杭州士兰微电子股份有限公司、矽力杰半导体技术（杭州）有限公司、杭州万高科技股份有限公司等企业的芯片产品大量应用于杭州本地的整机企业；杭州中天微系统有限公司等集成电路设计企业和浙江大华技术股份有限公司、中控科技集团等杭州本地整机企业合作研制芯片。依托杭州国家集成电路设计产业化基地建设的"芯火"双创基地（平台），为全国第五家国家"芯火"平台，建成立足杭州、覆盖浙江、辐射周边的集成电路产业创新创业服务平台。杭州士兰微电子股份有限公司在"2020年硬核中国芯"评选中，获"2020年度最具影响力IC设计企业"，650V160A分立式绝缘栅双极型晶体管SGTQ160U65SDM1PW获"2020年度最佳国产功率芯片产品奖"。浙江大立科技股份有限公司党总支获评"杭州市抗击新冠肺炎疫情先进基层党组织"。

【万高科技获第二十一届中国专利银奖】2020年7月14日，国家知识产权局发布第二十一届中国专利奖授奖决定，杭州万高科技股份有限公司（简称"万高科技"）"一种无晶体计量SoC芯片及其时钟获取方法（专利号：ZL201510301087.0）"获中国专利银奖。计量SoC芯片在高温、高湿和强静电干扰等工作环境下，外部晶振存在停振风险。万高科技获奖专利提出一种支持无晶振模式的计量SoC芯片设计方法，在无须外部晶振输入的情况下即可实现可靠通信和精准计量。至年底，采用获奖专利技术的芯片产品覆盖国内100家厂商，进入欧洲市场。万高科技在低功耗高精度模拟电路设计、MCU/MPU设计、计量和通信算法、低功耗SoC系统设计和高可靠性设计等方面拥有专利65项（包含5项美国专利）。

【联芸科技、矽力杰获第十四届中国半导体创新产品和技术奖】2020年8月26—28日，2020世界半导体大会高峰论坛在南京举行。论坛由中国半导体行业协会、中国电子信息产业发展研究院等单位主办。论坛公布第十四届中国半导体创新产品和技术项目评选结果，联芸科技（杭州）有限公司（简称"联芸科技"）的MAP100X系列固态硬盘控制芯片和矽力杰半导体技术（杭州）有限公司（简称"矽力杰"）的新型高效线性LED驱动芯片系统方案及产业化获中国半导体创新产品和技术奖。MAP100X系列固态硬盘控制芯片支持PCIe（NVMe）Gen3x4接口技术，支持最大8通道闪存接口，最高读写速度每秒3500兆比特、3000兆比特和800K IOPS、600K IOPS，支持AES256、SHA256、RSA2048国际密码算法和SM2、SM3、SM4国产密码算法；产品通过Windows硬件设备质量实验室（认证）、国家商用密码检测中心等的测试和认证。至年底，产品在数十家公司实现导入、测试和量产。矽力杰新技术采用母线电压补偿高效率线性控制策略，实现降低系统损耗，比传统线性驱动效率提高7%~10%；具备更好的EMI（电磁干扰）性能，适合用于光电一体化设计，降低生产成本。

【士兰微电子产品获"优秀技术创新产品"奖】2020年10月28日，第十五届"中国芯"集成电路产业促进大会暨"中国芯"优秀产品征集活动发布仪式在杭州市青山湖科技城召开。大会由中国电子信息产业发展研究院（赛迪研究院）举办。会上，公布"中国芯"第十五届优秀产品名单。杭州士兰微电子股份有限公司（简称“士兰微电子”）32位实时智能微控制SC32F58128获“中国芯”“优秀技术创新产品”奖。SC32F58128产品是士兰微电子自主研发的一款专为电机控制器和数控电源开发的Cortex-M0内核MCU（微控制单元）产品，为首款获批量生产的国产空调主变频控制器芯片产品，具备辅助运算单元功能，满足复杂函数运算需求。内置高速及低速振荡器，支持可配置的片内事件互联功能，具有降低功耗、节省系统成本的特点。主要适用于变频空调控制器、永磁同步电机控制器及交直流逆变器等应用领域。（金铁城）

【零跑汽车发布国内首款完全自主知识产权AI智能驾驶芯片】2020年10月27日，浙江零跑科技有限公司（简称“零跑汽车”）在“自主芯片·智驾未来”智能驾驶芯片行业发展论坛上发布国内首款完全自主知识产权的智能驾驶芯片凌芯01。芯片核心技术完全自主研发，CPU处理器采用阿里巴巴集团旗下平头哥半导体公司提供的“玄铁C860”处理器，集成高性能的AI神经元处理器，提升芯片核心处理速度与效率。芯片支持自动泊车、ADAS（高级驾驶辅助系统）智能驾驶辅助域控制，接近L3级别的自动驾驶算力，满足用户对于车辆智能驾驶与主被动智能安全的行车需求。

（王纪赟）

生物医药与健康产业

【概况】2020年，杭州高新区（滨江）生物医药与健康企业实现营业收入229亿元，利润总额36.2亿元，比上年增长39.1%；出口总额10.9亿元，增长66.9%。生物医药与健康产业在智慧医疗、生物医药、医疗器械、诊断试剂4个细分领域形成产业优势。生物医药领域集聚赛诺菲（杭州）制药有限公司、杭州民生滨江制药有限公司和杭州康恩贝制药有限公司等骨干企业；诊断试剂领域培育杭州博日科技股份有限公司、杭州优思达生物技术有限公司等技术创新性强、融资能力突出的企业；高端医疗器械领域培育介入设备创新型研发企业杭州启明医疗器械股份有限公司、癌症早期筛查研发企业杭州诺辉健康科技有限公司等上市企业；在临床CRO领域拥有国内骨干企业杭州泰格医药科技股份有限公司；智慧医疗领域依托区内数字经济产业基础，加速推进数字经济产业和生命健康产业融合发展，培育创业慧康科技股份有限公司、浙江和仁科技股份有限公司等智慧健康领域领军企业。

2020年，杭州诺辉健康科技有限公司完成2000万美元的D轮融资，累计获得1.3亿美元。杭州优思达生物技术有限公司的新型冠状病毒（2019-nCoV）核酸检测试剂盒（恒温扩增-实时荧光法）取得医疗器械注册证，为全省首个获批上市的新型冠状病毒检测试剂。杭州启明医疗器械股份有限公司VenusA-Valve经导管人工主动脉瓣膜置换系统，获巴西国家卫生监督局注册批准上市；TriGUARD 3抗栓塞远端脑保护装置通过国家药品监督管理局创新医疗器械特别审批申请，进入特别审批程序“绿色通道”。杭州启明医疗器械股份有限公司申报的“经导管介入自膨式肺动脉瓣膜置换系统研制及应用”纳入国家重点研发计划“生物医用材料研发与组织器官修复替代”重点专项2020年度项目，项目实施周期2年。创业慧康科技股份有限公司获“第11届中国上市公司投资者关系天马奖”最佳投资者关系公司奖、创业板最佳董事会奖、创业板最佳董秘奖。杭州泰格医药科技股份有限公司获弗若斯特沙利文“2020中国合同研究组织（CRO）客户价值领导力奖”。

（杨千慧　肖　燕）

【2家医药企业上市】2020年1月15日，浙江泰林生物技术股份有限公司（简称“泰林生物”）在深圳证券交易所挂牌交易。发行股票1300万股，发行价每股18.35元，开盘价每股24.22元。泰林生物专注于生物技术、生命科学、分析仪器等领域的技术创新和产品研发，产品和技术应用于制药、医疗、食品安全、疾病防

控、检验检疫、环境保护等大健康领域。8月7日，杭州泰格医药科技股份有限公司（简称“泰格医药”）在香港交易所挂牌交易，上市募资107亿港元（13.8亿美元）。泰格医药募得资金主要用于扩大和提升临床试验技术服务和临床试验相关服务的种类及能力，为潜在收购和少数股权投资提供资金，开发先进技术以提升综合服务能力的质量和效率，补充运营资金等。

【大华股份获省级新冠肺炎疫情防控技术创新奖】 2020年4月8日，省人工智能学会公布“浙江省AI赋能疫情防控十大创新成果”获奖项目名单。浙江大华股份技术有限公司（简称“大华股份”）研发的“超高精度人体热成像测温系统”获“浙江省AI赋能疫情防控十大创新成果”技术创新奖。大华股份依托在热成像、AI等领域的技术积累及优势，研发的超高精度人体热成像测温系统，将测温精度优化至±0.3℃，助力疫情防控。评选活动由评委会参照省级科技成果评审标准和程序，以“创新程度高、应用效果好、推广价值大”为原则，围绕AI展开的科技赋能疫情防控项目为认证标准。获奖成果经材料预审、通讯评审、会议终评等环节选出。

【鸿运华宁与泰格医药签署合作协议】 2020年4月21日，鸿运华宁（杭州）生物医药有限公司（简称“鸿运华宁”）与杭州泰格医药科技股份有限公司（简称“泰格医药”）签署战略合作协议。双方在新药研发、临床检查、数据管理和统计、医学事务、药物警戒、质量控制、人员培训、医学影像、PK样品检测、中心实验室检测、实验测试样品以及实验药品物流等方面展开合作，发挥泰格医药在新药临床研究全过程的专业能力和丰富经验，助力鸿运华宁加速临床研究进程。鸿运华宁是一家创新型生物医药企业，是全球GPCR（G蛋白偶联受体）领域的原创抗体新药企业之一，主要从事心血管、代谢系统以及癌症的抗体新药研究、开发与产业化。泰格医药为新药研发临床研究全过程提供服务，保障临床研究质量、降低研发风险、提高研发效率、节约研发经费，加速推进产品市场化进程，为创新医药产品上市提供服务。

【2家企业联合天坛医院成立研究中心】 2020年6月1日，杭州启明医疗器械股份有限公司（简称“启明医疗”）、杭州德诺睿华医疗科技有限公司（简称“德诺医疗”）与首都医科大学附属北京天坛医院（简称“天坛医院”）共同成立的心脑联合器械工程研究中心在北京揭牌。心脑联合器械工程研究中心下设脑卒中评估核心实验室和心脑联合创新器械研究孵化中心。脑卒中评估核心实验室通过专业实验评估，为心脑血管介入类产品行业研发、临床、患者术中和术后的管理提供科学依据和指导；孵化中心孵化治疗器械，包括脑卒中预防器械和脑卒中治疗器械的研究孵化，建立心脑联合创新器械医工合作的开发模式。作为创新研发平台，研究中心开展心脑血管疾病创新治疗技术学术研究和产品转化，促进全国心脑血管疾病创新治疗技术发展。

【鸿运华宁首创治疗肺动脉高压的抗体新药完成中国首例患者给药】 2020年10月23日，全球首个治疗肺动脉高压的抗体新药GMA301开展的国际多中心Ib期临床试验在北京协和医院完成中国首例患者给药。GMA301是由鸿运华宁（杭州）生物医药有限公司（简称“鸿运华宁”）自主研发，具有完全自主知识产权的靶向内皮素受体的抗体药物，用于肺动脉高压的治疗。GMA301获美国孤儿药资质，入选国家“十三五”重大新药创制专项。Ia期临床试验显示，GMA301半衰期为500～570小时，单次给药75～1000毫克未见明显毒性反应，具有良好的安全性和耐受性。GMA301国际多中心Ib期临床试验是一项评估药物在肺动脉高压患者中的安全性、疗效和药代动力学的随机、双盲、安慰剂对照、剂量递增临床试验。试验在中国和美国多家医院临床研究中心进行。中国牵头研究单位为中国北京协和医院。

【中国生物医药产业创新大会主论坛在杭州高新区（滨江）举行】 2020年10月24日，2020中国生物医药产业创新大会主论坛在杭州高新区（滨江）举行。论坛聚焦探讨生物医药关键技术、商业模式及产业趋势，畅想中国创新药的发展与未来。论坛期间，中国工程院院士、温州医科大学党委副书记、校长李校堃，通过视频做“我国原创细胞因子药物转化模式探索与实践”主题讲解，围绕细胞生长因子类药物临床转化和制剂开发，聚焦共性技术难题进行理论创新和技术突破。中国工程院院士、浙江工业大学生物工程学院院长郑裕国做“合成生物学与医药生物制造”主题讲解，从合成生物学的研究进展、医药生物制造的现状与发展、合成生物学对医药产业升级的影响、生物医药产品的开发及工业化4个角度进行介绍。与会专家围绕“新技术平台对创新药研发的推动作用”“新药研发与创新之路”等主题进行交流，讨论创新药未来10年的发展情况。

【杭州高新区（滨江）成立生物医药创新联盟】 2020年11月15日，杭州高新区（滨江）生物医药创新联盟成立大会暨学术交流会议在杭州人才之家召开。会议通过联盟章程，表决产生联盟理事长、副理事长和秘书长单位，宣读加入联盟的40家理事单位名单。杭州高新区（滨江）生物医药创新联盟是面向生物医药产业领域所有创新型企业的开放性、非营利性合作组织，通过区内创新药物、体外诊断和高端医疗器械领域的专家和企业，挑选有前景的创新型生物医药企业，结合区内科研机构、医院、专业投资机构和政府机构等，形成生物医药产业生态。联盟为区内创新生物医药企业提供技术、法规咨询和资源对接服务；举办生物医药产业研讨、联谊活动；跟踪汇总区内外生物医药企业动态，提供行业资讯等。

2020年10月24日，2020年中国生物医药产业创新大会主论坛在杭州高新区（滨江）举行　　（区委宣传部　供图）

【诺辉健康常卫清®入选2020最强肿瘤诊疗黑科技年度TOP20】 2020年12月28日，“首届肿瘤诊疗黑科技大会暨肿瘤诊疗黑科技TOP20（全国排名前20）年度评选”结果公布，杭州诺辉健康科技有限公司（简称“诺辉健康”）常卫清®获“2020最强肿瘤诊疗黑科技”称号。常卫清®是诺辉健康2015年推出聚焦肠癌的居家型早期筛查服务产品。通过分析粪便中的遗传物质（粪便多靶点FIT-DNA），可检测出直径1厘米以上的进展期腺瘤和肠癌病灶，及时发现早期肠癌基因突变，为肠癌早发现、早诊断、早治疗提供可行解决方案。黑科技TOP20年度评选活动由北京市希思科临床肿瘤学研究基金会（简称“CSCO”）、良医汇共同主办，涵盖精准诊断、小分子靶向、免疫治疗、细胞治疗、物理治疗、创新服务6个板块，遴选全球范围内在肿瘤诊疗流程中出现的新技术和新模式的创新企业。活动历时6个月，有200多家企业报名参选，近100家企业入驻黑科技展馆。经CSCO专家评委会打分评选，选出20家“年度黑科技企业”。　　（杨千慧）

【启明医疗与3家公司达成合作】 2020年5月20日，杭州启明医疗器械股份有限公司（简称“启明医疗”）与Opus Medical Therapies, LLC公司达成合作协议。双方共同开发、生产和销售经导管二尖瓣置换术

(TMVR)及经导管三尖瓣置换术(TTVR)的产品。Opus Medical Therapies, LLC公司为二尖瓣和三尖瓣疾病患者开发经导管二尖瓣和三尖瓣置换术产品的医疗设备公司。启明医疗主要从事心脏瓣膜疾病微创治疗开发和产业化。7月14日,启明医疗器械股份有限公司和Pi-Cardia Ltd.公司达成合作,将Pi-Cardia Ltd.的主动脉瓣修复技术引入中国。Pi-Cardia Ltd.公司总部位于以色列,主要开发用于治疗心脏瓣膜钙化的非植入导管解决方案。9月10日,启明医疗与吉林长春皓月清真肉业股份有限公司在杭州宣布共同在吉林省长春市成立合资公司——吉林启明皓月生物科技有限公司。合资公司从生物材料源头出发,提供心脏瓣膜疾病的整体治疗解决方案,成为国内同时具有外科瓣膜和经导管瓣膜的企业集团,助力提升中国心脏瓣膜疾病的诊疗水平。 (肖 燕)

新能源产业

【概况】 2020年,杭州高新区(滨江)新能源产业营业收入135.37亿元,比上年增长0.3%;出口总额34.85亿元,下降23.7%。新能源产业重点研究太阳能、地热能、生物质能等新能源技术,有浙江正泰太阳能科技有限公司、浙江中控太阳能技术有限公司、杭州桑尼能源科技股份有限公司等企业。浙江正泰新能源开发有限公司获"中国技术市场协会金桥奖",获评"智能光伏试点示范企业""2020年全国新能源储能优秀技术方案提供单位"。

【桑尼能源入选工业和信息化部智能光伏试点示范企业名单】 2020年7月21日,工业和信息化部发布《智能光伏试点示范项目和示范企业名单》。杭州桑尼能源科技股份有限公司(简称"桑尼能源")入选智能光伏试点示范企业。桑尼能源拥有光伏建筑一体化(BIPV)光伏屋顶系统发明专利,具备在智能光伏领域的技术创新能力和核心竞争优势,围绕能源物联网方向进行智慧能源产业布局,推动光伏产业高质量发展,助力光伏平价上网,提供更智能、更高效的能源解决方案。智能光伏试点示范企业为能够提供先进、成熟的智能光伏产品、服务、系统平台或整体解决方案的企业,要求企业具有较强的智能光伏技术研发或创新能力。

【中控太阳能获SolarPACES 2020技术创新奖】 2020年10月2日,第26届国际太阳能发电和热化学大会(SolarPACES 2020)在线上召开。大会由国际能源署太阳能热发电热化学组织(IEA SolarPACES)主办。会上,浙江中控太阳能技术有限公司(简称"中控太阳能")定日镜清洗车项目获SolarPACES 2020技术创新奖,成为亚洲首个独立获奖的光热企业。定日镜清洗车由中控太阳能完全自主设计、研发,是基于导航系统和镜场整体控制的全自动清洗车,通过GPS-惯性联合导航以及红外自动检测等技术实现无人自动清洗,降低电站运营成本。至年底,清洗技术及装备已应用在项目中。SolarPACES大会作为国际太阳能热发电和热化学领域的国际性学术会议,为全球太阳能热发电行业的研究者和从业者了解各国技术、政策、市场和融资情况和进展提供平台。

【精工能源与三峡建设签署新能源领域合作协议】 2020年11月24日,浙江精工能源科技集团有限公司(简称"精工能源")与中国三峡建设管理有限公司(简称"三峡建设")签署合作协议。双方加强在新能源领域的合作,提升新能源装机容量、提高新能源发电占比。精工能源经营业务涉及光伏发电、节能环保、清洁能源供暖、能源互联网、电能服务、能源金融等领域,提供光伏电站项目设计、施工、运维等全链条的技术服务。三峡建设作为三峡集团旗下能源开发与建设的主体,在水电、风电、光伏电站领域均有投资建设,公司在装机容量、融资成本、项目渠道等方面具有竞争优势。

【正泰新能源入选2020全球新能源企业500强】 2020年11月27日，2020能源转型论坛暨第十届全球新能源企业500强峰会在山西太原举行。峰会由山西省能源局、《中国能源报》主办。正泰新能源开发有限公司（简称“正泰新能源”）入围2020全球新能源企业500强榜单，居第81位。榜单以企业上一年度营业收入及研发创新投入等运营指标为主要评测依据，衡量全球大型新能源企业的发展规模、可持续增长能力等综合实力。正泰新能源是一家具备系统集成和技术集成优势的清洁能源解决方案提供商，从事光伏组件的生产与销售，户用光伏推广与安装，光伏电站的投资、建设、运营及对外工程总包等业务，为客户提供清洁能源一站式解决方案。正泰新能源2020年实现营业收入142.52亿元，比上年增长18%。

【浙江LHD潮流能工程连续运行时间保持全球第一】 2020年12月11日，国家发展改革委、自然资源部发布《中国海洋经济发展报告2020》（简称“报告”）。报告确认由杭州林东新能源科技股份有限公司科研团队研发建设的“LHD海洋潮流能发电机组”项目连续运行时间保持潮流能发电机组全球第一。自2017年5月25日至2020年底，LHD海洋潮流能发电机组实现全天候连续发电并网运行超过3年，是全球唯一实现连续发电并网运行超过一周年的潮流能发电机组，被国内外权威机构评为世界首座海洋潮流能发电站。

（王纪赟）

节能环保产业

【概况】 2020年，杭州高新区（滨江）节能环保产业实现营业收入149.7亿元，比上年增长5.4%，利润总额19.44亿元，增长63.5%；出口总额20.26亿元，下降38.9%。节能环保产业以节能技术和产品研发、节能工程集成服务为主，重点研发环境污染防治技术，自主研发废水、废气、固废处理处置及其资源化再利用技术；利用信息技术提升环境治理总承包服务能力，形成从工程设计到服务咨询节能环保全产业链覆盖。聚光科技（杭州）股份有限公司、英飞特电子（杭州）股份有限公司为节能环保产业代表企业。聚光科技（杭州）股份有限公司获“2020北极星杯废气监测影响力企业奖”。英飞特电子（杭州）股份有限公司系列产品获“第八届阿拉丁神灯最佳技术奖”，加入UL标准技术小组（STP），成为北美UL标准技术小组灯具类1598标准成员。

【英飞特EUM-DT系列驱动电源获“蓝宝石奖”】 2020年2月12日，第六届LEDs Magazine“蓝宝石”奖颁奖典礼在美国加利福尼亚州圣地亚哥举行。英飞特电子（杭州）股份有限公司（简称“英飞特”）EUM-DT系列产品获奖，为LED（发光二极管）驱动电源行业唯一获奖的产品。英飞特EUM-DT系列产品的外壳设计，具备良好的散热性，可提高产品的可靠性，延长产品寿命；具备防雷保护、过压保护、短路保护及过温保护，保证产品无障碍运转。2020年英飞特EUM-DT系列产品实现销售额1149.34万元。该获奖产品由LED和半导体照明领域的企业联合推荐产生。

【杭州泵浦节能产品入选国家节能技术装备目录】 2020年10月23日，工业和信息化部公布国家工业节能技术装备推荐目录（2020），杭州泵浦节能技术有限公司（简称“杭州泵浦”）的循环水系统节能技术入选。该技术采用在线流体系统的纠偏技术，通过对原运行工况的检测及参数采集，计算系统的最佳运行工况点，定制与系统匹配的高效流体传输设备，配套自动控制设备，实时监控温度、电流、压力、系统流量等性能参数，适用于化工行业循环水系统节能技术改造。杭州泵浦是以循环水系统节能技术研发、设计、生产、服务为一体的专业节能技术公司，隶属于浙江省工业设计研究院流体输送节能设计研究所。

【聚光科技在2020中国智慧城市颁奖礼上获奖】 2020年12月22日，第四届中国智慧城市颁奖礼在北京举办。大会由中国管理科学研究院智慧城市研究所等单位主办。聚光科技（杭州）股份有限公司（简称“聚光科技”）的海南省大气复合污染综合来源解析项目海口示范基地获评“2020中国智慧城市十大推荐考察目的地”；Mboat-3000浮船式水质自动监测系统、大气颗粒物源解析解决方案获评“2020中国智慧城市十大行业应用”；TOF-MS VOCs走航监测车获评“2020中国智慧城市十大科技产品”。聚光科技在环境监测技术能力基础上，融合“云大物智”技术，搭建聚光科技环境“测管治”一体化中台，服务政府精准治污、科学治污、依法治污。

【春来科技产品入选省装备制造业重点领域首台（套）产品名单】 2020年12月29日，省经信厅、省财政厅公布《2020年度浙江省装备制造业重点领域首台（套）产品》名单，杭州春来科技有限公司（简称“春来科技”）柴油货车超标遥感监测系统入选。系统采用高适应宽范围的机动车排放尾气准确检测方法，开发出高频调谐半导体激光光谱（ETDLAS）技术，设计互为收发系统的ETDLAS和UV-DOAS双光谱检测单元，研发出成套柴油货车尾气排放监测系统，结合物联网技术搭建“天、地、人、车、云”一体化移动源排放监控体系及平台，实现柴油货车多种排放参数的远程监测管理，通过对车辆排放监测数据、交通流量、黑烟车电子抓拍及车辆信息数据库等数据进行分析，实现重点区域高污染车辆精准监管。春来科技是由浙江大学博士、国家级人才创办的国家高新技术企业，是一家集研发、制造、销售和服务为一体的高端环境监测仪器制造商及解决方案提供商。 （王纪赟）

文化创意产业

【概况】 2020年，杭州高新区（滨江）文化创意产业实现增加值363.7亿元，比上年增长15.8%，占全区生产总值20.8%；限额以上文化企业实现营业收入942.67亿元，增长18.79%。营业收入超过1亿元的文化企业36家，经国家认定的99家限额以上文化企业中有48家营业收入实现正增长，平均增长24.51%。动漫游戏产业实现营业收入257.19亿元，增长14.87%，年营业收入超过1亿元的动漫游戏企业8家。新引进33名网络作家入驻中国网络作家村，累计有179名入驻。全年拨付市级之江文化产业带重点项目补助、参展补贴和贷款贴息等专项扶持资金1763.39万元；4家企业获市级文化企业帮扶纾困资金100万元。开展“十四五”文化产业发展规划编制工作，谋划杭州高新区（滨江）五年文化产业发展重点、目标任务和工作举措。做好第十六届中国国际动漫节、第十四届（2020）杭州文化创意产业博览会等重大节展活动保障工作。白马湖生态创意城被文化和旅游部命名为“国家级文化产业示范园区”；华数数字电视传媒集团有限公司被评为“全国文化企业30强”。中国网络作家村村民参与完成的《东方欲晓天将明·网络作家杭州党史故事》获杭州市第十四届精神文明建设“五个一工程”优秀作品奖。

2020年，杭州高新区（滨江）新备案文化创意企业20家，累计612家。关注电子竞技行业发展，对接国内电竞行业排位第一的LGD电子竞技俱乐部项目，俱乐部全资子公司杭州茂渥文化创意有限公司入驻杭州高新区（滨江），经营LGD电子竞技俱乐部，建设王者荣耀电竞场馆，举办王者荣耀KPL赛事及其他电竞赛事。杭州瑞德设计股份有限公司入选2020年浙江省文化产业示范基地；杭州游卡网络技术有限公司获评省级高新技术企业研究开发中心，被认定为国家规划布局内重点软件企业。为杭州游卡网络技术有限公司、杭州泰一指尚科技有限公司启动供地，杭州玄机科技股份有限公司完成股改启动创业板上市，南派泛娱有限公司、杭州游卡网络技术有限公司、杭州若鸿文化创意有限公司启动上市准备工作，浙江艺旗教育科技有限公司获腾讯领投4000万美元C+轮融资，获睿思基金（The Rise Fund）领投2.1亿美元D轮融资。

【服务文创企业】 2020年，区文创发展中心健全文创企业、直播企业招引服务工作运行机制，每季度召开企业服务工作联席会议，通报产业发展情况，研究企业招商引资、安商稳商、项目推进和政策制定等重点工作；协同部门、街道、平台开展重点企业走访、产业资源对接、政策宣讲解读等服务活动，帮助企业协调解决发展难题，助力企业发展。共召开企业座谈会7次，走访服务企业120多家，解决企业服务需求近60项次，挽留10家提出迁出申请的备案文创企业。加强与区内重点文创企业联系对接，落实重点企业“一对一”服务专员制度和每周半天走访服务重点企业、对接重点项目制度，了解企业发展和重点项目布局情况及发展难题，做好以商引商。引导杭州电魂网络科技股份有限公司、杭州玄机科技信息技术有限公司、杭州流彩动画有限公司等行业骨干企业发挥自身资源优势，推荐引进产业链上下游企业和派生、裂变、投资、合作等优质项目落点集聚发展。

【动漫作品获奖】 2020年，杭州高新区（滨江）杭州祖宝动漫文化传播有限公司作品《桂花男孩》、杭州幕星科技有限公司作品《狼王和它的孩子》《梦想小精灵》获评中央宣传部文化体制改革和发展办公室2020年“原动力”中国原创动漫出版扶持计划重点扶持作品；杭州友诺动漫有限公司动画片《下姜村的绿水青山梦》入选国家广电总局2020年度重点项目选题，《乌龙院之活宝传奇7》入选国家广电总局2020年第二季度优秀国产动画片名单；杭州好久不见影视动漫有限公司出品的《舒克贝塔第二季》入选国家广电总局2020年第三季度优秀国产动画片名单，获中央广播电视总台主办的“金猴奖”综合动画系列片铜奖。

【中南卡通与2家公司签署合作协议】 2020年7月2日，浙江中南卡通股份有限公司（简称“中南卡通”）与瑞典公司Playground TV达成合作。Playground TV在平台上开设专门频道，支持中文、英语、西班牙语3种语言，播放《天眼归来》《乐比悠悠》《中国熊猫》《小龙阿布》等10多部中南卡通原创动画。欧洲各地的华裔儿童可通过Playground TV观看来自中南卡通的原音中文动画。Playground TV于2019年成立，是一个多文化、多语言的儿童视频平台。11月2日，中南卡通与香港亚洲电视数码传媒有限公司（简称“亚视”）签署授权协议，就中南卡通5万余分钟原创动画片的信息网络传播权达成合作。是中南卡通首次在内地以外地区一次性发行5万余分钟动画片。

【全国首个“网络文学IP路演中心”揭牌】 2020年6月5日，“网络文学IP路演中心”揭牌仪式暨首场“网络文学IP直通车”活动在中国网络作家村举行。中国网络作家村村民、省市出版社及滨江文创企业代表等100多人参加。揭牌仪式后，举办首场“网络文学

2020年6月5日，“网络文学IP路演中心”揭牌仪式暨首场“网络文学IP直通车”活动在中国网络作家村举行　（区委宣传部　供图）

IP直通车”活动，刘阿八、随侯珠、喜悦娱乐（杭州）股份有限公司、浙江中南卡通股份有限公司、杭州若鸿文化创意有限公司等网络作家和企业代表上台路演，其中网络作家随侯珠和喜悦娱乐（杭州）股份有限公司达成合作，共同开发作品《致美味的你》。IP路演中心功能包括定期举办网络文学作品及相关产业链项目路演、产业论坛、政策宣讲等活动；搭建作家、平台、资本、网络文学上下游企业之间的对接平台，整合网络文学产业资源，帮助网络作家对接经纪人资源、IP运营团队，在资本运作、市场开拓等方面提供一站式服务。至年底，路演中心举办“网络文学IP直通车”活动4场，促成16部作品转化。其中：作家村副村长管平潮同名小说《仙风剑雨录》由杭州若鸿文化创意有限公司制作成动画；村民刘阿八与浙江中南卡通股份有限公司签订《中华神医》《半神之境》《九域·天眼崛起》合作协议，与杭州快风投资有限公司签订《力拔山河兮子唐》合作协议；村民安徒生《龙的传人》系列作品和杭州娃娃鱼动画设计有限公司达成合作，《天启·惊蛰变》在横店开机。

【“滨江文创”微信公众号上线】

2020年6月5日，杭州高新区（滨江）“滨江文创”微信公众号上线。公众号设置“这里文创”“这里空间”“这里服务”3个板块，每周三、周五发布，其中“这里文创”分设综合介绍、文创新政、文创之星、IP直通车、大事记5个板块，“这里空间”分设白马湖生态创意城、区内其他产业平台、中国网络作家村、市级以上特色园区、这里有空间5个板块，“这里服务”分设文创企业备案指南、文创政策问答、直播政策问答、直播企业备案指南、滨江上马石5个板块。公众号为企业备案及政策申报、项目申报等提供各种便捷服务，宣传滨江文创企业、文创项目团队、文创产品及文创类活动等。

【江北重点文创企业江南行活动】

2020年6月30日，区文创发展中心联合江北科技园、西兴街道共同举办江北重点文创企业江南行活动。区文创发展中心、江北科技园、西兴街道相关负责人，江北文创企业代表、西兴街道园区企业代表共40多人参与。企业代表参观矽力杰半导体技术（杭州）有限公司（简称“矽力杰”）展厅、杭州电魂网络科技股份有限公司（简称“电魂网络”）数字娱乐产业园。座谈会在电魂网络召开，内容围绕政策宣讲、政策服务展开。区文创发展中心负责人表示，杭州高新区（滨江）鼓励文创产业集聚、文创品牌打造，加快建设特色文创平台，修订完善新一轮房租补贴等产业扶持政策，推进文创产业加快发展。江北科技园相关负责人向各企业代表介绍“北企南迁”的专项扶持政策，包括适用对象、享受条件等。西兴街道相关负责人介绍西兴区块的产业环境和配套服务。矽力杰负责人向各企业代表介绍企业发展情况，分享企业南迁遇到的困难及解决方案，电魂网络数字娱乐产业园和杭州联络互动信息科技股份有限公司负责人分别介绍园区及相关配套情况。西兴街道园区企业浙江春风集团有限公司、海威控股有限公司等企业分享园区情况。

【华数传媒与子非鱼传媒签约】

2020年8月28日，华数传媒网络有限公司（简称“华数传媒”）与杭州子非鱼文化传媒有限公司（简称“子非鱼传媒”）签订合作协议。双方在IP动画、产品和内容方面展开合作，推动次元文化创意产业发展。子非鱼传媒原创IP“莫叽姆斯MOJIMUSI”“爱尔芙ELF”，内容涵盖动画电影、动画剧、漫画、动画短视频、表情包、音频故事等领域。子非鱼传媒旗下的动画片《小鱼人莫叽姆斯一家》（1～8季）、《莫叽姆斯山海漫游记》、《莫叽姆斯学唐诗》、《莫叽姆斯漫游中国》、3D动画《莫叽短视频》等内容授权华数传媒自有及合作平台播出。爱尔芙月光小镇系列盲盒商品在华数传媒自有及合作终端上架。华数传媒是华数数字电视传媒集团有限公司旗下专业从事数字电视网络运营与新传媒发展的运营企业。子非鱼传媒是一家擅长原创IP孵化及运营的公司。

【国际分布式人工智能学术会议在网易旗下游戏《逆水寒》中举行】 2020年10月24—27日，第二届国际分布式人工智能学术会议在网易（杭州）网络有限公司（简称“网易”）旗下游戏《逆水寒》中举行。该会议是全球首个运用AI和云游戏技术，在虚拟世界中举办的国际性学术会议，有300多名全球人工智能领域学者参加，沉浸式探讨前沿AI技术。沉浸式会议系统是网易伏羲实验室基于《逆水寒》游戏场景构建的，具备客户端免下载、PPT嵌入式播放、文字和语音聊天、多个分会场自由切换等数十项会议功能。会议现场有演讲、学术讨论、论文墙展（Poster）等互动环节，每名学者可自由设定自己的虚拟形象，选择喜欢的发型和服饰；休会期间，可观赏舞者和乐师表演；转换会场自由，守卫一键传送即可到达。每名参会者能根据真人照片使用AI智能捏脸技术制作的个人形象照和身穿古风服装的虚拟形象合影。

【“电魂杯”首届滨江文创企业篮球赛举行】 2020年12月7—15日，“电魂杯”首届滨江文创企业篮球赛在电魂大厦篮球馆开赛。比赛由区文创发展中心主办，杭州电魂网络科技股份有限公司、网易（杭州）网络有限公司等11家区内文创企业参赛。大赛分小组赛、半决赛、决赛3个赛程。最终，杭州悦胜体育经纪有限公司获第一名、杭州电魂网络科技股份有限公司获第二名、网易（杭州）网络有限公司获第三名、三花·江虹国际创意园获第四名、杭州漫禾动漫有限公司获第五名、浙江中南卡通股份有限公司获第六名。

【扶持文化创意产业发展政策出台】 2020年12月30日，杭州高新区（滨江）出台《关于进一步扶持文化创意产业发展的实施意见》，政策扶持共4个版块10条。对新设立或新引进3年内的文创企业，给予实际租用办公用房最高100%的补贴，以及研发创新、媒体播出、数字出版、产品销售、支持参展等政策补助。对渡过初创期，设立或引进3年以上的文创企业，配套出台“支持成长型企业发展”“支持重点骨干企业发展”政策。鼓励电竞产业集聚发展，新出台专项扶持政策，对新引进的电竞一线俱乐部、企业承办电竞职业大赛、符合条件的电竞场馆、电竞俱乐部职业战队获得职业大赛奖项分别进行补助。升级网络作家创新创业专项扶持政策。鼓励文创品牌打造，对区内企业自主创作获作为第一出品方创作作品，根据不同情况分别给予奖励。支持文创品牌活动，对由区内文创企业主办，且举办地设在杭州高新区（滨江），在全国乃至全球有较大影响的特色行业活动（品牌赛事），经审核备案，可按活动实际支出的50%给予奖励。支持文化“走出去”，对备案文创企业被认定为国家、浙江省文化出口重点企业的，分别给予一次性奖励。鼓励文创园区建设，对新认定为市级及以上文化产业示范园区，给予运营机构最高50万元的一次性奖励。

（王志红）

【动漫产业高峰论坛】 2020年9月29日，第十六届中国国际动漫节动漫产业高峰论坛主论坛在白马湖国际会展中心举行。论坛聚焦“新时代、新产业、漫道铮铮、初心不忘”主题及后疫情时代动漫产业发展和动漫作品创作，进行交流探讨。动漫产业高峰论坛《对话》专场节目，以“动漫，多一种可能”聚焦动漫与新消费，邀请网易（杭州）网络有限公司、浙江中南卡通股份有限公司、杭州玄机科技信息技术有限公司等原创动画、游戏、技术型企业展开专业的交流与分享。推出系列主题论坛，包括主论坛、大师班、新锐班、圆桌班等研讨和论坛活动。大师班举办首场全女性嘉宾专场，新锐班围绕“动漫，乘风破浪的未来”主题展开，圆桌班探讨“后疫情时代下中、欧动漫的新挑战、新机遇”。首设“Live现场秀”板块，以“直播马拉松”形式进行探索。（宋琦麒）

产业平台·特色小镇

白马湖生态创意城

【概况】 2020年，白马湖生态创意城实施新建、续建工程项目13个，累计完成政府项目投资3.76亿元。新签约、引进企业226家，园区企业实现营业总收入68.3亿元、税收2.2亿元，分别比上年增长27.3%、16.8%。举办第十六届中国国际动漫节、第十四届（2020）中国（杭州）文化创意产业博览会等展会活动27场。举行中国网络作家村第三次村民大会暨“村民日”活动。白马湖生态创意城获批全国首个“国家级文化产业示范园区”。北航杭州研究生院主体结项。白马湖公园景区获评国家AAA级旅游景区。中国动漫博物馆获2020年度浙江省建设工程钱江杯优质工程奖。“盗墓笔记主题博物馆”项目落户白马湖生态创意城。数字创意产业基地揭牌。最葵园艺术中心举行首展。

【数字创意产业基地揭牌】 2020年6月9日，杭州高新区（滨江）数字创意产业基地揭牌。基地位于白马湖生态创意城核心区块，是助推直播经济高质量发展的产业链生态基地。通过“数字+创意”为直播产业发展赋能，实现直播企业直接对接数字创意产业内容源头；建设多样化的空间场景实现直播模式多元化；利用会展流量、IP流量，增加直播受众面；通过不同物理空间，整合直播产业上下游企业、构建“内容+网红+直播+短视频”的产业链生态圈。至年底，集聚直播经济生态链企业20多家。

【“盗墓笔记主题博物馆”项目落户白马湖生态创意城】 2020年6月9日，南派泛娱有限公司“盗墓笔记主题博物馆”项目签约落户白马湖生态创意城。项目选址井山湖农耕文化园区块，计划面积300平方米。拟通过引入南派三叔笔下盗墓笔记IP冒险奇景，建设全球首家“盗墓笔记主题博物馆”，使读者近距离感受盗墓笔记影视剧细节原貌，游览参观影视布景，结合VR（虚拟现实）体验，打造沉浸式视听体验，形成杭州高新区（滨江）新网红地标。

【白马湖党群服务中心启用】 2020年7月1日，白马湖党群服务中心启用。中心位于白马湖动漫广场一号楼，总面积1800平方米，由白马湖生态创意城管委会与北京首创郎园文化发展有限公司联合建设。功能定位为“党群服务中心+特色小镇会客厅+园区公共服务平台”，设有“三厅三区两室两营一廊一站一庭院”，包括前厅、服务吧台、党建展厅（丹心汇）、声音博物馆、党建会议室（凝心汇）、党性训练营（初心汇）、综合活动室（铭心汇）、志愿工作站（爱心汇）、人才沙龙（倾心汇）、企业展区、户外庭院等12个功能分区。至年底，中心举办红色经典诵读云上直播、文创企业家初创班培训等活动100多场，入选杭州市首批党群实践基地。

【能源科创基地项目签约】 2020年8月24日，杭州高新区（滨江）与浙江省能源集团共建能源科创基地签约仪式在白马湖建国饭店举行。项目选址白马湖单元，东临滨江区界，北临白马湖湖区、映翠路，南临越王城山，用地面积15.38公顷，计划投资27.5亿元。项目目标是建设能源科技创新大平台，配套落户科技孵化器、科技孵化基金、浙能航天氢能技术公司等，形成浙能集团科技创新基地。

【白马湖生态创意城获首批“国家级文化产业示范园区”称号】 2020年9月15日，文化和旅游部考评组到白马湖生态创意城开展验收考评。考评组考察华数数字电视传媒集团有限公司、网易（杭州）网络有限公司等园区企业和中国网络作家村、最葵园等产业平台；召开考评会，通过检查创建基础资料、现场提问、评议等环节，对照创建验收标准，考评创意城的创建工作情况。创意城依托“数字创意产业基地”“中国网络作家村”“国家动漫产业基地”等平台和相关扶持政策，文化企业数量、营业收入、税收、固定资产投资均达到要求，综合评比成绩居第一位，通过验收。12月25日，白马湖生态创意城被文化和旅游部命名为首批“国家级文化产业示范园区”，为长三角地区唯一入选园区。

【最葵园艺术中心首展】 2020年10月29日，“花的山河——最葵园艺术中心首展”在最葵园艺术中心开展，时间持续3个月。艺术展由中国美术学院、中国油画学会、省文联、市委宣传部主办，区委宣传部、杭州白马湖生态创意城管委会、最葵园艺术中心承办，9000多人次参展。展览以“花的山河”为题，分风葵·越过山丘、共生·草木寄人心、野火·致火热的青春、天涯·无尽的地平线4个部分，涵盖油画、雕塑、水彩、影像等艺术形式。最葵园艺术中心由建筑师王澍设计，建筑面积9392平方米，2019年建成。

【华数集团获评“全国文化企业30强”】 2020年11月16日，第十二届“全国文化企业30强”名单发布，华数数字传媒集团有限公司（简称“华数集团”）入选。名单由中央文化体制改革和发展工作领导小组办公室组织推荐、认定，光明日报社、经济日报社等单位联合评选。评选活动根据社会效益和经济效益指标进行综合考评。华数集团作为国有文化传媒产业集团，持续深化改革创新，推动广电网络事业取得新发展。在国内广电网络行业经营普遍加速下滑的形势下，华数集团2019年实现合并营业收入88.44亿元，比上年增长6%；实现净利润8.85亿元，增长13%。

【北航杭州研究生院项目主体结顶】 2020年12月31日，北航杭州研究生院项目主体结顶。项目位于白马湖西南侧，东临冠塘路、西临时代大道、南临龙塘河、北临规划支路。项目于2019年底开工建设，由北航杭州研究生院、教师宿舍配套项目、量子实验室、南边山公园及4条配套道路等8个项目组成，其中北航杭州研究生院项目总用地面积7.42万平方米，计划总投资17.8亿元，总建筑面积14.8万平方米，地上建筑面积11.5万平方米，地下建筑面积3.3万平方米。地上建筑13层（最高），地下1层，建筑高度49.95米。计划2021年底完工。

（顾彬彬　张益苗）

2020年12月31日，北航杭州研究生院项目主体结顶

（白马湖生态创意城　供图）

智慧新天地

【概况】 2020年，智慧新天地重点开展城市设计、基础建设、产业集聚、征迁做地等工作。沿江景观带全线竣工开放。新建道路2条，续建道路7条，其中完工5条。浙江泰林生物技术股份有限公司、创业慧康科技股份有限公司、杭州启明医疗器械股份有限公司等8家企业落点智慧新天地区域，累计有17家企业落点，8家企业在建。杭州光云科技股份有限公司、高新兴创联科技有限公司、银江股份有限公司、浙江长典医药有限公司、税友软件集团股份有限公司、创业慧康科技股份有限公司6家企业开工建设。吉利寰球互联网+新能源产品产业化基地主体完成6层，裙房部分结顶，完成投资1.16亿元。创新中心开工建设，全年完成政府投资0.65亿元。2月23日，智慧新天地建设指挥部更名为智慧新天地发展服务中心。

【沿江公园（滨文支路—浦乐路北）项目竣工】 2020年，杭州高新区（滨江）沿江绿化及周边环境提升改造工程主要开展沿江公园（滨文支路至浦乐路北）一、二期2个项目。9月25日，二期竣工验收，完成投资1.44亿元（工程建设费）。10月29日，一期竣工验收，完成投资5132万元（工程建设费）。二期项目于2018年12月27日进场施工，主要内容包括地下停车库及管理用房、室外公厕、附属景观工程等，用地面积10.02公顷，建筑面积3.19万平方米，其中地下建筑面积2.65万平方米。一期项目于2019年1月11日进场施工，建设内容包括沿江绿化工程、园路及江堤铺装、地下室停车库、管理用房及公厕、观江平台等，总用地面积9.05公顷；项目范围内建筑物由1幢服务用房、1座公厕、1座地下室组成，总建筑面积3870.78平方米。

【5条道路竣工】 2020年，智慧新天地生地街（闻涛路—西浦路）、新浦路（浦乐路—龙山路）、浦联路（西浦路—新浦路）、滨浦路（新生路—东冠路）、陆家潭街（闻涛路—西浦路）5条道路竣工，新建道路总长2194米。

2020年杭州高新区（滨江）智慧新天地竣工道路基本情况

表18

道路名称	竣工时间	开工时间	道路长度（米）	道路宽度（米）	计划总投资（万元）	完成投资（万元）
陆家潭街（闻涛路—西浦路）	2020-05-01	2019-10-30	529	16	4475	580
滨浦路（生地街—东冠路）	2020-07-02	2018-03-05	399	20	3376	701
新浦路（浦乐路—龙山路）	2020-07-07	2019-08-01	434	26	1380	786
浦联路（西浦路—新浦路）	2020-07-07	2019-10-21	178	16	470	316
生地街（闻涛路—西浦路）	2020-12-31	2020-03-18	654	32	22937	2374（工程建设费）

【创新中心开工建设】 2020年7月24日，智慧新天地创新中心开工建设。项目位于之江大桥防护绿地以南，闻涛路绿化带以西，坚塔街以北。新建地上15层（A楼）和19层（B楼）的高层建筑，设平台相连；地上1层的仓库（C楼）；设2层地下室。总用地面积2公顷，容积率2.9，建筑密度34.6%，绿化率20%，总建筑面积8.98万平方米，停车位633个。计划投资7.92亿元。创新中心主楼A楼拟入驻生物芯片企业生捷科技（杭州）有限公司，主楼B楼创新中心主要功能包括创新孵化（孵化方向侧重为智慧医疗相关产业）、产业配

套、展览展示及管理服务功能。至年底，完成桩基础、基坑围护，开展土方开挖工程。

【2条道路开工建设】 2020年，智慧新天地坚塔街（闻涛路—新浦路）、规划支路5号路（连江街—芳华弄）开工建设。坚塔街（闻涛路—新浦路）工程分3个项目实施。7月16日，坚塔街西段（闻涛路—西浦路）开工建设，工程西起闻涛路，东至西浦路，道路长534米，宽32米，计划总投资4875万元。至年底，西段工程完工。8月25日，坚塔街东段（西浦路—新浦路）开工建设，工程西起西浦路，东至新浦路，道路长478米，宽28米，计划总投资4401万元。至年底，东段完成雨污水管、塘渣及部分配套管线，完成总工程量的65%，完成投资1016.94万元。12月1日，坚塔街东段（西浦路—新浦路）周边环境整治工程进场施工，总用地面积0.38公顷。计划总投资1348万元。至年底，完成人行道土路基、塘渣及部分配套管线，完成总工程量的40%，完成投资66.4万元。9月27日，规划支路5号路（连江街—芳华弄）工程开工建设。规划支路5号路北起连江街，南至芳华弄，道路长514米，宽16米，计划总投资6211万元。至年底，完成浙新街以北水泥稳定碎石层铺设、以南段土路基。

【2个产业项目开工建设】 2020年11月12日，创业慧康科技股份有限公司项目开工建设。项目位于之江大桥下桥口，坚塔街以北，规划滨浦路以西。总用地面积1.07公顷，总建筑面积5.1万平方米，地上建筑面积3.2万平方米，地下建筑面积1.9万平方米，总高度90米，计划总投资2.2亿元。公司主营智慧大健康软硬件产品的研发和生产。同月24日，税友软件集团股份有限公司项目开工建设。项目位于之江大桥下桥口，坚塔街以北，西浦路以西，彩虹快速路防护绿地以南。总用地面积2.33公顷，总建筑面积12.6万平方米，地上建筑面积7万平方米，地下建筑面积5.6万平方米，总高度98米，计划总投资5亿元。公司是财税信息化综合服务提供商，为税务机关提供税务系统开发与运维，为纳税企业和财税中介提供互联网财税综合服务。

【四企联建项目开工建设】 2020年11月15日，杭州光云科技股份有限公司、高新兴创联科技有限公司、银江股份有限公司、浙江长典医药有限公司4家企业联建项目开工建设。项目由智慧新天地发展服务中心牵头，位于智慧新天地核心区域，东至西浦路、西至规划滨浦路、南至陆家潭街、北至坚塔街。4家企业项目联建，同时打通4家相邻企业地块的地下空间，整合利用。项目建成后，预计扩大地下使用面积1.35万平方米，增加地下室机动车停车数量205个，4家企业地上出入口从8个调整优化为4个，为企业节省投资费用约3000万元。杭州光云科技股份有限公司项目，总用地面积1.33公顷，总建筑面积6.5万平方米，总高度98米，计划总投资3.7亿元。公司是一家创新型互联网软件企业，为淘

2020年11月15日，四企联建项目开工建设

（智慧新天地发展服务中心　供图）

宝、天猫、京东、拼多多等电商平台卖家提供软件服务。浙江长典医药有限公司项目，总用地面积0.67公顷，总建筑面积3.2万平方米，总高度72米，计划总投资1.6亿元。公司是一家集药品研发、上市许可持证、销售推广、仓储配送、药品供应链服务平台及应用软件的开发、医疗美容、医疗服务等领域共同发展的公司。银江股份有限公司项目，总用地面积1公顷，总建筑面积4.9万平方米，总高度100米，计划总投资1.8亿元。公司聚焦智慧交通、智慧健康等行业，是城市大脑运营服务商。高新兴创联科技有限公司项目，总用地面积1公顷，总建筑面积4.8万平方米，总高度100米，计划总投资3.3亿元。公司主营“电子控制、嵌入式软件”产品的研制、生产和服务，产品涉及国铁、城轨、能源、公共安全4个领域。

【工业遗址公园投入使用】2020年12月30日，工业遗址公园投入使用。公园计划建成集电子商务平台、主播人才培训、文创产业孵化为一体的文创及电商直播基地。公园分东、西两园，占地面积9706平方米。东园位于闻涛路以东，生地街以南，占地面积4409平方米，西园位于闻涛路以西，生地街南北两侧，占地面积5297平方米。公园于2018年开工建设，2019年9月30日主体结构竣工。

（周盼庭）

物联网产业园

【概况】 2020年，物联网产业园完成固定资产投资17.28亿元，其中特色产业投资16.71亿元，占96.7%。园区企业实现营业收入2245亿元，比上年增长4.1%；税收收入50亿元，增长6.4%。新引进企业830家，累计有企业1881家，其中上市企业15家（新增杭州山科智能科技股份有限公司1家）、世界500强企业及其投资项目15个［新增埃森哲企云科技（杭州）有限公司1家］，中国500强、中国民营500强企业4家，“独角兽”、准“独角兽”企业7家，国家高新技术企业126家，“瞪羚企业”31家。全年迁入企业261家，迁出企业112家，净迁入企业149家，顺差率57.1%。新增2家国家级众创空间（3W-COFFICE、图像识别国家专业化众创空间）；新认定1家省级众创空间（nihub）；新认定1家省级孵化器（江南智谷），累计2家；新认定1家市级孵化器（麦田孵化器），累计2家。物联网产业园获评首批国家数字服务出口基地、省数字化示范园区、市服务贸易示范园区。《浙江省数字贸易先行示范区建设方案》明确在杭州高新区（滨江）物联网产业园国家数字服务出口基地重点建设数字贸易先行示范区“核心区”。2月23日，物联网产业园建设指挥部更名为物联网产业园发展服务中心。

2020年，物联网产业园加快推进政府投资项目建设，解放河（阡陌路至西兴路段）南岸环境提升改造工程竣工，阡陌路（建设河桥南侧）地下人行过街通道、杭州高新区（滨江）展厅施工（制作）项目均建成投用，物联网产业园感知之轴景观及地下停车库项目、物联网产业园配套幼儿园及人防项目开工建设。杭州安恒信息技术有限公司二期项目新落点待开工建设，德施曼机电（中国）有限公司、杭州泰一指尚科技有限公司、杭州宏杉科技股份有限公司、联众智慧科技股份有限公司、杭州神甲科技有限公司5个项目落点待挂牌，杭州山科智能科技股份有限公司、杭州鸿泉物联网技术股份有限公司、杭州趣链科技有限公司、杭州萤石网络有限公司4个项目新开工建设，杭州康奋威科技股份有限公司、杭州市交通投资集团有限公司2个项目建成投入使用，医惠科技有限公司、杭州联络互动信息科技股份有限公司2个项目竣工扫尾，杭州迪普科技股份有限公司、杭州海康威视数字技术股份有限公司四期2个项目大楼主体结顶。物联网产业社区竣工。

至2020年底，物联网产业园拥有各类创新创业人才8.9万人。其中：拥有国家、省级专家33人，诺贝尔奖获得者、院士等专家13人，新增企业博士后14人，占全区企业博士后

40%。指导杭州览众数据科技有限公司设立博士后工作站；与杭州安恒信息技术股份有限公司共同举办“第三届杭州滨江国际人才节——网络安全人才日”活动；与西班牙巴塞罗那“明日之城”平台签订战略合作协议，联合发布“人才吧”计划。

【亲清+楼宇经济数字驾驶舱】2020年，物联网小镇依托区城市大脑、楼宇经济平台等建设成果，结合小镇企业发展情况，利用三维地理信息平台，构建物联网小镇“数字驾驶舱”。“数字驾驶舱”分“亲清驾驶舱”和“楼宇经济驾驶舱”。“亲清驾驶舱”包括政策兑付情况、行政许可情况及企业迁移状况、企业的登记情况、企业税收趋势等统计信息，“楼宇经济驾驶舱”系统展示小镇的专有特色数据统计，包含产业地图、楼宇智治、科技创新、人才引进等模块，掌握物联网小镇产业和企业分布、经济特色。11月24日，杭州“亲清在线”平台“行政许可”板块暨“线上行政服务中心”建设工作推进会在物联网小镇召开。物联网小镇“数字驾驶舱”作为杭州高新区（滨江）“亲清驾驶舱”典型向全市各区县推介驾驶舱建设情况，分享驾驶舱在数据处理、应用等方面的经验。“驾驶舱”在《人民日报》、“杭州改革”公众号、“杭州网”等国家、省、市媒体进行宣传推广。

【物联网产业园抗击新冠肺炎疫情和复工复产】2020年，物联网产业园发展服务中心部署开展以“服务专员+服务小分队”为主要形式，深化企业“三服务”、助力企业复工复产。落实“政策包”服务，提供物资保障、资金和人才招引服务，对园区21个楼宇开展排查工作，共排查企业797家，梳理楼宇入驻率、企业注册率及税收等方面具体情况，形成分析报告。至2月18日，园区规模以上企业复工率100%。在全市抗击新冠肺炎疫情总结表彰大会上，园区企业正泰量测技术股份有限公司总经理金福娟，浙江吉利控股集团有限公司欧洲创新中心公关传播部、中国联络处专员牛婷婷，杭州安恒信息技术股份有限公司党委书记、高级副总裁张小孟3人被评为“市抗击新冠肺炎疫情先进个人”，聚光科技（杭州）股份有限公司党委被评为“市抗击新冠肺炎疫情先进集体”“市抗击新冠肺炎疫情先进基层党组织”。

【2座企业楼宇投入使用】2020年1月1日，杭州康奋威科技股份有限公司（简称“康奋威”）总部大楼投入使用。康奋威总部大楼于2017年12月3日桩基先行施工，位于物联网产业园核心区，东至风情河，西至协同路，南至杭州纵横通信股份有限公司、杭州协同220千伏输变电工程，北至杭州市交通投资集团有限公司。该总部大楼用地面积1公顷，总投资4.14亿元，总建筑面积4.14万平方米，其中地上建筑面积2.75万平方米。2020年10月20日，杭州市交通投资集团有限公司（简称“市交投集团”）总部大楼投入使用。市交投集团项目于2017年12月10日桩基先行施工，位于物联网产业园核心区，东至风情河、西至协同路、南至杭州康奋威科技股份有限公司、北至月明路。项目用地面积2公顷，总投资4.6亿元，总建筑面积8.41万平方米，采用预制混凝土装配式新型工艺建设。

【物联网产业园获评首批国家数字服务出口基地】2020年4月9日，商务部、中央网信办、工业和信息化部联合发布公告，认定杭州高新区（滨江）物联网产业园等12个园区为首批国家数字服务出口基地。6月11日，在第22届（网上）浙洽会——国家数字服务出口基地企业全球推介会上举行国家数字服务出口基地启动云揭牌仪式，正式挂牌。物联网产业园以物联网产业为发展导向，结合数字经济和新制造业，培育数字安防技术服务、网络信息安全服务、区块链技术服务、数字云服务、跨境金融服务等数字服务新业态、新模式企业。至年底，有世界500强企业及其投资项目15家，上市公司15家，国家高新技术企业126家，“独角兽”、准“独角兽”企业7家。坚持“高、精、尖、缺”引才育才导向，提升数字经济人才精准度和产业适配度，实现数字人才集聚优势。累计拥有各类人才8.9万人。其中：国家级、省级专家33人，诺贝尔奖、院士专家13人。园区新基建设施完备，5G网络实现全覆盖，商企楼宇光纤覆盖率99%、家庭光宽带覆盖率99%；全域布局先进感知设施，实现AI+视频安防；融合5G网络和新一代信息技术与工业系统，建设工业4.0、园区车联网系统。依托知识产权综合服务中心、5G滨江联合创新中心等平台，提供金融、商标、专利、路演等服务，为园区企业发展提供技术支持、资金保障和基础服务。2020年，基地服务贸易出口额21.92亿美元，比上年增长10.3%，占全区服务贸易出口总额50.5%，其中软件和信息技术服务出口主导作用明显，出口16.75亿美元，占基地服务贸易出口的76.4%。

【4个产业项目开工建设】 2020年4月15日至12月14日，杭州鸿泉物联网技术股份有限公司车联网产业化基地、杭州山科智能科技股份有限公司智能水表研发及生产基地、杭州趣链科技有限公司区块链技术产业化生产基地、杭州萤石网络有限公司智能家居产品产业化基地4个项目开工建设，推进总部集聚和产业化基地建设。

2020年杭州高新区（滨江）物联网产业园新开工项目情况

表19

开工日期	项目名称	项目地址	占地面积（公顷）	建筑面积（万平方米）	总投资额（亿元）	至年底情况
2020-04-15	杭州鸿泉物联网技术股份有限公司车联网产业化基地	东至风情河，西至在建山科智能，南至规划商业商务地块，北至规划启智街	0.93	2.61	2.71	达到地面零标
2020-04-19	杭州山科智能科技股份有限公司智能水表研发及生产基地	东至在建鸿泉物联网，西至协同路，南至规划商业商务地块，北至规划启智街	0.71	1.97	1	达到地面零标
2020-11-14	杭州趣链科技有限公司区块链技术产业化生产基地	东至协同路，西至西兴路，南至规划高新产业地块，北至月明路	2.03	5.7	6	完成桩基工程
2020-12-14	杭州萤石网络有限公司智能家居产品产业化基地	东至协同路，西至西兴路，南至启智街，北至规划高新产业地块	2.69	7.5	7	桩基施工

【物联网产业园企业精准服务机制】 2020年4月，物联网产业园印发《物联网产业园企业精准服务机制工作方案》，实施楼宇服务专员机制，开展网格化企业服务，至年底，园区楼宇平均在杭州高新区（滨江）注册率提升至91%。10月20日，物联网产业园与泰国数字经济促进局和泰国安防协会联合举办2020浙江服务贸易云展会——泰国数字安防服务专场。通过线下精准配对、线上直播洽谈实现精准对接，帮助企业开拓市场。杭州萤石网络有限公司、杭州朗鸿科技股份有限公司、浙江宇视科技有限公司、未来之城科技（杭州）有限公司4家企业参加，与近20家泰国采购方达成意向合作。12月1日，物联网

产业园在省商务厅指导下，联合哥伦比亚绿色商会、哥伦比亚工程师协会、昆迪纳卡马省环保局举办哥伦比亚环保服务云展会。浙江中诚环境研究院有限公司、聚光科技（杭州）股份有限公司、滨和环境建设集团有限公司3家企业参展，与10多家采购商达成合作意向。

【国家数字服务出口基地浙江企业全球推介会】 2020年6月11日，第22届（网上）浙洽会——国家数字服务出口基地浙江企业全球推介会在物联网产业园召开。物联网产业园组织杭州海康威视数字技术股份有限公司、浙江宇视科技有限公司、杭州趣链科技有限公司等30多家数字服务企业参加推介会，介绍企业发展情况、合作意向，展现技术优势、人才优势。物联网产业园国家数字服务出口基地与“Tomorrow City——明日之城”项目现场签订合作备忘录。活动在“网易浙江”同步直播，观看量超过63万人次。

【杭州高新区（滨江）展厅建成投用】 2020年7月17日，杭州高新区（滨江）展厅施工（制作）项目进场施工，9月15日，展厅整馆竣工验收通过。展厅位于阡陌路482号智慧e谷大楼一楼，总面积1454.41平方米，主要分为“高新滨江、智汇高地、‘新’耀全球、创想未来”4个展区，展示杭州高新区（滨江）整体发展概况和数字经济领域重点企业技术、产品及应用案例和解决方案。

【2座企业楼宇主体结顶】 2020年10月26日，杭州迪普科技股份有限公司（简称“迪普科技”）大楼主体结顶。迪普科技项目于2019年3月1日开工建设，位于物联网产业园核心区块，月明路与共联路交叉口。项目占地1.33公顷，总建筑面积5.52万平方米。2020年11月16日，杭州海康威视数字技术股份有限公司（简称“海康威视”）四期大楼主体结顶。海康威视四期项目于2018年9月12日桩基先行施工，位于物联网产业园核心区块，东至十甲河绿化带，西至十甲河绿化带，南至启智街，北至规划支路。项目占地面积3.67公顷，总建筑面积16.9万平方米，总投资10.32亿元。（宁　萍）

2020年6月11日，第22届（网上）浙洽会——国家数字服务出口基地浙江企业全球推介会在物联网产业园召开

（物联网产业园发展服务中心　供图）

互联网经济产业园

【概况】 2020年，互联网产业园完成政府投资1153.07万元。互联网经济产业园（集聚区）内41家企业完成投资48.56亿元，实现营业收入1238.89亿元，上缴税收111.08亿元。互联网经济产业园在建重点产业项目7个，当虹智能视频产业化基地、城云科技城市互联云计算大数据产业化基地开工建设；推进建设虹软视觉人工智能产业化基地项目、大华智慧安防（物联网）生产基地、恒生金融云产品生产基地、工业综合体4个项目；竣工收尾项目1个，网盛互联网金融软件产业化基地项目完成主体验收。连续3年在全省100个省级服务业集聚示范区综合评价中居第一位。2月23日，互联网经济产业园

建设指挥部更名为互联网产业园发展服务中心。3月11日，建立中共杭州高新技术产业开发区（滨江）互联网产业园委员会，撤销中共杭州高新技术产业开发区（滨江）中国互联网经济产业园建设指挥部党组。

【当虹科技智能视频产业基地项目开工建设】 2020年6月8日，杭州当虹科技有限公司（简称“当虹科技”）智能视频产业基地项目桩基先行开工。项目位于滨江互联网小镇核心区，东至空地、西至共享路、南至规划兴才街、北至众创路，用地面积7978平方米，总建筑面积3.8万平方米，总投资4.3亿元，建设周期2年。项目为公司智能视频处理产品的生产、研发及办公辅助用房。至年底，桩基施工完成、冠梁施工中，完成投资1733万元。当虹科技专注于智能视频技术的算法研究，拥有高质量视频编转码、智能人像识别、全平台播放、视频云服务等核心算法的研究与应用成果，面向传媒文化和公共安全等行业，提供智能视频解决方案和视频云服务。

【中国杭州“滨航创新企成计划”直通滨江创新创业大赛总决赛暨AI+长三角经济协同创新发展峰会】 2020年12月12—13日，首届2020中国杭州“滨航创新企成计划”直通滨江创新创业大赛总决赛暨AI+长三角经济协同创新发展峰会在互联网产业园浙农科创园举办。活动由杭州高新区管委会、滨江区政府指导，北京航空航天大学杭州创新研究院主办。比赛自2020年9月启动，有362个项目参加，经线上晋级赛、半决赛，进入总决赛项目30个，总产值10亿元。总决赛通过线下路演方式进行，评审团由普华资本、华威国际、华创资本等创投机构创始人或合伙人组成，评出获奖项目12个。区委人才办、区科技局、区商务局等部门负责人为获奖团队颁发奖杯及获奖证书。“AI+长三角经济协同创新发展峰会”围绕人工智能领域，探讨行业热点话题及针对传统行业转型升级方案，有70多个项目与投资方建立合作关系，与北航杭州创新研究院进行技术交流与合作。

2020年12月12—13日，首届2020中国杭州“滨航创新企成计划”在浙农科创园举行　　（互联网产业园发展服务中心　供图）

【网盛互联网金融软件产业化基地项目主体竣工验收】 2020年12月16日，网盛互联网金融软件产业化基地项目通过建设、勘察、设计、监理、施工五方主体竣工验收。网盛互联网金融软件产业化基地项目于2017年7月26日开工建设，为浙江网盛生意宝股份有限公司的建设项目，东至杭高新工〔2016〕4号地块，西至规划支一路，南至空地、江三社区过渡房，北至规划支一路。项目总投资5亿元，总用地面积1.35公顷，总建筑面积9万平方米。浙江网盛生意宝股份有限公司是一家产业互联网基础设施提供商，公司旗下拥有生意宝、生意社、网盛商品交易中心、AAA企业信用网及化工网、纺织网、医药网等专业性电子商务门户产业集群，形成化工供应链、大宗供应链、产业供应链与国际供应链的供应链发展战略，实现产业B2B电商、数据、交易、金融、物流与信用服务的完整闭环。

【城云科技城市互联云计算大数据产业化基地开工建设】 2020年12月25日，城云科技城市互联云计算大数据产业化基地开工建设。项目位于互联网小镇核心区，东至江淑路、西至空地、南至创慧街、北至规划兴才街，用地面积9790平方米，总建筑面积4.66万平方米，总投资2.1亿元，建设周期2.5年。项目涵盖研发、办公、培训、商务、展厅、生活配套设施等，规划有智慧产业功能区、产业互联网功能区、沉浸式数字化展区、报告厅等功能区。至年底，桩基施工中，完成投资1568万元。城云科技（杭州）有限公司（简称“城云科技”）是一家创新驱动的城市互联网公司，专注大数据赋能的产品创新、服务创新、模式创新，为城市客户提供咨询定制、架构实现、云化运营的一站式服务。

【北航杭州研究院与德诺医疗签署合作协议】 2020年12月28日，北航杭州创新研究院量子精密测量与传感研究中心——杭州德诺睿华医疗科技有限公司（简称“德诺医疗”）战略合作签署暨联合实验室成立仪式在智慧e谷举行。中国科学院院士、北京航空航天大学常务副校长房建成，省药监局药品安全总监董耿，区委书记王敏，区委常委、常务副区长姜永柱，德诺医疗联合创始人兼董事长赵亦伟，启明医疗联合创始人兼董事、总经理訾振军，以及浙江省医疗器械检验研究院、北航相关负责人、教授等70多人参加。王敏致辞。房建成做题为“医工交叉，服务中国健康”的报告，赵亦伟围绕“德诺医疗，中国顶尖的医疗创新生态圈”做经验交流。房建成、王敏、赵亦伟、訾振军共同为弱磁医学应用联合实验室揭牌。双方从成立项目团队、质量体系搭建、软件研究、临床层试验方案等方面展开合作。（项　磊）

奥体博览城

【概况】 2020年，奥体滨江公司承接市、区政府下达的年度建设任务均按要求推进。至年底，完成投资3.44亿元，为年度计划的135.77%。奥体博览城网球中心决赛馆获“中国钢结构金奖”。完成杭州高新区成立30周年纪念大会、网易未来大会、第34届杭州马拉松等大型赛会保障工作。

【奥体博览城主体育场及附属设施工程竣工】 2020年3月，杭州奥体博览城主体育场体育工艺集成项目（照明、扩声、大屏）完成专项验收；12月，体育场地工程基本完成。奥体博览城主体育场及附属设施工程获评2020年度浙江省建设工程钱江杯奖（优质工程）。杭州奥体博览城主体育场及附属设施工程于2011年2月18日开工建设，东至七甲河，西至飞虹路，南至奔竞大道，北至闻涛路。主体育场项目为省、市重点工程，建筑面积21.61万平方米，项目概算25.92亿元。2013—2016年，完成下部混凝土结构结顶、上部罩棚钢结构吊装、金属屋面、幕墙工程、泛光照明工程。2017年主体育场竣工，室外工程完成85%。2018年主体育场室外工程基本完成，于2019年1月完成验收。2019年，主体育场体育照明、体育扩声、体育大屏完成，举办“阿里巴巴20周年庆典”活动。

【奥体博览城配套及车库工程竣工验收】 2020年1月22日，杭州奥体博览城配套及车库项目竣工验收。该项目于2014年5月10日开工建设，工程位于钱塘江与七甲河交汇处南侧，南贴飞虹路，西北紧邻主体育场。工程为地下二层，总建筑面积23.5万平方米。2016年4月，因G20杭州峰会景观提升工程停工；2017年完成1号地下室90万立方米土方开挖工作及地下室结构主体工程施工；2018年完成土方回填、结构验收，进入装修及安装阶段；2019年，奥体博览城配套及车库项目具备竣工验收条件。

【奥体博览城网球中心场馆及附属工程】 2020年，杭州奥体博览城网球中心场馆及附属工程T2半决赛馆、T4预赛场、T5训练场结构完工，T6

室内网球馆基本完成。工程于2017年开工建设，东邻七甲河，西、南至一桥南路（奥林匹克大道），北至滨和南路。2018年工程室外平台主体结构通过验收；2019年12月，T2～T6场馆、桥梁下空间、配套及车库室外平台等工程室外平台部分具备验收条件；T2半决赛馆、T6室内网球馆继续施工，推进3号桥南侧桥梁下空间、配套及车库景观、绿化等工程建设。 （张 能）

杭州高新区（滨江）富阳特别合作区

【概况】 2020年，杭州高新区（滨江）富阳特别合作区聚焦重点产业项目开工、加快项目引进落点，破解难题加强保障，优化区域发展体制机制。签约正泰集团智慧能源5吉瓦智能制造项目、奇汇电子生产制造基地项目、百芯半导体芯片封装测试工厂项目等5个高新制造业项目，总投资470亿元，其中列入市重点产业项目3个、省市县长项目工程2个。储备项目近10个。招引项目（含原富阳区招引7个项目）完成固定资产投资7.16亿元。东方通信股份有限公司项目完成土地摘牌。

【特别合作区规划及基础设施】 2020年，杭州高新区（滨江）富阳特别合作区重点完善交通基础配套设施，与富春湾新城商定政府投资项目3年行动计划，重点围绕3年内启动的市政工程、道路交通、公共配套等项目进行梳理和排序。启动一批重点交通路网工程，涉及新建项目5个，总投资约35亿元。至年底，杭新景高速灵桥互通改建工程、同登路完成工程量的20%，富春湾大道二期完成工程量的15%，滨富路（王家宕路）完成工程量的10%。春永线改造工程（灵礼路—胜利路）全部完工，大小浦河道改造项目完成大浦迁改。重点强化项目配套保障，掌握项目需求，服务项目建设，梳理特别合作区范围内供水、排水、供电等基础配套现状及规划，针对性地开展协调对接工作。安置房建设进展顺利，首批永丰区块安置房完成总工程的70%以上，13幢主体建筑完成主体结顶；二期灵桥A、B、C安置区块桩基工程基本完成。灵桥幼儿园、灵桥人才公寓进场施工。谋划商业区块项目引进，确保特别合作区城市生活配套进度与项目建设、产业发展相适应。

【特别合作区项目集中签约暨集中开工仪式】 2020年3月17日，杭州高新区（滨江）富阳特别合作区项目集中签约暨集中开工仪式在宏华数码喷印装备和耗材生产基地项目地块举行。市府办、市发改委等市级相关部门负责人，杭州高新区（滨江）、富阳区负责人及两区相关部门负责人，企业负责人等150人参加。仪式上，涉及新制造业项目3个，公建及基础设施配套项目7个，签约项目4个。3个产业项目用地面积56.4公顷，总投资415亿元，包括宏华数码喷印装备和耗材生产基地项目、富芯半导体模拟芯片IDM项目、东方通信智能制造生产基地项目。公建及基础设施配套项目7个，总投资38亿元，包含人才公寓（一期）、春永线改造工程（灵礼路—胜利路）、大小浦河道改造工程、高速公路灵桥互通改建工程、富春湾大

2020年3月17日，杭州高新区（滨江）富阳特别合作区项目集中签约暨集中开工仪式在宏华数码喷印装备和耗材生产基地项目地块举行

（区委宣传部 供图）

道二期、滨富路（王家宕路）、同登路工程。签约项目4个，包含正泰集团智慧能源5吉瓦智能制造项目、杭州奥能电源设备有限公司项目、浙江兆久成信息技术股份有限公司项目、浙江奇汇电子提花机有限公司项目。

【特别合作区营商环境优化】2020年，杭州高新区（滨江）富阳特别合作区运用两区各类先行先试政策，在特别合作区里复制、嫁接，营造高效协同的营商服务体系。创新审批高效模式，探索富阳区审批部门与特别合作区“一门受理+专员服务+联合会审”的新模式，围绕两区完全授权、见章盖章和专人专班、限时办结的模式，协商形成特别合作区《用地挂牌出让审批流程》《企业注册住所登记申报承诺制》《地块管理标准化意见》等制度。构建授权充分、审批高效新模式。建立两区联席会议制度，搭建“一企一专班”的服务专班制度，利用土地供地和挂牌的时间差，通过做足模拟审查等前期工作，为保障项目落地争取时间。投资建设项目全生命周期可视化实施指挥管理平台，实现投资建设项目全生命周期、全过程跟踪与管理。

【富芯半导体模拟芯片项目】2020年3月17日，富芯半导体模拟芯片项目签约落户杭州高新区（滨江）富阳特别合作区。项目总投资400亿元，总用地面积43.13公顷，建设年产60万片高性能模拟集成电路生产线。项目分2期建设，其中一期投资180亿元，用地面积21.4公顷，二期投资220亿元，用地面积21.73公顷。项目取得预赋码，7月8日完成初步设计审查，同月30日完成供地手续准备，9月11日完成省国网公司电力接入系统评审，土方回填完成80%。至年底，具备开工建设条件。

【正泰集团智慧能源智能制造项目】2020年3月17日，正泰集团智慧能源智能制造项目签约落户杭州高新区（滨江）富阳特别合作区，总投资51亿元，固定资产投资30亿元，总用地23.3公顷，新建年产5吉瓦光伏电池及组件工厂。项目分2期建设，其中一期固定资产投资12亿元，用地面积13.3公顷，二期固定资产投资18亿元，用地面积10公顷。至年底，项目完成概念方案设计。

【宏华数码喷印装备和耗材生产基地项目开工建设】2020年3月17日，宏华数码喷印装备和耗材生产基地项目开工建设。项目总投资10亿元，总用地面积8公顷，分2期建设。其中：一期投资5.05亿元，用地面积3.33公顷；二期投资4.95亿元，用地面积4.67公顷。至年底，一期项目配套楼、1号厂房完成主体结顶，2号厂房完成土方开挖，完成固定资产投资8300万元。杭州宏华软件有限公司于2月入驻临时过渡厂房，10月成为规模以上工业企业（年营业收入2000万元以上），全年实现营业收入3700万元。

【奇汇电子生产制造基地项目】2020年3月17日，浙江奇汇电子提花机有限公司（简称“奇汇电子”）生产制造基地项目落户杭州高新区（滨江）富阳特别合作区。基地主要生产制造电子提花机，总投资1亿元，分2期实施，一期租赁4500平方米厂房进行提花机装配，二期计划购置地块投资生产。11月15日，奇汇电子项目投入生产，至年底，装配提花机60台。

【百芯半导体芯片封装测试工厂项目】2020年12月22日，杭州百芯半导体有限公司（简称“百芯半导体”）芯片封装测试工厂项目落户杭州高新区（滨江）富阳特别合作区。项目主要进行芯片封装测试，总投资0.5亿元，分2期实施，一期租赁1500平方米厂房，二期计划购置地块投资生产。至年底，完成项目公司注册，一期新上生产线3条，同步进行厂房装修。（陈丽璇）

江北科技园

【概况】2020年，江北科技园3500多家企业实现税收收入

26.92亿元，比上年增长8.9%，其中1亿元以上企业3家、1000万元以上企业58家、100万元以上企业275家。新认定国家高新技术企业84家。有国家级人才8人，省级人才17人，市级人才13人。至年底，有国家高新技术企业431家，上市企业9家。杭州山科智能科技股份有限公司在深圳证券交易所创业板上市，是创业板注册制改革后杭州市首家上市企业。杭州华东医药集团新药研究院有限公司、杭州恒生数字设备科技有限公司、杭州立方控股股份有限公司、杭州新中大科技股份有限公司、杭州衡泰软件有限公司5家企业研究院新认定为省级企业研究院。

江北科技园规划面积11.44平方千米，位于城西文教区，依托国家级科技创业中心、天堂软件园、东部软件园等创新载体，发挥“大孵化器”功能。4月24日，江北科技园发展服务中心成立，承担杭州高新区（滨江）江北区块企业服务、招商引资、“北企南迁”、安全生产等职责。

【744家企业落户江北科技园】2020年，江北科技园实施以企引企、以才引企、以友引企、以介引企、以楼引企政策，引进企业744家，注册资金41.46亿元，分别比上年增长34.29%、42.16%。其中：新设企业615家，注册资金34.37亿元；区外引进129家，注册资金7.09亿元。新增企业注册资本在1亿元以上4家、1000万元以上107家，新引进国家高新技术企业14家。

【391家企业完成南迁】2020年，杭州高新区（滨江）“北企南迁”企业391家，注册资本26.26亿元，南迁员工3500多人。浙江万朋教育科技股份有限公司、杭州擎洲软件有限公司等20多家国家高新技术企业完成南迁，租用杭州盛大科技园、滨江物联网孵化器产业园等江南物业面积2.3万平方米，纳税6000万余元。浙江网盛生意宝股份有限公司办公大楼工程扫尾，虹软科技股份有限公司、杭州鸿泉物联网技术股份有限公司、杭州山科智能科技股份有限公司、杭州当虹科技有限公司、银江股份有限公司、高新兴创联科技有限公司6家企业办公大楼开工建设，杭州游卡网络技术有限公司、浙江邦盛科技有限公司、杭州立方控股股份有限公司、浙江微能科技有限公司、浙江万朋教育科技股份有限公司、联众智慧科技股份有限公司、杭州衡泰软件有限公司7家企业产业用地均落点。

【高新汇企业交流活动】2020年10月30日，高新汇企业交流活动在天堂软件园举办。活动由江北科技园发展服务中心主办，20多家企业代表参加会议。会上，江北科技园发展服务中心相关负责人介绍江北科技园、企业的基本情况和杭州高新区（滨江）的产业规划，“北企南迁”产业扶持政策，包括适用对象、享受具体工作政策和申报程序等，引导江北重点企业南迁。浙江华瓯股权投资管理有限公司、杭州市高科技投资有限公司、杭州枫惠六和桥创投科技有限公司3家企业代表从投资理念与优势、投资组合、管理基金等方面对公司基本情况进行介绍。其他参会企业代表分别介绍各自企业的发展情

2020年10月30日，高新汇企业交流活动在天堂软件园举行

（江北科技园发展服务中心　供图）

况和融资需求，以及遇到的问题，结合自身的经验和拥有的资源进行分享。

【“北企南迁”企业家交流活动】 2020年11月21日，“北企南迁”企业家交流活动在浙江天台举行。活动由江北科技园发展服务中心主办，40多名江北企业家参与活动。交流活动中，江北科技园发展服务中心相关负责人介绍活动目的、未来江北区块发展路径，解答企业家提出的问题。浙江天皇药业有限公司、杭州国芯科技有限公司负责人分别讲授医药、芯片产业的发展现状及前景。企业家参观浙江天皇药业有限公司石斛栽培基地及实验室。浙江天皇药业有限公司是国内最早从事铁皮石斛栽培、研发、生产与销售的高新技术企业，是国内唯一通过国家GAP（《中药材生产质量管理规范》）与GMP（《药品生产质量管理规范》）双认证的铁皮石斛产品生产企业。

（章梦青）

特色小镇

【概况】 至2020年底，杭州高新区（滨江）有4个省级特色小镇，包括命名类小镇1个（滨江物联网小镇），创建类小镇2个（滨江互联网小镇、滨江创意小镇），培育类小镇1个（滨江智造供给小镇）。4个小镇共完成固定资产投资38.4亿元，其中特色产业投资28.68亿元，占74.69%，主导产业关联企业累计2.28万家，双创平台4853个。

（汪煜航）

【滨江物联网小镇】 滨江物联网小镇总规划面积3.66平方千米，东至风情大道萧山交界处、西至江陵路、南至滨和路、北至滨盛路。2020年，滨江物联网小镇新引进企业830家，累计拥有企业1881家，有各类创新创业人才8.9万人。推进智慧化建设，建成集管理、服务、统计、分析等功能为一体的小镇中枢大脑——物联网小镇数字经济大数据管理服务平台，将经济指标、产业地图等数据进行融合展示、集中分析。推进小镇数字化基础设施建设，与中国电信股份有限公司浙江分公司合作在园区设立“5G交通诱导牌”，实现交通指引+高空全景+细节联动的多方位信息共享和互联互通；设立全省首个“智能电子站牌”，汇集多媒体信息发布、交通信息查询、5G热点、新零售等众多数字应用为一体，将创新应用在小镇内先行先试；与杭州数知梦科技有限公司共同打造物联网小镇人才服务数字出行专线，将大数据技术与公交出行需求相结合，推出企业通勤定制专线、接驳专线等个性化、多元化线路，便利小镇内的企业员工出行。与国网浙江省电力公司杭州分公司合作建成全省首个泛在电力物联网智联微仓，打造状态全面感知、信息高效处理、应用便捷灵活的泛在电力物联网。推进小镇三生融合建设，对智慧e谷园区进行景观提升改造，打造最美绿植墙及网红涂鸦墙。感知公园入选杭州市第二批公园名单。加大对物联网小镇VI（视觉识别系统设计）体系全覆盖，在阡陌路、月明路等小镇入口处制作小镇VI景观小品，在物联网孵化器大楼楼顶悬挂小镇VI，在小镇主干道悬挂灯杆道旗，营造小镇氛围。完善小镇标识标牌系统，在小镇四至边界及重要道路设置物联网小镇抱杆及F杆，更新小镇范围内所有导览图、小镇全景图，增强小镇辨识度。全面推进小镇对外影响力，联合区经信局主办滨江物联网小镇“新闻发布厅”首期活动，发布“新经济·新技术”应用场景，在“网易新闻”客户端进行直播，观看量超过13万人次。参加浙江经视频道小镇会客厅访谈节目录制；在《浙江日报》、浙江省新闻客户端等媒体发布《弄潮物联网，十年磨一镇》专版，进行整版宣传；制作特色小镇展板、小镇简介汇编参加全省特色小镇建设工作推进会主会场；举办“2020年民生实事文化惠民文艺演出暨区平安法治直通车文艺表演”活动，提升小镇对外影响力。在省级特色小镇传播力指数名单中，物联网小镇晋升至第7名。滨江物联网小镇入选第四批省级特色小镇(命名类)名单,成为全区首家命名小镇。小镇连续被评为浙江省“亩均效益”领跑者第一名、省级特色小镇年度考核优秀单位。

(宁　萍)

【滨江创意小镇】 滨江创意小镇位于白马湖生态创意城内,东至白马湖二期,西至时代大道、街道河,南至映翠路,北至白马湖路,总规划面积3.8平方千米,核心区域1.2平方千米。小镇汇聚数字传媒、网络文学、游戏动漫、区块链、设计服务、文化会展等特色产业。2020年,小镇实现营业收入68.27亿元,比上年增长27.32%;税收2.2亿元,增长16.75%。至年底,小镇有企业670家,其中新增146家。主板上市企业1家,“新三板”挂牌企业2家,启动IPO企业2家;规模以上企业23家,新增11家;国家高新技术企业18家,新增7家。小镇入选省级特色小镇第六批创建名单,实现由“培育”升“创建”的晋档目标。

(王友安)

【杭州互联网小镇】 杭州互联网小镇规划范围东至江晖路,西至建业路,南至滨康路,北至江南大道,规划总面积3.91平方千米,其中核心区规划面积1.51平方千米。2020年,互联网小镇完成固定资产投资9.1亿元,其中特色产业投资9.08亿元,占比99.78%。实现营业总收入2085亿元,税收150.2亿元,科技投入217.23亿元。税收超过千万元企业46家。新引进互联网科技企业237家,新增有效发明专利2280项,累计6012件。新引进国家级人才2人、省级人才5人,累计有国家级人才16人,省级人才27人。新增国家级孵化器1家、省级孵化器2家、市级孵化器2家,累计集聚国家级孵化器3家、省级8家、市级7家。新增市级众创空间1家,累计2家。新增国家高新技术企业70家,累计251家;新增国家级科技型中小企业84家;新增省级科技型中小企业20家,累计425家。新增省级研发中心6家,累计35家;新增省级新型研发机构1家,累计1家;新增省级重点实验室2家,累计2家;新增省级企业研究院2家,累计15家。新增上市企业1家,累计有上市企业17家,其中“新三板”挂牌企业4家,“科创板”企业2家。互联网小镇分别入选2019年度省级特色小镇创建对象优秀小镇名单、2019年度省级特色小镇亩均效益领跑者名单,获评国家AAA级旅游景区。

【滨江智造供给小镇】 滨江智造供给小镇位于长河街道和浦沿街道交界处,小镇依照“一心两轴四区”的规划结构建设,东至时代大道,西至火炬大道,南至冠山公园,北至浙赣铁路,规划面积3.75平方千米。小镇以提供智造供给解决方案为重点产业方向,培育产品与装备智能化技术集成开发商、“数字化制造”技改工程承包商、多种智能产品联网使用工程承包商、多个应用系统集成工程承包商与平台服务商、工业物联网安全在线服务商六大智能制造系统解决问题供应商。2020年,智造供给小镇新增规模以上工业企业8家。新增服务业企业9家,累计13家。新增国家高新技术企业27家,累计28家。新增科技型中小企业20家,累计21家。有贸易类企业3家,大学生创业企业45家,中级以上专业技术人员218人,新增206人。新增市级以上孵化器1个。完成有效固定资产投资10.3亿元。智造供给小镇控制性详细规划局部调整方案获市政府批复,规划减少商业和居住用地面积,增加工业用地面积。

(项　磊)

科技创新

综　述

2020年，杭州高新区（滨江）加强科技研发投入，研究与试验经费支出（R&D）155亿元，占地区生产总值9.76%。北航杭州研究院获评首批省级新型研发机构和国家级博士后科研工作站，集聚人才148人，获批国家、省、市纵向课题9项，成立产业化公司3家。浙江大学滨江创新研究院、杭州中科国家技术转移中心、杭州长光产业技术研究院、浙江省能源科创基地、杭州电子科技大学滨江创新中心等高等级产学研平台落地，签约房建成院士团队“超高灵敏极弱磁场和惯性测量装置重大科技基础设施”培育项目。杭州高新区（滨江）在全省89个区县科技进步统计监测居第一位，创新指数263.9分，比第二名高52.4分，比上年提高13.5分。

新升级为国家级孵化载体9家，新升级为省级孵化载体14家，新认定市级孵化载体19家，新备案区级孵化载体22家，拥有市级以上孵化载体104家，在孵企业3093家，居全省第一位。支持杭州德诺科技有限公司建设以色列、亚特兰大创新中心，累计建成省级海外创新孵化中心5家，市级国际化示范众创空间5家，国际化孵化载体数量居全省第一位。

认定国家高新技术企业692家，其中新认定385家，有效国家高新技术企业有1550家；新认定浙江省科技型中小企业571家，居全省第一位；新备案国家科技型中小企业1185家；新认定市“雏鹰计划”企业208家，占杭州市四分之一，居全市第一位。

新认定省重点实验室2家、市级研发中心85家，新立项科技部“科技助力经济2020”重点专项1项、省级重点研发项目28项，居全省第一位，争取到国家、省、市科技资金3.2亿元。全区技术合同交易额达到169亿元。新增国家科技进步奖二等奖2项、国家技术发明奖二等奖2项；新增浙江省科学技术奖励12项（其中一等奖4项），获奖数居全省第一位。

新认定国家级人才3人、省级人才7人、市级领军型创新创业团队7个，均居杭州市第一。办理外国人到华工作事项1476项，累计持证外籍人员1039人，推荐外国专家永久居住证21人，累计99人，居全市第一位。3名科技工作者入选第三届“最美浙江人·最美科技人”名单，居全市第一位。

持续推进国家知识产权示范园区、国家知识产权服务业集聚发展示范区建设。全区专利申请总量2.43万件，比上年增长32.7%，其中发明专利申请量1.29万件。

启动“企业创新积分”全国试点工作，构建创新能力评价模型，服务企业超过1500家，银行授信1.3亿元，审批发放贷款9000万元，在全国高新区企业创新积分首批试点推广工作会上做经验交流。

（周俊杰）

科技企业孵化器

【概况】 2020年，杭州高新区（滨江）新增杭州威翼科技有限公司、慧港（杭州）信息科技发展有限公司、浙江浙农科创资产管理有限公司、杭州楼搜网络科技有限公司、杭州京安创新科技有限公司、浙江功量控股有限公司6家省级科技企业孵化器；新增浙江地质科创园发展有限公司、浙江创信商业管理有限公司、杭州贝澳美医疗科技有限公司等13家市级科技企业孵化器。至年底，有市级以上科技企业孵化器60家，其中国家级8家、省级20家，拥有孵化面积126.6万平方米。出台《科技企业孵化器服务分级评价规范》，明确科技企业孵化器服务分级评价的评价原则、评价流程、评价实施、评价结果分级以及评价指标体系。

【8家国家级孵化器通过考评】 2020年12月11日，科技部火炬中心公布国家级科技企业孵化器2019年度考核评价结果，杭州高新区（滨江）8家国家级孵化器通过考评，其中华业科技园、“5050计划”加速器2家考评结果为优秀，杭州高新技术产业开发区科技创业服务中心、华城和瑞科技园、东部软件园、天和高科技产业园、高新汇·三维信息科技园5家考评结果为良好，万轮科技园考评结果为合格。

【区科创中心】 至2020年底，杭州高新区科创中心累计孵化企业1200多家，其中新入孵企业15家。培育创业板上市企业7家、“新三板”挂牌企业6家、隐形冠军企业1家；瞪羚企业45家，其中新培育17家；省科技型中小企业184家，其中新培育12家；国家高新技术企业156，其中新培育7家；雏鹰企业168家，其中新培育6家。引进国家级人才2人、省级人才2人。累计帮助140多家企业获得投融资。区科创中心位于杭州高新区（滨江）江北区块文三路199号，是杭州高新区（滨江）江北区块的核心区域，集聚以浙江大学为代表的30多所科研院所、大中专院校，突破传统孵化器在物理空间、资源聚合、服务提供方面的局限，加大对科技型团队、小微企业的招引能力，构筑创新创业新优势。

【华业高科技产业园】 至2020年底，杭州华业高科技产业园在孵企业150多家，其中新入孵企业31家；累计培育上市企业4家，“新三板”挂牌企业6家；累计培育国家高新技术企业111家，其中新培育23家；“瞪羚企业”63家，其中新培育13家；拥有国家级人才6人，各类知识产权2000多件。华业高科技产业园位于建业路511号，孵化面积3万平方米。园区采用“众创空间+孵化器+加速器+产业园”发展模式，探索“天使投资+孵化培育”产业培育模式，打造创新企业孵化基地、创新人才培养基地、创新技术研发基地的国家级综合型科技企业孵化器。园区先后被认定为国家级科技企业孵化器、国家小型微型企业创业创新示范基地、首批浙江省创新创业首选地、浙江省五星级小微企业园、杭州市文化创意产业园、杭州市高新技术产业园，是杭州高新区（滨江）十大特色产业园之一。

【“5050计划”加速器】 至2020年底，“5050计划”加速器累计孵化企业350多家，其中新入孵企业39家。“5050计划”加速器服务企业超过2400家，培育“新三板”上市企业3家；投资孵化“独角兽”企业1家，准“独角兽”企业6家；培育科技型中小企业近100家，其中新培育6家；市级高新技术企业31家；国家高新技术企业38家，其中新培育16家；引进国家级人才6人、省级人才3人，培育国家级人才1人、省级人才2人。“5050计划”加速器位于杭州高新区（滨江）海外高层次人才创新创业基地，采用“政策扶持+创业导引+持股孵化+创业投资”运营模式，通过建设“5050”创新创业大赛、六和桥投融资平台，为企业提供创业、投资、技术转移、市场资源配置服务，加快创新企业发展速度，降低人才创业成本。在加拿大、法国、英国、日本等国家成立国际双子星孵化器4个。

【天和高科技产业园】 至2020年底，杭州天和高科技产业园累计孵化企业近250家，其中新入孵企业37家；服务企业超过1200家次。产业园培育科技型中小企业近50家，其中新培育3家；市级高新技术企业35家；国家高新技术企业33家，其中新培育10家；引进中国科学院院士1人，国家级人才10人，省级人才10人。杭州天和高级科技产业园位于滨安路688号，是国内首家以体外诊断产品（IVD）为特色的生物医药与智慧健康专业科技园，聚焦生物医药行业的孵化器、加速器、产业化的生物医药诊断试剂科技园，是集原料、试剂、器械、研发、营销、检测、服务为一体的平台型特色科技园。

【万轮科技园】 至2020年底，万轮科技园孵化器累计孵化企业320多家，其中新入孵企业22家；累计服务企业将近800家；培育上市企业4家，其中"新三板"挂牌企业3家、上市企业1家；准"独角兽"企业1家；科技型中小企业30家；高新技术企业42家；国家级重点软件企业2家；"瞪羚企业"30家；有国家级人才2人、省级人才5人。万轮科技园位于江陵路88号，采用"众创空间—孵化器—加速器"生态链式的发展模式，具备孵化"项目—小微企业—企业壮大—企业初具规模"孵化功能。2020年园区企业总产值85亿元，上缴税收6.2亿元。

【华城和瑞科技园】 至2020年底，华城和瑞科技园孵化器累计孵化企业270多家，新入孵企业58家；培育上市企业5家，准"独角兽"企业1家，累计服务企业1500多家。新增"瞪羚企业"7家。培育科技型中小企业80家，其中新培育16家；杭州市"雏鹰计划"企业50多家，其中新培育11家；国家高新技术企业33家，其中新培育6家；有国家级人才1人，省级人才2人。华城和瑞科技园位于长河路475号，重点培育智能智造、大数据、大健康等行业企业，利用园区优势，为创业者提供低成本生产经营场所和针对初创型企业的创业实训、创业孵化、创业指导，细化规范服务流程，构建一站式阶梯创业服务体系。

万轮科技园　　（区科技局　供图）

【高新汇·三维信息科技园】 至2020年底，高新汇·三维信息科技园孵化器累计孵化企业100多家，其中新入孵企业18家；服务企业超过200家；培育科技型中小企业、市级高新技术企业20多家，其中新培育3家；培育国家高新技术企业18家，其中新培育7家；引进国家级人才2人；国家级企业技术中心1个。高新汇·三维信息科技园由浙江三维无线科技有限公司运营，位于火炬大道581号，建筑面积5.99万平方米。园区采用"政府引导企业投资、专业科技园运营团队管理"运营模式，以信息经济为主导产业，集聚移动互联、智慧物联、智慧健康、文化创意等产业，为入孵企业提供技术、资金、平台、市场等资源和服务。

【东部软件园】 至2020年底，杭州东部软件园累计孵化企业300多家，其中新入孵企业14家；累计培育上市企业3家，"新三板"挂牌企业8家；

累计培育高新技术企业、科技型中小企业、软件企业100多家，新培育高新技术企业3家、科技型中小企业7家；拥有技术（研发）中心30多个。园区拥有各类知识产权1500多件，拥有国家级人才7人、省级人才12人，承担国家、地方科技计划项目近200项。东部软件园位于杭州高新区（滨江）江北区块文三路90号，是省内首家园区类国资“新三板”挂牌公司，构建“孵化器+产业+资本”的价值型孵化模式，以创业、孵化、投资的联动方式，建设市场化、专业化、高效化的国家级专业型科技企业孵化器。

（王　玲　徐熠超）

众创空间

【概况】 2020年，杭州高新区（滨江）新认定国家专业化众创空间杭州海康威视数字技术股份有限公司、浙江众合科技股份有限公司2家。新认定国家备案众创空间杭州原谷网络科技有限公司、慧空（杭州）科技服务有限公司、杭州寰银科技服务有限公司、杭州远方帮实极客企业管理有限公司、杭州鱼昆投资管理有限公司、杭州三大不六孵化器管理有限公司6家，累计17家；新认定省级众创空间8家，新认定市级众创空间6家，累计有省级15家、市级44家。nihub众创空间被认定为2020年杭州市国际示范众创空间，贝壳社众创空间被认定为2020年省级优秀众创空间。

【图像识别国家专业化众创空间】 2020年3月25日，图像识别国家专业化众创空间获科技部批复为第三批国家专业化众创空间示范备案。图像识别国家专业化众创空间由杭州海康威视数字技术股份有限公司投资建设运营，以图像处理技术为核心，聚焦视觉领域，融合人工智能、大数据、先进传感、生物识别等前沿技术，依托海康威视国家企业技术中心、视频感知国家新一代人工智能开放创新平台、视觉感知技术研发与应用国家地方联合工程研究中心、国家博士后科研工作站等创新载体，以及杭州、北京等跨区域研发中心，为创新创业的团队提供平台资源支撑和专业化服务。众创空间设有规模为10亿元的海康智慧基金，面向智慧城市、集成电路、物联网系统解决方案、机器人、汽车电子等领域进行投资，持续构建产业发展生态圈。至年底，培育成功杭州萤石网络有限公司、杭州海康机器人技术有限公司等8家企业，投资联芸科技（杭州）有限公司等13家企业。

【智能轨道交通国家专业化众创空间】 2020年3月25日，智能轨道交通国家专业化众创空间获科技部批复为第三批国家专业化众创空间示范备案。智能轨道交通国家专业化众创空间（简称“众创空间”）由浙江众合科技股份有限公司（简称“众合科技”）投资建设运营，聚焦轨道交通领域，面向利用云计算、大数据、人工智能、5G等数字技术的智慧交通产品和服务团队，包括智慧支付、智能运维、智能控制、智慧乘客服务、智能监测等。依托国家列车智能化工程技术研究中心、城市轨道交通列车通信与机电控制国家地方联合实验室等国家级创新平台，利用工业云、大数据、智能制造等信息化工具，重点孵化和培育高端制造等战略性新兴产业。入驻众创空间的项目和团队，可享受免费创业工位和相关的优惠政策。众合科技向创客团队开放技术服务、成果转化及产业化、众创服务、金融服务、技术培训人才培养、合作互动等平台，为创业团队配备创业导师队伍，实现精准孵化、培育、投融资对接与服务。至年底，投资孵化完成具有PHM（故障预测和健康管理）功能的列车障碍物检测装置项目等3个。

【nihub众创空间】 至2020年底，nihub众创空间累计引进并孵化外资企业70多家，包括新入孵外资企业20家，累计服务外资企业超过150家，举办国际化创新创业活动35场。nihub位于诚高大厦，由杭州你创网络科技有限责任公司投资建设并运营，专注于引进海外优质项目和企业落地中国，构筑海外优质项目与国内资本间的桥梁，构建国际化创新创业生态系统，完成国际引才、外资引进、国际交流及项目人才服务等工作，为企业提供一站式孵化服务。

【贝壳社】 2020年，贝壳社孵化毕业企业16家，累计47家；入孵企业10家，累计在孵企业25家；引进海内外项目30个，从澳大利亚、美国、瑞典等地引进生物医药海外项目10个；引进国家级人才2人，培育省级人才1人；国家高新技术企业2家、雏鹰企业2家、省科技型中小企业1家；3家企业获得融资。贝壳社获评省优秀众创空间、杭州高新区（滨江）海外创新服务中心；举行2020年中国生物医药产业创新大会、浙江—海外科技创新精准合作“云对接”活动（澳大利亚生命健康专场）、贝壳大学系列课程等创新创业交流活动41场；组织浙江省进口商品网上交易会、医疗器械审批培训等活动支持全球抗击新冠肺炎疫情。贝壳社由杭州科畅科技咨询有限公司投资建设并运营，是医疗健康行业领先的创新创业服务平台，包含媒体品牌、教育培训、产业园区、投资孵化、中澳合作五大业务板块。

【3W-COFFICE众创空间】 至2020年底，3W-COFFICE众创空间累计孵化企业66家，其中新入孵企业9家；服务企业150多家；培育科技型中小企业6家。3W-COFFICE众创空间位于物联网街杭州创业大街聚光中心，由杭州三大不六孵化器管理有限公司投资建设并运营，为入驻企业提供人才、资金、培训、办公、研发等各类综合服务，推出线上政策申报平台“袋鼠申报”，帮助企业解决政策解读、申报跟进等难题。2020年被认定为国家备案众创空间。

【鲲AI空间】 至2020年底，鲲AI空间累计孵化企业100多家，其中新入孵企业25家；服务企业超过200家；培育科技型中小企业近20家，其中新培育5家；引进国家级人才1人，培育国家级人才1人；获得投资企业5家。鲲AI空间位于东信大道66号，由杭州鱼昆投资管理有限公司投资建立，孵化场地面积1200平方米。鲲AI空间与科大讯飞股份有限公司、杭州华为企业通信技术有限公司、东方通信股份有限公司等企业展开合作，为企业搭建各种公共技术服务平台，打造具备国际化合作特色的人工智能领域专业众创空间。鲲AI空间整合国家高新区政策资源、全球创投资源、科技实业系列的上市公司资源、全球人才资源，促进人工智能领域快速高效发展。鲲AI空间自有5000万元的项目专项基金专注互联网人工智能方向项目孵化，帮助企业获得杭州枫惠六和桥创投科技有限公司、启明创投、盈动资本风险投资超过数千万。2020年被认定为国家备案众创空间。

【慧空间】 至2020年底，慧空间累计孵化企业141家；引进国家级人才9人，省级人才2人；孵化大学生创业项目38个；培育企业入选杭州市科技型初创企业培育工程16家、国家级高新技术企业10家、区“瞪羚企业”1家；6家企业获科技部火炬杯创新创业大赛、杭州市海外人才创业大赛、杭州市大学生创业大赛、杭州市互联网+大学生创业大赛等赛事奖项。2020年常驻企业54家，在孵企业拥有知识产权64项。在孵企业获融资2亿元，累计融资近3亿元。慧空间由慧空（杭州）科技服务有限公司投资建设并运营，为前沿科技项目上下游领域及相关人才团队提供关联式的创业资源和机会。慧空间设有杭州市高新区（滨江）区级创业咨询技能大师工作室，为入驻团队提供个性化创业生涯全程规划，配备导师和一对一辅导员，提供财务、知识产权、政策申报、媒体宣传等服务。2020年被认定为国家备案众创空间。

【远方·极客众创空间】 至2020年底，远方·极客众创空间累计孵化企业50多家，其中浙江省科技型中小企业8家、国家级科技型中小企业3家、国家高新技术企业3家、投资企业5家、杭州市领军型创新创业团队1个。空间成立基金规模总规模2亿余元，投资企业（项目）金额超过1000万元，累计有知识产权500多项。远方·极客众创空间由杭州帮实科技股份有限公司与杭州远方光电信息股份有限公司（简称"远方光电"）合作创建，由杭州远方帮实极客管理有限公司负责运营管理，采用"主力机构+垂直产业"运营孵化模式，依托远方光电研发及产业链资源优势，结合极客创业营基金和运营孵化能力，共同打造产业生态创业孵化空间。围绕上市公司产业链上下游纵深引进项目、垂直孵化，将众创空间作为上市公司项目流量入口和投资渠道，为在孵企业提供技术指导、辅导培训、结构设计、项目孵化等一站式创业服务。2020年被认定为国家备案众创空间。

【MY CRAFT众创空间】 至2020年底，MY CRAFT众创空间累计孵化企业100多家，其中新入孵企业13家；服务企业超过150家；毕业企业70多家；投资及引进投资超1亿元，培育省级人才1人。MY CRAFT众创空间位于南环路1568号，采用"场地+导师+基金"的三位一体的商业模式，针对早期创业者需求的资金、商业、技术、市场、人力、培训等提供服务，帮助早期阶段的创业企业顺利启动和快速成长。2020年被认定为国家备案众创空间。

【海螺邦众创空间】 至2020年底，海螺邦众创空间累计孵化创业团队110多个，新入孵企业（团队）20多家；常驻创业团队及企业拥有有效知识产权数量154项，其中发明专利2项；培育科技型中小型企业近10家。海螺邦众创空间自有及合作基金累计投资企业及团队20多家，企业累计获得投融资总额838.65万元。海螺邦众创空间孵化"互联网+文创"专业化方向的创业企业，采用"政策扶持+创业陪伴+持股孵化+业务合作"运营模式，打造线上线下一体化的陪伴创意创作人群的成长社交平台。入孵企业以"互联网+文创"为主，涵盖品牌创意、游戏动漫、文创出品、内容运营、新媒体IP打造、互联网营销服务、短视频直播运营等行业。海螺邦众创空间推出的海螺邦创学院系列课堂及沙龙融创业、创作、内容运营、产品运营、营销培育为一体，累计举办创新创业活动约500场次，实现线上众包、线下众创、互创众筹的"互联网+文创"一体化创意产业孵化服务平台。

（王　玲　徐熠超）

创新主体培育

【概况】 2020年，杭州高新区（滨江）有692家企业通过国家级高新技术企业认定，其中新认定企业385家、重新认定307家。累计有国家级高新技术企业1550家。新认定省级科技型中小企业571家，省级高成长科技型中小企业88家，市级"雏鹰计划"企业208家。给予省级科技型中小企业和市级"雏鹰计划"企业奖励资助合计2646万元。

【高新技术企业培育】 2020年，区科技局利用"钉钉"线上、线下分别在人工智能产业园、天堂软件园、三维信息科技园、浙江科技大市场、和瑞科技园、海外高层次人才创新创业基地、香溢大厦、正泰量测科技园、智慧e谷等园区、楼宇组织高新技术企业认定政策讲解及实务培训会22场。围绕申报高新技术企业的政策、申报要求、企业相关技术和财务管理要求等内容，对有意向申请认定高新技术企业、区内各科技园区、孵化器、众创空间等企业的4500人进行培训。根据辖区内企业近3年知识产权、财税数据等情况开展调查摸底，梳理符合国家重点支持的高新技术领域的2500多家科技型企业，列入国家高新技术企业培育库。筛选科技含量高、技术创新能力强的高成长性企业，作为高新技术企业重点培育对象。对有申报意愿的400多家企业通过网络、电话、上门走访等形式进行跟踪辅导服务，对放弃重新认定的企业主动了解企业发展情况和问题。引导科技企业对标国家高新

2020年12月3日，2021年度高新技术企业申报实操培训会在香溢大厦举行　　（区科技局　供图）

技术企业认定要求高质量发展。推进高新技术企业申报受理工作，在文三路创业大厦和区科技局一楼分别设立高新技术企业申报江北、江南集中受理点。区认定办会同相关职能部门对企业提交的国家高新技术企业申报材料进行审核，对受理的729家企业在国网、省网的申报材料逐个对标审查，指导企业完善资料，确保专家评审通过率最大化。经审核，杭州高新区（滨江）向省高新技术企业认定办推荐上报723家申报企业，其中新申报企业409家、重新认定企业314家。692家企业通过认定，通过率95.71%，其中新认定企业385家、重新认定企业307家。

（李　丽）

【国家科技型中小企业培育】2020年2月11日，科技部火炬中心启动2020年科技型中小企业评价工作，杭州高新区（滨江）组织1193家企业申报，经过企业评价信息形式审查，入库科技型中小企业信息集中抽查，杭州高新区（滨江）1182家企业入库2020年科技型中小企业，登记入库企业可享受加计扣除175%的优惠政策。

【浙江省科技型中小企业培育】2020年5月7日，市科技局启动杭州市2020年浙江省科技型中小企业认定工作。杭州高新区（滨江）组织916家企业申报，经材料审核及行政审查后，推荐上报575家。12月28日，省科技厅公布2020年度浙江省科技型中小企业备案名单，杭州高新区（滨江）571家企业被认定为2020年度浙江省科技型中小企业。根据《关于促进科技企业创新创业的实施意见》，杭州高新区（滨江）给予新认定的浙江省科技型中小企业每家奖励1万元。

【科技型企业研发费用补助】2020年7月29日，杭州高新区（滨江）开展“2019年度市科技型企业研发费用投入财政补助”企业佐证材料补充工作，经市科技局审核，8月31日，市科技局发布“关于杭州市2019年度科技型企业研发费用补助公示说明”，杭州高新区（滨江）212家企业获补助资金9656万元，其中市级资助4828万元。区财政资助按从优、从高、不重复原则，合计资助3445.64万元，其中涉及省科技型中小企业补助2375.82万元、国家高新技术企业补助951.82万元、其他科技型中小企业补助118万元。

【“雏鹰计划”企业培育】2020年8月26日，市科技局启动市级“雏鹰计划”企业申报工作。杭州高新区（滨江）组织335家企业申报，推荐上报307家。市科技局按照杭州市“雏鹰计划”企业培育工程的实施意见进行评审。12月3日，市科技局公布2020年杭州市“雏鹰计划”企业认定结果，杭州高新区（滨江）208家企业被认定为杭州市“雏鹰计划”企业，数量居区县（市）第一位。至年底，208家“雏鹰计划”企业中，被认定为国家高新技术企业65家、浙江省科技型中小企业114家、国家科技型中小企业115家。　　（金　鑫）

科技管理

【概况】 2020年，杭州高新区（滨江）组建区“科技攻关与产业链安全工作专班”，开展进口替代核心关键技术攻关。推荐上报各级科技计划项目300多项，获立项120项，其中国家级6项、省级重大科技专项28项、市级科技计划项目86项，争取国家、省、市科技资金3.2亿元。7个项目获杭州市新型冠状病毒肺炎防控应急科研项目立项；7个项目获批市农业与社会发展科研项目。

2020年，网上技术市场滨江区分市场发布动态信息、科技要闻及政策法规等咨询4条，发布并审核企业技术难题及需求1项，网上合同登记数4项。至年底，累计注册会员数3489个，技术难题发布数1183项，网上合同备案数1688项，合作金额13.71亿元。

【7个项目获杭州市新型冠状病毒肺炎防控应急科研项目立项】 2020年3月3日，杭州高新区（滨江）根据市科技局《关于征集2020年杭州市新型冠状病毒感染的肺炎防治科研攻关项目的通知》，开展2020年度杭州市新型冠状病毒肺炎防控应急科研项目申报工作。经组织申报、评审推荐、上级立项等流程，杭州优思达生物技术有限公司等7家杭州高新区（滨江）企业获批立项。

2020年杭州高新区（滨江）获市新型冠状病毒肺炎防控应急科研项目立项名单

表20

序号	企业名称	项目名称
1	杭州优思达生物技术有限公司	全自动一体化新型冠状病毒2019-nCoV核酸检测技术和产品的研发
2	浙江甲骨文超级码科技股份有限公司	村镇疫情防护数字化管理云平台
3	杭州莱和生物技术有限公司	新型冠状病毒（2019-nCoV）IgM / IgG 抗体快速检测试剂盒（胶体金法）的开发及应用
4	浙江飞图影像科技有限公司	飞图影像新冠肺炎人工智能诊断平台
5	浙江大华技术股份有限公司	大华热成像人体测温双目相机的研发及应用
6	杭州上池科技有限公司	病区全时段消毒用紫外线装置关键技术研发
7	杭州华量软件有限公司	亲清在线区县政策上线项目

【乔戈里研发项目获科技部“科技助力经济2020”立项】 2020年4月7日，杭州高新区（滨江）根据省科技厅《关于组织申报科技部“科技助力经济2020”重点专项项目的通知》及市科技局有关通知要求，开展科技助力经济2020项目征集工作。经组织申报、评审推荐、上级立项等流程，杭州高新区（滨江）企业杭州乔戈里科技有限公司（简称“乔戈里”）的基于深度学习和机器视觉技术的生猪快速注射机器人项目获批立项。项目计划实现规模生猪养殖场疫苗、药液注射的“机器换人”，在提高生猪养殖场疫苗、药液注射效率，预防生猪养殖场内交叉感染的同时，实现防疫工作的信息化管理，协助合作生猪养殖场预防因猪瘟等疫情产生的经济损失。

【省重点研发计划项目立项28项】 2020年7月13日，杭州高新区（滨江）根据省科技厅《浙江省科学技术厅关于印发2021年度省重点研发计划项目申报指南的通知》、市科技局《关于做好2021年度省重点研发计划项目申报和推荐工作的通知》要求，开展2021年度省重点研发计划项目申报工作，省重点研发计划项目分为择优委托项目和竞争性项目。经组织申报、评审推荐、上级立项等流程，11月23日，省科技厅公布获批立项名单，有507个项目获批，杭州高新区（滨江）有28项，其中城云科技（中国）有限公司等8家公司获择优委托项目立项、浙江大华技术股份有限公司等20家企业获竞争性项目立项。

2020年杭州高新区（滨江）入围省级重点研发计划立项名单

表21

序号	企业名称	项目名称	项目类别
1	城云科技（中国）有限公司	基于区块链技术的数据智能中台研发及应用——基于链上联邦学习的数据智能中台研发及应用	择优
2	杭州远方光电信息股份有限公司	基于互联网的新材料发光产业链检测关键技术研究与开发	择优
3	浙江邦盛科技有限公司	时序大数据实时智能处理技术平台研发及应用	择优
4	浙江网新恩普软件有限公司	支撑大规模在线协同的业务中枢系统研究及应用示范	择优
5	杭州中科微电子有限公司	22nm多频多模北斗接收芯片研发及应用	择优
6	UT斯达康通讯有限公司	以应用为中心的可编程网络虚拟化技术研究及应用——安全智慧化可编程网络系统的研究与在云数据中心的应用	择优
7	北京航空航天大学杭州创新研究院	高强高效碲化铋基热电材料产业化关键技术以及大功率系统示范应用	择优
8	北京航空航天大学杭州创新研究院	触觉传感与智能感知微系统	择优
9	浙江大华技术股份有限公司	新一代自主可控安防存储服务器研发及应用	竞争
10	网易（杭州）网络有限公司	互联网大数据内容安全关键技术研发及平台应用	竞争
11	浙江吉利新能源商用车集团有限公司	高性能商用车氢燃料电池发动机及其整车集成与控制技术研究及应用	竞争
12	浙江零跑科技有限公司	汽车先进制造及专用装备研发及应用——高性能油冷电驱总成开发及应用	竞争
13	浙江浙大网新众合轨道交通工程有限公司	低速场景的无人驾驶运输系统关键技术研究及应用	竞争
14	杭州海康威视系统技术有限公司	基于国产芯片的能力开放智能摄像机研发及应用	竞争
15	杭州趣链科技有限公司	区块链应用监管系统和技术体系的研究和应用	竞争
16	连连银通电子支付有限公司	跨境贸易金融联盟区块链平台关键技术研究及应用	竞争
17	杭州朗和科技有限公司	基于云原生技术的新一代云计算平台	竞争
18	杭州鸿雁电器有限公司	基于物联网多芯模组化用电管理系统研发及应用	竞争
19	杭州网易再顾科技有限公司	基于网易严选“严选模式”的智慧供应链深度协同技术研究和示范	竞争
20	浙江圣兆药物科技股份有限公司	用于治疗与艾滋病相关的卡波氏肉瘤等疾病的仿制盐酸多柔比星脂质体注射液的产业化开发	竞争
21	杭州百伴生物技术有限公司	“一物一码”新型生物采样器及追溯管理系统研发及产业化	竞争

续表21

序号	企业名称	项目名称	项目类别
22	浙江凡聚科技有限公司	先进康复理疗设备研发——基于人工智能和虚拟现实技术的情境式神经康复训练系统的研发	竞争
23	杭州费尔斯通科技有限公司	IT与BT深度融合的生命健康产业服务数字化项目	竞争
24	杭州王道控股有限公司	电商可信交易关键技术研究及应用——基于跨境支付大数据的电商可信交易关键技术研究与应用	竞争
25	浙江宇视科技有限公司	基于海量VR数据的人工智能教学系统及关键技术研究	竞争
26	杭州耶利米信息科技有限公司	精神医疗智能辅助诊疗支持系统	竞争
27	北京航空航天大学杭州创新研究院	医用机器人产品及导航系统研发——基于脑控CPG的主动康复外骨骼机器人研发	竞争
28	北京航空航天大学杭州创新研究院	自然资源管控、自然灾害防治技术、装备研发及应用示范——面向应急救援的特种无人机装备研发与示范应用	竞争

【7个项目获批市农业与社会发展科研项目】 2020年9月9日，杭州高新区（滨江）根据市科技局《关于征集2020年杭州市农业与社会发展科研一般项目的通知》《关于征集2020年杭州市农业与社会发展科研重点项目选题的通知》《杭州市农业与社会发展科研资金管理办法》要求，开展2020年市农业与社会发展科研一般项目、重点项目的征集工作。经组织申报、评审推荐、上级立项等流程，杭州南开日新生物技术有限公司、杭州环特生物科技股份有限公司等7家杭州高新区（滨江）企业获一般项目立项。

2020年杭州高新区（滨江）获杭州市农业与社会发展科研一般项目立项名单

表22

序号	申报单位	项目名称
1	杭州南开日新生物技术有限公司	鲜活水产品中麻醉剂及重金属快速检测技术研究及应用
2	杭州环特生物科技股份有限公司	基于斑马鱼技术的食品快速生物学检测技术开发与应用
3	中谱安信（杭州）检测科技有限公司	基于聚酯纤维SERS基底的食品中孔雀石绿的快速检测方法研究
4	祖名豆制品股份有限公司	火锅豆花工艺技术的开发
5	浙江科澜信息技术有限公司	数字孪生CIM智能指挥智慧亚运系统
6	杭州梅清数码科技有限公司	基于医疗影像信息交互的诊断云平台的研究
7	浙江华飞智能科技有限公司	运用于公安交警、消防应急、防疫宣传等安全管控的智能多旋翼无人机

【第九届中国创新创业大赛】 2020年10月18日，第九届中国创新创业大赛浙江赛区总决赛在海外高层次人才创新创业基地开赛。大赛由科技部火炬中心、省科技厅、市政府主办，杭州高新区管委会、浙江火炬生产力促进中心承办。21支参赛队伍经初赛、行业半决赛、行业决赛等环节晋级浙江赛区总决赛。大赛采取“8+7”的竞技模式，即8分

2020年11月5日，第九届中国创新创业大赛全国总决赛在白马湖国际会展中心开赛（区委宣传部　供图）

钟参赛选手项目介绍及展示，7分钟评委提问，现场打分公布成绩。在浙江省总决赛中，浙江明度智控科技有限公司、浙江时迈药业有限公司2家杭州高新区（滨江）企业获成长组第一名。11月5日，第九届中国创新创业大赛全国总决赛在白马湖国际会展中心开赛，34家企业晋级全国总决赛。浙江明度智控科技有限公司、浙江时迈药业有限公司、杭州宏景智驾科技有限公司、浙江孚临科技有限公司、杭州质子科技有限公司、杭州知多课科技有限公司6家杭州高新区（滨江）企业获大赛优胜奖。

【3个项目获批市农业与社会发展科研引导项目】 2020年12月28日，杭州高新区（滨江）根据《杭州市农业与社会发展科研资金管理办法》，开展2020年杭州市农业与社会发展科研引导项目的征集工作。杭州高新区（滨江）推荐申报项目3个，3个项目获批立项，分别为杭州绿能环保发电有限公司的垃圾焚烧烟气脱硫脱白一体化技术项目、蔚复来（浙江）科技股份有限公司的基于微生物发酵技术的餐厨垃圾处理物联设备研发项目、浙江成功软件开发有限公司的成功微观交通仿真软件项目。（刘景涛）

【12家企业入围省高新技术企业技术创新能力百强榜单】 2020年12月15日，省科技信息研究院发布2020浙江省高新技术企业技术创新能力百强企业名单，新华三技术有限公司、浙江大华技术股份有限公司、杭州海康威视数字技术股份有限公司、浙江宇视科技有限公司、网易（杭州）网络有限公司、恒生电子股份有限公司、杭州迪普科技股份有限公司、浙江中控技术股份有限公司、杭州海康威视系统技术有限公司、阿里巴巴（中国）网络技术有限公司、聚光科技（杭州）股份有限公司、杭州海康机器人技术有限公司12家杭州高新区（滨江）企业入围百强榜单，其中新华三技术有限公司、浙江大华技术股份有限公司、杭州海康威视数字技术股份有限公司连续3年居百强榜前三位。浙江省高新技术企业技术创新能力百强评价榜单是根据《浙江省科学技术厅关于开展2020浙江省国家高新技术企业创新能力百强评价工作的通知》要求，受省高新技术企业协会委托，省科技信息研究院从全省1.63万家有效高新技术企业中选出。评价主要从“投入与产出”角度对企业创新能力进行考核和测算，涉及研发经费占主营业务收入比重、研发从业人员人均投入研发经费等7个核心指标。（李　丽）

科技合作与交流

【概况】 2020年，杭州高新区（滨江）持续推进产学研合作平台引进与建设，新增浙江大学滨江研究院、杭州极弱磁场重大科技基础设施研究院、杭州长光产业技术研究院、杭州中科国家技术转移中心、杭州电子科技大学滨江创新中心5个产学研合作平台。

【北航杭州创新研究院】 2020年，北京航空航天大学杭州创新研究院启动“钱江启航——百名北航专家入百企”活动，走访服务企业60多家；成立“青少年航空航天科普教育基地”，为公众科普航空航天知识，接待500多人次。举办首届创新创业大赛，参与项目362个，70多个项目与研究院进行技术交流与合作。研究院被认定为省级新型研发机构、国家级博士后科研工作站，拥有省级重点实验室——“浙江省智能传感材料与芯片集成技术重点实验室”。北京航空航天大学杭州创新研究院累计引进各类人才150多人，专职科研人员中博士占比超过70%，其中30%以上具有海外留学经历，有博士后60人。

【浙江高校杭州高新区（滨江）产学研联盟中心】 2020年，浙江高校杭州高新区（滨江）产学研联盟中心与杭州高新区（滨江）企事业单位、科研院所等签订横向合同金额440万元。产学研联盟中心是区科技局的直属联盟服务机构，由浙江工商大学牵头，联合浙江理工大学、浙江财经大学、杭州师范大学等高校成立，选派优秀教师，负责区校合作、资源对接、科技服务、政策咨询、人才服务等工作，推进校企多元合作，助力企业难题解决，加速科技成果转化，促进杭州高新区（滨江）经济发展。

【杭州高新区（滨江）和浙江大学签订合作框架协议】 2020年4月21日，杭州高新区（滨江）与浙江大学在海外高层次创新创业基地签署合作协议，在创新平台建设、关键核心技术研发、顶尖人才引进培养、“双创”企业孵化培育、科技成果转化等方面展开合作。9月1日，与浙江大学签订《关于共建浙江大学滨江研究院合作协议》。浙江大学滨江研究院下设国产信创中心、生命与大健康研究中心、儿童健康创新研究中心、智能医疗技术与装备研究中心和交叉研究中心，依托浙江大学计算机科学与技术学院、浙江大学医学院附属第二医院、浙江大学医学院附属儿童医院和浙江大学生物医学工程与仪器科学学院开展建设。至年底，研究院及各中心运营团队组建完成，各中心建设规划和年度预算制定完成，其中国产信创中心及鲲鹏生态中心投入运营。

【浙江省鲲鹏生态创新中心和浙江大学滨江研究院揭牌】 2020年4月21日，普天鲲鹏产品发布暨浙江省鲲鹏生态创新中心、浙江大学滨江研究院揭牌仪式在东方通信科技园举行。副省长高兴夫，浙江大学党委书记任少波，副市长柯吉欣等领导、专家出席仪式。杭州高新区（滨江）与杭州华为企业通信技术有限公司就合作共建浙江省鲲鹏生态创新中心事宜签订合作协议。与会领导及杭州华为企业通信技术有限公司、浙江大学、鲲鹏生态企业、各高等院校代表共同为浙江省鲲鹏生态创新中心和浙江大学滨江研究院揭牌。浙江省鲲鹏生态创新中心位于东方通信科技园，作为浙江省鲲鹏产业基地的重要组成部分，发挥产学研优势，依托浙江大学滨江研究院专业化运营，引进入驻鲲鹏生态、5G相关的软硬件企业、创新机构、人才培训认证机构等鲲鹏软硬件生态企业。浙江省鲲鹏生态创新中心打造浙江省信创及各行业国产化解决方案认证平台、创新及标准孵化平台、成果展示平台和专业培训平台。杭州华为企业通信技术有限公司重点在浙江开展鲲鹏整机生产和销售服务等方面合作，推进浙江省鲲鹏产业基地建设。

【杭州中科国家技术转移中心】 2020年6月5日，市科技局、杭州高新区管委会、滨江区政府、中国科学院上海分院、中国科学院大学杭州高等研究院签署合作协议，杭州中科国家技术转移中心落户杭州高新区（滨江）。中心依托中国科学院100多家研究所，利用杭州高新区（滨江）创新创业生态和产业化集聚优势，建设成为具有成果转化、技术服务、项目孵化、投融资等功能于一体的新型研发机构。至年底，7个项目注册落地。

【长光产业技术研究院】 2020年7月5日，杭州长光产业技术研究院（简称“长光院”）揭牌仪式暨首批入驻企业签约仪式在海外高层次人才创新创业基地举行。长光院由杭州高新区（滨江）与中国科学院长春光学精密机械与物理研究所共同建设，聚焦光电技术创新，促进精密仪器与装备领域的成果转移转化，辐射带动相关产业发展。长光院位于海外高层次创新创业基地，面积2.28万平方米，其中办公区域和展厅2800平方米，企业入驻区域2万平方米，有工作人员8人。至年底，入驻长春长光辰英生物科学仪器有限公司、长春希达电子技术有限公司、长春禹衡光学有限公司、长春长光辰芯光电技术有限公司4家企业。

【杭州极弱磁场重大科技基础设施研究院】 2020年10月17日，杭州高新区（滨江）与北京航空航天大学房建成团队签订协议，设立杭州极弱磁场重大科技基础设施研究院，联合相关单位培育建设“超高灵敏极弱磁场和惯性测量装置重大科技基础设施”。“超高灵敏极弱磁场和惯性测量装置重大科技基础设施”提供极限弱磁环境和极限测量手段，支撑国家重大战略需求、前沿科学、生命科学及医学等研究。设施建成后，杭州极弱磁场重大科技基础设施研究院负责运行维护和技术升级，持续汇聚和培养顶尖科研人才，运用该设施开展重大科学问题研究和重大技术创新，完成科研成果转化和应用。

（张钰聪）

科技研发载体

【概况】 2020年，杭州高新区（滨江）新增杭州立方控股股份有限公司等省级企业研究院9家，累计86家。累计拥有省级重点企业研究院40家，总数居全省区县（市）第一位。新增八维通科技有限公司、杭州百航信息技术有限公司等省级研发中心55家，累计300家；新增杭州湘隽阻燃科技有限公司、杭州环析检测科技有限公司等市级研发中心85家，累计455家。

【市级研发中心建设】 2020年4月30日，市科技局启动2020年杭州市企业高新技术研究开发中心申报工作。杭州高新区（滨江）推荐85家企业申报。9月18日，市科技局印发《关于认定2020年杭州市企业高新技术研发中心的通知》，杭州湘隽阻燃科技有限公司等85家杭州高新区（滨江）研发中心被认定为杭州市企业高新技术研究开发中心。

2020年杭州高新区（滨江）新增市级研发中心名单

表23

序号	市级研发中心名称	依托单位名称
1	湘隽阻燃新材料市级企业高新技术研发中心	杭州湘隽阻燃科技有限公司
2	环析检测市级企业高新技术研究开发中心	杭州环析检测科技有限公司
3	集效连锁企业数据统合平台高新技术研究开发中心	杭州集效科技有限公司
4	微点科技研发中心	微点（杭州）网络科技有限公司
5	杭州公共出行服务平台市级企业高新技术研究开发中心	杭州市公共交通云科技有限公司
6	九安高灵敏度综合性检测市级企业高新技术研究开发中心	浙江九安检测科技有限公司
7	绿能垃圾焚烧环保发电市级企业高新技术研究开发中心	杭州绿能环保发电有限公司
8	德晋心脏瓣膜介入修复市级企业高新技术研究开发中心	杭州德晋医疗科技有限公司
9	堃博肺部疾病微创介入诊疗器械市级企业高新技术研究开发中心	杭州堃博生物科技有限公司
10	英百睿免疫细胞治疗研发中心	杭州英百睿生物医药技术有限公司

续表23

序号	市级研发中心名称	依托单位名称
11	中一检测研究院检测技术研究开发中心	杭州中一检测研究院有限公司
12	易思维工业智能视觉研发中心	易思维（杭州）科技有限公司
13	瑞克斯前沿超声医疗设备高新技术企业	杭州瑞克斯医疗器械有限公司
14	智能厨电研究开发中心	杭州瑞德设计股份有限公司
15	维杰思零售产业信息系统市级企业高新技术研究开发中心	维杰思科技（杭州）有限公司
16	杭州深楠智能诊断技术研发中心	杭州深楠技术有限公司
17	华迈高性能骨再生医学材料研发中心	杭州华迈医疗器械有限公司
18	奇治信息SAAS平台及物联网技术解决方案市级企业高新技术研究开发中心	杭州奇治信息技术股份有限公司
19	杭州市华立电力高新技术企业研发中心	杭州华立电力系统工程有限公司
20	杭州龙境云服务市级企业高新技术研究开发中心	杭州龙境科技有限公司
21	科钛机器人市级企业高新技术研究开发中心	浙江科钛机器人股份有限公司
22	杭州承联通信技术有限公司应急通信研发中心	杭州承联通信技术有限公司
23	纳晶量子点研发中心	纳晶科技股份有限公司
24	同川防汛减灾和水文水资源技术市级企业高新技术研究开发中心	浙江同川工程技术有限公司
25	而然数字化口腔修复技术高新技术企业研究开发中心	杭州而然科技有限公司
26	恒朴物联网数据分析研发中心	杭州恒朴电子科技有限公司
27	亚古无线安全检测技术市级企业高新技术研究开发中心	杭州亚古科技有限公司
28	麟云交通大数据解决方案市级企业高新技术研究开发中心	杭州麟云科技有限公司
29	东驰面向行业、企业数据中心智慧数据运维管控市级企业高新技术研究开发中心	浙江东驰科技有限公司
30	澍源无创检测技术及应用高新技术研究开发中心	浙江澍源智能技术有限公司
31	瑞盟高性能集成电路市级企业高新技术研究开发中心	杭州瑞盟科技有限公司
32	不鸣科技次世代网络游戏市级高新技术企业研发中心	不鸣科技（杭州）有限公司
33	执鼎眼科医疗器械市级企业高新技术研究开发中心	执鼎医疗科技（杭州）有限公司
34	海测海洋测绘市级高新技术研究开发中心	浙江海测科技有限公司
35	成邦新药制剂市级高新技术研究开发中心	杭州成邦医药科技有限公司
36	安脉盛智能制造市级企业高新技术研究开发中心	杭州安脉盛智能技术有限公司
37	浙江飞图影像市级企业高新技术研究开发中心	浙江飞图影像科技有限公司
38	浙江东安检测市级企业高新技术研究开发中心	浙江东安检测技术有限公司
39	当贝智慧大屏技术市级企业高新技术研究开发中心	杭州当贝网络科技有限公司
40	盛立金融科技市级企业高新技术研究开发中心	盛立金融软件开发（杭州）有限公司

续表23

序号	市级研发中心名称	依托单位名称
41	浙江四点灵机器人股份有限公司高新技术研究开发中心	浙江四点灵机器人股份有限公司
42	海洋电脑绿色印刷市级企业高新技术研究开发中心	杭州海洋电脑制版印刷有限公司
43	杭州蓝代斯克智慧物联网高新技术企业研究开发中心	杭州蓝代斯克数字技术有限公司
44	微能数字资产与智慧营销高新技术研究开发中心	浙江微能科技有限公司
45	快速核酸诊断研发中心	杭州优思达生物技术有限公司
46	顶点财经AI数据市级企业高新技术研究开发中心	杭州顶点财经网络传媒有限公司
47	专线宝研发中心	浙江专线宝网阔物联科技有限公司
48	孚临科技数字经济与智能技术研究中心	浙江孚临科技有限公司
49	VR精神心理医疗康复云平台高新技术研究开发中心	杭州心景科技有限公司
50	海康汽车软件汽车电子融合感知杭州市企业高新技术研究开发中心	杭州海康汽车软件有限公司
51	超钜地震前兆痕量观测技术及仪器研发中心	杭州超钜科技有限公司
52	新翔维创智慧监管高新技术研究开发中心	新翔维创科技股份有限公司
53	杭州纽安津AI+精准免疫医疗高新技术企业研究开发中心	杭州纽安津生物科技有限公司
54	海鸥健康管理开放平台研发中心	见素（杭州）科技有限公司
55	AR显示光学技术研发中心	杭州光粒科技有限公司
56	悦玩网络游戏市级企业高新技术研究开发中心	杭州悦玩网络科技有限公司
57	杭州路先产业用纺织品市级高新技术研发中心	杭州路先非织造股份有限公司
58	七巧板智慧管控市级高新技术企业研究开发中心	浙江七巧板信息科技股份有限公司
59	数域电子政务平台市级企业高新技术研究开发中心	数域科技（杭州）有限公司
60	行云智能大数据运营研发中心	杭州行云信息科技有限公司
61	浙大网新中研软件有限公司研发中心	浙江浙大网新中研软件有限公司
62	杭州西软信息技术研究开发中心	杭州西软信息技术有限公司
63	婴幼儿乳制品食品检验检测高新技术研究开发中心	杭州立高检验检测技术研究院有限公司
64	缔蓝生物真菌分子诊断市级高新技术研究开发中心	杭州缔蓝生物技术有限公司
65	地毯数码喷印技术研究开发中心	杭州宏鹰数码科技有限公司
66	艾耕科技研究开发中心	杭州艾耕科技有限公司
67	瀚斯智能电商大数据市级高新技术研究开发中心	杭州瀚斯科技有限公司
68	华创视讯高新技术研究开发中心	浙江华创视讯科技有限公司
69	止血与血栓诊断技术研究中心	浙江盛域医疗技术有限公司
70	互灵智能物联网平台研究开发中心	浙江互灵科技有限公司

续表23

序号	市级研发中心名称	依托单位名称
71	中材邦业工业智能化市级高新技术研究开发中心	中材邦业（杭州）智能技术有限公司
72	迪普信息网络与信息安全研究开发中心	杭州迪普信息技术有限公司
73	雅顾云导播制播平台市级企业高新技术研究开发中心	杭州雅顾科技有限公司
74	浙江天则无线通信设备市级高新技术研究开发中心	浙江天则通信技术有限公司
75	连连杭州研究开发中心	连连（杭州）信息技术有限公司
76	浙江卓信通信技术研发中心	浙江卓信信息技术有限公司
77	汉库医药药学研究市级企业高新技术研究开发中心	杭州汉库医药科技有限公司
78	杭州安信网络安全等级保护测评关键技术市级企业高新技术研究开发中心	杭州安信检测技术有限公司
79	中诚无机膜技术企业研究开发中心	浙江中诚环境研究院有限公司
80	环研生态环境市级高新技术企业研究开发中心	杭州环研科技有限公司
81	浙江金惠住房公积金信息技术市级企业高新技术研究开发中心	浙江金惠科技有限公司
82	宇树四足机器人高新技术研究开发中心	杭州宇树科技有限公司
83	蔚复来智慧环保高新技术研究开发中心	蔚复来（浙江）科技股份有限公司
84	永控技术研发中心	杭州永控科技有限公司
85	四维生态现代农业智能化技术研究开发中心	四维生态科技（杭州）有限公司

【省级研发中心、企业研究院建设】 2020年9月18日，省科技厅启动2020年省级高新技术企业研究开发中心申报工作。杭州高新区（滨江）推荐上报72家，55家被认定为省级高新技术企业研究开发中心。同日，省科技厅启动2020年省级企业研究院申报工作，全区组织推荐9家企业申报，9家均被认定为省级企业研究院。

2020年杭州高新区（滨江）新增省级研发中心名单

表24

序号	研发中心名称	依托单位名称
1	八维通智慧出行省级企业高新技术研究开发中心	八维通科技有限公司
2	百航金服数字科技省级高新技术企业研发中心	杭州百航信息技术有限公司
3	不鸣科技次世代网络游戏省级高新技术企业研发中心	不鸣科技（杭州）有限公司
4	车厘子新能源汽车智能车联网系统平台高新技术研发 中心	杭州车厘子智能科技有限 公司
5	成功软件融合边缘与云的物联网大数据平台省级高新技术企业研究开发中心	浙江成功软件开发有限公司
6	承联通信应急通信省级企业高新技术研究开发中心	杭州承联通信技术有限公司
7	大云物联智慧照明省级高新技术企业研究开发中心	浙江大云物联科技有限公司
8	当贝智慧大屏技术省级高新技术企业研究开发中心	杭州当贝网络科技有限公司

续表24

序号	研发中心名称	依托单位名称
9	迪普信息网络与信息安全省级企业高新技术研究开发 中心	杭州迪普信息技术有限公司
10	顶点财经AI数据省级高新技术企业研发中心	杭州顶点财经网络传媒有限公司
11	菲助科技趣配音省级企业高新技术研究开发中心	杭州菲助科技有限公司
12	瀚斯智能电商大数据省级高新技术企业研究开发中心	杭州瀚斯科技有限公司
13	杭州碧游游戏研究开发中心	杭州碧游信息技术有限公司
14	杭州春来智慧环保省级高新技术企业研究开发中心	杭州春来科技有限公司
15	杭州大和热磁半导体新材料及关键零部件高新技术企业研发中心	杭州大和热磁电子有限公司
16	杭州公共出行服务平台省级高新技术企业研发中心	杭州市公共交通云科技有限公司
17	杭州励德特色手性药物研发平台	杭州励德生物科技有限公司
18	杭州龙境云服务省级高新技术企业研究开发中心	杭州龙境科技有限公司
19	恒朴大数据研发中心	杭州恒朴电子科技有限公司
20	华创视讯高新技术研究开发中心	浙江华创视讯科技有限公司
21	华思通信智能云网运营管理省级高新技术企业研究开发中心	杭州华思通信技术有限公司
22	九安高灵敏度综合性检测省级高新技术企业研究开发 中心	浙江九安检测科技有限公司
23	康奋威智能装备省级高新技术企业研究开发中心	杭州康奋威科技股份有限公司
24	科钛机器人省级企业高新技术研究开发中心	浙江科钛机器人股份有限公司
25	兰德纵横云端信息化省级企业高新技术研究开发中心	浙江兰德纵横网络技术股份有限公司
26	朗迅科技省级高新技术企业研发中心	杭州朗迅科技有限公司
27	明度智慧省级高新技术企业研究开发中心	浙江明度智控科技有限公司
28	纳晶量子点省级高新技术企业研究开发中心	纳晶科技股份有限公司
29	七巧板智慧管控省级高新技术企业研究开发中心	浙江七巧板信息科技股份有限公司
30	千城绿色建筑设计与节能关键技术省级高新技术企业研究开发中心	杭州千城建筑设计集团股份有限公司
31	仟金顶供应链省级高新技术企业研发中心	杭州仟金顶信息科技有限公司
32	盛立金融科技省级高新技术研究开发中心	盛立金融软件开发（杭州）有限公司
33	士腾无刷直流电机控制系统省级高新技术企业研究开发中心	杭州士腾科技有限公司
34	同川防汛减灾和水文水资源技术省级高新技术企业研究开发中心	浙江同川工程技术有限公司
35	维杰思零售产业信息系统省级高新技术企业研究开发中心	维杰思科技（杭州）有限公司
36	相芯虚拟现实省级企业高新技术研究开发中心	杭州相芯科技有限公司

续表24

序号	研发中心名称	依托单位名称
37	小码教育少儿编程省级高新技术企业研发中心	杭州小码教育科技有限公司
38	新爵儿童互动教育省级高新技术企业研发中心	杭州新爵科技有限公司
39	新翔维创智慧产业省级高新技术企业研究开发中心	新翔维创科技股份有限公司
40	雅顾云导播制播平台省级高新技术企业研发中心	杭州雅顾科技有限公司
41	优云IDC省级高新技术企业研究开发中心	杭州优云科技有限公司
42	湛联智慧公共信用信息平台省级高新技术企业研究开发中心	杭州湛联科技有限公司
43	浙江慧优大数据省级高新技术企业研发中心	浙江慧优科技有限公司
44	浙水建安水利水电施工技术省级高新技术企业研究开发中心	浙江省水电建筑安装有限 公司
45	致成电力大数据省级企业高新技术研究开发中心	杭州致成电子科技有限公司
46	中建网络建材大数据应用省级高新技术企业研究开发中心	浙江中建网络科技股份有限公司
47	中南机电智能智慧社区省级高新技术企业研究开发中心	浙江中南机电智能科技有限公司
48	中谱安信食品安全检测省级高新技术企业研究开发中心	中谱安信（杭州）检测科技有限公司
49	中芯微智能物联省级高新技术企业研究开发中心	杭州中芯微电子有限公司
50	势成科技互联网医疗健康省级高新技术企业研究开发中心	杭州势成科技有限公司
51	e签宝电子签名省级高新技术企业研究开发中心	杭州天谷信息科技有限公司
52	易思维工业智能视觉研发中心	易思维（杭州）科技有限公司
53	拓深基于电流指纹技术省级企业研究开发中心	杭州拓深科技有限公司
54	行云智能大数据运营研发中心	杭州行云信息科技有限公司
55	尚健生物新药省级企业高新技术研究开发中心	杭州尚健生物技术有限公司

2020年杭州高新区（滨江）新增省级企业研究院名单

表25

序号	省级企业研究院名称	依托单位名称
1	立方出入口管理控制系统研究院	杭州立方控股股份有限公司
2	浙江省博日分子生物技术研究院	杭州博日科技股份有限公司
3	浙江省电魂网络智能数字娱乐大数据研究院	杭州电魂网络科技股份有限公司
4	浙江省海拓环境科技研究院	浙江海拓环境技术有限公司
5	浙江省恒生数字视音频编解码及安全技术研究院	杭州恒生数字设备科技有限公司
6	浙江省衡泰软件定量金融研究院	杭州衡泰软件有限公司
7	浙江省华东医药新药研究院	杭州华东医药集团新药研究院有限公司
8	浙江省新中大智能建造研究院	杭州新中大科技股份有限公司
9	浙江省热威电热科技研究院	杭州热威电热科技股份有限公司

【2家实验室获评省级重点实验室】 2020年11月4日，省科技厅公布2021年度省级重点实验室认定名单，经过形式审查、实地考察、专家评审和公示等，认定省级重点实验室30家。杭州高新区（滨江）有2家入选，分别是北京航空航天大学杭州创新研究院的“浙江省智能传感材料与芯片集成技术重点实验室”和浙江大华技术股份有限公司的“浙江省视觉物联融合应用重点实验室”。至年底，杭州高新区（滨江）有省级重点实验室8家，涵盖环保装备、汽车安全、电子信息、火力发电、医疗器械领域。

【浙江省智能传感材料与芯片集成技术重点实验室挂牌】 2020年11月19日，浙江省智能传感材料与芯片集成技术重点实验室在北京航空航天大学杭州创新研究院挂牌。浙江省智能传感材料与芯片集成技术重点实验室有科研人员35人，博士占82.5%。研究方向包括智能传感材料与微型元器件、智能传感芯片设计与制造、智能传感系统与传感网络、非硅基微纳集成技术与装备，将在高精度中远红外太赫兹激光传感芯片开发、新型智能传感器的研发与制造、典型新型复合传感材料研制等方面实现重点突破。（刘景涛）

【浙江地质院士专家工作站创新联盟成立】 2020年7月30日，浙江地质院士专家工作站创新联盟在杭州高新区（滨江）成立，中国科学院院士金振民、杨文采、杨树峰、沈树忠，中国工程院院士陈念念、龚晓南、毛景文7名院士出席。该联盟是国内首个细分（地质）领域院士专家工作站创新联盟，拥有有色金属地质勘查局院士工作站、一大队院士工作站、核工业二六二队院士工作站、七队院士工作站、地球物理勘查院院士工作站、十一队院士工作站6个院士专家工作站，其中省级4家，拥有驻站院士10人。一大队院士工作站在杭州高新区（滨江）地矿建设大厦，联盟理事会办公室设在一大队院士工作站。联盟围绕科技创新、人才培养主题，发挥智库咨询服务、学术交流研讨、关键技术攻关、创新人才培养、重点项目合作5个功能，促进技术创新、行业高质量发展。

2020年7月30日，浙江地质院士专家工作站创新联盟在杭州高新区（滨江）成立（区科技局　供图）

【院士专家工作站建设】 2020年，杭州高新区（滨江）新建院士工作站2家，分别为易思维（杭州）科技有限公司、浙江贵仁信息科技股份有限公司院士工作站。杭州宏华数码科技股份有限公司院士工作站由市级升至省级。新建B类专家工作站4家，分别为杭州金域医学检验所有限公司、杭州浅海科技有限责任公司、浙江康佰裕生物科技有限公司和浙江省知识产权研究与服务中心专家工作站。至年底，有院士工作站9家，其中省级2家；专家工作站14家，其中A类1家、B类13家。

【21人获评市、区青年科技英才】 2020年4月15日，区科技局组织杭州海康威视数字技术股份有限公司、中控集团、杭州趣链科技有限公司等高新技术企业科技工作者参加“杭州市十大青年科技英才”评选，有31人参加评选。6月15日，市委人才办、市人力社保局、市科技局和市科协联合发文，杭

州海康威视数字技术股份有限公司副总裁俞海获评“杭州市十大青年科技英才”称号。7月24日，区科技局联合区委组织部、区人社局、区科协启动“杭州市滨江区2018—2019年度青年科技英才”评选，各基层科协、企业等推选65人参评。经专家评定，8月24日，区委人才办、区科技局、区人社局、区科协联合发文，20人获评。

（李明达　陈　玥）

知识产权（专利）

【概况】 2020年，杭州高新区（滨江）实施国家知识产权战略，持续推进国家知识产权示范园区、国家专利导航产业发展实验区、国家专利审查员实践基地和国家知识产权服务业集聚发展示范区建设。继续推进知识产权“一件事”改革、加强知识产权数字治理，打造知识产权发展的“重要窗口”。知识产权“一件事”改革纳入浙江省委改革办《2020年企业全生命周期新增和迭代“一件事”清单》，在杭州高新区（滨江）开展试点。获批建立全省首家高新技术产业高价值知识产权培育平台，设立杭州知识产权法庭（滨江）巡回审判庭，进驻中国（杭州）知识产权保护中心。全区专利申请总量2.43万件，比上年增长32.7%，其中发明专利申请量1.29万件；专利授权量1.32万件，增长27.9%，其中发明专利授权量4034件，企业发明专利授权量居全省第一位。每万人发明专利拥有量390件，居全省第一位。PCT（专利合作协定）申请量625件，占杭州市PCT申请总量30.8%，居全市第一位。

【知识产权政策激励】 2020年，杭州高新区（滨江）根据《关于进一步加强知识产权工作的实施意见》，从专利、商标、标准等知识产权各方面加强政策支持力度，兑现知识产权资助金额7787万元。鼓励企业建立管理规范机制，对知识产权管理规范机制创建工作优秀的企业给予5万元资助，对创建达标的企业给予2万元资助。鼓励企业建设专利导航数据库，开展分析评议、预警分析、专利微导航，并提供50%的费用资助。继续鼓励知识产权质押，为企业提供50%基准利率贴息资助，至年底，完成专利质押贷款金额20.92亿元，商标质押贷款金额3.8亿元。

【国家知识产权示范企业和优势企业】 2020年10月14日，杭州高新区（滨江）启动国家知识产权示范企业和优势企业申报、考核工作。根据《国家知识产权局办公室关于开展国家知识产权示范企业和优势企业典型案例征集遴选和年度考核工作的通知》要求，组织企业参加考核。根据国家知识产权局公布的考核结果，全省有345家企业评定为“优秀”，杭州高新区（滨江）有9家企业入围，分别为杭州鸿雁电器有限公司、浙江苏泊尔家电制造有限公司、新华三技术有限公司、杭州海康威视数字技术股份有限公司、浙江宇视科技有限公司、浙江大华技术股份有限公司、聚光科技（杭州）股份有限公司、杭州迪普科技有限公司和浙江吉利控股集团有限公司。

【新增8家浙江省商标品牌示范企业】 2020年6月23日，杭州高新区（滨江）根据浙江省市场监督管理局《关于开展2020年度浙江省商标品牌示范企业申报工作的通知》，启动2020年省级品牌示范申报工作，推荐20家企业参评。根据省市场监督管理局发布《关于公布2020年浙江省商标品牌战略示范县（市、区）示范乡镇（街道）和示范企业名单的通知》，评出浙江省商标品牌示范企业57家。杭州高新区（滨江）有8家入围，分别为浙江中控技术股份有限公司、浙农集团股份有限公司、英飞特电子（杭州）股份有限公司、聚光科技（杭州）股份有限公司、税友软件集团股份有限公司、创业慧康科技股份有限公司、杭州启明医疗器械股份有限公司、杭州士兰微电子股份有限公司。

【知识产权转化运用】 2020年，杭州高新区（滨江）推进人工智能领域产业专利导航项目，掌握人工智能产业技术发展脉络，分析全区产业细分领域，为企业提供产业发展导航。持续购买“智慧芽”专利导航数据库账号，至年底，企业登录系统4.4万次，检索14.5万次，分析6000多次，为企业开展专利分析节约成本。7月19日至8月31日，由市市场监管局指导，区市场监管局主办夏季知识产权公益培训班（第二期），开展知识产权运用方面的研讨，参加人员1000多人。至年底，举办研讨、培训活动28场，内容涵盖国内外知识产权法律体系和运用案例等，参训学员8000人次。

【知识产权保护】 2020年，杭州高新区（滨江）鼓励企业开展知识产权维权，对在涉外或者具有重大影响的知识产权案件中胜诉或和解的企事业单位，按其维权代理费的50%给予资助，最高不超过50万元，同一申请人每个年度内最高资助不超过100万元。推动设立杭州知识产权法庭（滨江）巡回审判庭，进驻中国（杭州）知识产权保护中心，建立知识产权纠纷调解委员会。年内，接听知识产权侵权、假冒举报投诉和维权援助请求来电980次，接待企业维权援助申请41人次，进行诉前调解300多件，调解成功90多件。持续加强商标等知识产权执法，整顿规范商标使用管理秩序，保护市场主体合法权益，查处商标案件6件，罚没金额7.16万元。

【23家企业入围杭州市专利试点企业和示范企业名单】 2020年8月26日，市市场监管局发布《关于开展2020年度杭州市专利试点企业和示范企业申报工作的通知》。经发布通知、举办培训、初步审核等流程，有30家企业参评。11月25日，市市场监管局公布2020年度杭州市专利试点企业和示范企业评比结果，杭州高新区（滨江）企业新认定专利示范企业4家，专利试点企业19家。4家专利示范企业分别是杭州艺福堂茶业有限公司、杭州春来科技有限公司、杭州奥能电源设备有限公司和杭州新世纪能源环保工程股份有限公司。19家专利试点企业分别是杭州启明医疗器械股份有限公司、杭州金域医学检验所有限公司、连连银通电子支付有限公司、杭州沃趣科技股份有限公司、杭州泰鼎检测技术有限公司、杭州华新机电工程有限公司、杭州大和热磁电子有限公司、杭州趣链科技有限公司、杭州电魂网络科技股份有限公司、杭州坦帕医疗科技有限公司、浙江海拓环境技术有限公司、杭州中威电子股份有限公司、浙江甲骨文超级码科技股份有限公司、杭州意能电力技术有限公司、杭州梅清数码科技有限公司、杭州朗鸿科技股份有限公司、杭州朗迅科技有限公司、杭州当虹科技股份有限公司、绿城农科检测技术有限公司。

【全省首家高新技术产业高价值知识产权培育平台授牌】 2020年4月21日，浙江高新技术产业高价值知识产权培育平台在杭州高新区（滨江）知识产权活动周启动仪式上授牌。平台由省市场监管局批准建立，立足数字经济、生命健康、高端装备制造

2020年4月21日，浙江高新技术产业高价值知识产权培育平台在杭州高新区（滨江）知识产权活动周启动仪式上授牌

（区委宣传部　供图）

等高新技术产业发展，从优化政策、集聚机构、汇集数据、加强应用及研究等层面推进知识产权高质量发展。至年底，基于全国产业知识产权运营数据中台的高新技术产业知识产权运营LINKINIP平台基本开发完成，与滨江城市大脑实现对接。搭建完成中国物联网产业知识产权运营平台基本框架，计划通过3年建设运营，建成知识产权要素齐全、高新技术产业创新生态健全、“知识产权+产业+资本+机构+人才”一体化融合发展的国家级物联网产业知识产权运营平台。

【知识产权宣传周】 2020年4月21日，杭州高新区（滨江）知识产权宣传周启动仪式在知识产权大厦举行。省市场监管局局长章根明、省高级人民法院审判委员会专职委员许惠春、市中级人民法院院长斯金锦、市市场监管局局长范建军、区委书记王敏、区长李志龙出席仪式。仪式上，章根明为浙江高新技术产业高价值知识产权培育平台授牌，许惠春、斯金锦、王敏等为杭州知识产权法庭（滨江）巡回审判庭揭牌。现场发布杭州高新区（滨江）知识产权公共服务平台、全国产业知识产权运营数据中台战略、《杭州高新区（滨江）生命大健康产业图谱》。杭州高新区（滨江）知识产权公共服务平台提供知识产权事项的办事指南和办事流程，集聚知识产权法律、政策、统计、报告、培训、资讯、数据库资源，提供“一站式”网上服务。全国产业知识产权运营数据中台战略是面向重点产业知识产权运营各种应用场景，提供数据接口、计算支撑、内容生产、情报分发的基础设施平台。知识产权周期间举行产业知识产权运营研讨会、滨江区质量发展大会、企业家沙龙、专题培训会、网上直播课程等专业活动。

【“4·26”知识产权日主题活动】 2020年4月26日，“4·26”知识产权日主题活动在知识产权大厦举行。活动由浙江省知识产权研究与服务中心（国家知识产权局专利局杭州代办处）主办，北京反侵权假冒联盟、浙江清华长三角研究院知识产权研究中心协办。省市场监管局知识产权发展处、区市场监管局相关领导、知识产权服务机构代表及企业代表120多人参加活动。现场发布《2020中国电商平台反侵权假冒趋势报告》《全球车联网产业知识产权发展分析报告》《全省知识产权该服务培训体系》，举行世界知识产权组织技术与创新支持中心（TISC）窗口启用仪式，举办“区块链技术在知识产权服务中的应用”等专题讲座。

【国网系统首个知识产权交易中心能源中心在杭州高新区（滨江）启用】 2020年7月29日，浙江知识产权交易中心能源中心在杭州高新区（滨江）国网双创示范基地举行启用仪式。省市场监督管理局（知识产权局）副局长陈振华，副区长王斌达，国网浙江省电力有限公司副总经理赵光静以及区市场监管局主要负责人参加启用仪式。能源中心由国网浙江双创中心和浙江知识产权交易中心共同组建，位于国家双创示范基地国网浙江示范中心，聚焦能源互联网领域关键核心技术，发挥市场在创新资源配置中的决定性作用，推动知识产权成果合规使用和交易转化，辐射带动全省乃至长三角地区经济转型升级。

【8家企业在2020杭州高价值知识产权智能产品创新创意大赛上获奖】 2020年10月16日，2020年杭州高价值知识产权智能产品创新创意大赛现场决赛暨颁奖大会在杭州国际博览中心举行。大赛由市政府主办，市市场监督管理局（市知识产权局）、杭州高新区（滨江）管委会及政府、国家知识产权运营公共服务平台联合承办。大赛经内部初审、技术专家初评、复赛专家评审及合议审定，32个参赛项目入围决赛（创新组16项、创意组16项），其中杭州高新区（滨江）企业参赛项目8个（创新组6项，创意组2项），占25%。经评选、答辩，产生创新组、创意组金奖各1名，创新组、创意组银奖各2名，创新组、创意组铜奖各3名，创新组、创意组优秀各10名。杭

州高新区（滨江）企业获金奖2项、银奖1项、铜奖3项、优秀奖2项。浙江吉利控股集团有限公司的CMA架构被动安全技术及其汽车产品、杭州智缤科技有限公司的一种基于北斗卫星定位的易改造的消火栓智能测控装置分别获创新组、创意组金奖，浙江中控太阳能技术有限公司的一种智能定日镜和智能定日镜清洗车及其在镜场中的应用获创新组银奖，三维通信股份有限公司的支持5G的全模全带宽室分系统、浙江大华技术股份有限公司的多介质自适应的远距离传输监控系统获创新组铜奖，杭州阿启视科技有限公司的可视物联大数据云平台获创意组铜奖，杭州海康威视数字技术股份有限公司的环域枪球联动系列、杭州万高科技股份有限公司的兼容多频段电力载波通信芯片及差分线路驱动放大器获创新组优秀奖。

【国家知识产权“入园惠企”活动在杭州高新区（滨江）启动】 2020年11月19日，2020年国家知识产权质押融资“入园惠企”活动现场启动仪式暨浙江站主场活动在智慧e谷举行。国家知识产权局、银保监会法规部、国家知识产权运营公共服务平台、省市场监管局、浙江银保监局，省内各地市市场监管局等相关负责人及银行、企业、金融和评估服务机构等代表230多人参加。活动期间，杭州高新区（滨江）市场监督管理局与杭州银行科技支行、医惠科技有限公司签订知识产权质押融资政银企合作协议。国家知识产权局进行全国首场知识产权质押融资案例经验及相关政策推介，举办知识产权金融成果及服务产品现场展示活动；现场为覆盖全省各地市的知识产权质押登记服务窗口进行授牌，举行杭州市知识产权质押融资战略合作备忘录签订仪式，宣讲杭州市和杭州高新区（滨江）的知识产权质押融资政策，开展知识产权质押融资现场对接活动。仪式后，与会人员参观杭州高新区（滨江）知识产权大厦，走访杭州高新区（滨江）“全门类、全链条、一站式”的知识产权综合服务中心，了解杭州高新区（滨江）知识产权“一件事”的改革成果和国家知识产权服务业集聚区、知识产权综合服务中心的建设。

（吕德军　张景元）

科技成果

【概况】 2020年，杭州高新区（滨江）企业承担和参与的成果获国家技术发明奖二等奖2项，国家科学技术进步奖二等奖2项。获浙江省科学技术奖励15项，其中浙江科技大奖1项、技术发明奖一等奖1项、科技进步奖一等奖1项、二等奖8项、三等奖4项。

【面向突变型峰值服务的云计算关键技术与系统】 2020年1月10日，“面向突变型峰值服务的云计算关键技术与系统”被国务院授予国家技术发明奖二等奖。项目属于计算机软件领域，主要研究构建强实时、高吞吐、快扩展、高鲁棒云计算系统的难题。发明突变峰值用户请求快速处理技术、基于存储阵列优化的数据高可靠高吞吐技术、基于容器和混合部署的高效资源整合技术、基于内存数据分析的服务质量保证技术。项目成果应用在30多家企事业单位，实现对云计算基础软件国外产品的替代，推动核心软件的国产化。

【高效模数转换器和模拟前端芯片关键技术及应用】 2020年1月10日，“高效模数转换器和模拟前端芯片关键技术及应用”被国务院授予国家技术发明奖二等奖。项目针对多传感器和多模有线宽带传输等应用需求，提出混合信号集成电路可重构设计思想，发明高效可配置模数转换和模拟前端芯片结构、模数转换器误差数字校准及高精度时钟电路、高效模拟前端采样及模拟信号处理电路等技术，取得一系列的创新研究成果，推动中国高性能模拟及混合信号集成电路的技术发展和产业化。

【面向公共安全的大规模监控视频智能处理技术及应用】 2020年1月10日，“面向公共安全的大规模监控视频智能处理技术及应用”被国务院授予国家科学技术进步奖二等奖。项目紧贴公安监控视频需求，在恶劣天气清晰视频获取、视频目标准确检测与描述、跨时空目标关联等方面取得重大技术创新，提出全天候全天时泛在清晰感知技术，数据驱动与经验知识结合的目标识别技术，以及基于时空一致性的跨时空目标轨迹关联，建立视频警务应用新模式，解决制约大规模监控视频深度、综合应用的难题。研发的装备在全国公安系统使用，提升视频侦查作战的智能化水平，保障治安防控、侦查破案、反恐维稳等公安工作。

【肺癌精准诊疗关键技术研究与推广应用】 2020年1月10日，“肺癌精准诊疗关键技术研究与推广应用”被国务院授予国家科学技术进步奖二等奖。肺癌诊疗困境主要集中在早期肺癌（如肺小结节）影像学诊断特异性不高、晚期肺癌缺乏精准分子分型体系、晚期肺癌尚未建立精准治疗策略。肺癌精准诊疗关键技术研究与推广应用项目通过临床—基础—转化应用研究，成功研发两种新型肺小结节精确诊断血液诊断试剂，建立分子分型指导下的肺癌精准诊疗策略和优化诊疗方案，改变肺癌整体诊疗模式，提高中国肺癌患者的总生存率。

【15个项目获浙江省科学技术奖】 2020年7月17日，省科技厅公布获得2019年度浙江省科学技术奖名单，杭州高新区（滨江）15个项目入围。

2020年省科技厅公布的杭州高新区（滨江）获省级科学技术奖励项目情况

表26

序号	项目（团队）名称	单位名称	获奖等级
1	张建锋团队	阿里巴巴（中国）有限公司	浙江科技大奖
2	大规模塔式太阳能热发电关键技术及产业化	浙江中控太阳能技术有限公司	技术发明奖一等奖
3	无障碍智能信息服务关键技术及应用	阿里巴巴（中国）有限公司	科技进步奖一等奖
4	乘用车智能驾驶平台自主研发及产业化	浙江吉利控股集团有限公司	科技进步奖二等奖
5	重腐蚀区域输电设备高效防腐技术创新及工程应用	杭州意能电力技术有限公司	科技进步奖二等奖
6	数据防泄漏安全存储和共享关键技术及产业化	杭州合众数据技术有限公司	科技进步奖二等奖
7	海洋调查多波束测量技术与应用	杭州边界电子技术有限公司	科技进步奖二等奖
8	支持多频段的低功耗小基站产品研发与应用	三维通信股份有限公司 浙江三维通信科技有限公司	科技进步奖二等奖
9	电力终端攻击检测与安全防护关键技术及应用	杭州海康威视数字技术股份有限公司	科技进步奖二等奖
10	大型电站锅炉超低NOx燃烧改造后高温腐蚀治理技术及应用	杭州意能电力技术有限公司	科技进步奖二等奖
11	面向公共安全的海量多维数据智能处理分析系统关键技术及产业化	浙江宇视科技有限公司	科技进步奖二等奖
12	基于智能物联和缺陷检测的软包装设备控制系统	杭州东骏科技有限公司	科技进步奖三等奖
13	支持智慧共享服务的关键技术研发及应用	杭州远传新业科技有限公司	科技进步奖三等奖
14	基于安全计算平台的现代有轨电车信号系统研究	浙江众合科技股份有限公司	科技进步奖三等奖
15	大型发电机机械故障诊断及综合治理技术	杭州意能电力技术有限公司	科技进步奖三等奖

（李玉龙）

科技创新产业扶持基金运营

【概况】 2020年，杭州高新科技创业服务有限公司作为科技创新产业扶持基金（简称“产业基金”）的运营主体，继续开展合作基金、股权投资、周转帮扶、融资担保等业务，发挥产业基金在创新创业、要素集聚、产融结合、安商稳商等方面的引领作用。产业基金规模47.37亿元。至年底，产业基金累计支出78.48亿元，扶持产业项目370多个，净支出24.21亿元。

【子基金管理】 2020年，杭州高新科技创业服务有限公司完成云曦一号、财通恒芯等10只子基金尽职调查工作，推动7只子基金通过相关会议决策。累计与赛伯乐、普华资本等17家投资机构和杭州海康威视数字技术股份有限公司、杭州光云科技股份有限公司、杭州泰格医药科技股份有限公司3家区内上市公司合作设立子基金28只，退出子基金6只，正在运作子基金22只，总规模45.15亿元；累计投资项目256个，金额26.22亿元，其中区内项目117个，金额11.8亿元。

【股权投资】 2020年，杭州高新科技创业服务有限公司走访科技型企业50多家，协助区商务局、区经信局、区委人才办等部门参与完成项目尽职调查10多个，新增股权投资项目5个，投资规模2.35亿元。其中：同股同权项目4个，投资规模1.45亿元；非同股同权项目1个，投资规模9000万元。累计投资项目10个，投资规模8.82亿元。

【资金周转帮扶业务】 2020年，杭州高新科技创业服务有限公司为3家区内重点企业提供转贷资金11笔，金额3.2亿元，缓解企业因新冠肺炎疫情影响导致的资金困难，帮助企业复工复产。累计为10家区内重点企业提供转贷资金63笔，金额39.51亿元，化解由资金链、担保链断裂形成的“两链风险”，维护区内金融环境稳定。

【融资担保】 2020年，杭州高新科技创业服务有限公司优化审批机制，与中国农业银行、杭州银行、杭州联合银行等金融机构开展合作，推出500万元及以下、200万元及以下银担合作快速审批产品，降低担保费率，加快担保流程。新增担保企业41家，新增担保金额1.73亿元。至年底，在保余额3.14亿元，比上年增长53.92%，在保企业47家，增长113.64%，其中，500万元（含）以下企业37家，占比78.72%，新冠肺炎疫情期间为在保企业减免担保费118万元，助力杭州高新区（滨江）做好“六稳”、落实“六保”。

【金融赋能行动】 2020年，杭州高新科技创业服务有限公司先后在互联网小镇、慧港科技园孵化器、金绣国际孵化器等产业平台和孵化器举办“金融赋能行动”3期。“金融赋能行动”通过举办投融资路演活动，帮助产业平台、孵化器、众创空间等双创载体和特色平台中的企业与创投机构、银行等金融服务机构进行对接，引导社会资本支持企业发展，以金融手段赋能高成长性科技型企业，推动一批优秀企业加速成长。至年底，累计帮助10多家企业与资本机构进行对接。

【全省首支地方国有企业双创债券发行】 2020年9月7日，杭州高新科技创业服务有限公司2020年非公开发行公司债券（第一期）发行。该债券是浙江省首支由地方政府平台公司发行的创新创业债券，债券主体评级为AA，债项评级为AA+，发行规模16亿元，期限为3+2年，票面利率3.65%，为自3月起全国同评级同期限私募公司债券最低利率。募集资金全部用于科技创新产业投资，支持数字经济、新基建、生命健康等重点产业发展。杭州高新科技创业服务有限公司是由杭州高新区管委会批准设立的国有独资企业，是区内唯一一家以创业投资为主业的区级直属公司。围绕科技创新产业开展孵化、投资、担保以及其他相关科技金融服务，通过构建良好的业务生态体系，解决企业发展不同阶段融资服务需求。

（邵　鹏）

工业·农业

工　业

【概况】 2020年，杭州高新区（滨江）规模以上工业企业196家，实现工业增加值704.2亿元，比上年增长10.8%。实现出口交货值367.6亿元，增长3.4%；实现利润总额307.2亿元，增长7.2%。规模以上工业企业应付职工薪酬229.7亿元，增长3.7%，平均用工人数9.7万人，下降0.8%。规模以上工业亩均增加值1677.5万元，居全省第一位，是全省平均水平的12.9倍；规模以上工业亩均税收266.1万元，列全省第二位；单位建设用地地区生产总值每亩200.8万元，居全省第三位。全年工业用电量5.35亿千瓦时，增长2.2%，综合能源消耗量16.15万吨标准煤，增长3.9%。产业项目开工18个，总用地面积27.47公顷，总投资56.4亿元，比上年增长100%。落点25个亿元以上产业项目，8家企业申请入驻工业综合体。杭州高新区（滨江）获评浙江省唯一一家五星级国家新型工业化产业示范基地。

（郑嘉宇　张　瑜）

2020年杭州高新区（滨江）规模以上工业（按行业分）主要经济指标

表27

指标名称	企业数（个）	主营业务收入（万元）	主营业务税金及附加（万元）	应交增值税（万元）	利润总额（万元）	本年折旧（万元）	工业总产值（万元）
总 计	218	25673088	104174	637595	3267535	250240	24731954
按工业主要行业分：	—	—	—	—	—	—	—
农副食品加工业	3	79324	328	2477	7059	1646	69784
食品制造业	1	65484	845	5382	44928	2517	91181
纺织业	8	97672	361	1564	6767	2054	92046
纺织服装、服饰业	3	40517	371	992	4953	1013	32199
家具制造业	1	15567	66	518	616	114	9953
印刷业和记录媒介的复制业	2	13596	89	660	-336	713	11404
文教、工美、体育和娱乐用品制造业	3	10581	62	434	-839	275	6431

续表27

指标名称	企业数（个）	主营业务收入（万元）	主营业务税金及附加（万元）	应交增值税（万元）	利润总额（万元）	本年折旧（万元）	工业总产值（万元）
化学原料及化学制品制造业	5	60658	159	932	7790	1722	41308
医药制造业	14	949113	6875	29796	58516	9708	1488319
橡胶和塑料制品业	2	16012	15	82	291	289	16457
非金属矿物制品业	1	6296	40	323	132	115	6296
金属制品业	2	29582	318	1353	3723	1407	29466
通用设备制造业	19	510217	2285	10587	50726	4770	506811
专用设备制造业	20	385885	2662	17733	64076	2898	368873
汽车制造业	4	113159	66	–847	–4716	1719	71693
铁路、船舶、航空航天和其他运输设备制造业	1	6465	46	21	704	479	6276
电气机械和器材制造业	17	1458162	7461	24009	108178	20766	1134206
计算机、通信和其他电子设备制造业	80	18733679	71199	494600	2678978	112386	17705856
仪器仪表制造业	28	850559	7096	43952	157708	10030	912518
电力、热力的生产和供应业	1	5604	103	401	1374	440	5707
燃气生产和供应业	2	2209565	3666	2116	76538	69483	2110237
水的生产和供应业	1	15390	62	512	370	5696	14932

（区统计局）

【13家企业项目入选浙江省制造业高质量发展产业链协同创新项目计划名单】 2020年，省经信厅公布《2020年浙江省制造业高质量发展产业链协同创新项目计划名单》，杭州高新区（滨江）13家企业项目入围，占杭州入选总数的56.5%。恒生电子股份有限公司、新华三技术有限公司项目分别为A类、B类，其他项目均为C类，分别获省财政1500万元、800万元、500万元的分档补助，总计7800万元。浙江省制造业高质量发展产业链协同创新项目采取市县推荐、省级遴选方式产生。

2020年杭州高新区（滨江）入选浙江省制造业高质量发展产业链协同创新项目计划名单

表28

序号	企业名称	项目名称
1	恒生电子股份有限公司	证券业关键信息基础设施创新与应用项目
2	新华三技术有限公司	5G云化小站设备研发应用项目

续表28

序号	企业名称	项目名称
3	杭州海康机器人技术有限公司	超高分辨率面阵卷帘CMOS相机产业化项目
4	杭州海康威视数字技术股份有限公司	海康威视物信融合城市大数据平台
5	浙江大华技术股份有限公司	国产共外热成像机芯研发及产业化
6	三维通信股份有限公司	支持5G的多制式无线通信室内分布系统
7	杭州中科微电子有限公司	高精度北斗/GNSS双频授时专用芯片及板卡
8	杭州长川科技股份有限公司	全自动12英寸常高温超精密探针台研发及产业化
9	新华三信息技术有限公司	自主可控两路机架服务器
10	浙江浙大中控信息技术有限公司	智慧交通软硬件及算法技术开发应用
11	浙江宇视科技有限公司	超高清摄像机
12	杭州中恒电气股份有限公司	5G网络全链路智能高频开关电源系统研发制造
13	浙江吉利控股集团有限公司	EVUN汽车行业工业互联网平台试验测试环境建设

【11家企业入围制造业先进单位名单】 2020年3月16日，在浙江省制造业高质量发展大会上，省深化“亩均论英雄”改革工作领导小组、省工业转型升级领导小组、工业和信息化部、省经信厅分别发布亩均效益领跑者、“雄鹰行动”培育企业、制造业单项冠军企业、“隐形冠军”企业、省级制造业创新中心5类制造业先进单位，杭州高新区（滨江）有11家企业入围。其中：杭州海康威视数字技术股份有限公司、新华三技术有限公司、浙江大华技术股份有限公司、浙江宇视科技有限公司、矽力杰半导体技术（杭州）有限公司、杭州士兰微电子股份有限公司6家企业入选浙江制造业亩均效益领跑企业；浙江吉利控股集团有限公司、杭州海康威视数字技术股份有限公司、新华三技术有限公司、浙江大华技术股份有限公司、浙江苏泊尔股份有限公司5家企业入选浙江省“雄鹰行动”培育企业；杭州中科微电子有限公司、杭州迪普科技股份有限公司、浙江中控技术有限公司入选浙江省“隐形冠军”企业；杭州海康威视数字技术股份有限公司、浙江大华技术股份有限公司入选制造业单项冠军企业。

资料：

亩均效益领跑企业：聚焦“8+X”（八大万亿产业和若干重点产业）领域，重点围绕数字经济核心制造业、高端装备制造业、时尚制造业、生物医药产业、纺织服装产业、石化产业、汽车产业等制造业，结合行业特色设置评价指标体系，分行业遴选产生。

“雄鹰行动”培育企业：重点集中在绿色石化、汽车制造、数字经济、高端装备、医药化工和时尚消费等产业。

“隐形冠军”企业：所属行业需属于《中国制造2025浙江行动纲要》明确的11类重点发展产业或浙江省“传统制造业改造提升”重点行业，从事特定细分市场时间达到5年及以上，主要产品销售额占企业全部销售的70%以上且在细分市场占有率位于全国前五位或全省前三位，以出口为主的产品市场占有率位于全球前十位。

制造业单项冠军企业：该类型企业的产品主要领域为新一代信息技术、装备制造、新材料、新能源汽车和智能网联汽车、新能源、节能环保、航空航天与海洋装备等。企业需坚持专业化发展，长期专注并深耕于产业链某一环节或某一产品领域，从事相关领域10年及以上；企业产品属于新产品的应达到3年及以上，且申请产品的市场占有率居全球第三位。拥有核心自主知识产权，主导或参与制定相关领域技术标准，关键性能指标处于国际同类产品领先水平，盈利能力超过行业企业的总体水平。

【制造业高质量发展高峰论坛】 2020年5月6日，杭州高新区（滨江）制造业高质量发展高峰论坛在英飞特电子（杭州）股份有限公司举行。论坛以“人才强链，智造滨江”为主题，聚焦人才强链和制造业高质量发展，研讨如何加快传统产业改造提升和新兴产业发展壮大，探讨建设全球先进制造业基地的战略路径，发挥人才在制造业高质量发展中的战略资源作用，利用AI、5G等先进技术为制造业转型升级赋能，促进经济高质量发展。论坛在线上和线下同时举行。中国工程院原常务副院长、中国工程院院士潘云鹤等84名专家学者、企业家代表参加。潘云鹤以云直播的方式进行“AI助推制造业高质量发展”主题演讲；省经信厅副厅长诸葛建围绕浙江加快推进全球先进制造业基地建设的意义、优势、目标、战略路径开展主题演讲；省人工智能发展专家委员会秘书长薛安克发表“制造业高质量发展中人才问题的一点思考”的主题演讲。华为5G工业互联网领域资深专家蒋相坤发表“5G+云+AI，加速智能制造升级”的演讲。现场举行“中国制造：赢在产业链”圆桌论坛，围绕制造业高质量发展涉及基础研究突破、场景应用转化、人才培育支撑等进行研讨。论坛期间，杭州高新区（滨江）介绍制造业和智造供给产业政策、智造供给小镇和工业综合体的建设情况，与浙江省智能制造专家委员会和6家第二批智造供给系统解决问题供应商培育企业进行现场三方签约。

2020年5月6日，杭州高新区（滨江）制造业高质量发展高峰论坛在英飞特电子（杭州）股份有限公司举行（区委宣传部 供图）

【工业经济专班成立】 2020年6月4日，杭州高新区（滨江）成立工业经济专班，推进制造业高质量发展。区委常委郑迪牵头，成员单位15家，包括区发改局、区经信局、区科技局、区商务局、区行政服务中心、区市场监管局、江北科技园发展服务中心、创意城管委会、智慧新天地发展服务中心、物联网产业园发展服务中心、互联网产业园发展服务中心、西兴街道、长河街道、浦沿街道、规划和资源滨江分局，共同落实专项工作，推进工业投资“保存量”“挖增量”，围绕制造业高质量发展示范区建设，完成规模以上工业企业增加值、工业投资、规模以上企业数量等指标任务，落实减负降本政策，帮扶企业渡过难关。至年底，机器人推广应用159个，规模以上工业企业数字化覆盖率90.76%，均超额完成市重点发展指标。

（郑嘉宇）

农　业

【概况】 2020年，杭州高新区（滨江）累计有农业龙头企业市级10家、省级4家、国家级1家，其中新增省级1家。市级以上农业龙头企业实现销售收入38亿元，实现净利润1.38亿元，创造税收1.4亿元。农产品网商营业收入4.3亿元。农业龙头企业累计建立跨地区合作生产基地1.29万公顷，带动农户3.3万人。落实区县协作项目协作资金1亿元，累计完成产业协同资金4.2亿元。浙江唯新实业股份有限公司被认定为省级骨干农业龙头企业，浙江甲骨文超级码科技股份有限公司和绿城农科检测技术有限公司被认定为市级农业龙头企业，杭州艺福堂茶业有限公司李晓军、杭州白马湖观光农业有限公司戴利国被认定为杭州市乡村产业技能大师。杭州艺福堂茶业有限公司的李晓军茶业发展技能大师工作室被认定为杭州市乡村产业技能大师工作室。完成市下达的农产品定量抽检24批次、区级定量抽检50批次，农产品快速抽检507批次，抽检合格率100%。开展政策性农业保险服务，为145.67公顷水稻、65.4公顷蔬菜、3.2公顷大棚进行投保，总保额382.8万元，赔付14.8万元。

2020年杭州高新区（滨江）农村经济收益分配情况

表29　　　　　　　　　　　　　　　　　　　　　　单位：万元

指标名称		合计	西兴	长河	浦沿
一、总收入	合计	6602073	1784990	3717733	1099350
	1.农业	4798	1604	2818	376
	#农业	2888	1050	1580	258
	林业	703	0	703	0
	牧业	0	0	0	0
	渔业	1207	554	535	118
	2.工业	1041204	188336	704259	148609
	3.建筑业	2918435	293990	2101456	522989
	4.交通运输业	15431	3508	8090	3833
	5.商饮业	355001	202263	29436	123302
	6.服务业	1111268	582146	348275	180847
	7.其他	1155936	513143	523399	119394
二、各项费用	合计	5615213	1597845	3144849	872519
	1.生产费用	4347107	1008643	2621591	716873
	2.管理费用	987287	589189	242452	155646
	3.其他	280819	13	280806	0
三、净收入		986860	187145	572884	226831
四、投资收益		4953	2241	1217	1495
五、农民外出劳务收入		27015	7849	8177	10989
六、可分配净收入	合计	1018828	197235	582278	239315
	1.国家税金	176769	36573	110659	29537
	2.上交国家部门	15639	15639	0	0

续表29

指　标　名　称		合计	西兴	长河	浦沿
六、可分配净收入	3.外来投资分利	6552	0	4935	1617
	4.外来人员劳务带走收入	243879	16433	209445	18001
	5.企业各项留利	72750	18133	35183	19434
	6.乡村集体所得	32483	13112	4993	14378
	7.农民经营所得	470756	97345	217063	156348
七、农民所得总额	合计	496118	106276	218216	171626
	农民人均收入	5.00	5.07	4.89	5.10

（区统计局）

【农产品参展】 2020年1月2—8日，杭州高新区（滨江）组织祖名豆制品股份有限公司、明康汇生态农业集团有限公司、浙江唯新实业股份有限公司、杭州高新农业科技发展有限公司、杭州市滨江对口帮扶农产品销售有限公司、杭州畲乡农庄有限公司参加“2020年杭州市·都市圈优质农产品迎新春大联展”，分别展销豆制品、炒货、肉酥、休闲肉制品、水果蔬菜和湖北省恩施土家族苗族自治州特产等系列产品。11月20—24日，杭州高新区（滨江）组织祖名豆制品股份有限公司、杭州姚生记食品有限公司参加2020浙江农业博览会。祖名豆制品股份有限公司的祖名香逗卷、杭州姚生记食品有限公司的姚生记山核桃获2020浙江农博会百个名优畅销产品。

【《滨江区都市农业高质量发展管理办法》出台】 2020年6月24日，区农业农村局、区财政局联合出台《滨江区都市农业高质量发展管理办法》（简称“方法”），明确规定区级农业产业扶持资金的来源和用途、扶持对象和条件、扶持（奖励）类别和标准、项目申报和管理等方面。方法规定区财政每年在区级农业产业扶持资金中安排资金支持现代都市农业高质量发展。农业产业扶持资金的扶持对象和条件为在本区范围内取得工商税务登记的区级以上农业经营主体，且财政收入级次在滨江区；符合杭州高新区（滨江）都市农业的发展方向和产业导向，具有示范和辐射带动作用；符合国家、地区有关法律、法规和政策的规定，符合环保、节能、土地等相关要求，近两年无重大生产安全、产品质量事故和违法违规情况。扶持（奖励）类别和标准分做强做精总部农业、大力发展品牌农业、积极推进帮扶农业、健全社会化服务体系建设4个类别，投资补助、贷款贴息补助等具体标准。项目申报和管理分申报程序、项目管理、资金管理、监督管理。办法自2020年8月1日起施行，有效期3年，2020年度符合本办法扶持条件的参照执行。原《杭州市滨江区财政扶持现代都市农业项目和资金管理办法》同时废止。

【现代都市农业项目扶持】 2020年，区农业农村局对杭州艺福堂茶业有限公司“艺福堂农产品电子商务项目”、杭州农茂食品有限公司“冻干果蔬冷库建设项目”、祖名豆制品股份有限公司“供应链能力提升与技改综合项目”、杭州姚生记食品有限公司“坚果产品精准分装及生产自动化提升项目”4个建设类项目拨付财政补助资金217.6万元，对明康汇生态农业集团有限公司“帮扶营销农产品”、浙江唯新实业股份有限公司“新认定省级骨干农业龙头企业”、浙江甲骨文超级码科技股份有限公司和绿城农科检测技术有限公司“新认定市级农业龙头企业”4个项目，杭州之江园林绿化艺术有限公司、杭州杨桃弄生态休闲农庄、杭州白马湖观光农业有限公司、杭州珠峰生态农业有限公司、杭州滨江果业有限公司5个“无公害化农产品认证”项目和杭州姚生记食品有限公司“省森博展（特装）+省农博会+市丰收节”共10个奖励类项目拨付奖励补助资金83万元，总计安排财政支农资金300.6万元。

【农业产业帮扶】 2020年，区农业农村局推进淳安县汾口镇联乡结村工作，协助汾口镇制定2020年度项目计划，协助杭州市“联乡结村活动”第34帮扶集团落实帮扶资金490万元，落实协作项目12个。落实结对衢江区莲花镇帮扶资金100万元。利用300万元帮扶资金分2期改造莲花镇月山村低洼地3.33公顷，新建设施大棚2.3公顷并完成公开招租，每年为月山村增加村级集体经济收入8.68万元，其中在土地流转过程中获得收益农户30户。月山村村集体经济经营性收入从11.53万元增长至38.38万元。

【钱塘江禁渔期监督管理】 2020年3月1日至6月30日，钱塘江流域实行禁渔期制度，区农业农村局通过上门告知、宣传报道、签订责任书、联动执法等方式，强化禁渔期监督管理。悬挂横幅4条，张贴禁渔公告46份，发放宣传资料400多份，短信提醒630多条，出动巡查人员150人次，劝导人员10人次，协调处理“110”联动渔业相关事项3次，全区未发生一起违规捕捞行为。

【渔业增殖放流】 2020年12月19日，区农业农村局结合水生野生动物保护科普宣传月活动，开展以“关爱水生动物，共建和谐家园”为主题的增殖放流活动。邀请区“五水共治”办、河道监管中心、部分渔民和群众代表参与，在钱塘江、白马湖、槐河、太庙桥河4处同步组织实施，共投放鳙鱼、三角鲂、黄尾密鲴等冬片近67万尾。投放的3种鱼苗适合净化改善水质，有助于提高水域生物的多样性，提升水体净化能力，更好地维护生态平衡，促进生态文明建设。结合放流活动，向广大市民开展水生野生科普宣传，引导市民自觉参与水生生物的养护，提高全民保护的意识。

【农产品稳产保供补助】 2020年，区农业农村局根据中央、省、市关于农产品稳产保供文件精神，抓好农业复工复产和稳产保供工作，出台《关于实施滨江区“新冠肺炎”防控期间农产品稳产保供政策的通知》，对蔬菜、茶叶、粮油、水果和水产5类种植（养殖）农产品进行补助，共兑现资金93.3万元，弥补农业企业经济损失。

【农业“三服务”活动】 2020年，区农业农村局组建6支服务队，与12家农业企业结对，每季度实地调研会商不少于1次，开展指导服务126人次，解决问题7类19个。针对茶企招募采茶工难、筹措防疫物资难、采茶工落实居住难等问题，分发口罩2000只、消毒液70升、防护手套2000双，协调招募本地采茶工；与省市农业和交通部门协调对接，为企业和农户办理车辆通行证247张；对接友邻区县农资店，帮助农户采购早稻种子、化肥农药，做好春耕备耕工作；协调市水果专家到杨桃弄生态休闲农庄开展水果施肥、修剪为主的技术指导服务，提升水果栽培精细化管理水平，至年底，柑橘“红美人”产量22.5吨，亩产1.1吨，亩产值3.5万元。

【动植物疫病防控】 2020年，区农业农村局加强动植物疫病防控，落实动物诊疗行业监管。组织动物诊疗行业监管检查76人次，开展专项执法行动16次，受理动物诊疗行业类信访投诉32件，核发动物诊疗许可证8份、兽医师执业证41份，依申请核发“动物及动物产品检疫合格证”96份，发放狂犬病免疫证明1055份。加强植物疫病防控，采取人工拔除方式，开展专业化防治，消除“一枝黄花”病害。

【无规定马属动物疫病区建设】 2020年，区农业农村局专题召开任务部署会，成立“无疫区”建设工作领导小组，制定杭州桐庐无规定马属动物疫病区生物安全通道（滨江段）建设方案和应急预案，明确任务分工和相关要求，坚持日常巡查排查制度，重点对生物安全通道，即杭州萧山国际机场到马术比赛场所途经彩虹快速路（滨江段）两侧各不少于1千米的范围涉及的23个社区开展排查，出动374人次，巡查121次，保障2022年第19届亚运会马术比赛。

【滨江区·建始县东西部扶贫协作消费扶贫产品展】 2020年11月13日，滨江区·建始县东西部扶贫协作消费扶贫产品展在杭州举办。滨江区副区长、高新区管委会副主任周力军，建始县委常委、县委办公室主任田真明，海亮集团副总裁、党委副书记潘利民，明康汇生态农业集团副总裁李长江等参加。产品展以"探秘起源地，品味金建始"为主题，分3个展区，一展区展示建始县优质农副产品，产品有腊肉、手撕腊肉、麻鸭、土家扣肉、酸渣肉、小米酥等；二展区展示明康汇、明康汇合作供应商优质农产品，产品有明康汇土鸡蛋、什锦蔬菜干礼盒、新鲜蔬菜礼盒等；三展区展示明康汇优质酒水、饮品，产品有明康汇小西拉红葡萄酒（半干型）、明康汇赤霞珠优选干红葡萄酒等。现场明康汇生态农业集团被授予"建始县消费扶贫定点单位"称号，与12家湖北省恩施土家族苗族自治州建始县农副产品企业达成合作。

（柯　胜　缪　炜）

【股份经济合作社规范运作】 2020年，杭州高新区（滨江）29个股份经济合作社（简称"股社"）总收入5.78亿元，比上年增长29%。其中：经营性收入5.16亿元，占总收入的89.3%；农村居民年人均纯收入49967元，增长8.11%。按股分配或分红总额3.02亿元，增长7.9%。全区股份经济合作社累计注册资金21.82亿元。全年实施撤村建居社区股社分离工作，按期完成全区撤村建居社区股份经济合作社与社区居委会的组织分设、财务分立、资产分置、权责分离和人员分开。

【股社"三资"管理】 2020年4月9日，区农业农村局印发《关于开展2019年度村级财务收支和"三资"情况审计工作的通知》，分别委托3家律师事务所对全区29个股社2019年度的财务收支和"三资"情况进行审计，审计监督重点是股社财务收支（包括非生产性支出）的预算及执行、收益分配、土地征（使）用费收支管理、承包租赁合同的签订和履行、收支票据使用管理及审核审批、股社基建工程项目管理、股社重大投资项目的民主决策及规范管理、财务管理制度的执行和股社大额资金竞争性存放情况等。全区29个股社2019年底总资产136.44亿元，净资产65.88亿元，固定资产总额63.40亿元。全年实现可分配收入4.48亿元，其中经营收入、发包收入和投资收益3.32亿元，占总收入的74.1%；总支出1.76亿元，收支结余2.72亿元。审计结果表明，2019年度各股社财务收支情况正常、提供资料全面，会计核算全面反映其财务收支和"三资"管理情况。8月30日，印发滨江区2019年度村级财务审计发现问题整改工作的通知，明确审计整改工作要求，指导股社和街道对审计发现的问题整改落实，将股社审计问题整改落实工作纳入2019年度全区街道"三农"工作任务考核。

【村级集体"三资"网络监管系统建设】 2020年，区农业农村局加强和完善村级集体"三资"网络监管系统建设，更新和完善原始票据扫描、经济合同、固定资产及资源性资产的数据库，推进股社股东信息化管理，做到股社"三资"监管平台与智慧农经信息平台的无缝对接。设置社区居务公开栏、股社财务公开平台等，实行"三资"信息公开多样化，主动接受社员股东监督。开展全区股份经济合作社财务公开系统建设，开发手机端公开模式，方便社员股东查看财务公开情况并在线留言，增加股社财务公开透明度，提升社员股东对其股社财务运行的知情权、参与权。

【撤村建居社区股社分离】 2020年4月16日，区委、区政府成立以区委书记任组长、区委副书记任常务副组长的滨江区撤村建居社区股社分离工作领导小组，印发《滨江区撤村建居社区股社分离工作实施方案》，明确成员单位的工作职责，建立工作专班，指导街道开展股份经济合作社与社区居委会的组织分设、财务分立、资产分置、权责分离和人员分开。5—6月，各街道核查所属股份经济合作社资金、资产、资源，按要求进行整理、归类、汇总和分析，完成2019年村级集体资产清查核实工作任务和新增资产的确权登记工作，完成资产分置。区股社分离领导小组成员单位分别出台《关于股社分离股份经济合作社党组织设置的通知》《关于加强滨江区股份经济合作社规范化建设的通知》《关于加强社区规范化建设的通知》《关于滨江区全面推进股份经济合作社会计出纳双代理工作的通知》，明确股份经济合作社主要承担资源开发利用、资产经营与保值增值、财务管理和年终分配以及保障社员股东的合法权益职能，并负责原辖区企业和社员股东的土地征用、拆迁安置、信访维稳、矛盾化解以及经合社历史遗留问题等处理，完成权责分离。至8月11日，全区股份经济合作社均领取营业执照，完成组织分设。3个街道组建会计结算代理中心，全区撤村建居社区居委会执行“居账街审”制度，股份经济合作社执行“会计出纳双代理”制度，完成财务分立和财务人员分开。9月10日，区农业农村局和区财政局联合印发《关于股份经济合作社运行经费实行财政补助的通知》，指导街道开展股社班子成员人选方案的编制和分开。结合社区换届选举，分类指导撤村建居社区股份经济合作社和社区居民委员会的班子成员分开，12月19—20日召开社员股东代表选举大会，依法选举产生新一届股份经济合作社董事会、监事会，完成班子成员分开。

【股社换届选举】 2020年10—12月，杭州高新区（滨江）29个股份经济合作社选举产生新一届股东代表1495人，选举产生新一届股份经济合作社董事会100人，其中董事长29人，江一、江三、山一、汤家桥、新生和浦联社区党组书记经法定程序选为股份经济合作社董事长，董事会成员平均年龄46.75岁，大专及以上学历占76%；选举产生监事会成员146人，其中监事会主任29人，依法完成撤村建居社区股份经济合作社的换届选举工作。

【股社会计出纳双代理业务培训】 2020年6月4日，区农业农村局在海外高层次人才创新创业基地举办股份经济合作社会计出纳双代理业务培训班。各街道会计结算代理中心专职会计、专职出纳，股份经济合作社监事会主任、报账员，街道区域发展与治理中心、会计结算代理中心负责人和农经管理员共80多人参加培训。培训班讲解撤村建居社区股社分离工作实施方案、股份经济合作社规范化建设和全面推进股份经济合作社会计出纳双代理工作、《村集体经济组织会计制度》的核算要求及农村集体“三资”监管系统的具体操作步骤及注意事项。

（张敏华　季剑声）

2020年12月20日，西兴街道星民社区第三届第二次社员股东代表大会选举现场

（区农业农村局　供图）

商贸服务与区域合作

进出口贸易

【概况】 2020年，杭州高新区（滨江）自营进出口总额804.38亿元，其中自营出口544.24亿元，占全市、全省、全国比重分别为15.6%、2.16%、0.03%，出口规模排名全市第二名，出口增幅高于全市、全省、全国平均水平。全区有出口实绩的企业850家，前20名企业出口额379.15亿元，占全区出口总额69.67%。其中：杭州海康威视科技有限公司、浙江大华科技有限公司、浙江宇视科技有限公司等安防类企业累计出口251亿元，占全区出口总额46.12%；新华三信息技术有限公司、矽力杰半导体技术（杭州）有限公司、杭州华辰电力控制工程有限公司等通信、集成电路行业企业累计出口32亿元，占全区出口总额5.88%；杭州大和热磁电子有限公司、浙江正泰太阳能科技有限公司等新能源行业企业累计出口28.79亿元，占全区出口总额5.29%。高新技术产品出口315亿元，增长7.89%，占全区出口总额的57.88%；机电产品出口429亿元，增长12.6%，占全区出口总额的78.83%。高新技术产品、机电产品出口占比均高于全市平均水平。全区有市级出口名牌企业29家，出口额305.66亿元，占全区出口总额56.16%；省级出口名牌企业10家，出口额274.69亿元，占全区出口总额的50.47%。

2020年杭州高新区（滨江）出口前20名企业情况

表30

序号	企业名称	累计出口金额（亿元）	累计出口金额增减（%）
1	杭州海康威视科技有限公司	146.81	10.78
2	浙江大华科技有限公司	90.35	14.59
3	博世电动工具（中国）有限公司	17.69	14.48
4	新华三信息技术有限公司	16.29	-3.67
5	浙江正泰太阳能科技有限公司	15.02	-46.79
6	杭州大和热磁电子有限公司	13.77	11.94
7	杭州柏诚毛纺服饰有限公司	10.49	5.12
8	矽力杰半导体技术（杭州）有限公司	9.06	27.59
9	杭州热威电热科技股份有限公司	7.05	9.69
10	浙江苏泊尔家电制造有限公司	6.70	16.51

续表30

序号	企业名称	累计出口金额（亿元）	累计出口金额增减（%）
11	杭州华辰电力控制工程有限公司	6.66	79570.03
12	杭州萤石网络有限公司	5.02	122.98
13	浙江倍生进出口有限公司	4.87	-12.61
14	浙江宇视科技有限公司	4.87	-1.13
15	杭州意欣时装贸易有限公司	4.50	-24.18
16	杭州悦孚斯供应链管理有限公司	4.21	923.15
17	浙江肯特科技股份有限公司	4.14	33.72
18	杭州民泰进出口贸易有限公司	4.06	19.6
19	杭州海康存储科技有限公司	3.95	2423.24
20	浙江春风进出口有限公司	3.65	-19.94
前20名企业合计		379.16	10.28

2020年杭州高新区（滨江）出口名牌企业名单

表31

序号	企业名称	类型
1	杭州海康威视数字技术股份有限公司	省、市出口名牌
2	浙江大华技术股份有限公司	省、市出口名牌
3	浙江吉利控股集团有限公司	省、市出口名牌
4	浙江正泰太阳能科技有限公司	省、市出口名牌
5	英飞特电子（杭州）股份有限公司	省、市出口名牌
6	浙江富瑞浦建材进出口有限公司	省、市出口名牌
7	杭州士兰微电子股份有限公司	省、市出口名牌
8	浙江宇视科技有限公司	省、市出口名牌
9	三维通信股份有限公司	省、市出口名牌
10	杭州热威电热科技股份有限公司	省、市出口名牌
11	杭州盛宏进出口有限公司	市出口名牌
12	贝因美集团有限公司	市出口名牌
13	浙江中控技术股份有限公司	市出口名牌
14	杭州市粮油食品土畜产进出口有限公司	市出口名牌
15	浙江苏泊尔家电制造有限公司	市出口名牌
16	杭州久积控股有限公司	市出口名牌
17	杭州桑尼能源科技股份有限公司	市出口名牌
18	杭州庄诚进出口有限公司	市出口名牌
19	中财招商投资集团有限公司	市出口名牌
20	东方通信股份有限公司	市出口名牌

续表31

序号	企业名称	类型
21	杭州爱科科技股份有限公司	市出口名牌
22	浙江国自机器人技术有限公司	市出口名牌
23	浙江浙大阳光科技有限公司	市出口名牌
24	杭州朗鸿科技股份有限公司	市出口名牌
25	杭州萤石网络有限公司	市出口名牌
26	杭州康榕进出口有限公司	市出口名牌
27	浙江肯特科技股份有限公司	市出口名牌
28	杭州安致电子商务股份有限公司	市出口名牌
29	浙江倍生进出口有限公司	市出口名牌

【防疫物资出口“白名单”企业申报】 2020年4月起，杭州高新区（滨江）开展防疫物资出口“白名单”企业申报工作。至年底，全区有13家防疫物资出口企业进入中国医药保健品进出口商会“白名单”，取得出口资质，其中杭州浦萝施特进出口有限公司、杭州商泰纺织有限公司主要出口医用口罩，浙江笨鸟科技有限公司主要出口非医用口罩，杭州优思达生物技术有限公司、杭州莱和生物技术有限公司、杭州联晟生物科技有限公司、杭州博日科技股份有限公司 、杭州浙大迪迅生物基因工程有限公司、杭州德同生物技术有限公司、浙江诺迦生物科技有限公司、图凌（杭州）生物医药有限公司、泽达精准（杭州）生物医药有限公司、杭州众测生物科技有限公司10家企业均出口新型冠状病毒检测试剂。4月25日，商务部、海关总署、国家市场监督管理总局联合发布《关于进一步加强防疫物资出口质量监管的公告》，规范医疗物资出口秩序。要求自4月26日起，产品取得国外标准认证或注册的新型冠状病毒检测试剂、医用口罩、医用防护服、呼吸机、红外体温计的出口企业，报关时须提交电子或书面声明，承诺产品符合进口国（地区）质量标准和安全要求，海关凭商务部提供的取得国外标准认证或注册的生产企业清单验放。

【2家企业被认定为省外贸综合服务企业】 2020年7月14日，省商务厅发布2020年浙江省外贸综合服务企业认定结果，杭州高新区（滨江）企业浙江一达通企业服务有限公司被认定为浙江省外贸综合服务成长型企业，连连数字科技有限公司被认定为浙江省外贸综合服务试点企业。认定结果根据《浙江省商务厅关于开展2020年度外贸综合服务企业认定工作的通知》，经企业申报，区商务局初审推荐，省商务厅、省税务局、省金融监管局等相关部门联合评审，被认定企业需拥有包括线上下单、线上审批的一站式外贸综合服务信息平台，且能够提供包括报关报检、物流、退税、结算、信保等在内的综合服务业务和协助办理融资业务。

【外贸政策支持】 2020年，杭州高新区（滨江）出台新冠肺炎疫情相关出口额补贴、出口信用保险保费补贴、贸易救济补贴等政策，持续完善政策支持体系。对2020年2—9月出口总额达到10万美元至100万美元、100万美元至1000万美元、1000万美元以上的企业，分别给予不超过2万元、20万元、100万元以内的奖励；对于企业投保出口信用保险的，给予2020年1—9月实际产生保费100%全额补助；专项资助年出口增量达到一定规模的企业，奖励首次突破出口增量规模的国家高新技术企业；对高新技术企业及省市出口名牌企业给予2019年度实际支付保费最高60%的资助，对出口美国1000万美元以上的重点企业给予出口保费80%的补助，取消封顶限额；对2019年度境外参展、境外注册商标、认证等企业项目给予参展、注册、认证费用最高70%的补助；对企业参与知识产权争端、世贸组织争端解决等各类贸易摩擦案件应对工作的，给予实际费用发生额60%的资助。至年底，累计兑现政策金额1.67亿元，其中省市资金4448万元、区配套1.23亿元。 （沈佳欣）

境外投资

【概况】 2020年，杭州高新区（滨江）境外投资中方投资额10.41亿美元。完成投资备案项目55个，其中新设项目42个、增资项目13个。境外投资中方投资额在1000万美元以上项目9个。新批境外投资项目涉及智慧医疗、智慧物联、智能制造等产业，占全部境外投资总额98%，涉及研发类项目44个。企业对外投资覆盖17个国家和地区，主要分布于美国、新加坡等国家和地区市场，其中新增阿拉伯联合酋长国、爱尔兰等国家，累计覆盖51个国家和地区。

2020年杭州高新区（滨江）境外投资中方投资额1000万美元以上项目

表32

序号	投资企业名称	投资类型	投资地	注册公司名称	总投资额（万美元）	中方投资额（万美元）
1	浙江吉利控股集团有限公司	新设	英国	伦敦电动汽车公司	28800	28800
2	杭州芯途半导体技术有限公司	并购	韩国	矽致微有限公司	35981	28795
3	浙江吉利控股集团有限公司	新设	美国	太力飞车有限公司	13600	13600
4	浙江吉利控股集团有限公司	增资	马来西亚	路特斯汽车公司	18035.5	9229.5
5	杭州启明医疗器械有限公司	增资	以色列	凯思通有限责任公司	5000	5000
6	贝因美（杭州）食品研究院有限公司	新设	爱尔兰	贝因美（爱尔兰）有限公司	2760	2760
7	杭州电魂网络科技股份有限公司	新设	新加坡	电魂互动（新加坡）有限公司	1500	1500
8	杭州启明医疗器械有限公司	增资	美国	美国启明医疗有限公司	1400	1400
9	比科奇微电子（杭州）有限公司	增资	英国	比科奇通讯技术有限公司	1312.28	1312.28
合计					108388.78	92396.78

【芯途半导体收购韩国公司部分股份】 2020年11月4日，杭州芯途半导体技术有限公司（简称“芯途半导体”）在韩国收购矽致微有限公司（简称“矽致微”）80%股权。芯途半导体主营集成电路芯片设计、制造、服务和销售等业务。矽致微成立于2007年，是一家模拟芯片设计公司，主要产品为电源管理芯片，为智能手机、有机发光显示器（OLED）、液晶显示器（LCD）、物联网等领域的客户提供电源管理解决方案，是韩国最大的电源芯片设计公司。矽致微主要产品包括智能手机电源芯片、LCD电源芯片和OLED电源芯片。公司提供涵盖穿戴设备、智能手机、平板/Notebook、汽车及电视等全尺寸的OLED电源芯片解决方案。

【吉利控股集团在英国、美国新设公司】 2020年9月16日，浙江吉利控股集团有限公司（简称“吉利控股集团”）

投资2.88亿美元在英国新设伦敦电动汽车公司。伦敦电动汽车公司位于英国考文垂，主要专注于研发、设计、生产和销售新能源商用汽车，公司有两大系列平台，分别是定位高端商务出行专车的TX系列及高品质物流专车的VN系列。12月28日，投资1.36亿美元在美国新设太力飞车有限公司。美国太力飞车有限公司主要业务有飞行汽车TF-1研制、取证、生产、销售；行业涉及飞行培训，工业无人机的总装、测试、销售、运营；提供地理信息、安防应急、网路巡检，以及数据SaaS（软件即服务）服务。

（章　嬿）

招商引资

【概况】 2020年，杭州高新区（滨江）新引进外资企业及中国港澳台资企业125家，其中外资企业82家，中国香港、台湾地区企业43家。投资总额1000万美元以上项目15个，其中中国香港地区企业投资项目13个、外资企业投资项目2个。实际利用外资10.31亿美元，其中制造业实际利用外资2.95亿美元；实际到位外资1000万美元以上项目13个，实际到位外资10.01亿美元，占实际利用外资总额的97.08%。至年底，有外资企业及中国港澳台资企业919家，世界500强投资项目38个。投资总额累计455.92亿美元，实际利用外资累计110.72亿美元。

2020年杭州高新区（滨江）新引进中国香港、台湾地区投资企业情况

表33　　　　单位：万美元

序号	企业名称	投资总额	注册资本	合同金额	备案日期
1	杭州科课导信息咨询服务有限公司	15	15	15	2020-01-06
2	杭州剂泰医药科技有限责任公司	145	102	102	2020-01-10
3	杭州得赋健康管理有限公司	25	17	17	2020-01-19
4	杭州竹铭科技有限公司	285	285	285	2020-02-07
5	微梦裕墅企业管理（杭州）有限公司	100	100	100	2020-03-29
6	有镁网络科技（杭州）有限公司	250	100	100	2020-03-29
7	涨引力信息技术（杭州）有限公司	250	100	100	2020-03-29
8	杭州诚登健康管理有限公司	18	18	9	2020-03-29
9	杭州海健电子商务有限公司	14	14	14	2020-04-10
10	杭州迅阳科技有限公司	13	13	13	2020-04-23
11	杭州韬岚服饰有限公司	14	14	7	2020-04-25
12	川崎精密机械（杭州）有限公司	100	50	100	2020-05-21
13	杭州视见睿来科技有限公司	14	14	14	2020-06-04
14	致中和（浙江）跨境电商有限公司	145	145	145	2020-06-19
15	其迹文化创意（杭州）有限公司	100	50	50	2020-06-28
16	浙江萤动科技有限公司	2000	2000	1600	2020-06-28
17	云陌人工智能科技（杭州）有限公司	3	3	3	2020-06-30
18	杭州马丁曾美容美发有限公司	7	7	4	2020-07-25
19	蘑耘贸易（杭州）有限公司	7	7	2	2020-07-25
20	杭州默古贸易有限责任公司	86	86	26	2020-08-12

续表33

序号	企业名称	投资总额	注册资本	合同金额	备案日期
21	有心（杭州）餐饮管理有限公司	141	141	47	2020-08-17
22	浙江洪家班健康产业有限公司	146	146	41	2020-09-17
23	杭州民喜科技有限公司	15	15	15	2020-09-24
24	杭州今凯科技有限公司	100	100	100	2020-09-30
25	浙江国智微科技有限公司	147	147	82	2020-10-15
26	杭州纳瑞育新科技有限责任公司	73	73	73	2020-10-29
27	杭州梅思卡门科技有限责任公司	1	1	1	2020-11-03
28	杭州连恩微电子有限公司	20	20	20	2020-11-07
29	杭州赊钻人珠宝有限公司	15	15	13	2020-11-07
30	朋来智库（杭州）有限责任公司	149	149	141	2020-11-08
31	摩利悠行运动（杭州）科技发展有限公司	15	15	4	2020-11-12
32	杭州网易竹书信息技术有限公司	714	714	714	2020-11-20
33	杭州仕珂创想互联网科技有限公司	45	45	45	2020-11-27
34	杭州杂货电科技有限公司	24	24	2	2020-11-27
35	好多素教（浙江）网络科技有限公司	50000	5000	5000	2020-11-27
36	杭州珊漠商贸有限公司	15	15	15	2020-11-27
37	杭州瑞柏健康管理有限责任公司	30	30	15	2020-11-30
38	杭州赐物康生物科技有限公司	46	46	32	2020-12-12
39	杭州诚佑生物科技有限公司	36	36	24	2020-12-15
40	时在嘉得（杭州）科技有限公司	15	15	15	2020-12-17
41	杭州闪音传媒有限责任公司	15	15	15	2020-12-19
42	杭州映世明天文化传媒有限公司	15	15	7	2020-12-19
43	杭州恒汇云科科技发展有限公司	152	152	93	2020-12-30

2020年杭州高新区（滨江）新引进外商投资企业情况

表34　　单位：万美元

序号	企业名称	投资总额	注册资本	合同金额	备案日期
1	杭州美酒佳肴贸易有限公司	1	1	1	2020-01-02
2	杭州爱而维恩科技有限公司	10	10	10	2020-01-07
3	杭州戈昂科技有限公司	15	15	15	2020-01-07
4	杭州有致科技有限公司	15	15	15	2020-01-08
5	杭州睿欧秘电子商务有限公司	15	15	15	2020-01-09
6	杭州芯格微电子有限公司	28	20	7	2020-01-09
7	杭州星儿趣教育科技有限公司	18	15	4	2020-01-09
8	杭州墨丘利文化艺术有限公司	14	14	14	2020-01-20
9	杭州瑞格利进出口有限公司	3	3	3	2020-01-20

续表 34

序号	企业名称	投资总额	注册资本	合同金额	备案日期
10	杭州西洛文化传播有限公司	1	1	1	2020-01-20
11	杭州埃里索拉科技有限公司	10	10	10	2020-01-22
12	杭州火石数智科技有限公司	73	73	42	2020-03-14
13	杭州安韦进出口有限公司	14	14	14	2020-03-29
14	杭州恩尧科技合伙企业（有限合伙）	14	14	2	2020-03-29
15	杭州非亚商务信息咨询有限公司	3	3	3	2020-03-29
16	杭州玛琳玛格传感技术有限公司	29	29	9	2020-03-29
17	杭州涌盈商业运营管理有限公司	14	14	6	2020-03-29
18	杭州高玛瑙贸易有限公司	3	3	3	2020-04-03
19	杭州景上信息技术有限公司	24	24	0	2020-04-10
20	杭州普励迈生物技术有限公司	71	71	39	2020-04-10
21	艾赛德（杭州）科技有限公司	145	145	88	2020-04-23
22	塔勒（杭州）机械科技有限公司	14	14	14	2020-04-23
23	杭州西部机械科技有限公司	14	14	14	2020-04-25
24	杭州游译信息科技有限公司	1	1	1	2020-04-26
25	优家心选医疗科技（杭州）有限公司	20	14	9	2020-04-27
26	杭州蜜儿机械科技有限公司	14	14	14	2020-04-30
27	杭州图灵智算科技有限公司	28	28	28	2020-04-30
28	杭州之江湾文化发展有限责任公司	43	43	9	2020-05-08
29	浙江元爱多文化经纪有限公司	142	142	69	2020-05-14
30	滨加（杭州）网络技术有限公司	142	142	142	2020-05-19
31	杭州米仙儿文化传媒有限公司	1	1	1	2020-05-26
32	杭州树网电子商务有限公司	1	1	1	2020-05-27
33	杭州阿格里博信息咨询有限公司	1	1	1	2020-05-29
34	杭州耀动进出口贸易有限公司	1	1	1	2020-06-19
35	杭州前沿文化传媒有限公司	1	1	1	2020-06-29
36	点可（杭州）物联技术有限公司	18	14	10	2020-07-12
37	杭州奥融智能科技有限公司	14	14	4	2020-07-12
38	杭州迪娜文化传媒有限公司	1	1	1	2020-07-12
39	杭州轻盈贸易有限公司	1	1	1	2020-07-12
40	经准医疗信息技术（杭州）有限公司	14	14	6	2020-07-12
41	国新国和（杭州）企业管理咨询有限公司	501	501	150	2020-07-25
42	杭州土拨鼠咨询策划服务有限公司	1	1	1	2020-07-25
43	杭州骁锐贸易有限公司	7	7	0	2020-08-03
44	杭州广立共进企业管理合伙企业（有限合伙）	72	72	52	2020-08-08

续表34

序号	企业名称	投资总额	注册资本	合同金额	备案日期
45	杭州序章网络科技有限公司	14	14	14	2020-08-08
46	杭州励同企业管理咨询有限公司	1	1	1	2020-08-15
47	杭州保昱生物科技有限公司	72	72	71	2020-08-17
48	杭州声联智能科技有限公司	859	143	43	2020-08-30
49	杭州毕提尔电子商务有限公司	4	4	4	2020-09-05
50	芯动微电子（杭州）有限公司	22	22	22	2020-09-09
51	杭州联络科技有限公司	500	500	500	2020-09-23
52	杭州入途电子商务有限公司	1	1	1	2020-09-27
53	杭州宾亚仪器合伙企业（有限合伙）	7	7	0	2020-09-30
54	杭州沽水仪器合伙企业（有限合伙）	15	15	14	2020-09-30
55	杭州蓝湾文化传播有限公司	1	1	1	2020-09-30
56	杭州品序科技发展有限公司	10	10	9	2020-09-30
57	杭州新易贝电子商务有限公司	7	7	7	2020-09-30
58	杭州主流科学仪器有限公司	15	15	15	2020-10-05
59	杭州点可伟达企业管理合伙企业（有限合伙）	1	1	1	2020-10-13
60	杭州独角兽设计有限公司	1	1	1	2020-10-14
61	杭州赢得一些贸易有限公司	1	1	1	2020-10-15
62	安尼得（杭州）信息咨询有限公司	60	60	60	2020-10-16
63	杭州月亮石环球电子商务有限公司	15	15	15	2020-10-16
64	杭州敖琼科技有限公司	1	1	1	2020-10-31
65	杭州优选优品市场营销策划有限公司	1	1	1	2020-10-31
66	杭州金王网络技术有限公司	15	15	15	2020-11-12
67	杭州易提思科技有限公司	15	15	15	2020-11-12
68	杭州德迪玛商务咨询有限公司	7	7	7	2020-11-18
69	杭州砥石网络科技有限公司	50	50	50	2020-11-18
70	杭州爱瑞谱医疗科技有限公司	15	15	7	2020-11-20
71	杭州医明生物科技有限公司	15	15	15	2020-11-20
72	杭州继励芯企业管理咨询合伙企业（有限合伙）	74	74	0	2020-11-27
73	杭州酷点贸易有限公司	4	4	4	2020-11-27
74	杭州林同敏和企业管理咨询合伙企业（有限合伙）	15	15	15	2020-11-27
75	杭州家平教育科技有限公司	8	8	5	2020-12-05
76	杭州谦仁网络传媒科技有限公司	122	122	0	2020-12-05
77	杭州汐飞网络科技有限公司	15	15	3	2020-12-12

续表34

序号	企业名称	投资总额	注册资本	合同金额	备案日期
78	杭州德阔网络技术有限公司	15	15	15	2020-12-17
79	杭州劢狄翼网络科技有限公司	100	100	0	2020-12-17
80	戴雅琵（杭州）商贸有限公司	46	46	46	2020-12-26
81	杭州诺繁企业管理有限公司	2	2	2	2020-12-30
82	杭州斯为客科技有限公司	15	15	9	2020-12-30

2020年杭州高新区（滨江）投资总额1000万美元以上的中国香港企业投资项目

表35　　单位：万美元

序号	企业名称	投资总额（万美元）	注册资本（万美元）	合同金额（万美元）	备案日期
1	浙江口碑网络技术有限公司	76680	25560	25560	2020-01-10
2	UT斯达康通讯有限公司	2000	2000	2000	2020-03-23
3	阿里巴巴（中国）网络技术有限公司	1680879	560293	—	2020-03-26
4	杭州唯强医疗科技有限公司	1417	709	709	2020-04-30
5	百世物流科技（中国）有限公司	32901	5000	5000	2020-06-15
6	杭州启明医疗器械股份有限公司	1266	1266	35326	2020-06-19
7	浙江萤动科技有限公司	2000	2000	1600	2020-06-28
8	杭州堃博生物科技有限公司	1582	706	706	2020-07-25
9	网易有道信息技术（杭州）有限公司	1500	1500	1500	2020-10-25
10	杭州吉桥汽车科技有限公司	1791	1791	1791	2020-11-24
11	好多素教（浙江）网络科技有限公司	15000	5000	5000	2020-11-27
12	杭州拉扎斯信息科技有限公司	100000	10000	100000	2020-12-26
13	杭州堃博生物科技有限公司	1532	1532	1532	2020-12-31

【外商投资企业信息报告】 2020年，根据《中华人民共和国外商投资法》《外商投资法实施细则》《外商投资信息报告办法》，外国投资者或外商投资企业需通过提交初始报告、变更报告、注销报告、年度报告等方式报送投资信息。外国投资者或外商投资企业通过企业登记系统以及国家企业信用信息公示系统向市场监管部门报送投资信息，市场监管部门将外国投资者、外商投资企业报送的投资信息推送至商务主管部门，商务主管部门的外商投资信息报告系统及时接收、处理市场监管部门推送的投资信息以及部门共享信息等。至年底，区商务局收到外商投资初始报告、变更报告、注销报告共计746条，2019年度外商投资企业年度报告740条。

【产业链项目招引】 2020年，杭州高新区（滨江）与浙江大学、中国科学院上海分院、长春光机所等高校及重点科研机构签署合作协议，提升区域基础创新能力。新引进落地杭州长光辰芯微电子有限公司、长光禹衡（杭州）仪器仪表有限公司、长光辰英（杭州）科学仪器有限公司、杭州希达电子技术有限公司等科技成果转化项目。新引进华为浙江鲲鹏创新中心、浙江省鲲鹏生态创新中心、地平线征程(杭州)人工智能科技有限公司、比科奇微电子(杭州)有限公司、好多素教(浙江)网络科技有限公司等70多个AI、5G通信、生命健康等未来产业项目。新引进世界500强企业投资项目1个,世界500强企业爱尔兰的埃森哲公司(全球领先的咨询服务公司,排名第279位)收购杭州企加云计算技术有限公司80.01%股权,将公司更名为埃森哲企云科技(杭州)有限公司,公司产品采用微服务架构体系,支持SaaS(平台即服务)化、专用云、混合云等多种部署方案,帮助企业快速构建个性化的中台系统。 (娄红芬)

服务贸易

【概况】 2020年,杭州高新区(滨江)服务贸易出口额44.38亿美元,占全市服贸出口总额34.08%,服务贸易出口比上年增长9.5%。其中:计算机和信息服务出口(国际服务外包)主导作用明显,完成离岸执行额29.69亿美元,占服务贸易出口额66.9%;文化服务以网易(杭州)网络有限公司游戏出口为代表,完成出口额10.33亿美元,占服务贸易出口总额23.38%;跨境金额服务出口以连连银通电子支付有限公司、杭州砰嘭智能技术有限公司为代表,合计金额1.23亿美元,占服务贸易出口总额2.77%;跨境物流服务出口以浙江百世物流有限公司为代表,合计出口0.99亿美元,占全区服务贸易出口总额2.23%;其他2.14亿美元。全区服务外包离岸执行额1000万美元以上企业有29家,完成服务外包离岸执行额28.05亿美元,占服务贸易出口总额63.2%。

2020年杭州高新区(滨江)服务外包离岸执行额1000万美元以上企业

表36　　单位:万美元

序号	企业名称	离岸执行金额
1	杭州海康威视数字技术股份有限公司	80586.33
2	浙江大华技术股份有限公司	32115.77
3	网易(杭州)网络有限公司	27099.31
4	诺基亚通信系统技术(北京)有限公司浙江分公司	21496.75
5	道富信息科技(浙江)有限公司	19766.99
6	浙江大华科技有限公司	18266.96
7	新华三技术有限公司	15389.24
8	浙江宇视科技有限公司	8261.94
9	杭州士兰微电子股份有限公司	5640.10
10	浙江正泰太阳能科技有限公司	5552.45
11	英飞特电子(杭州)股份有限公司	5439.31
12	杭州泰格医药科技股份有限公司	4842.41
13	矽力杰半导体技术(杭州)有限公司	4488.00
14	乐麦信息技术(杭州)有限公司	4367.32
15	杭州大和热磁电子有限公司	3175.03
16	虹软(杭州)多媒体信息技术有限公司	2971.26
17	微策略软件(杭州)有限公司	2611.83
18	博世电动工具(中国)有限公司	2398.15

续表36

序号	企业名称	离岸执行金额
19	华信咨询设计研究院有限公司	1794.80
20	杭州沐家网络科技有限公司	1732.58
21	杭州热威电热科技股份有限公司	1683.07
22	连连宝（杭州）信息技术有限公司	1615.22
23	杭州宏华数码科技股份有限公司	1518.27
24	连连（杭州）信息技术有限公司	1480.48
25	杭州NTT DATA软件有限公司	1380.38
26	三星半导体（中国）研究开发有限公司杭州分公司	1311.96
27	浙江网新恒天软件有限公司	1176.77
28	滨江兄弟信息技术（杭州）有限公司	1162.49
29	杭州海康存储科技有限公司	1126.46
合计		280451.63

【1个园区和13家企业入选市服务贸易示范园区、示范企业和成长型企业名单】 2020年9月4日，市商务局公布“2020年杭州市服务贸易示范园区、示范企业和成长型企业名单”。物联网产业园发展服务中心入选服务贸易示范园区；英飞特电子（杭州）股份有限公司、浙江宇视科技有限公司、杭州电魂网络科技股份有限公司、浙江网新恒天软件有限公司、杭州勤路软件有限公司、不鸣科技（杭州）有限公司、杭州创华投资咨询有限公司、浙江省水电建筑安装有限公司、网易（杭州）网络有限公司9家企业入选服务贸易示范企业名单；维杰思科技（杭州）有限公司、连连（杭州）信息技术有限公司、凯捷技术咨询（杭州）有限公司、虹软科技股份有限公司4家企业入选服务贸易成长型企业名单。

【服务贸易企业扶持】 2020年，杭州高新区（滨江）组织企业申报国家、省、市服务贸易专项资金，并配套区级资金，加大对技术先进型服务企业及拥有自主知识产权的服务外包企业的扶持力度，落实技术先进型服务企业税收优惠政策。至年底，从录用新人员、培训机构、国际认证、离岸执行额奖励、示范园区、成长型企业奖励等方面，兑现各级服务贸易资金3844.86万元，受惠企业137家次。

（沈佳欣）

批发和零售业

【概况】 2020年，杭州高新区（滨江）实现社会消费品零售总额417.1亿元，比上年增长0.6%，全市并列第二位，主城区并列第一位。至年底，全区有农贸市场18个，其中星级市场10家，总经营面积4.3万平方米，固定摊位数1361个。家居市场1个，大型超市10家，商业综合体3家。完成《杭州市滨江区农贸市场布点规划项目》最终稿。

【农贸市场菜价】 2020年，杭州高新区（滨江）农贸市场主营蔬菜、鲜肉、调味品、蛋类、水产品、海产品、熟食等17个大类商品。鲜猪肉价格下半年比上年下浮10%左右，青菜受下半年寒潮影响上升至每千克8元，比上年增长40%；受新冠肺炎疫情影响进口海产价格下浮50%～100%，其他类别商品、叶菜类、豆角类蔬菜的零售价格农贸市场菜价比上年上浮5%～10%。

2020年杭州高新区（滨江）农贸市场基本情况

表37

序号	名称	开业时间	面积（平方米）	摊位数（个）
1	杭州江南豪园农贸市场	2008-12-12	2200	78
2	杭州白金海岸农贸市场	2011-09-07	2215.7	76
3	杭州长河晶都农贸市场	2017-07-05	2494	84
4	杭州长河冠山农贸市场	2020-10-29	2380	53
5	杭州长一农贸市场	2013-10-30	2634	78
6	杭州长二农贸市场	2015-02-20	2410	62
7	杭州江二农贸市场	2018-04-01	1800	55
8	江一农贸市场	2018年	1500	56
9	杭州滨康农贸市场	2019-10-01	1600	56
10	杭州白鹤苑农贸市场	2020-12-10	1600	54
11	杭州西兴农副产品综合市场	1993-11-01	4800	96
12	杭州缤纷农贸市场	2013-11-29	3600	100
13	杭州市滨江区共联农贸市场	2017-05-15	2250	42
14	杭州浦沿六和农贸市场	2012-10-25	2292	70
15	杭州彩虹农贸市场	2019-12-31	2695	98
16	杭州市浦沿农副产品综合市场	1998-09-07	5308	80
17	杭州东冠农贸市场	2006-09-01	2160	37
18	浦联农贸市场	2010年	1200	30

【家居市场】 2020年，杭州第六空间大都会实现销售额5.83亿元。商场获杭州市“平安示范单位”“四星级市场”“浙江省专业市场‘五化’标准单位”“浙江省公益合作伙伴企业”等荣誉。杭州第六空间大都会有国际馆、现代家具馆、8090家居生活馆、灯饰软装馆、国际建材馆、定制馆全屋体验中心、品牌大道七大独幢主题场馆，入驻国际国内品牌商位640多个。杭州第六空间大都会联合阿里巴巴集团旗下“躺平”App，开辟7952平方米的“知嘛家”商业模式，实现销售额2300万元。

【大型超市】 至2020年底，杭州高新区（滨江）有大型超市10家，其中世纪联华3家、物美超市2家、永辉超市3家、盒马鲜生2家（分别于2018年9月28日、2019年8月18日开业）。各个超市经营各类食品、生活必需品、家居用品等。2020年，实现总销售额13.65亿元。

【商业综合体】 至2020年底，杭州高新区（滨江）有商业综合体3家，分别为华联星光大道一、二期和滨江宝龙城、龙湖滨江天街。2020年，华联星光大道实现销售额15.5亿元，客流量1900万人次。华联星光大道推进步行街改造提升建设。星光大道入围杭州市新消费示范企业榜单和杭州市十大文旅消费标杆地榜单。滨江宝龙城实现销售额16亿元，客流量2400万人次。滨江宝龙城获2020年中国（长三角）“乘风破浪”之新标杆商业项目、杭州生活2020年度品质购物中心。龙湖滨江天街实现主营收入23亿元，总客流量2400万人次，新入驻品牌170多家，媒体曝光量3

亿次，会员量66万人。龙湖滨江天街连续2年获杭州城市必逛榜单，入围联商网2020年度商业地产城市新地标项目。

【商贸服务企业新冠肺炎疫情补贴】 2020年，杭州高新区（滨江）印发《关于坚决打赢疫情防控阻击战，帮助企业复工复产的若干意见》，出台帮助企业复工复产系列政策，解决企业困难，支持企业渡过难关。对承租区属国有物业的商户，免收3个月房租，免租800多万元；鼓励非区属国有物业业主为商户减免租金，区财政对为餐饮、超市等新冠肺炎疫情保供企业租户减免租金的非区属国有物业业主给予补贴，全区各类商业体为商户减免租金1466.98万元，区财政补贴商业体733.46万元；补贴小微商贸服务企业793.15万元，覆盖企业2097家。承担杭州市电子消费券资金3353万元。

【线上线下促消费】 2020年，杭州高新区（滨江）发挥商业综合体助力经济复苏、拉动消费的作用，整合星光大道、龙湖滨江天街、滨江宝龙城3个综合体资源，调整业态，累计引进新品牌70多家，开展各种节庆促销活动，综合体5月起实现销售正增长。打造“最美图书馆”钟书阁、“最in拍照新地标”星澜酒店、“看得见风景”网易蜗牛图书馆、“空中乌托邦”1515空中天街、“今生今世十里樱花”滨江最美跑道、“紫色浪漫”白马湖公园最葵园等新消费场景，培育星澜酒店、中出服免税店等新消费企业。网易严选与永辉超市合作，在200家永辉超市设严选零食专区，打造线上、线下整合新场景；Babycare（母婴品牌）杭州首家旗舰店在龙湖滨江天街开业，形成“线下门店导购引导+线上客服陪伴+会员社群维系”的营销方式。Babycare作为“天猫”母婴类产品销售榜上排名第一的品牌，从线上拓展至线下发展。

【2家农贸市场开业】 2020年1月8日、10月9日，冠山农贸市场、白鹤苑农贸市场分别投入使用。冠山农贸市场位于冠山小区内，建筑面积1600平方米，设置摊位53个；引进智慧应用，支持人脸支付、电子支付等方式，所有菜品均可追本溯源，菜肉价格透明；公开经营户信息，经营户信用等级评定情况。白鹤苑农贸市场位于白鹤北苑小区，建筑面积1600平方米，设摊位54个；引入祖名豆制品、五丰等品牌商家和老杭州特色美食，设置早餐区，满足居民日常所需；引进菜芯智慧农贸，菜价公示、质量追踪、商家信息等大数据管理信息均在电子屏显示。

【星光大道中服免税店开业】 2020年8月28日，全省首家市内免税店——星光大道中服免税店开业。免税店位于星光大道二期，上下两层面积2800多平方米，入驻品牌800多家，有14个全球免税业品类。非短期多次往返、年满16周岁中国籍旅客，且在入境之日起180天内持护照到店享受免税购买资格。购买人在限额内以自用合理数量为原则免税补购相关产品，同时可征税购买相关产品。开业一周，累计接待顾客3万余人次，日均营业额36万元，10多家媒体进行相关报道，其中“滨江发布”相关报道阅读量突破10万余次。至年底，实现营业额2180万元，接待顾客53万人次。

【浙江商贸高峰论坛暨2020中国（杭州）新商业峰会】 2020年12月29日，第十届浙江商贸高峰论坛暨2020中国（杭州）新商业峰会在白马湖建国饭店举行。峰会由杭州高新区（滨江）与省商贸业联合会联合主办。论坛以“新使命·新格局·新模式”为主题，国内专家学者、行业协会代表、商贸企业高层及媒体记者共400多人参与论坛。会上，举行滨江区专属消费品牌“Bingo滨购”消费系列品牌活动发布、合作签约仪式。杭州风马牛西可科技有限公司联合浙江省现代商贸企业服务中心发布星经济中心品牌。物产中大集团董事长、浙江省政府参事、浙江工商大学教授、杭州君盟文化传媒有限公司首席主播分别做主旨演讲，解析宏观政策走势、企业创新、直播电商、商业文化，探讨

2020年12月29日，第十届浙江商贸高峰论坛暨2020中国（杭州）新商业峰会在白马湖建国饭店举行　（区委宣传部　供图）

商贸流通新未来。浙商中拓集团股份有限公司、物产中大云商有限公司、中国银联浙江分公司、杭州风马牛西可科技有限公司等公司代表组成圆桌论坛，围绕“新格局下，商业模式与服务创新之道”分享各自行业实践中的经验。

【10家企业入围杭州市各区县新消费企业名单】 2020年9月18日，杭州市新消费工作推进会在杭州市市民中心召开。会上，发布2020杭州各区县新消费企业入围名单，杭州高新区（滨江）有10家企业入围。其中：阿里巴巴（中国）有限公司等2家企业入围领军企业名单，浙江永辉超市有限公司入围突出贡献企业名单，杭州玄机科技信息技术有限公司、浙江华联杭州湾创业有限公司、观澜网络（杭州）有限公司入围品牌企业名单，杭州网易严选贸易有限公司、中出服（浙江）免税品有限公司、杭州滨江绿康医养投资管理有限公司、书比智能科技（杭州）有限公司入围创新企业名单。会上，直播电商企业代表以“直播电商助力新消费”为主题，做交流发言。

【新能源汽车消费节】 2020年6月6—13日，“稳经济，促发展”滨江区西兴街道“新能源汽车消费节”在聚光中心主会场和25个分会场同步启动。“新能源汽车消费节”由西兴街道办事处主办，区商务局、生态环境滨江分局、物联网产业园发展服务中心协办，由区疾控中心进行防疫指导。启动仪式上，举行“新能源、新制造”汽车论坛，邀请新制造业、新能源汽车、生态环境保护等领域专家与管理者，探讨新能源汽车行业经营理念和发展趋势。在“新能源汽车消费节”期间，在参展门店下单的顾客，获得由西兴街道办事处发放的特别奖励券，持奖励券前往指定门店消费，直接抵扣现金。消费券在各4S店及社区发放，奖励券在各4S店发放，6月底前到店消费享受打折或者满减优惠。部分车型为医护、军警等特殊职业购车者提供优惠服务。消费节期间，累计销售汽车705辆。

（朱华萍）

电子商务

【概况】 2020年，杭州高新区（滨江）实现网络零售额1061.2亿元，居全省各区县（市）第五位，杭州各区县（市）第四位，主城区第二位。阿里巴巴集团投资280亿港元，增持高鑫零售有限公司72%的股份。宝马与阿里巴巴集团在北京签署战略合作备忘录，围绕品牌、营销、渠道、跨端运营、服务和信息技术等领域开展合作，实现宝马中国业务全流程数字化战略。Farfetch（中文名发发奇，英国奢侈品电商平台）、阿里巴巴集团和历峰集团建立全球战略合作伙伴关系，为奢侈品牌进入中国市场提供多样化渠道，加速全球奢侈品行业的数字化。网易公司追加捐赠1亿元，设立新冠肺炎疫情专项防控基金，向疫情较严重的地区提供防疫支援，包括医疗物资和设备的采购、疫情防治药物的研发，以及一线医护人员的救助和关怀等。6月11日，网易在香港联交所挂牌上市。同日，网易公司首席执行官丁磊在“快手”和“网易严选”平台开启直播带货，4个小时的直播总成交额超过7200万元，成交订单超过20万个。

（朱华萍　周　毅）

【6家企业被认定为杭州市新零售企业】 2020年5月7日，区商务局根据《杭州市商务局关于开展杭州市新零售企业认定工作的通知》的要求，组织企业申报，同月28日向市商务局推荐杭州网易严选贸易有限公司等8家企业申报。经评审，杭州网易严选贸易有限公司、浙江明康汇食品有限公司、浙江纽易网络技术有限公司、杭州姚生记食品有限公司、杭州物美星维超市有限公司、杭州物美浦和百货有限公司6家企业被认定为杭州市首批新零售企业。认定工作分别从消费者体验反馈、供应链、会员体系、多元化场景营销、智能化程度等方面对企业进行考核。

【4家企业参加中国（杭州）国际电子商务博览会】 2020年9月18—20日，第七届中国（杭州）国际电子商务博览会在杭州国际博览中心举行。杭州宇树科技有限公司、浙江田螺云厨科技有限公司、杭州软体物联科技有限公司、杭州东骏科技有限公司4家杭州高新区（滨江）企业参加。现场展示机器狗、田螺云厨全能无油烟烹饪机器人等产品。（朱华萍）

【阿里巴巴集团与道达尔公司签署合作协议】 2020年8月11日，阿里巴巴集团控股有限公司（简称“阿里巴巴集团”）与道达尔（中国）投资有限责任公司（简称“道达尔公司”）在杭州签署合作谅解备忘录。根据合作谅解备忘录，双方基于阿里巴巴集团商业操作系统展开合作。道达尔公司依托阿里巴巴数字化技术与能力，在电商跨端运营、移动支付、本地化服务、供应链、大数据等各领域与阿里巴巴集团展开合作，为中国区的加油站业务、润滑油业务及特殊流体业务提供数字化基础设施支持，加快道达尔公司在中国零售网络终端布局，实现中国区业务的可持续的增长，推动中国业务数字化转型战略。

【阿里巴巴集团助力新冠肺炎疫情防控和复工复产】 至2020年3月31日，阿里巴巴集团投入33.56亿元，用于抗击新冠肺炎疫情。送达价值4.8亿元7300多件抗疫物资至武汉及全国，向全球多个国家、地区及国际机构捐赠防护物资。成立抗击疫情和商家扶助2个专门小组，发起“驰援武汉”及发布“告商家书”，提出6个方面20项扶助措施，通过减免商家经营费用、提供资金及低息免息贷款、开放数字化服务能力、提供灵活就业岗位等，支持中小企业渡过难关。阿里巴巴集团启动“春雷计划”，帮助国内外中小企业拓客源、拓内销、打造数字化产业带及助农兴农等，支持复工复产。

（周　毅）

【“双十一”购物节电商企业销售额创新高】 2020年“双十一”购物节期间，阿里巴巴集团实现商品成交额（GMV）4982亿元，比上年增长26%，470多个品牌成交额1亿余元。订单每秒58.3万笔，菜鸟处理订单量突破23.2亿单。超过30个淘宝直播间成交额超过1亿元。杭州艺福堂茶业有限公司总销售额突破2750万元，天猫茗茶旗舰店单店销售额突破1638万元，店铺访客数、支付买家数、成交件数行业排名第一位。杭州博世电动工具（中国）有限公司获天猫、京东五金工具行业品牌、店铺双项冠军。Babycare成交销售额9亿余元。杭州大希地科技股份有限公司销售额1.2亿元，生鲜全渠道连续3年排名第一位，其中天猫旗舰店销售额6000万余元，居生鲜类销售排名第一位。

（朱华萍）

直播产业

【概况】 2020年，杭州高新区（滨江）扶持直播产业发展，召开直播产业重点企业座谈会，研究制定鼓励直播产业发展扶持政策，出台《关于扶持直播产业发展的实施意见》，拟定《扶持直播产业发展政策实施细则》；举办“打造直播产业第一区推介发布会”，成立直播电商产业基地和数字创意产业基地，组建直播产业联盟，开展为期4天、覆盖30个重点城市的直播产业生态系列直播访谈活动，总点击量531.7万人次，“新华网”“中新社”“央广网”等各级主流媒体宣传报道40多篇；推进“人民网”与海润影视集团合作的直播电商业务版块落点发展，促成北京壹心文化传播有限公司落点设立壹枝花电子商务项目，拓展直播电商新业务版块，引进北京二咖传媒文化有限责任公司直播产业总部项目。至年底，杭州高新区（滨江）有直播企业150家。

【《关于扶持直播产业发展的实施意见》出台】 2020年9月25日，杭州高新区（滨江）出台《关于扶持直播产业发展的实施意见》，明确杭州高新区（滨江）以互联网小镇为核心，依托知名电商平台，创建“直播电商产业基地”；以创意小镇为核心，依托中国网络作家村、华数传媒等数字内容生产、运营企业园区，创建“数字创意产业基地”。成立直播产业联盟，给予开办经费补贴和运营经费支持，定期举办直播产业论坛和交流活动，为直播产业企业提供政策辅导、人才培训、资源对接等服务。对被认定为“区级直播产业特色园区（基地）”，给予园区（基地）运营机构一次性10万元资金扶持。支持企业研发创新，鼓励直播产业企业利用区内企业5G、云计算、物联网、大数据、区块链、VR/AR、人工智能、高清影像（8K及以上）等创新技术，研发落地示范应用项目，对产业带动作用明显的新技术、新产品、新业态、新模式示范项目，经认定，给予每个项目最高100万元资助。鼓励直播模式应用，对区内国家高新技术企业委托区内直播电商平台通过直播方式销售自有产品，且年直播纳税销售额100万元以上的，对其产生的佣金给予20%的补助，每年最高不超过20万元；委托区内直播电商企业通过跨境直播方式销售自有产品，且出口跨境电子商务线上交易额达到10万美元以上的，对其产生的直播服务费用给予20%的补助，每年最高不超过20万元。至年底，杭州高新区（滨江）集聚国内MCN（多频道网络运营）机构骨干企业和直播企业150家及多名主播。

（王志红）

【2020直播电商高峰论坛】 2020年4月24日，2020年直播电商高峰论坛在互联网小镇举办。论坛以“绿色、创新、跨越”为主题，由互联网产业园发展服务中心、区市场监管局联合主办，互联网产业园发展服务中心、区市场监管局相关负责人参加。80多家直播产业相关企业参与，21万余人次观看直播。论坛邀请三剑投资管理（杭州）有限公司、云集共享科技有限公司等企业代表共同探讨“直播电商发展的新动向”及“企业如何应对疫情的新思路”，从不同角度分享直播新经济的发展趋势。“企业联播”环节，杭州蚁国科技有限公司、浙江创谱电子商务有限公司、杭州爱蛙科技有限公司、亘嘉科技（杭州）有限公司等企业，现场介绍企业基本情况，分享经验，实现对接。参会企业通过现场洽谈需求、开展合作，加速项目落地，推动峰会的品牌效益向实体经济转化。

【打造直播产业第一区推介发布会】 2020年6月9日，杭州高新区（滨江）打造直播产业第一区推介发布会在白马湖建国饭店举办。区领导李志龙、沈建、杨晓峰，以及区有关部门及街道平台负责人，直播产业企业代表、媒体代表等200多人参加。会上，发布鼓励直播产业发展政策征求意见稿，从研发创新、物业购置、发展空间、企业上市、人才激励、人才服务、品牌活动等方面给予奖励与支持等。杭州高新区（滨江）直播电商产业基地、数字创意产业基地揭牌，两个基地整合优势资源，发展优势产业，建设直播电商和数字创意产业发展的中心。举行泰洋川禾集团、南派泛娱有限公司、无忧传媒集团有限公司、杭州风马牛西可科技有限公司、杭州君盟文化传媒有限公司、嘉兴一枕星河信息技术有限公司落点签约仪式，直播产业联盟成立仪式，“打造直播产业第一区”圆桌会议等活动。

【杭州高新区（滨江）直播电商产业基地揭牌】 2020年6月9日，杭州高新区（滨江）直播电商产业基地揭牌。基地位于互联网小镇，集聚上中下游产业链，涵盖上游品牌商、供应链，中游MCN机构、服务商，以及下游直播和电商平台。上游品牌商、供应链端有网易严选、阿里1688、考拉海购等平台。中游MCN（多频道网络运营）机构、服务商有无忧传媒集团有限公司、杭州君盟文化传媒有限公司、泰洋川禾集团等MCN（多频道网络运营）机构，有网络主播，以及云从科技集团股份有限公司、杭州风马牛西可科技有限公、浙江星狐影视文化有限公司、西可通信技术设备（杭州）有限公司等技术、硬件和园区服务商。下游直播和电商平台有网易、阿里、微点、特抱抱等。基地内有地铁5号线、6号线穿越，且可与地铁1号线、4号线换乘。有龙湖天街商业综合体、中赢云际等商业配套设施，浙江大学医学院附属第二医院、浙江大学医学院附属儿童医院等医疗配套设施，滨兴幼儿园、滨兴学校等教育配套设施，江一公园、江二公园、北塘河畔等休闲空间。

【杭州高新区（滨江）直播产业联盟成立】 2020年6月9日，杭州高新区（滨江）直播产业联盟成立。联盟由网易（杭州）网络有限公司、阿里巴巴集团、杭州君盟文化传媒有限公司、杭州风马牛西可科技有限公司等20多家直播产业链上下游企业联合发起。联盟联合直播平台、MCN（多频道网络运营）机构、直播产业园区、行业知名专家，定期开展直播产业论坛和交流活动，为直播产业企业提供政策辅导、人才培训、资源对接等服务，通过政府引导、行业自律，营造良性发展环境。

2020年6月9日，杭州高新区（滨江）直播电商产业基地、数字创意产业基地揭牌　（互联网产业园发展服务中心　供图）

【直播电商产业云狐论坛暨杭州高新区（滨江）直播电商产业园、基地授牌仪式】 2020年9月17日，直播电商产业云狐论坛暨杭州高新区（滨江）直播电商产业园、基地授牌仪式在云狐科技园举行。论坛由区互联网产业园发展服务中心、区直播产业联盟主办，云狐科技园承办，区委宣传部（文创发展中心）、区委统战部、区工商联协办。区互联网产业园发展服务中心、区文创发展中心、区工商联、区委统战部等单位负责人，中国电子商务研究中心主任曹磊、中国美院教授王炜民、网易华东大区总经理娄弘弢等直播相关平台、企业代表共120多人参加。论坛上，举行直播电商产业园、基地授牌仪式，出发吧红人星球（杭州）科技开发有限公司被授予“直播电商培训基地”称号，云狐科技园、西可科技园、三花·江虹国际创意园、阿里中心被授予“直播电商产业园”称号，杭州星狐传媒有限公司被授予“直播电商孵化基地”称号，杭州风马牛西可科技有限公司被授予“直播电商供应链基地”称号。授牌仪式后，中国电子商务研究中心主任曹磊发表主题为“直播电商新

2020年9月17日，直播电商产业云狐论坛在云狐科技园举行

（互联网产业园发展服务中心　供图）

时代”演讲。企业负责人参与圆桌讨论，共同探讨直播电商发展趋势。

【《闪耀吧！同学》全球高校直播挑战赛】 2020年12月14日，《闪耀吧！同学》全球高校直播挑战赛在龙湖假日酒店启动。挑战赛由中国（杭州）跨境电子商务综合试验区、市人力社保局、区文创发展中心、区互联网产业园发展服务中心指导，中国（杭州）跨境电商人才联盟、区直播产业联盟和阿里巴巴考拉海购联合主办。挑战赛收到中国传媒大学、浙江大学、杭州师范大学、西安音乐学院等高校的近100份报名资料。作为中国首档、唯一一档聚焦跨境电商直播的高校主播选拔赛，采取线上直播比赛形式，分为海选、初赛、复赛和决赛，全球在校大学生均可参加。进入海选的参赛选手即可获得一定金额的奖励，最终入围决赛者有机会成为考拉海购直播栏目爬树TV的长期签约主播，获千万级流量扶持和考拉海购遍布全球的跨境供应链支持。

（项　磊）

旅　游

【概况】 至2020年底，杭州高新区（滨江）有旅行社45家（含不经营未注销旅行社13家），其中新设立1家。旅行社接待国内游客23.6万人次，其中一日游游客1.9万人次。有星级饭店2家，接待国内游客3.77万人次，接待入境游客200人次。宾馆平均客房出租率为33.4%，平均房价每间每天330.63元。全区旅游行业实现营业收入2076万元，外汇收入3.14万美元。“乐动杭州荧光酷跑”“德悦海鲜”“沈园堂”获杭州市现代服务业旅游专项旅游全域化推进项目资金共计11万元。天街“深山集市”、“汉服文化沉浸式定向运动嘉年华”、“乐动杭州荧光酷跑”3个项目获杭州市十大特色潜力行业资金补助共计44.9万元。“闲庭信步皮划艇俱乐部”“沈园堂滨江陆公馆”被评为市级特色休闲示范点，“星光大道电影文化步行街”被选为杭州市十大文旅消费标杆地。

【互联网小镇获评国家AAA级旅游景区】 2020年4月24日，互联网小镇被杭州市旅游景区质量等级评定委员会评定为国家AAA级旅游景区。小镇规划面积3.91平方千米，东至江晖路，西至建业路，南至滨康路，北至江南大道，其中核心区块面积1.51平方千米，分北塘河畔核心区面积0.53平方千米和时代高架核心区面积0.98平方千米。互联网小镇旅游路线分产业集聚旅游线和休闲体验旅游线。产业集聚旅游线的景点有江虹艺术馆、天和高科技产品展示厅、智能高尔夫、英飞特电子产品展厅、隐士音响音乐厅、太音琴社、人工智能展示厅、下沉式足球场、中南乐游城。休闲体验旅游线以产业为主题，形成互联网文化数字长廊、“星光大道”、“蜗牛读书馆”等系列主题产品，景点有互联网博物馆、网易蜗牛图书馆、江一公园、中南时代广场、滨江体育馆。至年底，小镇接待游客31万人次。

【白马湖公园景区获评国家AAA级旅游景区】 2020年5月6日，白马湖公园景区被杭州市旅游景区质量等级评定委员会评定为国家AAA级旅游景区。景区位于杭州高新区（滨江）南部区块，东至萧山东白马湖，西至长江路，南至傅家峙、井山坞，北至白马湖路，面积1.3平方千米。白马湖景区围绕之江文化产业带的重要增长极为发展目标，依托国家级文化创意产业园区、白马湖旅游休闲度假区、杭州城市美学和建筑美学示范区以及杭州和谐创业示范区的创建基础，形成宜业、宜居、宜文、宜游的文化旅游发展格局。至年底，接待游客60万人次。

【城市大脑“30秒入住”酒店自助服务】 2020年，区社发局推进城市大脑“30秒入住”酒店自助机安装及使用工作。自助服务机具备预定、选房、入住、续住、退房等功能，提供24小时服务。利用自助服务机减少客人等候时间，节省酒店人工成本，提升酒店服务水平。6月1—30日考核期间，杭州高新区（滨江）目标覆盖酒店数22家，完成23家，平均使用率77%，与余杭区、建德市并列第一位。9月1—30日考核期间，目标覆盖酒店数25家，完成31家，累计平均达标率为93.07%，其中有9天达标率超过100%，最高达标率120%，排名第十一位。12月1—30日考核期间，目标覆盖酒店数29家，完成38家，累计平均达标率为109.75%，排名第六位。

【“诗画浙江·百县千碗——滨江‘十大碗’”评选活动】 2020年7月17日，区社发局开展“诗画浙江·百县千碗——滨江‘十大碗’”评选活动，组织饭店自主申报名优特色菜品，通过“滨江发布”“滨江社发”公众号进行投票，由专家根据投票数量评选出滨江“十大碗”。8月3日，公布滨江“十大碗”名单，分别为白鲞扣鸡、江三鲜、猪脚细炒、农家扣肉、臭干脆春卷、梅菜葱饼、臭干肉饼蒸、农家三鲜、鲈鱼笋干菜烧、白斩本鸡。至年底，通过拍摄《滨江十碗》美食宣传片，在“滨江社发”“学习强国”等平台发布宣传信息，制作宣传展板，将“滨江十碗菜”送进机关食堂、白马湖景区、物联网小镇、互联网小镇以及浙江中医药大学食堂，推广宣传“百县千碗”品牌。（陈思烨）

【旅游市场监管】 2020年，区社发局与区旅游协会、旅行社、星级酒店召开座谈会，了解行业经营现状，沟通促进旅游业新发展对策，探讨企业发展新路径。指导区旅游协会开展工作，发挥协会能动性，在旅游安全、市场推广、行业管理、文明旅游、纠纷处理等方面，发挥桥梁纽带作用。6月11—12日，区旅游协会组织旅游企业走进淳安和桐庐交流考察，了解当地旅游资源，为各旅行社策划及组织旅游路线提供参考，推动双方景点、酒店等行业的商业合作。6月15日，召开旅游行业安全管理工作会议，部署旅游安全工作。要求加强用车公司资质认定、导游管理、导游专业知识培训、旅游公司自我排查，发现隐患立即上报沟通，确保旅游行业安全。（徐宏国）

会　展

【概况】 2020年，杭州白马湖会展中心举办各类展会活动34场，其中展览9场、会议19场、试乘试驾活动6场，展览面积35.08万平方米，收入1023.48万元。参加行业交流会3次，开展物业人员培训5次，开展党史教育培训及共青团员学习培训3次。“杭州白马湖国际会展中心”微信公众号关注人数2500多人。百度推广中“杭州白马湖国际会展中心”官方网站日平均点击量50人次。

【白马湖国际会展中心品牌发布会暨白马湖国际会展产业联盟成立仪式】 2020年1月17日，白马湖国际会展中心品牌发布会暨白马湖国际会展产业联盟成立仪式在白马湖国际会展中心举行。发布会以“携手白马湖，共创大未来——白马湖国际会展中心全新启航”为主题。会上宣布，自2020年1月1日起，白马湖国际会展中心管理服务委托给西湖国际博览有限公司。十九楼网络股份有限公司、杭州跃颖文化传播有限公司（设计江南项目）与西湖国际博览有限公司签约。西湖国际博览有限公司联合区内重点会展单位共同发起成立白马湖国际会展产业联盟（简称“白马会联盟”）。白马会联盟以白马湖国际会展中心为主要产业基地，邀请区域内高端酒店、会展企业、商会、行业协会等企事业单位参加，整合各成员间的优势，提供专业化会展服务、链接行业间供需关系、共享区域内产业资源，抱团发力，推动全区会展产业发展。现场为杭州西湖国际博览有限公司、白马湖建国饭店、中国美术学院望境创意发展有限公司、杭州宝仑会议服务有限公司、浙江三博会展股份有限公司、杭州天择文化交流有限公司、杭州伍方会议服务有限公司、中赢铂金皇冠假日酒店、会会网、杭州鹏麟公关策划有限公司10家联盟发起单位授牌。

【“云会议”服务推出】 2020年2月10日，白马湖国际会展中心推出“云会议”服务，通过在线直播进行特定人群或者全网观看，扩大活动覆盖面；承接演讲、培训、线上访谈、线上沙龙、分会场连线等活动。“云会议”服务在4月底前免费为全区企业事业单位、白马湖国际会展产业联盟发起单位、杭州市会议展览协会会员单位（不含其承办的商业活动）提供主演播室场地，优惠使用报告厅（680平方米）、室内展厅（6.5万平方米）。“云会议”的创意策划、技术支持由白马湖会展中心提供。至年底，服务活动13场。

【2020年浙江省暨杭州市“中华慈善日”主题宣传活动】 2020年9月4日，“决战脱贫攻坚、助力疫情防控”——2020年浙江省暨杭州市“中华慈善日”主题宣传活动在白马湖国际会展中心举行。活动由市政府、省民政厅、省慈善总会主办，市民政局、市网信办、杭州高新区（滨江）管委会、政府承办，市慈善总会、区民政局、区慈善总会、浙江省微笑明天慈善基金会、益潮汇公益沙龙协办。浙江省唯康为老服务发展中心、杭州爱尔眼科医院、杭州市滨江区益家人公益事业发展中心、杭州市滨江区长江书画院、杭州市余杭区海豚应急救援队等60多家慈善组织参加，展出各家慈善组织服务内容，展现杭州公益慈善风采。现场开展义诊、理发、磨刀、小家电修理、紧急救援知识普及等志愿服务。

【2020中国（杭州）数字安防生态大会暨安防·应急展】 2020年9月10日，2020中国（杭州）数字安防生态大会暨安全防范·应急救援及公共安全产业博览会在白马湖国际会展中心举行。展会由浙江省安全技术防范行业协会、滨江区政府、杭州市钱江新城投资集团有限公司和中国建筑节能协会共同主办，杭州市会展旅业有限公司及杭州钱唐会展有限公司承办。大会以“安防产业链、数字生态圈”为主题，采取“论坛+展示”模式，以“数字安防产业发展高峰论坛”“数字安防行业合作伙伴大会”为主论坛，举办“数字安防助力公安信息化与数字化建设研讨会”“长三角公共数据安全保障体系建设高峰论坛”“保安新格局、服务再升级——‘智慧安保’专题论坛”和“首届应急产业融合发展高峰论坛暨浙江省应急产业技术联盟成立大会”4场专题论坛。会议期间，举办杭州安防·应急展，展览规模1万平方米，参展单位50多家，进行相关产品、技术和解决方案的展示、交流与体验等活动。活动现场有近1000人参展，现场成交额1000多万元。

【第十六届中国国际动漫节】 2020年9月29日至10月4日，第十六届中国国际动漫节在白马湖国际会展中心举行，是自2005年以来首次在秋季举行的动漫节。动漫节由国家广播电视总局、中央广播电视总台、省政府主办，市政府、浙江省广播电视局、浙江广播电视集团承办，其中，中央广播电视总台是首次以主办方的身份参与。动漫节围绕“动漫之都，智享未来”主题，突出“国漫、国风、国潮、国创”，采取线上、线下相互结合模式，有集英万梦（上海）实业有限公司、欧漫达高文化传媒（上海）有限公司、央视动漫集团有限公司、深圳市腾讯动漫有限公司等国内外200家动漫游戏企业参展。展览使用会展中心全馆，使用面积6.5万平方米。现场成交额2.5亿元。其间，举行由中央广播电视总台主办的中国国际动漫节“金猴奖”大赛，赛事首次增加创投环节，来自19个国家和地区的1000部原创动漫作品参赛。举行第十四届中国COSPLAY超级盛典、声优大赛决赛。推出国际动画电影周、抗疫主题漫画展、浙江老一辈漫画名家展、国风自由行、动漫主题地铁等展览活动，开通融“云洽谈”“云展览”“云直播”“云互动”“云展映”于一体的云端平台，联合抖音、微博、微视等新媒体开展挑战赛、话题互动等线上活动。中央电视台、《人民日报》《中国日报》等进行报道。

【第十四届(2020)杭州文化创意产业博览会】2020年10月29日至11月1日，第十四届（2020）杭州文化创意产业博览会在白马湖国际会展中心举办。展会以“创意杭州·联通世界——新文化·新消费·新生活”为主题，设中国网络作家村、杭州创意设计中心、浙江展览馆、最葵园、桐庐分水镇笔业展览中心5个线下分会场，“创意精抖云”“东家风物”2个专题线上分会场，有活动直播、带货直播、内容直播、品牌推荐，网红、大咖与观众线上互动环节。白马湖会场设置国际及工艺创新展区、国际及港澳台展区、文化品质消费展区、一带一路·匠心视界展区、设计创新展区、创意新农展区六大展区，展示面积7万平方米。国际及工艺创新展区的杭州馆，展区面积为450平方米，以“新文化、新生活、新消费”为主题，用街景式的空间布局，营造晨跑、地铁、办公室、咖啡厅、老字号街道、都市夜景6个生活场景，是文博会中面积最大的展位。文化品质消费展区的滨江展区展示国际木雕大师的艺术木雕、著名书画家的精品字画。展会期间，举办2020年新文创发展高峰论坛、金物奖（2020）新国货论坛暨新国货白皮书杭州文化篇发布等产业高峰论坛20多场。27个国家和地区，1700多家企业及品牌参展。展览接待游客6万多人次，现场成交及签约项目总金额4.3亿元。央视新闻、天目新闻等100多家媒体发布相关报道5000多篇。

【2020杭州草莓音乐节】2020年11月13—15日，2020杭州草莓音乐节在白马湖胜利桥草坪举行。音乐节由上海摩登天空文化传播有限公司主办，设置草莓舞台、爱舞台、日落舞台，后海大鲨鱼、痛仰、尧十三、不留行、五条人、吉克隽逸、焦迈奇、Tiy T等乐队及歌手出演，演出曲目有《地球上最后的夜晚》《白日梦》《设计》等；设置特色沙滩，有非洲手鼓、特色南美舞团表演。观看观众日均9000人。

【第八届中国（杭州）国际汽车博览会】2020年11月26—29日，第八届中国（杭州）国际汽车博览会在白马湖国际会展中心举行。博览会由杭州日报社、杭州交通91.8电台、浙江之声FM101.6、浙江电视台民生休闲频道主办，展出各参展公司（汽车厂家）最新车型、汽车产品，展示有关图片和资料。展览面积3.6万平方米，参展品牌50多个，展出车型300多款，活动现场有3万余人观展，现场成交2000辆，成交额2亿元。

2020年杭州白马湖国际会展中心会展情况

表38

序号	会展时间	会展名称	主办/承办方	规模（平方米）	收入（万元）
1	5月5日	城投建设有限公司2020目标责任书签订会议	杭州城投建设有限公司	650	0.72

续表38

序号	会展时间	会展名称	主办/承办方	规模（平方米）	收入（万元）
2	5月27日	2020浙江省建设工程创精品工程研讨会	杭州白马湖建国饭店	650	1.7
3	5月29日	浙江省成人教育与职业教育协会高职教育工作分会成立大会	杭州白马湖建国饭店	650	1.5
4	5月30日	长河街道全科网络规范管理工作推进会	杭州白马湖建国饭店	650	0.9
5	6月10日	第二届浙江省会展业标准化技术委员会换届大会	浙江省会展业标准化技术委员会	650	0
6	6月11日	场馆CEO会议	杭州西湖国际博览有限公司	650	0
7	9月4日	2020年浙江省暨杭州市中华慈善日主题宣传活动	杭州市人民政府、浙江省民政厅、浙江省慈善联合总会	6000	0
8	9月10日	2020中国（杭州）数字安防生态大会暨安防·应急展	浙江省安全技术防范行业协会、滨江区政府、杭州市钱江新城投资集团有限公司和中国建筑节能协会	10000	50
9	9月11日	保安新格局·服务在升级—“智慧安保”专题论坛	杭州钱唐会展有限公司	650	1.5
10	9月20日	顾家家居杭州大区品牌日活动	顾家家居股份有限公司	4000	12
11	9月29至10月4日	第十六届中国国际动漫节	国家广播电视总局、中央广播电视总台、浙江省人民政府	65000	443
12	10月17日	新时代民营企业统战工作理念研讨会	中共滨江区委统战部	650	2.4
13	10月18日	中天控股2020年下半年项目管理标准化推进会	中天建设集团有限公司第二建设公司	650	2.4
14	10月27日	2020第四届世界杭商大会滨江分论坛	杭州高新区（滨江）工商联	650	0.8
15	10月29日至11月1日	第十四届杭州文化创意产业博览会	中共杭州市委宣传部	65000	225
16	11月5日	第九届中国创新创业大赛全国总决赛	科技部火炬中心、浙江省科技厅、杭州市政府	7000	24
17	11月11日	车展誓师大会	杭州有道文化创意有限公司	650	1.2
18	11月12日	2020第二十四届中国国际软件博览会	中国电子信息行业联合会、浙江省经济和信息化厅、杭州市人民政府	5000	18
19	11月12日	PK体系生态发展闭门会	国家工业信息安全发展研究中心	650	1.4
20	11月14日	2020年滨江支行“同心共筑再创辉煌”文艺晚会暨第八届青歌赛	中国农业银行股份有限公司杭州滨江支行工会委员会	650	1.2

续表38

序号	会展时间	会展名称	主办/承办方	规模（平方米）	收入（万元）
21	11月13—15日	2020杭州草莓音乐节	上海摩登天空文化传播有限公司	20000	15
22	11月17日	海尔&汇德隆感恩月超享汇动员大会	浙江全能工艺美术印刷有限公司	650	1.2
23	11月26—29日	第八届中国（杭州）国际汽车博览会	杭州有道文化创意有限公司	35000	160
24	11月29日	汽车人沙龙	杭州十九楼网络股份有限公司	3000	5.1
25	12月10日	长河街道江尚景苑选房抽号	滨江区人民政府长河街道办事处	650	1.4
26	12月11日	2020“智慧城市与数字造价应用”杭州市工程造价大讲堂	杭州市建设工程造价管理协会	650	1.2
27	12月23日	杭州市会议展览业协会第五次会员大会	杭州市会议展览业协会	650	0
28	12月29—31日	长河街道江尚景苑选房抽号	滨江区人民政府长河街道办事处	650	3.8
29	5月23—24日	2020沃尔沃全系驾控体验日	杭州有道文化创意有限公司	20000	37.5
30	6月6—7日	小鹏汽车试乘试驾	杭州有道文化创意有限公司	20000	
31	7月21—22日	领克汽车试乘试驾	杭州有道文化创意有限公司	20000	
32	8月22—23日	小鹏汽车试乘试驾	杭州有道文化创意有限公司	20000	
33	9月5—6日	林肯汽车试乘试驾	杭州有道文化创意有限公司	20000	
34	12月4—7日	蔚来汽车试乘试驾	杭州有道文化创意有限公司	20000	

（宋琦麒）

通　信

【概况】 2020年，中国电信滨江分局（简称“滨江电信”）宽带用户总数13.7万户，交互式电视（ITV）用户总数7.5万户，移动出账用户总数25.4万户。新建4G基站23个，补盲增补30个；4G室分商务楼宇10个点位。新建5G基站182个，累计637个；5G室分商务楼宇15个点位。完成第十六届中国国际动漫节等活动通信保障。

中国移动滨江分公司（简称“滨江移动”）开通5G基站601个，新增及扩容家庭宽带信息点2.7万个，累计有移动通话用户44.9万户，5G终端用户8.3万户，移动家庭宽带用户7.7万户。打造千兆宽带小区137个，试点完成省内首个有线和Wi-Fi双千兆样板。完成杭州国际马拉松、杭州高新区成立30周年活动等大型活动赛事保障，现场零投诉零故障。

中国联通杭州市滨江区分公司（简称“滨江联通”）累计有营业厅、服务渠道及网点近100家，其中营业厅3家。手机用户、固定电话、家庭宽带及企业宽带15万户。移动网络用户数10.6万户，新增3.6

万户。光纤宽带覆盖97个小区，宽带总端口数5万个，宽带用户1万户。有4G基站837个，其中宏站332个、室内分布系统505个。新建5G基站411个，累计有5G基站563个，其中宏站376个，室内分布系统187个，基本实现区域内的信号全覆盖。

华数传媒网络有限公司第二分公司及集客响应中心、集客事业部（简称“滨江华数”）在滨江设营业厅2个，共有员工86人，配备服务车12辆，建有春波、联庄、长江、同人春江、铂金名筑5个核心机房。至年底，有数字电视、个人宽带、企事业电视宽带业务用户11万余户，网络、电视信号做到全覆盖。完成158个小区光纤覆盖工作。（翁徐吴阮）

【滨江电信助力复工复产复学】 2020年，滨江电信做好新冠肺炎疫情防控通信保障工作，助力复工复产。与区政府合作，提供“天翼看家”智能监控平台，协助管理居家隔离户，减轻一线社工负担。为3个街道所属社区开通有线宽带800多条，用于“天翼看家”视频监控所需网络；开通固定电话30门，为350多名社区网格人员的工作手机开通欠费免停机功能，确保一线社工通信畅通。为全区所有街道和社区的电话开通来电名片功能，提升电话接通率。为全区企事业单位提供临时办公网络提速服务，总计17户，提速总带宽超过5个G，提供天翼会议云等服务，助推复工复产。为区应急管理局提供应急管理智云护航服务，包括布控球、卫星电话等通信设备在内的一体化应急保障服务。与西兴街道合作，为街道部署高空监控服务，为西兴派出所建成智慧岗亭，提升街道级数字感知能力。与北京航空航天大学杭州创新研究院、省食品药品研究院等单位合作，提供电信智云护航、窄带物联网、高速物联网等服务。为滨江区中小学建设区教育新冠肺炎疫情防控平台，后升级为区教育融通平台，助力学校复学。（翁兰鹰）

【基于下一代光传送网的第五代固定网络技术直播专线开通】 2020年，滨江移动联合杭州华为企业通信技术有限公司在杭州高新区（滨江）风马牛西虹公社直播社区开通业界首条基于NG OTN（下一代光传送网）的F5G（第五代固定网络技术）直播专线。引入相机设备60台，利用楼内5G室分覆盖的优势，打造5G移动式玻璃直播间。移动5G网络打破直播场景和模式的局限，展示“子弹时间”（在电影、电视广告或电脑游戏中的摄影技术模拟变速特效），60多台相机同时抓拍高清照片，利用移动5G网络高速率、低时延的特点上传到云端进行图像处理，一分钟生成视频，实现自由视角直播。“滨江5G网红直播综合体”（风马牛西虹公社）项目在第三届“绽放杯”5G应用征集大赛浙江分赛中获决赛三等奖。

【移动5G网络应用】 2020年，滨江移动在区内各大平台、园区、楼宇推动室内外5G信号覆盖，在具备研发5G环境的20多个园区，通过重点规划、重点建设，完善覆盖设计方案，提供产业发展所需的基础通信配套。滨江移动与浙江中南集团合作打造全市首个5G+数字文创园，拓展5G技术在数字动漫文创产业中的应用，为园区提供动漫创作、动漫渲染、动漫分发为一体的产业链平台，支持随时随地创作；依托5G网络共同探索制作AR（增强现实）“时空相遇”、VR（虚拟现实）动漫渲染、高清直播等应用。为学校提供具备健康码、戴口罩人脸识别、实时测温3个功能的“5G智能防疫测温设备”，一体化完成测温、查验健康码、打卡，助力学校安心复学。与创业慧康科技股份有限公司、杭州梅清数码科技有限公司展开合作，在区内3个街道卫生院，打造“家庭医生5G演播室”，搭建线上交流平台，通过移动5G技术，实现家庭健康知识普及、典型病例分析、在线咨询问诊等便民服务。在星光大道步行街、龙湖滨江天街覆盖5G精品网络，探索VR（虚拟现实）商城、AR（增强现实）导购、商品溯源等“5G+新零售”创新应用，借助5G+AR/VR技术，打造虚拟购物场景，提升顾客消费体验。（徐　莉）

【滨江联通与滨江高教园区后勤服务中心签约】 2020年4月25日，滨江联通与滨江高教园区后勤服务中心签订合作协议。为滨江高教园区后勤服务中心管理的立业园、立志园及立德园3个学生后勤园区提供以热成像设备为前端的体温监测设备，实时监测跟踪学生体温，利用健康ETC（自动检测系统）设备解决学生入园市民卡、身份证、绿码验证问题。合同金额30多万元。

【基础业务划小承包运营优化】 2020年9月1日，滨江联通开始推进基础业务划小承包机制运营优化工作。公司调整按行政区划切分的网格承包机制，重新划分为综合网格、自营厅专业网格、家客专业网格、渠道专业网格及互联网运营网格，在分公司内部实行全员竞聘机制，选出划小运营经理，落实目标责任制，激发提升网格的员工活力。至年底，发展移动网络用户1.1万户。

【滨江联通中标3所学校标准化考场监控项目】 2020年11月4日，滨江联通与浙江机电职业技术学院签订标准化考场建设项目合作协议。项目包含新建、扩容及优化标准化考场监控设备，满足标准化考场的监控及存储需要，合同金额60万元。12月5日、9日，分别与杭州市长河高级中学、浙江省杭州第二中学签订高考标准化考场建设项目合作协议。项目为2所中学新建、扩容及优化高考监控设备，满足高考标准化考场的监控及存储需求，合同金额50万元。

【滨江联通与联通云数据有限公司签订服务合同】 2020年7月8日，滨江联通与联通云数据有限公司签订云产品和服务租用合同。为联通云数据有限公司运营的中央电化教育馆虚拟实验教学服务系统等提供安全服务，包含弹性云主机、镜像服务、云硬盘、对象存储、云服务器备份、弹性负载均衡及DDoS高防等。滨江联通通过沃云平台提供的中央电化教育馆虚拟实验教学服务系统，注册用户足不出户即可享受VR（虚拟现实）在线教学等服务，合同金额600万余元。

【滨江联通中标滨江网信专网建设项目】 2020年7月16日，滨江联通中标滨江网信专网建设项目。项目内容为建设一套连接区网信办至市网信办的传输网络，提供数据传输、视频会议、网络管理、安全监测等应用服务。建成后具备参加省、市网信视频会议和接收通讯指挥系统指令的功能。合同金额57.6万元。

（吴远韬）

【滨江华数“智慧”服务项目】 2020年，滨江华数签约杭州城市大脑滨江平台项目，主要包括数字枢纽基础能力平台软硬件租赁服务、运维服务，数字枢纽平台系统开发服务、17个部门特色业务场景开发服务以及配套的滨江城市大脑指挥中心建设等。参与全域智慧交通综合治理项目，包含大数据服务、综合治理示范区建设、前端设备建设、后端应用系统建设、数据边缘节点建设、配套网络安全系统建设等。建成智安小区103个，其中改造商品房小区88个、安置房小区15个。提升改造安置房小区、商品房小区安防设施，建成视频监控系统、人脸识别系统、车辆道闸系统、物联网消防感知等安防系统，完成华数智慧小区平台的升级工作，为全区智慧安防项目提供服务。参与“雪亮工程”建设。

【滨江华数通信保障】 2020年，滨江华数日常维护滨江公安智慧安防系统运行，巡检维修监控点位2.45万次，监控平均在线率98.44 %，全市排名第四位。完成前端监控巡检日报251份，平台巡检265次。助力滨江区“最多跑一次”民生项目推进工作，新安装“最多跑一次”自助机6台，共安装77台，覆盖全区所有街道、社区和四大主要农贸市场。巡检自助机4次，保障自助机正常运行。建成滨江交警全域治理监控线路154条，缓解交通重点区域行车难、停车难问题。完成第十六届中国国际动漫节、杭州高新区成立30

周年庆典活动等重大活动的安全和通信工作。（阮小杰）

对口帮扶（合作）和山海协作

【概况】2020年，杭州高新区（滨江）有对口帮扶、对口合作及山海协作关系的地区8个。其中：对口帮扶结对地区为贵州省黔东南苗族侗族自治州丹寨县、麻江县，湖北省恩施土家族苗族自治州建始县；挂牌督战地区为四川省凉山州喜德县巴久乡树且村和且莫村；对口合作结对地区为吉林省长春市长春新区；山海协作结对地区为衢州市衢江区云溪乡云溪村和杭州市淳安县金峰乡景山村。在资金支持、人才支援、产业合作、劳务协作、消费帮扶等领域开展对口帮扶、对口合作和山海协作。全年与对口帮扶地区开展党政主要领导互访8次，召开东西部扶贫协作联席会议8次。到杭州高新区（滨江）挂职锻炼的长春新区干部有3人。

【对口人才支援】2020年，杭州高新区（滨江）选派干部5人、专业技术人才49人到建始县、麻江县、丹寨县开展扶贫帮扶工作。建始县、麻江县、丹寨县选派的干部和专业技术人员共182人到杭州高新区（滨江）相关部门挂职锻炼、跟岗学习。

【对口帮扶资金保障】2020年，杭州高新区（滨江）在拨付年度财政帮扶资金9700万元后，追加400万元财政帮扶资金用于解决丹寨县杨武片区集中供水厂项目建设，追加380万元财政帮扶资金用于建始县基本医疗和公共卫生补短板项目，追加100万元紧急援助资金用于建始县洪涝灾害的灾后重建工作。高新总公司、区水务公司、资产经营公司3家区属国有企业向3个结对县提供帮扶资金180万元。发挥政府引导作用，筹措社会帮扶资金，组织企业、个人和社会团体参与，全年筹得社会帮扶资金（捐款、捐物）4143.88万元。根据市对口办下达的企业和社会组织结对凉山州喜德县挂牌督战村任务，落实杭州光云科技股份有限公司、杭州安恒信息技术股份有限公司分别结对喜德县巴久乡树且村和且莫村，提供帮扶资金各10万元。

【产业合作和消费扶贫】2020年，杭州高新区（滨江）引导企业到对口帮扶地区投资，通过产业合作形式完善当地基础设施建设，改善民生，提高贫困人口收入，累计引导东部企业投资6.7亿元，在对口帮扶地区建设扶贫车间28个，吸纳建档立卡贫困户就业597人。开展消费帮扶，通过“以购代捐”的形式，推介帮扶地区的特色农产品，促进贫困户增收脱贫。累计采购、销售结对地区价值2.1亿元的特色农产品。推进消费扶贫专馆、专区和专柜的建设工作。至年底，建成消费扶贫专馆1个、专柜7个。

【山海协作升级版工程推进】2020年4月17日，区发改局负责人带队到淳安县金峰乡景山村对接山海协作工程，与当地乡、村干部开展交流研讨，研究制定山海协作工作计划，共同推进乡村振兴示范点建设。10月15日，衢江区党政代表团一行到杭州高新区（滨江）对接山海协作工作。从结对村建设发展实际需求出发，双方共同研究制订2020年度援建项目计划。衢江区云溪乡云溪村村庄提升工程、淳安县金峰乡景山村茶叶基地建设和村庄环境整治提升工程2个援建项目分别由杭州高新区（滨江）提供援建资金各165万元。

【对口帮扶丹寨县、麻江县】2020年5月19日、6月22日，贵州省黔东南苗族侗族自治州政协副主席、麻江县委书记王镇义，黔东南苗族侗族自治州政协副主席、丹寨县委书记袁尚勇分别率党政代表团到杭州高新区（滨江）对接对口帮扶工作。召开东西部扶贫协作工作联席会，就两地产业协作、人才交流、消费扶贫等工作开展情况进行交流。7月15—16日，滨江区委书记王敏率考察团在丹寨县、麻江县落实扶贫协作工作。考察丹寨县高标准蓝莓种植基地、烧茶村吊瓜套种板蓝根种植基地、雅灰乡林下鸡养殖基地等当地特色发展模式。召开滨江区·丹寨县东西部协作联席会议，向丹寨县捐赠400万元用于扬武干改水厂建设；浙江中南建设集团有限公司、浙江中控技术股份有限公司分别向金泉街道、雅灰乡捐赠30万元用于村级党群服务中心建设。区委书记王敏、丹寨县委书记袁尚勇为“杭州市滨江区援建扶贫车间示范点”揭牌。考察团到麻江县考察麦坡蓝莓种植基地、河坝村林下养鸡项目、宣威镇翁保村蓝莓育苗基地等特色农业经济项目；考察2020年东西部协作乡镇卫生院及村卫生室设备采购项目，了解基础医疗保障情况；参观麻江县移民安置小区配套幼儿园项目。区委书记王敏、麻江县委书记王镇义为幼儿园揭牌。滨江区委区政府向幼儿园捐赠30万元。区委书记王敏慰问挂职干部和专技人员。召开滨江区·麻江县东西部扶贫协作第二次联席会议，滨江区委区政府向麻江县捐赠200万元用于农村道路养护公益性岗位开发；东冠集团、恒生电子股份有限公司分别向宣威镇城中村、坝芒乡猫头村捐赠30万元。10月23日，麻江县委副书记、县长夏景卓率党政代表团到滨江区对接对口帮扶工作，并召开东西部扶贫协作工作联席会。会上双方表示要发挥滨江麻江各自优势，立足长远谋划协作项目。

【杭州高新区（滨江）与长春新区对口合作联席会议召开】 2020年6月8—9日，滨江区委书记王敏带队到长春新区调研考察。王敏一行考察吉林省光电子产业孵化器、长春希达电子技术有限公司、吉林进取空间科技有限公司、长光卫星技术有限公司，参观长春新区规划展览馆。其间，召开长春新区—杭州高新区（滨江）对口合作联席会议。会上，双方表示要探索共建共享新模式，实现共赢发展。

【对口帮扶建始县】 2020年6月18—20日，滨江区委副书记、区长李志龙带队到建始县开展对口帮扶工作，考察合作项目。李志龙一行看望慰问在建始县的挂职干部和专业技术人才；考察滨江区援建的业州镇风吹坝村蛋鸡产业园、建始县第三医院、红岩寺镇东西部协作产业园等帮扶项目；召开2020年东西部扶贫协作（滨江—建始）联席会。会上，诺基亚集团、海亮集团分别与建始县签订帮扶备忘录。会后，滨江向建始捐赠帮扶物资。6月6日、11月3日，恩施州人大常委会副主席、建始县委书记向红林，建始县委副书记、县长张渊平分别率党政代表团到滨江区对接对口帮扶工作，召开东西部扶贫协作工作联席会。会上，双方就下一步对口帮扶工作、两地深化合作发展座谈交流。

【“长春北湖—杭州滨江”企业家交流座谈会】 2020年9月23日，“长春北湖—杭州滨江”企业家交流座谈会在白马湖建国饭店举行。座谈会由长春新区北湖开发区与杭州高新区（滨江）联合举办，两地生物医药、智能制造领域30多名企业家代表参加。会上，播放长春新区北湖开发区宣传片，分别介绍长春新区北湖开发区和杭州高新区（滨江）两区的智能制造、医药产业的现状和合作优势；长春新区产业基金投资有限公司、龙翔集团、创投集团分别进行招商推介。与会企业分别介绍自身的产品优势和技术内涵、发展方向和合作诉求，探讨合作的意向。会后，长春新区代表团一行参观海外高层次人才创新创业基地。

（方明轩）

城区建设与管理

综 述

2020年，杭州高新区（滨江）编制完成《滨江区分区总体城市设计》（含奥体、智慧新天地、白马湖等重点片区）。中兴单元控制性详细规划修编完成，实现滨江区单元控规“全覆盖”。政府投资计划安排项目499个，计划投资92亿元。持续推进江南大道道路提升改造工程，江南大道（东信大道—西兴立交）地面道路拓宽改造工程开工建设。西陵路、南川路（先锋电子西—江南大道）、坚塔街、科技馆街（泰安路—通和路）、兴宁路（滨盛路—闻涛路）和滨城路（信诚路—平乐路）6条断头路投入使用。江晖路和阡陌路下穿人行过街通道开通试运行；时代大道改造工程、滨盛路下穿隧道、永久河人行桥完工。8条市级“美丽河道”、白马湖片区省级“美丽河湖”创建完成。加强城市道路设施养护，重点对闻涛路、滨康路、萧闻公路进行集中有机更新，加强对彩虹高架、时代高架、彩虹快速路隧道、冠山隧道管理养护。绿化、亮化工程，道路清扫保洁工作继续实行市场化运作。路灯亮灯率99%以上，故障路灯7天内及时修复率99.6%以上，当月及时修复率100%，公共绿地养护面积589.96万平方米。清运处理生活垃圾23.91万吨，日均垃圾清运处置量655.07吨，比上年减少6.1%，超额完成市对区垃圾零增长的目标。全区垃圾分类工作全覆盖，所有小区完成“定时定点”投放管理。查处各类无证经营案件320起，查处人行道违停车辆2.66万辆。教育劝导不文明养犬行为1500多起。拆除违建1550处，面积25.95万平方米。整治路面交通行为，出动警力近1万人次，查处各类违法行为47.86万起。推出电动自行车上牌线上“预约办”服务，完成电动自行车上牌1.28万辆。新增长河湘滨、地铁江陵路、地铁西兴、物联网4座公交首末站。新增（扩容）公共自行车服务点15座；新增（更新）公共自行车400辆，开通11条定制公交。地铁5号线后通段、6号线、7号线开通试运营。4个排灌站累计引配水总量1.74万立方米，排水总量3.83亿立方米，保障城市河道行洪排涝和引配水，改善全区城市水环境。全区售水总量5702万吨，减少7.8%。排放污水量5394万吨，供排水安全稳定运行。天然气供气量7132.11万立方米，用电量34.88亿千瓦时，增长1.58%。（区志编研室）

规划管理

【概况】 2020年，杭州高新区（滨江）编制完成《滨江区分区总体城市设计》（含奥体、智慧新天地、白马湖等重点片区）。完成中兴单元控制性详细规划修编，实现滨江区单元控规“全覆盖”。研究制定《高新区（滨江）2020年拥江发展行动重点工作任务》《高新区（滨江）2020年度拥江发展行动考评办法》，为13个拟落点项目开展用地管控论证并通过市拥江办审查，推进拥江发展行动2020年重点工作任务。会同市规划和自然资源局开展杭州市国土空间总体规划生态保护红线、城镇开发边界优化调整，配合开展《杭州市综合交通专项规划（2021—2035）》《杭州历史文化名城保护规划（2020—2035）》《杭州市基础教育专项规划》等专项规划研究。

【规划项目审批】 2020年，杭州高新区（滨江）核发建设项目用地预审与选址意见书130份，规划条件50份，建设用地规划许可证（含划拨）76份，总用地面积261.01公顷。核发房建项目建设工程规划许可证59份，总建筑面积409.05万平方米（不含围墙、调整项目）；市政项目建设工程规划许可证37份。审批道路、公园绿地、教育用地、幼儿园、公共租赁房、安置房等划拨供地56宗，面积222.34万平方米；组织召开24个项目的方案联合技术指导评审会，批前公示项目91个。对29个项目进行灰线检验（检验施工放线是否符合建设工程规划许可证要求），移交52份违法、违章、已规划核实移交单，巡查管理批后项目132个，加强批后跟踪，查处各类违章建设。发放建设工程规划核实确认意见书33份，总建筑面积227.3万平方米。（柴抒韬）

【滨江区分区总体城市设计】 2020年1月，杭州高新区（滨江）启动全区总体城市设计及奥体、智慧新天地、白马湖等重点片区城市设计研究。围绕打造“世界一流高科技园区、杭州拥江发展示范区、未来城市先导实践区”总体目标，构建“C形山水融城、一环三区协同、一核两心引领”空间格局，建设具备“未来风、国际范、江南韵”的创新滨江、数字滨江、国际滨江。规划以冠山为生态绿心，建立多条山水生态廊道连通滨江，构建全域生态格局。规划将重要街道按照出行方式和人行体验分为交通景观大道、景观林荫街道、休闲景观街道、历史文化街道、商业活力街道、生活活力街道六大类型，形成街巷活力网络，打造舒适的步行环境。保护历史文化资源，构建钱塘江文化带、萧绍海塘文化带、紫红岭—白马湖文化带，分别体现公共文化、历史文化、创意文化3种主题。规划铁路遗产文化带和运河风光文化带，连通西湖文化片区与湘湖文化片区，形成融汇区域文化资源的特色文化感知脉络，构建三类五带多片文化展示体系。划定北部滨江、中部产业、南部山水、智慧新天地、历史文化街区五类风貌引导管控区。重点对智慧新天地、紫红岭片区、白马湖片区、奥体片区等片区进行城市设计。8—9月，城市设计方案形成初稿，组织专家部门评审，结合专家部门意见修改完善设计方案，报区委区政府审核。10月，通过市规划和自然资源局技术审查，根据市级部门意见继续优化设计方案。12月18日，经市规划和自然资源局同意，城市设计方案进行公示。

【中兴单元控规修编】 2020年4月1日，杭州高新区（滨江）启动中兴单元控制性详细规划编制。规划突出“滨江中心区功能单元”，以建成交通便利、设施完善、功能齐全的滨江居住商业混合区为发展目标，衔接上位规划和专项规划，总体形成“一心、三轴、一带、两区”的空间结构。针对单元内增量用地有限、功能业态单一、设施配套不足等现状问题，优化区块产业功能与空间布局结构，落实体育、卫生、养老、教育、人防等设施布局，完善公共服务配套，打造以品质住宅、商务办公及创新产业为主，城市配套完善、生态环境和谐的城市功能单元，同步实现全区单元控规全域覆盖。7月，通过市规划和自然资源局审查，根据意见修改完善。12月，完成市级部门意见征求及修改反馈工作，形成中兴单元控制性详细规划报批稿，提请市政府审查并申请批复。

资料：

“一心”：江虹路以东、北塘河以南的产业集聚区。“三轴”：沿江南大道的公建发展轴，沿滨兴路、江陵路的交通发展轴。“一带”：北塘河沿河景观带。“两区”：江虹路西侧以滨兴小区为主的居住片区，江汉路东侧包含江南豪园、钱塘春晓的居住片区。

（许露尤）

建设投资

【概况】2020年，杭州高新区（滨江）政府投资计划安排项目499个，计划投资92亿元。其中：区财政预算保障资金82亿元，占比89.13%；区国资公司自筹资金10亿元，占比10.87%。道路基础设施项目129个，计划安排投资12.88亿元，占比13.99%。其中：新建项目21个，计划投资1.68亿元；续建项目46个，计划投资11.12亿元；安排技术前期项目62个，计划投资780万元。水利环境整治项目35个，计划安排投资4.37亿元，占比4.7%。其中：新建项目6个，计划投资5700万元；续建项目17个，计划投3.77亿元；安排技术前期项目12个，计划投资310万元。教育设施项目25个，计划安排投资8.11亿元，占比8.8%。其中：新建项目10个，计划投资9000万元；续建项目6个，计划投资7.2亿元；安排技术前期项目9个，计划投资120万元。公共服务设施项目47个，计划安排投资7.77亿元，占比8.4%。其中：新建项目25个，计划投资4.71亿元；续建项目13个，计划投资2.97亿元；安排技术前期项目9个，计划投资860万元。安置房项目38个，计划安排投资40.76亿元，占比44.3%。其中：新建项目2个，计划投资7500万元：续建项目36个，计划投资40.01亿元。产业服务项目8个，计划安排投资3.12亿元，占比3.4%。其中：新建项目为滨和花园人才房装修和小区提升改造工程，计划投资3000万元；续建项目6个，计划投资2.8亿元；安排技术前期项目1个，计划投资150万元。安排做地前期项目 18 个，计划投资 300万元，占比 0.03%；竣工决算项目 199 个，计划投资 5.98 亿元，占比 6.5%；市级项目计划投资9 亿元，占比 9.78%。

【杭州二中白马湖学校扩建项目交付使用】2020年8月30日，杭州二中白马湖学校扩建项目完成建设任务并交付使用。杭州二中白马湖学校扩建项目于2019年4月15日开工建设，位于白马湖区域湖西路以西、天马路以北、街道河以东。总用地面积1.57公顷，总建筑面积3.1万平方米，其中地上建筑面积1.91万平方米、地下建筑面积1.19万平方米。项目总投资3.31亿元。至2020年底，实付1.22亿元（不包含土地款）。

【农转居安置房耀洋地块一期交付使用】2020年5月19日，农转居安置房九区块扩面（耀洋一期地块）项目完成建设任务。项目于2017年3月9日开工建设，位于浦沿街道，闻涛路以东、浙大教育学院附属学校以西、七甲路以南、芳华弄以北，总用地面积2.77公顷，总建筑面积11.54万平方米，其中地上建筑面积7.13万平方米、地下建筑面积4.41万平方米。项目总投资5.09亿元，工程建设费用3.99亿元。至2020年底，实付3.62亿元。

【坚塔街（闻涛路—西浦路）工程】2020年12月15日，坚塔街（闻涛路—西浦路）工程完成建设任务。工程于7月16日开工建设，位于浦沿街道，西起闻涛路，东至西浦路。项目建设内容包括道路工程、道路管线工程（雨水管、污水管、给水管、电力管、通讯管、燃气管）及道路附属工程（含交通设施工程、路灯工程、道路绿化）等。道路等级为城市次干路，设计速度为每小时40千米，沥青路面设计使用年限为15年，全长533.78米，规划红线宽度32米，项目总投资为4875万元，工程建设费用1857.69万元，支付1434.39万元。

【阡陌路（建设河桥南侧）地下人行过街通道投入使用】2020年10月22日，阡陌路（建设河桥南侧）地下人行过街通道项目建成投用。工程于1月1日开工建设，位于阡陌路、建设河桥以南，杭州海康威视数字技术有限公司二期、三期办公楼以北，呈“一”字形。项目建设内容主要包括地道工程（主体工程、基坑围护、防水工程）、市政管线（雨水工程、综合管线迁改）、通道内安装工程、道路破除及修复、绿化迁移及修复、施工期临时交通组织等。总用地面积589平方米，建筑面积284平方米，地下一层，总长60米，主通道净宽3米，建筑净高2.5米，东西两侧各设出入口1个。项目总投资1687万元，工程建设费用1200万元，实付项目投资额1078万元。

【冠新路（浦沿路—明德路）工程】 2020年11月20日，冠新路（浦沿路—明德路）工程项目完成建设任务。工程于4月25日开工建设，位于东冠单元，西起浦沿路、东至明德路。项目建设内容道路路基、基层加铺、沥青路面、侧平石、桥梁工程、排水工程、照明工程等。项目道路全长714米，施工红线宽16米，沿途与明德路、智源巷等道路相交，为东西向城市支路。项目总投资6640万元，工程建设费用2100万元，实付项目投资额1284万元。

【映翠路以北规划支路（天马路—映翠路）】 2020年8月19日，映翠路以北规划支路（天马路—映翠路）项目完成建设任务。工程于2019年5月6日开工建设，位于白马湖单元内，北起天马路、南至映翠路。项目建设内容主要包括道路工程、桥梁工程、管线工程、配套工程等。项目道路全长690米，宽16米，沿途与天马路、湖西路东侧支路、湘滨东路及映翠路4条道路相交，为南北向城市支路。项目总投资2403万元，工程建设费用为1219万元，实付项目投资额1020万元。

【湖西路东侧支路（湖西路—刺棱河）】 2020年4月29日，湖西路东侧支路（湖西路—刺棱河）项目完成建设任务。工程于2018年12月18日开工建设，位于白马湖单元内，西起湖西路、东至刺棱河。项目建设内容主要包括道路工程、桥梁工程、道路管线工程、道路附属工程等。项目道路全长400米，宽16米，沿途与湖西路及映翠路以北规划支路2条道路相交，为东西向城市支路。项目总投资4371万元，工程建设费用为1274万元，实付项目投资额1044万元。

2020年11月20日，冠新路（浦沿路—明德路）工程项目完工

（区住建局 供图）

【白马湖区域复垦项目】 2020年10月21日，白马湖区域复垦项目完成建设任务。工程于2018年5月1日开工建设，位于白马湖单元内。项目实施区域总面积35.93公顷，分3期实施，建设内容主要包括土地平整工程、农田水利工程、田间道路工程、农田防护与生态环境保持工程和其他工程。项目总投资5453万元，工程建设费用为2729万元，实付项目投资额1792万元。项目为全区实施全域土地综合整治与生态修复工程的重要成果。 （骆佳佳）

市政工程建设

【概况】 2020年，高新总公司承接区政府年度投资项目建设任务均按要求推进，完成投资4.41亿元，为年度计划的100.32%。城建指挥部承接区

政府下达年度投资建设任务有24个，单位职能调整后，项目整建制移交区城建发展公司实施，完成投资7.03亿元，完成率100.46%。至年底，江南大道地面道路拓宽改造工程（东信大道—西兴立交）开工建设，冠山路西段（火炬大道—时代大道）竣工、东段（长江路—江陵路）开工建设，阡陌路（东流路—滨安路）、协同路（物联网街—智联街）、网聚路（西兴路—风情大道）、向南路（火炬大道—冠山路）、彩霞路（诚业南路—信诚南路）5条（段）配套道路建成，山北河（规划支路—许家河）打通，全线实现通水。新增绿化面积1.6万平方米。

（郝富强　张　能）

【江南大道（中兴立交—西兴立交）改造提升工程】 至2020年底，北线大盾构累计完成859环（共计1131环），完成率75.95%，南线大盾构累计完成739环（共计1129环），完成率65.46%，隧道路面同步推进，东西明挖段完成98%，机电及装修进场，西兴立交下匝道拼宽段基本完成，上匝道拼宽段桥台立柱完成，中兴桥南半幅桥梁下部结构施工完成。全年完成投资2.15亿元，累计完成投资14.14亿元。

【江南大道地面道路拓宽改造工程开工建设】 2020年，江南大道地面道路拓宽改造工程分2期建设。工程东起西兴立交，西至东信大道，全长8.1千米，总投资10.6亿元。4月8日，一期工程（东信大道—中兴立交）开工建设。全长3.5千米，至年底，东信大道至信诚路段（除伟业路交叉口）北半幅主车道完成。6月1日，二期工程（中兴立交—西兴立交）开工建设。全长4.6千米，至年底，长河站、江汉路站、星民站3个地铁站范围内永久道路、管道、路灯等施工完成。改造后，江南大道地面道路将由双向六车道拓展为双向八车道，设计车速每小时60千米。

【映翠路（井山坞路—萧山界）开工建设】 2020年7月22日，映翠路东延伸段（井山坞路—萧山界）开工建设。工程位于白马湖单元，为城市支路，全长1728米，宽22米，新建桥梁3座，双向四车道，设计时速30千米。至年底，1号桥架通，2、3号桥下部结构施工完成，雨污水管完成70%。

【江晖路、阡陌路下穿江南大道过街通道工程建成试通行】 2020年11月9日，江晖路、阡陌路下穿江南大道过街通道工程建成试通行。工程于2018年11月9日开工建设，分别位于江晖路与江南大道交叉口，阡陌路与江南大道交叉口，为江南大道改造提升工程专用人行过街通道配套工程。江晖路下穿江南大道过街通道采用“回”字形结构布局，全长272米，宽6米，高3.3米。设出入口6个，扶梯6部、垂梯4部。阡陌路下穿江南大道过街通道采用“U”字形结构布局，全长79.7米，宽6米，高3.3米。设置出入口2个，扶梯2部、垂梯2部。通道内均设有盲道，满足无障碍通行需求。

【阡陌路（东流路—滨安路）竣工】 2020年11月27日，阡陌路（东流路—滨安路）工程竣工。工程于3月5日开工建设，位于西兴街道西兴社区区块，南起东流路，北至滨安路，为城市支路，全长150.5米，新建跨善庆庄横河桥梁1座。东流路至滨安路段“断头路”打通后，加强地铁1号线西兴站与周边道路联系，方便官河锦庭、滨安小区等周边群众出行。

【山北河（规划支路—许家河）工程竣工】 2020年11月30日，山北河（规划支路—许家河）工程竣工。工程于2019年12月23日开工建设，位于滨江区浦沿街道山二社区区块，南起规划支路，北至许家河，全长440米，宽30米。新建回龙庵路跨山北河桥梁1座，新增绿化面积1.01万平方米，河道两侧采用景石及水生植物点缀，南侧新建游步道及亲水平台。规划支路至许家河段“断头河”打通后，山北河实现全线通水。

【彩霞路（诚业南路—信诚南路）竣工】 2020年12月31日，彩霞路（诚业南路—信诚南路）

2020年11月30日，山北河（规划支路—许家河）工程竣工
（城建发展公司 供图）

工程竣工。工程于2018年10月20日开工建设，位于滨江区浦沿街道冠一社区区块，为城市支路，全长703.85米。工程建成后，方便冠新佳苑小区及周边群众出行。

【冠山路（火炬大道—江陵路）工程】 2020年12月31日，冠山路西段（火炬大道—时代大道）竣工，新建跨四季河桥梁1座。冠山路东段（长江路—江陵路）主车道粗沥青铺设完成，4座桥梁施工完成。冠山路（火炬大道—江陵路）工程位于滨江区南部，为城市主干道，全长4.8千米，分2个标段建设。西段（火炬大道—时代大道）工程于2019年5月10日开工建设，全长1846米，宽36米，双向六车道。东段（长江路—江陵路）于2020年6月18日开工建设，全长3000米、宽36～42米，双向六车道。

（郝富强）

【西浦路（滨文路—镇前路）工程竣工验收】 2020年5月，西浦路（滨文路—镇前路）工程完成道路沥青封面、配套交通、绿化等配套工程后竣工验收。西浦路（滨文路—镇前路）工程北起滨文路，南至镇前路，全长1800米，标准段宽28～36米，道路等级为城市主干道，设计车速每小时50千米。主要建设内容包括道路、桥梁、给排水、市政管线、交通设施、景观照明、绿化等附属设施，总投资2.02亿元。工程于2016年9月30日开工建设，2017年，完成滨文路至坚塔街段雨污水管线、道路结构层中粒式沥青施工；滨文路至坚塔街段及东冠路至镇前路段竣工。2018年，协同街道处理征迁交地事项，工程未有进展。2019年，西浦路（滨文路—镇前路）工程桥梁主体结构、弱电、电力管道、粗粒式沥青施工完成，雨水、污水管道完成专项验收。

【北塘河畔及周边区域提升改造工程二期、三期】 2020年6月30日，北塘河畔及周边区域提升改造工程二期（江南大道—滨和路段、长河路—时代大道段）开工建设。8月14日，三期（长河路—江南大道段、滨和路—风情大道）开工建设。北塘河畔及周边区域提升改造工程西起时代大道，东至风情大道，长5.4千米，两岸绿地面积35公顷，两岸绿道总长度18千米。主要建设内容为驳岸工程、生态工程、桥下空间、给排水工程、照明工程、绿道工程、附属绿化工程及其他配套服务设施等，总投资3.3亿元。至年底，建成江南大道至江陵路段游步道。累计完成主体工程量的75%。

【浦沿路改造提升工程竣工】 至2020年底，浦沿路改造提升工程竣工。工程分滨文路以北、滨文路以南段，滨文路以北段于2020年3月底地铁建设交地后进场施工，年底建成；滨文路以南段于2019年底实现双向通车，2020年5月底完成分段验收。浦沿路改造提升工程南起东信大道，北至区界山北河，全长3600米，标准段宽50米，为旧路拓宽改造提升项目。工程于2018

年1月20日开工建设。改造建设内容为道路拓宽、桥梁重建、道路配套雨污水管线、燃气、电力、电信管线改迁移位，绿化、交通安全设施、道路照明建设等，由双向四车道改造为双向六车道城市主干道。项目总投资9.77亿元。

【时代大道改造工程（滨江段）】至2020年底，时代大道改造工程（滨江段）高架和地面中幅双向四车道竣工，累计完成主体工程量的90%。工程于2019年8月开工建设。工程北起冠山隧道，南至滨江区界，地面长1000米。采用高架桥+地面城市主干道的形式建设，高架桥宽26米，双向六车道，设计车速每小时80千米，设置上下匝道1对；地面道路为城市主干道，宽64.5～76.5米，双向六车道，设计车速每小时60千米。项目总投资3.45亿元。（张　能）

【江虹路提升改造】2020年1—10月，区城管局投资9161万元，拓宽江虹路（闻涛路—白马湖路）车道，将双向4车道改造成6车道。实施内容涵盖道路沥青罩面、人行道改造、雨水支管更换、智能交通工程、交通标志标线设置、其他市政管线工程（电力、通信）、绿化景观等附属设施，全线总体长度5.15千米，新建彩色沥青人行道1.6万平方米，改建非机动沥青车道1.72万平方米，铺设机动车沥青9.77万平方米，改造平侧石2.53万米、雨水边井4798座，新建雨水支管424米。

（汤关忠　俞祎波）

水利工程

【概况】2020年，杭州高新区（滨江）负责华家排灌站、浦沿排灌站、江三排灌站、铁岭排灌站、建设河排灌站的运行管理及水利工程建设工作。华家排灌站、浦沿排灌站、江三排灌站、铁岭排灌站4个排灌站累计引配水总量1.74万立方米，排水总量3.83亿立方米。西兴闸保护工程完成完工验收、完工决算审计。浦沿排灌站完成建成后首次大修保养，确保机电设备完好率。继续开展汛前、汛后检查、安全生产月检查和年度检修养护工作。

【西兴闸保护工程完工验收】2020年6月15日，区排灌总站主持召开西兴闸保护工程完工验收会议。验收工作组依据设计图纸、变更联系单、项目划分、施工合同、《水利水电工程施工质量检验与评定规程》（SL176—2007）、《水利水电单元工程施工质量验收评定标准》（SL634—2012）等有关规程、规范，听取施工单位工程建设和单元工程质量评定情况的汇报，审阅有关资料，检查工程现场，经讨论，验收工作组同意西兴闸保护工程通过完工验收。工程于2019年11月8日开工建设。

【华家排灌站工程竣工验收】2020年6月19日，区农业农村局（水利局）召开华家排灌站工程竣工验收会议。会议成立竣工验收委员会，验收委员会和与会代表检查工程现场，观看工程建设影像资料，听取项目法人、设计、施工、监理、运行管理、竣工验收技术鉴定等单位的工作报告和质量监督机构的质量监督报告，查阅工程建设资料，经讨论，同意华家排灌站通过竣工验收。华家排灌站工程位于浦沿街道浦联社区，东至西浦路，西至闻涛路，南至龙山路，北至浦联路。工程主体标段于2014年5月20日开工建设，2015年12月投入试运行。

（来佳滨）

【智慧防潮安全管理系统项目竣工验收】2020年10月26日，区农业农村局开展智慧防潮安全管理系统项目竣工验收工作。验收组成员实地踏勘项目现场，查阅项目资料，听取各参建单位工作报告，经讨论，同意项目通过竣工验收。安装智慧防潮安全管理系统，依托指挥中心安全管理平台，将视频监控、信息发布、公共广播、单兵巡逻等子系统整合集成，实现安全告警、汛情监控、监管检查等功能于一体。智慧防潮安全管理系统是杭州市城市大脑基层社会治理首批应用项目之一，也是全市首个防潮安全管理综合系统。项目实现海塘防潮安全实时不间断、全程无死角监管，综合运用“人防+技防”模式，提升海塘综合管理效能。

（陆　剑）

市政服务

【概况】 2020年，杭州高新区（滨江）完成杭州水务一体化改革，售水总量6360.98万吨，比上年增加3.4%。出厂水质合格率100%。新增自来水用户2112户，供水总用户6.6万户。排放污水量5394万吨，其中东输萧山污水4829万吨，增长8%，最高日东输量20.5万立方米。供排水安全稳定运行。天然气供气量7132.11万立方米。用电量34.88亿千瓦时，增长1.58%。区政府与杭州供电公司签订战略合作协议，共建城市能源互联网。

【制水保障】 2020年，区水务公司维护供水管网测压点24次，完成各类关键设备设施维护维修，关键设备完好率95%以上；完成滨江水厂一期滤池钢棚整修和自控系统改造。滨江水厂DN1400出厂主供管东线开通启用，形成一主两辅三路出厂供水模式，提高水厂运行效率和全区供水水压。

（鲍栋东　于啸威）

【供水服务】 2020年，区水务公司受理用户来信、来电、来访求助及咨询件2.68万件，其中24小时服务热线2.53万件、市长公开电话690件、数字城管767件、公安“110”应急联动81件，办结率100%，用户满意率100%，无用户重大投诉。高温供水期间，通过加强设备设施运维和水质检测频次，优化制水工艺，保障自来水取水、制水、供水。完成安置小区泵房应急抢修107起，拆迁区域管道切割封堵和优化25个，二次供水改造项目通水9个、进场施工8个，协助街道做好拆迁用户拆表销户402户、电梯加装涉及给排水管线迁改设计633台、迁改472台。新接收给水管线4.5千米和安置小区用水户1893户。完成全区市政供水管网和56个“一户一表”小区多轮检漏普查，查处违章用水180多件，控制管网漏损率。发挥节水科普教育基地功能，接待参观中小学生8批，共550多人次。

（赵　艳　林作贤）

【水质监测】 2020年，区水务公司坚持水质三级检测机制，实时关注钱塘江原水、出厂水水质变化情况。在新冠肺炎疫情防控期间，加密水质检测频次，对关键性指标实行每小时检测，发现异常及时调整制水处理工艺，确保供水安全优质。完成钱塘江源水、白马湖备用源水、出厂水及管网末梢水全分析检测12次，滨江水厂原水和出厂水17项指标二级检测各370频次，厂内各类水质指标检测2万频次，22个供水管网检测点检测56批次，出厂水与管网水合格率100%。

（倪月萍　于啸威）

【水务营商环境优化】 2020年，区水务公司受理并回访供排水业务1125件，用户满意率100%。推进杭州高新区（滨江）“最多跑一次”改革工作，实现“跑零次”业务11项、跑一次业务4项；实现用水报装“102”（1个工作日、0份材料容缺受理、2个环节）服务标准，通过2次营商环境国评检查。“滨水店小二”服务队对40家区发改局立项企业上门服务，跟踪14家意向装表企业建设进度，完成8家企业装表通水。

（王　军　于啸威）

【排水保障】 2020年，区水务公司增配购买滨江区污水东输容量每天4万吨，污水容量权增至每天18万吨，新接收污水管线5.2千米。清淤和检测东信大道、火炬大道等78条道路64.4千米的污水管网及12个雨污水泵站。完成14座污水泵站、8座铁路下穿雨水泵站、4座排水泵站和3个河道闸站等设施设备的日常管养和汛期排涝应急抢险，维修排水泵站变频器、潜污泵等130多台次，排水关键设备完好率95%以上。

（汪高武　于啸威）

【水务应急抢险保障】 2020年，区水务公司按区委区政府统一部署，落实32名党员干部到长河、浦沿两街道11个社区协助新冠肺炎疫情防控43天；建立并启动公司新冠肺炎疫情防控应急预案，编制防疫手册，实行全员全时段轮流上班工作机制，统筹抓好疫情防控和复工复产工作。召开月度安全分析会、警示教育等活动12次，开展防汛、消防、停电跳闸、次氯酸钠泄漏、有限空间作业、网络安全、全省护网行动等应急演练7次，完成供排水生产与办公网络割接分离、启动安全风险管控体系建设评估与智慧用电项目，制作全区供排水系统4色图12份、安装智慧用电系统30套。至年底，未发生一起安全生产责任事故。

（周先锋　于啸威）

【污水零直排】 2020年，区水务公司完成江南望庄、省级机关滨江幼儿园、海威国际、仁苑小区、中兴花园、水印城、白金海岸小区、新华三集团8个“污水零直排区”创建续建项目及滨文苑、钱塘玫瑰湾、风尚蓝湾小区、江畔云庐等44个新建项目的改建任务，完成率均为100%。通过开展“奋战130天，实现新突破”和“回头看”等活动，推进工程建设进度，保障工程质量安全，助推滨江区“污水零直排区”创建。（朱栋华　虞锦君）

【《临时降低新冠肺炎疫情防控期间企业用水价格实施方案》出台】 2020年2月24日，区水务公司印发《临时降低新冠肺炎疫情防控期间企业用水价格实施方案》，明确执行范围为公司供水范围内到户水价为非居民水价的商业服务、一般企业、高污染企业和特种行业，企业用水到户价格下调10%，其中供水价格和污水处理费分别下调10%。根据各企业用户不同抄表周期，分类制定水价下调优惠期限。因疫情防控影响，执行期限与水表抄读日期存在时间差的，具体以各企业用户水表抄读时间为执行日，实际临时水价下调以惠利于企业为原则。疫情防控期间，企业按期缴纳水费有困难的，可向公司申请缓缴，缓缴期间实行“欠费不停供”措施，并免收违约金。该方案实行12个月，共减免1737家企业水费974万元（含污水处理费423万元），减轻新冠肺炎疫情对企业的影响。

（周小莲）

【防汛抗台】 2020年4月15日至7月12日汛期期间，区水务公司通过4个专题研究部署、应急物资盘查储备、设备设施检修维护、人员防汛责任明确强化、防汛应急演练评估完善等，落实供排水民生防汛抗台责任，确保梅汛期后期给排水管线运行正常。防汛期间，实行24小时应急值班值守，建立应急抢险队伍6支、人员30人，储备抢险车2辆、运输车2辆、挖掘机3台、水泵10台、发电机4组，应对各类应急防汛工作。

（吴艳君　程　珉）

【供气服务】 2020年，杭州高新区（滨江）天然气供气量7132.11万立方米，其中液化天然气（LNG）1431.46万立方米。实施十区块五期、省直地块、十三区块三期、金茂府二期、壹号院、八区块三期（一期），十区块北扩六期一期，东冠公寓9号、10号楼等9个小区天然气接入工程，竣工验收居民用户4884户。龙湖天街商业中心等182家大小非居民用户（包括工商、工业用户）实现点火使用。至年底，天然气居民用户12.9万户，非居民用户1313家，其中工业用户15家。投运的燃气管线长799.06千米，其中中压310.09千米，低压488.97千米。楼栋调压箱390台，调压柜341座，实现居民、工商用户燃气全覆盖，主干管网燃气全敷设并成环供应。

【安全用气保障】 2020年，杭州天然气有限公司滨江分公司承担保障滨江区12万余用户安全用气和疫情防控“双重”任务。分公司运行调度室、运行抢修班20人24小时在岗，接听热线电话360多个，更换胶管63根，抢修维修608起，其中隔离户抢修19起；线上受理业务509笔，实现“零延时”。巡检调压人员于2月3日全体到岗，做好滨江区691台调压器维保、778千米燃气管线巡检和80个项目施工监护。根据省发改委用气价格优惠政策，减免区内972家用户费用，助力全区

223家企业复工复产。落实杭州市燃气集团有限公司“两促进两免一降一站一道”服务举措，10天内完成两轮工商用户抄表结算工作、1396块表具的调价抄表和2029块表具的月度抄表。发起爱心捐款3次，对接区教育局，对全区范围内92家学校食堂及学生营养午餐单位重点开展开学前安全检查工作。

【“三社联动”服务开展】 2020年，杭州天然气有限公司滨江分公司持续推进“社区、社会组织、社会企业”等三社联动服务。组织党团员志愿者利用周末假期时间，走进寰宇湾、新州花苑等19个小区开展燃气安全“零隐患”现场服务活动，通过咨询解答、安全隐患知识普及、燃气隐患宣传等措施，提升市民安全用气的意识，主动协助配合隐患整改，加快整治速度。至年底，入户4570户，更换金属管1818根。

【“瓶改管”用户“一次不用跑”服务持续推进】 2020年，杭州天然气有限公司滨江分公司持续推进“瓶改管”用户“一次不用跑”服务，打造“无瓶区”“安全用气示范区”。“一次不用跑”服务从受理、设计、签约、施工、通气整个过程由分公司客户经理上门办理，用户只需要提供营业执照等相关资料。9月28日，完成滨江区星耀城一期“瓶改管”通气，40家瓶装气商户由瓶装气换为管道天然气。

【“杭燃码”推广】 2020年3月21日，杭州天然气有限公司滨江分公司试点推行“码上办”便捷服务。用户使用智能手机扫描二维码，即可了解燃气信息、燃气相关资讯，办理28项燃气业务。至年底，关联用户8.05万户，账单查询7.23万次，安检隐患查询1.05万次，短信查询17.9万次，修改电话1931次，自助抄表19.89万次，生活缴费3.04万次，跳转网上营业厅8.98万次。

【燃气管线拆改工程】 2020年4月17日，杭州天然气有限公司滨江分公司完成时代大道改造工程（火炬大道—萧山界）燃气迁改工程。对地铁4号线南段浙江中医药大学燃气管55米进行永久恢复。启动江南大道拆改工程，将原200管及300管统一更改为400管。配合区住建局完成滨安小区、白鹤苑、滨康二苑、缤纷西苑、滨康小区、缤纷北苑、缤纷小区、江虹小区、春波小区、春波南苑、冠山小区、长江小区、浙新小区、火炬小区等350台次加梯改造工程，做好燃气管线迁改工作。（*杨文君*）

【供电保障】 2020年，杭州高新区（滨江）电网有220千伏变电所2座（变电容量108万千伏安），110千伏变电所11座（变电容量126万千伏安），变电总容量为234万千伏安。10千伏配电线路290条，其中客户专线60条、公用线路230条（2009.2千米）；低压线路1.78万条（1813.59千米）；电缆化率94.93%。配电变压器3818台，其中公用配变2001台。有电力用户17.03万户，其中专变用户0.12万户、低压非居民用户1.02万户、低压居民用户15.89万户。用电量34.88亿千瓦时，比上年增长1.58%。全社会负荷最高81.02万千瓦（出现在8月20日），增长2.53%。城网供电可靠性99.99%，综合电压合格率100%。滨江供电分公司制定《滨江供电分公司10千伏电气设施延伸投资出资实施细则》《滨江供电分公司关于供电辖区内政府重要项目对接行动方案》，服务出动保电人员1226人次，排除隐患34起，完成新冠肺炎防控诊治重点场所、第十四届（2020）杭州文化创意产业博览会等活动保障任务。

【主配网建设】 2020年，杭州高新区（滨江）电网根据主网建设规划，推进电网项目的配网完善，完成220千伏兴南变3号主变扩建。滨江供电分公司安排项目资金8804万元，负荷分流重载线路16条，变电所新出线路20条，分流负荷8.53万千伏安，新建开闭所68座。完成公变增容布点2台，新增容量1030千伏安。

【电力大数据+社区网格化防疫】 2020年，滨江供电分公司推出“电力大数据+社区网格化防疫”服务。成立滨江电力大数据攻关小组，对接各高新企业园区和各街道社区，构建隔离人员异动、复工复产等6个场景13套算法模型。通过大数据监测分析形成滨江区内所有高、低压居民用户用电行为的电力复工指数与低压用户监测分析表；创建与社区工作人员共享“一单一表”工作方法；攻克社区1户农居有20多户租户的“门中门”排查防控难题；研发生成“电社工”自定义功能小程序，协助社区开展防疫工作。应用“企业复工电力指数”，协助政府部门重点掌握防疫期间保障行业及企业的复工情况。提供各类日简报、周报、阶段性分析报告和各类表单总计154份。

【加装电梯小区线路迁改】2020年，滨江供电分公司与滨江区加梯办、社区物业以及各管线单位合作，分3个批次，为14个小区制定迁改方案616个，敷设专用电力线路60.45千米，配套地下管线设施51.2千米，升级改造小区配电设施114处，新增变电容量3150千伏安。

【非高耗能企业电费减免】2020年，滨江供电分公司采取降低企业用电成本措施，助力企业复工复产。减免非高耗能大工业企业电费的5%，减免非高耗能一般工商业企业电费的5%，延长“支持性两部制电价政策”执行期限，阶段性降低用电成本政策涉及的所有减免电费，不向发电企业等上游企业传导，不向代收的政府性基金分摊。至年底，惠及企业900多家、商户近1万家，优惠电费9000万元。提供“先接入，后改造”服务，减免低压业扩配套设施及表箱费用800万元。贯彻国网提升“获得电力”举措，推广电费转供码5109户，配合政府清理转供电加价费用3685.33万元。（赵　强）

交通运输管理

【概况】至2020年底，杭州高新区（滨江）有货运企业103家，货运车辆1338辆（含挂车），其中危化品运输企业6家、危化品运输车辆353辆（含挂车）。有备案汽车租赁企业80家，其中有车辆备案的企业15家、备案车辆366辆。有注册驾培企业4家，训练场地15块，面积13.16万平方米。有一、二类汽车维修及配件企业59家。

2020年，杭州市公安局交警支队滨江大队（简称“滨江交警大队”）推进民生实事项目，完成滨安路江淑路口、滨兴路江辉路口、滨文路高教园区路段等10处点位的车道拓宽及人行横道线调整。召开电动自行车专项治理工作部署会、全区电动自行车市场整治工作大会，专项治理电动自行车违法行为。推出电动自行车上牌线上“预约办”服务，电动自行车上牌1.28万辆。召开滨江区工程运输企业工地负责人交通安全会议，100多人参加。执行交通警（保）卫任务125批次，其中内外宾一级任务3批次、二级任务4批次、三级任务9批次，出动安保警力1200多人次。出动警力970人次、警车65辆次，完成第十六届中国国际动漫节、杭州马拉松赛等大型群众文体活动安保任务。1人获三等功，7人获个人嘉奖，8人次获先进个人等称号。滨江交警大队部门调整，原“直属中队”划分为“两室三队”即综合勤务室、队伍保障室、秩序中队、交治中队、查案中队。（胡　颖　傅李罡）

【“两客一危”专项整治】2020年，滨江交通执法大队持续推进“两客一危”专项整治，排查危化品运输从业人员453人、车辆377辆，完成危化品运输车辆挂靠清理。开展客运企业入企检查，出动执法人员34人次，入企检查16家次，发现问题33处，均整改到位。联合滨江交警大队开展客运市场专项检查，查处客车违法行为2起，罚款3.65万元。

【机动车维修市场监管】2020年，滨江交通执法大队对全区机动车维修企业进行大排查，发放责令整改通知书40份，行政处罚14起，罚款2.6万元。督促机动车维修企业做好环保工作，辖区全部机动车维修企业均使用电烤房，环保水性漆推广应用完成19家，完成率占二类以上企业32%、一类企业83%。

【驾培市场监管】 2020年，滨江交通执法大队开展机动车驾驶员培训行业安全专项整治。出动执法人员50多人次，开展入户检查18次、网上监管18次，非现场监管教练车4000辆次，开具责令整改通知书4份，行政处罚14起，罚款7200元，取缔非核准教练场地1处。

【巡游出租车和网约车管理】 2020年，滨江交通执法大队牵头组建由交通执法、城管、交警、巡特警等部门组成的联合执法组，查处辖区巡游出租车、网约车、电瓶车的违法违章行为。出动执法人员1014人次，检查巡游出租车、网约车713辆次，行政处罚13起，宣教电瓶车752辆次，查处非法营运电瓶车13辆次。滨江交通执法大队对出租车企业和汽车租赁企业进行安全监督检查，出动执法人员28人次，检查汽车租赁企业8家次，出租车企业2家次，约谈汽车租赁企业2家次。 （胡 颖）

【交通违法行为查处】 2020年，滨江交警大队结合"千警上路""逢五逢十""雷霆行动"等专项整治工作，整治路面交通行为。出动警力近1万人次，查处各类违法行为为47.86万起，其中当场处罚15.58万起、采取强制措施9040起、其他31.38万起。查处电动自行车违法10.45万起，比上年增长1.2倍；查处工程车重点违法936起，下降25.36%；查处酒驾、醉驾331起，增长3.44%。查处开车使用手机3.85万起，增长1.28倍；查处机动车不礼让斑马线1.93万起，增长17.72%；查处行人重点违法4535起，增长10.2倍。

【堵点治理】 2020年，滨江交警大队成立治堵工作专项小组，由大队主要负责人任组长，各分管条线主要负责人任组员，开展治堵专项工作。依托市、区两级城市大脑及高德地图数据，分析研判群众反映热切、拥堵问题突出点位，制定"一点一方案"。专项小组每周召开工作推进会，通报滨江区治堵点位具体情况。采取事故快处快撤和预防方法，促进治堵工作，安排警力4000多人次在拥堵路段和点位进行值守。整治后，全年事故5分钟到警率65.72%，5分钟内快撤率51.84%；浙江大学医学院附属儿童医院、浙江大学医学院附属第二医院滨江院区等周边延误指数下降率比上年降低3.08个百分点，双月攻坚堵点延误指数下降5.69%。区城管局投资180万元，整治江汉路江晖路口、江晖路滨兴路口、江淑路滨兴路口、江淑路秋溢路口、滨兴路江陵路口、滨盛路阡陌路口、滨盛路通和路口7个道路拥堵点。改造非机动车车道、硬化原中央绿化带，人行道渠化等方案，缓解交通拥堵系数。

（傅富曾俞）

【停车治理】 2020年，滨江交警大队查处机动车违法停车行为10.22万起，拖曳违停车辆2076辆。施划全天停车泊位1216个、夜间停车泊位407个，清理影响动态交通和慢行交通的泊位78个。联合浙江大学建筑设计研究院、浙江大华技术股份有限公司、浙江浙大中控信息技术有限公司、杭州华数有限公司等企业，建成绿色停车泊位151个，施划限时段泊位132个。

【信号灯优化】 2020年，滨江交警大队依托对道路流量规律性数据的掌握和积累，结合辖区内车流量较大路口特性，对春波路江陵路、火炬大道南川路、白马湖路长江路等14个路口的信号灯进行相位分离。配时优化滨康路时代大道、滨文路火炬大道、滨文路时代大道、滨盛路机场城市大道等9个高架下匝道路口的信号灯。对江晖路、滨兴路、滨文路、江南大道、时代大道、火炬大道等进出滨江的通勤廊道分时段进行精细化管理。对滨江区328个信号灯路口进行周期修改，主干道和主干道相交路口早晚高峰不超过180秒；主干道和次干道相交路口早晚高峰不超过160秒；支路路口早晚高峰不超过140秒。

【路面设施优化】 2020年，滨江交警大队漆画741条"文明安全停车线"，251个分道标线。增设机非隔离护栏115

个，增设长度8500米。喷涂出口道路标线标识290个，取消斑马线7条，提升改造斑马线132条，设置主动发光指示标志45条，反光型指示标志101条，反光型警告标志70条，漆画标线115条。整改绿化、隔离护栏等视觉盲区70条，改造“Z”字形路段30条，设置护栏800米，治理堵点3处，更新交通指示标牌464块。审批地铁工程占道施工及临时出入口交通导改工作13次。

【交通事故“便捷通”升级】2020年，滨江交警大队完成“便捷通”3.0系统建设升级工作，增加派警可视功能，报警人可实时掌握交警出发位置及预计到达时间，通过系统随时与交警指挥中心互动，实现“点外卖”式事故报警。至年底，处理交通事故3.67万起，其中通过“便捷通”调解成功的事故占52.3%。“便捷通”平台于2018年8月上线，从事故处理拓展至情报指挥和远程执法。“便捷通”调解机制得到副省长王双全“滨江优化轻微事故化解机制的做法值得总结推广”的肯定和批示，被推广至义乌市、丽水市等交警部门。

【交通安全宣传教育】2020年，滨江交警大队进社区、学校及企业开展交通安全宣传讲座400多次，组织外卖人员开展交通安全培训18次，危化品驾驶员开展交通安全培训23次，重点运输企业开展交通安全培训37次，覆盖人群13.1万人次。依托交通治理工作站对一般以上事故和涉酒事故“以一促十”420人，对“炸街”（驾驶人通过发动机、排气筒发出巨大声响的方式吸引旁观者的行为）人员宣教169人次，对工程车驾驶员宣教322人次，开展事前宣教9998人。举办“我文明我守规我安全”交通安全文明出行活动启动仪式，560人参与活动。在“滨江发布”微信公众号上发布交通安全宣传新闻稿15篇，累计阅读量超过17万次。归纳总结辖区内突出交通违法行为，制作各类宣传品1万余件，拍摄原创宣传视频6条。

【道路运输企业监管】2020年，滨江交警大队检查企业121家次，其中危化品企业72家次；约谈企业76家次，其中工程车企业16家次、网约车企业23家次、外卖快递企业6家次、其他道路运输企业31家次。绕城安全宣教4轮，与交通执法大队联合上门安全宣教6次，共242人次，春运期间安全专项宣教293人。全年发放整改通知书51张，行政处罚4家，罚款1.3万元。检查电动自行车经营单位12次，强化对超标电动车的源头禁售管理工作。督促企业处罚存在违法行为的驾驶员72人次。

【重点车辆管理】2020年，滨江交警大队排查工程车运输企业12家，工程车辆248辆，车辆合格率100%，“智安通”上线率100%。走访工程车企业16家次，开展工程车驾驶员原点授教462次，覆盖人群9456人。开展电动自行车专项治理，发挥数字勤务室和路面巡逻的合力，确保日常整治力度不减；采取“定巡结合、空地结合、教罚结合”等方法，检查电动自行车多违重点区域，专项整治逆向行驶、闯红灯、骑快车道及未佩戴头盔等违法行为，查处违法行为17.1万起，提升电动自行车守法率。

【滨江交警大队保障复工复产】2020年2月19日至3月23日，滨江交警大队支援杭州南收费站42天，出动警力378人次，检查过往车辆1万余辆。开展基层基础情况排摸，线上建立社区群、企业群、园区管理群、物业保安群、工地管理群等微信群，通过“点对点”的方式，收集辖区责任区内关于复工报备、安全咨询等信息，为群众提供帮助。线下组织警力45人次走访单位开展新冠肺炎疫情防控宣传工作，发放“疫情复工交通安全提醒单”3.1万张，保障复工复产。

【全域智慧交通综合治理】2020年4月8日，滨江区全域智慧交通综合治理项目建设工作领导小组成立，由区委书记王敏和市公安局交警局局长李建明担任组长，联合区住建局、区城管局、区社发局等15个部门组成。综合治理项目依托大数据，分析出行特征，通过采取公交车优先策略、挖掘停车资源、智能管控等线上、线下协同措施，重点对医院、商圈、园区、学校4个热点区域开展交通综合治理。至年底，浙江大学医学院附属儿童医院、浙江大学医学院附属第二医院滨江院区、龙湖滨江天街商圈3个示范区治理完成。

【外卖骑手电动自行车管理】 2020年4月28日，滨江交警大队联系区职能部门约谈外卖企业10多家，现场通报2020年以来滨江区电动自行车伤亡事故与各大平台被现场查处的违法排名；播放电动自行车事故案例，通过法规讲解、事故视频解析，要求企业对骑手做好入职前安全培训、工作过程管控及单位自查自纠的落地措施。分析外卖平台的现状，要求企业完善内部考核和培训制度，主动排除电动自行车的安全隐患。会后，与会外卖企业负责人签署安全承诺书，建立滨江外卖企业工作群。

【“千警上路”电动自行车集中整治攻坚行动】 2020年6月23日至7月3日，滨江交警大队开展“千警上路”电动自行车集中整治攻坚行动。组织全警召开“千警上路”动员大会、培训会3场，部署专项行动的整治方式、力量部署、任务分工、工作流程等。联合街道巡防、志愿者、外卖小哥、城管工作人员在20个整治点位布控。整治期间，派出民警198人、辅警350人和TPTU（交警机动队）队员73人。现场查处各类电动自行车交通违法686起，扣留电动自行车468辆，说理说法点宣传教育电动车驾驶人1389人。利用“滨江发布”微信公众号，发布《滨江这20个路口严查！“千警上路”开展电动自行车集中整治》《滨江“千警上路”第一天，你出镜了吗？》新闻稿，浏览量超过5.2万次。在20个路口悬挂交通安全标语和《浙江省电动自行车管理条例》实施横幅共60条。

【“12·2”全国交通安全日暨首届滨江区大学校园交通安全文化节活动】 2020年12月2日，“知危险会避险、安全文明出行”、“12·2”全国交通安全日暨首届滨江区大学校园交通安全文化节活动在浙江机电职业技术学院举行。活动由滨江交警大队联合区委政法委、区文明办、团区委、浦沿街道主办。浦沿街道、滨江交警大队等单位负责人及高教园区各高校教师代表300多人参加。活动开幕式以“方便很重要，安全更重要”为主题，内容围绕“电动自行车安全骑行”主题，设置VR（虚拟显示）电动车骑行体验、真人交通安全飞行棋、VR眼镜交通事故体验等体验项目，多形式提升交通参与者交通安全防御性意识，提高交通参与者的交通安全出行自我保护能力，共建文明滨江与平安滨江。（傅李罡　富博伟）

【交通设施养护】 2020年，杭州高新区（滨江）有道路159条，长246.6千米，面积831.5万平方米，隧道2座，高架桥2座，随路桥梁136座，穿铁桥涵11座。日常养护道路、桥

2020年12月2日，在首届滨江区大学校园交通安全文化节活动上，高校学生通过VR设备体验交通危险环境　（滨江交警大队　供图）

隧，完成人行道板有机更新、无障碍设施改造、春波小区周边市政设施提升改造等提升整治项目。完成积水点整治改造、市政雨水管网检测养护、市政雨水管网抢险等养护整治项目。修缮闻涛路最美跑道，修缮面积8162平方米，在跑道沿线增设跑步骑行标识。（虞筠霄　孔凯丽）

【市政道路养护】 2020年，区城管局重点对闻涛路、滨康路、萧闻公路进行集中有机更新，修复沥青路面21.66万平方米，人行道2.57万平方米，修复平侧石4400多米，修复井圈井盖800个。对江汉东路（阡陌路—西兴路）、南环路（信诚路—诚业南路）、东冠路（火炬大道—至善路）、聚业路（滨康路—滨安路）、新联路（启智街—月明路）5条道路人行道板进行有机更新，更新6000多平方米。投资300万元，提升改造春波小区周边道路、人行道等市政设施。（孔凯丽　陆佳清）

【高架养护】 2020年，区城管局管理养护彩虹高架、时代高架。更换隔音屏玻璃38块，更换破损排水管26处，维修38处，疏通排水管204处，更新下水边井5处；维修破损沥青路面675平方米，修补坑洞160处，补充更换中央防撞墙防眩板53块，修剪超出高架两侧爬山虎1530米，维修及更换高架路灯检修板28块。更新提升时代高架、彩虹高架部分隔音屏，解决无法清洗的问题，消除安全隐患；美化高架互通8条匝道混凝土防撞墙，时代高架彩虹高架互通段增设栏杆扶手155米。

【桥涵养护】 2020年，区城管局加强对全区147座桥梁、涵洞管理养护。修复桥面沥青坑洞、网裂1800平方米，人行道490平方米，伸缩缝23处，更换老化破损止水带180多米。对3座桥梁的铁制护栏进行除锈防腐刷新，总计130多米。提升桥护栏杆2座，更换破损石材护栏16米。维护支座219个。清理下水井淤泥104座，更新白马湖东桥、白马湖全线段道板180平方米。

（孔凯丽　占来波）

【隧道养护】 2020年，区城管局加强对彩虹快速路隧道、冠山隧道管理养护。维修、更换各类窨井盖15只，疏通各类管道64米。清洗隧道塔墩和挡墙2180米，常态化清理清扫隧道内边井、人通、车通、沥青路面破损等安全隐患点，定期修剪出入口绿化植物等。维修、更换照明灯具106盏，维修线路20处，更换失效灭火器50只，保障隧道运行安全。（虞筠霄　占来波）

【道路无障碍设施改造】 2020年6—12月，区城管局专项整治杭州奥体博览城周边的飞虹路、扬帆路、科技馆街、奥体街，商圈附近的丹枫路、泰安路、江陵路和主干道上的滨文路、时代大道等道路无障碍设施，将飞虹路打造成无障碍示范道路。改造公交站台21处、402平方米，改造盲道2条、150平方米，日常养护改造1587处、5081平方米。

（虞筠霄　孔凯丽）

【地铁站残疾人机动轮椅车泊位增设】 2020年10—12月，区城管局排查有无障碍电梯地铁站，在具备设置残疾人机动轮椅车泊位条件的西兴站、江陵路、滨和路、滨康路、江晖路、浦沿、杨家墩7个地铁站点增设残疾人机动轮椅车泊位16个，方便机动轮椅驾驶者从停车位快速进入地铁站，实现从地面停车到地铁站乘车全程无障碍，缓解助残车地铁口停车难问题。

（孔凯丽）

【公共场所无障碍设施改造】 2020年，杭州高新区（滨江）无障碍环境建设覆盖办事大厅、养老机构、金融机构、商场、公园、公厕、图书馆等场所。区行政服务中心、区税务局、区法院、长河派出所、西兴派出所、浦沿派出所、高新派出所均完成无障碍坡道、无障碍车位、低位服务台，无障碍厕所和无障碍电梯改造。中信银行滨江支行整改完成全区第一台宽100厘米，长140厘米，高106厘米的无障碍升降梯，改造完成无障碍低位服务台。绿康阳光家园整改完成无障碍电梯30部、无障碍轮椅坡道2个、无障碍卫生间11个、无障碍停车位30个。白马湖公园改造完成无障碍卫生间3个、游客服务中心服务台、游客中心对面观景台等。整治滨江公园、江一公园、四桥公园等公园绿地内与规范不符的无障碍通道，拆除并更换不锈钢扶手133米，修整坡道96平方米。星光大道、龙湖滨江天街改造完成无障碍坡道、低位服务台、无障碍电梯和无障碍车位。杭州高新区（滨江）在全市2020年无障碍环境建设评价年终考核中被评为优秀城区。

（孔凯丽　王姣娇）

公共交通

【概况】 至2020年底，杭州高新区（滨江）有钱江湾花园、南环、滨文、东冠、长河、长河湘滨、滨盛、江汉、地铁江陵路、地铁西兴、物联网11座公交首末站和钱塘江大桥、复兴大桥、西兴大桥3对6座公交中心换乘站，其中新增长河湘滨、地铁江陵路、地铁西兴、物联网4座公交首末站。常规公交线路56条。始发线路47条，与地铁接驳线路29条，区内公交线路16条，总配车辆500辆，日均客运量11.5万人次。运营公共自行车服务点342座，部分服务点因道路建设，临时拆除未恢复。运营的公共自行车1万辆，日均租用量2.09万人次。新增（扩容）公共自行车服务点15座，新增（更新）公共自行车400辆。

【线路开通及调整】 2020年，杭州高新区（滨江）新增公交线路7条。新增1508M（江陵路南环路口—网商路滨康路口）、1509M（地铁长河站C口环线）、1510M（地铁长河站C口—滨盛路火炬大道口）、1511M（地铁长河站B口环线）、522M（塘子堰公交站—滨江区政府）5条地铁5号线接驳线路。新增1506M，连接地铁1号线西兴路、滨康路站。新增201公交快线（物联网公交站—六公园），实现物联网区域直达西湖景区，服务湘云雅苑、滨和花园、迎春小区、新洲花苑等住宅小区。优化调整公交线路8条。114路在“江晖路滨安路口”与“滨康小区东”站之间增设“地铁江晖路站B口（开往长河公交站方向）”单向停靠站；138路在“中兴桥”与“长河路滨和路口”之间增设“地铁长河站F口”（开往南环路公交站方向）单向停靠站，延长运营时间；177M路运行区间由地铁滨康路站至陆家潭调整为地铁滨康路站至外蒋家，增设钱塘福苑（上行）、富前园、浦沿街道（上行）、地铁浦沿站西4对（只）停靠站及外蒋家始发站；1507M路在“时代大道南川路口”与“湘北桥”之间增设“双贤桥”双向停靠站；1508M路运行区间由地铁江晖路站至地铁聚才路站调整为江陵路南环路口至网商路滨康路口。通过延长运营服务时间，增加配车，加密早晚高峰期间的班次投放，优化137路、1503M路、1504M路。

【11条定制公交开通】 2020年，杭州高新区（滨江）新增创意城1号线，互联网小镇1号线、2号线、3号线、4号线、5号线、6号线、7号线，西兴民生就医专线定制公交共9条，滨兰实验学校求知专线、闻涛中学求知专线2条。创意城1号线运行区间为地铁江晖路站至白马湖华数产业园，满足白马湖创意城企业园区通勤需求。互联网小镇1号线、2号线、3号线、4号线、5号线、6号线、7号线，为园区企业提供点对点的公交出行服务。滨兰实验学校求知专线运行区间为钱江湾花园至滨兰实验学校，闻涛中学求知专线运行区间为缤纷小区至闻涛中学，解决2个小区学生上学的交通问题。（凌建强）

【地铁5号线后通段开通试运营】 2020年4月23日，地铁5号线后通段开通试运营。地铁5号线涉及滨江区域长度7.2千米，设长河站（与6号线换乘）、聚才路站、江晖路站、滨康路站（与1号线换乘）共4座车站。4座车站于2017年开工建设，2019年完成主体结构封顶，实现洞通、轨通、电通。

【地铁6号线、7号线开通试运营】 2020年12月30日，地铁6号线、7号线开通试运营。地铁6号线涉及滨江区域长度13.76千米，设西浦路站、中医药大学站（与4号线换乘）、伟业路站、诚业路站、建业路站、长河站（与5号线换乘）、江汉路站、江陵路站（与1号线换乘）、星民站、奥体中心站（与7号线换乘）10座车站。地铁6号线10座车站于2016年开工建设，2019年，完成全部主体结构封顶，5个区间盾构双线贯通，2020年7月15日，10个盾构区间全部双向贯通；8月25日，轨道铺设完成；9月2日，列车带电试运行试验成功。7号线涉及滨江区域长度2千米，设奥体中心站（与6号线换乘）1座车站，与6号线同步建设。（戴　毅）

城区环境管理

【概况】 2020年，区城管局办理一般程序案件729起，办理行政审批509件。无证经营结案300件，查处人行道违停车辆2.66万辆。拆除违建1550处，面积25.95万平方米。10个准物业小区、123个商品住宅小区和农转居拆迁安置小区全部实施违建信息登记报告制度，覆盖率100%，各小区物业违建报告解决率100%。教育劝导不文明养犬行为1500多起。受理处置“96310”来电、来信来访1.91万起，按期反馈率100%。完成重大活动保障任务140件。（童佳乐　来　君）

【工程运输车辆规范整治】 2020年，区城管局联合滨江交警大队等部门开展工程渣土车辆专项整治活动。排查工程渣土车辆带泥行驶、密闭不严、抛洒滴漏、无证运输及不按规定路线行驶等影响市容环境秩序的现象。至年底，立案查处渣土运输车辆违法行为22起，责令整改渣土运输车辆违法行为86起，罚款14.12万元。（苏灿栋）

【餐饮油烟整治】 2020年，区城管局开展餐饮油烟类专项整治行动，对迎春北苑、国信嘉园、迎春小区、贺田尚城、风雅钱塘和中赢康康谷等投诉重点地区和油烟投诉高发区进行油烟排放和清洗记录“回头看”。其间，配合环保、市场监管部门等进行联合执法，组织人员1444人次，依法规范餐饮门店油烟排放793家，责令整改518家。餐饮油烟立案1起，罚款1000元。（苏灿栋　顾丹琪）

【无照经营整治】 2020年，区城管局分阶段开展无照经营专项整治周、无照经营攻坚月及无照经营专项整治活动。组织人员8510人次，在早、晚重点时段整治主要道路、窗口地段、重点商圈等区域，整治机动车贩卖水果摊贩、简易早点摊、夜间大排档等无照流动摊贩。教育劝导无照摊贩7400多起，无证经营结案300件，罚款11.82万元；劝导出店经营、乱设笃牌等违规行为6800多起。在浙江大学医学院附属儿童医院、浙江大学医学院附属第二医院滨江院区、龙湖滨江天街、武警浙江省总队医院等中心区域，采用联合管理模式，邀请社会力量参与管理，改善交通运输、市容环境秩序。（童佳乐）

【共享单车管理】 2020年，区城管局在闻涛路、江汉路、江陵路等40多个路段施划非机动车停车位2607个。通过定点饱和度监测设备和共享单车管理调度平台，实行总量监测，协调、指导”哈罗“和”摩拜“2家单车所属公司减少单车数量，在滨江宝龙城、互联网产业园区周边安装电子围栏设立单车禁停区。至年底，全区共享单车数量维持在3万辆左右。（杨　辰　赵增荣）

【执法队伍建设】 2020年，区城管局开展执法课程学习10次，执法课程围绕违法建筑执法查处实务，行政处罚法解析，行政诉讼法、行政复议法、行政强制法解析，信访投诉处置，环境保护类执法查处实务，建筑工地类执法查处实务，垃圾分类执法查处实务，市政公用类执法查处实务，城市绿化类执法查处实务，犬类执法查处实务等内容，加深行政执法人员对依法行政的认识和理解，通过执法考试，规范行政执法人员执法资格，检验执法人员的业务能力和综合素质，增强行政执法人员运用法治思维和法治方式解决问题的意识。11月15—28日，区城管局全体协管队员分2批在浙江公路技师学院开展全员封闭式集训活动。集训内容包括素质拓展、执法培训、廉政教育、心理辅导等，通过集训提升执法队伍的整体素质和专业技能水平。

（洪利丹　胡　迪）

【垃圾分类专项执法】 2020年，区城管局推进全区生活垃圾分类及治理工作，检查部分单位未监督生活垃圾分类投放、未按规定分类、未按要求设置生活垃圾收集容器等行为。根据《杭州市生活垃圾管理条例》对违规事件进行处罚，至年底，查处垃圾分类案件601件，其中：一般程序案件293件，罚款7.47万元；简易案件308件，罚款6970元。

（杨　辰）

【滨江区首个街道综合行政执法队成立】 2020年12月30日，滨江区首个街道综合行政执法队——西兴街道综合行政执法队挂牌成立。西兴街道综合行政执法队位于滨江区西兴街道西兴路635号，面积为1290平方米。街道综合行政执法队负责西兴辖区美丽杭州环境建设、拆违控违、垃圾分类、餐饮油烟等执法工作。（徐灵炯）

【“一店多牌”违规广告牌专项整治】 2020年9月13—20日，区综合行政执法局浦沿中队开展“一店多牌”违规广告牌乱象整治工作。组织执法人员36人，清理辖区内主街道违规广告牌，包含沿线不规范的墙体广告、住户和门店外林立的户外广告牌。通过入户宣传、发放告知书等方式，开展“一店多牌”整治宣传，劝导教育违规设置店牌的商户，告知其“一店多牌”的违规性、危害性。按照门头牌匾设置一店一牌、不遮挡窗户、不妨碍交通等公共设施的安全标准，逐街逐户排查城区门头牌匾设置情况，劝导商户在规定时间内自行拆除，对未在规定时间内拆除整改的商户，执法人员依法强制拆除，排除安全隐患，规范环境秩序。整治期间，规范店外（占道）经营120家，清理广告牌28处，横幅12处。（张　靓）

【绿化养护】 2020年，杭州高新区（滨江）绿化工程实施市场化养护管理，分27个养护标段，由17家养护单位负责道路绿地、河道绿地、公园绿地、高架绿化和时花等公共绿地养护工作。公共绿地养护面积589.96万平方米，包含道路130多条、公园7个、河道35条、高架挂箱4.4万只。全年增植美人梅38株、银杏52株、郁金香3万余株，更换及补植月季2.4万株、地被1.37万平方米；增设铁艺护栏4500多米、花箱104只；全年施肥150吨；冬春2次修剪香樟1.3万棵。（王姣娇）

【亮化养护】 2020年，杭州高新区（滨江）亮灯工程实施市场化养护管理，包含全区142条道路1.31万杆路灯、1.99万个光源、208个路灯控制柜、164台10千伏路灯专用变电站。全区路灯亮灯率99%以上，故障路灯7天内及时修复率99.6%以上，当月及时修复率100%；景观灯设施质保期内总体亮灯率99.7%以上，断亮、失控问题3天内及时修复率100%；户外广告、店招店牌断字缺亮问题月及时整改率100%。实现路灯节电1621.51万千瓦时，节约电费1238.19万元，平均综合节电率70.8%。解决路灯缺亮问题1807处，设施缺损问题99处，检修盖缺失问题100处，灯杆保洁问题38处，清理排查照明设施1.56万处。做好钱塘江南岸全线长约12千米的堤岸和沿线60组200栋建筑楼宇，江南大道沿线9.7千米35组52幢建筑楼宇，时代高架4.5千米，西兴立交7千米及彩虹快速路滨江段、江虹路江虹桥、白马湖路白马湖桥、滨盛路闸站河桥等夜景亮灯项目的日常养护工作。

（汤　炜　许安安）

【10个口袋公园提升改造项目】 2020年3—12月，区城管局投资400万元，改造立业园、临江园、红中园、博文园、信诚园、滨兴花园、网易共建园、江虹路闻涛路交叉口绿地、火炬大道江南大道交叉口绿地、天马路长江路交叉口绿地10个口袋公园。改造总面积1.5万平方米，主要从提升

功能性的角度进行改造，增添开花植物，修整园路铺装，增设园椅、廊架等设施，开设出入口，融入文化元素，解决原绿地植被层次杂乱、硬质铺装破损、园林设施缺失、景观效果不佳等问题。实现“一园一特色”，为市民群众提供方便、安全的游憩空间，营造优美、舒适的城市氛围。

【绿化整治项目】 2020年9—12月，区城管局梳理全区安置房及学校等公建项目红线内、围墙外绿地情况，梳理待整治绿地涉及安置房33处、学校40多处。交由就近标段的绿化养护单位集中整治，同时勘测移交绿地面积，征求绿地所属单位意见，同意移交区城管局管养的，则由就近标段的绿化养护单位接收管养。其间，整治面积1.88万平方米，纳入长效管养面积4.14万平方米。

【银杏林塑木栈道维修项目】 2020年3月，区城管局投入17.39万元，维修银杏林塑木栈道。银杏林基础木桩老化腐烂严重，造成栈道不同程度倾斜，同时栈道塑木板材老化破损较多，存在较大安全隐患。项目更换150×40空心塑木底板40平方米，200×25厚实心塑木面板53平方米，花岗岩面板464平方米，花岗岩侧石194米，为市民提供安全的休憩环境。 （王姣娇）

【照明设施改造提升工程】 2020年12月，区城管局投入108.03万元，改造提升设施老化严重及灯杆分布不均匀的东流路（江陵路—西陵路）、西陵路（东流路—南环路）、新浦河（东信大道—东冠路）3条道路照明设施。更换河道景观灯159杆，新增路口中杆灯5杆，路灯5杆，更换电缆3175米。投入62.29万元，对滨江时代大道（滨兴路至滨康路段东侧）和滨康路（长河路至时代大道北侧）实施景观绿化夜景照明工程。亮化改造沿线人行道，安装人行道灯84杆，绿化带立柱投光灯40杆。

（汤　炜　许安安）

【河道养护】 2020年，区城管局组织实施5条（段）河道清淤工程、8条河道综保工程、12条美丽河道建设项目。继续对15套分散式就地污水处理设施进行运行维护及污泥处置，运行维护管理1.09万平方米水生植物、7套引水预处理设施、智慧河道管理平台，分季节性对河道绿化开展各类病虫害防治工作及抗旱防冻工作。对花园徐直河、善庆庄横河、西兴直河、华家排灌站内闸、浦沿排灌站内闸5条河道实施清淤，清除淤泥5.5万立方米。完成建设河、善庆庄横河、西兴直河、花园徐直河、畈里孙河、张家西直河、长二河、高教河8条市级“美丽河道”创建，完成由小砾山输水河、街道河、沿山河、刺棱河、塘子堰河5条河道组成的白马湖片区省级“美丽河湖”创建。

【河道综保工程】 2020年，区城管局牵头组织高新总公司、城建发展公司，开展汤家桥河（槐河—汤家桥老桥）、山北河（规划支路—许家河）、冠山河（陈家河—冠一河）、太庙桥河（庙后王河—畈里孙河）、石荡河（许家河—萧山界）、陆家潭河二期（东冠路—新浦路）、冠山河（冠一河—许家河）、新浦河（东冠路—陆家潭河）8条河道综保工程。进行河道开挖、驳坎建设、河岸综合整治等工程。至年底，石荡河（许家河—萧山界）、陆家潭河二期（东冠路—新浦路）、冠山河（冠一河—许家河）、新浦河（东冠路—陆家潭河）工程处于工程前期准备阶段，汤家桥河（槐河—汤家桥老桥）、山北河（规划支路—许家河）综保工程完工，冠山河（陈家河—冠一河）工程完成95%，太庙桥河工程完成65%。

【河道设施零星整治】 2020年4—8月，区城管局投资92万元、202万元，拆除山北河（停保基地东侧）、许家河（东冠路以北）阻水点，分别拆除702立方米、1992立方米。投资61万元，开展槐河（汤家桥社区桥南）西侧游步道综合整治工程，提升改造绿化1581平方米，新建改造园路208平方米，新建改造铺装201平方米；投资22万元，开展新浦河部分河段环境整治工程，提升改造绿化4640平方米，修复人行道200平方米。投资93万元，开展河道标识系统提升项目，制作河道标识标牌1020块，安装河道标识标牌498块。投资31万元，开展新冠一河临时配水工程，安装原有输水管1040米，11千瓦成套立式泥浆泵及配套控制柜、管线3台（套），敷设电缆1180米。投资2万元，开展西兴后河（龙图庙桥西段）供水泵采购安装项目，安装15千瓦水泵1台。

【8条河道通过市级“美丽河道”验收】 2020年7—11月，杭州高新区（滨江）持续推进“美丽河道”建设，实施张家西直河、长二河、高教河、畈里孙河、善庆庄横河、西兴直河、花园徐直河、建设河8条市级“美丽河道”创建。12月2日，省、市美丽河道验收专家组通过现场踏看、视频展示、座谈汇报、台账审阅、专家评审等环节，8条河道均通过市级“美丽河道”验收。

2020年杭州高新区（滨江）8条市级“美丽河道”创建情况

表39 单位：万元

河道名称	投资金额	创建内容
张家西直河	545	建设弧形桥1座，新建改造园路4071平方米，新建景墙8.51立方米、亲水平台3处、景观亭1座，提升改造绿化3.03万平方米，安装庭院灯79套、草坪灯32套、灯带724米
长二河	312	新建桥下通道1座，新建改造园路2860平方米，新建广场2处、与公路连接广场1处、公路连接口10处、亲水平台1处，提升改造绿化1.91万平方米，安装庭院灯31盏、草坪灯34盏、灯带502米
高教河	478	提升改造绿化1.6万平方米，新建改造园路2900平方米，设置服务驿站1处、亲水平台2处、无障碍通道3处，新增栏杆450米、景观廊架1处、景观栈道1处，修复花坛1座，安装庭院灯60套、照树灯93套、灯带368米
畈里孙河	399	新建景观亭1座，新建改造园路3200平方米，新建广场2处、公路连接口6处、亲水平台3处，提升改造绿化2.57万平方米，安装庭院灯36盏、草坪灯77盏、灯带562米
善庆庄横河 西兴直河	429	提升改造绿化1.38万平方米，新建改造园路2700平方米，设置大型广场1处、亲水平台5处、无障碍通道2处，新增栏杆30米，沿线设垂钓点，修复景观亭1座，安装庭院灯111套、照树灯116套、灯带132米
花园徐直河	40	提升改造绿化5386平方米，新建改造园路768平方米，设置林下游步道512米，改造原木桩驳岸60米、驳岸景石150块、无障碍入口2处，安装庭院灯27套
建设河	383	提升改造绿化3.8万平方米，改造硬质铺装、园路及其他建筑构筑物面积1.05万平方米，建设游步道3.79千米，改造景观节点4处，新增景观亭1座，改造广场2处，改造提升出入口14个，其中4个新增无障碍坡道，沿河增设防护栏杆2.4千米

【白马湖片区省级“美丽河湖”创建】 2020年9—10月，杭州高新区（滨江）开展由小砾山输水河、街道河、沿山河、刺棱河、塘子堰河5条河道组成的白马湖片区省级“美丽河湖”创建工作。11月17日，省、市美丽河道验收专家组通过现场踏看、视频展示、座谈汇报、台账审阅、专家评审等环节，给予白马湖片区107.3分（满分110分）。白马湖片区通过市级“美丽河道”验收和省级“美丽河湖”复核。12月17日，省水利厅、省治水办（河长办）公布2020年“美丽河湖”名单，白马湖片区入选。

2020年杭州高新区（滨江）白马湖片区省级“美丽河湖”创建情况

表40　　单位：万元

河道名称	投资金额	创建内容
沿山河	543	提升改造绿化1.88万平方米，新建改造园路3791平方米，制作安装帆船造型4座，建设麦穗景墙2段，拆除老桥1座，改造原木桩驳岸1124根，建设仿古建筑1座、水上栈道77.66平方米、廊道3个
小砾山输水河	1507	提升改造绿化面积8.12万平方米，新建人行景观桥2座、活动广场2处，改造服务驿站1处，新建及修复景观亭廊6座，实施水上栈道280米，打通桥下通道2座
刺楼河	1264	提升改造桥下游步道678平方米，建设停车场2座，提升改造游步道2900平方米，建设采莲湾、鳞波广场、趣味沙滩、梅林春早等节点4处，改造老桥1座，新建驿站1座，提升改造绿化4.56万平方米
街道河	501	提升改造绿化3.49万平方米，新建改造园路2251平方米，新建桥下空间533平方米，改造原桥下空间122平方米、原亲水平台65平方米
塘子堰河	1797	新建驳坎1270米、闸门1座，河道拓宽挖填方7.72万平方米，清淤9750平方米，景观工程1.89万平方米，拆除管线3万米、闸门1座、桥梁1座等

【十甲河提升改造工程】 2020年，区城管局投资967万元，实施十甲河提升改造工程。提升改造绿化4.7万平方米，新改造硬质铺装、园路及其他建筑构筑物面积1.12万平方米，增设桥下通道（5座市政桥梁下）10处，实现东、西两岸贯通。游步道长度3.85千米，改造休憩节点4处，修缮清理景观亭3座、景观墙1组，并在主要的广场空间及儿童活动场地增设羽毛球场1座、儿童游戏篮球场1座。在现有市政道路连接口基础上，新增出入口4个，改造提升出入口5个，共有出入口23个，其中3个新增无障碍坡道，沿河增设防护栏杆3.2千米。（谢涵聪）

【市容环境整治】 2020年，区城管局承担228条900.53万平方米的区管城市道路清扫保洁工作，全部实行市场化运作。清运处理生活垃圾23.91万吨，其中焚烧处理20.86万吨、填埋处理3.05万吨，日均垃圾清运处置量655.07吨，比上年减少6.1%，超额完成市对区垃圾零增长的目标，区城管局被评为2020年度浙江省生活垃圾分类工作成绩突出集体。全区垃圾分类工作全覆盖，所有小区完成“定时定点”投放管理，改造投放点589处、垃圾房100个，新增再生资源回收网点71处，共124处。安装垃圾袋发放机154台，全区发放垃圾袋125.42万卷。18个农贸市场、118个学校、机关食堂及116家水果商铺餐厨生鲜垃圾资源化利用5.09万吨。管理公共厕所45座，其中一星级1座、二星级6座、三星级31座、四星级6座、五星级1座，总厕位800个。签订对外开放协议公厕40座。

（来莉敏　钱叶明）

2020年11月15日，省级美丽河道——沿山河完工

（区城管局　供图）

【生活垃圾分类示范小区创建】 2020年，区城管局继续推进社区、物业企业垃圾分类主体责

任落实，完成所有小区的入户宣传工作及“一小区一方案”制定，提升改造投放点、垃圾房等设施。至年底，创建浦沿街道1个省级生活垃圾分类示范片区，瑞立东方花城、海威国际、东和云第、寰宇天下、风雅钱塘、锦绣江南、中兴和园7个省级示范小区，玲珑府、百合苑、钱塘景苑等市级示范小区46个，滨和花园、风雅钱塘、太阳国际等30个区级高标准示范点。（钱叶明）

【环卫车辆监管】 2020年，区城管局统一喷涂82辆清扫车、洒水车及102辆垃圾清运车辆外观。检修环卫车辆GPS（全球定位系统）103辆、安装环卫车辆GPS81辆，安装垃圾清运车辆车载称重系统97辆，接入区智慧平台及市级相关系统，监管环卫车辆作业频次、路线及垃圾分类投放、清运情况。

【特殊垃圾处置工作】 2020年，杭州高新区（滨江）借用长河街道山一社区原地矿厅机械厂区北侧宕口场地，通过公开招标确定处置企业，明确按市相关文件限定处置单价，解决全区装修垃圾（大件垃圾）消纳及资源化利用处置场地问题。根据全区园林绿化垃圾实际，确定以时代大道东西为界落实2处园林绿化垃圾中转点，通过公开招标形式规范市场运作及监督，解决全区园林绿化垃圾处置问题。（来莉敏）

【生活垃圾分类收集清运体系】 2020年4月9日，杭州高新区（滨江）印发《关于明确全区生活垃圾分类收运处置的通知》，以入围标形式确定负责全区生活垃圾清运企业10家。5月20日，区城管局出台《杭州市滨江区生活垃圾分类清运车辆管理考核办法》，采取日常检查、月度考核、抄告的方式，考核各清运单位的管理制度、车辆维护、作业规范、应急保障等任务的完成情况。8月13日，区城管局召开全区生活垃圾分类及收运处置工作会议，明确入围企业按照相关考核办法规范清运生活垃圾，未入围企业取消相关车辆自编号，不得在全区范围内自行承接垃圾清运工作。（来莉敏　钱叶明）

【垃圾分类宣传活动】 2020年，区城管局开展垃圾分类专项主题活动387次，包括垃圾分类知识大比武、平安体验馆垃圾分类参观活动、为专管员送清凉送温暖、垃圾分类有奖竞猜、垃圾分类便民服务、垃圾分类进校园、学生暑期实践垃圾分类志愿者宣传活动、有害换有爱积分兑换活动、可回收物换绿植等，9439人参加。开展垃圾分类专项主题培训263次，从“生活垃圾分类的背景意义”“先进国家和地区垃圾分类经验”“杭州市垃圾分类的现状和相关政策要求”“垃圾分类杭州模式解析”“生活中如何做好分类的建议”“市、区垃圾分类工作考核办法解读”等角度针对不同受众群体开展不同内容的垃圾分类专题培训，5670人参加。建立居民志愿者队伍117支，设立垃圾分类督导员893人。全区形成“政府主导、全民参与、各方自觉”生活垃圾分类体系，垃圾分类入户宣传率100%。

【垃圾分类机构机制】 2020年，杭州高新区（滨江）出台《滨江区生活垃圾分类工作资金补助管理办法（试行）》《滨

2020年11月11日，区城管局垃圾分类宣传活动走进滨江区丹枫幼儿园（区城管局　供图）

江区生活垃圾分类及管理考核办法》《进一步完善垃圾分类设施设置的通知》等8个文件，通过区、街道、社区、物业服务企业（垃圾分类责任人）分级落实检查考核责任，成立区垃圾分类工作专班，工作专班由区城管局等27家生活垃圾分类领导小组成员单位组成。每月落实全覆盖检查通报，发布红黑榜单。至年底，发布红黑榜10期，工作专报23期，发放抄告单198份。（钱叶明）

【公共厕所提升改造】 2020年9—12月，区城管局投资85万元，提升改造闻景公厕及西兴互通公厕。优化公厕布局，增加厕位，更换内部装饰面及洁具等，完善无障碍设施。改造后公厕符合城市公共厕所设计标准和杭州市公厕建设设计导则要求。区城管局投资110万元，新建六和东信公厕，面积97平方米，有厕位17个。六和东信公厕位于公交站台边及人流量较大的位置，配备有第三卫生间保障老弱幼病残人士安全如厕。（汤关忠　俞祎波）

【污水零直排项目】 2020年，区城管局对浦沿街道之江公寓、国信嘉园等28个排水单元开展“污水零直排”提升整治，涉及住宅小区23个、学校2个和公共建筑3个，实行“雨污分流”，改造排水单元内的管网，避免污水直排进入河道。整治老旧小区厨房返水、网管老化破损问题，提升小区排水能力。（虞筠霄）

【积水点整治改造】 2020年9—11月，区城管局投资25万元整治滨康路网商路口、滨盛路寰宇路口、南环路江虹路口、科技馆街通和路口、浙江大学医学院附属儿童医院南大门出入口、信诚路公交车站道路积水点6处。改造原雨水连管及雨水边井，通过沥青找坡的方式促进排水通畅，找平改造沥青路面465平方米，改造雨水口20座，新增雨水连管190米。（汤关忠　俞祎波）

【排水许可核查与批后监管】 2020年，区城管局核查申请排水许可证企事业单位191户，其中新增申领排水许可证单位169户。核查雨污分流、雨污水接入大市政是否错接，化粪池、隔油池、垃圾房、洗车槽与沉淀池、洗衣台等污废水排放的预处理设施设置，雨污水管理井垃圾清理，地下井点降水沉淀到位情况，雨污水排放口位置与数量确认，项目周边大市政雨污水管网淤堵等方面状况。督促单位对雨污混流、不规范的预处理设施进行整改与回复。检查取得许可证的排水户入网口污水水质，每月检查工业企业25户，每季度检查综合楼125户，至年底，检测水质751户次。（李　文　俞祎波）

【市政雨水管网检测养护】 2020年，区城管局完成市政雨水管网CCTV检测（管道闭路电视检测系统）75千米，疏通雨水管道1679.17千米，吸淤雨水检查井3.48万座，清掏雨水收集井6.74万座，清除淤泥1219.63吨，总投资1000万元。完成56处雨水管道抢险施工，开挖更换雨水支管670.8米，非开挖修复雨水管道73处，修复路面沥青4053.3平方米，总投资1000万元。（占建良　方娇燕）

【再生资源回收】 2020年4月7日，区商务局联合区级各职能部门印发《关于落实2020年再生资源回收工作目标任务分解的通知》，将再生资源体系建设任务落实到各街道，重点推进再生资源标准化回收网点建设，再生资源分拣中心建设以及“互联网+再生资源”回收模式社区覆盖率建设等工作。至年底，有再生资源标准化回收网点124家，其中新建99家；综合性再生资源分拣中心3家，其中新建2家；“互联网+再生资源”回收模式社区覆盖率90.3%。12月23日，杭州西陵废旧金属回收连锁有限公司被认定为2020年浙江省有实力的生活垃圾再生资源回收企业。（朱华萍）

邮　政

【概况】 2020年，中国邮政集团有限公司杭州市分公司滨江区分公司（简称“滨江邮政”）

实现业务收入4959.29万元，其中函件业务收入1109.77万元、包裹快递业务收入2677.3万元、报刊业务收入251.54万元、集邮业务收入122.17万元、其他业务收入798.51万元。有从业人员280人。新成立特快专业经营部5家，开设警医邮服务滨江办理点5个。全年快递包裹发件量250万件，比上年增加50万件，人均揽件量从1000件提升至2000件。开发大合作客户10家，快递包裹日发件量近1万件。

【滨江邮政新媒体业务】 2020年，滨江邮政将新媒体业务从线上新媒体关键词投放、白名单投放整合到线下海报广告、KT展板广告、桌贴广告、地插广告、电梯广告、情景广告等其他宣传载体，满足客户宣传新需求。与滨江区政府、江干区政府合作，包括线上媒体推广、线下媒体制作安装、慰问礼品定制等服务内容，实现媒体投放收入58万元，封片收入4万元，文创收入7.8万元。承接江干区执法大队、蓝天社区、海塘社区、范家社区、钱江苑社区等“扫黄打非”宣传主题的设计制作项目，收入10万元。承接钱塘智慧城管委会、丰收湖公园文明宣传广告设计制作安装项目，收入8万余元。承接皋亭山景区文明宣传广告牌、旅游导游图等制作项目，收入4万余元。

【警医邮进驻滨江市民之家】 2020年3月3日，警医邮服务进驻滨江区市民之家，同步继续开展流动上门服务。警医邮服务是市公安局交警支队联合市邮政公司、市中医院推出警医邮服务，提供驾驶证期满体检换证一站式服务。至年底，完成业务1.24万笔，计划完成率105.48%，其中效益业务占95.89%，业务量比上年增加3179笔。

【邮政数据打印查询平台上线】 2020年6月30日，滨江邮政数据打印查询平台试运行，实现平台线上数据对接，线下打印封装寄递，后台数据实时跟踪的闭环服务，满足客户数据发送与数据安全需求。至年底，寄递平信119.98万件，挂号信150.22万件。实现业务收入700万元。新开发的蚂蚁智信催款函项目，主要通过数据打印查询平台对接，实时追踪函件轨迹，提高催款效率。

（马建强）

“三改一拆”

【概况】 2020年，杭州高新区（滨江）改造旧厂区15.65万平方米，改造旧住宅30万平方米；拆除违法建筑1518处25.88万平方米。签约农户77户，腾房128户，拆房1420户。累计建成交付安置房小区（苑）563.7万平方米，安置1.86万户，安置人口6.42万人，总投入资金205.13亿元。在建项目25个，总建筑面积355万平方米。落实信息共享和工作联动机制，25个直属部门单位与17个社区结对，助推征迁。征迁农户25795户，3个街道全部实现整街征迁。51个社区143个物业小区落实住宅小区违建信息登记报告制度。西兴街道拆除5个社区、6个安置小区共5093套保笼，长河街道拆除6个社区、5个安置房小区共5933套保笼。浦沿街道被授予“基本无违建街道”称号，“无违建街道”创建工作全覆盖。

【小微企业违建整治行动】 2020年3月4日，杭州高新区（滨江）印发《滨江区小微企业违法建筑专项整治方案》，推进小微企业违建整治工作，建立“一户一档”制，开展整治行动。发现安全隐患小微企业4家，违建面积2585平方米，其中涉及消防安全违建2家、安全结构违建1家、生产安全1家。6月，全部整改完成。

【铁路沿线安全隐患整治】 至2020年9月30日，杭州高新区（滨江）铁路沿线外部环境安全隐患22处问题点位，其中西兴街道9处、长河街道7处、浦沿街道6处，全部整改完成。铁路沿线外部环境自查问题点位110多处，整改完成率100%。西兴街道庙后王路15万平方米铁路沿线区域规划为绿地公园，融入工匠文化，建成全国首个劳模工匠休闲绿地。

（潘雪唯）

建筑业·房地产业

综　述

2020年，杭州高新区（滨江）持续推进建筑行业、建筑工程质量管理工作。印发《滨江区建筑业现场与市场联动管理的若干意见》，召开全区建设系统安全生产工作会议4次，开展施工现场质量安全隐患大排查大整治、安全生产文明施工大检查、消防安全检查等专项行动34次。开展全区新建商品房、二手房市场销售行为检查工作，整顿"工地一码通"云审批累计办件3.2万件，平均办理时间6分钟。发布《智慧工地评价标准》五星评价体系，为全省首个智慧工地评价标准。实现全区工地劳务作业人员、企业管理人员、大型起重机械、超过一定规模的危险性较大分部分项工程数字化管控全覆盖。全市率先创新采用"e见证"数字直播平台全流程开标直播。建设工程实现线上招投标和远程异地评标。

加装电梯累计开工519台，完工473台，占全市加梯总量近50%。发布全国首个《既有住宅加装电梯技术规范》。"和滨江"物业纠纷调解服务中心调解线上、线下转交案件496件，调解成功率98%。创建市级"美好家园"小区10个。强化物业考核结果运用，淘汰小区物业服务企业7个。73个小区经营性收支信息纳入杭州市物业经营性收支信息平台管理。（陶佳丽）

建筑行业管理

【概况】 2020年，杭州高新区（滨江）有建筑业企业219家，其中建筑施工企业213家、监理企业6家。建筑业总产值626.2亿元，比上年增长13.9%；税收7.79亿元，增长8.4%。核发施工许可证86本，建设规模330.4万平方米，合同价119.84亿元。装配式建筑新开工项目20个，共223.6万平方米。鼓励企业"走出去"，走访企业20多家，开具外出施工诚信证明246次。劳务资质采取承诺制企业22家，建设工程企业发生重组、合并、分立等情况资质核定11家，三级资质初审41家。

【建筑行业服务】 2020年，杭州高新区（滨江）在省诚信平台备案企业信息357个、变更企业信息269个，审核建造师856人、职称人员483人、现场管理人员1593人、技工2802人，人员信息变更2643个，考试合格人员学历职称入库1234个。正高级工程师初审11人，高级工程师初审171人，中级工程师初审585人。

【杭州高新区（滨江）建设工程"双服务"招标新模式启用】 2020年，杭州高新区（滨江）推出建设工程项目数字开标直播服务和周末受理、发布招标信息不间断服务。8月8日，区住建局联合区交易中心推出建设工程项目周末受理不断档、发布招标信息不间断服务，为区重点项目、民生实事项目招投标工作开启"绿色通道"，实现招标再提速。推出当天，完成8个民生实事项目受理及招标公告发布。同月18日，全区首个全流程电子化建设工程项目“2020年建设河美丽河道创建项目”完成开标直播。有67家单位参与投标，100多人在线观看。利用“e见证”平台，企业可扫描招标公告中的二维码进入视频直播观看开标，开标环节不留死角，开标过程公开、公正、透明。至年底，受理项目13个，发布公告13个。

【建设工地“防欠薪”管理专题会议】 2020年3月26—27日，区住建局与区劳动保障监察大队在工地现场分批召开建设工地“防欠薪”管理专题会议，65个工地负责人参加。会上，区住建局相关工作人员解读建设工地现阶段“无欠薪六项制度”，剖析全区建设工地在开展防欠薪工作机制中存在的不足和工作难点，讲解国务院发布的《保障农民工工资支付条例》，重点阐述委托银行代发工资制度、按月足额支付制度。区劳动保障监察大队相关工作人员指出劳务用工管理台账中出现的问题，要求各单位重视“无欠薪”工作台账的整理，按照“无欠薪六项制度”落实，做好“花名册、考勤表、工资发放表”3本台账，确保所有民工都与用工单位签订劳动合同。

【首届滨江区建设工地“防欠薪”知识竞赛】 2020年5月18日，“人文滨江、砥砺前行”——首届滨江建设工地“防欠薪”知识竞赛举行。竞赛由区住建局和区人力社保局联合主办，浙江富成建设集团有限公司承办，来自滨江区各建筑工地的项目经理、劳资专管员等35支代表队、70人参赛。比赛分6轮，采用抢答赛制，主要包含建设工地“无欠薪”六项制度、保障农民工工资支付条例等相关内容。经角逐，浙江振丰建设有限公司等9家单位、陈磊等9人获“无欠薪”优秀企业及优秀劳资专管员称号。

【首届滨江区建设工地施工现场安全知识竞赛】 2020年6月19日，“平安滨江、青春当值”——首届滨江区建设工地施工现场安全知识竞赛举行。竞赛由区住建局和团区委联合主办，中国建筑第五工程局有限公司承办，滨江各建筑工地的建设、施工、监理单位等60个代表队、120人参赛。比赛分为4轮，采用抢答赛制，包括施工现场安全知识问答、突发情况应急措施问答、工地建设相关内容。最终，新中源一中队获第一名，中国建筑第五工程局有限公司超英队、国泰麒麟队分别获第二名、第三名。

【建筑业现场与市场联动管理的若干意见印发】 2020年5月11日，杭州高新区（滨江）印发《滨江区建筑业现场与市场联动管理的若干意见》（简称“意见”），意见明确处罚范围、处罚标准、处罚流程、适用对象等内容。管理企业范围在原有的施工企业、工程监理企业、造价咨询、招标代理等单位基础上，增加设计企业、勘察企业。处罚的对象增加从业人员。新增联动部门范围、联动措施步骤、佐证材料要求和“暂停企业或从业人员参与政府投资项目工程投标资格的决定”的公开发布渠道、抄送上级主管部门的规定。意见由区住建局牵头，联合区人力社保

2020年6月19日，“平安滨江、青春当值”——首届滨江区建设工地现场安全知识竞赛举行　（区住建局　供图）

局、生态环境滨江分局、区社发局、区城管局、区应急管理局等部门负责落实。(沈　君)

工程质量管理

【概况】 2020年,杭州高新区(滨江)有房屋建筑工程项目121个,总建筑面积1173万平方米。河道、道路等市政项目46个。新开工工程85个,其中:房屋建筑项目49个,总建筑面积389.35万平方米;市政工程36个,总造价15.76亿元。竣工工程54个,其中:房屋建筑项目35个,总建筑面积246.1万平方米;市政工程19个,总造价2.19亿元。召开全区建设系统安全生产工作会议4次,开展施工现场质量安全隐患大排查大整治、安全生产文明施工大检查、消防安全检查等专项行动34次。改造用电系统,工地设置用电监测系统59个。落实起重机械安装、拆卸告知和使用登记制度。至年底,在建工地有塔吊245台,人货梯147台,井架17台。开展"星期天"互查互比活动13期,排查涉及文明施工、安全隐患等问题279个,整改率100%。

2020年,全区在建项目中申报考评省、市级标化工地的项目有39个,获省级标化工地3个,市级标化工地16个,市结构优质奖12个,"西湖杯"8个,"钱江杯"5个。

【"物联网+工地"远程监管】 2020年,区住建局采取"物联网+工地"远程监管,设置专人负责物联网线上巡查工作,要求所有工地设立在线监控物联网专管员,负责在线监控维保及落实质安站专管员的整改指令。至年底,符合安装要求的工地90个,实装物联网监控90个,均设置物联网专管员,接入率100%,在线率95%。在线巡查工地1598次,提出整改意见835条。运用"物联网+人脸识别"技术,在建筑工地建立关键岗位人员"刷脸"考勤制度,系统集成锁定考勤人员面部和工作信息,实时掌握工地项目管理人员到岗率,到岗率提升37个百分点。利用"滨江区工程智慧监管全时线上执法检查平台",由监督人员在平台创建"检查工作计划",在既定时间,配合检查人员到达具体点位后开启"动态追踪",监督人员通过平台视频连线企业人员实施检查。至年底,开展全时线上执法检查279家次,发现问题304个,整改率100%。

【建筑工地文明施工管理】 2020年,区住建局开展"美丽杭州""美丽滨江""百日攻坚""十日十清"长效管理等专项整治行动,召开专题部署会议3次、全区安全生产大会4次,通过线上、线下联动检查的方式,每日组织检查小组不间断检查工地环境。开展建筑工地百日攻坚长效管理专项整治行动,出动检查人员426人次,检查工地1147次,发现问题725个,发放整改单312张,责令停工整改项目17个,因施工环境问题行政处罚403起,罚金40.95万元,实施信用惩戒19起。

【建筑起重机械安全管理】 2020年3月2—20日,区住建局委托专业检测单位,对全区64个房建项目的272台建筑起重机械进行安全使用性能评估,并出具检测报告。检测塔机182台,合格157台,合格率86%;检测施工升降机86台,合格82台,合格率95%;检测物料提升机4台,合格4台,合格率100%。至年底,开展检测行动4次,合格率分别为89%、89%、97.3%、93%,实现全区建筑起重机械检测100%全覆盖。劝退起重机械维保单位9家,责令在滨江区停止开展业务6个月。对35家合格率较低的维保单位进行行政约谈及信用惩戒,通报批评工地项目58个,督促各方主体履行起重机械管理责任,落实起重机械"一月两检",确保安全。

【工地消防安全排查整治】 2020年,区住建局专项检查建设工地消防安全管理工作。排查整治临时工棚材料、电动车集中充电管理、生活区小型电动工具充电柜设置、燃气瓶使用、动火审批制度、消防安全管理台账等,引导工地临时工棚安装智慧用电系统,要求施工单位提前拆除处于闲置状态的临时工棚,消除隐患,确保安全。至年底，开展检查行动3次，出动48人次。发现问题536个，提出整改意见702条，整改率100%。

【预拌混凝土生产厂家供应质量专项检查】 2020年4月13—19日，区住建局专项检查预拌混凝土质量。检查供应全区建筑工程商品混凝土厂家11家20批次商品。检测结果显示，达到设计值100%的占90%，设计值90%占2.5%，所有试块检测平均值达到设计值80%占2.5%，所有试块检测平均值达到设计值70%占5%。约谈通报全区所有供应建筑工程商品混凝土厂家，针对检查中发现部分批次预拌混凝土供应质量未达到设计要求的，责令相关企业整改，发放整改通知单2份，整改率100%。

【"工地一码通"平台上线】 2020年5月1日，杭州高新区（滨江）"工地一码通"平台上线运行。"工地一码通"是对原有"工程智慧监管和企业零跑云平台"的补充升级，以项目"工地码"为载体，利用移动互联网、物联网等信息技术与设备，打通线上、线下管理应用，以企业零跑和智慧监管为核心，联通主管部门、企业组织、项目职工、社会公众，形成的多维工作管理系统，具备政府监管、应急管理、企业管理、劳务信息、健康码、项目信息、社会评价、来访登记、投诉建议9个功能。扫码后，监管人员可实现线上上传工地相关报告、动态评价；参与建设企业可办理事项28个，实现审批不见面、办事不用跑；工地职工可打卡签到、查询本人出勤信息及薪资情况；社会公众可了解项目企业、管理人员、建设周期、建成后效果等各种信息。至年底，纳入"工地一码通"平台的工地项目有162个。

2020年4月13日，区住建局专项检查预拌混凝土质量

（区住建局 供图）

【全省首个《智慧工地评价标准》出台】 2020年5月25日，杭州高新区（滨江）出台全省首个《智慧工地评价标准》（简称"标准"）。标准由区住建局联合杭州海康威视数字技术股份有限公司、浙江大华科技有限公司、杭州当虹科技有限公司、杭州品茗安控信息技术股份有限公司、杭州擎洲软件有限公司会同长三角标准研究院共同研发。围绕建设项目"人员管理、质量管理、安全管理、环境管理、综合管理、基础设施"6个方面，设置相应评价标准，形成智慧工地评价"滨江指数"，为构建智慧工地提供规范化依据和可复制化标准方案。

【安全生产月活动】 2020年6月，区住建局围绕"消除事故隐患，筑牢安全防线"活动主题开展"安全生产月"活动。通过举办"平安滨江、青春当值"滨江区首届建设工地施工现场安全知识竞赛等形式，普及安全知识。制作1200份涉及施工、消防、食品安全等为主要内容的宣传海报分发工地项目部，召开第二季度安全生产文明施工现场会暨"安全生产月活动"与"百日攻坚集中行动"现场观摩会1场，开展平安宣传活动12场；微信推送平安宣传信息102条，覆盖群众5800人次；组织安全讲座24场，开展各类消防、防汛应急预案演练76次。

【桩基工程质量专项检查】2020年6月11—19日，区住建局组织检查组6个，专项检查桩基工程13个。重点检查现场钢筋笼制作、桩的成孔深度、桩的钢筋笼长度与设计图纸相符性、钢材的质保资料及原材料进场检查验收、混凝土试块留置、工程资料管理等情况。发放整改通知书13份，提出整改意见103条，整改率100%。

【建设工程混凝土结构实体质量专项检查】2020年9月18—26日，区住建局采取"双随机一公开"方式，专项检查12个在建主体工程混凝土实体质量。检查组与建设单位、施工单位、监理单位到施工现场随机抽取构件（批次）进行强度实体检测，抽测12个工地125个构件（批次），强度达到设计要求以上的构件（批次）107个，达标率85.6%；抽查98个混凝土构件保护层，合格92个，合格率93.88%。发放整改通知单7张，通报质量管理落实情况较差的项目4个。

（吴毅玲）

房产管理

【概况】2020年，杭州高新区（滨江）发放商品房预售证10本，总预售建筑面积29.01万平方米，其中商品住宅16.07万平方米、非住宅12.94万平方米。预售商品房成交2901套，比上年下降3.91%，成交面积36.87万平方米，增长0.74%。其中：商品房住宅成交1348套，成交面积23.49万平方米，分别下降31.75%、20.4%；商业地产成交1457套，成交面积12.6万平方米，分别增长46.14%、85.29%；其他成交96套，成交面积0.78万平方米。二手房成交4960套，成交面积76.2万平方米，分别增长20.45%、55.92%。其中：住宅成交4290套，成交面积45.65万平方米，分别增长40.33%、45.57%；非住宅成交670套，下降36.85%，成交面积30.56万平方米，增长74.53%。受理房地产开发企业四级和暂定级资质审批业务42件。其中：资质申请3件，资质变更1件，资质延期38件。

【直管公房管理】2020年，区住建局清查直管公房数量、坐落分布、建筑面积、承租人情况、承租资格证号等情况。经查，全区有直管公房397户，建筑面积2.65万平方米，其中：直管公房住宅276户，建筑面积约1.34万平方米；直管公房非住宅121户，建筑面积1.31万平方米。直管公房非住宅产权于8月移交杭州滨江城建发展有限公司管理。走访承租户5219户次，维修公房200套次，维修面积1.7万平方米。

【房地产市场检查】2020年5月9日，区住建局根据市住房保障和房产管理局《关于组织开展新建商品房和二手房销售行为检查工作的通知》，开展全区新建商品房、二手房市场销售行为检查工作。检查采取企业自查和城区间互查的方式，要求房地产开发企业和房地产经纪机构限期开展自查自改，至月底，收到房地产开发企业自查表12张，房地产经纪机构自查表161张。邀请西湖区住建局抽查杭州高新区（滨江）房地产开发企业和房地产经纪机构各3家，发现1家房地产经纪机构存在上墙公示材料不规范现象，责令公司整改，6月中旬，整改到位。

【住房租赁市场整顿】2020年9月30日，杭州高新区（滨江）制定《滨江区住房租赁市场摸底排查整顿规范专项工作方案》，成立由2名区领导任组长的住房租赁市场摸底排查整顿规范工作专班，专班下设办公室（设在区住建局），兼设企业排查组、维稳安全组、信访接待组、舆情处置组、打击查处组5个专项工作组。9月底至10月底，区住建局根据市住保房管局印发的工商登记信息中包含"住房租赁、房地产经纪、房屋租赁"等相关经营范围的2.4万条企业信息，梳理出杭州高新区（滨江）有1090家。属地街道、4个平台（创意城管委会、智慧新天地发展服务中心、物联网产业园发展服务中心、互联网产业园发展服务中心）上门排查，确定高、中、低风险等级。排查结果显示涉及风险企业274家，其中低风险203家、中风险12家、高风险59家，失联企业384家，其他企业未从事租赁业务。11月，区住建局联合专班成员单位街道（平台）、公安、市场监管部门共同约谈高风险企业，制定“一企一策”方案，整改高风险企业8家。对失联企业给予警示处罚，将疑似经营风险且不配合整改的5家企业列入异常名录。

（吴 铮）

住房保障和管理

【概况】 2020年，杭州高新区（滨江）受理市级保障性住房各类业务9165件,公共租赁住房资格审核、货币补贴、年检年审、注销各类业务9096件。完成廉租房资格审核、货币补贴、年检年审、注销各类业务69件。浦乐单元公共租赁房二期工程土方开挖，三期地下室顶板施工，西兴单元人才租赁房地下室顶板施工。

2020年，杭州高新区（滨江）安置房开工项目13.5万平方米，落点项目全部开工；竣工24.9万平方米，交付55.29万平方米，房源2669套，安置2478户次。完成滨安小区、缤纷西苑、缤纷小区、江虹小区、长虹苑、冠山小区6个安置房小区综合整治施工。投入征迁建设资金45.17亿元。全区安置房小区智慧安防系统和“污水零直排”创建实现全覆盖。

（徐珊珊 刘晓娟）

【高层次人才住房补贴发放】 2020年2月起，区住建局根据《关于服务保障“抓防控促发展”落实“人才生态37条”的补充意见》，按照新标准调整购房补贴发放标准，经认定的A类人才购房补贴由原来的一事一议调整为最高给予800万元，B、C、D类人才购房补贴分别由原来的150万元、100万元、80万元调整为200万元、150万元、100万元。5月，“杭州人才码”上线，实行线上人才码及线下人工审核同步发放。至年底，线下补贴发放346人次，1528.16万元；线上发放795人次，198.75万元。

【新引进应届全日制本科（含）以上毕业生租房补贴发放】 2020年4月20日，区住建局根据《关于服务保障“抓防控促发展”落实“人才生态37条”的补充意见》，对在杭州市无房且未享受公共租赁房、人才租赁房等住房优惠政策的，新引进的应届全日制本科（含）以上大学毕业生发放租房补贴。至年底，发放1.7万人1.7亿元，兑现金额居全市第一位。同月，根据《杭州高新区（滨江）人才安居货币补贴操作细则（试行）》，对新引进的应届全日制硕士研究生发放租房补贴。至年底，发放8103人次3295.6万元。

【百名人才参观人才社区活动】 2020年12月6日，杭州高新区（滨江）“美好安居，与您相会”——百名人才参观人才社区活动举行。活动由区住建局主办，近100名人才及部分人大代表、政协委员参加。活动期间，参观滨江区创业人才公寓和滨和社区人才公寓，发布“杭州高新区（滨江）人才房（租赁）摇号预通告”，宣布推出人才（租赁）房200套进行公开摇号。活动邀请市之江公证处的工作人员现场公正，开展预摇号，10名参加活动的人才获得优先入住人才（租赁）房资格。 （徐珊珊）

2020年12月6日，杭州高新区（滨江）“百名安居，与您相会”——百名人才参观人才社区活动举行

（区住建局 供图）

【安置房项目】2020年，杭州高新区（滨江）安置房项目竣工2个，总建筑面积24.9万平方米，分别是九区块扩面耀洋一期（观潮华庭）11.53万平方米、长虹苑二期（长虹南苑）13.39万平方米。交付项目4个，总建筑面积55.29万平方米，房源2669套，包括八区块三期一期（杨家墩悦府）7.39万平方米，房源319套；十三区块三期（秋波名府）7.58万平方米，房源394套；十区块六期二期（一标、二标）（冠新佳苑）20.23万平方米，房源950套；江三区块（江尚景苑）20.09万平方米，房源1006套。经县市推荐、专家评审和社会公示，安置房八区块三期一期（杨家墩悦府）被评为2019年度第三批杭州市建设工程"西湖杯"（建筑工程奖）工程项目。

【拆迁户回迁安置推进】2020年，杭州高新区（滨江）回迁安置1545户、2478套、25.22万平方米（含货币化9户、320平方米）。其中：西兴街道72户、100套、9560平方米（含货币化4户、80平方米），长河街道588户、975套、10.4万平方米（含货币化4户、140平方米），浦沿街道885户、1403套、13.85万平方米（含货币化1户、100平方米）。围绕市委市政府"双清"工作和区委区政府关于"加快回迁房建设和回迁安置，减少在外过渡户"的工作要求，完成"确保完成全年回迁安置4000人，其中超期过渡1000人（含超5年455人）"的安置目标。杭州高新区（滨江）实际安置4028人，其中超期过渡人口1843人（含5年上超期过渡人口1387人），其他2185人。

【安置小区配套商业用房招租完成】2020年，杭州高新区（滨江）成立安置小区配套商业用房招租工作专班，专班成员由区分管领导牵头，区农业农村局、区建管中心及下属商业资产经营公司3家单位共9人组成。工作专班征求属地街道、社区和拆迁群众意见，制定《安置小区商业用房公开招租工作方案》，明确商业用房招租原则、招租对象、租赁价格、租赁期限、租赁方式、业态管理、监督检查等内容。招租实行先试点后推广，采取线上、线下相结合方式，招租过程全程由公证处、社区居监委代表跟踪监督。至年底，完成全区安置房小区到期商业用房公开招租工作，招租4批次、标的物813个，签约合同729份，面积3.71万平方米，年租金收入4548万元。（刘晓娟）

物业管理

【概况】2020年，杭州高新区（滨江）新增备案登记物业管理项目3个，累计210个，其中住宅项目133个（商品房94个，安置房39个）、非住宅项目77个，管理面积3500万平方米。登记备案的业主委员会83个。收缴5个项目的物业维修资金6035万元、物业保修金4804万元，审核批准69个项目（批）使用维修资金781万元、9个项目退还物业保修金4042万元，划分物业管理区域15个。组织业务培训及技能比武8次，1000多人次参加。改造提升老旧小区6个。党建引领物业提档升级，新建业委会党组织13个，新建物业企业党组织13个，32个安置小区成立物管会和物管会临时党支部。安置房社区成立社区物业管理议事机构17个。所有社区实现社区、物业、业委会多方联动机制全覆盖。"和滨江"物业纠纷调解服务中心受理转交案件496件，调解成功率98%。受理并处理信访1875件。至2020年底，物业项目累计获国家级示范项目4个、省级示范项目9个、市级优秀项目36个，杭州市美好家园小区20个。

【物业服务企业考核】2020年，杭州高新区（滨江）委托第三方考核物业管理项目。物业管理项目考核涉及安置房小区32个（不含2019年整改5个项目及2020年度交付2个项目），商品房小区91个（不含2个人才公寓和12月底交付的新项目）。考评综合管理服务、公用设施设备维护、公共秩序维护、安全职责履行、服务意识及态度等方面内容，结合相关部门及街道评分进行综合评定。至年底，完成第一、二、三季度农转居安置房小区、商品房小区物业服务企业考核工作。根据考核情况进行综合排名，在“滨江发布”微信公众号上公布排名前五、前十的物业项目和排名后五、后十名的物业项目。

【10个小区获评市“美好家园”住宅小区】 2020年4月27日，区住建局根据《关于印发2020年杭州市“美好家园”住宅小区建设实施方案的通知》等文件要求，启动“美好家园”住宅小区建设工作。全区报送“美好家园”住宅候选小区15个，对照验收标准提出整改提升任务77项。区住建局通过召开“美好家园”工作专项推进会，组建专项小组等线上、线下相结合的方式，督促落实候选小区整改。9月30日，候选小区完成77项整改任务。经整改提升、自查评估、满意度调查、验收认定等环节，11月25日，市物业综合管理工作领导小组公布2020年“美好家园”住宅小区名单，杭州高新区（滨江）10个住宅小区入围，分别是钱江湾花园、巧园公寓、龙湖春江彼岸、官河锦庭小区、锦绣江南花园、万科璞悦湾、半岛水岸华庭、铂金时代、风雅钱塘世纪花园、康悦香庄。

【6个老旧小区改造提升】 2020年3月15日，杭州高新区（滨江）缤纷小区、缤纷西苑、滨安小区、江虹小区、长虹苑、冠山小区6个老旧小区综合改造提升工程开工建设。工程涉及139幢5189套住宅，改造面积76.37万平方米，惠及群众2.36万人。至11月底，改造提升工程完工，完成消防、人防、集水泵等设施设备整修和功能恢复，更换电梯73台，修缮地下管网5.25千米、151个点位，整修道路改造拓宽10.93千米，整治外立面48.85万平方米，新增汽车地面停车泊位962个，改造提升绿化10.9万平方米，新增小区绿道1.22千米、口袋公园4个，新增健身活动场所6155平方米。新安装车辆道闸46套。

【老旧小区改造专项债券项目】 2020年，杭州高新区（滨江）结合老旧小区改造实际需求，报送西兴区块老旧小区综合改造提升工程（缤纷小区、缤纷西苑、滨安小区）和长河区块老旧小区综合改造提升工程（冠山小区、江虹小区）2个项目为老旧小区改造专项债券项目，总计134幢4717套，改造面积70.17万平方米，总投资额3.11亿元，发行债券2.47亿元。其中：西兴区块涉及74幢1832套，改造面积29.94万平方米，发行债券1.23亿元；长河区块涉及60幢2885套，改造面积40.23万平方米，发行债券1.24亿元。

【物业项目新冠肺炎疫情防控巡查和物资发放】 2020年2月25日至4月6日，区住建局巡查物业项目新冠肺炎疫情防控情况，总计巡查1150次，现场提出整改问题89个，发放书面整改责令通知书12份，约谈项目负责人15次，通报表扬项目9个，书面批评通报项目2个。2月，合计发放医用口罩3.24万只、消毒液50瓶、手套3.2万双、防护眼镜3200副，防护服1600套。2、3月，向物业服务企业发放新冠肺炎疫情补助1482万元，涉及住宅项目163个，企业76家。

【物业经营性平台和监管服务平台推广】 2020年，区住建局推广物业经营性平台和监管服务平台。街道、社区、业委会利用物业经营性平台和监管服务平台服务小区，杜绝物业服务管理中虚报、挪用、骗取、侵占物业经营性收益和物业专项维修资金，未规定公示物业服务相关信息等情况。至年底，纳入物业经营性平台的小区73个，其中入账小区61个，纳入物业监管服务平台小区20个。（王少梦）

环境资源

综 述

2020年，杭州高新区（滨江）落实中央生态环境保护督察问题整改，推进生态文明建设示范区创建、“无废城市”建设和“一区一鼎”创建工作，空气质量总体稳定。市对区河道交接断面水质保持在II类；固体废物处理处置及时，土壤环境质量达标；声环境质量符合功能区要求。“水十条”考核断面水质达到年度考核目标（Ⅲ类），水环境质量考核为优秀。空气优良率90.3%，比上年提升14.9%，PM2.5浓度28.4微克每立方米，下降23.7%，每30天每平方千米降尘量3200千克，下降35.4%。大气污染综合防治重点围绕细颗粒物和臭氧的“双控双减”工作。建成“滨江数字治水云平台”，整合治水数据，推进固定污染源“一证式”管理模式。梳理“无废城市”创建指标，编制完成《滨江区“无废城市”建设工作方案》，明确工作要求。印发《杭州高新技术开发区（滨江）生态文明示范区创建规划》，推进省级生态文明建设示范区创建工作。做好第二轮中央生态环境保护督察迎检工作，加强生态环境领域信访矛盾排查化解，开展危险废物安全专项整治、建设项目施工期间“三同时”专项执法等专项执法行动，落实污染源日常监管“双随机、一公开”制度，强化应急队伍建设。杭州高新区（滨江）获杭州市2019年度生态文明（“美丽杭州”建设）优秀区县称号，连续4年获此荣誉。（张 洁）

环境管理

【概况】 2020年，杭州高新区（滨江）大气污染综合防治重点围绕细颗粒物和臭氧的“双控双减”工作。建设“智慧监管云平台”，实现工地日常监督在线化；完成“散乱污”企业清理整顿和重点区域臭气异味治理；持续推进工业锅炉治理、企业废气、油烟废气整治和大气综合治理。完成浦沿街道“污水零直排”街道创建任务，通过“污水零直排区”创建验收，完成工业集聚区“污水零直排”创建任务。白马湖片区获省级“美丽河湖”称号；建成“滨江数字治水云平台”，整合治水数据。推进固定污染源“一证式”管理模式、省级生态文明建设示范区创建工作。印发2020年度滨江区生态文明建设目标责任制考核办法，考核结果纳入区综合考评范围。继续落实区、街两级生态环境状况向人大报告制度，推动解决突出生态环境问题；开展自然资源资产离任审计，对被审计领导干部任职期间履行自然资源资产管理和生态环境保护责任情况进行审计评价。

【大气环境治理】 2020年，杭州高新区（滨江）新建自动空气检测站（六参数）1座和小微空气站（六参数）2座。在啦喜街、中赢康康谷等重点油烟区域试点安装二级油烟异味净化装置；利用便携式仪器、走航监测车等设备，对多次信访投诉区域开展异味溯源管控。在全区14个点位安装道路扬尘监测系统，实时监控道路扬尘。建设“物联网+工地”“智慧监管云平台”，日常在线化监控工地扬尘。实现与政法系统视频监控信息共享，建立生态环境高空瞭望监控系统，年度温室气体清单编制完成。低氮改造工业燃气锅炉17台、关停生物质燃料锅炉2台，完成7座年销售量大于5000吨的加油站油气回收在线监测设备与联网。非道路移动机械上牌565台，申报完成595台，检测211台。

【水环境治理】 2020年，杭州高新区（滨江）完成集中式饮用水水源地突发环境事件应急预案编制和集中式饮用水水源地基础状况调查和风险评估工作，排查和整治白马湖饮用水水源地2处遥感问题。完成2020年度滨江区钱塘江（滨江段）河长制有关工作。成立“科技治水联盟”，举办浙江省水利学会2020学术会暨科技治水峰会，加强区内企业交流与政企联动，促进企业发展。

【环保审批服务】 2020年，杭州高新区（滨江）完成“区域环评+环境标准”清单式管理改革试点备案项目63个，环境影响报告表审批3个，登记表备案项目232个，出具项目审查意见81个，核发辐射安全许可证32个，其他行业辐射初审意见8个，夜间施工审批1765件，企业危废监管转移计划备案254份，转移联单审核1816份，完成1500多家企业（个人）环境信用审查和社区换届联审工作。完成第一批33个行业排污许可发证和第二批99个行业283家企业登记发证。

【土壤治理】 2020年，杭州高新区（滨江）完成杭州绿能环保发电有限公司地块用地土壤采样任务；浦沿单元BJ0603–09及BJ0603–06地块原位区域修复完工，达到市对区考核要求；“杭州南郊化学、电镀厂C地块”补充修复方案通过专家评审，达到市对区考核要求；完成西兴单元BJ1302–A33/R22–06地块土壤污染状况初步调查报告专家评审会。调查一般工业固废、危险废物、建筑垃圾、生活垃圾及相应处置能力等情况，了解产废源头和末端处置情况。

【《滨江区“无废城市”建设工作方案》编制完成】 2020年8月27日，生态环境滨江分局印发《滨江区“无废城市”建设工作方案》（简称“方案”）。方案明确“无废城市”建设工作目标，围绕工业固体废物、生活垃圾、建筑垃圾、医疗废物和农业废弃物五大类固体废物污染防治，提出发展绿色工业，实现工业固废总量负增长；倡导绿色生活，推进生活垃圾减量化资源化；聚焦绿色建筑，提升建筑垃圾利用处置水平；强化风险防控，夯实危险废物安全管控；发挥产业优势，探索建立固废智慧监管体系；培育第三方市场，激发市场主体活力；强化顶层设计，发挥政府指导作用等8项工作任务举措。成立滨江区“无废城市”建设领导小组，统筹协调重点任务落实。

【流域共治工作推进】 2020年11月4日，区治水办（河长办）与萧山区治水办（河长办）签订北塘河流域共治合作框架协议。北塘河西起江边排灌站，流经滨江区、萧山区等街道、镇，全长36.2千米，水深2.5米。通过建立流域共治机制、夯实区域共治基础、互通地域共治文化等手段，突出水岸共治与重点断面水质提升，促进北塘河流域水环境质量持续改善，共同打造“流域共治”样板。

【白马湖自动空气监测站建成】 2020年12月14日，白马湖自动空气监测站建成，通过生态环境滨江分局的竣工验收。监测站主要对白马湖区域空气中的常规污染因子和气象参数进行24小时在线监测，监测指标选取重点考核指标PM2.5、PM10、臭氧、SO_2、NO_X、CO、气象参数，监测站数据实时接入“城市大脑”监管平台，实时展现白马湖区域空气质量、变化趋势与特征等内容。至年底，环境空气质量自动监测站点由原来的3个增至4个，完善全区点位布局，补充区域监测盲区。

【《杭州高新技术开发区（滨江）生态文明示范区创建规划》印发】 2020年12月10日，《杭州高新技术开发区（滨江）生态文明示范区创建规划》（简称“规划”）印发。规划立足杭州高新区（滨江）生态经济、城市发展和生态环境基础，结合滨江自身特点，从生态空间优化、生态经济发展、生态环境改善、生态生活提升、生态制度完善、生态文化传承等方面制定建设措施，包括严守生态保护红线、加强河湖岸线保护、严控城镇开发边界、优化区域建设格局、持续推进节能降耗、打造健康水生态系统、建立固废智慧监管体系、加大环境基础设施建设、 构建绿色低碳生活方式等内容，推进杭州高新区（滨江）省级生态文明建设示范区创建工作。（张　洁）

环境执法

【概况】 2020年，杭州高新区（滨江）开展专项执法检查企业268家次，立案查处6家，罚款93.73万元；处理环境信访827件，“110”联动出警8次；梳理重点环境信访36件，涉及企业3家，夜查企业（工地）36家，约谈9次，开展检测6家，缓解夜施扰民现象的发生。开展露天焚烧巡查管控工作，巡查人数4.49万人次，巡查发现问题并整改12个；巡查工地157次，发出整改单52份；扬尘问题被处罚数量412个，处罚金额41.2万元，信用扣分9起9分。做好第二轮中央生态环境保护督察迎检工作，加强生态环境领域信访矛盾排查化解。落实污染源日常监管“双随机、一公开”制度，强化应急队伍建设。《杭州高新区（滨江）突发环境事件应急预案》《杭州高新区（滨江）突发辐射环境事件应急预案》编制完成，指导企业修编应急预案并备案18家，开展环境应急演练22家次，环境应急物资库检查13次。开展危险废物安全专项整治，检查企业94家，发现问题28个，均整改到位。

【第二轮中央生态环境保护督察迎检】 2020年，杭州高新区（滨江）迎接第二轮中央生态环境保护督察工作，印发《杭州高新区（滨江）迎接第二轮中央生态环境保护督察协调保障工作方案》，调整领导小组，健全工作协调联络组和整改工作协调组及相应职责，明确工作要求。督察期间，收到信访件22件，比第一轮（58件）下降62%；办结22件，其中属实4件，部分属实17件，不属实1件，无重点信访件。继续做好中央环保督察及省级生态环境保护督察问题和信访件“回头看”工作，防止整改问题反复。

【污染源监控】 2020年，杭州高新区（滨江）落实污染源日常监管“双随机、一公开”制度，双随机抽查污染源企业41家，其中重点排污单位6家。重点检查企业污染防治设施运行情况，污染物排放情况，以及环评、“三同时”、排污许可证等环境管理制度落实情况。经查，未发现企业环境违法行为，督促企业和第三方单位按规范做好自动监测设备设施运行维护工作。

【建设项目施工期间“三同时”专项执法行动】 2020年8月11—14日，生态环境滨江分局开展“三同时”（同时设计、同时施工、同时验收）专项检查执法行动。出动执法人员16人，检查建设项目8个，检查建设项目施工期是否落实环评或审批决定中提出的污染防治措施，是否设置防尘降尘设施及设施是否正常使用，是否设置沉淀池及沉淀池是否正常使用，渣土、砂土等易产生扬尘物料堆放、储存情况。检查发现部分项目破碎机作业过程中未湿法作业、绿化带平整时未湿法作业，均当场整改完成。（张　洁）

“五水共治”

【概况】 2020年，杭州高新区（滨江）安排“五水共治”项目35个，完工23个，投资5.9亿元。建设雨水管网6.08千米，建设污水管网4.9千米，排水管网清淤967.9千米。“污水零直排区”全域通过省市验收。数字化治水云平台项目实现河道、管网全覆盖，与区城管局等部门实现共建共享。“智慧河道云平台”新增巡河问题上报与处理情况预警等功能，明确各部门治水职责。开展“水韵钱塘·乐游滨江”皮划艇体验活动2场。白马湖片区获省级“美丽河湖”称号。长河街道获评市级“五水共治”（河长制）“二十佳”镇街。“五水共治”（河长制）工作被媒体宣传报道292篇，其中中央级媒体报道36篇、省级媒体报道43篇、市级媒体报道113篇、区级媒体报道100篇。头版3篇，其中《光明日报》头版1篇、《浙江日报》头版2篇。

【“美丽河湖”建设】 2020年，杭州高新区（滨江）创建“美丽河湖”14条，分为三大片区，分别是西兴片区、白马湖片区和滨文片区，总投资9400万元，14条河道总长21.46千米，通过打通桥下通道或架设栈桥，实现32.64千米滨水游步道的无障碍贯通。融入海绵城市设计要求，采用透水材料，体现环保理念，在场地内部布置配套服务设施及相应安全设施，包括服务驿站、公厕、停车场、垂钓点、标识标牌系统、救生设施、视频监控等。结合片区水网实际，打造一河一特色的河道主题节点，通过增加亲水平台、滨水广场、趣味沙滩、生态水湾等，创造良好的植物景观，串联各主题节点，形成“春花秋叶”的绿色开放空间。挖掘河道周边水文化、历史文化及地域亮点等，赋予场地底蕴与文化记忆。至年底，白马湖片区5条河道获省级“美丽河湖”称号，西兴片区和滨文片区9条河道完成市级“美丽河湖”验收的前期准备工作。

【数字化治水云平台】 2020年，杭州高新区（滨江）借助高新技术产业优势，推动科技治水。在全区河道和雨水管网的关键节点安装水质实时检测仪、河道水位水文监测仪、河道视频监控仪、管网水位自动监测仪。通过雨水、污水、给水“三水合一”的地理信息系统和排水设施运行监控系统，采用“一张网”方式监控辖区河道水文、水质、实时环境及雨水管网水位等信息，具备全区雨水、污水、给水的运行、监控、调度，包括管线查询、管线统计、管网分析等功能。监控系统增加视频通话、车辆跟踪、街景模式等动态功能，同时支持计算机和手机用户。至年底，建设河道水质自动检测站18个、河道流量监控站5个、河道雨水监测站18个、管网水位监测站24个、河道视频监控点位164个、智能感应井盖628个，实现对水环境、污染源、生态状况等河道环境要素自动感知。

【滨江科技治水联盟成立】 2020年6月29日，“滨江科技治水联盟”成立仪式暨“水美滨江迎亚运，科技治水赋绿能”毅行活动在白马湖畔举行。治水联盟由区五水办发起，区内38家科技企业组成，发挥环保企业科研力量，构建科技+河长模式，推动企业从“旁观治水”向“责任治水”转变，强化企业社会责任意识，加强政企联动。仪式后，举行白马湖毅行活动，科技治水联

2020年6月29日，滨江科技治水联盟成立仪式暨“水美滨江迎亚运，科技治水赋绿能”毅行活动在白马湖畔举行

（区“五水共治”办 供图）

盟队、绿色创新发展联盟队、河长队、西兴街道队、长河街道队、浦沿街道队、党员先锋队、治水有声队8支队伍共200多人参加毅行活动。

【“五水共治”地推活动暨广场舞大赛】2020年7月14日，以“滨随舞动·我河你有个约会”为主题的“五水共治”地推活动暨广场舞大赛启动仪式在区政府南广场举行。活动现场，发布自编自导的广场舞《“五水共治”追梦人》，设置绘画区、投环等游戏专区，歌曲学唱区和广场舞学舞专区，发放“五水共治”定制版宣传品。广场舞大赛分线上预选赛和线下决赛，线上预选赛选出舞蹈队19支。11月9日，线下总决赛在白马湖建国饭店旁举行，19支队伍、250人次参加。总决赛邀请全国广场舞国家级教练员、裁判员组成评审团为参赛队伍现场打分。总决赛分规定曲目《五水共治追梦人》和自选曲目。经角逐，东信社区海创舞蹈队获一等奖；金东方社区爱尚舞蹈队、新浦社区舞蹈队获二等奖；观潮社区东方舞蹈队、月明社区月明排舞队、西浦社区舞蹈队获三等奖。

【浙江省科技治水峰会在杭州高新区（滨江）举行】2020年11月10日，浙江省水利学会2020学术年会暨科技治水峰会在杭州高新区（滨江）白马湖建国饭店举行。峰会围绕新时代水利工作方针和治水新思路，以“建设幸福河湖，打造全国标杆”为主题，为高质量推动全省“美丽河湖”建设向“幸福河”升级，打造浙江“五水共治”幸福水网新格局展开探讨和交流。水利部原副部长王守强，中科院院士刘昌明，省水利厅副厅长、省水利学会理事长李锐，区委书记王敏等参加。会上颁发省水利科技创新奖，表彰优秀论文、学会工作先进集体和会员积极分子。邀请有关院士、专家、学者等做专题报告和经验分享，召开推动“美丽河湖”建设向“幸福河”迭代升级主题论坛。副区长周力军做“拥江国际滨、治水科技范”的专题报告。峰会期间，与会嘉宾参观聚光中心展厅、华家排灌站，观看白马湖打捞船、无人船等科技治水手段的展示。

（洪铁军）

土地资源管理

【概况】2020年，滨江区获批新增建设用地项目21个，总面积152.92公顷，其中新增建设用地面积20.52公顷。根据2020年新实施的《中华人民共和国土地管理法（修正案）》及省市征地相关要求，完成15个征地项目报批组件，涉及集体土地57.55公顷；历年已报批回项目22个，涉及集体土地91.04公顷，均按要求实施征地报批前告知、征地批准后公告等程序。核查宅基地权属档案54户；参加拆迁个案协调会议12次，处理解决分户安置个案32户。完成东冠路、傅家片征迁遗留问题处置工作，完成有效交地35个，保障道路、重点产业用地、经营性用地的开工建设及出让工作。落实“地长制”管理地块154宗，面积808.8公顷。完成第三次国土调查数据汇总分析报告，配合完成互联网+在线核查工作。

【土地使用管理】2020年，规划资源滨江分局完成4批次15个项目农转用组件报批，总面积158.76公顷，其中涉及新增建设用地24.35公顷。协议出让杭州东忠科技股份有限公司零星工业用地项目；签订土地出让合同18宗，其中经营性用地5宗、工业用地13宗（含协议出让1宗）；完成3宗项目改变土地使用条件审批及补充协议签订，收缴土地出让金287.28万元；土地复核验收37宗，验收面积116.7万平方米；办理开、竣工违约处置12宗，收缴违约金705.8万元；完成土地年收益金征收项目73宗，收缴土地年收益金430.3万元。“批而未供”土地利用121.9公顷、消化“供而未用”土地31.4公顷、“低效用地”再开发104.3公顷，提升全区土地集约利用水平。完成经营性用地出让5宗，面积19.67公顷，出让金额102.26亿元，经营性住宅、商服用地收储任务19.6公顷，实际完成22.13公顷，工业用地收储任务46.53公顷，实际完成59.2公顷，超额完成市政府对全区年度出让、收储和做地计划的考核任务。

【土地执法监察】 2020年，规划资源滨江分局开展土地执法日常巡查169人次，参与联合执法25次，协助城管综合执法部门完成违法用地（建设）行为认定32次，卫星图片遥感执法核查发放图斑344宗，对发现的26个问题图斑，督促责任单位全部整改到位，拆除各类违法建（构）筑物面积1.56万平方米，实现卫星图片遥感执法监督检查违法用地耕占比连续5年为零。通过手机短信、微信群、政务平台等媒介发送气象预警预报信息52次2180条；出动巡查队伍239组395人次排查和日常巡查全区地质灾害易发区。推动长河街道孔家里212号附近边坡潜在地质灾害隐患治理；新建张家村泥石流治理点地质灾害自动化专业监测点，"全时段"监测点位边坡位移变形、降雨、泥水位等数据，监测点数据全部接入区地质灾害自动化监测信息平台，提升全区地质灾害自动化监测水平。

（许海峰）

【工业用地出让】 2020年，滨江区工业用地出让实行线上"控地价、竞贡献"模式，即地价控制在一定区间，当地价达到上限时，转为竞亩均年税收，亩均年税收高者竞得土地。5月15日，第一批2宗"控地价、竞贡献"项目成交，其中杭政工出〔2020〕6号地块经过2家公司139轮报价，最终由城云科技（中国）有限公司以出让地价1321万元（溢价率42.8%）、亩均年税收250万元（溢价率150%）的报价成交，成为全区首宗"竞贡献"地块。至年底，出让工业用地12宗18.93公顷（其中"竞贡献"2宗），出让总量与总数均为近10年来最高。

（袁惠田）

【不动产登记业务"最多跑一次"持续推进】 2020年1月8日起，杭州高新区（滨江）规范不动产登记"容缺受理"条件，对权属来源清晰、登记事项事实清楚，但次要辅助性材料有欠缺的，可经申请单位或个人当场书面承诺后，进行"容缺受理"。不动产登记"最多跑一次"改革延伸至法院执行领域，依托杭州不动产登记"杭e登"和法院"慧执行"系统，4月起，实现法律文书和登记信息数据互通共享、按需调用，不动产查、解封登记"全流程、无纸化"网办。同月20日起，不动产权证附记中取消注记抵押权信息，办理抵押注销登记业务，不再收取不动产权证书。6月起，企业财产转移登记"全程网办"功能上线，实现纳税、登记"一个环节、全程网办、即日办结"。8月31日起，不动产登记业务实行系统"人证识别"，核验申请人或受托人身份。12月15日起，不动产一般登记、抵押登记业务办理时限分别缩短至3个工作日、2个工作日办结，商品房买卖等立等业务60分钟办结。至年底，不动产登记窗口办理各类不动产登记业务2.37万件，发放不动产权证书1.08万本、发放不动产登记证明9771份、查档2.33万人次。不动产登记窗口办理业务总量居杭州市主城区各区级办理点首位。

（杨　琪）

【做地工作专题培训会】 2020年11月5日，杭州高新区（滨江）做地工作专题培训会在规划资源滨江分局举行。培训会由规划资源滨江分局举办，全区做地单位相关工作人员20人参加。会议邀请杭州市规划资源局收购储备处处长，围绕杭州市经营性用地及工业用地做地流程、收储标准开展培训，从出台背景、收储流程、案例分析等方面讲解《杭州市经营性用地收储标准》《杭州市工业用地收储标准（试行）》，强调项目备案、规划条件、勘测定界、管线迁移、场地平整、环境初评、配套核查、权证办理等八大环节的重要性和必要性。

（龚思瑜）

教 育

综 述

2020年，滨江区有各类幼儿园36所（65个园区），义务教育阶段学校有29所（30个校区）。其中：公办初中6所，公办小学16所（17个校区），公办九年一贯制学校3所（4个校区），民办九年一贯制学校1所，民办九年制学校3所。市属普通高中2所，职业高中2所，省、市属高校6所。区教育研究院1所、社区学院1所、成人技术学校3所。全区中小学、幼儿园及进修学校、社区学院、成人技术学校等有教职工5882人。其中：幼儿园专任教师1727人，小学（含民办学校）专任教师1786人，中学（含民办学校）专任教师1007人，其他362人。专任教师中具有研究生学历603人、本科学历2767人、专科学历266人。

全区地方教育经费总收入29.35亿元，公共财政教育支出27.21亿元。其中：教育事业费20.12亿元；教育税费4.42亿元；其他公共财政安排的教育经费2.67亿元。杭州奥体实验小学、幼儿园完工；开工建设中小学、幼儿园5个项目。完成青年教师宿舍装修提升，保障学校教育教学顺利有序。

滨江区以“打造教师圆梦摇篮，提升滨江教育品质”为目标，探索和架构基于区域研修平台的“135”互联网+研训模式、“互联网+”环境下区域校本研修模式、分层分类的教师专业成长的“雁阵计划”主题研训，提升教育软实力。

（陈　艳）

学前教育

【概况】2020年，滨江区有幼儿园36所（65个园区），在园幼儿20182人。包括公办幼儿园29所58个园区，在园幼儿18166人，占比90.01%。普惠性幼儿园30所59个园区，在园幼儿18361人，占比90.98%。等级幼儿园覆盖率100%，其中省一级、二级幼儿园覆盖率94.9%。全区幼儿园有教职工2925人，其中：教师1727人，在编教师1045人，在编教师占比60.51%；职工1198人。教师资格证持有率100%，园长持证上岗率100%。

【产业园区嵌入式幼儿园建设】2020年，滨江区推进产业园区嵌入式幼儿园建设。10月9日，全区首家智慧科技型产业园区嵌入式幼儿园样板——海康威视幼儿园开园，是全市首家公办普惠产业园区嵌入式幼儿园。海康威视幼儿园是杭州高新区（滨江）为满足企业人才需求、营造良好营商环境、缓解学前教育资源紧缺现状，与杭州海康威视数字技术股份有限公司合作创建的产业园区嵌入式幼儿园。园区位于阡陌路555号——海康威视二期园区，采用“园（产业园区）中园（幼儿园）”设计，规模为12个班。2020年首次招生录取90名幼儿，成为全区第一所“陪爸妈上班”的幼儿园。10月12日，钱江湾幼儿园海创分园开园。幼儿园位于海外高层次人才创新创业基地，隶属钱江湾学前教育集团，解决海创基地人才及企业员工子女入园难、入托难问题。11月18日，物联网产业园配套幼儿园开工建设，计划2022年8月底建成投用。

【幼儿园保教研究组织能力大赛】 2020年2月22日，滨江区开展第二届幼儿园保教研究组织能力大赛暨幼教兼职教研员选拔，19所幼儿园的21名教师参加。大赛分为方案海选和现场比赛两轮进行。第一轮以设计《滨江区幼儿园保育员培训方案》和《幼儿园保育工作培训方案》为载体；第二轮按照省一级评估标准进班观察。根据考题做重点评析，最终评选产生兼职教研员4人。

【发展学前教育第三轮行动计划】 2020年8月28日，杭州高新区（滨江）出台《杭州高新区（滨江）发展学前教育第三轮行动计划》（简称"计划"）。计划自2019年底开始拟稿，经区教育局各部门审议后，征询区人力社保局、区财政局等12个部门的意见，网上公开意见征询和公示，区委政法委出具审查意见书。计划自2020年10月1日起实施，从健全学前教育公共服务体系、完善学前教育投入保障体系、加强学前教育保教队伍建设、深化学前教育改革、强化学前教育监管5个方面谋划学前教育发展的路径，以制度化的方式落实保障、夯实基础，优化管理。（李　奕　杨佳丽）

【全国"学前教育普及普惠县"省级督导评估】 2020年9月14—15日，省督导组对滨江区"学前教育普及普惠县"创建工作进行督导评估。评估包括普及普惠水平、政府保障情况、幼儿园保教质量保障情况等3个方面36项指标。汇报会上，评估组听取创建情况的汇报，查阅全区推进学前教育普及普惠工作的台账。走访15所幼儿园，查看幼儿园活动室、功能室、食堂等场所，查阅相关台账，访谈园长、教师与家长，了解师资配备、保教保育、教师待遇等情况。滨江区学前教育普及普惠工作通过省级督导评估。

（周　刚　姚雅萍）

义务教育

【概况】 2020年，滨江区义务教育阶段学校有29所（30个校区），其中公办初中6所，公办小学16所（17个校区），公办九年一贯制学校3所（4个校区），民办九年一贯制学校1所，民办九年制学校3所。在校学生37829人，其中：初中266个班，学生9070人；小学696个班，学生28759人。外籍学生有小学生29人，初中生7人。随迁人员子女在校人数有小学8626人、初中2470人。初中毕业生2565人，普高录取1549人，中等职业类学校录取980人，总录取率98.6%。

滨江区获杭州市第十二届中小学生文化艺术节比赛一等奖11项、二等奖20项、三等奖30项。获市抗疫主题优秀作品创作与朗诵比赛一等奖3个、二等奖7个、三等奖11个。获浙江省中小学生艺术节比赛奖项24个，其中一等奖9个、二等奖13个、三等奖2个，获评优秀指导教师11人，区教育局获"优秀组织奖"。区教育局关工委获全国"新时代好少年"主题教育读书活动"先进集体"称号。杭州二中白马湖学校的教师柯君妹获第九届长三角地区中小学班主任基本功大赛小学组综合奖一等奖和论文一等奖。

【统筹学校复工复学】 2020年1月，区"新型冠状病毒感染的肺炎"防控指挥部专门成立学校专项工作组，专项工作组下设3个工作专班，涵盖辖区内的所有学校（幼儿园）。组建区教育系统疫情防控专业人员钉钉群，由辖区内各高校、高中、杭州国际学校、杭州江南专修学院，以及区各中小学、幼儿园校医组成，提前做好开学前学校防控疫情医用物资情况的摸底和需求上报工作，协调有关部门确保物资供应到位，启动学校校医的专业技术培训计划，邀请杭州医学院专家担任授课教师。区教育局协调全区公办中小学全部安装浙江宇视科技有限公司的门框式测温仪、杭州海康威视数字技术股份有限公司的人脸识别机器。

【体育教育创新课题研究战略合作协议签订】 2020年1月17日，区教育局与上海交通大学、杭州中享体育文化发展有限公司（简称“中享体育”）签订小学体育教育创新课题研究战略合作协议。根据协议，上海交通大学通过滨江区学校开展体育教育创新课题实验研究，与中享体育共同制定体操课程标准，编制小学体操体育教材，首轮在杭州滨兴学校、杭州江南实验学校开展试点。同时对全区小学体育老师开展体操理论、技能、体育心理方面培训。到滨江区对口帮扶地区进行体育支教合作，组织上海交通大学体育系优秀硕士生、博士生，体育世界冠军组成体育教育支教团队，不定期开展体育支教活动。

【教育系统新冠肺炎疫情防控】 2020年1月26日起，区教育局制定《滨江区中小学、幼儿园2020年春季开学前后疫情防控工作方案》《关于做好滨江区2020年春季学期开学工作的通知》《滨江区2020年春季中小学幼儿园开学工作方案》等复学返校工作方案，成立区教育系统疫情防控工作领导小组，下设信息报送组、校处培训机构核查组、中小学核查组、物资准备组，幼儿园核查组、督查组6个专项小组，负责疫情防控各项具体工作。各学校成立相应的疫情防控工作领导小组，按照疫情防控要求，统一协调落实本校的防控工作，主要负责人承担防控第一责任。各相关科室密切配合，开展全区6万多名师生的排查、管控工作，做到底数动态掌握。各基层单位每天进行师生详细摸底，确保数据及时更新。局机关党员干部配合协助区新冠肺炎防控指挥部工作安排，到支援街道社区开展相关防控工作。对校外培训机构停课情况展开摸排，1月28—29日，对82所校外培训机构执行有关停课要求的情况开展检查。各学校通过录制微课等形式，利用互联网和信息化教育资源，为学生提供学习支持，指导学生安排好在家学习和生活。

【学生成长健康平台系统】 2020年4月，滨江区各中小学校门口安装“刷脸+测温”的一体化硬件设备，搭建温码一体化平台，建设“学生成长健康平台”系统，推动精准管理，助力复学复课。学生进校时，只需刷脸，就可以实现测温和健康码同时检测，防止人员直接或间接接触导致的感染。“温码一体机”平均2～3秒即可通行一人，且无须摘下口罩也能进行人脸识别，确保学生快速进校，避免人群聚集。该系统支持热成像摄像头、通道式测温闸机、手持体温枪等各类体温检测硬件设备。师生晨午检健康数据实时上传到“学生成长健康平台”系统，确保师生健康数据管理更动态、为区教育局更有效指导各校复学防疫工作提供科学依据。

【杭州高新区（滨江）航空航天STEM教育研学基地成立】 2020年5月7日，杭州高新区（滨江）航空航天STEM教育研学基地暨高新区（滨江）STEM教育学校联盟成立仪式在北京

2020年5月7日，滨江区中小学生参观STEM教育研学基地——北京航空航天大学杭州创新研究院（区教育局　供图）

航空航天大学杭州创新研究院报告厅举行。北京航空航天大学杭州创新研究院、区教育局、25所学校代表共100多人出席活动。STEM教育指科学、技术、工程和数学教育。航空航天STEM教育研学基地连通核心素养培养与空天知识传承通道，助力滨江中小学生素质教育发展，牵引滨江STEM教育品质提升，打造引领国内的航空航天特色STEM教育研学基地典范。首批共有杭州浦沿中学、杭州江南实验学校、杭州滨和中学、杭州二中白马湖学校小学部、杭州高新实验学校、杭州市滨江实验小学、浙江大学教育学院附属学校、杭州市滨和小学、杭州市春晖小学、杭州市钱塘实验小学、杭州二中白马湖学校初中部、杭州创意城小学、杭州滨兴学校、杭州市浦沿小学、杭州长河中学、杭州闻涛中学、滨江区浦沿幼儿园、滨江区钱塘帝景幼儿园、滨江区白金海岸幼儿园、滨江区钱江湾幼儿园、滨江区月亮湾幼儿园、滨江区奥体中心幼儿园、滨江区长河幼儿园、滨江区浦乐幼儿园、滨江区滨文苑幼儿园共25所中小学、幼儿园作为STEM基地学校。

【转学申请“零次跑”】 2020年6月19日，区教育局在全省率先推出滨江教育线上服务管理系统，实现转学申请“零次跑”。家长扫码登陆“滨江教育线上服务”小程序，可点击资讯查阅，详细阅读转学申请须知，明确转学政策。符合（入学）转学条件的孩子，需要申请转学的进入“转学申请”，选择转学学校，进入转学申请页面，填写转学原因，并上传相关佐证材料。学校收到家长转学申请后，在7个工作日之内做出答复，家长通过网上查询办理进度和结果。该项服务是深化教育领域“最多跑一次”改革，破解学生办理转学手续中的多头跑、反复跑问题。至年底，受理咨询1095条，受理转学申请1368件。

【滨江区教育智库成立】 2020年6月19日，滨江区教育局—深圳南山区教育局友好合作交流备忘签约仪式暨滨江区教育专家智库聘用仪式在杭州闻涛中学举行。滨江区副区长包嘉颖、中国教育学会初中教育委员会副秘书长赵群筠、全区校（园）长等100多人参加。包嘉颖颁发滨江教育智库专家证书。滨江区教育局党委书记、局长来江飞和南山区政协副主席、教育局局长刘根平作为代表，签署友好合作交流备忘录，双方围绕教育综合改革、名师名校（园）长培养、教育科研、教育国际化、创新教育（优秀人才培养）等方面开展合作。加强与全国领先的高新区的教育交流，聘请教育智库专家是滨江区建设教育创新生态，打造杭州美好教育新高地的新举措。

2020年滨江区教育智库专家名单

表41

序号	姓名	单位及职务
1	陈立群	时代楷模、省道德模范、贵州台江民族中学校长
2	尚　可	杭州第二中学校长
3	何东涛	杭州长河高级中学校长
4	刘根平	深圳南山区政协副主席、教育局局长
5	刘京海	上海闸北八中原校长、上海市田家炳中学董事长
6	罗　滨	北京海淀区教师进修学校校长
7	赵群筠	拱墅区教育局原局长
8	方展画	浙江大学教育学院教授、省教科院原院长
9	王崧舟	杭州师范大学教授
10	周　枫	网易副总裁、网易有道首席执行官

【"每天一节体育课"开设】2020年7月1日，滨江区出台《关于切实保证中小学生每天一节体育课等要求的若干意见》，明确从2020年9月起，各中小学校要坚持"健康第一"的指导思想，认识增强学生体质健康的深远意义，以"天天锻炼、健康成长、终身受益"为目标，确保学生"每天一节体育课""每天校园体育锻炼1.5小时左右"，倡导"家校联动每天平均运动2小时"，培养学生良好的体育锻炼习惯和健康的生活方式，帮助学生在体育锻炼中享受乐趣、增强体质、健全人格、锤炼意志。9月，区内各中小学全部做到每天开设一节体育课。学校还从课程着手，基础课程和拓展课程相结合，丰富体育运动形式。

【新名校集团化】2020年7月14日，区教育局出台《"让每一所学校都优质"行动计划方案》，通过深化名校集团化办学，创新集团化办学体制机制，以特色学校建设为抓手，加快推进公办初中高质量发展，促进学校内涵发展，推动区域义务教育优质均衡发展。首推6个新名校集团，以"统一协调、机制创新、激发活力、治理跟进、面向国内外"为主要特征，覆盖区内18所学校，开展融入式管理模式探索。

2020年滨江区首批新名校集团化办学学校名单

表42

序号	教育集团名称	核心学校	成员学校
1	江南实验学校教育集团	杭州江南实验学校	杭州滨和中学、杭州西兴中学、杭州滨和小学、中兴单元小学（在建）、北塘河小学（将建）
2	高新实验学校教育集团	杭州高新实验学校	杭州振浦中学（在建）
3	滨文小学教育集团	杭州滨文小学	杭州钱江湾小学
4	钱塘实验小学教育集团	杭州钱塘实验小学	杭州钱塘实验小学彩虹校区（原彩虹城小学）、浦乐单元小学（在建）
5	滨江实验小学教育集团	杭州滨江实验小学	杭州博文小学
6	春晖小学教育集团	杭州春晖小学	杭州西兴实验小学、襄七房单元小学（待建）

【滨江区班主任学院成立】2020年7月17日，滨江区班主任学院成立仪式暨新初中教育研究院德育领航部开班典礼在杭州闻涛中学举行。市、区教育局负责人，新初中教育研究院院长方展画，杭州师范大学教授周俊为班主任学院揭牌，并为杭州闻涛中学、杭州江南实验学校、杭州滨和小学3所基地学校授牌。班主任学院暨新初中研究院德育领航部由省市区三级专家共同架构研训课程，组

2020年7月17日，滨江区班主任学院成立 （区教育局 供图）

织引领，构建“科研先导、任务驱动、团队协作”的项目运作模式，建设市名班主任工作室领衔人、长三角班主任素养大赛获奖选手、科研型骨干班主任“三位一体”的人才培育体系，健全班主任专业发展通道，形成一支年轻的班主任精英队伍。全面融入长三角教育一体化发展战略，每年组织1～2次跨区域的教育高峰论坛，展示、推广具有学校特色和区域特色的德育文化。加强德育科研队伍建设，以点带面助推学校德育工作和各层级班主任专业发展，构建滨江德育新样态。

【滨江区教育研究院成立】 2020年8月22日，滨江区教育研究院成立揭牌仪式在杭州高新实验学校举行，省教育厅教研室主任任学宝，市基础教育研究室主任朱可，副区长包嘉颖等为研究院共同揭牌。教育研究院是在区教师进修学校改革的基础上建设和发展的，秉持“小实体、多功能、大服务”的理念，聚焦“一个”课题（深度推进区域课堂学习有效性的实践研究）、围绕“两条”主线（课堂行、雁阵计划）、强化“三项服务”（服务基层学校发展、服务区域教育管理机构、服务省市教育关联机构），立足“四个”中心（教育科研、教师发展、学生发展、教育评估），借鉴国内先进经验，打造成为省内知名、国内影响力较大、能启发国际教育研究的新时代区域教研新样板。

【滨江区教师码上线】 2020年8月28日，滨江区教师码上线发布会在杭州春晖小学举行。滨江区依托城市大脑滨江平台中的“美好e达”微信小程序，推出教师专属应用场景——“教师码”，是全国首个针对教师群体的“码上服务、码上优惠、码上互动”智能化应用。根据教师的需求，“教师码”分类设置专属应用场景，设有教育资讯、权益保障、“拼拼go”、便利生活、医疗健康、法律援助、心理健康、联谊活动、名师导航、“遇见@滨江”等版块。

【滨江区教育系统平安创建工作推进会】 2020年9月18日，滨江区教育系统平安创建工作推进会暨滨江区校园安全教育基地授牌仪式在杭州滨和小学举行。省教育厅校安处处长胡惠华，市教育局党委委员、巡视员熊群峰，区委副书记、政法委书记、教育工作领导小组组长张玮，副区长包嘉颖，滨江区平安校园创建联动部门相关负责人、各校（园）分管安全负责人、保安公司负责人、家长代表等100多人参加。会议推出平安校园创建六大举措，分别为打造一个平安中心（平安校园智慧大脑），主推联动机制、闭环机制两个工作机制，建设教师队伍、家长队伍、保安队伍三支保障队伍，构建多维赋能、智慧支撑、家校合力、立体宣传四大创建体系，开展智安校园创建评选、护校安园提质扩面、一盔一带安全出行、法治副校长进校园、青少年权益普法进社区五大特色行动，挂牌国防教育研学基地、青少年禁毒教育馆、“笑笑橙”少年消防应急安全体验馆、未成年人保护法学习基地、青少年模拟法庭教育基地、西兴街道平安建设综合体验馆六大教育基地。仪式上为六大安全教育基地授

2020年9月18日，滨江区教育系统平安创建工作推进会暨滨江区校园安全教育基地授牌仪式在杭州滨和小学举行（区教育局 供图）

牌，全区校园安全相关人员接受培训。

【第三届长三角家校合作论坛在滨江区举行】 2020年9月24—25日，第三届长三角家校合作论坛在滨江区举行。论坛以“疫情时代促进五育并举的家校合作”为主题，由长三角家校合作研究与指导联盟、上海市教育科学研究院普通教育研究所、杭州市教育科学研究院联合主办，滨江区教育局承办，滨江区教育研究院、杭州江南实验学校、杭州春晖小学、明月江南幼儿园联合协办。上海、江苏、浙江、安徽、江西等省市的230名专家、学者、教师代表参加，从不同的角度分享、讨论观点，助推家校合作的新发展。论坛为期2天，分别在杭州江南实验学校、杭州春晖小学、明月江南幼儿园开展课堂观摩、优秀征文观点交流等内容。

【教育职责督查】 2020年10月28—29日，省教育督导委员会组成的专家组对2019年度滨江区政府履行教育职责的情况实行实地督查。督导组通过听取政府汇报、分组走访区委编办、区人社局、区财政局、规划资源滨江分局等有关职能部门，随机考察杭州江南实验学校、钱塘春晓幼儿园、杭州春晖小学等11所学校、幼儿园，查阅相关资料，个别访谈教师等方式全面了解政府履行教育职责情况。督导组从总体评价、存在问题、意见建议等方面对区政府履行教育职责工作进行反馈。肯定区委区政府重视教育事业发展，将教育放在优先发展战略地位，坚持规划先行，充实区域教育资源、优化教育资源布局，重视教师队伍建设。对落实教育资源的扩充、特殊学校的建设进度等提出建议。

【2020“白马湖之秋”浙江省名师新课堂教学研训】 2020年10月16—30日，2020“白马湖之秋”浙江名师新课堂教学研训活动在滨江区举行。活动由浙江省中小学名师名校长工作站支持、中国教研网直播、滨江区教育局主办，区教育研究院承办，全国各地近10万人次专家、教师“线上+线下”同步参与。2020“白马湖之秋”研训活动开设初中语文、数学、历史与社会和小学道德与法治、英语、科学共6个学科分场的新课堂研讨活动。浙江大学教授刘徽，人民教育出版社编审任富兵，浙派名师名校长小学科学培养项目首席导师、教授来文，省教育厅教研室教研员章新其、张宗余、郑文、邬冬星，市基础教育研究室徐春建等省内外特级教师、资深学科名师、教研专家共同研讨素养导向下的基础教育课堂变革热点及关键问题。南京师范大学教育学博士唐燕，宁波市教育局教研室邹艳等资深教研员全程参与课堂观摩、评课，发表专题学术报告，介绍当前课改、教改、学改的最新动向。

【滨江区高水准通过浙江省语言文字工作督导评估】 2020年11月12—13日，浙江省语言文字工作督导评估专家组对滨江区开展省区域推进语言文字工作验收暨语言文字工作督导评估。专家组实地检查滨江区政府（区融媒体中心）、区党群服务中心、区行政服务中心、杭州江南实验学校、杭州钱塘实验小学、西兴街道、彩虹城社区、新华三技术有限公司、杭州海康威视数字技术股份有限公司、杭州白马湖建国饭店10个具有代表性的单位、场所和1条示范街，核查台账25本，发放、回收语言文字知识测查问卷40份，随机访谈20多人，了解滨江区推进语言文字工作情况和成效。评估组认为，滨江区委、区政府高度重视语言文字事业发展，全区有效构建“全覆盖、分级管”的网格化语言文字工作体系。督导评估组认定：滨江区达到语言文字规范化区县（市）评估标准，高水准通过浙江省语言文字工作督导评估，被认定为“浙江省区域推进语言文字规范化区”。

【《滨江区学校班级微信群公约》获央视点赞】 2020年11月27日，区教育局推出《滨江区学校班级微信群公约（试行稿）》（简称“公约”），公约分家长篇和教师篇两部分。家长篇中列出家长能遵守公序良俗、遵守班级规则、表达理性诉求、理解老师的忙碌、欣赏他人孩子、把控交流时间6条约定。教师篇提出约定班级规则、发布合理信息、进行多元评价、分清作业边界、坚持理性沟通、维护网络纯洁6条约定。“人民网”、新华社、《光明日报》等媒体分别进行转载报道。12月6日，中央电视台新闻频道《新闻周刊》栏目报道《滨江区学校班级微信群公约》，对滨江引导规范班级微信群的做法点赞。

【滨江区获全省教育现代化发展水平第二名】 2020年12月，省教育厅公布2019年度教育现代化发展水平监测结果。滨江区2019年度教育现代化发展水平总得分88.16分，高于全省平均14.58分，居全省第二名。滨江区的一级指标、二级指标全面高于全省平均水平，“优先发展”高于全省平均6.56分，“育人为本”高于全省平均2.26分，“促进公平”高于全省平均3.59分，“教育质量”高于全省平均1.42分等。除高中段指标外的44个监测点中，37个监测点达成度为100%。代表群众心声、体现滨江教育为人民服务、衡量教育民生工程理念实践成效的指标—教育满意度，滨江区为88.42%。教育现代化发展水平监测是由省教育厅督导委发起，通过动态跟踪区县（市）教育现代化各项指标数据变化情况，引导全省各地切实重视和解决教育发展中不平衡不充分问题，促进各地不断提升教育现代化水平。

（周　刚　姚雅萍）

成人教育

【概况】 2020年，杭州高新区（滨江）社区教育机构有区社区学院1所、区社区学院街道分院（街道成人学校）3所、社区市民学校62所。有公办教职工21人，专任教师21人，聘请校外教师491人，志愿者673人。全区社区教育机构完成非学历培训21.05万人次。其中：家政培训1400人次，企业职工培训3.56万人次，家庭教育培训6.21万人次，老年教育培训1.22万人次，青少年校外培训4900人次，线上培训5.7万人次，其他培训3.73万人次。区社区学院党支部获评区教育系统疫情防控先进党组织。浦沿街道之江社区“之音合唱团”获评省老年教育优秀社团。“西兴灯笼文化的多元传承”获评省成教品牌项目、市终身学习品牌项目。浦沿街道江南社区和长河街道晶都社区获评2020年市社区教育进文化礼堂优秀组织单位。长河街道晶都社区“梦之声女子合唱队”等5个社团获评市社区示范性学习型社团。西兴街道滨和社区等6所市民学校获评区现代化市民学校；西兴街道新州社区江南越剧社等17家社团获评区第七届优秀学习型社团。浦沿街道滨盛社区李明获评浙江省“百姓学习之星”和省“社区教育优秀志愿者”。浦沿街道彩虹社区吴彩媛获评杭州市“百姓学习之星”，西兴街道奥体社区申福祺等20人获评区第六届“百姓学习之星”。滨江区社区教育工作受到《浙江教育报》《钱江晚报》《新农村》杂志等媒体报道，区社区学院编印《聚焦滨江社区教育（2018—2019）》新闻报道集和《终身学习、幸福生活——滨江区市民学校现代化建设回顾》。

【省学分银行录入】 2020年，区社区学院重视省学分银行录入工作。学分银行是一种学习或借鉴银行的功能特点，使学生能够自由选择学习时间、学习内容、学习地点的管理模式，内容为累积学分，把技能培训和学历教育相结合。1月，制订各类培训计划并在网上公示，按计划实施，培训活动结束后整理档案，把培训成果录入省学分银行。至年底，全区录入项目31个，课程633个，成果总数15.1万个。在市社区教育公共服务平台上开展的培训活动，自动转入省学分银行成果3.16万个，全年18.26万个，居全市第一位。

【彩虹老年学堂成立】 2020年4月，区教育局与浦沿街道彩虹社区协商在彩虹社区文化家园设立杭州市滨江区彩虹老年学堂，由区社区学院与彩虹社区签订合作协议。彩虹老年学堂是2020年省民生实事项目，5月开始建设。6月8日，区教育局印发《关于成立杭州市滨江区彩虹老年学堂的通知》，明确学堂领导班子、办学规模、经费保障、业务指导等事项。7月，彩虹老年学堂建设完成。9月，彩虹老年学堂开班，开设老年培训班7个，招收学员191人。

【社区教育机构改革】 2020年5月21日，区编委发文撤销杭州市西兴街道成人文化技术学校、杭州市长河街道成人文化技术学校、杭州市浦沿街道成人文化技术学校，其承担的有关职能交由杭州市滨江区社区学院承担。区教育局在各街道成人文化技术学校设立的杭州市滨江区社区学院街道分院继续保留，并聘任原街道成校校长为分院院长，承担有关培训、管理等职能。

【第二批"社区好老师"评选】 2020年10月，区第二批"社区好老师"评选活动结束，历时6个月。评选通过老师自愿报名，社区、街道推荐，区社区教育委员会办公室组织网上投票、现场考核，评出10名"社区好老师"，谢浏晨等10名来自声乐、书法、舞蹈、葫芦丝、排舞等领域的市民获评第二批社区好老师，叶勤等4人入围"社区好老师"评选优胜奖。社区好老师是具有专业特长和教学能力的民间人士。

【全民终身学习活动周】 2020年10月28日，2020年杭州高新区（滨江）全民终身学习活动周举行启动仪式。活动周由区社区教育工作委员会办公室主办，主题为"全民智学，助力'双战双赢'"，启动仪式上表彰2020年区现代化市民学校、优秀学习型社团、优秀市民学校校长、区第六届"百姓学习之星"、社区好老师、优秀社区教育联络员等各类先进集体和个人。活动周期间，各街道、各社区教育学校开展各类贴近市民需求的社区教育活动，激发市民的学习兴趣和学习动力，营造全民终身学习的良好社会风尚，全区参与学习活动的市民2.15万人次，发放学习宣传资料4215份。

【省成教品牌项目】 2020年11月，区社区学院西兴分院的"西兴灯笼文化的多元传承"获2020年浙江省成教品牌项目。西兴灯笼2005年被列为杭州市民间文化艺术手工艺品保护项目，列入浙江省非物质文化遗产名录。2009—2020年，西兴分院开展"西兴灯笼文化的多元传承"项目创建，在分院建立西兴灯笼传统工艺与民俗文化课程体验基地；开设非遗传承人蔡雪安工作室；在辖区中小学成立社团活动室；编写培训教材，拍摄视频课程；排演以"西兴竹编灯笼"为题材改编的民间艺术广场舞；举办西兴灯笼传统工艺技能培训班；开展西兴灯笼民间故事征集、征文活动等，形成以灯笼文化为载体的西兴社区教育特色。

【社区教育特色课程】 2020年11月，区社区学院参加2020年全国乡土特色课程资源遴选活动，赵国祥主编的《生活垃圾分类读本》、陈海燕主编的《爱的初体验》、徐华昌主编的《现场应急救护培训》、来小钦主编的《滨江印象》获全国2020年精品乡土课程，在全国农村成人教育平台展示。全年，浦沿分院结合防疫工作，开发突发公共卫生事件科普知识手册课程，西兴分院开发手机摄影课程。区社区学院开发制作长河古镇、西兴灯笼、消防逃生安全、手机摄影小技巧、中式盘扣、42式太极剑等15门社区教育特色微课程。

【社区教育"学习指数"居全市第一位】 2020年11月20日，在杭州市全民终身学习活动周启动仪式上，杭州市社区大学在杭州市社区教育公共服务平台上发布社区教育"学习指数"，滨江区的社区教育"学习指数"为80.3，注册学员83809人，注册教师556人，开通场地54个，发布活动307个，居全市第一位。

【3所家长学校获评省级数字家长学校】 2020年12月8日，市教育局公布2020年度省中小学数字家长学校认定结果，杭州江南实验学校、杭州闻涛中学、杭州市滨江实验小学3所家长学校上榜。3所学校按省教育厅创建要求，通过组建由学校校长任组长的数字家校管理团

队，建立家长数字学习平台，推送学习课程，组织家长注册、学习等途径，完成创建。（赵国祥）

特殊教育

【概况】 至2020年，滨江区有3～18岁持证残疾儿童135人。其中：持证残疾儿童少年义务教育阶段90人，入学率100%；学前教育持证17人，入园率94%；高中段持证28人，入学率85%。2020年，投入特殊教育保障经费200多万元，有近60名学生在区内学校随班就读、送教上门，生均公用经费按普通同级学校生均公用经费基准定额的10倍以上拨付，并纳入学前教育和义务教育经费保障体系。新增杭州奥体实验小学、杭州滨和小学、杭州春晖小学、杭州丹枫实验小学、杭州东冠小学、杭州钱塘实验小学、杭州滨江实验小学7个随班就读资源教室。

【特殊教育公共服务合作机制和信息共享机制】 2020年，区教育局继续开展与第三方服务机构的合作，促进康教结合，提高残疾学生评估鉴定、入学安置、教育教学和康复训练的有效性。至年底，举办康教结合活动12次，其中针对自闭症儿童干预的康教活动6次，增强特殊教育教科研能力，推进课程教学改革，全面实施个别化教育，完善质量管理机制，逐步提升特殊教育质量。

【特殊教育师资水平提升】 2020年9月，区教育局成立特殊教育专家委员会，邀请国内知名高校相关专家进入专家团队，为普校资源教师提供专业系统的理论指导。定期组织教育康复相关培训课程，内容围绕听障、智障、脑瘫、自闭、唐氏综合征等特殊儿童如何改善及提高他们的言语、听觉、认知、学习、运动、情绪行为、社会适应、资源教室应用、康复器材应用等作为主要的学习要求。为“影子教师”（个性化帮带老师）进行专业培训和跟踪指导，借助学校资源教室等资源由“影子教师”对每位特殊儿童每天提供1～2小时的个别化训练，在“送教上门”的“影子教师”中开展有针对性地个别化训练，提升“送教上门”工作的教学质量。

（童永健）

智慧教育

【概况】 2020年，区教育局围绕“高水平均衡发展”、打造“杭州教育最强区”的目标。利用区域经济特色，高新技术企业云集的优势，深化人工智能和大数据背景下教与学方式、教育供给方式、教育治理方式的变革，提升滨江基础教育品质。借助“数字滨江”建设，着力打造具有国内先进水平、信息技术和教育高度融合发展的滨江智慧教育体系。提出“135”互联网+研训模式——“一个平台，三层联动，五式推进”，形成“教研员引领—网络研修团队管理—各校教研组长组织—各校教师落实”的线上线下融合研修模式。借助网络教研信息化平台，为教师提供动态化、实时性的数据支撑，针对性地制定区、校、个人教研计划，实现精准教研。

2020年，滨江区获评“浙江省智慧教育综合试点区”，完成浙江省年度“互联网+义务教育”结对帮扶工作，杭州市奥体实验小学、杭州市钱江湾小学被认定为浙江省义务教育标准化学校，浙江大学教育学院附属学校、杭州滨和中学、杭州市滨和小学、杭州市滨江区白金海岸幼儿园、杭州市滨江区官河锦庭幼儿园、杭州市滨江区明月江南幼儿园、杭州市滨江区钱塘春晓幼儿园、杭州市滨江区长河幼儿园、杭州市滨江实验小学、杭州市钱塘实验小学10所中小学、幼儿园被授予“杭州市智慧教育示范校”称号。

【“智安校园”管理平台】 2020年，区教育局依托实时监控、周界报警、电子巡更、访客管理、人脸识别等系统完成“智安校园”管理平台及驾驶舱建设，与公安滨江分局的大数据平台系统互联，实现对访客实名登记、人像比对、车辆识别、行为识别、周界报警等功能的自动排查、实时预警，与部门联网联动，实现校园安全防范由“被动应对”向“主动防控”转变，保障校园安全。

【“数字校园开放”场景建设】2020年，区教育局依托滨江区城市大脑、人脸识别系统等建设“数字校园开放”平台，提高校园的体育场地、图书馆、地下车库对社会公众开放率，实现校园作为公共资源的利用率最大化，提升老百姓的获得感和幸福感。通过数据的采集和沉淀，为城市大脑获取滨江居民的运动指数、阅读指数、停车指数等方面数据开辟新途径，校园开放场景在杭州市城市大脑及滨江区城市大脑上进行场景呈现。杭州市滨和小学作为试点单位在室外建设“智慧书亭”，做好学校图书馆服务在时间和空间上的延伸，为读者就近提供全天候的图书自助阅读和借还等服务。

【“滨江教育数据融通”平台】2020年9月，滨江区教育局整合学生、学校、教师、开放校园、孩子健康成长、疫情防控等各模块数据，建设“滨江教育数据融通”平台，通过大数据展示系统，直观、快速地浏览各学校、学生、教师及各类主题应用，通过多样化图形展示，直观、具体地将关键指标进行可视化的呈现。

（沈浙波）

教师队伍建设

【概况】2020年，杭州滨江区招聘优秀教师333人，包括特级教师2人、全国模范教师1人。其中：应届毕业生247人，具有研究生学历人员125人，占比50.6%，双一流高校毕业生61人。招聘在职教师86人，包括引进骨干教师64人，占比74.4%。通过直接考核的方法引进优秀教师，使教师队伍结构更加优化。组织57名后备干部、16名卓越教师，47个导航站的470名学员开展线上线下培训。继续做好初中数学、小学数学骨干教师90人与杭州师范大学和浙江外国语学院合作培训项目。落实“中小学教师平均工资收入水平不低于或高于当地公务员平均工资收入水平”的法定要求，按照“同步、同时、同幅度”统筹考虑公务员和教师两个群体平均工资的平衡，实现教师平均工资收入高于公务员平均工资收入水平。滨江区获评杭州市2020年度市中小学教师专业发展培训绩效考核优秀。

【头雁班学科名师培养】2020年，滨江区首期头雁班初中科学、中小学体育、中学英语、小学语文各学科开班，100多名教师通过线上线下教研合力，开展以“教科研能力提升”、全员课堂教学诊断等20多次的主题研修活动，以说课+播放视频的形式展示课堂教学并与专家进行针对性地互动诊断。至年底，学科顶尖教师群初步形成。

【教育精准扶贫】2020年，滨江区发挥滨江教育的优势，兼顾“滨江所能”与“受援地所需”，接收中西部地区100多名骨干教师到滨江区跟岗学习，选派37名骨干教师参与

2020年9月9日，杭州高新区（滨江）第36个教师节庆祝大会在区文化中心召开　（区教育局　供图）

1～18个月支教。选派名师名校长108人次进行暑期送教，培训当地教师3400多人。获当地教育部门和家长的认可。

【卓越教师培养工程】 2020年5月29日，滨江区第一期卓越学科教师培训项目开班。培训班以理论指导和实践指导双轨并行，围绕教育科学研究能力研修、个性化教学风格提炼、教育理论与教育教学改革、成果总结与示范辐射4个主题展开，进行专业精神引领、教育科学研究能力、教学特色总结、教学艺术磨炼、教学风格提升、教育理论与教育教学改革、成果展示与示范辐射7个模块的培训。至年底，开展11场主题培训，省内外近10名教育专家围绕课堂教学、课题研究、论文撰写、文献研读、特级教师评审要素分析、名师的思维品质等专题进行分享解读，滨江区各学科卓越教师16人参与，旁听教师500多人。

【领雁班后备干部培养】 2020年7月和11月，滨江区领雁班后备干部培养在杭州市滨江区和上海复旦大学举行，培训班进行为期15天的区内外拓展学习，56人参加。长三角地区的26名教学管理、教育科研、教学改革、教师心理、幼儿教育管理等领域校长和专家，为学员们讲课，提高学员们的政治素养、教育理念、服务方式、课改意识。领雁班是区教育局依据"雁阵计划"的统筹规划，为打造优秀的后备干部而举办的研修班。

【鸣雁班新教师培养】 2020年9月19日，滨江区2020学年鸣雁班新教师培训举行开班仪式，311名中小学、幼儿园新教师进行180学分的理论和实践学习。至年底，共开展班主任管理、心理健康教育、课堂教学常规技能、师德师风建设、命题技术解析、科研素养培植等20多个主题的集中研训。鸣雁班是针对入职新教师的岗前通识性培训。

【校长资格培养】 2020年10月18日至12月13日，滨江区23名小学正、副校长参加小学校长任职资格培训班。培训采取分散与集中、理论与实践、考察与探究相结合的方式展开。通过23个主题讲座和10多所学校的实地考察和观摩，提高学员在规划学校发展、营造育人文化、领导课程教学、引领教师成长、优化内部管理和调适外部环境等方面的专业素质。

（姚青松　陈建刚）

驻地学校

【概况】 至2020年底，滨江区有省、市属高校6所，市属高中4所，国际学校1所。6所高校位于滨江高教园区。滨江高教园区于1998年建立，位于浦沿街道滨文路两侧，用地规模134公顷，总建筑面积82.6万平方米，是浙江省最早建立的省级高教园区。2000年，高校相继迁入。

【浙江中医药大学】 至2020年底，浙江中医药大学有滨文和富春2个校区，设有16个学院，1所独立学院（滨江学院），拥有附属第一医院（浙江省中医院）、附属第二医院（浙江省新华医院）、附属第三医院（浙江省中山医院）、附属杭州市中医院。开设本科专业32个，其中4个专业入选国家一流建设点、3个专业通过教育部专业认证。中医学、中药学入选浙江省第二批重点建设高校优势特色学科，临床医学、药理学与毒理学学科领域进入基本科学指标数据库（ESI）全球排名前1%，获省"十三五"一流学科建设项目A类3个、B类6个。有3个一级学科博士学位授权点以及中医博士专业学位授权点，8个一级学科硕士学位授权点以及6个硕士专业学位授权点，建有3个博士后科研流动站。学校建有2个国家中医临床研究基地以及国家中医药科研重点实验室、省"2011协同创新中心"、省重点实验室、省工程研究中心、省国际科技合作基地等科创平台。

2020年，有全日制在校生1.8万人（含独立学院），其中硕博士研究生3100多人、学历留学生700多人。校本部有在职教职工1350人，正高级专业技术人员330人（含直属附属医院）。继续完善“三全育人”体系，其中“网络育人”“心理育人”项目获省“三全育人”综合改革重点支持项目，7门课程获国家级一流本科课程认定。学校入选省高校课程思政教学改革联盟副理事长单位。中医医师资格考试综合通过率连续3年居全国第一位。学生获国家级创新创业竞赛奖项18项。

学校深入实施“人才强校”战略，修订完善《“5151远志人才工程”实施办法2.0》，持续推进博士化、国际化工程，启动实施“青椒”托举工程，努力打造最优人才生态。新增国家级人才3人次，新增省部级人才23人次，专任教师中省级以上人才占比9.9%，博士学位占比提升至67.3%，具有6个月及以上国（境）外访学经历人员占比提升至40.6%。

加强科技平台建设，新增省重点实验室2个、省国际科技合作基地1个、省工程研究中心1个。立项国家级科研项目63项，其中国家重点研发计划项目1项、国家社科基金2项；获2019年度省科学技术奖一等奖1项、二等奖2项、三等奖7项，2020年度中国中西医结合学会科学技术奖一等奖2项，2020年度中华中医药学会科学技术奖二等奖2项、三等奖1项；发表中科院一区论文23篇，《科学引文索引》（SCI）期刊论文43篇。

学校新增战略合作地2个，新建技术转移中心（专家工作站）3个。共建“健康汽车研究中心”等校企科研平台7个，发起成立“浙江省中医药大健康联合体”，成立校友企业（创业）联盟。牵头组建省中西医结合诊治新冠肺炎专家组，制订省新冠肺炎中医药防治方案和中西医结合治疗推荐方案，获批国家疫病防治中心建设项目。新增附属丽水中医院，与富阳区共建富阳骨伤医院。中医药博物馆被核定为国家二级博物馆、省中医药文化养生旅游示范基地。《浙江中医药大学学报》获“2020年度中国高校优秀科技期刊”称号。新增国际合作伙伴3家，组织“中国医药世界战疫行动”等线上宣讲活动。 （朱宇峰）

【浙江警察学院】 至2020年底，浙江警察学院有全日制在校生3523人，设有11个本科专业和4个专业方向，其中国家级一流本科建设点2个、省级一流本科建设点4个。建有基于大数据架构的公安信息化应用公安部重点实验室、公安部警务技能战术研发中心、浙江省毒品防控技术研究重点实验室、浙江新时代公共安全治理研究中心4个省部级科研平台，是公安部全国县、市公安局局长培训基地，公安部警务实战训练基地，公安部科技信息化教育训练基地，国际刑警组织中国国家中心局教育训练基地，公安部、商务部援外（外警）培训点，公安部中欧警务培训项目承办基地。学校有教职工479人（专任教师257人），其中正高职称35人、副高职称100人，86人有博士学位。2020年，1人被评为“浙江省担当作为好干部”，1人入选省高校创新领军人才培养对象，3人入选高层次拔尖人才培养对象，4人入选青年优秀人才培养对象。

2020年2月17日起，浙江警察学院为应对新冠肺炎疫情影响，开展线上教学。4月27日，学生错峰分批返校，是浙江省最早全面复课复学的高校。6月上旬完成招生综合测试，为全国高校组织疫情防控条件下的大型考试创造成功样本，招收普通学历教育本科专业新生948人。其中：省内全日制本科生900人，公安英烈子女2人，藏族学生31人，涉外警务专业省外招生15人。2020届1019名学生毕业，1019人参加面向公安院校公安专业应届毕业生招录人民警察考试，成绩居全国公安院校第一方阵，1017人获学士学位。学生公开发表论文31篇，获省级以上课题立项20项，国家级创新创业结题11项；在省部级以上竞赛获奖91项，其中国家级竞赛获奖7项；在国际、国内体育竞技比赛中获金牌7枚、银牌1枚、铜牌2枚。老挝、刚果（金）、莫桑比克、肯尼亚、安哥拉、韩国等国的65名外国留学生在校学习，其中本科学历生61人、语言生4人。

2020年，浙江警察学院接受浙江省教育厅本科教学工作审核评估整改回访，推进教育教学改革。3门课程获评国家级一流课程，20门课程获评省级一流课程，4门课程获评浙江省本科院校“互联网+教学”示范课堂。获2020年浙江省本科高校“互联网+教学”优秀案例特等奖1项、一等奖2项、二等奖3项。新增“十三五”新形态教材4本，建成智慧教室13间。持续推进实战化教学改革，与阿里云计算有限公司、杭州海康威视数字技术股份有限公司、浙江大华技术股份有限公司开展合作，与公安萧山分局、海宁市公安局、鄞州公安分局、西湖景区分局等在思想政治教育、实战化教学、现代警务研究、师资培养和民警培训等方面开展合作，逐步构建符合新时代要求、体现实战化特点、适应浙江现代警务模式的教学练战一体化体系。2个校外实践教育基地获省级大学生校外实践教育基地立项。

2020年，浙江警察学院服务公安机关全警实战大练兵，参与《全国公安机关三年全警实战大练兵训练大纲》和《公安机关人民警察训练条令》修订，承办各类培训班123期9291人次，完成省公安厅优秀年轻干部培训、警衔晋升培训、教官能力提升培训、军转干部入警培训、“双一流”高校选调生培训等重点班次。

2020年，浙江警察学院围绕疫情防控与社会治理、现代警务模式构建、涉网新型犯罪、亚运安保、道路交通安全治理等课题开展科研攻关。年内，获国家级项目立项1项、省部级项目立项16项，完成国家级项目结题3项、省部级项目结题14项，与校局合作单位开展科研服务实战项目24项。全校教师发表论文161篇（其中核心A以上53篇），出版专著9部，授权国家发明专利10项，获省部级以上领导批示9项。省政府重大委托课题《构建现代警务模式推进省域治理现代化研究》获副省长、公安厅党委书记、厅长王双全批示肯定。在“6·13”沈海高速公路温岭段槽罐车泄漏燃爆事故勘查中发现关键物证，协助重建事故现场，协助实战部门建立涉网犯罪精准防控工作机制，研发模型准确率95%以上。中国共产党浙江警察学院第一次代表大会召开。

（辛欧鹏）

【浙江商业职业技术学院】 至2020年底，浙江商业职业技术学院占地面积39.47公顷，建筑面积23万余平方米，主校区坐落在滨江高教园区，另有德胜校区和全资企业浙江商业机械厂有限公司，与义乌市人民政府共建浙江电子商务学院。学校有6个专业二级学院，6个教学单位，共设置33个专业及方向。有2个中央财政支持重点建设专业，7个教育部高等职业教育创新发展行动计划骨干专业，5个省级示范院校重点专业，5个省级优势专业，6个省级特色专业。有国家级教学成果奖4项，省级教学成果奖14项，国家职业教育专业教学资源库1个，国家精品课程6项，国家精品资源共享课程1项，国家精品在线开放课程1项，国家“十二五”规划教材41本，国家“十三五”规划教材20本，中央财政支持实训基地3个，国家级生产性实训基地2个，国家级师资培训基地1个，国家级协同创新中心1个。7门课程被认定为省级精品在线开放课程。有省级示范性实训基地11个，省级非物质文化遗产传承教学基地2个，浙江省海外中餐人才培养基地1个。

2020年，学校有全日制在校生13220人，录取新生5195人，包括与杭州电子科技大学联合培养本科学生93人；2020届全日制毕业生初次就业率为97.45%。成人业余专科学生5303人，留学生81人。教职工607人，其中，专任教师422人，二级教授4人，正高职称49人，副高职称164人。学校有国家级教学团队1个，省级教学团队3个，全国优秀教师1人，全国模范教师1人，全国优秀职业教育工作者1人，享受国务院政府特殊津贴专家2人，全国高校思想政治理论课教师影响力提名人物1人，省有突出贡献中青年专家1人，省级教学名师3人，省级优秀教师6人，省“五一巾帼标兵”1人，省级专业带头人27人，省级人才8人，省高校思政名师工作室1个，省级技能大师工作室1个，省“三育人”岗位建功先进奖2人，浙江教育十大年度新闻人物1人，浙江教育十大年度影响力人物1人，浙江省“最美教师”提名奖1人，浙江国有企业“五个一”人才工程2人。

学校入选浙江省高水平高职学校建设单位，连续5年在全省高职高专校教学工作及业绩考核中取得A等成绩，通过浙江省高职院校重点暨优质校建设成果评估。牵头成立全国电子商务领域高水平专业群建设协作会和全国电子商务职业教育数据开发与应用中心。“电子商务产教融合工程项目”入选2019—2020年度浙江省产教融合“五个一批”工程项目；“烹调工艺与营养专业群校企‘六融合’的协同育人改革实践”“混合协同的电子商务专业群课程体系构建与教学方法改革”入选协同育人项目；轨道交通机电技术实训基地入选浙江省轨道交通产教联盟产教融合共享实训基地；烹调工艺与营养实训基地入选浙江省中小学劳动实践基地暨职业体验基地。立项浙江省新形态教材3本，入选“十三五”职业教育国家规划教材书目教材20本；推荐省“互联网+教学”优秀案例8项。学生获世界技能大赛中国选拔赛奖项2个，获国家级竞赛奖项3个，在省级20多项比赛中共获奖项89个。2020届毕业生姚攒入围第十五届“中国大学生年度人物”候选人。教师参加浙江省教师教学能力竞赛获奖项6个。学校重视学生创新创业教育，对入驻创业园的40个创业团队开展实践指导，其中29个创业团队注册成立有限责任公司，全年在省级以上创新创业竞赛中获奖项10项。

学校牵头的职教集团成为全国首批示范性职业教育集团培育单位。学校与浙江金拱门食品有限公司签署校企合作就业协议，与省商业集团合作共建驿佰味美食汇，与杭州海康威视数字技术股份有限公司等多家单位签订校企合作协议。浙江电子商务学院先后与全国40多所高校开展校校合作，建立校外“双实双创”基地8个，为义乌培养、输送电子商务人才1530人。各类纵向课题立项76项，其中厅级及以上55项；承接企业横向项目69项；获专利授权126项，转化授权专利22项。推进技术创新平台建设，新增校级科研平台2项。与杭州海康威视数字技术股份有限公司等26家企业共建“双师”基地，聘请30名企业专家为学校导师。新增7名省访问工程师，访工访学项目结项14项，1人获省高职院校校企合作项目三等奖。推进与龙游县的校县合作，与新昌县政府签订战略合作框架协议。组织各类教育培训项目，全年共服务学员1.27万人。承担省市社会考试11项，接待考生5.73万人次。

学校举办“新科技、新经济、新商科”职业教育国际论坛，与国家留学基金管理委员会东方国际交流中心合作成立“东方国际教育交流基地”；与西班牙巴利阿里大学合作开设的西班牙中餐学院开班；与浙江省商业集团合作建立“感知浙江——留学生社会实践基地”；举办“疫情下海外中餐创新发展论坛”。推进“国际文化节”“留学生之家”等校园文化品牌建设，举办第十三届国际文化节，推进留学生第二课堂建设。学校选送的作品获“美丽浙江”国际短视频大赛三等奖2项。

（李　薇）

【浙江机电职业技术学院】 至2020年底，浙江机电职业技术学院占地61.2公顷，建筑面积32.7万平方米。有“国家级示范性数控技术职业教育实训基地”“国家‘十三五’产教融合工程规划项目智能制造及轨道交通实训基地”“‘浙江智造’省级高技能人才公共实训基地”，另有先进制造技术实训基地、工业机器人应用技术实训基地、智能控制技术实训基地、3D打印应用技术实训基地、物联网技术实训基地等6个浙江省“十三五”高等职业教育示范性实训基地，仪器设备总值3.11亿元。学校设有教学单位11个，开设专业30个，其中国家示范重点建设专业6个、省优势专业7个、省特色专业5个、其他专业12个。学校有专任教师480人，双师型教师比例90.55%。全日制在校生1375人，成人教育在校生5568人。

学校全面开展中国特色高

水平高职学校建设，做“优”三年制专业，完善实施“二三+X”制人才培养模式。贯通技术技能人才培养链，探索本科层次职业教育新模式。做精五年制人才培养，抓好中高职有效衔接。2020年，申报新增机械设计制造及其自动化、物联网工程等4个专业二年制本科（专升本）。

学校持续推进新技术实训基地建设，“一群一生态”实训基地初步成形，基地的数字化、智能化、生态化特征明显。学校不断拓展中外合作办学，招收第四批缅甸学历留学生14人。学校抓好三课堂全学程育人，组织参加创业创新类竞赛，获省特等奖1项、省一等奖20项，2020年度浙江省青年岗位能手2人。参加各级各类技能大赛共获奖49项，其中国家级一等奖2项、国家级二等奖2项。

全年新招聘教职工70人，引进教授或博士12人。选派11人攻读在职博士、258人参加国内业务培训、19人成为访问学者、1人援疆支教。获评省担当作为好干部1人，推荐享受国务院政府特殊津贴候选人2人、省机电集团先进集体候选单位1个、劳动模范候选人1人、国家技能人才培育突出贡献候选人1人、省人才计划教学名师候选人2人。

学校社会服务能力稳步增长。全年纵向课题立项128项，其中厅级以上课题67项；横向课题立项124项，经费到款额2008.8万元；全年论文发表280篇，其中SCI/EI收录17篇；授权专利275项，专利转让131项，共计66.5万元。社会服务全年创收3506.52万元；开办培训班234期，累计培训2.04万人次。完成数控、维修电工等职业技能鉴定33批次，累计人数1143人。组织承办省级、行业企业等技能大赛5次共7个赛项。

2020年，学校召开第三次党代会，确定建成特色鲜明、国内一流、国际知名的高水平职业技术大学的总目标；完成重点暨优质校建设成果评估；获评“省课堂教学创新校”“省级产教融合示范基地”“省高校教师教学发展示范中心”“浙江省高校实验室工作先进集体”“首批职业院校校长培训培育基地”。（陈　宇）

【浙江艺术职业学院】 至2020年底，浙江艺术职业学院设有戏曲学院、戏剧、音乐、舞蹈、美术、影视技术、文化管理7个教学院系和附属中专（浙江艺术学校）、基础教学部（公共体育部）、社会科学部和继续教育学院等教学单位，共28个专业，其中：国家“双高”建设专业群1个（戏曲表演），省“双高”建设专业群1个（舞蹈表演）。舞台艺术设计与制作、戏剧影视表演2个专业被列为全国文化艺术职业教育教学指导委员会高等艺术职业院校骨干专业建设项目。戏曲表演、音乐表演、舞蹈表演、影视多媒体技术4个专业被列为浙江省高校“十三五”优势专业建设项目，戏剧影视表演、舞蹈编导、声像工程技术、舞台艺术设计与制作、文物修复与保护5个专业被列为浙江省高校“十三五”特色专业建设项目。学校有教职工430人，其中具有高级职称139人；全日制在校生近4600人，其中中专学生1000多人。

2020年，学校成立新冠肺炎疫情防控工作领导小组，下设“一办五组”，成立开学工作专班、来华留学生和外籍教师疫情防控工作专班，严格校内人员离杭行前报批，实行闭环管理。落实防疫经费88.8万元，发放防疫物资2.5万件。组织开展疫情防控专项检查11次，启动应急预案127次，送诊并留观学生127人，占在校学生数的3.9%。学校全年运行安全有序，3个部门6名教职工获省文化和旅游系统抗疫“英雄榜”先进团队、先进个人。

国家“双高”建设学校方案和戏曲表演专业群建设方案与任务书一次性通过教育部组织的评审。挂牌成立浙江艺术职业学院戏曲学院，聘请浙江省首届“最美浙江人·最美文旅人”、著名导演杨小青为名誉院长。6月，在全省高职院校“双高”建设工作座谈会上作典型发言。9月通过浙江省优质校建设成果评估。12月，学校入选省高水平职业院校建设单位，舞蹈表演专业群为附建专业群。

成立覆盖长三角地区乃至全国越剧艺术的专门研究机

构——越剧研究院，下设“一院”“两馆”“五中心”，搭建保护传承越剧艺术的重要平台。吸收上海越剧院、安徽省黄梅戏剧院、扬州市扬剧研究所、南京越剧团等7家单位作为长三角联盟发起单位，共同筹建长三角戏曲产教联盟，建立定期会商机制，联合开展本源人才培养。成立乡村旅游文化发展研究中心，利用学校资源，助推乡村旅游产业发展，持续助力乡村振兴。与广州彩熠灯光股份有限公司校企共建第一批灯光设备完成交接，校企出资共建实验实训室得到推进。第一届宋城舞蹈班完成校企考核，并开展第二届“宋城班”招生工作。按计划输送“龙之梦”班学生进入企业顶岗实习。与横店集团、长兴文旅集团、浙江演艺集团、浙江小百花越剧院等签署校企、校团战略合作协议。

引进获文华表演奖的音乐剧著名演员章小敏、省高职高专院校中青年专业带头人（服装设计专业）项敢、省内著名电视节目主持人蒋新苗等，以特岗招聘、公开招聘的方式招聘16人，聘请特聘教授27人，新增省文化和旅游创新团队3个。成立师德师风建设委员会，引导广大教师以德立身、以德立学、以德施教，争做“四有”好教师。获全省高职院校教师教学能力大赛二等奖2个、三等奖2个，3名教师被评为文化和旅游部百名优秀戏曲专业教师。

新建青年教师科研团队9个，完成各类各级课题结题73项。新立项课题77项。立项浙江省教育科学规划课题“疫情与教育”专项、中国艺术职业教育学会“防疫与教育”项目及校级“防疫与复学”项目共9项。提高《浙江艺术职业学院学报》办刊质量，有38篇刊载论文收入“人大复印资料索引目录”。

舞蹈作品《西施别越》获第十二届中国舞蹈“荷花奖”古典舞奖，入围第十三届全国舞蹈展演活动。越剧《幽兰逢春》、创作展“戏曲元素艺术装置系列作品创作交流”等4个项目入选首届浙江文化艺术发展基金项目。越剧《许仙》、扬琴与乐队组曲《拱宸》入选2020—2021年度浙江省文化和旅游厅科研与创作立项。开展“建党百年”“三地一窗口”主题创作活动，扶持12个原创舞台作品、9个美术和微电影作品。2020年度，校级创作立项共36项。

以“志愿服务+项目共建”的形式，开展校地合作和文艺志愿服务，全年开展服务项目388个。以“申报立项”制开展暑期社会实践，选拔的全校10个团队获得立项，结合专业特色，通过拍摄纪录片、电影放映、直播带货等方式开展助农实践活动。举办全国乡村“村晚”培训班、中国非物质文化遗产传承人群研培计划非遗曲艺培训班、全省公共图书馆馆长培训班、全省文化馆馆长培训班等培训班38期，培训人数2983人。组织11场“送教下乡”专题讲座。推出“同心战‘疫’——助力民间职业剧团疫期专业提升在线公益活动”，举办9期线上公益培训活动，培训学员2.33万人次。

（王　域）

【杭州医学院】 2020年，杭州医学院深化原杭州医学院和原省医学科学院的融合发展，完成党政管理和教学科研机构整合调整，完成新一届中层干部换届聘任，推进干部梯队年轻化，提高干部队伍整体素质。至年底，学校有教职员工1000多人，国家级人才20多人，省部级人才50多人，全日制在校专科生、本科生、研究生共8700人。

2020年，面对新冠肺炎疫情，学校落实省委、省政府关于疫情防控工作的要求，成立新冠肺炎疫情防控工作领导小组，制定疫情防控常态化工作制度，构建严密有序的疫情防控体系。发挥学科优势开展科技攻关，受命研发快速诊断、疫苗开发两项科研攻关项目。校党委书记吕建新教授领衔的科研团队成功研发新冠病毒核酸和抗体诊断试剂盒，新冠病毒疫苗研发取得突破。高孟被评为“浙江省抗疫先进个人”。附属人民医院派出205名医护人员驰援湖北，是浙江省派出援鄂医务人员数量最多的单位。附属人民医院获“全国抗击新冠肺炎疫情先进集体”和“全国卫生健康系统新冠肺炎疫情防控先进集体”称号。

学校统筹推进疫情防控和教育事业发展，落实教育部“停课不停学”相关要求，组织开展线上授课和线上学习等在线教学活动。新增本科新专业3个，初步形成医学、理学和工学一体两翼的本科专业布局，稳步扩大本科生和研究生招生规模。获批国家级一流专业1个、国家级一流本科课程1门、省级一流课程14门。

学校全年获纵向经费7686.4万元，其中竞争性项目批准经费5460.26万元，比上年增长11.5%。厅局级及以上纵向科研项目立项439项。其中：国家自然科学基金和青年基金23项，国家基金区域联合基金1项，国家重点研发（政府间科技合作项目）项目1项，省重点研发项目8项，新型冠状病毒肺炎应急重大专项2项，省杰出青年科学基金1项，省部共建重大项目3项。授权专利131项，增长101.5%，其中发明专利30项。公开发表SCI论文485篇，增长32.5%，出版专著译著12本。获省科技进步奖二等奖3项、三等奖2项，省自然科学奖三等奖1项。对外社会服务能力有较大提升，全年到位横向经费5796万元，增长23.3%。

学校以智安校园建设作为深化等级平安校园建设的突破口，做好等级平安校园建设考评工作，制订修订安全制度30个，完善应急预案18个，加强预案的演习或推演，运用多种教育形式和手段，提升师生员工的安全防范意识，抓好安全制度的落实，得到考评专家组高度评价，通过等级“平安校园”验收。（朱晓峰）

【浙江省杭州第二中学】 浙江省杭州第二中学为杭州市教育局直属公办高中，财政补助类公益二类事业单位。学校办学宗旨为实施高中学历教育，促进基础教育发展。业务范围为高中学历教育及相关社会服务。2020年，学校在编人员323人，编外人员5人。两个校区占地面积11.12公顷，校舍建筑面积7.58万平方米，教学及辅助用房3.52万平方米，行政办公用房1.03万平方米，教室104个，学生3208人。

2020年，参加高考的学生被北京大学、清华大学录取36人，被复旦大学、上海交通大学录取71人，上线浙江大学300多人（占比超过60%）。新高考4年，累计被北京大学、清华大学录取200人，复旦大学、上海交通大学录取278人，浙江大学录取590人，浙江大学线上录取率超过60%。

教师林肃浩被国务院评为“全国先进工作者”称号。教师钟小平负责的已立项市级规划课题资优生物理建模能力的培养研究，进入浙江省规划课题名单；教师高光辉负责的省教研室课题基于地理实践力培育的研学实践活动设计与开发——以杭州地区为例获“2020年浙江省教研课题成果”二等奖；教师王华琪负责的疫情时期如何推进整本书阅读获“浙江省教育科学规划课题‘疫情与教育’专项课题”结题证书。在“2020年杭州市中小学和幼儿园教学研究（基教）评比”活动中，有25篇论文获奖。其中：周叶菲等5名老师的论文获一等奖，肖伟等11名老师的论文获二等奖，沈一频等9名老师的论文获三等奖；在全国核心期刊发表论文9篇。

学生模拟政协社团《关于建立线上青少年心理咨询平台的提案》在全国赛中获最佳团队、最佳提案展示团队等多项团体荣誉。在学科竞赛、科技创新比赛中，化学和生物学科各获1枚国际奥赛金牌。有4人入选国家集训队（信奥3人、物理1人）；15人入选省队参加全国决赛，获全国决赛金牌10枚（其中树兰1块），银牌4枚，铜牌1枚；66人获省一等奖（其中树兰15人），140人获省二等奖，49人获三等奖。在浙江省青少年科技创新大赛中，2个项目获省一等奖，获入围全国赛的资格；在“英才计划”培养计划中，学生李依庭作为优秀学员，参加“世界顶尖科学家论坛”并做主题报告，获“世界顶尖科学家协会小科学家”称号；在哈佛CTB创新研究挑战赛（以学术研究和社会实践推动社会创新的国际级别高中生创新活动）中，“步行者小队”获全球赛二等奖（位列全球前2.4%）；在2020未来太空学者大会中获全国亚军；在上海交通大学组织的“人工智能大赛—无人车挑战杯”中列第三位。

2020年，学校获2019年度杭州市教育局直属学校理论学习中心组考核优秀单位；被市教育局、中国棋院杭州分院评为2019年度杭州市优秀校园足球特色学校；被滨江区平安高新智链协会评为“平安高新智链会成员单位”；被《中国教育科学》杂志社评为“新时代体育美育基地校”；被市教育局评为2020年度省中小学数字家长学校。地理教研组被省教育厅教研室评为2020年浙江省先进教研组。

（边玉臣）

【杭州市长河高级中学】 至2020年底，杭州长河高级中学设语文、数学、英语、物理、化学、生物、政治、历史、地理、技术（信息技术与通用技术）、体育、艺术12个教研组及行政后勤组，有教职工174人，其中男性教工69人、女性教工105人。专任教师155人，特级教师1人，高级教师87人，平均年龄43.4岁，聘有外教1人。在校学生1729人，包含2018—2020年面向全市招收的“宏志生”119人。学校占地面积8.23公顷，校园建筑面积7.69万平方米，学生宿舍改造三期工程完成，全学科教室投入使用，新教学综合楼及艺术教育中心启用，新剧院落成首演，校园咖啡吧开门营业，校园教育教学设施和生活环境得到改善。

2020年为克服新冠肺炎疫情对学校教育教学工作的影响，学校利用基地校平台组织全校教师开设网课。学生对网课的组织和老师的授课质量，满意率都在90%以上。学校对于疫情网课的探索实践及成功经验，被新华社、中新网、教育之江等媒体关注并报道。

2020年，学校继续组织课题申报。立项课题有国家级1项、省级2项、市级7项。3项市级课题结题，2项省级课题结题。1项获教师小课题优秀成果三等奖。市级课题基于高中生物学科核心素养培养的学校课程体系建构结题，互联网+背景下教育生态长河模式的实践研究省级课题立项。

2020年，学校高考成绩一段上线率70%。各级竞赛获2项国际奖项、14项国家级奖项、50项省级奖项、5项市级奖项。其中：在第二十二届“语文报杯”全国中学生主题作文征文中，何陆烨欣获国家级一等奖，俞佳杭获国家级二等奖，陈诺、王泽楷获国家级二等奖；在第十九届全国创新英语大赛中万可获全国三等奖；俞力泰在“21世纪·赛学杯”中学生英语写作大会中获全国二等奖、“21世纪杯”全国英语演讲比赛精英赛决赛中获二等奖；章霄宇、陈郅珩、沈天宇、李成蹊获RoboCup机器人世界杯金奖。

作为综合实践学科基地，学校结合创新实验室进行硬件和软件两方面的建设。内在动力激发创新实验室建成并投入使用，印染创新实验室有序推进，开设印染、缝纫、刺绣、纺织等课程。综合实践活动以社团、研究性学习和职业体验为载体进行。社团包括茶道社、印染社、服装设计社、刺绣社、纺织社、生涯社、心理社等。

学校重视学生的身心发展，倡导并落实提升全体学生身体素质和心理健康。2020年获杭州市中小学生体能素质检测第五名，杭州市2020年阳光体育田径运动会男子团体第六名、女子团体第二名和团体总分第三名，连续7年进杭州市前三名。学校女子排球队、足球队参加杭州市中学生三大球比赛，分别获第2名、第12名的成绩。在杭州市中学生定向比赛中，学校获高中甲组女子团体第2名、男子团体第7名；学校心理剧《山有扶苏》获杭州市校园心理剧大赛一等奖，并在市中学生社团文化节闭幕式上展演。

按照滨江区区校联系工作机制，由区委宣传部、团区委联合主办，与浙大中控科技有限公司、杭州安恒信息技术有限公司、浙江宇视科技有限公司等15家高新技术企业合作，探索运用“政+企+校”联动融合发展理念，成立“青春力量”高新青年宣讲团，推出“高新伴我成长，我为高新添彩”活动，把科技及理论讲座服务送进校园。2020年，杭州林东新能源科技股份有限公司、诺基亚通信浙江分公司、北航杭州创新研究院到学校为师生带来新能源、5G技术、航空航天、工业自动化等相关领域的分享。

2020年，学校被评为浙江省数字教育资源建设与应用示范学校，第2批全国家校共育数字化项目试点学校，以及杭州市首批体育特色学校。

（徐再民）

【杭州市旅游职业学校】 至2020年底，杭州旅游职业学校完成三年中职名校建设。依托国际化办学、专业现代化、产教融合化、师资专业化、育人多样化、服务精细化六大工程，服务杭州城市经济的发展与转型。

学校占地6.67公顷，校园面积6.24万平方米，有滨江、葵巷2个校区，校舍建筑总面积5.57万平方米，学校总资产1.96亿元。办学30多年，学校形成适应杭州市经济建设和社会发展需要的文化旅游和都市园艺两大专业群。学校有全日制在校生2235人。2020年招生756人（含新疆内职班34人），学生年入学巩固率99.6%。2020年毕业生707人（含新疆班48人），其中五年一贯制“3+2”大专班299人、三年制中职普通班408人，毕业率100%。学校有教职工207人，其中专任教师180人，生师比为10.8∶1。专任教师均具有本科及以上学历，具有硕士及以上学历64人，占专任教师数的35.56%；中级职称及以上教师167人，占专任教师总数的92.78%；高级职称教师86人，占专任教师总数的47.78%；专业课教师92人，占专任教师总数的51.11%。学校有“双师型”教师85人，其中技师及以上职业资格教师52人，占“双师型”教师比例为61.18%。至年底，学校申报杭州市高层次人才审核通过45人，其中C类2人、D类9人、E类34人。2020年，在杭州市教科研优秀成果评审中获二等奖1项、三等奖1项。在杭州市专题论文评比中，获一等奖6项、二等奖9项、三等奖2项。在杭州市中职课题评审中获一等奖2项、二等奖1项、三等奖1项。在浙江省教科研优秀成果奖评比中获一等奖1项。在杭州市教育科研成果评比中获一等奖1项、二等奖1项。

2020年，学校围绕旅游办专业、围绕旅游培育人才。学校基于旅游人才培养规律与旅游产业特征，校企协同，共定培养方案、共享师资队伍、共编课程教材、共建实训空间、共同参与授课、共制“1+X”证书，实现标准、师资、内容、场所、课堂与评价的“六共”模式，多样态、多维度、多形式推进产教融合，构建校企双元主体育人模式。与10个行业协会进行对接，与63家优质企业合作。加入浙江省旅游产业产教融合联盟，在实验实训实习基地、专业课程设置、师资力量、人才培养、技术研发等方面共建共享。组织专业教师到企业实践，定期走访企业、社区近60次；社（园）区、企业到校开展对接活动30多次，有企业兼职40多人，授课1463节。构建以教育帮扶为路径推动扶贫攻坚，做好新疆内职班等141名学生培养，23名教师到新疆阿克苏地区、贵州黔东南苗族侗族自治州等挂职、支教。

2020年，学校落实疫情防控工作的决策部署，建立疫情防控管理体系及制度。结合疫情防控，开展针对性的线上教学工作。学校获评职业院校数字校园建设样板校、杭州市“美丽学校”、杭州市经济文化保卫工作先进集体、杭州市“AAAAA级”平安校园、杭州市反恐怖防范示范标杆创建单位、杭州市优秀职业教育教学成果奖一等奖和二等奖、杭州市“最美资助人”评选“敬业奉献类”最美资助人（团队）优秀组织奖、杭州市中华职业教育社年度工作优秀团体社员单位等荣誉。（李 越）

【杭州市财经职业学校】 至2020年底，杭州市财经职业学校开设金融事务、会计、物流服务与管理、计算机动漫与游戏制作、国际货运代理五大专业，其中国际货运代理专业为新增专业。

学校在编教职员工149人，其中专任教师125人，专任教师与全日制学历教育学生比例为1∶13.6。专任教师具有大学本科及以上学历有123人，占专任教师总数的98.4%，其中硕士研究生27人。高级职称61人，占专任教师总数的48.8%；中级以上职称102人，占专任教师总数的81.6%。专业课教师45人，占专任教师总数的36%；“双师型”教师41人，占专业课和实习指导教师的85%。新进教职工5人，其中3名教师（研究生1人、本科2人）、2名亚组委工作人员（均为研究生学历）。外聘教师5人。外聘外教2人，亚美尼亚籍外教担任音乐课程及选修课的教学，西班牙外教担任足球及体育选修课的教学工作。

2020年，学校有41个班级，其中在校班级40个、实习班级1个。在校学生1697人，女生与男生性别比为1.7∶1。五年制中高职一体化班有20个，占在校班级总数的50%。五年制中高职一体化学生有796人，占总人数的46.91%。学校提前自主计划招生390人，实际报名831人，报招比2.13∶1，最终学校招收新生637人。

2020年，203名在校高三学生参加高考，都达到普通高校招生最低录取控制分数线，上线率100%。学校与浙江金融职业学院、浙江经贸职业技术学院、浙江艺术职业学院、杭州职业技术学院、浙江商业职业技术学院、浙江育英职业技术学院联办的五年制高职教育班7个班263人，有260人升入相应高职院校（后有1名学生放弃升学，选择出国留学），升学率98.9%。27名实习学生进入高职院校继续学习。2020年全国中等职业学校财经类专业学生金融职业能力大赛在杭州市财经职业学校举行。

2020年，学校有总资产5.46亿元，其中专业设备总值3758.58万元，生均仪器设备值2.33万元。投入180万元用于智慧食堂建设，实现自主选餐制，达到省A级食堂标准，是全省首批省级餐饮服务食品安全示范学校食堂。投入800多万元，完成体艺楼屋顶防水及宿舍卫生间等修缮、体育馆篮球场地板更换、实训系统及学校运营关键业务支撑设备、校园“最多跑一次”师生服务信息系统、智能财税实训室建设、教学场所教学课堂数据采集及信息交互系统、教学场所多媒体交互设备、智慧物流实训室建设、AI可视化进出校安全管理系统、校园围墙报警系统、多媒体数字展示和声乐设备、创业模拟综合训练软件采购等项目，改善办学环境。

2020年，学校教育集团与各集团成员单位在实训环境、人才培养方向等方面实现资源融通。三大专业均与企业合作，成功申报“1+X”证书试点项目，共同探索校企合力育人新模式，实现校企深度融合。会计金融专业与中联集团教育科技有限公司合作的智能财税实训室验收完成，并共同开发相应教材。学校领导班子进行调整，原杭州市旅游职业学校副校长朱成胜就任杭州市财经职业学校副校长。（王春英）

【杭州国际学校】 至2020年底，杭州国际学校有49个班级，学生678人，来自34个国家和地区。其中幼儿园部120人，小学部294人，初中部159人，高中部105人。6月，高中毕业生19人，分别进入8个不同国家和地区的高校继续学习。学校有外籍校长及外籍教师80人、中国籍教师24人、中国籍教师助理18人。杭州国际学校采用国际化课程，设置PYP（小学阶段）、MYP（中学阶段）及IBDP（高中阶段）课程，综合性教学项目包括学术、社交、情感和道德教育，注重责任感和自信心教育。2020年新冠肺炎受疫情影响，学校为学生开设线上课程。4月9日起对高三及以下学生逐渐开放线下教学。至年底，有学生10人、老师4人滞留海外。

杭州国际学校于2004年7月成立，位于东信大道80号，是经教育部、省教育厅和市教育局批准的外籍人员子女学校，提供外籍人员子女从幼儿园到高中16年一贯制教育，招生对象为在中国境内合法居留的外籍人员子女，在省内合法居留的香港、澳门特别行政区和台湾地区居民及在境外依法定居的中国公民的子女。位于白马湖区域的新校区建设持续推进。

（潘　琦）

文化·体育

综　述

2020年，杭州高新区（滨江）围绕全市公共文化服务建设标准的要求，推进文化发展。在新冠肺炎疫情期间，配合区防控指挥部开展疫情防控，做好前期的疫情防疫工作和常态化疫情防控。新春期间，开展“翰墨滨江、金鼠送瑞”送春联活动70场次，赠送春联、福字超1.5万对。元宵期间，开展新春灯笼展，在区政府周边、区文化中心、奥体中心、钱江一桥、钱江三桥，以及泰安路、通和路布置大型新春灯笼组和彩灯。创建蜗牛读书馆、浙江大学医学院附属儿童医院拾光图书馆2家杭州书房，在蜗牛读书馆召开杭州书房现场会。实施与浙江中医药博物馆共建协议。通过杭州市基本公共文化服务标准（2015—2020年）认定。开展“诗画滨江·最美逆行者”书画作品展，征集到书法作品156幅，评选出入展优秀作品90幅，邀请书画名家开展笔会活动。设立广电、群文、艺术、图书管理等中级职称受理账号，方冰获三级舞美设计师职称，赵徐凌等23人获市广电工程技术人员工程师任职资格。全年受理行政许可案件77件，其中新办63件、变更14件。

杭州高新区（滨江）推动有条件的社区、企业、园区、机构建立社科及文艺工作培训点、普及基地，形成属地化、层级化、专业化相结合，名人名家与“草根”相结合的组织网络。围绕历史文化传统、人生哲理和社会热点，举办“你好·滨江”系列人文大讲堂30场。加强与浙江中医药大学马克思主义学院共建，共同制定“学习任务书”，拍摄“学习大家谈”系列视频，推动理论学习进入寻常百姓家。完善《学习参阅》采编，收集各地在高质量发展、可持续发展、高水平治理、高素质队伍建设方面的理论理念、经验做法等，为全区领导干部提供多方位多角度的决策和参考。

2020年，杭州高新区（滨江）举办福摩杯“舞动中国——排舞联赛”总决赛、“白马湖杯”校园足球联赛、滨江区“迎新杯”小学生棋类比赛、滨江区

2020年12月8日，“诗画滨江·最美逆行者”名家书画笔会在区文化馆举行

（区社发局　供图）

第五届机关干部运动会、2020奔跑吧杭州城市定向挑战赛（滨江赛区）等系列活动100多场，5万余人参加。全年完成三级社会体育指导员培训165人、国民体质测试1601人，按计划完成三级社会体育指导、国民体质监测系统更新和人员录入工作；完成2020年度全市青少年（儿童）运动员注册422人。杭州怀诚体育策划有限公司、杭州微柠科技有限公司、杭州中天模型有限公司、杭州菲特尼斯健身管理有限公司、杭州威度体育投资管理有限公司、杭州凌嘉健身有限公司6家企业获2020年度浙江省体育产业发展资金（疫情纾困类）补助。“舞动中国——排舞联赛”总决赛入围2020年度浙江省体育产业发展资金项目库（竞赛表演类）。完成2020年省级民生实事项目——“百姓健身房”建设，西兴、长河、浦沿3个街道的3个百姓健身房项目有序推进。改造完成市级2020年城乡公共体育提升工程——浦沿东冠社区多功能运动场、区级重点工作——临江花园口袋运动场、江三公园口袋运动场的项目。（来佳萍　徐樱桃）

群众文化

【概况】 2020年，杭州高新区（滨江）文化馆开展文艺会演、书画展览、讲座培训等群众文化活动220多场。其中：区群文中心开展讲座5场，书画、摄影等展览6场，文化交流7场，各类培训200多场。

【文化活动】 2020年，区文化馆培育“滨江四季”等文化品牌，节庆活动形式多样。1月，在区文化中心剧院，开展“滨江四季” 暨“新春送欢乐、文化进万家”新春文艺晚会，现场观众近800人次。6月，在浙江大学医学院附属第二医院滨江院区的人体器官捐献仪式上，举办“滨江四季”音乐会《声如夏花》，以音乐致敬生命。8月，文化馆策划执行“守护生命远航”医师节文艺晚会，向奋战在抗疫一线的医务工作者致敬，弘扬正能量和伟大的抗疫精神。12月，举行年度群众文艺会演大赛，为群众文艺团队提供展现、汇报年度文化成果的平台。

【文化产品配送】 2020年，区社发局开展文化产品配送工作。开展“携手同心，文化惠民”送戏、送演出进基层活动。通过歌舞、曲艺、魔术、杂技等不同的艺术表现形式，把优秀文艺作品配送到街道的各个社区和部分企业。至年底，共送出50多场演出。

【公益培训】 2020年，区社发局开展“千堂万艺”艺术公共课程培训，采取“艺术普及、基层团队选题、文化部门点题、专业机构答题”的形式，将优质文化艺术课程免费送到基层，课程内容涵盖音乐、舞蹈、美术、摄影、书法、时装、礼仪、化妆等领域。至年底，共送出2250课时，覆盖到全区的38个社区。开展公益文化培训，在群文中心开展春季公益培训86次，开展秋季公益培训90次，举行滨江区现代公共文化服务体系建设集中培训2次，至年底，培训人数6000多人次。

【舞蹈《挑花带》获大奖】 2020年6—9月，滨江区挖掘民间艺术元素并面向全市展示推广。经过实地调研、考察，决定将滨江区非遗项目《挑花带》改编为大型舞蹈节目参加杭州市第十届“风雅颂”民间舞蹈大赛。经过排练、编导、创作，舞蹈《挑花带》于9月在富阳龙门古镇上演，并获银奖、优秀组织奖。（王朝闻）

文物保护

【概况】 至2020年底，杭州高新区（滨江）有世界文化遗产重要遗产点1个，全国重点文物保护单位1个，省级文物保护单位1个，市级文物保护单位2个，文物保护点7个，历史建筑37个，省级历史文化街区2个。文物管理部门做好文物、历史建筑“保护、深化、互鉴”工作，强化保护管理力度及成员单位之间的交流，围绕保护、传承和利用，联动合作，推动运河遗址、古民居建筑等项目的保护工作。开展“让文物活起来”系列主题活动，大运河西兴过塘行码头及屋子桥、长河农民协会旧址、长河老街历史街区3个项目入选市园文局“让文物活起来”系列主题活动——“十佳文物保护利用案例”示范案例。西兴古镇入选第二批浙江省“千年古镇（古村落）”地名文化遗产。

【文物、历史建筑智慧消防建设】2020年，杭州高新区（滨江）根据市园文局关于《杭州市文物保护单位和历史建筑“智慧消防”建设工作方案》的要求，推进滨江区文物、历史建筑智慧消防建设工作。智慧消防电气火灾报警系统及烟感报警系统建设，通过智慧用电监控设备、智慧用电探测器、烟感感应器等设施，智能判断用户电路是否存在高温、漏电、短路及火情等问题，用科技手段强化消防安全措施，预防和减少火灾事故的发生，提高文物、历史建筑的火灾防控能力。至年底，由长河街道负责的3处文物、25处历史建筑完成智慧消防的建设安装。

【文物历史建筑保护主题协商会】2020年12月11日，区住建局召开文物历史建筑保护提升“请你来协商”主题协商会，区人力社保局、区地铁办、民进杭州高新区（滨江）基层委代表共10多人参加会议。与会人员参观西兴过塘行码头专题陈列馆，查看西兴老街街亭、铁陵关遗址、永兴闸等文化古迹，在西兴过塘行码头专题陈列馆召开主题协调会。会议播放西兴古镇相关资料宣传片，区住建局、区人力社保局、区地铁办负责人分别介绍重点工作推进情况，分析西兴古镇历史建筑的保护现状，民进杭州高新区（滨江）基层委代表对西兴古镇文物历史建筑的保护与开发提出建议和意见，为职能部门的工作提供思路参考。

（沈蕾鸣）

非物质文化遗产

【概况】2020年，杭州高新区（滨江）非物质文化遗产（简称“非遗”）中心按照省非物质文化遗产项目一个保护方案、一个专家指导组、一个工作班子、一个传承基地、一个展示平台、一套完备档案、一册普及读本、一项配套政策的“八个一”传承保护要求，落实传承保护工作，挖掘传承保护项目，进行传承人才建设，开展多种非遗活动，推进非遗和互联网、旅游的产业融合发展，探索新的发展路线。

【非遗项目申报】2020年2月18日，区政府公布《第五批滨江区非物质文化遗产代表性项目名单》《第二批滨江区非遗代表性传承人名单》《第一批滨江区非物质文化遗产传承保护基地名单》，丝绸绘画、传统养生香制作技艺、雕版印刷、洞箫艺术、唢呐艺术、丝带绣、葫芦刻绘技艺7个非遗代表性项目被列入第五批非遗保护名录；西兴竹编灯笼代表性传承人蔡雪安、蔡凤仙，西兴盘扣代表性传承人陈丐娱3位传承人被列入滨江区第二批非遗代表性传承人名录；杭州市丹枫实验小学、杭州市创意城小学、天禾艺术馆3个传承保护基地被认定为杭州高新区（滨江）第一批非物质文化遗产传承保护基地，11月，举行项目授牌仪式并颁发证书。

【非遗活动】2020年6月，杭州高新区（滨江）开展2020年“文化和自然遗产日”系列活动，举办“滨江区少年非遗说”区级选拔赛，获奖优秀作品推荐报名参加“浙江省少年非遗说”选拔赛，选送的1名选手获浙江省总决赛特等奖。在新春、端午、重阳等传统节日，组织社区、街道开展主题类传统节日庆祝活动，在节庆中促进非遗传承。9月，参加杭州市第十届“风雅颂”民间艺术大赛，根据滨江非遗改编的舞蹈《挑花带》获银奖。11月，参加杭州市民间戏曲展评活动，杭州高新区（滨江）选送的越剧《祥林嫂选段·洞房》获银奖。10—12月，配合省市“文化基因解码工程”相关工作要求，解码、挖掘本地非遗项目，为文化基因解码工作提供非遗元素，推进非遗与文化产业的融合。

2020年9月18日，杭州市丹枫实验小学开展西兴竹编灯笼非遗课程（区社发局　供图）

【非遗进校园】 2020年，区非遗中心继续做好杭州市丹枫实验小学西兴灯笼和杭州市创意城小学蓝印花布非遗传承教学基地培育、辅导工作，按期进行非遗课程的开展，初步建成杭州市丹枫实验小学西兴灯笼展示馆；拓展教学传承基地建设，在杭州市闻涛小学新开设蓝印花布印染技艺和传统养生香制作技艺2门非遗课程，传承非遗技艺，报名学员共50多人。（王朝闻）

文体市场管理

【概况】 2020年，杭州高新区（滨江）有文化、广电、旅游、体育生产经营单位（户）共480家（个）。其中：网吧64家，歌舞娱乐场所24家，游艺娱乐场所10家，文艺表演团体9个，艺术品经营单位3家，演出经济机构43个，演出场所1家，广播电视单位98家，互联网视听单位3家，网络文化单位135家，旅行社41家，游泳场所49家。受委托执法电影、出版、网络游戏经营单位（户）共445家，其中电影放映单位15家、出版物企业116家、印刷企业45家、打字复印店81家、网络游戏单位188家。从业人员1万余人。全年出动检查2059次，出动执法人员4152人次，检查9012家次，行政处罚案件8件，罚款2.05万元，没收出版物123件及卫星地面接收设施4个，受理举报投诉1725件，查处率和回复率100%。全年受理行政许可87件，其中新办72件、变更15件。杭州市企业信用联动监管平台接收推送784条，主动接收709条。进行队伍规范化建设，开展业务培训、交流协作等提升队员职业素养。注重企业安全生产监管，签订安全生产责任书，进行安全生产规范化检查。开展文广旅体市场疫情防控和安全生产、网络文化专项整治、演出市场专项整治、艺术考级专项整治、非法地面卫星接收设施专项整治、护校安园、扫黑除恶、“扫黄打非”等专项整治行动。强化宣传教育，提高守法意识，开展“双随机”监督抽查工作，抓好技能竞赛和培训交流，提升队伍素质。参与春节、国庆等法定节日及寒暑假、文明指数测评、“两会”等重要时段文体市场保障工作，以及第十六届中国国际动漫节、第十四届（2020）杭州文化创意产业博览会、2020杭州草莓音乐节等临时性执法保障任务。开展联合检查和区域交流协助，取缔非法经营场所、非法卫星接收设施、大篷车，打击侵权行为。全年发表动态简讯89篇、综合信息36篇、调查思考7篇。执法人员徐宏国被评为2020年度浙江省知识产权保护工作成绩突出个人、2020年度浙江省市场监管执法成绩突出个人；金矿红被评为2020年度全省“扫黄打非”工作成绩突出个人。

【文体市场新冠肺炎疫情防控和复工复产】 2020年，区社发局根据新冠肺炎疫情防控责任成立疫情防控工作领导小组，部署疫情防控工作，制订应急预案，印发紧急通知，明确文旅体市场管控第一责任人及各场所联络员，落实区文广旅体市场执法队、街道文化站、社区文化员（网格员）三级巡查防控责任。按要求紧急叫停辖区内所有营业状态的娱乐场所、网上服务场所、电影院、酒吧、旅行社、游泳场所，分组监管。场所复工复产后，开展场所防疫安全和消防安全等巡查监管，通过工作群、会议、海报等多种形式开展线上线下防疫知识宣传，制作下发疫情防控台账资料、顾客登记本、疫情防控告示等资料3000多份，制作“网吧疫情防控标准化流程”视频，要求场所开展内部学习宣导。对网络文化企业、印刷企业开展助企健康指导，排查场所复工信息，了解防疫落实情况。向场所发放口罩、消毒液等防疫物资1万余份，通过场所自查、分片巡查、集中检查等进行全面督查监管。同时，指导场所复工复产后旅游退款纠纷、网络游戏投诉处理、复工复产企业健康等情况，落实落细防疫和消防安全等各类安全管控措施。

【网络文化监管】 2020年，区社发局加强网络文化企业管理，对互联网文化企业和网络游戏企业信息进行核查汇总，实地勘查、网上巡查全区323家网络文化及网络游戏经营单位共4528家次，处理涉网络文化举报投诉1688件，约谈问题企业15次。组织辖区内重点互联网企业召开自查会议，定期开展网络游戏自查。开展网络游戏专项整治行动，重点检查网络游戏产品版号和内容、实名注册制度、防沉迷系统落实情况等，邀请专业师资力量入校开展防沉迷防网瘾讲座。11月22日和11月29日，邀请网竞教育防沉迷课程研发项目组专业老师走进杭州市长河高级中学，开展“防网络游戏沉迷”专题教育活动。规范网络直播市场秩序，指导企业采取多样措施规范自身经营行为，包括签订协议规范行为、主播实名备案及对未成年人保护措施、敏感词过滤机制、用户人工审核机制、直播内容实时智能识别预警、用户投诉举报机制、全天候监管团队、平台或机构自主监管机制、违规处罚机制等，在其直播平台上设置理性消费、直播行为要求、违规举报等提示。

【“双随机”抽查监督】 2020年，区社发局安排“双随机”抽查25次，开展跨部门联合抽查2次，抽查文广旅体经营场所137家。其中：网吧33家，网络文化28家，歌舞娱乐13家，游艺场所3家，旅行社3家，演出市场1家，文艺表演团体1家，电影院1家，广播电视3家，艺术考级3家，体育3家，出版物25家，印刷2家，其他18家。经查，13家网络文化企业疑似僵尸企业，1家网络文化企业域名已过期，2家网络文化企业已停业，4家网络文化企业已变更办公地址；2家网吧已停业并正在组织清算，1家印刷企业已停业，2家旅行社已暂停营业。针对“双随机”检查的情况，区社发局要求各单位进行整改，到审批窗口进行信息更新，并对抽查到的单位进行跟踪回查，确保问题整改到位。

【临时性文化活动保障】 2020年，区社发局对临时性文化活动进行事前、事中、事后监管。事前监管重点审核承办方提供的《营业执照》、相关许可证件、演出节目内容及演员资质等相关资料，出具相关审批文书。组织人员对现场进行实地踏勘，确保各项保障任务推进。事中监管，对活动现场进行分工巡查监管，并进行录像、拍照保存，对活动的各个环节、歌曲内容进行全程监控，对涉及文化内容的产品及出版物进行检查。活动结束后，对之前监管中存在的问题进行查漏补缺，完善机制，形成报告。至年底，保障2020中国国际动漫节、第十四届（2020）杭州文化创意产业博览会、2020杭州草莓音乐节、网易《天下3》游戏12周年线下嘉年华4场文化活动。

【举报投诉受理】 2020年，区社发局受理各类举报投诉1725件，其中网络游戏举报投诉1560件、网络内容举报51件、旅游举报投诉37件、网吧举报投诉20件、歌舞娱乐场所举报15件、广电举报投诉22件、体育举报投诉20件。举报投诉主要内容为未成年人充值、游戏账号封停、网络游戏虚拟道具抽取的概率未公布、网络直播内容违规、玩家与网游公司消费纠纷等。传统文化经营单位举报案件投诉网吧内的抽烟问题、消费问题，游戏、体育活动安全问题，非法卫星接收设施拆除等。旅游举报投诉主要为导游行为规范及费用纠纷等。执法人员针对举报内容，进行电话沟通或实地调查，对违规单位下达责令整改通知书并进行约谈，处理结果及时告知举报人和相关部门，举报查处率和办结率均为100%。

【文体市场法规宣传】 2020年，区社发局走进学校、企业、社区、公共文化服务场所开展法规培训和宣传，利用微信、QQ群、公众号、LED电子屏、移动电视、电脑桌面、网站、横幅、海报、宣传册等形式开展线上线下法规宣传。利用党员“四进”活动、“3·18”文化市场安全日、“12·4”全国法制宣传日等活动，开展文体市场相关法律法规宣传活动。开展法制宣传教育，推进文旅普法进万家系列活动，于6月13日，走进张家村和月明社区，开展“老年人低价游”及“扫黄打非”等法规宣传。同月25日，在浦联社区开展文化、广电、网络法规宣传。8月20日，组织社区网格员和学生到区图书馆、区文化中心开展文化、旅游、广电等法规宣传活动。开展“安全生产月”“平安宣传月”“扫黑除恶”“防范通信网络诈骗”等宣传活动。至年底，发放宣传品1万余份，解答法律咨询500多人。

【“护校安园”行动】 2020年，区社发局继续实施“护校安园”专项行动，整治幼儿园、小学、初中、高中校园周边出版物及文化市场。重视校园周边环境整治，制定专项工作方案，细化工作分工，分片区确定具体联络人和责任人，重点针对疫情形势下如何做好校园周边疫情防控保障学生安全进行讨论并提出对策。开展联合行动，进行集中整治，协同公安、交警、城管、运管、社区到学校召开复课前“护校安园”工作部署会议，协调沟通学校复学期间“护校安园”活动事宜。复学前后一周内，对校园周边出版物和文化市场进行集中检查整治，重点检查校园周边书店、文具店是否存在无证出售出版物，是否存在暴力、色情、邪教等违法出版物；KTV、网吧是否存在噪音污染、违规网络信息等；场所是否严格落实相关防疫和消防安全措施等情况。整治期间，出动13人次，检查校园周边出版物22家次，网吧30家，娱乐场所15家次，对1家文具店在未取得出版物经营许可证情况下出售出版物，责令立即下架，并对场所负责人进行合规经营宣导，指导相关办证手续。

【文化“扫黄打非”】 2020年，区社发局开展网上低俗信息专项整治、非法卫星电视接收设施专项整治及清源、固边、净网、护苗、秋风五大行动等“扫黄打非”专项整治行动。在各个街道、社区，发放、张贴活动海报、绿书签、宣传品，到辖区内的出版物经营场所，督查在营图书、报刊、音像制品，规范文化市场绿色经营环境。拆除非法卫星装置107台。对书店、文具店非法出版物开展专项检查，责令下架出版物4次。对歌舞娱乐场所、演出场所淫秽低俗信息进行全面检查。配合区委宣传部开展“扫黄打非”专项行动，会同区委宣传部、公安滨江分局等部门开展“扫黄打非”联合检查6次。开展网络游戏线上巡查，对接企业删除违规信息。至年底，立案查处非法安装地面卫星接收设施案件4起，版权侵权类案件2起，出版物违规经营案件2起。

【文体市场安全生产监管】 2020年5月，区社发局召开全区文化经营场所安全生产管理工作会议，与网吧、娱乐场所、旅行社、游泳场所、网络文化企业等签订《安全生产、消防安全综合目标管理责任书》《经营管理责任书》238份，督促从业人员守法经营、落实安全责任。督促文化经营单位落实安全生产主体责任，按时间节点阶段性印发企业安全生产工作实施方案，对消防安全管理、防火巡查、火灾隐患整改、灭火和应急疏散预案编制和演练、消防宣传教育等做出相关要求。对企业开展“防疫”和“消防”安全督查指导，通过线上线下等多种形式开展法规宣传活动，督促经营单位落实安全生产主体责任，提升全民安全防范意识，发放法规宣传品2万余份。加强日常巡查与线上监管相结合，开展专项整治行动，通过“人防+物防+技防”全面监管。推行安全生产社会化服务项目，利用第三方安全生产检测机构对辖区内60家网吧、印刷企业开展安全隐患排查。至年底，召开全区文化、体育经营场所安全工作会议4次，组织消防安全培训演练及应急救援培训演练2次。全年出动检查2059次，检查场所9012家次，整改安全隐患112处，抄告1家。全年文化、广电、旅游、体育经营场所未发生一起安全生产事故、火灾事故和产生不良影响的事件。

【游泳场所监管】 2020年7—8月，区社发局分组分片开展游泳场所安全巡查，宣传游泳安全知识，尤其是夏季高危时段加强游泳场所安全检查，开展摸排，对问题场所进行约谈，剖析问题、寻找原因、提出意见、落实整改，确保夏季游泳安全。向场所负责人宣传指导相关法律法规知识并要求工作人员务必在位在岗，在岗在心，线上线下监管相结合，加强泳池安全管理，规范场所经营行为。检查期间，出动1168人次，检查场所576家次，整改隐患12处。

【艺术考级专项整治】 2020年7—8月，区社发局开展艺术考级专项整治工作，按照属地管理的原则，规范各类艺术考级活动，维护考生合法权益，加强社会艺术考级的监督和管理。排查艺术考级机构，摸清艺术考级底数，重点检查艺术考级机构是否具备相关考级资质，履行考前备案手续；现场是否做好疫情防控措施和相关安全防范工作；考场内有无相关专业的考官且佩戴考官证。对艺术考级活动进行现场实地监管和微信工作群网络监管，进行事前要求、事中监管，事后汇总。整治期间，区文化市场行政执法大队出动30多人次，检查艺术考级机构15家次，检查情况良好，机构均按要求承办艺术考级活动。（徐宏国）

公共图书管理

【概况】 2020年，滨江区图书馆（杭州图书馆科技分馆）（简称“区图书馆”）文献总量有58.18万册（件），外借文献28.78万册，流通人次31.67万人次，组织策划活动192场，参加人员9万余人。设立浦沿、西兴、长河3个街道分馆，31家社区图书室；组织送书下乡、配送文献2.3万册（件）。志愿者到馆服务183人次，服务时长1153.18小时。区图书馆在滨江区科协发起的“2020年科技活动周”中申报的编程公益培训活动获二等奖。区图书馆被授予“滨江区图书馆（杭州图书馆科技分馆）科普教育基地”称号，是区科普宣传教育工作的重点机构。

【科普推广】 2020年，区图书馆与“杭州市STEAM创客教育联盟”继续合作，通过科普常规活动、讲座、公益培训等形式合作开展科普工作。至年底，开展以知识胶囊之科普类讲座、“乐趣童年”之少儿趣味编程、AI人工智能、科创STEAM课程等为主题的科普常规活动57场，参与人数1000多人。

【公共场所服务大提升】 2020年，区图书馆落实关于加快“最多跑一次”改革延伸覆盖的决策部署，按照公共图书馆服务大提升内容和要求，对阅读环境进行全面提升。在6楼配备自动体外除颤仪（AED）设备及母婴室等便民区域，邀请市急救中心专家为保安及读者开展急救培训，讲解自动体外除颤仪的使用要点及各类急救方法。在7楼入馆休息区域处配备24小时自助图书还书机，解决读者在闭馆日或未开放时间段内无法还书的问题。在8楼和区残联共建“盲人阅览区”，为盲人读者打造“听世界的心跳”有声听书墙，铺设

2020年4月22日，滨江区全民阅读公益行动暨2020书香科技城全民读书节在区图书馆启动　　（区社发局　供图）

盲道，完善无障碍厕所，增加语音提示等功能，配备独立空气消毒净化器。引进座位预约系统，实现座位预约移动化、便捷化，增强阅读科技感。结合省委巡视及文明指数测评，对库房等场所进行整治，完成检查工作。

【第四季“为地球朗读”全民阅读公益活动】 2020年4月22日，由区社发局主办的“2020年度滨江区全民阅读公益行动暨2020书香科技城全民读书节启动仪式”在区图书馆举行。受疫情影响，采取邀请部分领导和读者参加的方式实施。区社发局党委委员姚钊龙，杭州市滨江区民间阅读联盟秘书长、一卷书院创始人张纯彬、杭州市STEAM创客教育联盟秘书处彭琼、区企业书房联盟代表等，通过朗读《组诗·诗路风景》，启动读书节。活动为第四季“为全球朗读”全民阅读公益活动的一部分，在原有两大主题“环保”“阅读”的基础上，增加“诗画浙江”主题。

【第四届杭州市创客节】 2020年12月5—6日，第四届杭州创客节在区文化中心举行。该届创客节克服新冠肺炎疫情影响，在市文化广电旅游局、市科协、区政府指导下，由区社发局、杭州图书馆主办，区图书馆（杭州图书馆科技分馆）承办。以“智慧、融合、创新：疫情下的创客生活依然丰富”为活动主题，采用“线下+线上”相结合的形式开展，通过线下线上的互动，展示创新实践成果，营造创新实践氛围。创客节为公益性的大型创客展演活动，现场设置航模、钢琴、乐高和运动四大主题直播，青少年创客大赛、论坛等内容，以分享、互动、展示的模式，引导和激发中小学生的创新意识与创造热情，吸引广大市民参与，培育大众的创客文化。浙江电视台、杭州电视台等主流媒体，通过直播、网页新闻，公众号等多种方式对活动和赛事进行宣传报道。吸引线下2000多人参与，其中“浙江新闻”开幕式直播观看人数3.6万人次；4场直播观看人数为40.5万人次，图片直播观看人数27.59万人次。

（王胜杭）

档案事业

【概况】 2020年，杭州高新区（滨江）档案事业围绕全省档案“十三五”规划收官年系列重点工作和区委区政府中心工作，完成各项工作任务。“浙江省级数字档案馆”和“浙江省市县级国家综合档案馆业务建设评价”两大项目通过验收，全区数字档案室创建全覆盖，立档档案“双随机”执法检查达标，完成全区档案统计年报和档案年检。档案宣传工作实现新突破，档案信息化成果助推杭州高新区成立30周年等重大活动。开展档案公共服务，全年共查档573人次、11517件、10.11万页。馆藏档案不断优化，接收区委宣传部重要活动数码照片档案16组167张、区民政局2019年婚姻档案4564件、区市场监管局企业注销档案3141盒3040卷、区商务局业务档案268卷，区人力社保局、区住建局、区民政局、区农业农村局行政审批类电子档案共84件，接收杭州高新区30周年庆典和区疫情防控指挥部专题档案2388件。承办区委办公室、区政府办公室综合档案室年度归档7813件。成功推选陈惠霞和陈爱竹2人获杭州市首届“兰台”称号。

【档案利用服务创新】 2020年，区档案馆聚焦服务提升，坚持聚焦民生“关键小事”，推出“民生档案异地查档”“婚姻查档网上申请，档案材料EMS免费快递到手”等全流程电子化服务。做好浙江档案服务网查档申请反馈671人次，接受咨询65人次。异地查档65人次57件，其中含长三角地区跨馆查档6人次。拓展服务范围，为高新企业人才提供增值服务，“‘异地查档、跨馆服务’——滨江区档案馆最多跑一次跑出新亮点”被杭州档案微信公众号录用发布。

【档案馆2项省级创建通过验收】 2020年，按照全省“十三五”计划任务安排，区档案馆接受“浙江省级数字档案馆评估”和“浙江省市县级国家综合档案馆业务建设评价”两大项目验收。针对“浙江省级数字档案馆评估”中基础设施、系统功能、档案资源、保障体系、服务绩效五类99项标准和“浙江省市县级国家综合档案馆业务建设评价”中建筑与设备、经费与人员、档案基础业务、开发利用服务四类62个大项107个子项标准，区档案馆从制订方案到布置任务，从规范窗口流程到完善后台管理，从实体档案核查到数据信息校改，坚持拉高标准、从严要求，分别于10月23日和29日接受专家组考核并通过验收。

【档案业务云培训】 2020年6月19日，杭州高新区（滨江）率先推出“云模式”档案工作推进会，传达学习全省档案工作暨表彰先进会议和全市档案工作会议精神。全区近百名档案工作人员参加云培训。“云会议”通过共享钉盘内容，突破人员、场地限制，节约时间成本，提高工作效率，实现会议全程“无纸化”。

2020年6月19日，杭州高新区（滨江）召开“云模式”档案工作会议 （区志编研室 供图）

【档案宣传】 2020年，新修订档案法列入区委理论中心组学习内容，全区组织新《档案法》云培训。利用“6·9”国际档案日和“12·4”国家宪法日，做好档案法律法规知识宣传，提高公众对档案法律法规的知晓度。档案微视频《滨江赋》在杭州市档案系统大赛中获三等奖，并被“学习强国”录用；《新发展视域下推动县区档案事业高质量发展路径研究》《新修订档案法立法理念研究》2篇论文在全国档案核心期刊《浙江档案》杂志2020年第9期和第11期刊登。报送的《杭州高新区（滨江）创新档案工作举措打造“高”“新”特色》获杭州市委副秘书长、市档案局局长、市档案馆馆长范飞和区委书记王敏批示。

【档案信息化成果利用】 2020年，针对“最多跑一次”电子文件归档及档案双随机监管要求，区档案局坚持一个平台管到底、一个制度定标准，对覆盖全区机关、企事业单位和社区的数字档案管理平台进行升级，通过技术赋能实现在线业务监督指导、网上进馆申请、档案执法年检等功能，打破各单位档案单机版管理系统数据壁垒，降低管理和投入成本，实现机关内部事项“跑零次”。馆藏档案全文数字化光学字符识别（OCR），实现档案全文查阅数字化，为全区各专项检查提供快速有效的查档服务，为异地查档提供技术及资源支撑。

（张 烨）

地方志事业

【概况】 2020年，杭州高新区（滨江）继续推进地方志工作。滨江历史上首部志书《杭州市滨江区志》（300万字）历时近5年，通过区政府终审，取得2020年公开出版书号。《滨江年鉴（2020）》公开出版，论文《弘扬方志文化、为村社发展铸魂》在《杭州月志》2020年第4期刊登。完成向《浙江年鉴（2020）》《杭州年鉴（2020）》等稿件报送工作。优化地方志数字化利用，停用“滨江年鉴”微信小程序，将“滨江年鉴”小程序数据整合至“滨江方志”小程序，提高掌上电子阅读体验。

2020年11月11日，杭州高新区（滨江）举行《杭州市滨江区志》终审集中改稿会 （区志编研室 供图）

【《杭州市滨江区志》通过区政府终审】 2020年1月，区志编辑部根据《杭州市滨江区志（初审稿）》征求意见会上的意见和建议，集体研究修改方案，从优化篇目、突出地方特色、规范行文等方面，采用分散与集中的方式对初审稿进行修改完善。2月，形成复审送审稿报杭州市地方志办公室复审。4月，杭州市地方志办公室复审意见认为：《杭州市滨江区志（复审稿）》全面、系统、客观地记载滨江区行政区域内的自然、政治、经济、文化、社会的历史与现状，是一部基础较好、质量较高的城区志，通过复审。8月，方志出版社介入审稿和印刷排版工作。9月，区地方志编纂委员会组织终审。10月，通过终审。11月10—13日，组织《杭州市滨江区志》终审集中改稿会，会议邀请省、市地方志专家现场指导点评。12月，区志编辑部针对出版社和终审的修改意见组织修改。

【《滨江年鉴（2020）》编纂出版】 2020年3月3日，杭州高新区（滨江）印发年鉴编纂通知和编纂纲目，启动《滨江年鉴（2020）》编纂工作。年鉴编辑部围绕全区中心工作和发展大局，调整篇目框架，将特载、统计资料内容移入附录，增加专记、年度聚焦、产业平台·特色小镇类目。卷首彩页设“魅力滨江”“年度滨江”“‘不忘初心、牢记使命’主题教育”“庆祝中华人民共和国成立70周年”“产业滨江”“宜居滨江”6个专题。全书设置类目33个、分目224个、条目1703条、表格44张、图片211张。10月，送杭州市地方志办公室复审；11月，通过方志出版社三审三校；12月，公开出版。《滨江年鉴（2020）》全书76.5万字，是杭州高新区（滨江）出版的第4本综合性年鉴。 （张 烨）

新闻传媒

【概况】 2020年，杭州高新区（滨江）发挥《天堂硅谷》报、“杭州高新区（滨江）新闻网”、“滨江发布”等宣传平台作用，加强各类信息宣传，提升新闻宣传工作传播力、引导力、影响力。“滨江发布”发布微博2543条、微信文章2290篇，在国家高新区微信公众号综合影响力评估中连续4年居全国第一位。“滨江发布”微信公众号开设《曝光台》专栏，收到群众举报信息1300多条，发布曝光稿件41期，推动“美丽杭州”创建和文明城市复评工作。“滨江发布”App推出报道7674条，开设专题52个，开展图文直播22场。《天堂硅谷》报编发44期、报道1100篇，推出融媒体专栏《看滨江》17期。《天堂硅谷》杂志编发12期，刊发稿件300多篇，发行6万册。“滨江发布”抖音号试运营。

【《天堂硅谷》报】 2020年，《天堂硅谷》报每周出版1期，全年编发报纸50期，刊发稿件2400多篇，其中图片280多幅，用稿170万字；策划宣传方案20个；发行《天堂硅谷》报426万份。报纸开设“抓好双线作战、两手硬两战赢”“东西协作携手共进”“最多跑一次滨江加速度”“民生实事半年看”“杭州高新区（滨江）30年蜕变”“一社一品共建美好生活”“砥砺奋进十三五”等专栏12个；“精彩动漫”“民生实事回顾”等图文专版40个。推出“两会”宣传报道3期。（张　磊）

【《天堂硅谷》杂志】 2020年，《天堂硅谷》杂志每月1期，全年编发杂志12期，刊发稿件300多篇，其中图片800多幅，用稿70多万字。大16开本全彩印刷，每期108页，发行《天堂硅谷》杂志6万册。杂志开设《第一关注》《特别策划》《创业在高新》《图说滨江》《创客故事》等专栏；策划《高新30，迈向世界一流》特刊，从产业、人才、创新、民生等角度对杭州高新区发展进行介绍，撰写10家高新企业和10名高新人物专访。推出“疫情之下，滨江产业的创新力”“智慧健康新高地”“数字经济发展的滨江样板”“抢占新基建产业新高地”“打造全国数字治理示范区”等主题宣传。（李　洁）

【“滨江发布”新媒体】 2020年，“滨江发布”有微博、微信公众号、App、抖音等新媒体。微博微信粉丝45万人，累计发布微博2543条、微信文章2290篇，8篇微信文章阅读量超过10万人次，在国家高新区微信公众号综合影响力评估中连续4年居全国第一位，中英双语发布持续创新，新推“滨滨探楼”“每周一景”等栏目。“滨江发布”App发布头条、时政、经济、民生、视界等稿件共7674条，开设“治理创新大家谈”“让每一所公办初中都精彩”等专题52个，开展视频及图文直播22场，在服务功能上增加预约出入境、驾照积分、交通违法、地铁查询、天气预报等功能。试运营“滨江发布”抖音号，上线3个半月共发布短视频93条，粉丝数增至5万人，点赞数超过39万人，总阅读量1038万次。（刘姿吟）

群众体育

【概　况】 2020年，杭州高新区（滨江）举办福摩杯“舞动中国——排舞联赛”总决赛、第五届机关干部运动会等群众性体育赛事10多个大项100多场次。组织3个街道及钱塘实验幼儿园开展国民体质测试工作，测试1601人，其中幼儿294人，成人1307人，幼儿合格率96%，成人合格率93.5%。至年底，建设健身苑点132处，其中西兴街道34处、长河街道47处、浦沿街道51处，经社区、区体育局联合区财政局实地检查验收，合格率100%。

【江南体育中心】 2020年，江南体育中心共接待健身18.13万人次（因新冠肺炎疫情影响，除游泳池外中心所有室内场馆于3月22日对外开放，其中游泳馆于3月30日恢复对外开放）。6—12月（2—5月因疫情影响未开放），培训报名3073人，比上年增长31.4%。其中：游泳培训报名1689人，增长25.3%；羽毛球504人，增长88.8%；篮球324人，增长42.1%；乒乓球279人，增长13.9%；跆拳道88人，增长14.3%；其他培训189人。

【第11届浙江省新时代先锋羽毛球联谊赛】 2020年9月12日，第11届浙江省新时代先锋羽毛球联谊赛在滨江体育馆举行，全省28支俱乐部300多名运动员参赛。赛事设有团体赛、男子双打、混合双打3个竞赛项目，11个不同组别。经角逐，下城区羽毛球协会、浙江银江羽毛球俱乐部分别获厅级组团体比赛冠军、亚军。滨江区羽毛球协会、之江同馨羽毛球俱乐部分别获处级组团体比赛冠军、亚军。

2020年11月15日，2020年福摩杯"舞动中国——排舞联赛"总决赛暨全国排舞冠军赛在区文化中心举行 （区社发局 供图）

【努力奋斗·2020浙江马拉松接力赛】2020年11月1日，"努力奋斗·2020浙江马拉松接力赛"在滨江最美跑道开跑。比赛由省体育竞赛中心、滨江区政府主办，长三角体育竞赛联盟为支持单位，浙江省马拉松及路跑协会、滨江区社发局承办，浙江午马体育文化策划有限公司运营。200多支来自全国各地的队伍参加。赛事集创新、活力、协同为主旋律，倡导全民健身、团队协作精神。经角逐，嘉兴市马拉松路跑协会以2小时18分56秒的成绩获公开组冠军，并打破赛会纪录。萧山长跑协会以2小时29分43秒的成绩获县区组冠军。"努力奋斗杭州队"以2小时28分05秒的成绩获长三角组冠军。

【福摩杯"舞动中国——排舞联赛"总决赛】2020年11月15日，2020年福摩杯"舞动中国——排舞联赛"总决赛暨全国排舞冠军赛在区文化中心举行。比赛由国家体育总局体操运动管理中心、市体育局、滨江区政府主办，全国排舞广场舞推广中心、杭州市体育发展集团、区社发局承办。全国50个城市的248支队伍、近4000名运动员参加。受新冠肺炎疫情影响，总决赛采取线上线下相结合的方式，线上直播总决赛开赛前，参赛队伍上传参赛作品视频至组委会指定邮箱，组委会在规定时间内，通过直播间播放视频、裁判实时打分、出分的形式进行最终评比。线下竞赛有29支队伍参加，其中外省队伍4支。大赛开幕式、比赛全程及闭幕式在多个平台线上直播，累计直播观看人数1483万人次。大赛赛前特推出福摩杯"舞动中国——排舞联赛"总决赛8周年回顾视频，观看人数48.3万人次。 （徐樱桃）

竞技体育

【概 况】 2020年，滨江区竞技体育以学校体育为主，举办"迎新杯"小学生棋类比赛，"白马湖杯"青少年校园足球联赛。由于亚运会场馆改造要求，CBA（中国男子篮球联赛）浙江稠州银行篮球队主场离开滨江区体育馆。

【"迎新杯"小学生棋类比赛】2020年12月26—27日，2020年滨江区"迎新杯"小学生棋类比赛在杭州浦沿小学开赛。比赛由区教育局、区社发局主办，杭州浦沿小学教育集团承办，全区的小学353名小棋手参加。比赛设围棋、中国象棋、国际象棋三大类，6个团体奖项。根据参赛选手年纪分甲、乙2个组别，计12个小项。

滨江区2020年"迎新杯"小学生棋类比赛成绩表

表43

项目	第一名	第二名	第三名	第四名	第五名	第六名
围棋男子	杭州江南实验学校	杭州滨江实验小学	杭州滨和小学	杭州钱塘实验小学	杭州二中白马湖学校	杭州闻涛小学

续表43

项目	第一名	第二名	第三名	第四名	第五名	第六名
围棋女子	杭州钱塘实验学校	杭州滨文小学	杭州滨江实验小学	杭州浦沿小学	—	—
中国象棋男子	杭州浦沿小学	杭州二中白马湖学校	杭州博文小学	杭州长河小学	—	—
中国象棋女子	杭州江南实验学校	杭州长河小学	杭州博文小学	—	—	—
国际象棋男子	杭州滨江实验小学	杭州钱塘实验小学	杭州滨和小学	杭州闻涛小学	—	—
国际象棋女子	杭州滨江实验小学	杭州滨和小学	杭州长河小学	—	—	—

2020年12月26日，滨江区“迎新杯”小学生棋类比赛在杭州浦沿小学开赛 （区社发局 供图）

【“白马湖杯”青少年校园足球联赛】 2020年9月至11月29日，“白马湖杯”青少年校园足球联赛在各参与学校举行。联赛由区教育局、区社发局主办，浙江省黄龙绿鹰足球俱乐部承办，区各中小学协办。比赛设初中组、小学甲组、小学乙组、小学女子组4个组别，全区28所中小学的53支队伍参赛。比赛历时3个月，进行203场比赛，经角逐，杭州江南实验学校（初中部）代表队、杭州滨文小学代表队、杭州江南实验学校（小学部）代表队、杭州闻涛小学代表队分别获得初中组、小学甲组、小学乙组、小学女子组的冠军。

（徐樱桃）

体育产业

【概况】 2020年，滨江区举办高危险性体育项目管理工作会议。夏季向社会开放游泳场所51所。杭州怀诚体育策划有限公司、杭州微柠科技有限公司、杭州中天模型有限公司、杭州菲特尼斯健身管理有限公司、杭州威度体育投资管理有限公司、杭州凌嘉健身有限公司6家单位申报浙江省体育产业发展资金项目库（疫情纾困类）并入库。受新冠肺炎疫情影响，杭州中天模型有限公司全年销售额为4118万元，比上年下降3765万元，组织“科技体育进校园”项目开展线上科技模型普及活动。杭州凌嘉健身有限公司销售额3123万元，下降2000万余元。“舞动中国——排舞联赛”总决赛入围2020年度浙江省体育产业发展资金项目库（竞赛表演类）。

【杭州菲特尼斯健身管理有限公司】2020年，杭州菲特尼斯健身管理有限公司入选浙江省体育产业发展资金项目库（疫情纾困类）并入库。公司于2018年规划旗舰店项目。菲特尼斯旗舰店为综合性体育健身场馆。总面积6000多平方米，总投资800万余元。内含商业健身设施、室内操舞类设施、标准室内篮球场、室外小型足球场、室外网球场、室内台球室、乒乓球室等多项运动设施场地。项目于2018年4月落成并投入运营。场馆接纳付费会员3800人，单日客流峰值最高1000多人；2018年全年项目营收500万元；在无负债的基础上，接纳、整合周边部分由于经营不善而关闭的同类机构；结合项目地理位置、经营策略，统计品牌宣传辐射周边5千米范围内3万余名居民及稳定就业人群。2020年，由于受疫情影响较大，菲特尼斯旗舰店项目停业至4月重新开始营业，单月业绩营收仅15万元。

【杭州怀城体育策划有限公司】2020年，杭州怀城体育策划有限公司入选浙江省体育产业发展资金项目库（疫情纾困类）并入库。杭州怀城体育中心成立于2015年，是一家集运动、休闲、娱乐为一体的大型综合体育运动中心。中心占地7000平方米，内设大型室内羽毛球、篮球中心。场馆配有标准羽毛球比赛专用场地12片以及标准篮球比赛场地4片，非标准篮球训练场地4片。场馆灯光采用国际顶尖技术防眩LED灯光源。同时设置侧灯训练专区，作为专业运动员训练区。场馆地面使用三层弹性专业羽毛球地板地胶及比赛型枫木实木地板，含双层地龙及弹性减震层，具备震动吸收功能，保护运动员的踝关节、半月板、脊椎的作用。场馆工作日接待量200～300人次，双休日接待量300～400人次。

【杭州微柠科技有限公司】2020年，杭州微柠科技有限公司入选浙江省体育产业发展资金项目库（疫情纾困类）并入库。公司成立于2016年1月，旗下拥有主营运动健康的互联网产品（坚蛋运动），公司基于人工智能和大数据技术，帮助用户动态追踪和个性化管理自己的运动健康，赋能其他运动健康品牌在整体供应链和用户管理体系等方面降低成本、提升效率，强化品牌的获客和留存能力，公司以用户为中心，首创互联网+智能健康S2B2C新型社会化协同网络的商业模式，全面赋能战略合伙人与门店合伙人，开创全新的“低门槛”“智能化”“方便快捷”的共享型互联网+智能健康新时代。至年底，建成门店150家，分布全国各地，拥有会员32万人。

资料：

S2B2C：一种集合供货商赋能于渠道商并共同服务于顾客的全新电子商务营销模式。S2B2C中，S即是大供货商，B指渠道商，C为顾客。

（徐樱桃）

卫生健康

综　述

2020年，杭州高新区（滨江）有各类医疗卫生机构271家，其中：综合性医院4家（含民营2家），专科医院5家，康复医院3家，街道卫生服务中心3家，社区卫生服务站35个，各类诊所、门诊部、医务室221个。社区卫生服务机构门急诊量126.2万人次，无医疗安全责任事故发生。至年底，医养护常态化签约12.58万人，重点人群签约占82.38%。签约居民转诊上级医疗机构9.1万人次，市医联体转诊5.3万人次，市医联体转诊率58.28%。建立居民健康档案30.05万份，建档率85.6%。加强老年人和慢性疾病患者的健康管理，高血压、糖尿病患者规范管理率分别为71.93%和77.11%，老年人健康管理率53.95%；孕产妇系统管理率96.48%，3岁以下儿童13141人，系统管理人数13023人，系统管理率99.09%。出生医院活产数100人，新生儿疾病筛查95人，筛查率95%。宫颈癌筛查11692人，乳腺癌筛查12612人。

根据新冠肺炎疫情防控要求，制定医疗救治评估转运工作流程。确诊病例、疑似病例转运做到100%协调市急救中心负压救护车转运至定点医院接受隔离治疗。制定辖区地铁站发热病人处置流程，专人驻点辖区地铁站发热人员处置专班。制定企业复工复产包车到杭人员卫生检疫流程，社区卫生服务专班人员负责辖区包车检疫工作，开展108辆次、1780人次的卫生检疫工作。

完成第十六届中国国际动漫节、第十四届（2020）杭州文化创意产业博览会、杭州高新区成立30周纪念大会、集中隔离点等重大活动的医疗保障工作。全年共完成225.5天次。优化2020年度干部职工体检方案，完成6511名机关干部和中小学幼儿园教师职工的健康体检工作。完成征兵初检、上站体检、复检和定兵工作。

加大卫生监督违法行为的查处力度，打击各类违法行为。全年共办理行政处罚案件124件，其中公共场所卫生57件、传染病防治32件、放射卫生3件、消毒产品2件、医疗卫生16件、职业卫生9件、学校卫生5件，罚没款48.99万元。

（顾淑婧）

卫生应急

【概况】 2020年，区疾控中心在新冠肺炎疫情发生后，组建应急分队3支，轮流驻守单位，随时处置突发疫情。应急分队出动169次、408人次，调查确诊病例、无症状感染病例、疑似病例，采集检测新冠病毒核酸，转运复核新冠病毒标本82份，现场消杀86家次（其中疫点15个），消毒面积2940平方米，使用消毒液1.41立方米，协助街道和社区落实密切接触者隔离医学观察，对隔离期内出现可疑症状的医学观察者开展流行病学调查。全区报告突发公共卫生事件相关信息18起，比上年下降30.77%。

【企业复工学校复学指导】2020年，区疾控中心制定企业开复工防疫导则、企业发热病人应急处置简明操作指南、企业工作场所防疫消杀简明指南及有声PPT培训课件，并联合浙江宇视科技有限公司开展企业发热病人应急处置实战演练，优化细化企业应急处置预案，为企业打好复工基础。联合市区两级驻企健康指导员到辖区近百家规模以上企业开展现场专业指导，对14家防控措施落实不到位的规模以上企业进行“回头看”，制定一企一策，帮助企业精准防疫。至年底，出动驻企健康指导员164人，服务中小企业累计6260家次。区疾控中心指导教育部门和学校在春秋两季开学前建立疫情应急处置预案，完善疫情防控工作制度，落实健康监测，开展技术培训，建立常态化驻点健康指导联系机制，联合社区卫生服务中心对90多所学校及托幼机构进行复学验收和开学后公共卫生巡查工作，至年底，共为在校期间发现的194位发热学生提出健康指导意见。

【复工企业疑似新冠肺炎病例应急处置演练】2020年2月22日，区社发局联合浙江宇视科技有限公司举行以企业内部发生疑似新冠肺炎病例为背景的应急处置演练。演练分为病例发现、隔离与报告、病例评估与转诊、现场流行病学调查、终末消毒、后续防控工作指导6个模块。演练结束后，参演单位对整个演练过程进行分析和总结。通过演练在实战模拟中完善疫情防控预案。

【基层医疗卫生机构服务技能大比武】2020年10月14日，2020年滨江区基层医疗卫生机构服务技能大比武暨秋冬新冠肺炎疫情防控应急演练在区公共卫生中心举行。区疾控中心及各街道社区卫生服务中心分别组成4支队伍，共40多人参加比赛。基层医疗卫生机构服务技能大比武内容包括理论测试、案例分析、健康教育演讲比赛和现场医疗紧急救护（心肺复苏）操作比赛。秋冬新冠肺炎疫情防控应急演练分为理论测试和现场操作，现场操作包括应急响应、物资准备、个人防护、疫源地消毒、标本采集等。比赛共评选出团队奖3人和单项个人奖15人，提高基层医务人员的服务能力、突发公共卫生事件应急处置和联防联控能力。

（顾淑婧）

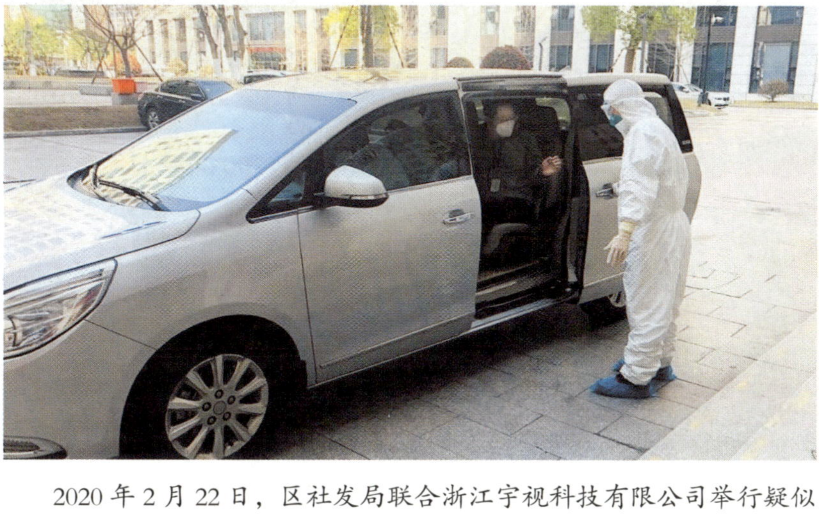

2020年2月22日，区社发局联合浙江宇视科技有限公司举行疑似新冠肺炎病例应急处置演练　　（区社发局　供图）

基层卫生

【概况】2020年，滨江区西兴、长河、浦沿3个街道社区卫生服务中心有从业人员526人，包括卫生技术人员457人。其中：中级职称人员181人，正副高职称人员33人。三中心总床位125张，门急诊服务126.2万人次。根据《滨江区基层医疗卫生机构财政补偿机制实施办法（试行）》的要求，调整社区卫生服务机构管理体制，调整后的社区卫生服务机构由区社发局统一管理。加强对社区卫生服务机构运行情况的测算，修订实施办法，完善补偿机制。推动“最多跑一次”医疗卫生机构服务大提升。长河街道新建的冠山社区卫生服务站启用；张家村社区卫生服务站整体新迁至张家村过渡房。浦沿街道冠二站点、山二站点迁址重设，浦联站点投入使用。作为杭州市民生实事工程的浦沿街道社区卫生服务中心急救站点建设完工并投入使用。开展街道社区卫生服务中心卫技人员招聘工作，公开招聘医务人员33人。

2020年新冠肺炎疫情发生后，社区卫生服务中心工作人员投身防疫第一线，完成预检分诊、垃圾处理、上门医学观察、隔离点蹲守及复工复产复学等各疫情战斗小组工作，涌现出天使驿站“临时妈妈”等事迹。2人被评为浙江省抗击新冠肺炎疫情先进个人，2人被评为杭州市抗击新冠肺炎疫情先进个人，西兴街道社区卫生服务中心党支部被评为杭州市抗击新冠肺炎疫情先进集体。

【医疗机构服务大提升】 2020年，社区卫生服务中心开展公共场所服务大提升行动。3家社区卫生服务中心率先完成夜间门（急）诊、互联网诊疗、发热筛查诊室全覆盖，预防保健分时段预约检查率达60%以上。舒心就医、健康码就医率分别保持在90%和30%以上。完成省级疫苗和预防接种综合管理信息系统全覆盖，做到服务过程可追溯、透明化，检查检验信息实时共享全覆盖，健康档案开放率达到50%以上。3家社区卫生服务中心完成停车场改造，解决停车难问题，开通“先离场后付费”便捷泊车服务，推行首小时免费停车措施，方便群众就医出行。口罩售卖和轮椅租赁等便民服务落地，推进无障碍环境改造和厕所文明，增设免费取纸设备。

【东西部协作和对口帮扶】 2020年，3家街道社区卫生服务中心新增结对贵州省黔东南苗族侗族自治州丹寨县排调镇中心卫生院、麻江县贤昌镇卫生院等6家卫生院，选派3个街道社区卫生服务中心的9名医务骨干到湖北省恩施土家族苗族自治州建始县、贵州省黔东南苗族侗族自治州麻江县、丹寨县等地挂职帮扶，其中18个月3人，6～12个月3人，1～6个月3人。落实43名贵州省黔东南苗族侗族自治州和湖北省恩施土家族苗族自治州工作人员在区医疗卫生系统挂职学习，其中1个月的39人、3个月的4人。挂职湖北省恩施土家族苗族自治州建始县的医生蒋全龙、曾清发、蔡志军、章红杰获“湖北省东西部扶贫协作优秀干部人才”称号。挂职医生在湖北省恩施土家族苗族自治州建始县成立“慢病联合管理中心”，在贵州省黔东南苗族侗族自治州麻江县杏山镇卫生服务中心建立小儿雾化室，获当地百姓好评。

【滨江区庆祝第三个中国医师节文艺晚会】 2020年8月18日，“守护生命远航”——滨江区庆祝第三个中国医师节文艺晚会在区文化中心举行。省疾病预防控制中心、浙江大学医学院附属第二医院、浙江大学医学院附属儿童医院、杭州市卫生健康委、杭州市第三人民医院、武警浙江省总队医院等负责人，区领导王敏、李志龙、韩建中、王国珍等出席活动。晚会表彰2020年度“滨江区优秀护士”“滨江区优秀医师”及获得省市荣誉的个人和团体。晚会有朗诵、舞蹈、歌曲、情景剧等9个节目，由全区各医疗卫生单位医务人员和文艺工作者表演，弘扬“敬佑生命，救死扶伤，甘于奉献，大

2020年8月18日，滨江区庆祝第三个中国医师节文艺晚会在区文化中心举行（区社发局　供图）

爱无疆”的医者精神，展现仁心仁术的医者风采。

（顾淑婧）

卫生监督

【概况】 2020年，新冠肺炎疫情突袭而至，区卫生监督所对全区医疗机构、公共场所、消毒用品生产企业等防控措施落实情况进行监督检查，开展各项卫生监督防控工作，切断病毒传播途径，严防疫情扩散，助力复工、复产、复学。防控战疫期间巡查医疗机构320家次，公共场所208家次，消毒产品企业2家，企业复工督导115家，出动870人次。检查中发现监管对象存在违法行为5家，进行立案调查并依法予以相应处理。完成国家双随机监督任务153家，比上年增加72家，增长88.89%，其中住宿场所25家、游泳场所31家、美发美容场所45家、沐浴场所7家、商场2家、城市集中式供水1家、放射诊疗10家、医疗机构10家、传染病防治11家、学校7家、消毒产品生产企业1家、职业健康检查3家。对35家违规单位进行立案查处，查处率22.9%。坚持检查指导与严格执法、处罚与教育并重，加大卫生执法力度，严厉查处各类违法行为。办理行政处罚案件124件，增长36.3%，其中公共场所卫生57件、传染病防治32件、放射卫生3件、消毒产品2件、医疗卫生16件、职业卫生9件、学校卫生5件，罚没款48.99万元，罚没款金额比上年增加16.7万元。

【游泳场所监督检查】 2020年，区卫生监督所开展2轮游泳场所国家双随机监督监测。7月，监测游泳场所20家，抽取水样210件，检查合格203件，合格率96.67%。监测结果总体良好，3家游泳池水质检测不合格，1家游泳池场所1名工作人员无有效健康证明。8月，监测游泳场所15家，抽取水样152件，检查合格150件，合格率98%，3家游泳池水质检测不合格，区卫生监督所下达监督意见书，责令限期整改。

2020年7月2日，区卫生监督所在杭州英浩健身服务有限公司运营的游泳池检查

（区社发局　供图）

【学校卫生监督】 2020年5月，区卫生监督所根据2020年公共卫生国家随机监督抽查计划，结合疫情防控工作，对33家学校开展学校卫生国家双随机检查。检查内容包括教学环境卫生、传染病防控、生活饮用水卫生和学校内设医疗机构及保健室的卫生监督检查。督促学校做好学校卫生隐患自查工作，消除卫生安全隐患，确保师生身体健康。做好中高考期间卫生保障，结合疫情防控制定相应的工作方案，协同区疾控中心对辖区内中高考学校进行联合检查。抽样监测4家高考考点学校的直饮水，共抽检样品16件，抽检4家学校的二次供水，抽检样品4件，检测结果全部合格。

【饮用水安全宣传周】 2020年5月18—24日，滨江区开展以“护饮水，保健康”为主题的饮用水安全宣传周，活动以线上为主、线下为辅。线上，区卫生监督所通过微信群宣传饮用水安全宣传册，利用公共场所单位公众号，宣传水资源知识。线下，到社区展示宣传画板，增强全民饮用水卫生的安全意识。宣传周期间，监督员对高楼二次供水进行抽查，针对部分高楼二次供水由于设施设备锈蚀老化，造成的水质不合格，水压不达标问题，监督员责令相关单位整改到位。

【医疗废物在线监管】 2020年12月，滨江区完成医疗废弃物智慧监管终端系统项目建设，3家三级以上医院，3家社区卫生服务中心，1家疾控机构，1家采血机构，9家规模较大、产生医疗废物较多的民营医疗机构均安装医疗废物在线监测系统，实现远程在线监控。配置医疗废物收集小推车，暂存间安装摄像头，卫生健康执法人员可以通过在线监控，掌握医疗废物的实时动向和处置情况，扫描医疗废弃物条形码即可追溯处置的过程和信息，防范医疗废弃物丢失、非法处置等风险。医疗废物处置信息已接入浙江省医疗废物监管平台，实现医疗机构医疗废物的线上监管。

（顾淑婧）

疾病防控

【概况】 2020年，按报告地统计滨江区共报告法定传染病21949例，比上年下降41.39%；按现住地统计共报告法定传染病18种7885例，下降35.81%，无死亡病例报告。报告传染病聚集性疫情8起（不包含突发公共卫生事件相关信息），下降87.30%。8起疫情分别为手足口病3起，扎如病毒感染胃肠炎2起，水痘、肠腺病毒感染性腹泻、诺如病毒感染急性胃肠炎各1起。区疾控中心及时采取有效控制措施，各类疫情均得到控制。

常态化开展各项疫情防控工作。疫情未在滨江区出现本地传播。现场指导包括“爱心妈妈”驿站在内的9家集中隔离点，对隔离点分区设置和工作流程进行规范指导，共对隔离点防疫工作进行督导28家次，培训指导工作人员290人次。区疾控中心联合区公安分局抽调20多名工作人员入住区集中隔离点酒店，成立接机专班。根据相关指令及时转运滨江区入境人员，按照有关要求落实分级隔离管控工作，接机转送及开展隔离医学观察。

2020年开展结直肠癌筛查18008人，完成率100.04%；肠镜检查1175例，完成率117.5%。全年接种疫苗219562剂次，其中免疫规划疫苗101090剂次、非免疫规划疫苗118472剂次。按照要求对辖区3家省市医疗机构的新冠疫苗临时接种点设置进行现场督导、人员培训，确保重点人群接种有序开展，做到AEFI（疑是预防接种异常反应）监测敏感、处置规范，至年底，接种2888剂次。通过全民健保系统上报15例AEFI个案，判定为一般反应13例，过敏性皮疹2例。西兴接种门诊启用“疫苗和预防接种管理信息新系统”。

【区疾控中心实验室启用】 2020年，市疾控中心和区疾控中心合作的疾病预防共同体——区疾控中心实验室，完成实验室改造，可实现包括新冠病毒在内的高致病性病原微生物核酸检测，新冠病毒核酸日均检测量最大可达1000人份。实验室完成剩余5名实验室专业技术人员招聘以及岗前培训，加强实验室队伍建设；采购价值498万元的仪器设备45台，其中食品安全风险监测仪器覆盖率达到浙江省目录要求的100%；建立完善实验室质量管理体系，完成实验室管理信息系统的安装调试工作。

【新冠病毒和食品安全“双检测”】 2020年7月，为加强冷链食品生产经营各环节日常监管，确保市场供应和价格稳定，区疾控中心开展新冠病毒和食品安全“双检测”工作。区疾控中心联合区市场监管局对辖区部分超市内的进口生鲜食品、环境和从业人员进行采样，对标本开展新冠病毒核酸检测，共对8家超市进行采样，工作人员采集样品41份、食品样品113份、环境样本43份，检测结果均为阴性。9—10月，对辖区内13家农贸市场或超市冷链食品进行采

2020年9月17日，区防疫中心采样人员在物美超市浦沿店对冷链食品采样　（区社发局　供图）

样，食品样本222份、外环境样本138份，对270名从业人员进行核酸检测，检测结果均为阴性。至年底，共采集检测样品1350份，检测结果均为阴性。

【基层医疗机构新冠病毒核酸检测采样实践操作考核】 2020年8月20日，区疾控中心组织全区3家社区卫生服务中心的90名医护人员参加新冠病毒核酸检测采样实践操作考核。考核由区疾控中心检验科工作人员为参考人员现场演示防护服穿脱步骤、鼻咽拭子采样动作要领及标本采集后的储存、转运和送检流程。参考人员包括公共卫生医师16人、检验技师15人、护士59人，所有参考人员全部通过考核。考核采用现场实操培训和考核的方式，以考代练，使参考人员熟悉采样流程，掌握采样技巧。

【70周岁以上老年人免费接种流感疫苗】 2020年9月29日，滨江区3家社区卫生服务中心同步开展重点人群免费接种流感疫苗。区疾控中心对3家中心进行两轮督导工作，对从事该项目的53名医护人员开展专项技术培训，新增预防接种异常反应调查诊断专家组成员13人，接种工作开展前组织3家接种门诊和滨江医院急诊科举行疫苗接种后严重异常反应的应急处置演练。至年底，免费为70周岁以上老年人接种流感疫苗7504剂次，完成率250.1%。（顾淑婧）

爱国卫生

【概况】 2020年，滨江区爱国卫生及健康城市工作根据新冠肺炎疫情防控工作要求和实际需要，加大社区环境卫生整治力度，开展PCO（有害生物防治）消杀工作指导，以爱国卫生运动助力常态化疫情防控工作；全面开展健康宣教，指导居民科学防控，印发社区居民疫情防控健康促进指南1200册。加强对重难点部位的监督管理和抄告整改力度，发放爱国卫生交办单4期，抄告问题68个，整改率100%；成功创建杭州市无烟单位1家、全面禁烟示范单位2家及区级无烟党政机关44家。

【季节性病媒生物防制】 2020年，区爱卫办开展2次季节性病媒生物防制活动。3月和9月开展春秋季统一灭鼠活动，通过宣传发动，集中整治环境卫生，清理楼道、房前屋后堆积杂物，减少鼠滋生和栖息场所。在全区范围内鼠类活动重点区域、重点部位、重点场所集中投放鼠药。经监测，鼠密度控制在国家规定标准内。3月开展全区防蚊灭蚊活动，组织发动群众开展越冬蚊、早春第一代蚊的消杀和蚊媒滋生地的清理等防蚊灭蚊工作，发动街道、社区进行以清理蚊卵、小型积水等蚊媒滋生地为重点的环境卫生集中整治。督促PCO（有害生物防治）公司做好越冬蚊、早春蚊和蚊蚴、成蚊的日常消杀工作，降低蚊媒密度。

【爱国卫生主题活动】 2020年4月，区爱卫办开展以“防疫有我，爱卫同行”为主题的第32个全国爱国卫生月主题活动。根据省、市爱卫办统一部署，各单位组织实施，形成“上下同心、人人参与、共建共享”的氛围。活动期间，开展环境卫生集中整治活动112次，整治社区62个，参加爱国卫生运动1587人次，清除卫生死角656处，垃圾、杂物150吨，发放宣传材料2.2万份，微信公众号发表宣传报道6篇，浏览量2万余人次。

【无烟环境建设】 2020年5月25日，滨江区召开全区公共场所控制吸烟工作联络员会议，解读最新版杭州市控烟条例及控烟暗访重点内容。制作控烟宣传折页4200册，控烟标志标识950个，禁烟直立牌78个。结合“5·31”控烟日活动，制作控烟宣传展板5套，“滨江发布”“滨江社发”等微信公众号发布宣传报道6篇，浏览量1.8万人次。宣传烟草危害知识，引导群众采取有利于自身健康的生活方式与行为，形成公共场所控烟“人人有责、人人参与、人人获益”的氛围。至年底，创建杭州市无烟单位1家、全面禁烟示范单位2家及区级无烟党政机关44家。（顾淑婧）

智慧医疗

【概况】 2020年，滨江区推动杭州市城市大脑医疗卫生领域建设工作，推动“舒心就医·最多付一次”在非公立医疗机构的部署运用、健康码就医等便民服务。探索滨江区城市大脑应用场景建设，推动“滨江健康直通车”微信小程序开发，建设贯穿居民一生的“全生命周期健康航线”，开发“育儿一点通”“健康一键达”“文体一起来”三大模块。促进基于人工智能的“AI+”结构化门急诊电子病历信息系统，有效共享电子病历数据互联互通，优化完善住院电子病历信息系统建设。推动信息安全技术网络安全等级保护三级评测工作，开展信息安全全应急演练，推进信息安全建设。深化基层医疗补偿机制改革信息系统建设，完善社区卫生服务中心差异化考核，细化基本公共卫生项目考核等数据采集，注重分析评价和结果运用。规范数据互联互通、信息服务可用管理，完成省市补偿机制改革考核工作，实现以标化工作当量为基础的政府购买制绩效评价信息化系统。

至年底，区智慧医疗更新、完善区域医院信息系统（HIS）、区域实验室信息管理系统（LIS）、区域体检、区域电子病历（EMR）、区域卫生信息平台、数据交换平台、区域电子健康记录（EHRVIEW）、区域医学影像存档与通信系统（PACS）、社区应用系统、“健康滨江”App、“滨江健康直通车”微信小程序、统一短信平台、云影像平台、基层医疗补偿机制改革信息系统、电子医疗票据改革、基于云平台的数据中心、人工智能电子病历等多套系统。

2020年9月4日，浦沿街道信诚社区开展社区环境卫生整治活动
（区社发局 供图）

【城市大脑医疗领域服务】 2020年，滨江区深化智慧医疗建设。探索就医“最多付一

次”，舒心就医指数94.82%，舒心就医在非公立医院覆盖率达到70%以上。加强“健康码2.0”在街道社区卫生服务中心中的应用，通过健康码在挂号窗口、自助机处开展挂号、结算，推广健康码“我去就医”应用，健康码平均使用率30.10%。推进“结构化”电子病历医保应用，完成处方、检查接口对接，完成电子病历嵌入，在西兴街道社区卫生服务中心上线运行。探索区社发局城市大脑应用场景建设，打造贯穿居民一生的“全生命周期健康航线”，小程序体验版上线。

【智慧医疗助力居民就医】2020年，滨江区深化“最多跑一次”改革，推进医疗机构服务大提升。探索检查“最多等一次”，实现实时检查检验报告电子化推送全覆盖、“云胶片”服务全覆盖，“云胶片”共调阅3.3万人次，让数据多跑路患者少跑腿；探索配药“最多来一次”，深化“互联网签约”“互联网诊疗”服务，居民通过手机端即可完成在线签约、在线问诊、在线复方，共通过云药房配送到家1.21万次，降低慢病患者到院次数；医学检验检查信息实时共享、应用和开放率均达到100%。基层医疗卫生服务机构门急诊号源（全科、妇保、儿保部分医生）接入杭州市全民健康信息平台，纳入杭州健康通和浙江健康导航。

（金楚杭）

医联体建设

【概况】2020年，滨江区推进街道社区卫生服务中心与浙江大学医学院附属儿童医院（简称“浙大儿院”）、浙江大学医学院附属第二医院（简称“浙大二院”）、杭州市第三人民医院（简称“市三医院”）的医联体建设。根据新冠肺炎疫情形势，开展医联体专家坐诊、培训、帮扶等工作。区域儿科医联体、区域医疗质控检查和区域远程影像诊断得到加强和提升。西兴街道社区卫生服务中心儿科医生挂职帮扶贵州省黔东南苗族侗族自治州，浙大儿院选派4名儿科专家坐诊社区卫生服务中心，门诊量合计2.11万人次。浙大二院选派5名专家坐诊西兴社区卫生服务中心，门诊量572人次，精准转诊浙大二院9310人次。市三医院专家坐诊覆盖全区各街道社区卫生服务中心，在原有慢性病联合诊疗和病房带教查房的基础上，拓展妇产科和公共卫生领域的服务项目，门诊量1833人次，精准转诊市三医院1595人次。放射远程诊断1623人次，心电远程诊断856人次，心电、放射远程诊断数比上年增长108.67%。

利用浙大二院、浙大儿院、市三医院等医联体专家资源，办好医联体专家大讲堂。全年举办全科医生培训4期、社区护士培训3期和第三届基层医疗机构精细化管理培训班。开展对口帮扶的远程培训5期，培训贵州省麻江县、丹寨县、湖北省建始县等地医务人员600多人次。

【全市首家婴幼儿照护服务指导中心成立】2020年5月29日，全市首家婴幼儿照护服务指导中心在区妇幼保健院（长河街道社区卫生服务中心）成立。中心面积200平方米，有婴幼儿照护服务专业人员7人。利用医联体合作单位浙江大学医学院附属儿童医院资源优势，结合基层卫生儿童保健和教育部门幼儿早期教育专业优势，普及科学育儿知识，提高科学育儿能力。区妇幼保健院同时组建托育照护服务专班，针对0～1岁婴幼儿开展入户式婴幼指导试点工作，为部分婴幼儿家庭开展新生儿访视、膳食营养、生长发育、安全防护、疾病防控等入户指导服务。

【基层医疗机构管理人员精细化管理培训】2020年11月13—14日，第三届浙江省基层医疗机构管理人员精细化管理培训班在滨江区举行。培训班由区社发局、浙大二院、浙江省基层卫生协会联合举办。全省各地的近200名基层医疗机构管理人员参加。培训班邀请20位行业专家授课，结合新冠肺炎疫情常态化防控特点，围绕医院发展、学科建设、医疗质量、院感防控及后勤联动、智慧医疗建设等方面交流医院精细化管理新理念和新方法。培训班是滨江区与浙大二院区院合作项目的一项重要内容，是深化区域医联体建设的重要举措。

【医联体医院免费义诊】2020年11月13日、17日和12月11日，浦沿街道社区卫生服务中心、长河街道社区卫生服务中心，西兴街道社区卫生服务中心联合市三医院，邀请皮肤科、肛肠科、精神科、耳鼻喉科、骨科、心内科、神经内科等20多名专家组成医疗团队，在浦沿、长河、西兴的卫生服务中心为辖区老百姓开展免费义诊活动，现场量血压、测血糖，医生对疾病诊疗、提供用药指导。义诊活动发挥医联体合作优势，使优质医疗资源下沉社区，提升基层就医的获得感与满意度。（顾淑婧）

妇幼保健

【概况】2020年，滨江区妇幼保健工作深化"最多跑一次"行动方案，出生"一件事"做到"一次都不跑"，新生儿家属在助产机构即可"床边"拿证，共办理554人次。加强高危孕产妇管理，杜绝孕产妇死亡，强化妇幼保健网络管理，落实重大公共卫生项目，开展"两癌"筛查前期准备，做好艾滋病、梅毒、乙肝母婴消除项目，推行产后盆底康复筛查治疗项目和0~3岁儿童发育监测和筛查工作，加强孕妇营养指导和孕期、儿童早期宣教，推进母子健康手册App下载使用率。孕妇建卡3341人，分娩1549人，母子健康手册绑定使用8658人，艾滋病孕妇1人，梅毒孕妇6人，进行个案管理及孕期阻断治疗，加强跟踪随访。开展0~3岁儿童发育监测和筛查工作，监测0~3岁儿童13527人，进行DDST（丹佛发育筛查）筛查儿童7872人，发现异常78人，早期干预78人。

2020年11月17日，长河街道社区卫生服务中心联合杭州市第三人民医院开展免费义诊活动（区社发局 供图）

【妇幼保健服务】2020年，滨江区做好重点人群健康服务，孕产妇系统管理率达到96.48%。全区3岁以下儿童13141人，系统管理人数13023人，系统管理率99.09%。出生医院活产数100人，新生儿疾病筛查95人，筛查率95%。宫颈癌筛查7160人，乳腺癌筛查8069人。新增3岁以下婴幼儿照护服务机构5家，新增托位190个，完成率633%，组织进社区的婴幼儿照护服务教育培训11场，完成率183%。

【0~3岁婴幼儿照护服务项目】2020年，滨江区根据省市民生实事项目，增加托育服务供给。全年新增托育机构5家，新增托位220个，在全省率先举办产业园区嵌入型幼儿园（托育），规范民营托育机构，17家托育机构通过备案。至年底，滨江区有托育机构45家，托位1425个，初步形成入户指导型、托幼一体型、社区服务型、产业园区嵌入型、社区普惠型和社会办营利型6种多元化服务格局。

【首场亲子教育指导课】2020年7月27日，区婴幼儿照护指导中心联手绿城教育江南望庄奇妙园开展首场亲子育指导课。活动由绿城儿童发展研究院老师做活动指引，带家长和孩子们感受亲子音乐游戏，通过绘本故事、音乐游戏及肢体开发活动，带领宝宝们认识自我、体验生活、探索环境并由此启发各项智能，增进亲子关系。活动受到孩子和家长们的好评。（顾淑倩）

驻地医院

【概况】 2020年，滨江区有2所省属医院：浙江大学医学院附属第二医院滨江院区、浙江大学医学院附属儿童医院。1所武警医院：武警浙江省总队医院。

【浙江大学医学院附属第二医院滨江院区】 2020年，浙江大学医学院附属第二医院滨江院区核定床位1200张，开放床位1235张，门诊量132.19万人次（单日最高6177人次），比上年下降12.90%；急诊2.78万人次（单日最高559人次），增长10.79%。手术量3.95万台（单日最高217台），增长13.98%；出院70942人次，增长6.39%；平均住院日下降至6.04天，年度总收入计21.04亿元（医疗收入20.61亿元），增长7.13%。

解放路院区和滨江院区在编员工4452人，其中，主任医师277人，副主任医师463人，具有博士学位的医师比例为51.2%。

国家基金项目中标数、经费总数居浙江省医院第一位。集中申报期获批130项，后续获批3项，直接经费总数8214.9万元，列全国第四位。作为牵头单位新增国家重点研发计划项目1项。浙江省突发公共事件创烧伤应急诊治重点实验室通过答辩，获批浙江—意大利心血管医学联合实验室。急危重症临床医学研究中心、神经系统疾病临床医学研究中心、运动系统疾病临床医学研究中心、眼科疾病临床医学研究中心获批为省级临床医学研究中心。神经遗传病的诊治优化与机理研究创新团队获评科技部重点领域创新团队。在国际顶级学术期刊 *Scienc*（《科学》）上发表原创论文1篇，实现零的突破，最新自然指数（依托于全球顶级期刊，统计各高校、科研院所在国际上最具影响力的研究型国际期刊上发表论文数量的数据库）排名全国第四位，全球第74位，省内排名第一位，浙江省唯一全球百强。与浙江大学、滨江区共建“浙江大学滨江研究院生命与大健康创新中心”，形成“政府—大学—企业—医院（医生）”间跨团队、整合式的产学研医合作模式，建立“应用研究—技术开发—产业化应用—企业孵化”的科技创新链条，提升医学科技创新和产业创新水平。突破科研组织范式，启动面向重大疾病开展高水平产学研联合攻关的创新中心“551工程”。滨江院区健康管理中心启用，中心依托全国首批健康管理示范基地旗舰单位——浙大二院健康管理中心技术支撑，与解放路院区健康管理中心实行一体化同质管理，同时承担杭州市高层次人才健康管理服务任务。

与32个国家280家机构近4000名专家和同仁进行远程视频连线，分享新冠肺炎疫情防控和诊疗经验。与法国格勒诺布尔医院、美国康奈尔大学医学院、美国麻省总医院、英国剑桥皇家帕普沃斯医院、意大利国家高等卫生研究院开展合作。通过市卫生健康委员会组织的国际化医院建设评审。开展合作并开通直付结算的保险公司新增至26家。

医院及医务人员先后获全国新冠肺炎疫情防控工作先进集体及先进个人、全国及浙江省优秀共产党员等多项荣誉；抗疫始至年底，滨江院区发热门诊接诊32131人。医院实现“全员防控”和“全空间防控”，集中开设4个病区、最多66间病房用于患者留观、隔离。1月23日，滨江院区完成筹备并开放新型冠状病毒核酸检测，为13万人次实施新型冠状病毒核酸检测。对新冠肺炎患者进行每日电话随访，强调隔离要求、追踪患者动态。医院未发生一起医源性感染事件。

首次三级公立医院绩效考核国家监测考核结果A++、排名全国第九名（全省第一名），位列国家队“第一方阵”；国家自然科学基金获批项目总数跃居全国第四位，连续10年领跑浙江，新增国家科技进步奖二等奖1项、吴阶平医药创新奖1项；医院排行榜排名持续提升，是全国进步最快的医院之一，是浙江省专科排名进入全国前5名、前10名数量最多的医院；提升服务效率和内涵，手术总量及三类和四类手术总量、病例组合系数（CMI）均居全省第一位。

智慧医疗实现刷脸就医、健康服务一卡通、互联网医疗、信息互联互通等，整合流程与资源，预约、用血、出入院、新生儿出生手续等多项服务实现一站式集成服务，提升百姓就医获得感，深化拓展“最多跑一次”改革。完成各类大型赛事、活动的医疗保障任务，继续与滨江区政府开展战略合作，区院医疗合作项目稳步推进，优质医疗资源下沉，辐射基层医疗机构。

（严天阳）

【浙江大学医学院附属儿童医院】 2020年，浙江大学医学院附属儿童医院滨江院区一期工程核定床位900张，二期工程（在建）核定床位600张。职工人数2812人，其中正高级职称132人、副高级职称211人。医院年门急诊量234万人次，住院量6.5万人次，手术量3.29万例，其中三、四类手术占比32.98%。开展新生儿遗传代谢疾病筛查40.2万例（不含宁波）；救治危重新生儿800多例，其中极低体重儿130例，最低手术患儿体重仅600克；开展体外膜肺氧合（ECMO）25例，存活率65%，高于国际平均水平（50%～60%）；开展儿童肝移植手术3例；开展达芬奇机器人手术271例（4—12月），手术量居全国小儿外科第一位；成立泌尿结石中心；创建浙江省儿童应急救治地及危重病转运中心，至年底转运病人180例。

医院成功救治全省最小年龄的新冠肺炎确诊患者和新冠肺炎产妇生产的新生儿。在国内率先发布《儿童新型冠状病毒感染的肺炎诊疗指南》及相关英文版诊疗指南。在新冠疫情防控工作中获“浙江省先进基层党组织”等荣誉。

全职引进省创新人才长期项目1人、“临床百人”项目引进省外学科带头人1人、特聘教授1人、特聘（副）研究员6人、学科带头人1人；获国务院政府特殊津贴1人，卫生创新人才培养对象1人，医坛新秀培养对象3人。招收博士生19人、硕士48人，毕业博士10人、硕士31人。

全年获科研项目114项。牵头国家重点研发计划政府间重点专项项目1项；获批国家自然科学基金项目23项，居全国儿童医院首位。获浙江省科学技术进步奖三等奖1项；发表《科学引文索引》（SCI）论文278篇，最高影响因子（IF）11.864；发表国内学术期刊论文277篇。全英文儿科学杂志*World Journal of Pediatrics*发行6期，实时影响因子2.09，连续8年居亚洲同类期刊第一位。

医院获国家卫健委批复成为国家儿童区域医疗中心，是浙江省首个国家区域医疗中心项目。医院通过浙江省第四周期三级甲等儿童医院复评。儿科住培基地获评全国住院医师规范化培训重点专业基地。在浙江省住院医师规范化培训结业考核中，规培学员理论考核通过率100%，总通过率96.88%，居全国第一位。

持续推进“最多跑一次”改革。设置门诊综合服务中心多能服务岗，实现门诊业务一窗受理、一站服务；加快完善入院准备中心职能，实现床位预约、入院缴费、术前检查、用血一站式减免等统一办理。成为浙江省唯一通过2018版子病历系统功能应用水平五级评审的儿童专科医院；成立数据信息部，设置数据中心、信息中心及互联网医学中心；完成全院自助机切换工作，实现全面诊间结算，年门诊智慧结算比例为74.3%，比上年提高26.8%，门诊、急诊电子病历使用率95%。

滨江院区二期扩建工程基本完成地下室施工，住院楼主体施工至7层，科研楼施工至3层，裙房施工至2层。

（谢冰玉　林　平）

【武警浙江省总队医院】 2020年，武警浙江省总队医院占地面积3.9公顷，编制科室33个，住院病区22个，有床位

700张。全院有医护人员800多人。门诊量22.8万人次，住院6217人次，手术2311台次，体检3.06万人次。

2020年，总队医院积极应对新冠肺炎感染的肺炎疫情防控工作，落实武警总部防控精神，做好防控部署，召开专题党委会，分析疫情防控形势，作出“积极应对，严格防控，不漏一人”的防控要求，及时采取多项措施，做好应急储备、卫勤防控、医疗救治等。召开支援湖北疫情防控动员大会，组建45人援鄂医疗队伍。发挥政治工作服务保证作用，及时传达上级指示精神。医院党委组织学习党中央、中央军委、武警部队关于做好疫情防控工作的系列重要指示精神，结合单位实际，研究贯彻上级关于疫情防控具体措施要求，全力打赢疫情防控阻击战。

总队医院加强学习，组织“深入学训词、奋斗决胜年”“强固信心信念，提高政治鉴别力”“传承红色基因、担当强军重任”等专题教育，组织国家安全教育，专题学习《习近平谈治国理政》（第三卷）、《中国共产党军队党的建设条例》等。开展“强化党员意识，知恩知责知足，始终保持奋发有为的精神状态”主题党课辅导，邀请国防大学政治学院教授潘学萍为全院党员围绕《带领人民创造更加幸福美好生活——关于新时代中国特色社会主义社会建设》专题授课。

总队医院医疗组到衢州支队开展医疗巡诊工作，为官兵送医、送药。到舟山支队进行医疗心理巡诊，为全体官兵进行夏季常见疾病处置、培养良好的自信心的专题授课辅导。为绍兴支队官兵巡诊授课，到绍兴支队执勤大队诸暨中队、上虞中队、绍兴中队，机动大队机动二中队和保障大队巡诊治疗，为全体官兵就新冠肺炎疫情防控、热射病的紧急处置和心肺复苏的知识要点进行授课辅导。对官兵外科、内科、骨科和心理疾患进行问诊治疗，对巡诊的单位伤病号询问讲解，提出医嘱和治疗建议，为伤病人员疾患隐忧进行答疑解难。

拓宽扶贫渠道，助力脱贫攻坚，结合总队医院人流量较大的特点，协助结对帮扶的浙江省景宁县渤海镇政府在医院设立“军民共建对口渤海镇扶贫农特产品专售部”。

护士长唐慧获杭州市百名优秀护士称号，受邀参加杭州市庆祝“5·12”国际护士节表彰大会。医院举办武警康复特色医学与战创伤军民共建发展论坛，召开新调整的医学伦理委员会第一次工作会议。医院首批文职人员入职报到，完成医院军史长廊建设。根据总队政治工作部安排工作通知和总队保障部党委党内任职通知，武警浙江省总队政治工作部人力资源处副团职干事蔡朝舜任总队医院政治委员、党委书记。（李宏峰）

人力资源

综　述

2020年，杭州高新区（滨江）新引进各类人才3.35万人，比上年增长6.89%，创引进人才总量新高。其中：引进博士278人，增长13.93%；硕士8473人，增长6.07%。硕博人才占引进人才总量的26.14%。签约2020届高校毕业生11995人，占全市高校毕业生20.06%，其中签约硕博毕业生3827人，占全市高校毕业生39.96%。针对新冠肺炎疫情下招聘受阻难题，自主研发“零接触”智能云招聘系统，全年举办招聘会126场，其中云聘会51场，共组织3486家次企业引才，发布用人需求15.58万个，吸引3.43万人次投递简历，1.31万人与企业达成意向，意向率38.33%。发放杭州市应届高学历毕业生生活补贴申请25811人，发放金额3.98亿元。新增省有突出贡献中青年专家1人；省青年拔尖人才8人，占该层次企业类人才25.81%，居全省第一位；市“钱江特聘”专家19名，占杭州市18.81%。新增市高层次人才分类认定3519人，增长640.84%。2020年职称评审新增物联网工程、轻纺、能源等专业，全年累计受理职称申请6171人，比上年增长14.3%，其中高级职称892人，增长41.14%。新增大学生创业企业418家，居全市第一位；5人入选杭州市大学生杰出创业人才，入选人数居全市第一位，123个项目获杭州市大学生创业项目无偿资助，受资助金额及项目数量列全市第一位。全年城镇新增就业人数86773人，增长94.39%。

年内，召开全区人才工作领导小组会议；发布人才工作“四张清单”。健全产业部门、街道、平台合作联动，落实保障“亲清三访”人才走访，各职能部门累计走访服务人才2015人次，发现问题1138个，解决问题1100个。研究修订新一轮人才政策和“5050计划”政策；针对“新产业、新业态、新商业”等未纳入杭州市人才认定范畴的创新创业人才，出台“三新人才”政策，获市领导批示肯定。推出“人才战略伙伴专家公推制”，专家推荐项目，杭州高新区（滨江）直接赋予配套，丁磊等12名专家受聘。

新引进浙江大学滨江研究院、中科院长春光机所等创新平台，“房建成院士国家实验室”项目落户。开展“百名北航专家入百企”，75名专家常态化驻企指导，解决技术难题100多个，推动产学研合作，赋能企业创新和产业发展；举办“北航日”活动，签约50名博士，累计集聚各类人才151人，科研人员博士占比77.5%。落地产业化项目8个，国家级人才领先项目1个。

推动“5050计划”落地见效。坚持产业导向，持续做好项目征集认定，全年征集项目163个，增长30.4%，经认定通过项目117个。坚持市场化导向，做好企业类别认定，新增B类企业（国家高新技术企业和千万级融资企业）48家。做好政策资金兑现工作，受理创业启动资金、房租补贴、贷款贴息和研发经费补助等资金申请375份，兑现资金2.06亿元。

坚持产业业态、人才生态、城市形态三态融合，推进人才“一件事”改革，在全市率先开发小程序“人才e达”，整合更多资源，与杭州人才码有效衔接。区教育局探索在海康威视、海创基地等优秀企业园区内开办嵌入式幼儿园，实现“带娃上班”，累计入学200多人。开展人才房居住流程再造，最快3小时“跑零次”入住；区委人才办会同区住建局向550多家企业9000多名人才提供人才房。会同区社发局打通浙江大学医学院附属第二医院人才就医绿色通道，提升人才体验感。

成功举办人才节、硅谷精英沙龙“双节”，发布两轮“一流人才生态”政策，推出“人才战略伙伴专家公推制”“5050金融支持计划”“5050创业金”，吸引超200万人线上线下同频互动，被《人民日报》、“学习强国”平台等30多家媒体宣传报道。全市首推“揭榜挂帅”，推动人才技术合作，发布技术榜单10张，资金超1.2亿元，吸引40多个人才团队参与。举办高层次人才中秋联谊活动，为人才提供最新人才、产业及出入境新政。

（钭舟凌　龚　媛）

人事工资管理

【概况】 2020年，杭州高新区（滨江）开展公务员、参照公务员管理的事业单位人员工资调整1208人次，年度正常晋升工资调整1156人次。事业单位人员工资调整1358人次，年度正常晋升工资调整6495人次，给予485名2019年度考核优秀等次的事业单位工作人员嘉奖。开展专职队伍招聘工作，招录专职社工153人，两新党务工作者等专职队伍人员44人，教师333人。分类逐步推进区编外用工规范工作，优化招录城管协管员129人、公安辅警71人。

【抗击新冠肺炎疫情关爱激励政策】 2020年2月5日，区人力社保局会同区委组织部、区财政局出台《杭州高新区（滨江）关于进一步激励关爱疫情防控一线基层党员干部和医务工作者的十二项举措》，包括事业人员职称评聘倾斜、考核激励、工作补贴落实、轮休调休制度及表彰奖励激励等政策，为全市主城区中率先出台的区级层面抗击新冠肺炎疫情关爱激励政策。

【“爱心天使妈妈团”嘉奖奖励】 2020年2月11日，区委常委、组织部部长商丽萍，区委常委、宣传部部长沈建，副区长梁旭，区社发局等部门负责人，看望慰问“爱心天使妈妈团”，举办表彰仪式。程红梅、傅静、黄绿宝、柴聪聪、邵慧霞、汤春燕6名护士和志愿者尤丽组成的“爱心天使妈妈团”，在护理、照顾新型冠状病毒密切接触者的8岁男孩和2岁女孩的事迹中表现突出，区人力社保局、区社发局给予7人嘉奖奖励。

【抗击新冠肺炎疫情通报表扬】 2020年2—3月，杭州高新区（滨江）对区防控一线表现优秀干部职工通报表扬，区人力社保局会同区委组织部，成立通报表扬专班，收集各级各类素材600多份，选树典型，在“滨江发布”微信公众号共发布通报表扬9期83人。

【追授张超记大功奖励】 2020年4月24日，省人力资源和社会保障厅党组成员、副厅长金林贵一行到杭州高新区（滨江），看望以身殉职被追授记大功奖励的援派干部张超家属，并颁发奖章、证书。张超原是浦沿街道社区卫生服务中心医生，工作在扶贫帮困第一线，在丹寨县挂职期间以身殉职，享年43岁。张超是全省首位获得该奖励的事业单位人员。

【事业人员职业生涯全周期一件事工作改革】 2020年5月，省委组织部、省人力资源和社会保障厅启动事业人员职业生涯全周期一件事工作改革，同步推进全省事业单位人事工资管理服务信息系统采集工作。根据省、市工作要求，杭州高新区（滨江）在全市范围内率先完成157家事业单位4109名事业人员及工资信息采集及校核工作，完成事业人员人事、工资全过程完整档案建立。10月，开展网上办事试运行，11月，从线下受理正式过渡到“线上跑”。至年底，在省平台办理事项1289件，其中人事事项511件，工资事项778件。事业单位一件事平台办理量为1195件。

【人事制度改革深化】 2020年9月，杭州高新区（滨江）启动人事制度改革深化工作，在专业聘用人员制度改革和多元化用工方式探索的基础上，完善专业聘用人员制度，研究专业聘用制人员的招聘、职级、薪酬、考核体系，把优秀高级专业聘用制人员作为党政领导干部储备人才培养，拟制方案并经多次修改完善。方案经2020年区委改革委员会第二次会议审议通过。

【教师人数和待遇增加】 2020年，杭州高新区（滨江）扩大教育行政部门和中小学校的用人自主权，完善中小学教师公开招聘办法，2020学年开展教师招聘14次，招聘教师333人，包括247名应届毕业生和86名在职教师。扩大教育行政部门收入分配自主权，完善与绩效考核结果相挂钩的绩效工资水平动态调整机制，允许教育系统按政策规定自主分配，加大对优秀教师、优秀班主任、优秀带头人的倾斜。确定中小学教师工资与当地公务员工资长效联动机制，确保中小学教师平均工资收入水平高于当地公务员平均工资收入水平。保障非义务段教师收入水平居全市前列。（钟琛琛）

人才引进

【概况】 2020年，杭州高新区（滨江）新引进各类人才3.35万人，比上年增长6.89%，创引进人才总量新高。新增杭州览众数据科技有限公司、杭州大和热磁电子有限公司、杭州华为企业通信技术有限公司、浙江澍源智能技术有限公司4家省级博士后科研工作站，新增北京航空航天大学杭州创新研究院、杭州航天电子技术有限公司、浙江宇视科技有限公司、纳晶科技股份有限公司4家国家级博士后科研工作站。新增省有突出贡献中青年专家1人；省青年拔尖人才8人，占该层次企业类人才25.81%，居全省第一位；市“钱江特聘”专家19人，占杭州市18.81%。全年完成市高层次人才分类认定3519人，增长640.84%。

【国企用工人才招聘】 2020年，杭州高新区（滨江）国企身份用工共招聘3批63人，含招商招才服务专员49人、区发改局统计工作专班10人、区巡察办巡查专员2人及区人大、区政协工作人员各1人。其中招商招才服务专员49人于2月23日发布招聘公告，6月完成招聘及人员分配工作；区发改局统计专班10人于6月12日发布招聘公告，8月完成招聘工作；区巡察办巡查专员2人于8月14日发布招聘公告，9月完成招聘。

【“零接触云招聘”系统】 2020年2月，杭州高新区（滨江）开发启用“零接触云招聘”系统，助力企业复工复产和促进人才就业，确保疫情期间人才洽谈不断链。该系统支持百家企业、千余求职者同时线上投递简历和在线面试，应用于各类招聘场景，面试进程实时掌控，面试流程全打通。同月27日，杭州高新区（滨江）首次使用“零接触云招聘”系统，举办杭州电子科技大学学生云招聘。至年底，自主开展云聘会51场，组织1461家次企业线上引才，发布岗位信息4.72万条，吸引1.27万人次投递简历，5260人次与企业达成意向。

【“相约在高新”线上HR沙龙活动】 2020年3月起，区人力社保局联合前程无忧、猎聘等培训机构共推出中小型企业在重大疫情下的劳动关系管理、疫情期间人才招聘选拔策略与技巧、2020HR如何刷新工作业绩、新生代员工管理等线上、线下沙龙25场，网易（杭州）网络有限公司、杭州海康威视数字技术股份有限公司、聚光科技（杭州）股份有限公司等755家次企业参会，9330人参与，帮助企业解决疫情期间和复工复产中相关用工难题和人才管理问题。

【2021届毕业生校园招聘】 2020年9月23—24日，“相约在高新”杭州高新区（滨江）2021届毕业生招聘活动在杭

州和南京高校启动。区人力社保局对接全国重点院校，制定“相约在高新”杭州高新区（滨江）2021届毕业生校招行程，自主组团走进全国5个城市19所高校进行宣讲、招聘，其中省外校招均为双一流高校。9—12月，开展和参加2021届毕业生招聘活动19场，参会企业737家次，推出5.39万个用人需求，入场交流1.41万人次，5853人次与企业达成意向。

【人才之家启用】 2020年11月6日，杭州高新区（滨江）人才之家启用。人才之家位于滨江区缤纷街615号自贸大厦四楼，面积2500平方米，是全方位、一站式引才、育才、留才平台，包括人才全景展示中心、人才智能交流区、知识裂变工场和人才服务驿站4个功能区块。其中人才智能交流区设置有远程面试宣讲区、简历诊断室、AI魔镜、信息展示区、等候服务区等，具备招聘求职、人岗信息匹配、自助服务、在线交流、区域才情监测等功能。通过人才之家服务平台，推出高端人才引进开发、人力资源咨询管理、人才招聘与配置、人才绩效管理、薪酬福利管理、人力资源法律服务等服务项目，促进企业人力资源和服务工作的交流互动，为杭州高新区（滨江）发展集聚人才资源优势。

【全球引才】 2020年11月6日，“滨朋远至、江成大业”杭州高新区（滨江）全球引才活动在区人才之家举行。浙江大学、浙江工业大学、杭州电子科技大学、中国美术学院等13所高校就业工作负责人，杭州高新区（滨江）50多家企业代表参加。活动现场，区人力社保局聘任全球引才联络大使，与省留学服务联盟签署引才合作协议，发布海外留学生就业趋势报告。在场的企业和高校就人才需求和高校人才培养进行交流。活动面向全球人才发出“招贤令”，举办线上线下海外人才招聘，吸引浙江吉利控股有限公司、杭州海康威视数字技术股份有限公司等50多家企业，其中上市公司和“新三板”企业16家，提供3000多个岗位。11月9—15日，开展为期一周的云招聘活动，为不能参与现场招聘会的海外人才，持续提供求职服务。（盛丛杰　章桂华）

2020年11月6日，杭州高新区（滨江）人才之家启用

（区人力社保局　供图）

【第三届滨江国际人才节】 2020年5月5日，“杭向未来、滨朋远至、江成大业”第三届杭州滨江国际人才节在白马湖举行。活动采取“线下+线上”结合，互动+直播“云连线”。中国科学院院士房建成，英格兰皇家外科医学院院士、美国国家医学院院士戴安娜·法默，英国皇家工程院院士郭毅可3名院士线上“云助阵”杭州滨江国际人才节。新华三集团总裁兼首席执行官于英涛、杭州启明医疗器械有限公司创始人訾振军在现场分享创业在滨江的所思所得。杭州高新区（滨江）为抗疫表现突出企业颁发“抗疫·滨江力量”奖项，为抗疫医护人员颁发“逆行·滨江天使”奖项，与浙商银行、杭州银行、杭州联合银行等“人才生态伙伴”签订合作协议，启动“5050金融扶持计划”，计划在未来5年，投入150亿元，给予人才贷款授信、打造投贷

联动产品，缓解企业融资难。设立“高校5050创业金”，资助在校师生创业孵化项目、高水平大学生科技创新项目，奖励在大学生学科科技竞赛活动中成绩突出的师生团队。设在国外的12个孵化器，纳入滨江“超级孵化器”，共同助力国际孵化生态的优化。聚焦“双创生态”“安居生态”“产业生态”“服务生态”发布生态创新举措，其中“人才e码”小程序为全市首创，打造“一流人才生态区”。人才节持续8天，举办“人才强链、智造滨江”日、“双创‘侨’梁”日等人才日活动，引进人才项目7个。

2020年11月9日，杭州高新区（滨江）第十五届硅谷精英沙龙暨人才活动周在白马湖举行（区委组织部　供图）

【第十五期硅谷精英沙龙】2020年11月9—15日，“滨朋远至、江成大业”杭州高新区（滨江）第十五期硅谷精英沙龙暨人才活动周在白马湖举行。活动周发布人才新政，推出“人才战略专家伙伴公推制度”，12名企业家和院士专家学者受聘成为人才战略专家伙伴，经人才战略专家推荐的人才项目可免认定享受“5050计划”政策，落户杭州高新区（滨江）的，分别给予最高500万元和1000万元研发经费资助和最高500万元融资奖励，同时给予3年房租补贴和3年银行贷款全额利息补贴。配套2亿元组建“战略专家伙伴直投基金”直投专家推荐项目。成立HR智库联盟，首批成员由30多家重点企业首席人力资源官（CHO）或人力资源发展（HRD）组成。推出“5050计划”3.0版，覆盖范围扩大，硕士以上学历海内外人才均可申报，资助方式在原有研发投入补贴的基础上，增加“5050”人才基金跟投。在全国率先出台“三新（新产业、新业态、新商业）人才新十条”，创新创业服务、创业投资类、人力资源服务类、知识产权服务类、高技能工匠类、互联营销类等未纳入人才政策扶持范围的“三新”人才，认定后可以享受购房补贴、人才计划奖励等政策。活动周设立“赛会识才”“智库研讨”“资智对接”“人才引育”四大板块，共10个分会场活动，活动周引进人才项目11个。（龚　媛）

就业创业

【概况】2020年，杭州高新区（滨江）城镇新增就业人数86773人，核发市、区促进就业专项资金7402.15万元，发放创业担保贷款4844万元，帮扶就业困难人员再就业2157人，其中拆迁户家庭成员1095人。开展区促进就业突出贡献企业推荐工作，浙江中南建设集团有限公司等18家企业获补贴207.5万元。组织331名失业人员、拆迁户家庭成员、就业困难人员参加育婴师、茶艺师、中西面点师等4个工种职业技能培训班10场，300人取得证书；开设网创培训班4场，119人取得证书。举办专业技术人才云上招聘会31场，554家企业提供岗位1.2万个，线上参与人数6492人，达成意向人数1660人。推进“家燕回巢”4.0版，落实社会保险费返还、失业保险费返还、工业企业专项奖补、以工带训等工作，促进高质量就业。出台促进就业工作的实施意见。推出“创在高新”“赢在高新”“成长在高新”大学生创新创业主题系列活动。

【高技能人才培养】 2020年，杭州高新区（滨江）推进高技能人才培养，全年培养2574人。鼓励企业开展线上职业技能培训，审核通过106家企业151个项目，兑现532.57万元，惠及8343人；统筹推进以工代训工作，全区有13423家企业24.02万人享受该项政策，补贴金额1.2亿元。9—11月，联合其他城区和区总工会举办智能楼宇管理师职业技能竞赛和劳动关系协调员职业技能竞赛，100多家企业649名技能人才参与，其中449人取得高级工职业资格证书，1人取得技师职业资格证书，并获杭州市技术能手称号。9—12月，新认定章西福路基工技能大师工作室、程起苗汽车维修工技能大师工作室2家为区级技能大师工作室；推荐的管明炎加工中心操作技能大师工作室被评为省级技能大师工作室；推荐杨洋茶艺师技能大师工作室、胡朝晖焊工技能大师工作室2家为市级技能大师工作室。10月，阿里巴巴（中国）有限公司、杭州滨江绿康养老服务有限公司2家企业通过备案，成为区级职业技能等级认定试点企业。12月，阿里巴巴（中国）有限公司、杭州安恒信息技术股份有限公司、杭州高新区（滨江）职工服务中心、浙江树人职业技术培训学校4家单位被评为杭州市职业技能等级认定试点社会培训评价组织。

【工作专班助力复工复产】 2020年2—5月，区人力社保局成立“稳岗促就业”工作专班，助力复工复产。依托用工调查加强监测服务，排摸企业用工、未返岗人员、缺工、招聘意愿等情况，分行业、分领域调查区内企业430多家次，加强就业形势研判，为提供针对性用工服务提供依据。通过省际协作、浙江IPTV（高清网络电视）首个万人电视云聘专区、微信公众号、市退役军人招聘系统推送用工岗位1万多个。联系企业排摸统计专车专列返岗需求人员信息，对接相关部门做好购票、当地通行等事宜，通过1架专机、21趟专列、92辆包车，接返四川、贵州、河南、安徽、江西、湖北等省外员工2703人。

【企业社会保险费和失业保险费返还】 2020年5月12日，杭州高新区（滨江）成立区级专班推进企业社保费返还，对参加失业保险并连续缴纳失业保险费12个月以上，受疫情影响面临暂时性生产经营困难且恢复有望，减员率不高于5.5%（含）的企业返还社保费，返还人数按企业2019年度社会保险月平均参保人数确定，返还金额为人均887元。至年底，完成5批企业社保费返还工作，惠及企业11529家，涉及职工26.71万人，返还金额2.37亿元。6月1日，启动失业保险费返还（稳岗补贴）线上申报工作，至年底，申报审核企业1088家，发放金额5913.56万元，涉及员工7.63万人。

【稳就业项目资金兑现】 2020年6月，区人力社保局在“亲

2020年3月24日，企业外地务工人员通过包车返岗

（区人力社保局　供图）

清在线”平台推出鼓励企业吸纳就业奖补和鼓励企业开展技能人才培养奖补2个稳就业项目，兑付资金228.68万元。

【“赢在高新”大学生创业项目路演活动】 2020年6月13日，杭州市百家平台招商活动发布暨“赢在高新”大学生创业项目路演活动在滨江国际会展中心举办，38家投资机构、孵化器、众创空间参加。活动发布杭州高新区（滨江）2020年大学生创业服务系列主题，围绕引项目、助融资、促成长主题，开展“创在高新”“赢在高新”“成长在高新”大学生创业项目路演，西安交通大学的智器科技——智慧能源技术的领跑者、宁波大学的极阳科技——国内首家荧光太阳集光器提供商等7个优质大学生项目参加路演，中国高校众创空间联盟副秘书长蒋楠、财通资本执行董事汪新生等现场点评。

【工业企业专项奖补】 2020年8月10日，杭州高新区（滨江）开展工业企业结构调整专项奖补资金支持稳就业工作，奖补对象为受全球疫情影响的对外贸易企业，区人力社保局筛选符合条件企业，安排专人对接504家企业、“线上+线下”加快受理，按照奖补资金拨付流程，经过核查减员率5.5%以下无不良信用记录符合申请条件的企业，最终核发438家企业3339万元，惠及人数76774人，占全市奖补总额的38.62%，居全市各区（县）第一位。

【本土青年人才培训】 2020年8月18日，杭州高新区（滨江）与浙江机电职业技术学院达成战略合作协议，推出“家燕回巢”数字媒体创意设计培训班，培训方案根据本土青年人才实际情况和需求定制，48名青年人才完成培训课程并取得结业证书。7—8月，开展2020年“家燕回巢”暑期夏令营，涵盖职业指导、就业推荐、技能培训、创业扶持、职业素养、文创体验6场专题活动，服务大学生1000多人次。

【金秋招聘月系列招聘会】 2020年10月，杭州高新区（滨江）举办2020金秋招聘月现场招聘会2场，组织下岗失业人员、离校未就业高校毕业生、退役军人、农民工参加招聘会，开展劳动者与用人单位岗位对接。参会企业提供就业岗位2500多个，为就业人员服务319人次，现场达成初步就业意向37人，发放就业政策资料100多份。（马 菁 周 芳）

专业聘用人员

【概况】 2020年，杭州高新区（滨江）完成2020年（第六批）政府专业聘用人员招聘工作，开展2019年（第五批）政府专业聘用人员工作述职测评会及街道挂职锻炼，分别对2018年（第四批）暂缓入编3人和2019年（第五批）20人进行入编考察考核，共20人录用为事业单位工作人员。

【专业聘用人员录用】 2020年1—7月，杭州高新区（滨江）开展2020年（第六批）政府专业聘用人员招聘工作，与60多家双一流学校对接，有1416人报名。因疫情影响，招聘首次委托第三方专业机构采用前程无忧智鼎在线考试系统进行线上笔试，面试采用51job在线面试管理系统进行结构化远程视频。通过资格审查、简历筛选、一对一面谈等对853名报名人员进行初步择选，其中136名参加二轮复试。经综合考察，最终确定录用44人。

【专业聘用人员基层锻炼】 2020年5月7日至8月6日，杭州高新区（滨江）启动2019年（第五批）政府专业聘用人员挂职锻炼，安排20人到3个街道挂职3个月，协助街道社区完成“先锋滨”小区楼廊提升改造项目，新增基层组织建设年试点培育工作，协助街道完成第二批“我的滨江时光”历史性资料和物品征集。挂职期满后，由街道根据挂职人员工作成效和表现给予综合评价。全体挂职人员街道考核均为优秀。

【专业聘用人员年度述职】 2020年7月25日，杭州高新区（滨江）组织2019年（第五批）政府专业聘用人员年度述职演讲会。20名人员现场演讲，展示入职1年的工作情况及工作成效，谈工作体验、下一步工作计划及未来工作规划。区委办、区人大办、区府办、区政协办、区纪委、区委组织部、区人力社保局等部门相关负责人担任现场评委，进行现场点评。

【专业聘用人员入编考察考核】 2020年8月，区委组织部、区人力社保局组成入编考核小组，以走访挂职街道社区、走访用人单位、本人谈话、综合考察个人表现等形式对2018年（第四批）3名暂缓入编人员及2019年（第五批）20名人员进行入编考察考核。12月21日，经区专业聘用人员工作领导小组专题会议审议，第四批3人和第五批17人入事业编制。 （何 俊）

劳动监察

【概况】 2020年，杭州高新区（滨江）围绕“六稳”“六保”任务，以维护疫情常态化防控情况下的劳动关系稳定和“根治欠薪”工作为重点，处置各类劳动纠纷，推进“滨江无欠薪”工作，以线上数字监管和线下主动巡查、专项检查为抓手，坚持执法与服务相结合，健全劳动关系协调机制，规范劳动用工，辖区劳动关系整体和谐稳定。年内，探索开展数字化监察监管和跨部门联合检查，推进“双随机”检查信息公开，实现全区在建工程项目工资支付线上监管和随机抽查事项全覆盖。

【“数字监察”应用】 2020年，杭州高新区（滨江）推进劳动监察数字化转型，将全区在建工程项目工资支付监管事项纳入“浙江省工资支付监管平台”进行数字监管，实现线上及时预警，线下快速处置。全年，对全区138个在建工程项目进行线上监管，建筑工程项目预警62件，预警后30日内办结率100%。

【“双随机”检查跨部门监管】 2020年，区人力社保局加快行政执法规范化建设，依法实施随机检查，探索开展跨部门联合抽查，探索审慎监管，推进“双随机”检查信息公开，加强抽查结果运用及与社会信用体系的衔接。至年底，实现随机检查事项全覆盖，围绕全面推行“双随机”检查监管工作，实施整顿人力资源市场秩序专项执法、互联网企业工时制度执行情况调研、互联网企业劳动用工执法服务、根治欠薪专项行动等活动，检查用人单位258家，涉及劳动者1.5万人。 （李晓强）

社会生活

民政事务

【概况】 2020年，滨江区有困难家庭361户493人。其中：低保家庭306户360人，发放生活补助461.56万元；低保边缘家庭53户131人，发放生活补助10.41万元；特困人员2户2人，发放生活补助4.41万元。全年发放物价补贴5970人次82.52万元，消费补贴496人次4.96万元，临时救助43户20.66万元，慈善救助133户69.64万元。冬送温暖378户109.58万元，夏送清凉369户25.83万元。为全区困难家庭购买每人500元保额的一份意外伤害险及家电统保服务。

为滨江区单位和个人发放门牌证445本、制作安装楼（幢）门牌2274块、预编门牌7196个，申报住宅小区4个，申报新建道路19条、桥梁1座。印刷《滨江区行政区划地名图》1000份。办事人员工作满意率获评100%。根据《关于杭州市持续开展清理整治不规范地名工作的通知》要求，整改不规范地名5处，整改率100%，所有数据通过市清理整治工作领导小组办公室验收。

2020年，滨江区有美女山公墓、山一公益性公墓、山二公益性公墓3座公墓，全部为公益性公墓，计墓穴3.41万穴。其中，美女山公墓为全区城市公益性生态公墓，共建墓穴1.26万座2.36万穴，年底剩余墓穴460座。

办理结婚登记3768对，离婚登记1482对，补发结婚登记证339件，补发离婚登记证84件，出具（无）婚姻登记记录证明6份。年办理总量5679件，其中婚育户联办3249件，保持登记合格率100%。全年为2072对新婚夫妻开展免费颁证仪式，婚姻家庭辅导343人次。

【低保工作专项治理】 2020年，滨江区出台《滨江区社会救助领域补短板强弱项专项治理行动的通知》，召开工作部署会，围绕“十个清理”纠正开展2020年度低保工作专项治理工作。联合区纪委开展为期3天的低保专项治理督查，通过“听、查、核、访”的形式对3个街道6个社区24户困难家庭进行督查，梳理问题线索4个，表现在街道备用金制度未有效落实、台账资料整理不够规范、长期公示未按时进行更新、系统预警发现不及时等方面，督查后各类问题均得到有效整改。通过开展社会救助专项治理，对困难对象进行动态管理，提高救助精准度。至年底，全区新增低保户29户41人，退出55户74人；新增低保边缘户19户43人，退出10户23人；新增特困人员2户2人，退出1户1人。

【困难群众定期探访和家电统保两项市级试点】 2020年，区社会救助联席会议办公室牵头出台《滨江区困难家庭探访关爱制度》，实现困难家庭探视服务全覆盖。建立“1个党支部+1名社工+1名网格员”结对探访一户困难家庭的“组团式”结对探访机制。将困难对象按高风险、重点、一般实行分类管理，采取周、月、季相结合的探访方式，从经济状况、健康状况、教育状况、居住状况、就业状况、社会参与6个维度了解和掌握结对困难家庭的基本情况。全年探访困难群众2323户3102人，参与结对党组织123个，结对社工191人，结对网格员275人，排摸需求48条。坚持政府搭台、社会化运作的模式，针对困难对象的需求，推出"和家安心""焕新空间""守护花开""暖心服务"等涉及精神、文化覆盖全体困难群众的精准帮扶项目，支出服务费65.4万元。为2户困境儿童改造学习空间；落实探访服务"守护花开"项目，开展困境儿童"微心愿"征集活动，征集微心愿30个，以个性化的方式开展服务；组织12名困境儿童参观区消防救援大队、湿地博物馆等暑期夏令营活动；开展困难家庭安全提升服务与慰问，为350户困难家庭赠送灭火器与中秋月饼各1份。为全区困难家庭购买家电统筹保修服务。增加家电免费清洗服务，全年支出服务费用3.93万元，服务困难群众129户。

【适度普惠型儿童福利制度建设】 2020年，滨江区有困境儿童66人。其中：社会散居孤儿4人，事实无人抚养儿童16人，贫困家庭重病重残儿童5人，低保家庭儿童15人，低边家庭儿童26人，发放困境儿童基本生活费和生活补贴44.19万元。根据适度普惠型儿童福利制度，对困境儿童在册对象实行动态管理，做到"应保尽保、应补尽补、应退尽退"；健全落实困境儿童分类保障制度，9月，将社会散居孤儿、事实无人抚养儿童养育标准调整为每人每月2057元；低保、低边家庭中重残、患重病、罕见病和三级、四级精神智力残疾儿童养育标准调整为每人每月955元；低保家庭中其他儿童养育标准调整为每人每月478元，低边家庭中其他儿童养育标准调整为每人每月287元。

【"福彩暖万家"系列公益活动】 2020年，根据省民政厅《关于组织开展2020年"福彩暖万家"系列公益活动的通知》，滨江区开展以"福彩暖万家"为主题的系列公益活动。5月，开展"福彩助力·点亮梦想"公益活动，资助困境儿童30人，资助标准每人2000元。10月，开展"福彩有爱·孤老不独"公益活动，资助30名生活困难的孤寡空巢、低保老人，资助标准每人2000元。至年底，系列公益活动发放总资助金12万元。

【困难家庭家境调查】 2020年1月，滨江区通过培育社会组织参与社会救助事务类及服务类工作，委托杭州市滨江区乐城公益事业社会服务中心，采用多维贫困指数理论，综合调查家庭收支状况、健康状况及就业状况、生活环境等，识别家庭贫困程度。加大主动发现力度，防止"漏保""错保"。至年底，完成182户困难家庭的新增核查及复核工作，复核率50%，新增核查率100%。

【最低生活保障标准调整】 2020年9月1日起，滨江区最低生活保障标准由每人每月1041元调整为每人每月1102元。针对低保新标准，各街道、社区对低保对象进行全面核查，掌握和了解低保家庭人均月收入及其变化情况，落实低保补差进展情况，做到"应保尽保、应补尽补"。低保调标惠及低保调增户数300户、353人次，共调增金额19.31万元。

（陈小夏）

【福利企业】 2020年，滨江区有杭州通茂塑料制管有限公司、杭州华宇智讯科技有限公司、杭州宏翔建筑材料有限公司、杭州威隆消防安全设备有限公司4家福利企业，实现产值6483.83万元，销售6483.83万元，利润45.59万元，安置残疾职工60人，安置比例42.6%；残疾职工月人均工资2977.12元，实现退税242.76万元。区福利企业服务中心加强对福利企业各项优惠政策的监督管理和及时兑现，会同区残联落实下拨滨江区2020年度残疾人集中就业扶持资金93.6万元。完善福利企业日常监管机制，每月度开展不定期的日常督查和专项督查。按照"福利企业考勤监管信息系统"的要求，加强对福利企业考勤实时监管。对4

家企业定期和不定期地集中进行安全生产大检查及无障碍设施督查。督促企业按时纳税，开展消防、食品安全等隐患自查自纠。不定期到企业对残疾职工开展情况与问卷调查。高温期间"送清凉、献爱心"，送上价值总额为9.4万元的慰问品。春节为60名残疾职工每人送上价值600元慰问品，总资金3.6万元。

（贾胜军）

【《寻迹西兴、传承文化》微视频被"学习强国"平台录用】 2020年6月23日，为推进地名文化保护、传承与发展，区民政局开展《寻迹西兴、传承文化》微视频拍摄活动。视频讲述西兴地名的由来，西兴历史发展和时代变迁，通过古今对比的画面记录历史前进的印记。微视频被"学习强国"平台录用。

【西兴街道获评省"千年古镇（古村落）"地名文化遗产】 2020年12月30日，根据省民政厅、省住房和城乡建设厅、省文化和旅游厅、省文物局《关于开展第二批浙江省"千年古镇（古村落）"地名文化遗产保护认定工作的通知》，西兴街道被评为第二批浙江省"千年古镇（古村落）"地名文化遗产。申报通过遴选推荐、专家考证、实地考察和评审认定，全省10个镇入选。西兴老街位于西兴街道集镇中心，西起铁岭关，东到资福桥，全长960米，被先后命名为浙江省历史文化街区、杭州市十大历史保护街区。

（陈卓琳）

2020年4月4日，美女山公墓"鲜花换纸钱"活动现场

（区民政局 供图）

【移风易俗文明殡葬】 2020年，区民政局培育殡葬服务社会组织，推进移风易俗、文明殡葬。引进上海福寿园高端殡仪服务企业1家，培育殡葬服务社会组织2家，参与区移风易俗、文明殡葬工作。实行殡仪车辆改革，由专业殡仪服务机构负责遗体接运，政府买单丧户免费。推行火化网上预约，改变丧户择时出殡、漏夜排队丧葬陋习，实现骨灰跟踪，防止乱埋乱葬现象。开展网上平台一站式"身后一件事"联办工作，全年网上办理560多件。推进文明治丧改革，破除旧的丧葬习俗，规范治丧服务流程，制定出台《滨江区文明治丧奖励办法》，通过政府公开招标确定殡仪服务组织，统一治丧流程、统一收费标准、统一规范服务，至年底，通过专业殡仪服务组织文明治丧30场，发放奖励资金6.2万元。

【祭扫方式创新】 2020年清明期间，区民政局为有效防控新冠肺炎疫情，推行"网上祭扫""代为祭扫""免费代献鲜花"等服务祭扫方式，接待网上预约、电话预约和现场登记预约的祭扫群众1.42万批次，共3.09万人次，免费发放鲜花2.51万束，单枝2.9万朵。推出的"云祭扫""免费代祭扫"服务项目做法分别被央视新闻、新华社新媒体、《钱江晚报》、杭州电台综合频道等40多家媒体报道及转载。全年在冬至、春节、清明集中祭扫期间，投入资金96万元开展"免费鲜花换纸钱"活动。

（吕和军）

【婚姻登记服务】 2020年1月，结合新冠肺炎疫情，滨江区婚姻登记服务中心制定应急预案，采购防疫物资，加强场地管理，开展电话值班，做好防疫工作。取消140对2月2日的婚姻登记预约办理，通过发布公告、短信提醒、逐对电话联系告知，耐心解释。接听电话近600个，及时做好咨询解答、解释引导工作，无信访投诉情况发生。复工后加强场地消毒、通风，及出入口管理。实行分时段预约登记制，推行错时登记；推行材料网上预审，缩短办理时间。推出线上心理咨询，开展网上婚姻家庭辅导。至年底，受理电话预约404件、网上预约4985件、材料预审1140件。

【婚姻登记全省通办】 2020年10月13日，按照省民政厅部署，婚姻登记实行全省通办，是继2019年8月7日开始实行全市通办之后的又一次改革。全省通办指除涉外婚姻登记不在通办范围外，婚姻当事人男女双方或一方为浙江省居民的，结婚登记、离婚登记或者补领婚姻登记证均可在浙江省内任一区县（市）婚姻登记机关办理相关手续。至年底，滨江区跨区域办理婚姻登记2236件。

【婚俗改革试点】 2020年6月8日，省民政厅印发《全省婚俗改革试点工作方案》。据此，滨江区制订婚俗改革试点方案，推行婚俗改革。制作宣传牌、发放宣传资料，加强日常宣传引导。七夕当日婚姻登记中心开展“为爱留言”活动，围绕婚俗改革加强现场宣传，开展新婚调研及辅导，引导新人正确处理婚姻家庭关系，合理安排婚礼等。以公益创投方式开展文明婚俗进社区活动，全年开展14场。 （姚佩红）

2020年11月17日，浦沿街道滨文社区组织专业律师、社工开展婚俗改革宣传及婚姻法律咨询活动 （区民政局 供图）

社区建设

【概况】 2020年，滨江区有社区59个。其中：城市社区33个，撤村建居社区25个，新筹建社区1个（张家村、汤家井、塘子堰、傅家峙4个社区撤并，新筹建越王社区）；有专职社区工作者802人，其中社区“两委”班子成员435人，社区特定服务对象专职管理人员367人。有持证社会工作师395人，其中初级社工师236人、中级社工师159人。西兴街道“数治社区赋能基层治理”入围省级城市社区治理和服务创新试验区。长河街道闻涛社区创建为杭州市第五批国际化示范社区。

【《关于推进“国际滨”高水平社区治理的实施意见》出台】 2020年4月28日，滨江区为完善社区治理体系和治理机制，提升与高质量发展相匹配的社区治理能力和治理水平，出台《关于推进“国际滨”高水平社区治理的实施意见》。成立滨江区社区治理工作领导小组，统筹全区社区治理各项工作。制定“2020年重点工作任务清单”，明确区级各部门工作任务、具体举措，建立月跟踪制度，确保区级部门服务基层落实落地。

【社区治理创新大会】 2020年4月29日，滨江区在区文化中心召开全区社区治理创新

2020年4月29日，杭州高新区（滨江）社区治理创新大会在区文化中心召开 （区民政局 供图）

大会，省民政厅副厅长江宇、市民政局局长何凌超、浙江财经大学校长钟晓敏等出席，区四套班子领导和各有关部门主要负责人参加。会议播放社区治理短片，举行滨江区社区治理专家委员会授聘仪式、滨江区与浙江财经大学校区合作签约仪式、国际社会工作学院揭牌仪式，发布十大社区治理创新项目：打造社区美好生活共同体，"滨纷"街区一体化治理，"乐居冠山"南片融合行动，"智汇浦沿"社工成长计划，青春共治社，"智慧襄庄"社区微脑，"德治"赋能社区治理，楼宇社区UNIT（单元）物业联盟，智链"双格"微自治，"新邻里"行动计划。特别推介产业社区项目。会上印发《关于推进"国际滨"高水平社区治理的实施意见》。大会为滨江区探索完善社区治理体系和治理机制，提升与高质量发展相匹配的社区治理能力和治理水平，走出一条具有高新特色、滨江特点的治理现代化道路指明方向。

【"国际社会工作学院"成立】 2020年4月29日，全省首个"国际社会工作学院"在全区社区治理创新大会上揭牌。滨江区与浙江财经大学合作，发挥高等学校的资源优势，引入优质高等教育资源，打造集智库、教学、培训于一体的社会工作学院。至年底，学院编制《社会工作专业人才发展三年行动计划》《滨江区社区工作者人才培养计划》《全科社工培训大纲》。

【社会工作站、室建设推进】 2020年4月30日，区民政局指导西兴街道以"社会组织培育"为特色、长河街道以"医务社工"为特色、浦沿街道以"人才培养"为特色建立社会工作站，并在西兴街道滨和、西陵、星民社区，长河街道闻涛、江一、冠山社区，浦沿街道滨文、山二、冠二社区建设9个社区特色社会工作室。发挥专业社会工作在保障和改善民生、加强和创新社会治理中作用，促进社会工作专业发展。

【《滨江区社区配套用房建设使用管理办法》出台】 2020年4月30日，滨江区为提升与高质量发展相适应的高水平物理载体，研究制定《滨江区社区配套用房建设使用管理办法》（简称"办法"）。办法明确社区配套用房配建标准，最高每百户120平方米；明确以党群服务、居民活动、居民议事、邻里之家等"4+N"功能布局。建设标准居全市领先，为高质量建设使用管理社区配套用房提供有力支撑。

【社区治理"互学互比"活动】 2020年9月30日，区民政局组织社区治理"互学互比"活动，区四套班子领导及各有关部门主要负责人参加。活动以各街道为主体，围绕"新"和"实"，采取实地踏看和会议交流形式，以互学互比形式检验社区治理工作，促进各单位相互学习借鉴。会上通过投票评比，西兴街道获第一名。

【社工师资格考试培训】 2020年10月，区民政局首次发动全区与社会工作相关的机关事业单位、社区、社会组织、重点企业和社会人员共850人参加社会工作者职业水平考试，组织开展考前培训，最终214人通过考试并审核通过，报考人数和通过人数均为历年最多。

【“社工说”频道开设】 2020年10月23日，区民政局与华语之声传媒（杭州）有限公司合作，依托“华语之声”——声音互动文化传播平台App，开设“社工说”频道，以反映社会工作、诉说社工感人故事、传递社区正能量为主要内容，该频道以社工为对象，通过社工讲述身边的真实故事，把“所见、所闻、所历、所感”通过声音传播，以“用声音传递真情，以平凡成就精彩”为宗旨，以声音为载体，反映社会工作，是全省首个网络电台社工频道。3个街道62名社工主播参与节目。

【市第十一届社工节在滨江区举行】 2020年10月23日，杭州市第十一届社工节暨社工健康跑嘉年华活动在滨江区文化中心举行。2020年度市社区治理和服务工作先进个人和社工代表400多人参加。活动以“同心共筑、真情守护”为主题，分社工节仪式和健康跑嘉年华两部分。社工节仪式包括歌曲串烧、朗诵、小品、新入职社工代表宣誓等形式，展现“心系群众、甘于奉献、认真负责、扎实肯干”的新时期社工精神。健康跑嘉年华活动由200名社区工作者代表在滨江最美跑道上开跑，线路融入“服从命令”“互帮互助”“大家一起猜歌名”“水写同心”4个打卡活动。现场对50名2020年度杭州市社区治理和服务工作先进个人颁奖，滨江区4名社工获奖。现场举行全省首个网络电台社工频道——滨江区《社工说》启动仪式。

【“产业社区”建设】 2020年12月7日，区民政局根据高新技术产业集聚特点，探索社区服务融入产业服务的有效途径，会同物联网产业园发展服务中心建设“产业社区”，为产业人才创建休闲、娱乐、学习、商务等功能于一体的共享空间，助力产业“留人”。“产业社区”是以产业为基础，通过融入城市生活等社区功能，提高产业空间与城市空间的契合度、产业功能与生活功能配套的融合度，计划于2021年1月挂牌启用。

【居委会换届选举】 2020年12月15日，区民政局指导各街道完成社区居委会换届选举工作，58个社区居委会全部一次性足额选举成功。该届选举共有17.3万个选民参与投票，产生社区居委会成员295人，其中主任58人、副主任82人、委员155人。新一届社区居委会成员平均年龄39.8岁，大专及以上学历占94.5%。（陈　超）

2020年10月23日，杭州市第十一届社工节暨社工健康跑嘉年华活动在滨江区文化中心举行　（区民政局　供图）

社会组织

【概况】 2020年，滨江区有依法登记社会组织321家，其中社会团体90家、民办非企业单位230家、基金会1家，备案类社区社会组织1266家。新增社会组织50家，社区社会组织备案240家。年内，对应检的237家社会组织在一窗受理平台进行预审，规范审核，全区社会组织年检应检237家，实际参检204家。对符合申报要求的29家社会组织申报的补助项目，下拨补助资金46.79万元。

【社会组织和领军人才品牌建设】2020年，区民政局搭建三级社会组织服务平台，鼓励社会组织开展公益服务项目、信用评估和品牌认定，参与杭州市品牌社会组织评选工作。至年底，滨江区的各级社会组织和领军人才被省民政厅评为浙江省社会组织领军人才1人，被市民政局评为杭州市社会组织领军人才1人、品牌社会组织1家、示范性社会组织品牌项目1个。

【社会组织等级评估】2020年5月，根据《杭州市民政局关于开展2020年度社会组织等级评估工作的通知》，对三类社会组织进行等级评估：2018年12月31日前，在滨江区民政部门登记成立，未参加过评估的社会组织（职工持股会除外）；至2020年12月31日，评估等级有效期已满3年，需要晋升等级的社会组织；至2020年12月31日，评估等级已过有效期的社会组织。至年底，通过自评初审、综合考评、结果公告3个阶段确定评估结果，参评的7家社会组织中3家获AAAAA，2家获AAAA，2家获AAA。

【社会组织公益创投】2020年7月，根据《关于开展2020年度滨江区社会组织公益创投工作的通知》，寻找和实施优质公益服务项目，培育和扶持有能力、讲诚信、专业化的社会公益组织，引导公众关注及参与社会公益慈善活动，区民政局组织公益创投项目申报。申报条件为在滨江区登记的社会组织，同时2018年及2019年度连续2年年检合格；项目要求秉持公益性、必要性、创新性、科学性、示范性5个要求；项目范围包括扶老助老服务类、扶残助残服务类、关爱青少年服务类、救助帮困服务类、社会工作服务类、其他公益类。经自主申报、立项、初评、复评，申报的73个公益创投项目全部入围，下拨公益创投绩效和资金431.76万元。

2020年6月11日，滨江区在区社会组织服务中心举行公益创投培训会 （区民政局 供图）

【社会组织进企业、基层、群众服务项目】2020年9月，区社会组织服务中心开展社区公益嘉年华项目，项目通过整合社会组织、社工的专业志愿服务资源，进驻社区，为社区居民提供志愿服务活动。滨江区乐城公益事业社会服务中心、杭州市滨江区化云惠老公益中心、杭州市滨江区花都益剪美丽小屋、杭州市滨江区英智康复服务中心、杭州乾能职业技术培训学校、浙江树人职业技术培训学校等组织提供专业服务。至年底，出动社会组织120家次，为民服务3000人次。 （陈卓琳）

人口监测与发展

【概况】2020年，滨江区出生3192人，其中一孩1794人、二孩1346人、多孩52人，出生性别比106.42。受理生育登记2958例，其中一孩1862例、二孩1056例、再生育审批40例；网上办理2537例，网办率达到86.94%。政务服务覆盖面扩大，为281例流动人口育龄妇女办理生育登记。新建公共场所母婴设施2处，完成区内规划母婴设施建设任务，建成母婴室47处。完成国免检查（免费婚前医学检查和免费孕前优生健康检查）2236人次，目标人群覆盖93.17%。发放免费避孕药具2.9万人份。区社发局、区计生协会推动各类线上健康服务宣传活动，组织高新企业健康知识讲座、学校青春健康教育、婴幼儿家庭科学养育知识宣传等线上活动57场。

【婴幼儿照护培训】2020年，区社发局利用人口早期教育工作基础，启动社区网络，开展婴幼儿照护工作。加强培训基地建设，引进民办托育机构、民办幼儿园等力量，将原有的12个培训基地扩大到26个，拓展婴幼儿照护培训覆盖面。完善早教师资、精品课程、培训规划等方面工作，提高婴幼儿照护工作质量。至年底，投入专项资金27万余元，开展各类早教活动260场，1.5万人次参与。

【基层计生协会更名】2020年，根据省、市计生协工作要求，滨江区计生协会对所属街道计生协会更名。3个街道计划生育协会更名为“人口家庭协会”，各社区和企业协会的改革工作也逐步启动。协会更名后，工作更加侧重营造有利人口长期均衡发展的社会环境，围绕生育关怀服务和家庭健康促进服务等主题，加强组织建设，发挥群团组织作用。

【高校新生线上青春健康教育】2020年11月5日，区计生协会与杭州医学院共同开展“一万谈万一”高校新生青春健康教育线上活动。滨江高教园区6所高校新生和其他学校部分新生参与活动。活动持续100分钟，通过图文介绍、文艺节目、互动解答等多种形式向学生们介绍性行为常识、避孕知识、预防性传播疾病方法等青春健康知识，受到学生欢迎，最高峰时有26万余人同时在线。（吴　俊）

【常住人口管理】2020年，滨江区受理审批各类户口材料1.28万件，办理杭州市内迁移1.8万人，办理人才引进落户7166人，受理制作二代指纹身份证4.46万张，制作临时身份证3656张；办理港澳台居民居住证102张，办理边境管理通行证416张；完成345名申请积分落户人员的审批落户工作，接听咨询电话和接受群众口头咨询1万余人次；查询户籍资料5000多次；回复户籍内容信访500多件；收到省公安厅下发信息数据核查174条，完成率100%，居全市并列第一位；在省级公安机关深入推进户口登记管理专项清理整顿中，核查清理重复户口3人。办理全城通办业务2054件，互联网申报业务6002件，办理一窗受理平台类7152件。

【流动人口管理】2020年，滨江区受理发放新型居住证3.08万张。3—7月，分局开展居住证“积分落户”“积分入学”工作，受理“积分落户”申请材料2016份，“积分入学”申请材料646份，经审核，522名流动人口在杭州落户，608名流动人口子女符合条件进入公办学校就读。开展全区居住出租房屋排查整治工作，发放宣传资料22.7万份，发放整改通知书1.28万份，悬挂横幅1050条，约谈房东3400人，办理出租房处罚案件849起，拘留群租房房东1人。建成社区居住出租房屋“旅馆式”管理服务总台42个，纳入总台管理出租房屋3.6万套，31个5000名流动人口以上社区将出租房屋和流动人口管理要求纳入村规民约、社区公约。

【出入境人员及往来港澳台人员管理】2020年，公安滨江分局出入境管理大队受理、审批中国公民因私出国（境）及往来港澳台申请8685人次，比上年下降91.8%，其中护照申请3747人次、港澳通行证及签注申请4443人次、台湾通行证及签注申请495人次。受理境外人员临时住宿登记1.3万人次，登记量下降78.7%，其中派出所登记2422人次、涉外酒店登记1.1万人次。滨江区有常住境外人员1165人，全年外国人签证窗口共受理、签发外国人居留许可1184人次，下降42.7%；受理、签发外国人普通签证85人次，增长157.6%；受理、签发外国人停留签证225人次，增长147%。受理涉外案件71起，

增长65.1%，其中，查处外国人非法居留案件37起、非法就业案件10起、其他类24起。遣送出境6人。（楼　鹏）

社会保障

【概况】 2020年，滨江区基本养老保险累计参保48.45万人，净增4.96万人，工伤保险累计参保54.51万人，净增7.53万人，全区户籍人口参保率99.38%，全民参保登记率保持100%。全年，受理审批职工退休2394件；工伤认定913起，按时办结率100%；审批不定时工作制行政许可160件，综合计算工时行政许可160件。至年底，滨江区许可有效期内劳务派遣企业114家。受理、现场检查申请加入协议定点医药机构41家，33家医药机构通过专家评估加入定点。全年发放农转非拆迁人员家庭大病医疗补助款748.1万元，982人受惠。推进养老保险待遇通过社会保障卡发放，新增待遇领取人员社会保障卡绑定率100%。实施减窗行动，全面推进“去中心化”改革，完成“减少50%人力社保系统线下窗口”年度考核目标，业务窗口从18个窗口减为8个，精简率55.56%。

【区级机关事业单位子女统筹基金】 2020年，按照基本医疗保险三大目录规定，杭州高新区（滨江）加大对子女统筹定点医疗机构规范用药、规范治疗进行监管。1—6月，对全区156家机关事业单位的银行委托扣款协议重新进行签订。至年底，全区有子女统筹参保人员3126人，基金收入385万元，支出269万元，结余452万元。

【企业社保费“减免缓”】 2020年2月起，根据《浙江省人力资源和社会保障厅等四部门关于阶段性减免企业社会保险费有关问题的通知》，阶段性减免企业单位应缴纳的社会保险费，包括基本养老、基本医疗、失业、工伤保险。至年底，为3.32万家企业减免社保费33.13亿元。

【企业工资收入申报】 2020年3月，2019年度企业工资收入开始申报。申报范围对象为参加杭州市区（不含临安区）社会保险的国家机关、事业单位、企业、社会团体及个体工商户中2019年12月底前仍参保缴费的工作人员、职工、雇主及雇工。申报方式采取全流程网上申报的模式，企业单位工资申报率95%以上。

【劳务派遣核验和“双随机”抽查】 2020年3月，区人力社保局对97家许可有效期内劳务派遣企业进行年度核验工作，82家劳务派遣企业提交年度经营情况报告、签订劳动合同、缴纳社保、被派遣劳动者数量等情况，完成年度经营情况核验工作。将劳务派遣单位的年度核验结果、“双随机”抽查结果载入企业信用记录，通过浙江政务服务网等进行公示，推动社会监督，促进劳务派遣单位依法经营、规范用工。

【业务技能提升】 2020年4月，区人力社保局开展业务技能练兵比武，全员参加人社部组织的“日日学、周周练、月月比”活动，通过业务小比武程序、退件研判学习、典型案件分享、日常业务培训等形式统一人员业务口径，提高人员业务能力水平，提升服务意识。在全市人社系统窗口单位业务技能练兵比武竞赛中获团体三等奖，1人被评为“优秀选手”和“知识通”称号，1人被评为“岗位练兵明星”。

【工伤保险行业基准费率提高】 2020年4月1日起，杭州高新区（滨江）统一执行杭州市工伤保险费率新行业基准费率，对2020年4月1日前已参加工伤保险的用人单位，4月底前维持原费率标准不变，从5月1日起按调整后的基准费率执行。参保单位依次被划分为一类至八类行业，对应的工伤保险基准费率分别为用人单位职工工资总额的0.2%、0.4%、0.6%、0.7%、0.8%、1.1%、1.3%、1.5%。全区被列入该次费率提高的单位有1740家，采用寄信和发送短信的方式，点对点地告知调整后的工伤费率。

【"社银合作"窗口设立】 2020年4月16日，区人力社保局联合银行在区行政服务中心新设"社银合作"窗口，实现社会保障卡（市民卡）"申请、制卡、激活、启用、领取"一步到位，解决到银行排队等待制卡、激活两次跑的问题，缩短社会保障卡（市民卡）的办理时间。窗口日均办理社保卡20张，日均办理灵活就业人员签约手续30人。

【5项社保业务上线"亲清在线"平台】 2020年5月，滨江区企业社保登记、参保个人应缴社会保险核定、社会保险单位参保信息变更登记、社会保险职工参保信息变更登记、社会保险结算明细表5个事项在杭州政商"亲清在线"平台上线运行，部门联办实现秒审。社保部门通过自动获取数据、后台自动比对等技术，简化流程材料，实现在线服务。全年，社保业务亲清在线业务占网上办理量的30%以上。

【养老金水平持续增长】 2020年7月，区人力社保局贯彻执行省人社厅、省财政厅《关于2020年调整退休人员养老金的通知》精神，从2020年1月起计算，为2019年底前已按规定办理退休、退职的人员调整基本养老金。杭州高新区（滨江）退休增资人员4.2万人，增资补发额4206.78万元，总体调整比例为5%，于7月底调整到位。按要求调整城乡居民基本养老保险基础养老金标准，由每人每月220元提高到240元。

【"工伤联合预防进工地"行动】 2020年7月16日，区人力社保局推出"工伤联合预防进工地"行动，联合区住建局、区应急管理局、区总工会对全区83个在建工地全覆盖开展工伤预防教育培训。至年底，举办培训21期，1200名工地班组长、骨干参训，同步推进建筑施工企业工伤保险参保全覆盖，从源头上预防和减少工伤事故。

2020年7月16日，滨江区举行"工伤联合预防进工地"活动启动仪式

（区人力社保局　供图）

【社保"滨江易窗"智能平台启用】 2020年7月21日，区人力社保局依托市中心"易窗"平台资源，启用"滨江易窗"智能平台，利用线上解决问题的优势，使老百姓不出门能办成事，同时缓解人工窗口的压力。至年底，平台平均每日受理"易窗"件20多件。

【社保业务省集中系统上线】 2020年8月13日，社保业务省集中系统上线。杭州高新区（滨江）根据时间节点倒排工期，落实落细系统切换各项准备工作，梳理个性化与差异化需求，完成本地数据转换提交，组织工作人员实操培训，开展系统功能测试验证，同时面向参保单位和群众做好宣传。由于省集中改革，社保医保经办规则变动、政务服务网不稳定等对经办工作带来较大冲击，区人力社保局通过合理分流人群、科学调配潮汐窗口，降低省集中改革带来的影响。上线后，总体运行平稳。

（章炳鸿　刘　军）

企业退休服务

【概况】 2020年，滨江区有4.58万名企业退休人员纳入社区实施社会化管理服务。春节、端午节、中秋节慰问企业退休人员12.85万人次，发放慰问金1.2亿元；关爱“五类”企退老人，开展“冬送温暖、夏送清凉”、重阳节慰问等活动，慰问995人，资金26.53万元；发放困难补助434人，资金100.3万元；街道、社区工作人员探望住院病人5898人，购买慰问品89.79万元。开展企退人员文娱健身活动，组织4.57万名企退人员外出活动，活动资金566.41万元。完成全区4.8万份企业退休人员人事档案数字化工作。

【省属国企退休人员纳入管理】 2020年，为贯彻落实党中央、国务院决策部署，滨江区做好省属国企退休人员纳入社区社会化管理服务工作。至年底，分4批落实现场集中移交，完成307名国有企退人员接收移交信息对接，并全部纳入社区社会化管理。

【五类企业退休人员慰问】 2020年，区人力社保局开展各类慰问活动。面向“孤寡、独居、伤残、困难、高龄”五类特殊困难企退人员，通过区、街道、社区三级联动，发挥区企退自管小组、志愿者队伍力量，组织开展“冬送温暖、夏送清凉”、重阳节实地走访慰问活动。1月，开展春节慰问380人，送上12.15万元慰问物品。新冠肺炎疫情期间，慰问27名独居孤寡老人，了解老人身体状况和生活需求，送上口罩等防护用品。8月，开展“夏送清凉”慰问，走访慰问企退人员300人，发放慰问金5.28万元。开展重阳节敬老、爱老活动，上门慰问高龄、困难企退老人315人。

【养老待遇资格认证】 2020年，区人力社保局开展养老待遇生存资格认证。完善养老待遇资格认证机制，创新服务手段，通过信息共享、社会化管理、手机App、微信及QQ视频等认证方式，让数据多跑路，让群众少跑腿。至年底，全区3个街道4.23万名养老待遇人员完成资格认证，认证率100%。

【企业退休志愿者活动】 2020年，滨江区发挥企业退休“红袖章”志愿者队伍作用，鼓励有能力、有意愿的企业退休人员投身到新冠肺炎疫情防控等志愿服务中。至年底，企业退休志愿者参与疫情防控1.49万人次、垃圾分类1.29万人次、“五水共治”3908人次、环境整治2959人次、结对帮扶683人次、“三改一拆”571人次、爱心服务2169人次、治安巡逻2886人次、文明倡导4932人次、助力“帮你跑”849人次。

【企业退休人员健康体检】 2020年6月，滨江区第八轮企业退休人员健康体检工作启动。区人力社保局召开全区第八轮企业退休人员健康体检工作部署会议，制定健康体检实施方案，成立工作小组，明确工作职责，落实防疫措施，配备口罩5万个。印制“体检券”5万份。该次体检标准为每人400元，比上一轮体检标准提高100元，增加体检项目6个。至年底，全区参检3.62万人（含自愿放弃体检人员），体检率80.18%，其中西兴街道9569人、长河街道1.48万人、浦沿街道1.19万人。

（姚杭娜）

2020年6月25日，企业退休志愿者参加浦沿街道东信社区“浓情端午、相约东信”活动

（区人力社保局 供图）

退役军人事务

【概况】 2020年，区退役军人事务局全面做好思想政治、就业安置、服务保障、双拥优抚、权益维护、褒扬纪念等工作。开展崇军系列宣传和活动。创建"新时代枫桥式退役军人服务站"，保障全区66个服务中心（站）创建经费276万元。指导3个街道和社区退役军人服务站工作人员开展走访慰问、站点建设、抚恤优待、信访处置作用发挥等退役军人事务工作。对全区退役军人就业情况和用工单位需求进行摸底，为退役士兵提供就业培训、专场招聘会、社工单考单招，高质量完成就业安置工作。依托社会力量，组建"文化兴盛""社区治理""应急抢险""文明执勤"等退役军人社会组织服务联盟。组织全区退役军人投身新冠肺炎疫情防控工作，退役军人志愿者参与疫情防控和复工复产工作。为全区96名60周岁以上重点优抚对象、58名援越抗美参战人员建立个人档案。完成部分退役士兵社会保险接续工作，为退役士兵做好社会保险补缴。全年开展"服务部队服务退役军人服务基层"活动，发放抚恤补助金、慰问金等。

【就业安置】 2020年1月16日，区退役军人事务局组织2019年度军转干部及其家属实地考察奥体博览城、智慧e谷、杭州海康威视数字技术股份有限公司、阳光家园、海外高层次人才创新创业基地，了解滨江区域发展；召开2019年度军转干部欢迎会暨学习交流活动，转业干部分享军旅历程。9—12月完成退役士兵、随军家属的安置工作。

2020年11月21日，退役老兵在长河街道退役军人服务站为杭州二中白马湖学校学生讲述抗日战争故事　（区退役军人事务局　供图）

【崇军宣传】 2020年，滨江区通过"杭州发布"、杭州电视台、"滨江发布"、"滨江退役军人"微信公众号等媒体发布崇军报道，利用"智慧社区"平台，向退役军人发送政策宣传信息。至年底，区直机关单位、各社区召开座谈会195场，长河街道创建崇军宣传品牌"老兵直播间"，发布崇军主题短信30多万条。制作崇军主题宣传展板，印制宣传手册和联系卡，通过全区66个退役军人服务中心（站）发放，使所有服务对象了解政策，享受优待服务。

【新时代枫桥式退役军人服务站建设】 2020年3月9日，区委退役军人事务工作领导小组办公室印发《2020年滨江区退役军人重点工作任务》和《2020年滨江区退役军人创新工作任务》，部署18项重点工作和4项创新工作，以退役军人为中心，健全服务保障体系。同月17日，召开滨江区2020年退役军人工作会议，专题部署"新时代枫桥式退役军人服务站"创建工作。4月17日，召开全区"新时代枫桥式退役军人服务站"建设推进会。5月21日，区政府常务会议专题研究"新时代枫桥式退役军人服务站"创建工作，明确目标任务和经费预算，保障全区60多个服务中心（站）创建经费，包括区级服务中心、街道服务站、社区服务站，解决资金问题。5—6月，街道分别召开推进会。5月22日，区退役军人事务局组织各街道和部分社区到余杭区学习考察服务站创建工作。6月19日，市督导组对区新时代枫桥式退役军人服务站建设工作进行中期督导调研，查看中兴、丹枫、星民社区退役军人服务站场地建设情况，对照创建标准检查台账，实地复核打分，并就建设具有军味足、情意浓、智能化的服务阵地提出意见建议。6月30日至7月1日，区退役军人事务局组织3个街道及部分社区负责人到平湖、海盐、东阳、诸暨等地考察学习“新时代枫桥式退役军人服务站”建设工作，指导街道做好创建台账梳理，落实市督导组提出的整改意见。8—9月，长河街道、浦沿街道、西兴街道新州社区退役军人服务站陆续完工。10月10日，市督查组考核长河街道、新州、丹枫、东冠社区退役军人服务站，考核成绩均达到市级示范型标准。12月30日，省督查组实地考核验收浦沿街道和晶都社区退役军人服务站，考核成绩均达到省级示范型标准。至年底，长河街道、浦沿街道和全区24个社区完成“新时代枫桥式退役军人服务站”建设工作。

【退役军人医院就诊优先优待服务】2020年5月12日，滨江区实现驻军医院和区属公立医院退役军人优先优待医疗服务。武警浙江省总队医院提供挂号优先、就诊免费停车1小时、体检8折等优待服务。区属街道卫生服务中心提供挂号优先、取药优先、抽血化验优先、B超检查优先、住院床位优先等优待服务。5月15日，该做法在“杭州发布”、杭州电视台等市级媒体平台发布，“杭州发布”点击量1.3万次。6月8日，获副市长王宏批示。

【崇军系列活动】2020年7月20日，区委退役军人事务工作领导小组办公室印发《关于做好“八一”期间退役军人工作的通知》，开展“八个一”崇军系列活动，即组织一次慰问驻军部队活动、举办一届最美选树活动、举行一次退役军人文体活动、开展一次“送喜报”活动、组织一次入户走访活动、发送一条崇军“云问候”、召开一次退役军人座谈会、推出一批爱军优惠活动。7月25—26日，举办2020年度滨江区退役军人“崇军杯”足球赛和篮球赛，区级机关、西兴街道、长河街道、浦沿街道4支代表队多名退役军人参加，区级机关获足球赛冠军，长河街道获篮球赛冠军。7月28—29日，区四套班子领导走访慰问浙江陆军某师、杭州警备区、武警浙江总队医院等驻军和共建部队，为部队官兵送上节日的问候和祝愿。5月18日至7月21日，开展滨江区2020年度“最美退役军人”评选活动，推选出郭新桥等10名不同行业领域的最美退役军人，进行发布和宣传。全年征集退役军人服役期间参加重大演训活动照片260多张，梳理完善三等功以上立功人员信息。

【拥军支前队伍建立】2020年9月8日，区退役军人事务局、区人武部牵头建立滨江区拥军支前工作队伍，支前队伍下设宣传发动组、支前保障组、优待抚恤组3个工作小组，成员为区委办、区府办、区委组织部、区委宣传部、区人武部、区退役军人事务局等19家单位，共32人。队长由区退役军人事务局副局长担任，为战时做好拥军支前工作打下基础。

【“崇军码”发布】2020年10月23日，区退役军人事务局依托城市大脑滨江平台，开发推出“崇军码”，打造退役军人专属应用场景，实现“码上办事、码上服务、码上优待”，为全区退役军人和其他优抚对象分类设置政策信息、教育培训、就业创业、优抚优待、崇军优惠、医疗健康、服务站点等9个专属模块，包括衣食住行、政策解读、技能成长等方面优享优待，入驻企业30多家，包括永辉超市、浙江吉利集团股份有限公司、杭州姚生记食品有限公司、杭州艺福堂茶叶有限公司、杭州牙科医院等企业和机构，为退役军人量身定制专享服务和专属折扣。（郑梦雨）

【42人获“中国人民志愿军抗美援朝出国作战70周年”纪念章】2020年10月，中共中央、国务院、中央军委向参加抗美援朝出国作战的、健在的志愿军老战士等颁发“中国人民志愿军抗美援朝出国作战70周年”纪念章。杭州高

新区（滨江）曹寿堂、曹兴根、陈寿根、戴继友、戴校球、方志仁、傅金林、傅水清、傅渭先、傅友根、何宝江、胡金羊、李延信、毛秋文、钱顺根、阮达、沈永根、斯贤茂、苏立生、汤庆勤、王光全、王明德、王荣生、王雪根、魏志坤、项长根、谢友根、许小沅、杨阿章、杨金才、杨培孝、俞关林、俞金荣、张木根、张世孟、张吾定、赵显程、郑芝文、周阿仁、朱德信、张其兴、钱永言共42名老战士获“中国人民志愿军抗美援朝出国作战70周年”纪念章。（钟琛琛）

养老服务工作

【概况】 至2020年底，滨江区60周岁及以上老年人4.08万人，老龄化率13.96%；70周岁及以上老年人1.69万人，占老年人口41.42%；80周岁及以上人口5094人，占老年人口12.49%；百岁老人9人。全区建有养老机构5家，床位2279张，每千名老年人拥有床位数55.86张，街道级居家养老服务中心6家，社区级居家养老服务照料中心46家。助餐体系全覆盖，建成具有生活服务、康复护理服务、托养服务、家庭支持服务、社会工作和心理疏导服务、康复辅助器具租赁服务六大服务功能的示范型居家养老服务中心6家，实现街道全域覆盖。全区困难老年人家庭实现居家适老化改造全覆盖，5563人享受智慧养老手机服务，2272人享受居家养老（电子津贴）上门服务，1.06万户老年人家庭受益家电统保，办理老年人优待证1216人（本）。

滨江区把居家养老服务工作融入经济社会发展，完善由供给体系、保障体系、政策支撑体系、需求评估体系和行业监管体系五位一体组成的“家园式”居家养老服务工作格局。服务需求呈现从单项到多项内容要求、从常规到专业水平标准、从单一到多个主体服务的多元变化，区域特点明显。2020年，滨江区被评为国家智慧健康养老全域示范基地，“多代同楼”代际互助养老模式受到赞誉，养老工作受到国务院办公厅现场调研肯定。

【居家养老服务】 2020年，滨江区启动居家养老服务的需求调研、宣传培训、对照检查及工作提升。重点针对日常照料、健康医疗、精神慰藉三大类居家养老服务需求，围绕老年人的个人特征、家庭特征、社会特征3个方面10多项因素进行统计分析。至年底，共走访座谈5家养老机构、5家示范型及街道级居家养老服务中心、46家社区级居家养老服务照料中心、5家智慧健康养老企业，访谈老人100多人。从政策、设施、项目、队伍、特色品牌多维度回应社会需求，推进项目，形成“政府主导、家庭尽责、社会参与、市场运作、保障基本、适度普惠、自愿选择、就近便利”的多样化、层级式、个性化居家养老服务格局。

2020年滨江区居家养老服务保障项目

表44

类别	项目	享受对象	项目性质
服务保障	电子津贴	60周岁及以上的滨江区户籍中低收入老人根据评估结果等级享受相应的服务，80周岁及以上的滨江区户籍老年人	普惠型
	辅具共享	配置在照料中心，有需要老人免费租用	普惠型
	健康小屋	配置在街道级和社区级居家养老服务中心，有需要老人无偿使用	普惠型
	居家适老化改造	60周岁及以上困难家庭老年人	补缺型
	家电统保	70周岁及以上老年人家庭	普惠型
	智慧呼叫	70周岁及以上空巢、独居、孤寡老人；80周岁及以上老人；享受政府服务补贴老人	普惠型

续表44

类别	项目	享受对象	项目性质
服务保障	安全监控	孤寡、高龄、独居等生活困难居家老人	补缺型
	老人意外伤害保险	60周岁及以上老人	普惠型
福利津贴	就餐补贴	60周岁及以上老人	普惠型
	高龄津贴	80周岁及以上老人	普惠型

2020年滨江区居家养老服务支撑保障体系（补助政策）

表45

项目	补助政策
街道级示范型居家养老服务中心	一次性建设补助：总面积在1500平方米以上，按实际投入资金的50%补助，最低不少于50万元，最高不超过300万元
	运营补助：每年12万元；社会化运营并提供助餐服务的上浮30%
社区居家养老服务中心	一次性建设补助：五星级、四星级、三星级及以下分别提供一次性补助：30万元、20万元、10万元
	运营补助：五星级、四星级、三星级及以下每年分别为：8万元、6万元、4万元；社会化运营并提供助餐服务的上浮30%
老年食堂补助	一次性建设补助：自建型，根据面积大小及设施情况，给予最高不超过15万元一次性建设资金补助
	就餐补助：户籍老人补助每人每天5元
评优奖励	优秀3万元、良好2万元、合格1万元，每年评一次
连锁奖励	第二家开始每增加一家奖励：每年5000元

【政府购买养老服务】 2020年，滨江区优化居家养老服务供给，加强社区居家养老服务网络的建设、专业队伍和志愿者队伍力量的构建；拓展居家养老服务对象和服务项目，以满足老年人日益增长的多样化服务需求；完善“家门口”为老服务体系建设，街道级居家养老服务中心提供综合服务发挥辐射功效，社区级居家养老服务中心提供上门服务或个性化服务。全年，滨江区为居家养老服务对象2272人提供家庭保洁、陪医就诊、身体健康预防管理等服务10多项共19.2万小时，补助重阳分495万分，投入资金497.7万元。至年底，政府购买服务人数2279人，服务时间199.1万小时。

2020年滨江区居家养老服务电子津贴使用指导目录

表46

序号	服务项目	服务内容	备注
1	基本生活照料	身体清洁、衣物穿脱、协助移动、喂食喝水、排泄清洁等	可根据老人需求提供固定频次的服务包
2	助餐	送餐、取餐和做餐等	不含食材费
3	助浴	擦浴、淋浴和外出送浴等	—
4	助洁	清洁老年人居室，清洗老年人衣物	—
5	助行	协助老年人室内外散步、外出等	—

续表46

序号	服务项目	服务内容	备注
6	代办	帮助老年人外出办理社会事务活动等	—
7	理发修面	修剪头发，刮胡须	—
8	家电维修	家用电器维修	材料费另计
9	管道疏通	家用管道疏通	材料费另计
10	助医服务	协助监护人陪送老年人就医，代为挂号、配药、取药、取化验单等	—
11	健康管理	体温、脉搏、呼吸、血压等生命体征测量、记录及健康预防管理	—
12	康复护理	肢体功能训练、口面部训练、康复推拿等	—
13	日托服务	由居家养老服务机构提供日托照料服务	不含餐费
14	精神慰藉	心理咨询和疏导，帮助解决老年人情绪、情感和家庭问题	—
15	其他服务	区民政部门认可的其他服务	—

【70周岁及以上老年人家电统筹保修服务】 2020年，滨江区为解决居家养老老年人日常家用电器维修不便的难题，以及因电器老化而产生的安全隐患问题，对居住在滨江区，且具备滨江区户籍、年满70周岁以上的老年人（1950年1月1日前出生），提供家电统筹保险服务。老年人以户为单位进行申请。各类家庭常用家电维修不计件数，免费维修，同时提供每户深度清洗服务，挂式、柜式空调（不限规格大小）、中央空调（一进一出2个口子）三选一；提供每户一台热水器清洗；提供每户一台滚筒洗衣机清洗。全年，为全区70周岁及以上1.06万户老年人家庭购买家电统筹保修服务，投入资金337.1万元。为老年人提供维修服务、保养服务、清洗服务，维修覆盖空调、冰箱、洗衣机、电视机、油烟机、热水器、饮水机、电热水壶等日常使用的各类家电。

【“多代同楼”互助养老服务】 2020年，区民政局建设“多代同楼”陪伴式互助养老模式。“多代同楼”指让跨代人群共同居住、生活互助，年轻人为老年人提供日常照料，开阔社交空间；老年人向年轻人传授社会经验及人生见解，探索实施“多代同楼”陪伴式互助养老服务。“阳光家园”作为项目试点单位，重点聚焦“家园陪伴”的纽带关注、生活关注和精神关注，引入社会工作法开展“个性特长+文化标签+了解日常生活习惯+生活画像”的服务场景设计。“阳光家园”为陪伴者提供标准间户型，不少于每月10小时服务的陪伴者每月支付300元管理费用。至年底，已有15名区内创业、就业优秀青年志愿陪伴者入住。 （陶晓青）

【老年服务形式多样化】 2020年，滨江区继续开展老年人照顾服务工作。开展《浙江老年报》和《每日商报·乐活老年周刊》订阅工作，为老人提供养老、家庭、健康、娱乐等信息。开展“千堂万艺”文艺大课堂活动，为社区老人免费提供书法绘画、歌舞器乐、摄影等多个门类文艺培训，全年开展培训2250课时。为全区1793名80周岁及以上老年人发放护理补贴148.38万元；为776名90周岁及以上老人发放慰问金29.15万元。走访慰问8名百岁老人。为拆迁型60周岁以上老年人发放慰问金1012.7万元；为全区60周岁老年人购买意外伤害保险113.93万元。

【老年人体育活动】 2020年，区老年人体育协会开展系列区级老年人体育健身交流活动。全年开展近10次老年人体育交流活动，组织滨江区首届中老年人风采大赛——杭州市首届中老年风采视频交流活动（滨江区分赛区）、敬老月、气排球、健身秧歌、可乐球、乒乓球、象棋、钓鱼等交流活动，参加活动交流1000

多人次。开展登山、钓鱼、象(围)棋、门球、排舞及五项分区赛活动等老年组项目比赛。按照杭州市百队千人"全民健身门球先行"的规定要求,采取摸清底数、宣传发动、活动引领、组建队伍等形式,组织老年门球培训,扩大门球运动人数。按照市太极拳"八法五步"健身项目进基层的要求,在17个社区组建"八法五步"健身站点,全区练习"八法五步"的人员有1000多人。至年底,全年培训三级社会体育指导员178人,持区三级社会体育指导员证书的有165人。区老年人体育协会组织培训可乐球、广场舞、排舞、健身秧歌、门球、工间操等258人。

【老年健康服务体系建设】2020年,区社发局推动老年健康服务体系建设。完成国家老年人心理关爱试点项目,通过对试点单位滨和社区常住65岁以上63名老年人开展心理评估,提供心理关爱服务,完成团辅讲座4次,做好社区前测中临界和高危人群的后测工作。开展国家老龄健康医养结合远程协同服务试点创建工作,绿康阳光家园入选全国首批老龄健康医养结合远程协同服务试点机构名单,为杭州市唯一一家入选机构。长河街道被民政部、工业和信息化部评为第四批智慧健康养老体系示范街道。全区首个智慧老年食堂试点项目在长河街道春波社区建成。启动紧密医养联合体建设,在浦沿街道社区卫生服务中心挂牌建立区老年健康指导中心。开展社区卫生服务中心与社区日间照料中心的医养结合服务工作,签订医养服务协议,利用社区卫生服务中心、站点的医疗资源优势,发挥社区、日间照料中心第三方委托代理机构之间的健康引导合力,把老年活动阵地与老年健康宣传进行有机整合,提高为老服务能力。推进安宁疗护试点工作,加强市医联体的紧密合作,以社区卫生服务中心、医养结合机构等开展安宁疗护服务为主体,构建区安宁疗护服务网络。在长河街道社区卫生服务中心住院区开辟安宁疗护服务病房,开设临终关怀科,完善基础设施,组建专业团队,开展机构内和居家安宁疗护工作。

【医养结合机构管理】2020年,区社发局加强对医养结合机构的服务监管,根据《医养结合机构服务指南(试行)》,开展半年一次的质量考核检查,督促机构向更优质量发展。新冠肺炎疫情期间,发布《关于加强老年人新型冠状病毒感染肺炎疫情防控工作的通知》,联合区民政局对医养结合机构进行疫情防控督导。开展医养结合人才能力提升培训项目,组织27名医养结合机构工作人员参加全国医养结合检测工作的网络培训,为医养结合机构管理、康复人员提供教学平台。推进医养结合机构"放管服"改革,按照省关于做好医养结合机构审批登记工作的要求,在区民政局的牵头下,抓好流程再造。

【老年电大教学】至2020年底,滨江区老年电大共有区级分校1所和基层教学点51处,采取联动培养模式,年学员达到1.5万人次,其中分校学员2500人、兴趣班200多人。2020年,受新冠肺炎疫情影响,老年电大按省、市疫情防控要求,做好老年人疫情管理工作,停开线下兴趣班及一切课外活动,组织学员居家参加春季班和秋季班的远程电视课程学习,4—12月,学习浙江风俗故事、老年人运动与健康、做个聪明的病人、补益中药实用技巧4门课程,覆盖学员1万多人。

【老年健康宣传周】2020年6月18—24日,区社发局在各社区开展老年健康宣传周活动,以"懂健康知识,做健康老人"为主题,结合老年人意外伤害险政策宣讲等工作,开展社区老年健康专题讲座60多场次,开展老年健康咨询和康复指导服务128人次,发放宣传折页2000多份,宣传"20条老年健康核心信息"和老年人新冠肺炎疫情防控知识等老年健康知识和老年健康服务政策。

【敬老月活动】2020年10月23日,由区社发局、区老龄工办主办,杭州市第三人民医院、《每日商报·乐活老年》协办的2020年滨江区"敬老月"活动启动仪式在滨江绿康阳光家园举行。活动表彰市敬老爱老助老"最美"系列称号的家庭和个人，2人获"最美长者"称号、2人获"最美敬老爱老助老模范人物"称号、2人获"最美家庭医生"、1人获"最美幸福家庭"。区社发局与杭州市第三人民医院、滨江绿康阳光家园签订紧密医养联合体协议，建立相互业务协作、双向转诊机制，提升医养服务水平。活动为老人送上文艺演出等，现场观众500多人次。（傅静霞）

文明城区建设

【概况】2020年，滨江区文明工作围绕"滨滨有礼"主题，注重载体策划、群众参与、落细落小落实，推进"文化家园建设""移风易俗、文明殡葬""文明实践志愿者队伍建设""文明指数测评检查"等文明创建工作。长河街道晶都社区获市四星级文化家园，浦沿街道东信社区、西兴街道官河社区、长河街道白马湖社区获市三星级文化家园。女保安龙春玉、医生张超被评为"杭州好人"；姚荷花、徐勇霖2户家庭被评为省级"最美家庭"，朱函坪等5户家庭被评为市级"最美家庭"；徐骏明被评为市第二届"最美退役军人"，包苞等10人被评为滨江区"最美退役军人"。杭州兴耀控股集团有限公司、浙江华业控股集团有限公司、杭州江南实验学校被评为省级文明单位。

【文明殡葬持续开展】2020年，滨江区建立区文明殡葬专项整治领导小组，制定《滨江区进一步加强"移风易俗 文明殡葬"的通告》，出台《滨江区文明治丧奖励办法》，发布《文明殡葬移风易俗倡议书》，组建联合执法队加强执法管理。文明治丧殡仪服务通过政府公开招标确定3家中标单位。在春节、清明、冬至期间，发布《清明节文明祭祀倡议书》《冬至文明祭祀倡议书》，开展"鲜花换纸钱""云祭扫""代为祭扫"等文明祭扫工作，被新华社、央视新闻频道等40多家媒体报道及转载，得到区领导肯定和市民的认可。

【交通安全文明出行】2020年5月30日，杭州市"我文明、我守规、我安全"交通安全文明出行活动启动仪式暨《浙江省电动自行车管理条例》宣传贯彻活动滨江分会场活动在星光大道举行。区委副书记张玮、副区长周力军，交警、城管、志愿者、外卖企业代表等580人参加。活动以方队集结、文明守规签名、外卖企业代表发言、文明劝导上路等形式举行。美团外卖、饿了么、盒马、达达快递、叮咚买菜和顺丰等多家外卖配送人员参与启动仪式并宣誓。外卖小哥、外卖企业及文明劝导志愿者代表分别发言。区文明办宣读文明倡议书，倡导"文明骑车、文明停车、文明充电"，助推电动自行车专项治理，提升电动自行车与市民群众的文明交通意识。

【关心关爱未成年人】2020年12月25日，区文明办开展滨江区第十五届"公民爱心日"活动，以"捐一份钱、赠一本书、参与一项公益活动、奉献一份爱心"为主要形式，指定专人接受爱心捐赠。活动收到35个单位的爱心捐款10.43万元，书籍4100册，衣物、棉被等若干。爱心捐款全部汇入滨江区慈善总会账户，4000多册爱心书籍寄往贵州省黔东南苗族侗族自治州，分发给未成年人。（来国丽）

关心下一代工作

【概况】2020年，滨江区关心下一代工作助力新冠肺炎疫情防控，持续开展"人才大手牵小手"系列活动，新吸纳浙江中控科技集团有限公司、杭州恒生电子股份有限公司、北航杭州创新研究院、杭州金域医学检验所有限公司、杭州酷哥教育科技有限公司、杭州商泰纺织有限公司6家单位成为第二批成长伙伴，全年开展活动11场，参与青少年1200多人次。区关工委向对口帮扶地区贵州省黔东南州丹寨县、麻江县共21名贫困大学生捐赠爱心助学款每人5000元，共10.5万元，累计资助59人次，捐赠助学款29.5万元。针对对口帮扶地区个性化需求，区关工委对接成员单位及社会公益力量提供爱心支持，自5月起，青年企业家居柯枫结对4名建始县建档立卡贫困户的患病儿童，提供学费、生活补助、医药费等多方面支援直至成年。推进关心下一代教育基地建设，区“五老”讲师团团长叶柏明获评“全国关心下一代工作先进个人”，5个关工委集体、13名个人获市级先进表彰。区教育局关工委获评全国“新时代好少年·美好生活劳动创造”主题教育读书活动先进集体，2名同学获朗诵交流展示一、三等奖，1名同学获演讲交流展示一等奖，4名同学获征文交流展示一、三等奖。

【市关工委调研滨江区关心下一代工作】 2020年5月12日，市关工委名誉主任吴键、副主任林振国，市关心下一代基金会副理事长陈锦梅一行到滨江区调研指导关心下一代工作品牌项目。吴键一行调研吉利控股集团“人才大手牵小手工作坊”和网易蜗牛读书馆“光合作用”美好生活展特色项目建设情况。座谈会上，吴键听取滨江区关工委工作汇报，对滨江区关心下一代工作和“人才大手牵小手”品牌项目予以肯定。

2020年10月14日，区关工委为丹寨县贫困学子颁发助学金

（区关工委　供图）

【区关工委结对帮扶】 2020年10月12—15日，区关工委到贵州省黔东南苗族侗族自治州丹寨县开展考察交流和结对帮扶工作。区关工委顾问周瑞烈、常务副主任邱源惠，区市场监管局、区总工会、团区委、区妇联等成员单位负责人及青荷基金成员单位代表等8人参加考察。考察组到兴仁镇兴仁村林下天冬中药材基地、吊瓜套种板蓝根基地、兴仁中学、南皋乡集中供水水厂、龙泉镇马鞍村村委会、扬武民族小学等地，考察东西部扶贫协作项目和丹寨产业扶贫、教育扶贫等工作开展情况，共商脱贫增收新路。考察中，区关工委向丹寨县特殊教育中心捐赠10万元，用于设置心理咨询室等服务设施。同时，座谈会上为丹寨县贫困学子颁发助学金。

【5个关工委集体、13名个人获市级先进表彰】 2020年12月16日，杭州市召开纪念市关工委成立30周年暨全市关心下一代工作表彰大会。滨江区关工委、区党委人才办关工委、区检察院关工委、网易（杭州）网络有限公司关工委、西兴街道关工委5个关工委被评为“杭州市关心下一代工作先进集体”。黄仲虎、王飞2名关工委工作者及杜文华、方雪梅、傅水生、郎淑莺、密哲能、潘菊英、唐燕鸣、王锡才、夏水虎、谢吕法、严志铭11名“五老”被评为“杭州市关心下一代工作先进个人”。西兴街道平安建设综合体验馆被评为第二批“杭州市关心下一代教育基地”。

（王　飞）

慈善事业

【概　况】 2020年，区慈善总会募集善款1218.03万元，支出各类慈善救助款1097.58万元，包括新冠肺炎疫情支出703.83万元，开展助困、助医、助学、司法救助等慈善救助133户69.64万元；完成慈善总会换届，慈善发展指数蝉联全省第一位，承办2020年浙江省暨杭州市“中华慈善日”主题宣传活动和“钱塘善潮”论坛；完成AAAA级社会组织等级评定工作。围绕东西部扶贫协作，向贵州省黔东南州丹寨县、麻江县，湖北省恩施州建始县，杭州市桐庐县江南镇合计捐赠33.24万元，分别为建始县困难群众灾后救助13.14万元，丹寨县房屋受灾救灾整治8.6万元、贫困精神病人医疗救助5万元，麻江县城镇困难学生资助5万元，联合区妇联共同开展扶助桐庐江南镇贫困家庭妇女项目1.5万元。

搭建“大公益”慈善工作机制，与中信银行合作成立“信善驿站”，建设金融助善新模式，达成中信银行慈善卡利息捐赠、网点慈善角义卖捐赠、网点爱心箱捐赠、春风行动捐赠4个合作项目；探索成立滨江区首家社区基金会——杭州市滨江区冠之翼社区基金会；与万向信托股份公司合作开展东西部扶贫慈善信托项目4个：1号慈善信托——建始县困难群众灾后救助，2号慈善信托——麻江县资助困难学生，3号慈善信托——丹寨县资助贫困精神病人，4号慈善信托——丹寨县房屋受灾救灾整治项目。

【区慈善总会换届完成】 2020年6月23日，杭州高新区（滨江）慈善总会第三届一次会员大会暨第三届一次理事会在白马湖建国饭店召开，会议新成立第一届监事会，通过《财务管理制度》《会长办公会议制度》《项目管理制度》《监事会议制度》《行政管理制度》《滨江区慈善救助管理办法》等慈善管理制度与《杭州高新开发区（滨江）慈善总会2020—2024年度工作报告及2020年度工作安排》。

【浙江省暨杭州市“中华慈善日”主题宣传活动和“钱塘善潮”论坛】 2020年9月4日，区民政局和区慈善总会联合承办2020年浙江省暨杭州市“中华慈善日”主题宣传活动和“钱塘善潮”论坛，论坛以“决战脱贫攻坚，助力疫情防控”为主题，探讨疫情中公益力量的作用，以及杭州乃至浙江在打赢脱贫攻坚战，高水平全面建成小康社会的实践。副省长王文序、省慈善联合总会会长陈加元等出席。区长李志龙代表区委、区政府进行致辞。活动组织36个慈善、公益社会组织、爱心企业参加浙江省“中华慈善日”外场主题宣传，同时开设滨江区“对口帮扶”主题分论坛，探讨后脱贫时代如何持续性做好东西部帮扶工作。

【慈善发展指数评估列全省第一位】 2020年11月5日，浙江省慈善联合总会在第七届“西湖论善”论坛上发布2019年浙江城市慈善发展指数报告，滨江区慈善发展指数86.01，连续2年排名区县（市）第1位。评分主要从慈善捐赠、慈善组织、慈善服务、慈善基地和政府支持五大方面设置38个单项指标，从规模量、参与度、成长性和影响力4个维度进行考量。其中：滨江区城市慈善捐赠指数17.58，排名第1位；城市慈善组织指数16.57，排名第14位；城市慈善服务指数15.43，排名第22位；城市慈善基地指数19.00，排名第23位；城市政府指数17.43，排名第2位。（陈小夏）

民族宗教事务

【概况】 2020年，滨江区有少数民族44个，人口1.1万人，常住人口4500多人。区民宗局成立民族团结志愿服务团，举办“最美民族广场”系列活动，创建省级示范单位2家，与浙江警察学院西藏班共同开展民族团结共建。开展全区民族领域矛盾纠纷和重大不稳定问题排查，做好民族团结工作；发挥统一战线资源优势，对口帮扶贵州省黔东南苗族侗族自治州少数民族群众到滨江区接受职业培训，组织发动统一战线成员到贵州省丹寨县、湖北省恩施土家族苗族自治州开展社会帮扶，募集帮扶资金20万元；开展与丽水市景宁县郑坑乡吴布村“民族双百村结对”行动，助力精准扶贫，促进民族和睦。

滨江区登记在册的宗教场所有冠山禅寺、协同基督教堂、西兴基督教堂、长河基督教堂、真理堂、江边聚会处6处，民间信仰点21处。宗教教职人员31人，可统计的基督教信徒5000多人。民族宗教团体有滨江区民族团结促进会、滨江区佛教协会、滨江区基督教协会、滨江区基督教三自爱国运动委员会。浙江省神学院位于滨江区。

【宗教网格员培训】2020年4月15—17日，区委统战部（民宗局）举行宗教网格员培训班，全区“三人驻堂小组”网格员300多人分批参加轮训。培训以图文并茂的形式讲解宗教活动场所管理规范和政治安全、人员安全、活动安全、食品安全、消防安全、建筑安全、网信安全、财务安全、财产安全九大安全的“1+9”创建指标体系，规范提升平安场所创建、宗教场所“五进”（政策法规进教堂，健康医疗进教堂，科普文化进教堂，扶持帮困进教堂，和谐创建进教堂）、基础信息采集、安全隐患巡查、矛盾纠纷排查化解、宗教法律政策宣传等方面的内容，开展“三人驻堂”业务辅导，“三人驻堂小组”确定由一名组长和两名组员组成，组长以统战委员为主，组员由街道驻社区干部及村社区主要领导担任，负责安全检查、信息上报、教育引导、活动监管。培训要求网格员掌握日常宗教工作应知应会，为依法管理宗教事务奠定基础。

【宗教政策法规学习月】2020年9月12日，由区民宗局主办，西兴街道党工委、办事处承办，区基督教协会、区基督教三自爱国运动委员会、协同福音堂协办的2020年“宗教政策法规学习月”启动仪式在协同福音堂举行。区基督教协会会长，各基督教会负责人、宗教教职人员，街道、社区统战干部等30多人出席。会议要求宗教界把握学习月活动的主要内容，开展形式多样的宣传活动，建立健全学习制度，把学习贯彻宗教政策法规的要求，落实到宗教界讲经布道和日常管理中，自觉用法律法规和各项规章制度，规范宗教团体自身建设和宗教活动的各方面，学法守法用法。学习月中，共组织500多名街道、社区党员干部、统战干部、宗教教职人员集中学习宗教政策法规。

【宗教工作领导小组工作会议】2020年12月21日，滨江区举行宗教领导小组会议，区委常委、统战部部长杨晓峰、副区长陶峰，区领导小组成员单位负责人参加。区民宗局、公安滨江分局、西兴街道、长河街道、浦沿街道汇报年度重点工作及宗教领域冬春季疫情防控准备工作。会议要求学习贯彻中共十九届五中全会精神，加强宗教工作领导，做好防风险、强法治、夯基础、抓巩固、建机制、重引导、推转型7个方面工作。要按照冬春季疫情防控要求，明确落实防控主体责任，做好“五个”规范，发挥网格作用，加强指导检查、驻点巡查，确保平安有序。

【“双百村结对行动”公益帮扶项目】2020年9月19日，区委统战部“双百村结对行动”暨

2020年9月12日，滨江区“宗教政策法规学习月”启动仪式在福音堂举行
（区委统战部　供图）

“滨滨有礼·景宁郑坑行”签约仪式在浙江景宁郑坑乡举行。省、市、区民宗负责人，郑坑乡党委书记熊焕，字节跳动（浙江）科技有限公司（抖音）负责人桂国栋，景宁籍、省青年书法家协会副主席袁卫民，景宁籍网络作家牛凳等参加。座谈会上举行帮扶资金交接仪式，并进行工作沟通。活动聚焦“助农、助医、助学”，引导公益组织、互联网企业参与“双百村结对行动”，打造公益帮扶助力民族乡村振兴的“滨江样本”，组织字节跳动（浙江）科技有限公司、观澜网络（杭州）有限公司、中国正能量网红·同心荟等单位负责人走进景宁畲乡，签订公益项目合作协议并开展实地走访，4个公益帮扶项目落地景宁畲族自治县。

2020年滨江区在景宁县的4个公益帮扶项目

表47

序号	项目主体	项目名称	项目内容
1	字节跳动（浙江）科技有限公司	“寻味家乡·直播助农”活动	项目将景宁畲族县纳入抖音浙江“我的家乡”系列活动矩阵，通过举办“寻味家乡·直播助农”系列活动，帮扶景宁县开展直播助农活动，将当地特色农产品纳入供应链体系，向合作客户推荐
2	观澜网络（杭州）有限公司	丁香园基层医生赋能计划	项目通过丁香公益学院、丁香妈妈大学等网络平台，面向景宁医疗机构医生，免费提供老年、儿童、妇女等群体常见病的诊断与治疗在线课程及“用药助手”软件的使用权益，为当地适龄女性提供完善的孕产育期科普知识。整合丁香人才全媒体矩阵，为景宁县搭建“滨滨有礼·景宁行”专场医务人员网络招聘会
3	《中国钢笔书法》杂志社	“纠正双姿近视防控”教师公益培训项目	项目通过《中国钢笔书法》杂志社组建优秀专家队伍，计划为景宁畲族自治县小学教师开展公益培训，由《中国钢笔书法》杂志组织师资对县城6所小学一年级语文教师开展培训，并逐步扩大培训范围
4	牛凳文学工作室	“用一支笔，撬动梦想”公益送课项目	项目组织邀请网络作家到景宁开展文学公益课，每学期在景宁县中小学生推广阅读与写作启蒙教学，培养学生的阅读兴趣，建立阅读习惯，用一支笔撬动梦想

【精准扶贫】 2020年11月23—24日，区委统战部一行10多人到湖北省恩施土家族苗族自治州建始县，调研对接东西部扶贫协作工作，向建始县捐赠5万元。在座谈会上，滨江区委统战部与建始县委统战部聚焦开展扶贫攻坚工作，就引导统战成员参与社会治理，提高统一战线成员综合素质等方面开展探讨。整合资源，带动企业参与该次“东西部扶贫协作图书捐赠仪式”。其中：祖名豆制品股份有限公司“东西部扶贫协作图书捐赠仪式”在建始县长梁镇广龙中心小学举行，捐赠3万元图书；杭州滨和环境建设集团有限公司“东西部扶贫协作图书捐赠仪式”在建始县三里乡民族初级中学举行，捐赠3万元图书。（徐哲宇）

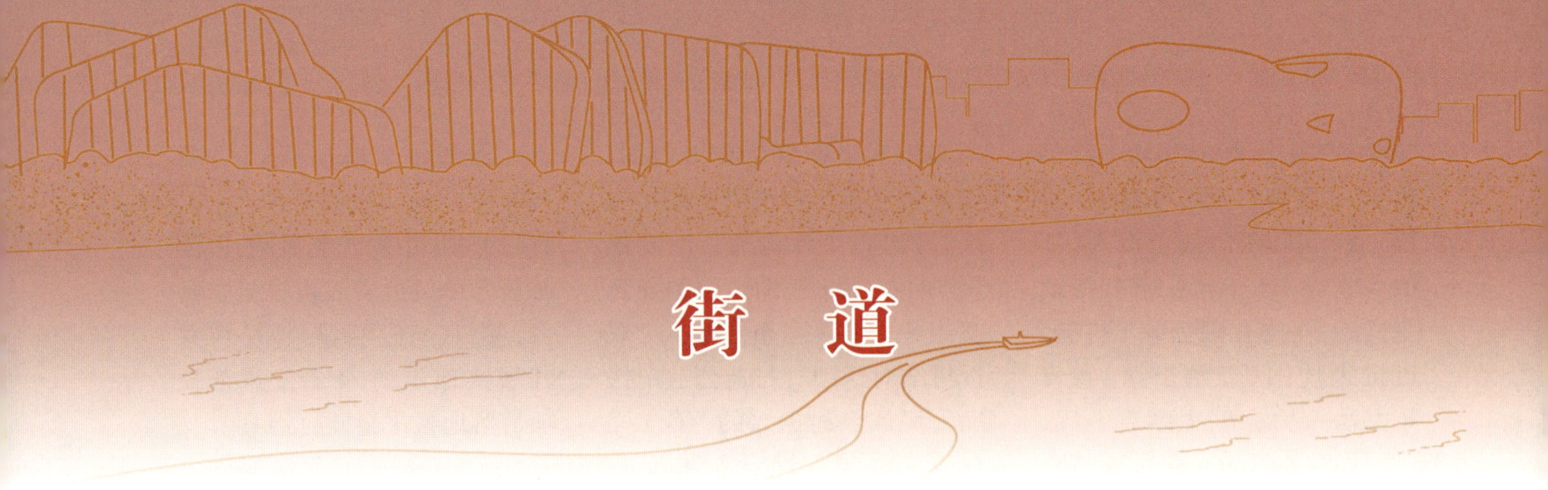

街　道

西兴街道

【概况】 西兴街道位于西兴大桥以南，地处滨江区东大门，东邻萧山区，西接长河街道，南为白马湖，北临钱塘江，是滨江区行政中心所在地。总面积14.95平方千米，辖社区17个，其中原撤村建居社区8个、城市社区9个，划分网格102个。2020年，街道常住人口200544人，包括户籍人口89649人，出生1840人，死亡231人。

2020年，街道财政总收入8.85亿元，其中地方财政收入5.03亿元。全年工业总产值14.39亿元，比上年增长10.1%；工业销售产值15.03亿元，增长5.2%；利润总额11.14亿元，下降4.9%；实缴税金12.22亿元，增长38.2%；营业收入237.15亿元，增长2.6%；出口交货值14.29亿元，增长6.2%。

至2020年底，街道辖区工商注册各类市场主体14641家（包括物联网产业园区域）。被纳入街道管理的企业有4401家，辖区楼宇（园区）71个，楼宇企业2680家，包括重点企业310家，其中高新技术企业151家，有101家高新技术企业被认定为国家级。2020年，盛大科技园、新大集团交付使用，春风纺织二期、凡天制衣、中诚塑料3个项目年底即将完成结顶，兴耀自动化控制产业研发生产基地和兴耀自动化控制孵化企业园2个项目开工建设。浙江万朋教育科技股份有限公司从江北全部入驻西兴工业园。结合工业园区老旧厂房提升改造工程，街道加快传统企业转型升级，引入杭州泰格医药科技股份有限公司、中科院国家技术转移中心等优质企业入驻西兴工业园区。

2020年，街道耕地总面积148公顷，包括围垦可耕地面积120公顷，“五万二千亩”围垦10公顷，顺坝围垦18公顷。种植小麦25.33公顷，早晚稻67.4公顷，复种蔬菜67.73公顷，小麦产量9.5万千克，早晚稻产量45.5万千克，兑现种粮补助资金31.42万元。根据上级疫情防控期间农产品稳产保供政策，给予街道种植小麦、蔬菜、水产养殖面积1.33公顷以上的9户种植大户补助资金26.39万元。

为应对新冠肺炎疫情，西兴街道召回全部工作人员，成立疫情防控指挥部，抽调3个批次100多名街道工作人员到社区全面加强疫情防控工作，设置西兴街道爱心驿站、2处集中隔离点，对康庭酒店不符合防控规范问题连夜组织联合执法。做好数据核查、集中隔离工作。西兴街道社区卫生服务中心、滨和社区被评为杭州市抗击新冠肺炎疫情先进集体；协同社区第一书记杨国庆、官河社区党总支书记凌云琴2人被评为杭州市抗击新冠肺炎疫情先进个人；滨和社区党支部书记王晓芳、奥体社区党支部书记郭艳捷2人被授予“杭州市优秀共产党员”称号。

2020年，街道实现“地长制”管理全覆盖，全年纳入“地长制”管理地块32宗，面积94.13公顷。完成中心单元B1/B2-50、中心单元B1/

B2-49等22个收储地块做地工作。排查疑似危房5幢，对3幢D级危房进行排危处置，其中加固维修2幢，拆除改造1幢。北塘路、固陵路、钟鼓巷道路建设工程通过验收，开放通车。分2批对缤纷小区、缤纷西苑、滨安小区、缤纷北苑、滨康小区、白鹤苑6个小区的保笼全部拆除，共拆除5094户、1.2万只。同步推进“三合一”改造，缤纷小区65个单元在全市率先实现加装电梯全覆盖；全省首家加装电梯维保4S店在缤纷小区设立。至年底，实际完成243台加装电梯签约，完工224台，交付使用150台。在“腾退、整合、整治”基础上，组织拆除马湖社区临时过渡房12幢222间，以及共联社区江陵路2幢过渡房21间。全年完成回迁安置100套，100%完成年度任务。完成康悦香庄小区交房，及时完成省棚改数据录入（涉及7个社区，3个回迁安置小区917套征迁安置信息）。推进村级三产项目建设，继襄七房星澜里、马湖海威视界交付使用之后，共联社区自主开发项目9月初结顶。帮助协调解决协同社区自主开发三产项目建设问题，助推项目复工及工程进度。建成启用白鹤苑农贸市场。建成15万平方米的全国首个劳模工匠休闲绿地。

2020年，举办招聘会4场，新增就业岗位7578个，发布用工信息1742家次，职业介绍人数621人，为256名大学生提供就业创业服务，帮扶967名就业困难人员实现再就业；高技能培训151人，网络创业培训59人，发放创业担保贷款1730万元，辖区劳动率资源调查率100%，失业人员服务后就业率100%；30%以上的社区创建高质量就业社区。社会保险全民参保登记率100%，全民医保参保率99%以上，全面完成上级部门下达的基本医疗保险参保率。至年底，纳入社会化管理企业退休人员12105人，全年报销服务经费3300万元，服务57992人次。劳动保障书面审查1595家单位、79750多人。组织辖区专项检查4次，检查用人单位105家、4869人，处理“110”应急联动305件，处理欠薪案件907件，为劳动者追回款项1019万元，结案率100%。开展食品安全检查500家次，规范餐饮店28家，关停违规餐饮店1家。

全年帮扶低保户78户95人、低边户20户53人、特困户1户1人，发放帮扶救助资金122.68万元。开展第二十次春风行动，募集捐款40.61万元。开展春风行动送温暖、送清凉88户，发放救助金31.88万元；开展春风助学6户，发放救助金2.8万元；日常慈善救助34户，发放慈善救助款20.59万元。全年开展居家养老“一对一”志愿服务512人，完成居家养老服务上门评估140人次。为1383名高龄老人发放高龄津贴94.17万元，对1360名高龄老人开展重阳节慰问，发放慰问金72.59万元。

2020年，新州社区、星民社区、丹枫社区、官河社区等建设完成退役军人服务站。全年为202名优抚对象发放优抚金179.57万元，为8名义务兵家庭发放优待金26.43万元，为436名企业移交社会化管理的复退军人发放慰问金19.26万元。对辖区内907名残疾人发放残疾津贴补助54.43万元；对69名残疾车主发放燃油贴补助6.57万元；对56名困难残疾人发放困难补贴24.21万元；对399名卧瘫在床残疾人发放护理补贴102.6万元。

西兴街道社会矛盾纠纷调处化解中心启用。平安建设体验馆开馆，被杭州市关工委授予“杭州市关心下一代教育基地”。首次确定并发布西兴形象宣传片和视觉识别系统。开展“遇见西兴·遇见美”摄影比赛。召开首届西兴街道新乡贤大会，成立西兴街道新乡贤联谊会。

2020年，西兴街道被工业和信息化部授予“2020智慧健康养老产业第四批应用试点示范街道（乡镇）”称号，入选第二批浙江省“千年古镇（古村落）”地名文化遗产名单，通过食品安全三星级示范街道评审。街道档案室获评省级“示范数字档案室”。以“数字信用社为抓手，推动社区责任共同体建设”实验任务获评省民政厅第三批省级城乡社区治理和居民信用体系服务创新实验区。奥体社区春江彼岸公寓、官河社区官河锦庭、金东方社区铂金时代公寓3个商品房小区和襄七房社区康悦香庄1个保障房小区被评为杭州市2020年“美好家园”住宅小区。星耀城板块城市管理创建作为市级“一区县一品牌”试点，通过无违建街道创建预验收。1名干部入选杭州市担当作为好干部，街道在全市乡镇（街道）工作交流做典型交流发言。官河社区女保安龙春玉跳河救人事迹被“人民日报”官微、新华社、“浙江新闻”等各大媒体转发，龙春玉入选“杭州好人榜”，被杭州市见义勇为基金会授予“杭州市见义勇为积极分子”称号。

【城市管理建设提升】 2020年，西兴街道围绕“办好一个会、提升一座城”的目标，按照亚运会时间表、路线图，全面提升城市管理水平，加快建设“无街不美景、无处不精细”的宜居街道。出台街道“美丽杭州”长效管理行动实施方案，运用“12345”工作法，即一个领导小组、两个评比榜单、三张处置图表、四类处置机制、五项职责清单，用好序化员，做好环境卫生、设施养护、街面序化、园林绿化、交通秩序等工作。提高积案认定标准，将每天16时30分后至次日8时整接到的交办单全部划为积案，加急处理，提升及时处置率一倍以上。扩大问题周边检查范围，即查即改，交办事项退回率整体下降15%。至年底，处理完成各类交办事项超2.2万件。于2020年7月、10月、11月、12月4次进入全市“美丽杭州”创建暨“‘迎亚运’城市环境大整治、城市面貌大提升”专项行动街道（乡镇）优胜榜，成为全市仅有的2个连续3个月优胜的乡镇（街道）之一。

【3个小区获“滨江区2020年度垃圾分类金榜小区”称号】 2020年，西兴街道全面推进垃圾分类工作。制定制度，确立“四个三”的总方针，即紧抓城市小区、安置小区、集镇老小区“三类对象”，紧盯家庭分类、投放分类、运输分类“三大环节”，健全劝导、检查、考核为一体的全环节“三大体系”，确保人财物“三大保障”。制定《垃圾分类社工工作职责》《垃圾分类志愿者工作职责》《垃圾分类物业工作职责》3份“职责清单”，明确分工责任。建立第三方检查机制，每日通报问题，各小区即查即改；建立监督考核、巡查、协商机制，将垃圾分类工作纳入社区三方议事内容、小区管理考核。日均有580名志愿者投身垃圾分类工作。结合智慧社区建设，将各社区垃圾投放点监控接入“四个平台”，实时监控点位投放情况，每周召开例会，每月通报小区排名，建立巡查反馈微信群，分析解决问题和困难。52个小区全部实现定时定点投放，垃圾分类准确率稳定在85%～95%，日均垃圾量减至180吨，比区定指标减量17.4%。更新硬件设施，改造完成投放点位186个，新建和改造垃圾房（集置点）22个，更新四色桶7000多个，更新标志标识4万多个，建设街道再生资源分拣中心。制定“一小区一方案”。通过各社区间互学互助，提升15个安置小区垃圾分类意识和管理理念。发放宣传资料17万余份，悬挂横幅300多条，发送短信15万余条。居民《垃圾分类承诺书》签订率99%以上。提高垃圾分类投放标准与正确率，撤除小区垃圾投放点位830个，对沿街商铺及道路撤桶，减少沿线垃圾桶670只，实现垃圾投放与点位管理集约化。保障疫情防控与复工复产，服务小区隔离人员，为坚守一线的垃圾分类志愿者、督导员发放口罩、手套、雨衣等防疫物资5万余份，保障疫情防控与居民日常生活垃圾分类投放需求。在滨江区首次公布的垃圾分类金榜小区名单中，西兴街道七甲闸社区缤纷东苑，官河社区玲珑府、东方花城3个小区获“滨江区2020年度垃圾分类金榜小区”称号。

【西兴街道社区换届选举完成】 2020年3月，西兴街道调整17个社区组织换届人员，3次分批到岗到位，新提任社区书记10人。10月14日动员部署启动后，组织实施，注重程序细节，对选情特别复杂社区保持每日研判，及时果断处置打击3起干扰破坏选举行为。11月14日，17个社区党组织换届选举工作完成；12月15日，17个社区居委会换届选举均一次性足额当选；12月底，8个股经社换届选举工作完成。社区党员履行党员义务，行使党员权利，17个社区党员平均参选率95.73%。社区党组织换届选举产生的17名书记中，有3人年龄在35周岁以下，占比18%。社区党组织班子平均年龄为35.58岁，比上届年轻3.36岁。社区党组织换届选举候选人一次当选成功率100%，其中4名社区书记满票当选，书记人选平均得票率94.88%，主任平均得票率91.76%。8个股经社董事长均不再由社区书记兼任，实现股社分离。

【新安置小区康悦香庄交房】2020年4月7日，西兴街道新安置小区康悦香庄交房。小区位于滨江区南环路以北，江淑路以西，由7幢22～25层高层住宅、2幢2～3层社区配套用房及2层地下室组成，总建筑面积约10万平方米，有住宅627套，住宅总面积5.34万平方米，是集园林化、精细化、品牌化特色为一体的高品质人居环境安置小区，由高新物业提供物业管理服务，主要用于安置襄七房和庙后王2个社区拆迁户。通过5个批次安置分配，完成襄七房和庙后王2个社区安置清零。交房后，西兴街道安置清零社区有6个，占总数的75%。

【"智慧襄庄"社区微脑建设】2020年4月，西兴街道按照市委市政府关于打造"全国数字治理第一城"和区委、区政府关于打造"数字经济和数字应用双强示范区"的决策部署，与广脉科技股份有限公司合作，在襄七房社区康悦香庄小区试点建设首个社区微脑——"智慧襄庄"。7月，"智慧襄庄"社区驾驶舱试运行，通过人脸感知、梯控、高空抛物等智能感知设备，贯通常住人口、流动人口、四个平台、民生服务、妇联等数据形成原始数据池，实现居民信息标签化、社区管理动态化。8月17日，面向居民的"乘客端"微信小程序"小襄在线"上线，为辖区居民提供更为便捷的政务服务、物业服务、邻里互助交流、志愿者服务、文体活动等在线服务，实现"居民找上门"为"主动送上门"。9月，"智慧襄庄"作为全市唯一的社区级数字驾驶舱参加全市城市大脑专班例会，做分享交流。

2020年4月7日，新安置小区康悦香庄交房

（西兴街道　供图）

【6个安置小区完成拆除保笼任务】2020年4月，西兴街道成立指挥部，实施安置小区保笼拆除工作。街道联社领导牵头，在每个小区组建1个指挥部，每个指挥部下设多个工作小组，按照"分片负责、按幢包干、责任到人、统筹推进"原则，实行"每天一例会、每日一报表"，逐户研判，整幢推进。借助第三方丈量测绘评估单位力量，负责保笼丈量工作，各丈量小组统一标准、阳光操作、合理分工、相互合作，统筹推进。街道、社区党员干部通过反复上门走访或电话微信进行政策解读，倾听诉求，送衣架到户、安装安全锁、包幢巡查，全面做好拆除保笼及有关后续服务工作。7月，西兴街道滨安、缤纷、缤纷西苑第一批3个安置小区全面完成保笼拆除工作，计清零

74个楼幢，拆除保笼1993户、6.97万平方米。9月8日，完成第二批3个安置小区3101户保笼拆除任务，其中滨康小区922户、白鹤苑小区670户、缤纷北苑1509户。全年西兴街道历时5个月完成2批6个安置小区拆除保笼任务，共拆除保笼5094户。

【西兴街道企业定制公交专线开通运营】 2020年4—10月，西兴街道为落实安商稳商工作，方便企业员工与辖区居民通勤出行，联合数知梦·公交云公司，通过“公交云”公共出行服务平台开辟7条公交线路。1条以地铁1号线江陵路地铁站为起始点，服务寰宇商务中心、寰宇天下小区、丹枫实验小学的接驳线。4条以中财大厦为起始点，向下沙、城西、浦沿、萧山4个方向辐射的企业定制专线，服务企业100多家和员工2.5万人次。在物联网小镇周边新开通1条“接驳线+社会型班车”双场景线路，为小镇内400多家企业提供“长线接驳”+“最后一公里”的接驳服务；并推出西兴工业园1号线、2号线，为到工业园区企业工作的员工接驳地铁1号线、4号线、5号线通勤，实现辖区南北定制公交线路全覆盖。推出首条民生就医公交专线——“西兴民生就医一号线”，基于大数据分析，快速规划出“几”字形线路，避开早高峰滨安路堵点，挖掘滨和路、滨兴路周边潜在客流，串联起新州花苑、迎春北苑、迎春小区、滨康路地铁站、江陵路地铁站和西兴街道社区卫生服务中心、武警杭州医院等停靠站点，方便地铁1号线、5号线周边社区居民就医出行，专线票价1元，可用微信搜索小程序“公共出行服务平台”线上购票，也支持线下直接购票乘坐，试运营期间享1分钱购票乘车，老年卡用户免费乘车。

【既有住宅加装电梯工作推进】 2020年6月5日，西兴街道星民社区缤纷小区65个单元实现加装电梯全覆盖，成为全省首个结合老旧小区提升改造工作加梯全覆盖小区，杭州电视台连续3期跟踪报道。8月5日，缤纷小区65台加装电梯全部吊装完成。11月，西兴社区滨安小区26个单元实现加装电梯全覆盖。至年底，辖区所有安置小区同步进行老旧小区改造和电梯加装工作，实际完成243台加梯签约，完工224台，交付使用150台。12月16日，滨江区既有住宅加装电梯售后服务中心（西兴站）在缤纷小区挂牌成立，成为全省首家小区加装电梯售后服务中心。中心执行24小时监管制度，电梯维保服务覆盖缤纷小区、缤纷西苑和缤纷北苑3个小区，解决加装电梯的后续服务。

【全国首个劳模工匠休闲绿地在西兴街道浙赣铁路沿线启用】 2020年9月26日，西兴街道在浙赣铁路沿线启用全国首个劳模工匠休闲绿地。街道以浙赣铁路西兴段沿线环境专项整治行动和“美丽杭州”建设工作为契机，投入800万元用于专项整治，清零铁路部门下达的浙赣铁路沿线西兴段9处整治任务，拆除围墙2400平方米，清理绿化垃圾3600多立方米，平整场地及复绿8.5万平方米，开辟出面积15万平方米、21个足球场大的铁路沿线休闲绿地。在休闲绿地上设置“匠”字景观石和可供休憩的桌椅，以展板形式陈列辖区内16位劳模工匠的先进事迹，致敬劳模工匠，弘扬劳模工匠精神。

【省级城乡社区治理和服务创新实验区项目获批】 2020年10月19日，西兴街道“以数字信用社为抓手，推动社区责任共同体建设”实验任务获批省民政厅第三批省级城乡社区治理和服务创新实验区，成为全区唯一入选项目。项目实验时间从2020年11月至2022年11月，为期2年。西兴街道党工委、办事处成立专班，制定“两年三步走”的统筹规划，扩大信用惠民力度和广度，打造“信用+服务”工程。以“信用停”特色场景为切入口，整合街道内停车场资源，深挖街道内潜在公共设施，盘活未被利用的停车场所。以“行车停车信用分”为基础，在辖区内各个应用场景推广文明信用分，全面构建起正面引导和负面劝诫相结合的联动机制，建设“以居民信用体系助推基层治理能力提升”的街道样板。

【西兴街道首届新乡贤大会】2020年12月26日，首届西兴街道新乡贤大会在滨江物联网小镇举行。全国各地的西兴籍乡贤、对西兴经济社会发展有突出贡献的新乡贤及市区街相关领导近150人参加。会上成立西兴街道新乡贤联谊会，宣布首届新乡贤联谊会理事名单。大会选举产生以杭州兴耀控股集团董事长黄耀坤为会长的西兴街道新乡贤联谊会第一届理事会，詹黎耕当选新乡贤联谊会秘书长。

【街道商会理事会换届完成】2020年12月30日，西兴街道召开西兴商会第五届会员大会，会议听取街道商会第四届理事会工作报告，选举产生街道商会第五届理事会会长、副会长、秘书长、副秘书长。杭州万轮科技创业中心有限公司董事长方树强当选会长。西兴商会搭建政企互动平台，拓展商会服务机制，在民营企业转型升级、园区提升改造、疫情防控、安商稳商等方面做出贡献。（陈俊谕）

长河街道

【概况】长河街道地处钱塘江南岸，滨江区中部，东临西兴街道，西临浦沿街道，南临萧山区湘湖景区和闻堰街道，北靠钱塘江，隔江与杭州老城区相望。根据全国第三次土地普查，区域面积为30.47平方千米。2020年，街道有社区20个（含新筹建越王社区），其中撤村建居社区8个、城市社区11个（含竹山社区）、新筹建社区1个。全街道总户数26652户，常住总人口205691人，其中户籍人口92797人；男性45851人，女性46946人，外来暂住流动人口112894人。全街道新出生婴儿1169人。

2020年，长河街道实现财政收入12.21亿元，比上年增长25.9%，其中一般公共预算收入6.73亿元，增长31.6%，占财政总收入的55.1%。全街道人均收入4.86万元，增长14.3 %。街道建立撤村建居社区股社分离工作领导小组，研究制订街道股社分离工作实施方案，落实社区居委会“居账街审”“居账街管”“会计出纳双代理”制度。全面完成社区股社分离工作。受新冠病毒疫情影响，街道成立复工复产专班，85家街属企业100%开工复产，全年实现企业营业收入378.52亿元，增长35.7%；实缴税金12.21亿元，增长25.9%；实现利润10.44亿元，增长4.5%。全年固定资产投资项目13个，完成投资38.5亿元。华业科技园被认定为全区首家浙江省五星级小微企业园。建立“走亲连心三服务”和“亲清三访”服务机制，走访辖区200多家重点企业，举办2期“快乐创业、政企同行”对话会。

街道有围垦土地188.6公顷，其中街道集体围垦面积105公顷、社区围垦面积83.6公顷。街道、社区围垦土地均以承包为主，承包给经营户种植苗木、蔬菜、水稻及水产养殖等，全年总产值6000万元。

新冠肺炎疫情期间，街道成立疫情防控指挥部，辖区确诊和疑似病例“零”记录，全街道隔离5906户（点）10082人，解除隔离率100%。在抗击新冠肺炎的战斗中，街道1名干部被 评为省级条线工作成绩突出个人，1名干部被评为市级抗击新冠肺炎疫情先进个人。

长河南片张家村、汤家井、塘子堰、傅家峙4个社区在保留股份经济合作社的前提下，完成撤并，新筹建越王社区。36名社工、297名党员全面完成分流，为全区基层治理格局创新做出有益的探索。为892名老年人提供政府购买居家养老服务；为1796名80周岁以上老年人发放高龄津贴111.65万元；继续做好70周岁以上独居空巢、高龄、老人申请老年手机工作，总计为1476名老人提供多元智慧服务；发放街道、社区照料中心运营经费及老年就餐补助150.21万元；“敬老节”慰问，共发放市、区、街慰问金54.83万元，护理补贴53.82万元。发放低保、低边家庭生活补助金188.9万元，特困人员补助金2.2万元，困境儿童基本生活费26.6万元，对232

户困难家庭发放春风行动慰问金56.37万元。街道建立街道、社区退役军人服务站，做好全街道退役军人服务工作，全年对街道49名优抚对象发放定抚定补金130.18万元；对企业移交社会化管理的501名复退军人发放慰问金12.18万元；发放义务兵家庭优待金29.74万元；发放农村籍退役士兵老年生活补助金61.35万元。全年共发放残疾人津贴75.62万元；残疾车燃油补贴9.51万元；残疾人困难补贴47.4万元；护理补贴141.55万元；残疾人养老保险补贴54.5万元；残疾人家庭高温慰问金6万元。为672户残疾人家庭开展“数字电视和宽带”免费安装活动。街道全年共建81支志愿者队伍，参加13145人次，开展志愿活动37场；发放宣传资料2万余份，发送文明倡议短信36万余条；安装和更换破损的花草牌100多块；发放文明餐贴、电梯贴、楼道贴、禁毒标志等2万余张；全年清理卫生死角1307处，清运垃圾4615吨；清除“牛皮癣”3600处。

在半岛国际小区试点上线全省首个智慧管网系统，高新治水模式得到市领导的肯定，在长河召开全市治水现场会。长河街道入选杭州市“五水共治”（河长制）“二十佳”治水镇街。白马湖片区获评省级美丽河湖片区、长河街道获评市级首批乐水小镇，傅家峙等6个社区获评市级首批水美乡村。在江虹小区试点智慧电梯，在长江西苑试点安装智慧防控系统；在春波居家养老服务中心智慧食堂试点刷脸用餐，春波食堂成为“网红餐厅”；“闻涛微脑”上线。江虹小区、冠山小区、长虹苑环境综合整治提升工程全面完工；新建、提升改造垃圾房36个，新建标准化回收点30个，改造投放点190个，3500平方米再生资源分拣中心建成，投入运营。“智安小区”建设全面完成。全年开展环境整治处理数字城管案卷22658件，其中历史遗留件处理638件、数字城管22020件；“绿化专项”“路面保洁”“专项行动”“行走杭州”等问题督查2980件，“绿眼睛”45件。街道分2个区片、13个区块落实200多人进行序化管理，专门处理数字城管案件。探索推进“未来街区”建设，以5.5平方千米的街区为试点，推行九大场景数字化建设，街道先行建设的“吃、行、健、创”4个场景先后落地，龙湖天街——浙江大学医学院附属第二医院滨江院区周边、浙江大学医学院附属儿童医院及互联网园区交通综合治理取得明显成效；“数字菜场”改造完成；“数字健身”接入多类辖区健身场所，配套小程序上线。街道食安办高标准通过全省首批四星级食安办达标验收、冠山农贸市场开业运营、长一农贸市场完成提升改造、江南豪园农贸市场完成“五化”及放心农贸市场建设。推动群众体育锻炼，投入资金62.84万元，采购健身点器材263件。其中新建江三社区和天官社区2个点，更新钱潮社区、江汉社区等19个点，维修中兴社区等4个健身点的设施。

杭高新工业2号地块、零跑科技项目、杭高新工业3号地块、北航二期等7个重点产业项目实现完整交地；“停摆”16年之久的东冠路遗留项目启动，长一段47户农户全面完成腾房拆迁；江南大道沿线烂尾三产项目处置，博风项目进入破产程序，华洲项目拍卖成功，4000多万元拖欠租金已经入账；长河工业园区一期全面完成丈量；长一社区棉场23户农户全部腾房拆除。安置小区商铺首次公开招租，3批共615间商铺完成招租。完成滨康路过渡房区块、江三新农村过渡房区块1271间过渡房的清腾、整改、提升工作。5个小区共拆除保笼5953套，其中冠山小区成为全区首个纯高层保笼拆除清零小区。全年加装电梯签约248台，投入运行226台，投入资金1.1亿元。推进选房安置工作，全年安置1006套，面积10.23万平方米。至年底，长河辖区共有18个安置小区，累计安置17400套，入住人口6.5万人。

街道强化“大综治”理念，把平安建设、维护社会政治稳定放在首位。企事业单位共同签订综治、信访目标责任书82份，签订综治目标管理责任书280份。街道调委会累计调处矛盾纠纷682起，调解成功率99.2%，协议涉及金额968.17万元。受理和接待劳动投诉1363起，“110”联动140起，累计追讨工资、经济补偿金等448万元；街道禁毒办围绕“健康人生、无毒家园”，开展“六进”禁毒教育宣传活动16次，摆放禁毒展板160块每次，展示毒品仿真样品16套每次，悬挂横幅56块，张贴海报1500多张，发放禁毒宣传单9000份，发送禁毒宣传短信10万余条，社区戒毒（康复）35人；街道在册邪教人员12人，通过教育完成杭州市邪教问题重点整治地区摘牌工作。

街道联系对接贵州省黔东南苗族侗族自治州丹寨县排调镇、麻江县坝芒乡、湖北省恩施土家族苗族自治州建始县高坪镇3个结对帮扶地区，拨付对口帮扶资金300万元；12个社区和4家企业结对16个深度贫困村，拨付帮扶资金123万元。

【消防整治】 2020年，长河街道利用网格平台，加大消防工作力度，依托社区网格员、社区消防工作站、出租房旅馆式管理总台等力量，实行24小时滚动排查机制，排查出租房12778户、商铺2927家、企业3120家，其中存在安全隐患1521家、现场整改956家，其余全部发放整改通知书；排查煤气瓶2032个，收缴违规煤气瓶268个，统一由燃气公司集中处理。至年底，全年出动5200人次参与大排查大整治行动。火警171起，比上年上升2.4%；火灾17起，增长30.8%；直接财产损失37183元，下降59.2%。未发生人身伤亡和重大财产损失事件。

【“建最美长河、迎精彩亚运”系列文体活动】 2020年，长河街道开展以“建最美长河、迎精彩亚运”为主题的系列文体活动。活动项目包括第十九届“长河杯”杭州市老年人象棋比赛、迎新年柔力球交流活动、“打造最强街道、建设最美长河”新春文艺演出、“金鼠送福”写春联送祝福活动、“幸福像花儿一样”主题插花活动、第二十一届新年登高祈福活动、“‘乒’出精彩、‘乓’出未来”乒乓球比赛、国民体质监测，拔河比赛等18项。至年底，参与群众2000多人。

【江汉社区成功创建浙江省无障碍社区】 2020年1月6日，长河街道江汉社区被省残工委评为“浙江省无障碍社区”。江汉社区从2018年启动省级无障碍社区创建，历经1年多精细化标准化改造施工。创建工作覆盖辖区道路、小区、幼儿园、卫生站、商圈等各类区域，共改造道路1800米，新建缘石坡道20多个，新增轮椅席位、停车处12处，公共服务机构、公共场所提升改造18处，加装扶手及其他设施84处，建成无障碍公共卫生间7个，实施残疾人家庭无障碍改造2户，发放宣传册2000多份。工作成果被浙江卫视、“学习强国”等媒体平台报道推广。

【全区首个省级四星级食安办】 2020年9月，长河街道成功创建全区首个省级四星级食品安全办公室。街道建立“一办三员”食品安全管理网格体系，组建街道食品安全监督协会小队，搭建共治平台，吸纳企业及社会力量，通过线上线下教育培训，提升队伍专业化程度和综合业务素质。为辖区3个街属农贸市场和22个生活馆食品安全投保，将食品安全监管纳入市场监管平台，无缝接入街道数字驾驶舱。形成“上下统一、体系完整、规范有序、智慧高效”的食品安全工作高新样板。

【长河街道社区换届选举完成】 2020年9月10日，长河街道举行社区换届选举，成立换届选举工作领导小组，召开社区组织换届选举工作会议，成立3个考核小组，对社区280多名工作人员进行全方位的考核谈话，研究提出各社区包含“一肩挑”人选在内的初步人选方案。全街道19个社区共设投票站点535个，共计选民64882人，参选率94.56%。11月14日，完成党组织换届选举。12月15日，完成社区居民委员会换届选举。同月20日，完成股份经济合作社董事会、监事会换届选举。社区党组织、居委会、股份经济合作社全部一次性足额选举成功；社区干部队伍结构得到大幅优化，“一肩挑”人员平均年龄43.48周岁，比上届降低4.79岁；大专以上学历占100%，比上届提升9.09%；两委班子平均年龄38.18周岁，比上届降低2.3岁；大专以上学历占95.07%，比上届提升5.63%；女性占53.5%，党员占94.4%。

【“泼墨迎国庆、丹青绘长河”大型书画作品展】 2020年9月18日至10月18日，为庆祝中华人民共和国成立71周年，长河街道与长江书画院在长河街道文体中心举办“泼墨迎国庆、丹青绘长河”大型书画展。展览用书画的形式，展示长河在“打造最强街道，建设最美长河”中的风采。展览紧扣主题，发动广大书画爱好者，创作歌颂祖国和反映长河发展变化的书法、美术作品500多幅，作品形式多样，书法涉及正、草、隶、篆各体，绘画涉及国画、油画、水粉、剪纸等。展览期间，300多名书画爱好者和市民群众观看书画作品。

【全市首个街道“亲清驾驶舱”上线】 2020年9月27日，长河街道上线全市首个街道“亲清驾驶舱”。长河街道“亲清在线”驾驶舱主要包含亲清大数据、数据沙盘等内容，用于展现街道内惠企政策的落地情况。亲清大数据包括“亲清服务”和“亲清监测”2个模块，可了解街道内政策执行、企业具体情况、行业认证情况和各项亲清指标，了解不同企业对亲清服务需求，为企业提供相应的政策支持和服务。在数据沙盘中，“亲清驾驶舱”将街道内的企业情况按照统一网格化方式管理，所属企业分布在116个网格中，实时展现网格中的企业总数、上市企业数、企业纳税额、亲清在线入库数等情况，及时触发“亲清三访”、网格服务等机制，做到精准服务。街道数字驾驶舱建设是数字化政务服务下沉到街道的重点工作。至年底，长河街道注册企业16644家，集聚中国互联网产业园、白马湖生态创意城两大平台及阿里巴巴集团、网易（杭州）网络有限公司等企业。

2020年12月15日，长河街道江一社区居委会换届选举投票现场

（区民政局　供图）

【长河街道社会矛盾纠纷调处化解中心启用】 2020年10月13日，长河街道社会矛盾纠纷调处化解中心启用。中心位于长江路18号长河街道办事处旁，设有信访超市、调解室和微法庭。主要负责基层信访和矛盾纠纷调处化解，基层社会处理事件处置，基层社会风险研判。矛盾纠纷调处化解中心整合司法、信访、公安、城管、市场监管等资源入驻，以“基层治理四平台”为支撑，为群众提供来访接待、矛盾纠纷调解、信访代办等服务，是推进“一站式联合接访、一揽子调处解决、一条龙服务群众”工作模式的实践，实现“只进一扇门、最多跑一地”。

【华业科技园获评省五星级小微企业园】 2020年11月，省经济和信息化厅公布《2020年浙江省四星级五星级小微企业园名单》，华业科技园获评浙江省五星级小微企业园。五星级小微企业园重点考评亩均税收、产业特色、运营管理、企业培育、配套服务、安全生产、数字化园区建设及经济效益、社会效益、特色亮点等方面，全省12个园区被认定为浙江省五星级小微企业园。

华业科技园是杭州高新区（滨江）唯一一家省级五星级小微企业园。华业科技园创建于2002年，占地面积5.4公顷，建筑面积17万平方米。至年底，华业科技园有在册企业500多家，聚集信息技术、人工智能、大数据、文化创意等企业。培育上市公司4家、“新三板”挂牌企业6家、高新技术企业150家和“瞪羚企业”63家。

【中赢创谷大厦投入使用】 2020年11月26日，中赢创谷大厦竣工验收。中赢创谷大厦项目是杭州山一股份经济合作社（简称“山一经济合作社”）与杭州中赢建设集团有限公司（简称“中赢集团”）合作开发的留用地项目，位于滨江区滨兴路以北，江晖路以东，北塘河以南区块，总用地面积1.32公顷，容积率5.0，总建筑面积9.36万平方米，其中地上建筑面积6.59万平方米。项目由合作双方共同组建的项目公司——杭州中赢华恒置业有限公司开发建设，其中山一经济合作社占51%股份，中赢集团占49%股份，于2019年5月29日开工建设。项目建成后，山一经济合作社持有不低于地上总建筑面积（不含物业用房）51%的房产及不低于51%的地下建筑面积。至年底，大楼运行进入招租阶段。

【长河街道首届乡贤联谊会】 2020年11月29日，长河街道在白马湖建国饭店召开长河街道首届乡贤联谊会，各个领域的108名长河籍人士参加。大会的主题是“相聚长河、聚贤奋进”。乡贤联谊会通过乡贤联谊会章程、议事规则，审议通过乡贤联谊会理事选举办法，推选第一届理事。会上邀请抗美援朝老兵张木根、文化贤达傅水生、杭州艺福堂茶叶有限公司李晓军、海军政治部原副主任夏平做会议发言，中国医科大学校长来茂德、北京交通大学海滨学院院长章梓茂做视频采访发言。会议期间，代表们参观现代高新企业，现场观赏非遗传承项目——蓝印花布制作、民间剪纸、书画、搡年糕；品味菜包饺、糖煎饼等美食；参观长河乡贤馆。

【闻涛社区创建杭州市国际化示范社区】 2020年10月30日，经过自主申报、专家实地验收和社会公示，长河街道闻涛社区成功创建第五批杭州市国际化示范社区。闻涛社区将外籍居民服务窗口纳入“一滨办”，强化社区国际化服务阵地建设；定期走访交流外籍居民，回应外籍居民诉求，吸纳12名外籍居民加入“闻涛好心人”公益队伍，建立“悦伴成长”青少年中外教学互动机制，打造“闻涛微脑”精细化管理平台，整合社区各项数据，实现“多维收集、实时展示、快捷办事”；提升社工跨文化交流能力，英语四级社工比例60%，其中专业八级1名；持证上岗社工比例65%。

【长河街道商会第五次会员代表大会召开】 2020年12月5日，长河街道商会第五次会员大会召开，参加会议的商界代表共90人，街道工、青、妇等群团组织负责人参会。大会回顾第四届商会工作，选举新一届商会理事会。经全体会员选举，吴建荣当选长河街道第五届商会会长，华水芳、蒋和兴、吴忠福、徐春玲、李晓军、俞飞当选为副会长。

（傅庆龙　华浩泉）

浦沿街道

【概况】 浦沿街道地处滨江区西部，位于钱塘江大桥南岸，与六和塔隔江相望。2003年撤镇设街，总面积26.8平方千米。街道下辖社区22个，其中撤村建居社区9个、城市社区13个，设社区居委会22个。至年底，街道总人口231045人，包括户籍人口109903人。

2020年，街道实现规模以上工业总产值193.18亿元，比上年增长11.9%。街道全年财政总收入7.5亿元，其中地方一般公共预算收入4.51亿元。完成固定资产投资5.6亿元。邀请区发改局、区经信局等部门，为辖区企业开展产业政策培训会43次。完成854家企业房租补贴申请，补贴金额979.05万元。及时掌握企业流出（入）动态信息，成功挽留杭州原信科技有限公司、杭州友宝科技有限公司等76家企业。新注册企业2516家，率先完成全年目标（2350家），企业净流入445家。完成浦沿工业园区提升改造初步方案设计。加强对4个在建村级留用地开发项目建设指导。

新冠肺炎疫情以来，街道社区共排摸87066户241687人，管控人数13399人，其中居家观察12914人，集中隔离485人。落实异地回杭人员核酸检测10260人次，处理涉侨信息6600条，完成2个隔离酒店人员的保障、管控任务。服务企业复工复产，建立班子联企服务机制，细分联企走访任务，重点走访强优骨干企业及主要产业园区、楼宇255家，指导落实疫情防控措施，解决物资供给等实际问题71个。在东方通信园试点并在全区首推“e起战疫”小程序应用，率先开通“企业服务热线”，受理企业复工复产、政策咨询等事项。常态化开展“亲清三访”，走访企业1512家（次），帮助解决问题1129个。完成854家企业房租补贴申请。

全年分配安置房1403套，发放困难家庭补贴、救助金223万元，津补贴400多万元。新建5个集镇周边停车场，增加车位600多个。开发就业岗位5025个，实现失业人员就业1108人。为1300多户0～3岁家庭提供早教服务。老旧小区电梯加装进场施工61台，完成45台，安置房小区电梯加装“云梯”智能管控系统115个。6个安置、过渡房区块加装临时停车场雨棚、电瓶车充电桩。浦沿街道退役军人服务站创建省级退役军人服务站。彩虹、六和、东冠农贸市场创建省级放心市场。彩虹文体分中心室内健身房创建省级“百姓健身房”建设工程。

全年完成农户腾房81户，完成冠一傅家片25户征迁遗留问题，全年拆房1375户。完成集中丈量180处，35个项目（包括6个经营性地块、17个产业项目、12个政府投资项目）完整有效交地，实际交地61.7公顷。全年清理存量违建1368处，面积21.16万平方米。

推进街道社会矛盾纠纷调处化解中心建设，受理各类信访3480件，成功调处矛盾纠纷687起，其中通过“一码解纠纷”机制调处221件，领导包案化解疑难信访积案4件。建立全市首个大学生交通治理工作站，街道交通治理中心1个，社区交治站22个。消防安全整治排查企业1499家次，整治隐患问题1053处，2个市级挂牌整治点和6个区级挂牌整治点摘牌。

建成全区首个再生资源分拣中心，实现65个生活小区定时定点投放100%覆盖，完成32个小区集置点（垃圾房）、204个投放点位、51个回收网点改造升级。11月垃圾分类工作全市排名提升至第2名。完成市区两级“污水零直排”街道创建验收，整改验收排水单元213个（其中政府承担项目133个、自行整改项目80个，完成率100%）。整改“数字城管”抄告案卷9094件。外运、资源化处置建筑垃圾57万立方米，完成5个征迁区块、拆后地块覆绿25.33公顷、693处存量违建清理。8月被评为全市优胜街道。

浦沿街道团工委获杭州市疫情防控先进团委。街道微型消防工作站代表全区参加杭州市森林消防演练和竞赛获优胜奖。

【浦沿街道179个楼廊改造项目完成】 2020年，浦沿街道落实区民生实事项目“先锋滨·小区楼廊提升改造”计划，推进13个社区楼廊改造工程。3月起，街道根据前期摸排情况，确定楼廊改造方案，成立工作专班。各社区聚焦居民切身利益，根据居民生活需求，分析社区公共空间使用情况，合理规划楼廊区域，形成“一楼一策”的实施方案。6月，街道启动楼廊提升改造工程，广泛发动群众参与，及时解决相关问题。各社区因地制宜，合理安排区域设计，实地考察可行性，反复修改设计稿，展现各个楼廊的特色亮点，完成“一楼一品”的个性化定制。改造过程中，组织社区互学互比，以大比武促进各社区创新创优。至年底，完成179个楼廊提升改造工程。

【垃圾分类见成效】 2020年，浦沿街道建立以物业为主体，街道、社区指导优化，业委会及居民共建共治的工作体系，

新浦社区钱塘福苑小区 24 小时垃圾分类投放点

（浦沿街道　供图）

把垃圾分类工作要求细化到单元、具体到“格”、落实到人。街道垃圾分类办优化指导各社区、企业“督导员、专管员、志愿者”，提升3支队伍专业水平并扩大专管员数量。实现65个生活小区定时定点投放100%覆盖。建造投放点位202个，新建、改建标准化垃圾房40处，标准化回收站点57个，设置特殊垃圾堆放点62个。建成全区首个再生资源分拣中心，利用“智能再生资源回收箱和用户应用App”把可回收物、特殊垃圾等进行资源化利用。街道聚焦小区、园区楼宇、校园和沿街商铺，以群众喜闻乐见的方式开展宣传行动，通过“鸡毛换糖”“美德银行”“雷锋基金”等活动，鼓励居民自觉养成垃圾分类习惯。至年底，东和云第、中兴和园小区完成省级高标准生活垃圾分类示范小区创建。星汇荣邸、钱塘景苑等18个小区完成市级示范小区创建。六和社区观邸国际小区居滨江区“2020年垃圾分类金榜小区”榜首。

【街道级驾驶舱建设】 2020年，浦沿街道加快街道、社区城市大脑数字驾驶舱搭建，创新基层治理场景应用，联防联治、整合资源。建立“6+1+N”的基础架构，“6”即党建引领、平安建设、区域发展、城市管理、公共服务、社区建设六大模块，整合条线数据，以数字赋能提升基层治理现代化水平。“1”即一个AI实景应急管控功能平台，集成辖区高低点位监控物联设备，形成应急指挥快速处置机制，提高快速反应能力。“N”即结合浦沿治理实际建设开发的特色应用场景，包括拆后地块管理、AI告警治理、东信社区的共享停车项目、滨文社区的电动车安全出行项目等。12月，浦沿街道“亲清驾驶舱”上线，结合属地“楼宇经济”产业特色和楼宇分布特点，提出“亲清”服务单元网格的创新模式。

【省级“百姓健身房”建设工程创建成功】 2020年，浦沿街道彩虹文体分中心健身房成功创建省级“百姓健身房”。“百姓健身房”建设工程是2020年省政府10件民生实事之一，以周边居民为主要服务对象。浦沿街道彩虹文体分中心健身房，使用面积190平方米，配有有氧器械12台、力量器械4件、辅助器材2件等，遵循“政府主导、社会参与、群众受益”的基本原则。健身房对外开放，居民无须办卡，可以自由、免费出入。至年底，1000多人次使用“百姓健身房”。

【5个停车场建成】 2020年，浦沿街道成立工作专班，下设征迁交地、工程建设、竣工交付3个工作组。征迁交地组负责制定蒋家里、周家新堂屋地块腾房拆房和交地计划；工程建设组负责做好停车场建设的设计、招投标、开工、施工、竣工等各环节工作，牵头召开工作例会，协调项目推进过程中遇到的困难和问题；竣工交付组负责在停车场建成竣工验收后，与区城管局对接，做好停车场停车收费管理工作。至年底，建成街道范围内5处停车场，改善新浦路、镇前路、明德路等道路停车乱象问题，

缓解交通拥堵压力，解决居民停车难问题。

【股社分离推进】 2020年5月，浦沿街道出台《关于印发〈浦沿街道撤村建居社区股社分离工作实施方案〉的通知》，明确工作计划，对6个完成股份制改革的股社办理工商变更登记；开展8个社区股份经济合作社的资产清查移交，共移交集体资金12.61亿元，银行票据2610万元，做到应交尽交；组建浦沿街道会计结算代理中心，落实8个股份经济合作社“会计出纳双代理”制度；6月，完成冠一、山二社区股份制改革。统筹社区换届准备工作，加快推进股社分离的人员分离工作，12月20日，完成经济合作社换届选举，产生新一届社员股东代表545人，董事会成员37人，监事会成员46人。

【东信社区治理模式被《浙江日报》头版报道】 2020年5月13日，“东信社区大数据赋能基层治理，创新社区治理模式”被《浙江日报》头版报道。东信社区从2018年5月开始，先试先行建设智慧社区连线平台，把信息化建设和大数据治理作为推动社区治理的“引擎”，实现社区治理服务职能从线下转向线上线下融合，建设东信社区智治（智慧治理）1.0版本。经过近3年的运行和磨合，智慧社区连线平台结合城市大脑建设要求，升级为城市大脑社区驾驶舱。东信社区驾驶舱秉承资源整合、服务融合的理念，基于大数据、人工智能技术对各功能模块覆盖的社区全域数据进行可视化监测，构建集热点板块、数据板块、综合治理板块、服务板块四大板块于一体的新型社区治理服务体系，智能化分析与运营，成功建设社区智治2.0版本。

【浦沿街道防诈骗联盟巾帼宣讲团成立】 2020年5月25日，根据全区《防范通讯网络诈骗新型犯罪工作方案》的工作要求，浦沿街道妇联、平安办、浦沿派出所、高新派出所四方联合，组建浦沿街道防诈骗联盟巾帼宣讲团。宣讲团由“骗无踪”警花团队、“诈无影”律师团队、“钱袋安”金融团队的9名讲师组成。讲师们通过各种事实案例，从职业的角度和居民们分享各种诈骗手法，提醒居民保持警惕，保护好自己的财产不受损失。防诈骗联盟巾帼宣讲团在22个社区、7个企业园区、浙江中医药大学、浙江机电职业技术学院、杭州泽天科技有限公司、街道“残疾人之家”、浦沿敬老院进行巡回演讲。同时，以小喇叭、宣传栏、横幅等多种形式进行防诈骗宣传，总计参加培训人员3000多人。

【浦沿街道社区组织换届选举】 2020年10月15日，浦沿街道召开社区组织换届选举工作动员部署会暨培训会。街道建立“包社联组”“扶送指导员”“箱长制”等工作机制，推动城市社区和撤村建居社区人员双向流动，调整社区书记11人，实现“一肩挑”。11月14日，22个社区党组织换届选举工作完成。12月15日，22个社区居委会换届选举工作完成，产生居委会成员110人，其中主任22人、副主任34人、委员54人。同月20日，9个股份经济合作社换届选举工作完成。新当选书记平均年龄47.68岁，比上届降低4.37岁；大专以上学历占92.31%，比上届提高8.82%。

【全市首个大学生交通治理工作站】 2020年10月28日，由区交警大队、团区委、浦沿街道等联合主办的滨江区大学生交通安全教育实践基地暨高教园区交通治理工作站启动仪式在浙江商业职业技术学院举行。启动仪式向交通安全宣传志愿者提出倡议，希望志愿者参与、融入交通安全宣传的队伍；为滨江区大学生交通安全教育实践基地、高教园区交通治理工作站揭牌；为7所高校授旗，成立大学生交通安全宣讲团。仪式后，首批交通安全宣讲志愿者接受专业培训，参观交通治理工作站。至年底，街道22个社区交通治理工作站全部成立，实现社区全覆盖。

【浦沿街道“污水零直排”创建通过验收】 2020年11月13日，浦沿街道“污水零直排”创建通过验收。街道组建“污水零直排”创建工作领导小组，设置街社两级创建专管员45人，投入创建资金1.44亿元。联合区城管局、区水务公司、区建管中心等建设主体完成213个排水单元检测整改工作，完成率100%。坚持“一单元一对策”，对标对表、挂图作战。成立专项督查小组，共督查30多次，完成859家“六小”（经营性小餐饮店、小食品店、小浴室、小美容美发、小歌舞厅、小旅店）涉水商户的排摸登记建档。对213个创建工程资料进行归档，招募30多名工程质量安全义务监督员，监督工程质量、竣工验收等环节。利用微信公众号、短信平台等开展宣传，发送短信16万余条、悬挂横幅170多条、发放宣传福袋3100个。至年底，排查出破损、混接、错接等管网问题3000多个，完成79个住宅小区类、37个工业企业类和97个其他排水单元的雨污分流整治，其中政府承担项目133个、自行整改项目80个，全部整改验收完成，完成率100%。

【浦沿街道退役军人服务站】2020年12月30日，浦沿街道退役军人服务站获评全区唯一的“浙江省新时代枫桥式退役军人服务站”。退役军人服务站位于东冠路531–2号，前期投入30多万元，依照星级标准打造，设有“建军历程、建军思想、军人精神、军旅记忆、标兵模范、政策宣传、活动开展”七大板块，运用“兵器模型、军事雕塑、装备实物、3D动态、声控军号”等动静结合的方式展现。退役军人服务站为退役军人就业牵线搭桥，落实退役军人一次性创业补贴、创业带动就业、创业担保贷款等补助优惠政策，组织退役军人参加区街相关招聘会。新冠肺炎疫情期间，退役军人服务站发动退役军人参与疫情宣传、防控排查、物资捐赠等行动，多名退役军人24小时值守社区。至年底，完成城镇户籍退役军人社保续接工作。累计为60周岁以上退役军人发放补贴约53万元。

【3个农贸市场创建省级“放心市场”】2020年12月31日，浦沿街道彩虹、六和、东冠3个农贸市场完成省级“放心市场”创建。按照省市关于农贸市场“五化”（便利化、智慧化、人性化、特色化、规范化）提升试点的要求，3个农贸市场实施市场环境提升、硬件改造，提高综合管理水平。六和农贸市场位于浦沿街道新和路东，市场面积2290平方米，共两层。投入40多万元，进行环境提升及信息化改造。市场配备4个自产自销农户摊位，76个停车位的地下停车库，AED便携除颤仪，32只监控探头。市场设有15平方米的检测检疫室，全方位对市场的各种商品进行监督和检验，把监测过程在屏幕上公开播放。制定商品准入制度，配备食品安全管理员。彩虹农贸市场位于滨盛路与东信大道交叉口东北角，面积3000平方米，分上下两层。彩虹农贸市场集智能展示、智能计量、智能监管、智能配送、智能支付于一身，设置食品安全科普小天地、纠纷调解室、共享充电宝、雨伞、轮椅、AED便携除颤仪等便民设施和服务。东冠农贸市场位于东冠路436号，建筑面积2040平方米。投入200多万元，实施提升改造工程。市场内设有服务台、投诉处、意见箱、公平秤、休息椅、物品寄存处、失物招领处等服务点，设有食品安全检测室、电子显示屏，并配备完善的消控系统。

（丁珍洁　金亚妮）

人物和荣誉

全国劳动模范·省优秀共产党员

【曾富贵】 男，1975年4月出生，新华三技术有限公司路由器产品线总经理。从事通信设备研发工作近20年。作为党员，具有较强的政治敏锐性，开拓创新，身先士卒，任劳任怨。在业务上，善于学习，勤于钻研，带领技术团队承担多个重点研发项目攻关，取得巨大的经济效益，多次获得省市技术奖励和荣誉，始终把加强思想政治和业务学习放在自身建设的首位。曾富贵先后领衔承担400G平台高端路由器，T平台集群核心路由器，千万用户级宽带接入认证服务器等多个高精尖项目研发，团队申报专利数十篇。2020年11月24日，在全国劳动模范和先进工作者表彰大会上，被授予“全国劳动模范”称号，接受党和国家领导人的接见。 （王建中）

【张超】 男，1976年9月出生，滨江区浦沿街道社区卫生服务中心医教科科长兼后勤科科长。挂任贵州省丹寨县兴仁镇中心卫生院副院长。张超从医22年，坚守医生治病救人的初心和使命。曾获“浙江省优秀社区责任医师”“滨江区优秀征兵工作者”等称号。分别于2018年10月、2019年5月和2020年1月3次到贵州省丹寨县兴仁镇中心卫生院挂职帮扶，在支医扶贫第一线为人民群众干实事、谋福祉，是援派党员干部人才的优秀代表。2020年1月10日，在丹寨县挂职期间突发心源性猝死，经抢救无效离世。3月11日，省委追授张超“浙江省优秀共产党员”称号。

（区志编研室）

省抗击新冠肺炎疫情先进个人

【赖立娟】 女，1988年2月出生，滨江区西兴街道社区卫生服务中心护士。疫情期间，主动报名到隔离点24小时值守，进驻隔离点，参与为期2个月的隔离点防控工作。工作期间，接送入住者、提供生活便利、观察入住者身体心理健康状况，每天重复测量记录体温、咳嗽频率等情况，做好日常观察。共照顾隔离点人员200多人，照顾人员为隔离点人数最多。经常和衣而睡，时刻接收入住人员。数次进入隔离房间，与入住人员沟通交流，进行心理疏导。2020年11月13日，在省抗击新冠肺炎疫情总结表彰大会上被授予“浙江省抗击新冠肺炎疫情先进个人”称号。

【傅静】 女，1975年3月出生，滨江区西兴街道社区卫生服务中心护士。2020年1月，作为党员，主动放弃春节休假，坚守岗位。第一个报名请求照顾因家庭成员确诊新冠肺炎而无人照顾的兄妹俩，由她和其他5名护士、1名志愿者组成的“爱心天使妈妈团”入驻隔离点照顾看护，历时29天。事迹被中央和省、市各级媒体刊登报道。8月24—28日，又两次进入隔离点工作14天，做好入境隔离人员医护保障工作。2020年11月13日，在省抗击新冠肺炎疫情总结表彰大会上被授予“浙江省抗击新冠肺炎疫情先进个人”称号。

【陈少华】 男，1991年11月出生，新华三技术有限公司雷神山、火神山服务交付项目经理。疫情期间，紫光集团及旗下新华三技术有限公司紧急启动援助项目，向武汉市卫生健康委员会捐助火神山医院、雷神山医院所需网络通信与信息安全产品设备。项目经理陈少华主动请战，带领团队随设备进驻火神山医院，经过4天4夜工作，完成医院设备安装调试及业务上线，保障火神山医院及时交付并投入使用。又连续工作2个昼夜，完成雷神山设备安装调试，所有业务上线。搭建的基础网络承载2家医院医疗数据和信息共享与安全，支撑医院医疗终端入网应用、远程会诊、移动护理等业务，为病患及时诊疗和疫情控制发挥重要作用。2020年11月13日，在省抗击新冠肺炎疫情总结表彰大会上被授予“浙江省抗击新冠肺炎疫情先进个人”称号。

【傅利泉】 男，1967年8月出生，浙江大华技术股份有限公司党委书记、董事长。新冠肺炎疫情发生后，傅利泉召集公司团队开发非接触式热成像人体测温产品和方案，在大年初三实现为武汉的第一批30台测温设备供货。部署研发部门，针对社区居家隔离管控、交通站点体温筛查管控、医疗公共场所未戴口罩管控等场景开发相应方案。在全国100多个地区得到大规模应用，涉及几万个测温点位。组织公司向武汉慈善总会捐赠500万元现金，向浙江省捐赠价值500万元的抗疫设备。公司为欧亚地区12个疫区重点国家，提供防控方案。2020年11月13日，在省抗击新冠肺炎疫情总结表彰大会上被授予“浙江省抗击新冠肺炎疫情先进个人”称号。 （区委组织部）

杭州工匠

【杨洋】 女，1985年9月26日出生，杭州茶加文化发展有限公司顾问、培训部门负责人，高级技师。杨洋编写制定国家一类赛事、二类赛事职业技能竞赛技术规程，推动茶艺培训行业标准化、科学化的发展。坚持为社会弱势群体服务，培养残疾人茶艺师100多人次。曾获全国茶艺职业技能竞赛双金奖、全国技术能手称号。2020年9月25日，在第四届“杭州工匠”认定发布会上被确定为“杭州工匠”。

【郑洪波】 男，1974年2月4日出生，浙江国自机器人技术股份有限公司总裁，教授级高级工程师。郑洪波从事机器人制造20多年，入选省级人才、国家级人才。郑洪波2010年开发的上海世博会“海宝”智能服务机器人项目是全球首次在公众场合大规模应用服务型机器人项目。项目曾获浙江省科技进步奖一等奖、铁道部中国铁道学会科技进步奖二等奖等。2020年9月25日，在第四届“杭州工匠”认定发布会上被确定为“杭州工匠”。

【施建生】 男，1975年6月29日出生，税友软件集团股份有限公司技术副总裁，高级工程师。施建生从事税务信息化工作近20年，牵头的“税务大数据计算与服务关键技术及其应用”项目获2017年度国家科技进步奖二等奖。完成国家税务总局网络申报系统的开发和实施，主持国家税务总局个人所得税管理系统的开发和实施，并编写部分核心代码。2020年9月25日，在第四届“杭州工匠”认定发布会上被确定为“杭州工匠”。

【梁骏】 男，1978年7月26日出生，杭州国芯科技股份有限公司首席技术专家，高级工程师。梁骏从事集成电路设计近20年，主持GX6605S高清高集成数字电视芯片的设计，产品获2017年“中国芯”评选“最佳市场表现产品奖”“中国半导体创新产品奖”，世界销量居第一位。曾获国家科学技术进步奖二等奖、浙江省科技进步奖一等奖等。2020

年9月25日，在第四届“杭州工匠”认定发布会上被确定为“杭州工匠”。（王建中）

杭州市五一劳动奖章获得者

【许江鸿】 男，中共党员，杭州高新区（滨江）经济和信息化局办公室负责人、一级主任科员。许江鸿以身作则，在工作中保持端正的态度，严守工作纪律，干一行爱一行，几十年如一日，任劳任怨，从不计较个人得失。在负责工业投资项目工作时获“浙江省经信系统工业投资管理优秀个人”称号，在参加G20杭州峰会保障工作中被评为“浙江省G20杭州峰会工作先进个人”，在负责“三改一拆”工作时被授予杭州市“三改一拆”行动优秀代表称号，在分管节能工作时获“杭州市节能降耗工作个人嘉奖”“迎峰度夏有序用电工作先进个人”称号。

【俞祖培】 男，中共党员，杭州万轮科技创业中心有限公司党委委员、安全管理员。作为公司安全管理负责人，坚持将安全措施渗透到园区管理的各个层面，成立公司安全巡查小组，每年与园区企业签订安全生产责任书，为园区企业营造良好的创业创新环境。组织成立园区“五水共治”小组，治理流经园区的花园徐直河，剿灭劣V类水，率先安装和运行污染源自动监控系统等有效措施，被市区有关职能部门评为先进个人。组织园区各（总）支部全力助推丹寨县脱贫、清零工作，筹得善款10万元，衣物、棉被等物资370件。组织园区党员及企业员工加入“我为七一献热血”活动，近5年园区总献血量20万毫升。

【张国兰】 女，中共党员，长河街道晶都社区党总支书记。在其带领下，晶都社区形成的“56569”服务管理模式得到《中国社会报》、浙江在线等主流媒体报道，在全区广泛运用，受到好评。作为党组织第一责任人，张国兰善抓党建，形成党员三五日制度，激发基层党组织的活力和凝聚力。开展党员先锋指数考核，提升党员素养。完善网格党支部，将党员承诺、民情联系等党建工作延伸至每个楼道。建立物业、业委会临时党支部，统筹服务力量，提高小区自我服务管理能力。严于律己、心系群众，协调解决走访过程中群众反映的各类问题。新冠肺炎疫情期间，总是冲在第一线，发挥党员干部的先锋带头作用。

【钱红弟】 女，中共党员，杭州康恩贝制药有限公司设备工程部长，工程师。20年如一日，承担公司设备设施、安全环保、能源计量、工程技改等多项专业管理工作。在专业技术方面不断精进，负责的改建、改造项目为公司带来巨大经济效益，助力公司的生产量翻倍增长，为优化生产工艺和提高生产效率奠定基础。研究降低能耗的控制方法，实现公司动力用电量逐年下降10%以上，公司单位产量能耗下降5%以上。新冠肺炎疫情期间，组织部门人员提早做好设备设施维护保养工作，为公司顺利复工创造条件，及时顶岗，保障企业顺利复产。

【金秋】 女，共青团员，区委组织部专聘人员。新冠肺炎疫情期间，针对基层防疫痛点，主动请缨开发“e起战疫”小程序。至4月7日，程序免费应用于区内所有社区的205个小区，服务30.86万名住户；覆盖23个园区893家企业和4.47万名企业员工，累计打卡记录88.78万人次。外地企业和政府部门不断咨询，杭州电视台专题报道。加入区委组织部先锋滨战“疫”宣传小分队，牵头开通组织部“先锋滨”抖音账号，制作《我的战“疫”时光》《无所不能的她们》等系列视频8个，获12535个点赞，其中《2个武汉孩子，7个滨江临时“妈妈”》《无所不能的她们》视频被省委组织部录用转载。

【来裕良】 男，中共党员，东冠集团有限公司财务会计，会计师。从业以来一直奋战在财务一线岗位，精准及时完成本职工作，完成企业内部、市、省及国家统计局的各类统计资料报送。工作期间被评为市先进统计工作者。工作态度严谨，准确及时的财务数据为公司日常财务稳定运行提供有力的保障。精进自身业务水平，提高财务工作效率，其利用个人时间进行“用友”等财务软件的学习，完成从传统财务向信息化财务的转变，成为公司内部财务信息化建设的先锋人物。注重社会责任感，积极投身慈善事业。新冠肺炎疫情期间以党员、企业员工双重身份多次进行抗疫捐款。（王建中）

市抗击新冠肺炎疫情先进个人

【钭慧敏】 男，1971年6月出生，长河街道社区卫生服务中心党支部书记、主任。成立长河街道社区服务中心疫情防控领导小组，科学分工，制定应急制度和管理流程。建立固定交班制度，通报疫情防控情况和工作复盘，对工作中遇到问题和难题，逐条逐项分析存在原因，逐一制定解决方案。负责杭州森浩酒店有限公司隔离点，仅用一天时间建立接收、救治、防护、服务、转运等10多个制度和流程。组建中心党员先锋队。解决防疫物资短缺问题，采购1000支体温表。疫情稳控后，投身助力企业、学校复工复学，组建以党员业务骨干为主的助企健康指导团和复课复学健康指导团，每天到企业、学校指导服务抗疫工作，服务企业8880家，学校及培训机构112所。

【卢炼】 男，1984年8月出生，浦沿街道社区卫生服务中心办公室主任。任应急突击组组长，制定应急人员名单，协调各科室、各站点医务人员，落实人员调度，组织各小分队工作，全程参与。抗击新冠肺炎疫情期间，完成人员管控、上门随访人员突发状况的处理，每天给各小队逐条逐项地布置任务。将应急组划分为3个小分队，组建“垃圾清运班”，出动84人次，处理隔离人员垃圾2100多桶；穿着防护服的“测温随访班”，出动498人次，上门服务隔离人群；留观人员“医疗服务班”，疫情期间为管控人员开展诊疗、送药服务。疫情好转后投入企业复工、学校复课巡查工作，为企业、辖区所有高等院校、中小学幼儿园提供指导帮助。

【方涛】 男，1978年1月出生，滨江区疾病预防控制中心职员。在抗击新冠肺炎疫情斗争中，24小时吃住在单位，工作时间每天超14小时，每3天1次轮值24小时。作为疾控中心的老队员，先后经历过非典、甲流、禽流感、登革热等重大传染病疫情。辖区出现新冠肺炎疑似病例后，带领现场流调组，深入发热门诊、传染病隔离负压病房、密接隔离点，开展流行病学调查，摸清病例感染来源、活动轨迹及密切接触者，为后续防控提供第一手资料。参与调查处置滨江区首例输入性病例、首起家庭聚集性疫情、萧山机场转运入境人员等事件。

【胡思源】 男，1991年1月出生，滨江区疾病预防控制中心职员。新冠肺炎疫情发生后，克服爱人怀孕需要照顾等家庭困难，投入战斗。作为首批进驻隔离点的人员，连续坚守岗位一个多月。在防疫工作进入常态化之后，作为区接机组组长，核查信息、调配车辆与人员，实施点对点无缝接机闭环转运。把乘客信息、接送路径、路程估算时间反馈至各街道、社区、集中隔离点，实现过程全把关。因国际航班的特殊性，通宵成为工作常态，一天一两百个电话，又连续工作一个多月。参与抗疫服务工作，到隔离点组织消杀培训近20次。编发疫情防控小常识，通过公众号推送，开展健康普及教育。

【高佳佳】 女，1992年3月出生，滨江区疾病预防控制中心职员。作为区疾控中心检验科负责人，首次病例出现之前，就带领同事制定取样、采样流程，规范防护穿脱，开展咽拭子、鼻拭子的实践演练。报名参加市疾控中心新冠病毒阳性标本检测工作，每天检测120份左右标本。区疾控中心负压实验室改建完成后，抽调回来后无保留地向同事传授市疾控中心的病原学检测经验，共同拟定采样—收样—检测—报告的全流程，秉持“实验室生物安全不允许出现一次意外”的信念，实操模拟，消除环节漏洞，保质保量完成所有新冠病毒样品病原学检测。

【杨国庆】 男，1971年12月出生，西兴街道综合信息指挥室负责人、协同社区第一书记。每天带领班子成员到小区卡口、隔离点位巡查，携带喇叭、胶带、文件夹，实现居民信息即用即查。面对小区体量大、租户多、人员杂的实际困难，探索创新“大数据+居家户”的服务模式，利用门磁功能管控人员进出；运用智慧用电系统，分析电量变化确定入住情况，关注返杭人员信息；设立“潮汐车道”，解决复工复产后车辆多、进出拥挤的问题。针对小区1名在湖北工作的居民返回后出现普通发热症状、引起小区恐慌的情况，利用送菜上门机会做好该居民的安抚工作，与区疾控中心联系获取信息，在业主群公布，遏制各类谣言的蔓延，减少麻烦纠纷。

【凌云琴】 女，1970年10月出生，滨江区西兴街道官河社区党总支书记。新冠肺炎疫情防控期间，带领一支平均年龄不到35岁的年轻队伍，克服新社区居民成分多元、熟悉度低，开放式小区管理难度大等诸多困难，完成各项防疫工作。每天最早到单位，最迟下班，巡查坚持走路掌握第一手信息。对接物业和周边超市推出“码上购”，让居民少下楼；指导年轻社工运用微信小程序收集信息，办好出入证送到居民家中；在居民群召开“网格疫情发布会”，定期通报最新防疫政策和信息，减少谣言恐慌；联系企业开展线上心理疏导，缓解居民焦虑情绪。

【傅铭良】 男，1978年5月出生，长河街道公共服务中心主任。新冠肺炎疫情防控期间，作为一名退役老兵党员，主动申请加入防疫队伍，担任街道疫情防控指挥部应急小组组长，每天冒着被感染的风险带领小组5人到隔离酒店做好高危地区到杭州人员核查工作，完成密切接触者和境外回国人员的隔离生活保障工作。身兼垃圾清运工作，负责牵头处理街道留观人员产生的生活垃圾，指挥3辆清运车、20多名清运人员安全高效地处理特殊垃圾5900多吨。基本每天都睡在办公室，承包科里80%的值班任务，保障其他人员的休息。

【来国芳】 女，1978年11月出生，长河街道中兴社区党委书记。新冠肺炎疫情防控以来，作为园区楼宇和企业占比最大的社区，带领班子成员每天轮流驻点巡查和人员排查。和同事1周内每人拨打1000多个电话，理清辖区内7000多户酒店公寓人员信息；牵头制作《社区防疫志愿者便捷操作导图》《居家医学观察小贴士》，提高卡口管控实效；发动90多名党员群众，参与信息排查、卡口值守等工作。带领班子成员走访企业600多家。总结疫情防控经验，探索出以楼宇治理为突破点，打造联合共同体，创新建立物业联盟和楼宇驿站的经验做法，建立12家楼宇分站，为周边楼宇企业提供一整套服务体系，深化企业服务和安商稳商的社区共建新模式。

【夏佳佳】 女，1984年10月出生，浦沿街道信诚社区党总支委员。新冠肺炎疫情期间，逐户巡查、摸排情况，做好9个社区拆迁户集中安置房小区、1324户住户工作的宣传联络。由于小区租户多且情况复杂，每天走2万多步，做好信息摸排、电话接听等疫情防控工作；为隔离户贴“福”字，一日四巡40多户住户，送菜送物送关爱。本该照顾肺癌晚期的父亲，仍坚持疫情防控工作，每天工作16个小时左右。3月1日，在工作岗位上获悉父亲离世，没能见上父亲最后一面。简办后事、安顿好母亲后，返回岗位，继续工作。

【程美山】 男，1955年8月出生，浦沿街道之江社区之江花园党支部书记。65岁高龄的程美山，准点值守小区点位、协助社区物业做好小区进出人员登记近200个小时，核对租户并上报社区网格长。在新冠肺炎疫情面前，一天几万步的巡查排摸，从不喊累说苦，保质保量完成。面对居民的不理解，忍辱负重，耐心跟居民解释。面对疫情期间独居老人没有口罩、生活不便等问题，自己出资购买防疫物品和生活用品，确保社区老人在疫情期间生活正常。

【郭吉龙】 男，1966年2月出生，杭州高新区（滨江）管委会、政府办公室党组书记、主任。作为一名有着32年党龄、20年军龄的老干部，冲锋在前。深入到集中隔离点、居家隔离户等一线，查找薄弱环节和短板问题，发挥指导员、战斗员、监督员作用。对于发现的问题，主动协调、推动解决，促进新冠肺炎疫情防控措施见效落地。疫情防控早期，最短时间内构建起领导小组+综合协调、核查管控、应急保障、医疗救治、疫情防控、纪检督察协同指挥运作体系。贯彻省市部署，创新工作模式，坚持每日汇总疫情发展态势和督查发现问题，实现疫情防控、复工复产工作的快速决策、快速执行。

【胡斌】 男，1970年12月出生，杭州高新区（滨江）社发局党委委员、副局长。紧急召开区公共卫生委员会成员单位会议，启动传染病联防联控机制，实行全体人员停止休假、开展人员培训、应急物资采购、强化值班和新冠肺炎疫情监测等工作措施。带领区疾控中心16名在岗工作人员，组建3支应急防控小分队，实行24小时值班制度，通宵开展流调、消杀、转运工作，保证疫情处置及时率100%。防疫以来，开展病例疑似病例调查消杀、疾控密接人员隔离观察、设置管理区级集中隔离点、指导企业复工、学校复课、开展重点人员核酸检测、接收国际航班人员隔离管理人员。

【蔡一尘】 男，1986年11月出生，杭州高新区（滨江）区委组织部人才工作科负责人。新冠肺炎疫情发生后，参与滨和社区、中控科技园等多个社区、工业园区和重点楼宇的疫情防控工作。参与人才企业复工复产相关工作，除日常电话受理外，在"滨江高层次人才专家""人才抗疫复工""5050企业重点服务"等微信群中主动回应解答人才对疫情政策、复工复产的各类问题500多个。配合领导创新工作思路，协助部门发布高新区（滨江）"关爱人才、服务复工复产"24条举措，落实解决人才企业共性化和个性化的问题。牵头负责人才企业复工复产备案相关工作，做到备案工作"日日清"，协助200多家人才企业备案复工。

【丁鲁冰】 男，1983年1月出生，公安滨江分局浦沿（高教园区）派出所所长、一级警长，浦沿街道党工委委员。在抗击新冠肺炎疫情中，以所为家，一周每天连续工作超过12个小时。提前谋划并及时调整派出所勤务模式，会同街道成立信息核查专班，组建人员核查、巡查整治、保障宣传3个专业队，指挥协调各个团队高效运作，为街道开展各项疫情防控工作提供保障。带领团队排摸疫情类线索500多条，化解风险隐患100多起；精准核查落地各类涉疫人员1.5万人次。处置涉疫情类警情500多起，解决矛盾纠纷120起；侦破涉疫刑事案件，为群众追回被骗抗疫资金18万元。

【李天天】 男，1975年8月出生，观澜网络（杭州）有限公司党委书记、董事长。带头成立"丁香园新冠肺炎疫情应急项目组"，集结包括内容、产品、技术、市场、运营、大数据等部门50多名员工，建立实时疫情信息汇总。结合公司专业特长，推出"全国疫情实时动态"，并与《人民日报》合作，制作"《人民日报》—丁香园/丁香医生联合版疫情动态地图"，上线不到半月，累计点击量12亿余次。由于疫情持续扩张，将全国疫情地图升级为全球疫情地图，同步开展健康科普和专家义诊服务等工作。全球疫情地图入驻海外社交平台、全球最大医疗专业平台。参加世界卫生组织（WHO）西太平洋国家抗击新冠肺炎疫情线上会议，与澎湃新闻联合推出中英日韩德意西波斯等八国语言的《居家隔离指南》、制作武汉一线临床诊疗经验的翻译分享等。

【金福娟】 女，1953年4月出生，正泰量测技术股份有限公司总经理。新冠肺炎疫情发生后，长期坚守一线，指挥2个园区的防疫工作。建立每日汇报机制，落实入驻企业从重点疫区人员返回排查统计并上报物联网指挥部，与驻守园区的工作人员保持沟通，实时掌握园区动态并制定20多个管控制度和通知。严格控制人员入园。采取多项应急防控措施，组织正泰量测科技园成立疫情防控领导小组，下设综合联络、人员排查、物资保障、入园检查、卫生消毒、应急处置6个工作小组，实行专人负责和24小时值班制。整个疫情期间园区未出现1名感染者。协调150多家入驻企业办理复工申报，为入驻企业员工办理通行证3600多张，园区复工率100%。接到武汉火神山、雷神山医院电气设备需求清单后，组织党员骨干做好配货调货、设备运送、安装调试等工作，确保产品如期供应。

【张小孟】 男，1983年12月出生，杭州安恒信息技术股份有限公司党委书记、高级副总裁。作为“疫情抗战指挥部”副总指挥，牵头向武汉大学中南医院、华中科技大学同济医学院附属协和医院捐赠数万只国标N95口罩等医疗物资；发动员工向新冠肺炎疫情重灾区捐赠100万元。组织成立300多人由党员、网络安保工程师以及全国所有曾经参与过网络安保的人员志愿者团队，投入保障疫区医疗防疫机构工作，深入火神山医院、雷神山医院、武汉市疾控等医疗单位和监管部门，在向武汉疾控中心及多家医疗机构捐赠上千台（套）网络安全设备后，一对一提供现场网络安全支撑服务，为医院业务连续性、稳定性提供安全保障。主持复工复产工作，向全公司发布“爱心献血召集令”，向浙江血库献血2.36万毫升。

【夏杰飞】 男，1982年12月出生，浙江花都美容美发培训中心党支部书记。带头引导党员员工捐款，向杭州红十字会捐款2万元。带领党员志愿者团队向社区、街道、医院、铁路、派出所、城管局、重点复工企业等抗疫一线单位提供专项理发服务，1个月服务3000多人。在抗疫取得阶段性胜利之时，围绕民生实事、教育培训落实帮扶重点，与区民政局、区人力社保局、贵州省丹寨县政府、行业协会联合制定扶智精准帮扶技能培训计划。开设东西部扶贫技能培训班，开创造血型扶贫道路，共培养120名建卡立档丹寨县贫困人员以及35名新疆阿克苏州贫困人员，并提供工作保障。

【马超】 男，1992年11月，网易（杭州）网络有限公司服务端开发专家。在新冠肺炎疫情期间主动承接稳定性技术保障、口罩预约系统、政府保供口罩系统等多个项目的设计与研发。针对湖北黄石中心医院的用户物资求助信息，主动对接供应链同事，推动相关部门进行定向援助，3天内协调1万多件防疫物资，总计向湖北供应口罩20万只。优化口罩预约系统，以购买资格的形式代替抢购，降低系统负荷。通过企业、学生信息认证和居民收货地址自动匹配的设计满足政府分区域、分规模的精准投放，总计保障口罩超过1000万只，助力杭州市企业和学生的复工复学。

【牛婷婷】 女，1990年3月出生，吉利欧洲创新中心公关传播部&中国联络处专员。主动要求加入支援中国抗疫工作志愿者队伍，并多方发动同事、朋友加入支援队伍。带领团队在瑞典采购物资，与中国驻瑞典大使馆沟通，在24小时之内完成与中国国际航空公司对接联系，准备好各种跨国手续文件，确保专机免费运输抗疫物资。与国内受赠方湖北省武汉市红十字会保持联系，确保疫情防控物资快速、准确到位。为扩大物资采购需求量，将采购范围向全欧洲拓展，向武汉市红十字会和定点医院捐赠口罩27万余个，护目镜3.3万个。组建数十个微信捐赠沟通群，在吉利欧洲创新中心、中欧汽车技术中心（CEVT）组织协调募捐活动，发动1000多名各国籍员工筹款数万元，通过李书福公益基金会捐献给疫区。

（区委组织部）

统计资料选辑

统计表

2020年杭州高新区(滨江)经济社会主要指标

表48

指标名称	计量单位	2020年	为2019年的(%)
年末人口、土地面积概况			
年末总户数	万户	8.0	104.0
全区年末户籍人口	万人	29.2	105.1
其中:男性	万人	14.7	104.7
女性	万人	14.5	105.4
当年出生人口	万人	0.4	84.3
全区人口出生率	‰	13.5	#-2.9
全区人口自然增长率	‰	10.6	#-3.4
全区年末常住人口	万人	50.6	104.3
全区土地面积	平方公里	72.2	100.0
地区生产总值			
全区生产总值	亿元	1745.7	107.2
其中:第一产业	亿元	0.6	91.3
第二产业	亿元	809.0	109.6
第三产业	亿元	936.1	105.0
其中:工业	亿元	794.2	109.7
建筑业	亿元	14.9	103.5
批发和零售业	亿元	47.6	101.8
交通运输、仓储和邮政业	亿元	16.2	97.7
住宿餐饮业	亿元	6.4	85.3
金融业	亿元	80.8	111.3
房地产业	亿元	31.7	103.1
营利性服务业	亿元	685.6	105.2
非营利性服务业	亿元	67.8	102.9

续表48

指标名称	计量单位	2020年	为2019年的(%)
人均生产总值(按常住人口计算)	万元	35.2	104.8
规模以上工业			
出报企业数	家	196	111.4
工业增加值	亿元	704.2	110.8
其中:战略性新兴产业	亿元	551.4	111.2
高新技术产业	亿元	690.9	111.1
装备制造业	亿元	652.5	111.7
营业收入	亿元	2547.1	106.2
利润总额	亿元	307.2	107.2
亏损企业数	家	48	141.2
亏损企业亏损额	亿元	10.9	156.1
新产品产值率	%	40.0	*-17.7
应付职工薪酬	亿元	229.7	103.7
平均用工人数	万人	9.7	99.2
综合能源消费量	吨标准煤	179410	105.3
规模以上服务业			
出报企业数	家	560	102.6
营业收入	亿元	2654.8	111.8
其中:交通运输、仓储和邮政业	亿元	584.5	113.2
信息传输、软件和信息技术服务业	亿元	1853.4	112.7
租赁和商务服务业	亿元	77.1	98.8
科学研究和技术服务业	亿元	88.7	98.0
水利环境和公共设施管理业	亿元	5.3	120.5
居民服务、修理和其他服务业	亿元	6.0	98.0
文化、体育和娱乐业	亿元	3.0	107.8
利润总额	亿元	369.1	152.2
应付职工薪酬	亿元	549.0	119.0
期末用工人数	万人	19.7	107.4
批零贸易、住宿餐饮业			
出报企业数	家	395	116.5
其中:批零企业	家	354	118.4
住餐企业	家	41	102.5
社会消费品零售总额	亿元	417.1	100.6
其中:汽车零售额	亿元	108.6	102.5
汽车零售额占社零比重	%	26.0	*2.1
商贸销售额(限上企业)	亿元	2645.5	101.6
其中:批发和零售业	亿元	2637.7	101.7
住宿和餐饮业	亿元	7.8	81.1

续表48

指标名称	计量单位	2020年	为2019年的（%）
固定资产投资			
固定资产投资完成额	亿元	—	90.4
生态环保、城市更新和水利设施投资	亿元	—	130.5
其中：水利管理业投资	亿元	—	1009.1
生态保护和环境治理投资	亿元	—	84.4
市政环卫设施投资	亿元	—	154.3
公园绿化项目投资	亿元	—	29.0
高新产业投资	亿元	—	109.8
其中：高新制造业投资	亿元	—	129.5
高技术服务业投资	亿元	—	97.4
项目民间投资	亿元	—	118.4
交通投资	亿元	—	251.9
工业投资	亿元	—	116.3
房地产情况			
房地产销售面积	万平方米	36.9	100.7
其中：商品房住宅成交面积	万平方米	23.5	79.6
商业地产成交面积	万平方米	12.6	185.1
房地产销售额	亿元	152.2	97.3
其中：商品房住宅成交额	亿元	109.5	83.9
商业地产成交额	亿元	40.2	159.4
房地产库存面积（平方米）	万平方米	54.0	103.8
其中：商品房住宅库存面积	万平方米	16.5	69.6
商业地产库存面积	万平方米	36.1	135.9
房地产库存套数（套）	套	3829	83.0
其中：商品房住宅库存套数	套	1231	79.1
商业地产库存套数	套	2493	83.8
财政收支			
财政总收入	亿元	358.4	104.8
其中：地方一般公共预算收入	亿元	182.8	104.1
其中：税收收入	亿元	172.6	103.8
其中：增值税（含营改增）	亿元	64.8	92.8
企业所得税	亿元	42.1	119.3
个人所得税	亿元	31.8	109.5
上划中央六税收入	亿元	175.7	105.6
一般公共预算支出	亿元	126.3	102.1
其中：产业扶持支出	亿元	53.7	159.7

续表48

指标名称	计量单位	2020年	为2019年的（%）
民生保障支出	亿元	107.4	99.6
教育支出	亿元	25.0	101.0
区本级财政科技拨款	亿元	31.8	125.7
出口及招商引资			
自营进出口	亿元	804.4	103.6
其中：出口	亿元	544.2	111.2
其中：高新技术产品	亿元	315.7	108.0
其中：美国	亿元	91.7	110.9
欧盟	亿元	111.7	109.9
进口	亿元	260.2	90.8
服务贸易出口	亿美元	44.4	109.5
新引进外商投资企业数	个	125	94.7
实际利用外资	亿美元	10.31	118.5
对外直接投资备案额	亿美元	8.4	247.2
世界500强投资企业数（累计数）	个	38	102.7
企业发展			
累计工商注册单位数	家	55890	118.2
其中：当年新办工商注册数	家	11323	127.3
新增注册资本	亿元	753.6	155.4
江北新注册企业数	家	633	—
浙江省创新企业百强	家	12	100.0
上市公司	家	53	108.2
“新三板”挂牌公司	家	106	100.0
有效期内的高新技术企业数	家	1550	123.4
其中：新认定	家	385	71.8
新认定瞪羚企业	家	307	105.1
在孵企业	家	3093	126.2
科技创新			
专利申请数	项	24333	132.7
其中：发明专利	项	12883	138.4
获授权专利数	项	13222	127.9
其中：发明专利	项	4034	137.3
市级及以上科技企业孵化器	家	60	127.7
其中：国家级	家	10	125.0
市级及以上众创空间	家	44	104.8
其中：国家级	家	17	141.7

续表48

指标名称	计量单位	2020年	为2019年的（%）
市级以上技术中心	个	166	103.8
研究与发展经费支出（R&D）与GDP之比（预计数）	%	10.0	102.5
人才			
引进人才总数	人	33482	106.9
其中：博士	人	278	113.9
硕士	人	8473	106.1
留学人员创办企业	家	1615	107.4
其中：当年新增	家	111	106.7
新增大学生创办企业数	家	418	88.7
收入支出			
居民人均可支配收入	元	70053	103.5
居民人均消费支出	元	44516	94.9
就业保障			
全年新增就业岗位	个	22672	120.8
年末职工基本养老保险参保人数	人	484450	111.5
其中：当年新增	人	49598	149.4
基本医疗保险参保率	%	99.54	*0.01
城镇登记失业率	%	2.4	*0.6
教育			
学校数	所	65	104.8
其中：幼儿园	所	36	102.9
小学	所	16	114.3
初中	所	13	100.0
学生数	人	58011	108.7
其中：幼儿园	人	20182	108.5
小学	人	28759	109.0
初中	人	9070	108.5
专职教师数	人	4590	107.6
其中：幼儿园	人	1727	108.3
小学	人	1786	108.4
初中	人	1077	105.4
卫生			
卫生机构数	个	271	114.3
其中：医院数	个	8	100.0
卫生技术人员	人	3200	117.0

续表48

指标名称	计量单位	2020年	为2019年的(%)
其中:执业(助理医师)	人	1055	103.6
注册护士	人	1401	111.7
年末各类医疗机构床位数	张	582	100.9
其中:医院床位数	张	457	104.6
医院年诊疗人次	万人次	17.2	103.9
城市建设			
园林绿地面积(新增)	公顷	32.0	104.4
其中:公园绿地面积(新增)	公顷	17.5	243.7
年末实有道路总长度	公里	297.9	119.9
其中:当年新增	公里	13.0	151.7
用电量			
全社会用电量	万千瓦时	348752	101.6
其中:居民生活用电	万千瓦时	70405	98.3
工业用电	万千瓦时	44859	89.8
“1+6”产业集群			
数字经济核心产业增加值占GDP比重	%	76.9	*1.4
数字经济核心产业增加值	亿元	1343.0	116.6
文化产业增加值	亿元	363.7	115.8
金融产业增加值	亿元	80.8	111.3
旅游休闲产业增加值	亿元	—	—
健康产业增加值	亿元	121.6	104.6
时尚产业(制造业)增加值	亿元	33.3	116.4
高端装备产业(制造业)增加值	亿元	75.0	115.1

说明:数据源自2020年杭州高新区(滨江)统计快报。根据第七次人口普查结果,对2011年以后全区年末常住人口数的历史数据进行了修订。带*号为增减百分点,带#号为增减千分点

杭州市各区县(市)主要经济指标对比

表49

区县(市)名称	计量单位	2020年	为2019年的(%)
地区生产总值			
上城区	亿元	1192.1	101.8
下城区	亿元	1134.4	108.0
江干区	亿元	1026.5	105.0
拱墅区	亿元	668.6	100.1
西湖区	亿元	1587.6	107.2
滨江区	亿元	1745.7	107.2

续表49

区县（市）名称	计量单位	2020年	为2019年的（%）
萧山区	亿元	1828.5	101.0
余杭区	亿元	3051.6	105.3
富阳区	亿元	812.1	101.1
临安区	亿元	600.4	103.5
桐庐县	亿元	376.3	102.1
淳安县	亿元	240.6	95.2
建德市	亿元	391.9	105.3
钱塘新区	亿元	1095.7	102.7
西湖名胜风景区	亿元	45.9	96.5
规模以上工业增加值			
上城区	亿元	381.9	103.4
下城区	亿元	13.2	112.5
江干区	亿元	47.0	110.8
拱墅区	亿元	86.3	93.0
西湖区	亿元	72.4	100.4
滨江区	亿元	704.2	110.8
萧山区	亿元	499.5	96.5
余杭区	亿元	506.8	108.3
富阳区	亿元	235.8	95.9
临安区	亿元	183.4	109.5
桐庐县	亿元	91.8	103.1
淳安县	亿元	26.6	82.9
建德市	亿元	135.1	108.5
钱塘新区	亿元	656.9	104.2
西湖名胜风景区	亿元	—	—
第三产业增加值			
上城区	亿元	780.5	100.8
下城区	亿元	1087.5	108.0
江干区	亿元	886.4	105.3
拱墅区	亿元	543.2	101.6
西湖区	亿元	1467.7	107.9
滨江区	亿元	936.1	105.0
萧山区	亿元	1077.2	104.8
余杭区	亿元	2322.1	105.0
富阳区	亿元	417.5	105.3

续表49

区县（市）名称	计量单位	2020年	为2019年的（%）
临安区	亿元	274.4	101.8
桐庐县	亿元	190.1	102.0
淳安县	亿元	139.8	99.3
建德市	亿元	172.8	106.4
钱塘新区	亿元	349.1	100.8
西湖名胜风景区	亿元	44.9	96.5
社会消费品零售总额			
上城区	亿元	333.4	100.4
下城区	亿元	538.1	100.6
江干区	亿元	543.5	94.5
拱墅区	亿元	609.2	98.1
西湖区	亿元	689.7	96.9
滨江区	亿元	417.1	100.6
萧山区	亿元	720.0	93.3
余杭区	亿元	822.5	108.5
富阳区	亿元	361.2	98.0
临安区	亿元	190.9	93.0
桐庐县	亿元	137.4	94.3
淳安县	亿元	83.7	99.7
建德市	亿元	114.1	99.3
钱塘新区	亿元	301.7	96.8
西湖名胜风景区	亿元	—	—
财政总收入			
上城区	亿元	160.6	96.8
下城区	亿元	145.7	83.2
江干区	亿元	196.7	103.0
拱墅区	亿元	154.4	95.3
西湖区	亿元	317.8	107.9
滨江区	亿元	358.4	104.8
萧山区	亿元	461.0	107.1
余杭区	亿元	825.9	113.7
富阳区	亿元	138.7	105.7
临安区	亿元	109.6	107.5
桐庐县	亿元	58.3	100.4
淳安县	亿元	40.1	107.8

续表49

区县（市）名称	计量单位	2020年	为2019年的（%）
建德市	亿元	55.6	102.8
钱塘新区	亿元	190.3	94.6
西湖名胜风景区	亿元	13.7	84.0
地方一般公共预算收入			
上城区	亿元	79.5	93.3
下城区	亿元	81.2	84.1
江干区	亿元	107.7	103.8
拱墅区	亿元	86.7	95.1
西湖区	亿元	162.0	107.5
滨江区	亿元	182.8	104.1
萧山区	亿元	300.0	112.1
余杭区	亿元	441.1	112.7
富阳区	亿元	90.1	112.7
临安区	亿元	68.6	112.1
桐庐县	亿元	34.2	101.4
淳安县	亿元	22.8	108.0
建德市	亿元	34.2	110.1
钱塘新区	亿元	100.3	94.8
西湖名胜风景区	亿元	7.0	82.5
实际利用外资			
上城区	亿美元	5.9	209.8
下城区	亿美元	6.2	120.6
江干区	亿美元	6.0	129.9
拱墅区	亿美元	5.3	178.1
西湖区	亿美元	6.7	143.3
滨江区	亿美元	7.0	123.7
萧山区	亿美元	4.5	108.1
余杭区	亿美元	10.8	144.3
富阳区	亿美元	2.8	98.2
临安区	亿美元	1.6	117.9
桐庐县	亿美元	1.4	104.2
淳安县	亿美元	0.1	50.6
建德市	亿美元	1.1	126.0
钱塘新区	亿美元	8.8	323.2
西湖名胜风景区	亿美元	—	—

说明：以上数据由市统计局提供；“萧山区”为本级数据　　　　（区统计局）

2020年杭州高新区（滨江）国民经济和社会发展统计公报

2020年既是“十三五”的收官之年，也是杭州高新区成立30周年。面对新冠肺炎疫情、世界经济衰退等多重冲击，杭州高新区（滨江）以习近平新时代中国特色社会主义思想为指导，围绕建设世界一流高科技园区目标，围绕全年“两战赢”目标，各部门勠力同心，集中精力抓“六稳”、促“六保”、拓“六新”，经济运行整体呈现V形反转与迅速复苏的特征，经济发展水平迈向新阶段。

一、综合

（一）经济增长

初步核算，全年地区生产总值（GDP）1745.7亿元，比上年增长7.2%。其中第一产业增加值0.6亿元，第二产业增加值809.0亿元，第三产业增加值936.1亿元，分别增长-8.7%、9.6%和5.0%。三次产业结构调整为0.04∶46.34∶53.62。

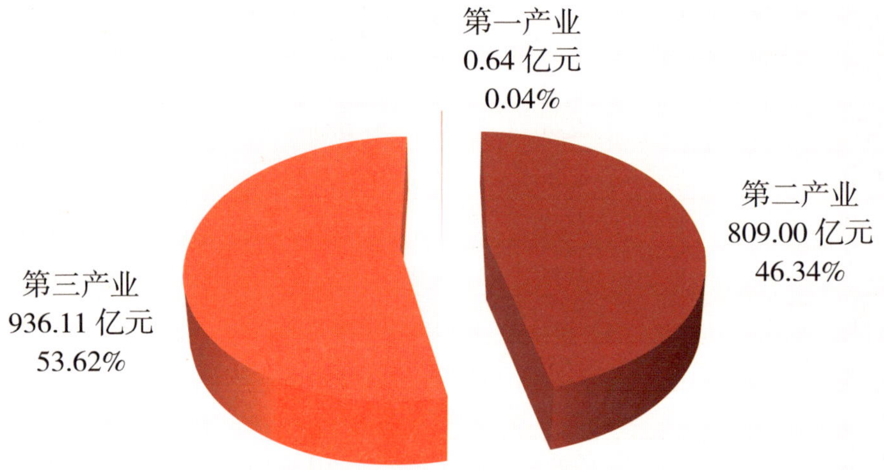

图1 2020年地区生产总值三大产业占比（%）

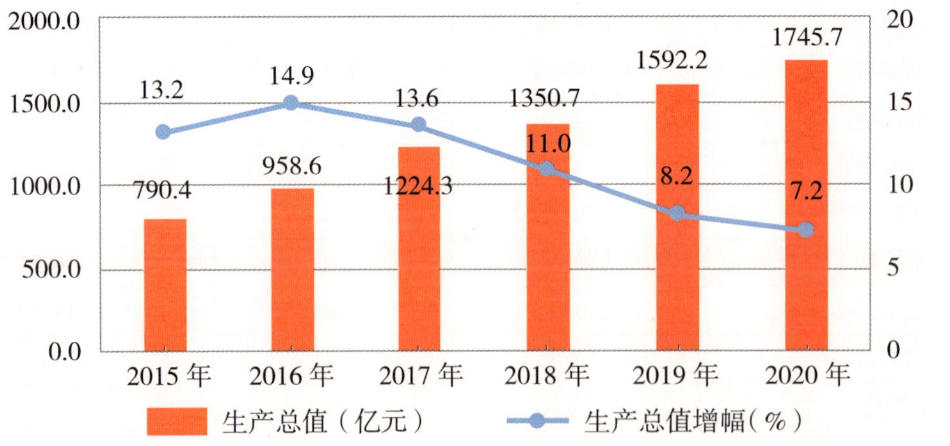

图2 2015—2020年生产总值及增幅

数字经济核心产业增加值1343.0亿元，增长16.6%，高于GDP增速9.4个百分点，占GDP的76.9%，列全市第一。

（二）财政收支

全年实现财政总收入358.4亿元，增长4.8%；一般公共预算收入182.8亿元，增长4.1%，其中税收收入172.6亿元，占一般公共预算收入的94.4%，其中增值税（含营改增）、企业所得税、个人所得税分别为64.8亿元、42.1亿元、31.8亿元，分别占37.5%、24.4%、18.4%。

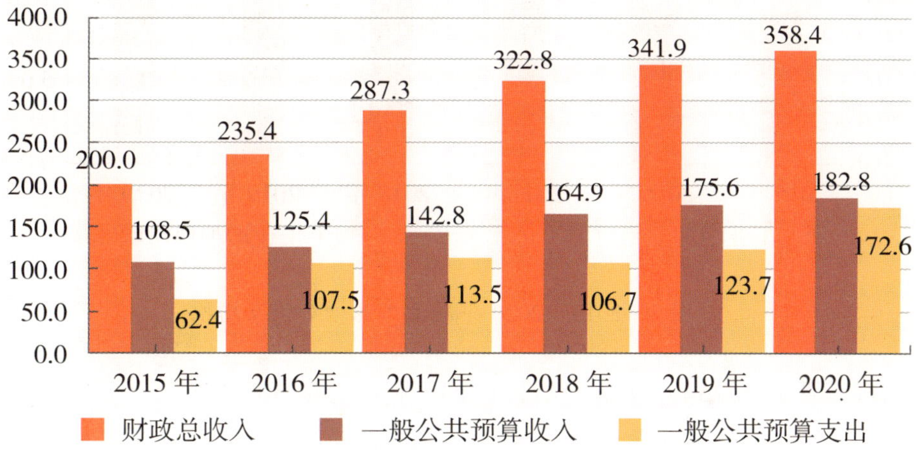

图3　2015—2020年财政收支（亿元）

全年一般公共预算支出126.3亿元，增长2.1%，其中民生保障支出107.4亿元，占一般公共预算支出的85.0%。用于教育、产业扶持的支出分别为25.0亿元、53.7亿元，分别增长1.0%、59.7%。

（三）人口就业

年末户籍人口29.2万人，其中男性人口14.7万人，女性人口14.5万人，分别占户籍人口的50.3%和49.7%。全年出生人口3853人，出生率为13.5‰；死亡人口836人，死亡率为2.9‰，自然增长率为10.6‰。

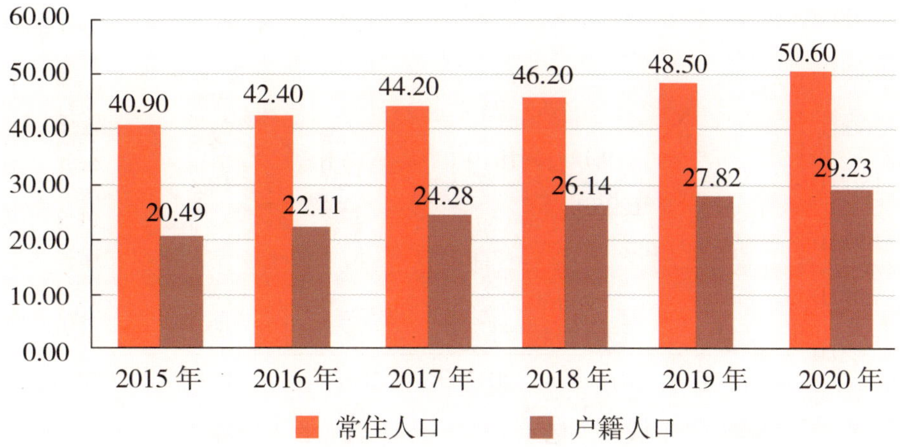

图4　2015—2020年常住、户籍人口数（万人）

全年新增就业岗位22672个，增长20.8%，年末城镇登记失业率2.4%。

二、工业和建筑业

全年实现工业增加值794.2亿元，增长9.7%，其中规上工业增加值704.2亿元，增长10.8%。新产品产值率40.0%；规上工业劳动生产率72.3万元/人。

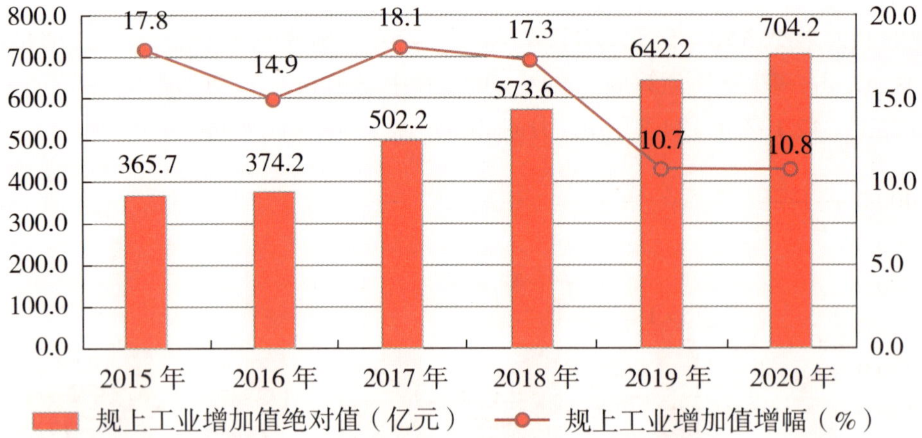

图 5　2015—2020 年规上工业增加值及增幅

规上工业实现营业收入2547.1亿元，增长6.2%；利润总额307.2亿元，增长7.2%，营业收入利润率达12.1%。

规上工业中高新技术产业增加值增长11.1%，占规上工业增加值的98.1%；战略性新兴产业增加值增长11.2%，占规上工业增加值的78.3%；装备制造业增加值增长11.7%，占规上工业增加值的92.7%。规上工业单位增加值能耗下降率为4.9%，比上年缩小12.8个百分点。

全年建筑业实现增加值14.9亿元，增长3.5%。

三、规上服务业

全年规上服务业实现营业收入2654.8亿元，增长11.8%，其中信息软件服务业实现营业收入1853.4亿元，增长12.7%，占规上服务业的69.8%。实现利润总额369.1亿元，增长52.2%。

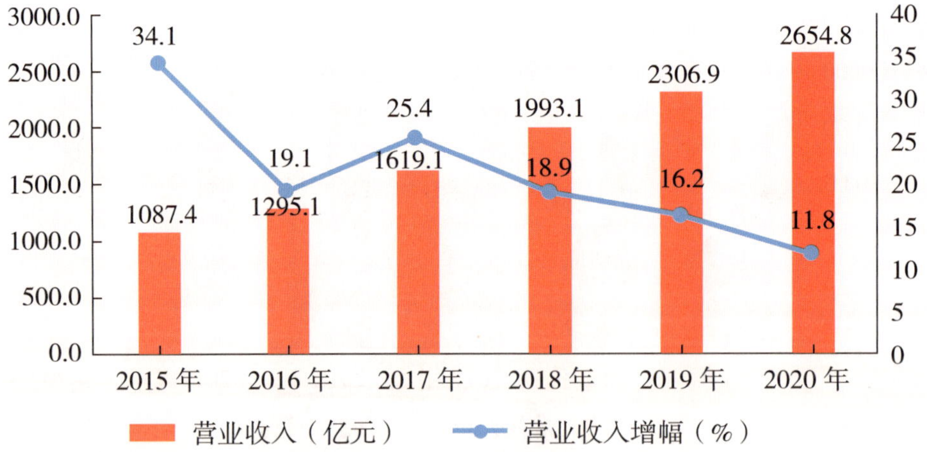

图 6　2015—2020 年规上服务业营业收入及增幅

四、固定资产投资和房地产业

（一）固定资产投资

全年固定资产投资下降9.6%，其中项目民间投资增长18.4%，交通投资增长151.9%，生态环保、城市更新和水利设施投资增长30.5%，高新产业投资增长9.8%，工业投资增长16.3%。

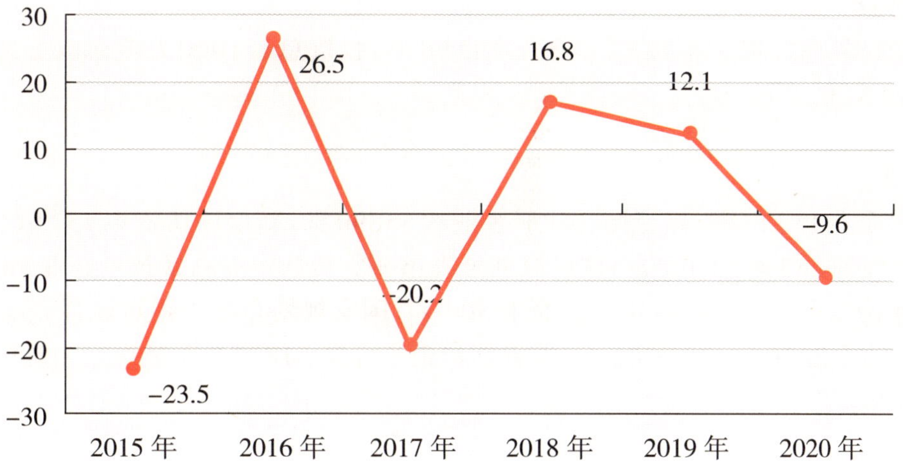

图 7　2015—2020 年固定资产投资及增幅

（二）房地产开发

全年房地产开发投资下降 21.6%，年末房屋施工面积 431.2 万平方米，增长 4.5%；新开工面积 107.8 万平方米，增长 109.3 %；竣工面积 50.8 万平方米，增长 293.8%。房地产销售面积 36.9 万平方米，增长 0.7%；房地产销售额 152.2 亿元，下降 2.7%。房地产库存套数 3829 套，下降 17.0%；库存面积 54.0 万平方米，增长 3.8%。

五、国内外贸易、对外经济

（一）国内贸易

2020 年，全区社会消费品零售总额为 417.1 亿元，增长 0.6%，汽车零售额增长 2.5%；通过公共网络实现的商品零售占限额以上批零单位商品零售总额的 31.1%。

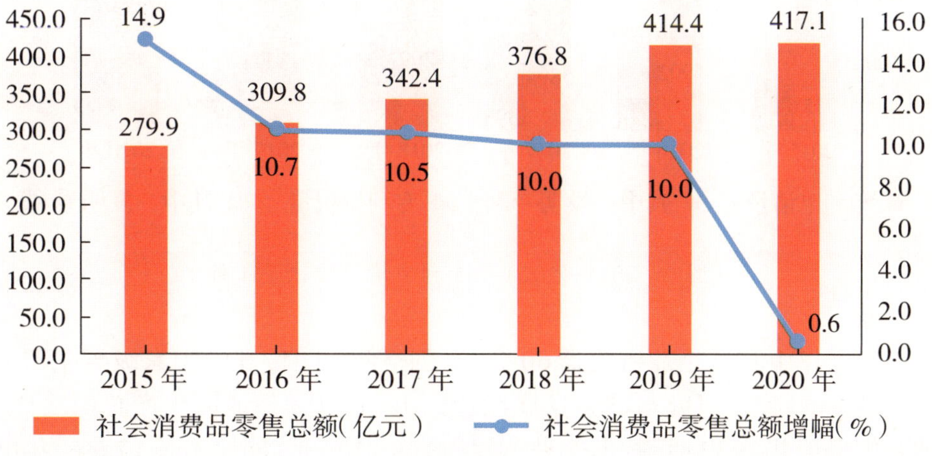

图 8　2015—2020 年社会消费品零售总额及增幅

（二）对外贸易

全年自营进出口总额 804.4 亿元，增长 3.7%，其中进口总额 260.2 亿元，下降 9.2%，出口总额 544.2 亿元，增长 11.2%。出口总额中，美国和欧盟市场出口分别为 91.7 亿元和 111.7 亿元；高新技术产品出口 315.7 亿元，占出口总额的 58.0%；服务贸易出口 44.4 亿美元。

（三）利用外资

全年备案新设外商投资企业125个，增资项目99个，投资总额1000万美元以上大项目15个；实际利用外资10.31亿美元。

六、企业发展

全年新注册企业11323家，累计拥有注册企业数55890家，新增注册资本753.6亿元。新增上市公司6家，总计培育53家，上市公司总量位列全省第一。新认定的高新技术企业385家，有效数1550家，继续保持全省第一。新认定瞪羚企业307家；国家规划布局内重点软件企业和集成电路设计企业40家，占全省70%。12家企业入选省创新企业百强；18家企业被认定为省技术先进型服务企业，占全省72%。

全年新增研发中心省级55个、市级85个，年末拥有省级研发中心300个；新增市级以上企业技术中心17个，其中市级14个、省级3个，年末拥有技术中心178个；新增省级实验室2家，年末拥有省级重点企业研究院40个。

七、科技创新

全年专利申请量24333件，增长32.8%，专利授权量13222件，增长28.6%，每万人发明专利拥有量390件，列全省第一。PCT（国际专利合作条约）申请量为625件，占全市PCT申请总量的30.8%，位居全市第一。获评国家知识产权示范企业18家，占全省5.2%，中国专利奖60项。

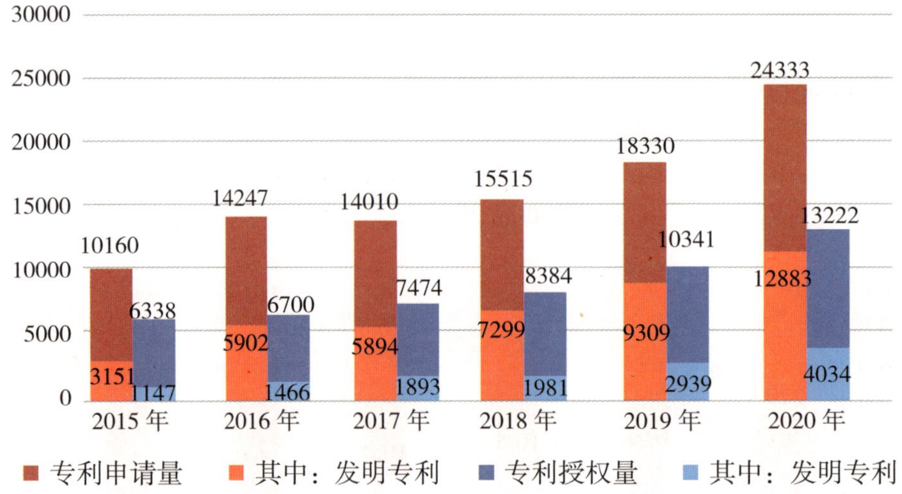

图9 2015—2020年专利申请、授权量（件）

年末拥有市级及以上科技企业孵化器60个、众创空间44家，其中国家级孵化器10个、众创空间17家，在孵企业2451家。研究与试验发展经费支出（R&D）与地区生产总值之比预计为10%。全年各类技术合同登记共2932项，技术交易总额约169.71亿元，同比增长17.6%，年度技术交易额蝉联全省首位。财政一般公共预算支出中科技支出29.83亿元，增长27.9%。截至年末，累计运作28支创投引导基金，完成投资256笔，管理资产规模45.15亿元。

八、人才

全年新引进各类人才总数33482人，其中博士278人，硕士8473人，硕博人才占人才引进总量26.1%。

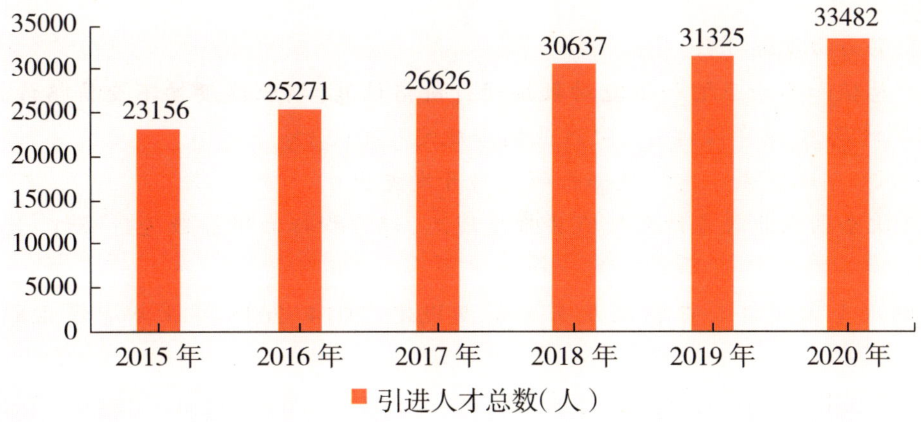

图 10　2015—2020 年引进人才数（人）

九、人民生活与社会保障

全年居民人均可支配收入为70053元，增长3.5%，其中工资性收入占68.9%；居民人均消费支出44516元，下降5.1%

年末职工基本养老保险参保48.4万人，净增5.0万人；基本医疗保险参保率99.5%。

十、教育

年末拥有幼儿园36所，在园幼儿20182人，增长8.5%，专职教师1727人，增长8.3%；小学16所，在校学生28759人，增长9.0%，专职教师1786人，增长8.4%；初中13所，在校学生9070人，增长8.5%，专职教师1077人，增长5.4%。

生均校舍建筑面积21.8平方米，其中幼儿园12.9平方米，小学19.8平方米，中学47.9平方米；生均图书32.5册，其中幼儿园20.1册，小学27册，中学77.6册；小学每百名学生拥有计算机13.6台，中学68.3台。学前三年幼儿园入园率99.91%，初中毕业生升入各类高中比例100%。

十一、卫生

年末拥有卫生机构271个，增长14.3%，其中医院8个。拥有各类医疗机构床位582张，其中医院床位457张，分别增长0.9%和4.6%。卫生技术人员3200人，增长17.0%；其中执业（助理）医师1055人，注册护士1401人，分别增长3.6%和11.7%。医院年诊疗17.2万人次，增长3.9%。婴儿死亡率和5岁以下儿童死亡率分别为1.42‰和2.14‰。社区卫生服务站35家。

十二、城市建设、环境保护和安全生产

全年新建道路13.0公里，实有道路总长度297.9公里，新增、优化公交线路26条，新增公共停车场3座，新增停车泊位929个。完成再生资源回收网点122处，全区所有小区（156个）实行“定时定点”投放。

新增园林绿地面积32公顷，其中公园绿地面积17.5公顷。建成“口袋公园”10个、城管驿站9座。完成了13条（段）河道约33公里绿道改造、新建。

全社会用电量34.9亿千瓦时，增长1.6%，其中工业用电4.5亿千瓦时，下降11.1%，居民生活用电7.0亿千瓦时，下降1.7%。

2020年共发生各类安全生产责任事故3起，死亡2人，受伤1人，直接经济损失316万元（含赔偿费），无较大以上事故发生，安全生产形势总体平稳。

公报注释：

1.本公报数据为初步统计数。

2.全区生产总值和各产业增加值绝对数按现行价格计算，增长速度按不变价格计算；三次产业划分执行国家统计局2018年修订《三次产业划分规定（2012）》。

3.2016—2020年地区生产总值数据含研究与开发支出。

4.根据第三次全国农业普查结果及有关制度规定，部分指标数据基数进行修订，2018年增速按可比口径计算。

5.根据第四次全国经济普查结果及有关制度规定，2014-2018年社会消费品零售总额进行修订。

6.根据第七次全国人口普查结果及有关制度规定，2011-2019年全区常住人口数进行修订。

主要指标解释：

1.地区生产总值（简称GDP）：是一个国家或地区的所有常住单位在一定时期内生产活动的最终成果，反映一个国家或地区的经济总体规模和经济结构。

2.工业增加值：是指工业企业在报告期内以货币形式表现的工业生产活动的最终成果；是工业企业全部生产活动的总成果扣除在生产过程中消耗或转移的物质产品和外购劳务价值后的余额；是工业企业生产过程中新增加的价值。

3.数字经济：数字经济指一个经济系统，在这个系统中，数字技术被广泛使用并由此带来了整个经济环境和经济活动的根本变化。数字经济也是一个信息和商务活动都数字化的全新的社会政治和经济系统。

4.“1+6”产业集群：根据杭州“十三五”发展规划，将重点打造1个万亿级信息经济集群和6个千亿产业集群，包括文化创意产业、金融服务产业、旅游休闲产业、健康产业、时尚产业、高端装备制造业六大主导产业。

5.固定资产投资：指建造和购置固定资产的经济活动是以货币形式表现的在一定时期内建造和购置固定资产的工作量以及与此有关的费用的总称。它反映的是运用各种资金完成的用价值体现的实物工作量。

6.社会消费品零售总额：指企业（单位、个体户）通过交易直接售给个人、社会集团非生产、非经营用的实物商品金额，以及提供餐饮服务所取得的收入金额。该指标所涉及的商品包括售给个人用于生活消费的商品，也包括售给社会集团用于非生产、非经营的商品。但纳入社会消费品零售总额统计的商品不包括企业和个人经营户用于生产经营和固定资产投资所使用的原材料、燃料和其他消耗品的价值量，也不包括居民用于购买商品房的支出和农民用于购买农业生产资料的支出费用。

7.居民可支配收入：指居民可用于最终消费支出和储蓄的总和，即居民可以用来自由支配的收入，包括现金收入和实物收入。

资料来源：

本公报综合部分中户籍人口数据主要来自区公安分局；财政收支数据来自区财政局；外经及招商引资数据来自区商务局；企业发展、科技投入产出数据主要来自区市场监管局、区财政局、区科技局、区经信局；人才数据来自区委组织部、区人社局；社会保障数据来自区人社局；教育数据来自区教育局；卫生数据来自区社发局；城市建设、安全生产数据来自区住建局、区城管局、区农业农村局、区应急管理局；其他数据均来自区统计局。

（区统计局）

附　录

2020年杭州高新区（滨江）重要报道精选

上半年杭州高新区（滨江）规模以上工业增加值增长14.5%

强劲韧性　源自创新（新视点）

马晓才　李　洁

今年上半年，浙江杭州高新区（滨江）喜讯连连：新华三集团成为中国移动2020年第一标的最大中标企业；杭州中恒电气股份有限公司成功研发全栈式5G通信电源解决方案；浙江大立科技股份有限公司的全自动红外体温筛选设备供不应求；浙江红相科技股份有限公司的智能巡检机器人，连续中标云南电网、内蒙古电网、国家电网的特高压输电等项目……特殊时期，杭州高新区（滨江）却韧性十足、活力迸发，不少高新企业逆势增长。数据显示，上半年该区规模以上工业增加值增速为14.5%，其中高新技术产业增加值增速达到14.8%。

杭州高新区（滨江）为何能展现出强劲韧性？

重视创新，优势企业加大研发投入。应对疫情带来的冲击，杭州高新区（滨江）企业积极开展国产芯片的适配研发，加快集成网络、技术、存储、安全等国产化电子元器件的整机设备开发，强化芯机联动，新华三、矽力杰、纳晶科技、长川科技等优势企业均实现快速增长，上半年区域集成电路产业营收增速达到18.7%。

创新非一日之功，高新区企业长期专注于研发。近年来，宏杉科技、恒生电子的研发投入占销售收入比重达到20%—30%。2019年，杭州高新区（滨江）全社会研发投入166亿元，占GDP比例持续多年保持在10%以上。中恒电器相关负责人表示："2017年到2019年，中恒电气持续投入研发，不断推动技术的更新换代。"自2017年起，中恒电气瞄准5G，分别与腾讯、阿里巴巴携手，全资组建联合实验室，进一步推进各项研发工作。

抢抓新机遇，发力新产业。高新区内海康威视、大立科技等企业，基于视觉识别领域的技术积累，将数字技术嵌入生命健康产业，快速投产红外热成像仪、核酸检测仪等新产品，开拓新增长点。据统计，上半年杭州高新区（滨江）医药制造业、专用设备制造业产值增长41.3%和42.4%。

杭州高新区（滨江）产业发展保持活力，与良好营商环境密不可分。在复工复产之初，高新区（滨江）政府快速出台政策，及时拨付各类资金31.87亿元，协调解决企业问题6396个，以“主动报到、服务周到、说到做到”的理念服务企业，使企业损失降到最低、复工达产快人一步。对此，创业者游步东深有体会：“杭州高新区（滨江）为安商稳商提供的一系列服务，让我们感受到家一般的温暖，能够安心在这里大展身手。”

“今年是杭州高新区（滨江）成立30周年。30年来，高新区（滨江）打造出一条以新一代信息技术为支撑，从关键控制芯片设计，到传感器和终端设备制造、物联网系统集成、网络通信设备、信息软件开发以及电子商务运用，再到网络运营服务、云计算、大数据应用、网络安全的数字经济核心产业的全产业链体系，培育出一批具有竞争力的行业冠军。”杭州高新区（滨江）有关负责人说，未来将构建更有韧性的产业体系，完善更有活力的企业生态系统，形成发展动力更强、抗压性能更好的协同机制，努力实现高质量发展。

（2020年08月19日《人民日报》18版）

杭州高新区：双轮驱动托起数字经济高地（高新区看创新②）

记者　冯　华

作为国务院批准的首批国家级高新区之一，杭州高新区成立30年来深耕数字产业，培育出海康威视、新华三、大华等众多数字经济领军企业，打造出产业链条完整、技术优势明显的产业集群发展样本，全社会研发投入占GDP比重和万人发明专利授权量位居全国前列。

秘诀何在？在杭州高新区党工委书记王敏看来，从创新驱动到创新制胜，杭州高新区走出了一条科技创新+体制创新的双轮驱动创新之路。

瞄准堵点、聚焦短板，围绕数字经济产业链部署创新链

托在手心，只有硬币大小的正方形元器件，凝聚了大立科技董事长庞惠民“十年磨一剑”的心血。这个不起眼的小小元器件，在疫情防控中立下大功——作为红外热像仪的关键零部件，它广泛应用于各种测温设备，筑牢疫情防控的第一道关口。

“以前在红外热成像领域，最关键的探测器全球只有一家供应商。几万元的设备，元器件就占了全部成本的70%以上。”庞惠民说，2003年抗击非典时，公司生产的非制冷红外焦平面探测器核心部件完全依靠进口，不仅价格昂贵，而且急用时根本买不到。2004年开始，庞惠民就下定决心，一定要攻克这个“卡脖子”技术。

创新的底气除了公司的技术积累，也来自于高新区的支持。“2001年，我们刚从省测试技术研究所改制为股份制公司，在几乎没有任何产出的情况下，高新区就批给我们56亩土地，让我们建起了实验室和生产车间，这是企业当时最需要的。”

做好探测器，需要上百道工序，技术难度很大。“很多道工序的生产设备都是特定的，我们要先把设备造出来，摸索着去做，还要保证每一道工序的成功率，才能实现标准化的器件生产。”庞惠民告诉记者，研发元器件需要高额投入，投入最多时占到企业年利润的一半。在这一过程中，高新区也给予了关键的经费支持，并且帮助企业申报国家和省部级的重点项目。

在高新区的支持下，大立科技先后成功研制出100万像素、200万像素和600万像素的非制冷红外焦平面探测器，性能达到国际领先水平。

由此带来的，是浙江红外产业的集群优势。今年上半年，海康威视、大华、宇视科技、大立科技等企业快速投产红外热成像仪，杭州高新区的红外热像产品产量约占全国的2/3，关联企

业产值快速增长。

紧紧围绕产业链部署创新链，瞄准产业链条的堵点、短板自主创新，如今杭州高新区已打造出一条以新一代信息技术为支撑的数字经济全产业链体系。

"投得越多、补得越多"，将企业高新技术研发作为政策支持的关键着力点

"每年从财政支出中安排不低于15%的比例设立产业扶持资金"——2004年起，修订后的《杭州高新技术产业开发区条例》在全国范围内率先以地方性法规的形式，明确支持高新技术产业发展和中小企业创新创业活动。

"公司刚成立时，办公环境特别艰苦，坐在机房里写代码，经常能听到顶棚的老鼠乱跑。"宏杉科技总裁杨柳告诉记者，2010年，宏杉科技瞄准存储这个国内信息产业的短板，开始攻关。

"早期我们研发资金有限，多亏了高新区雪中送炭。"杨柳回忆，听说企业遇到困难，高新区主动上门服务，不仅帮助协调了新的办公场所、减免了3年房租，还按照企业研发投入的20%予以资金补助。如今，宏杉科技掌握多项存储核心技术，产品成功运用于中国工商银行、铁路总公司12306结算系统等数据中心。

"投得越多、补得越多"，记者在杭州高新区采访发现，这里将企业的高新技术研发作为政策支持的关键着力点，各项政策扶持体系的重要指标，都是企业的研发能力和投入，而不是产出和税收。

"生物医药产业投入高、周期长，高新区给了团队全方位的支持。"鸿运华宁（杭州）生物医药有限公司创始人景书谦告诉记者，企业创办的初衷是"做一款真正属于中国人的创新药"。他们提交的项目通过高新区"5050计划"项目评审，拿到了3年的办公场所补贴和500万元的创业启动资金，又获得两轮"一企一策"政策的支持。

景书谦说，如今鸿运华宁已建立起具有自主知识产权和全球竞争力的生物药研发管线，自主研发出多个靶向GPCR抗体候选药，累计在全球申请45项发明专利，离梦想越来越近。

据杭州高新区经信局局长张炬刚介绍，高新区注重发挥企业的创新主体地位和作用，支持对象以企业为主体，成果转化也以企业为主体，对于选准的企业、产业敢于支持，以企业为主体的创新链持续升级。

"补得越多、投得越多"——高新区的精准支持有力撬动了全社会研发投入。宏杉科技、恒生电子的研发投入占销售收入比重达到20%~30%，电子商务、通信设备、集成电路、电子与信息等相关产业研发投入占销售额比重达到两位数。2019年，杭州高新区万人发明专利拥有量357.57件，九成以上来自企业。

宽容失败、鼓励创新，构建良好的创新创业生态

曾经有人评价，杭州高新区的成就，是"忍"出来的。因为能"忍"，高新区耐心培育高新技术产业；因为能"忍"，高新区可以宽容失败，帮助企业成长，坚定不移地支持"明天不一定成功、但后天会灿烂"的技术和产业。

范渊，作为第一个登上全球顶级信息安全大会进行演讲的中国人，2007年回国后选择了在高新区创业，他创办的安恒信息现在已是国内网络安全领域的知名企业。

从最初不足100平方米的孵化器，到一层楼，再到一栋楼……回顾安恒信息的成长历程，范渊最感谢的就是高新区对于创新生态的营造。"高新区对创新创业和对海外人才的支持政策都非常清晰，我们能够专心投入研发。这里上下游产业链完善，在区内就能找到优质客户和合作伙伴，产品可以很快落地应用。"

专注于孵化初创企业的杭州枫惠六和桥创投科技有限公司董事长马海邦认为，杭州高新区最吸引创业者的地方除了好的营商环境，还在于长期形成的宽容失败的创新氛围。

"高新区是一个让我再次起飞的地方。"博联科技CEO刘宗孺说，第一次创业失败后，他又携带着智能家居整体解决方案再次来到高新区，当时的心情是忐忑的。"没想到这个项目不仅高分通过评审、拿到500万元启动资金，还享受到各种优惠政策。目前公司的销售额已经达到4亿元。"

"宽容失败，鼓励创新，才能构筑起良好的创新创业生态，共同推动打通堵点，在新发展格局中赢得主动。"王敏表示，创新驱动不仅体现在技术创新，也体现在政府政策和服务的创新方面。每当捕捉到企业、项目发出的创新信号，高新区总能快速响应。2011年以来，高新区已连续推出三轮"1+X"产业政策体系并不断升级，根据企业在不同发展阶段的特点和实际需求给予差别化政策扶持。

为破解企业融资难问题，杭州高新区今年首创基于企业创新能力的科技企业增信机制，在全国高新区中率先启动"企业创新积分"试点，通过可量化的指标精准构建全周期的企业创新画像。

今年8月，一个名为"上马石"的企业e服务平台在杭州高新区开通。该平台依托高新区城市大脑，以应用数据为支撑，精准连接政府、企业、银行、园区，旨在把企业"扶上马、送一程"。参与研发这一系统的范渊表示："如果说12年前还是1.0时代，那么今天已经进入高新区创新生态的2.0时代。"

（2020年11月23日《人民日报》19版）

三十而立　数字经济好风正劲

——杭州高新区30年高质量发展系列报道之一

洪恒飞　辛晶晶　记者　江　耘

编者按　三十而立，一路拼搏。以"发展高科技，实现产业化"为己任，构建"产城人"融合生态，杭州高新区聚焦"数字经济"主业，紧盯全球未来产业发展趋势，勇担科技和产业创新的开路先锋。今日起本报推出系列报道，展示杭州高新区高质量发展历程。

1990年3月，杭州国家高新区的牌子在杭州老城的文教区正式竖起。作为国务院批准的首批国家级高新区之一，杭州高新区从"新"出发，踏上了中国通信设备制造和信息软件产业开拓之路，一走就是30年。

2003年，时任浙江省委书记习近平在杭州高新区视察时指出，高新区要发展功能明显、特色突出的高新技术产业，不断发挥领跑作用，打造硅谷天堂。

为此，杭州高新区矢志不渝，深耕数字产业，以73平方公里的面积，培育出了阿里巴巴、海康威视、网易、新华三、大华等众多世界级的数字经济领军企业，实现了近1600亿的GDP，数字经济核心产业增加值占GDP总量80%左右，成为浙江数字经济最强区。

"从白手起家到打造数字经济最强区，杭州高新区走出了一条科技创新+机制创新的双创新之路。"回首三十年，杭州高新区（滨江）党工委书记王敏在接受科技日报社专访时如是说。

均衡布局　优化全产业链体系

长川科技是杭州高新区一家为集成电路提供测试装备的企业。集成电路装备是亟待攻克的"卡脖子"工程。为此，公司每年研发投入占销售收入比重达20%以上，将在数字电路测试、存储器测试和探针台领域重点突破，与国际领先企业同台竞争。

长川科技是杭州高新区企业坚持创新底色，主动对上下游产业链的强链补链的缩影。

今年1—6月，杭州高新区通信设备、信息软件、数字传媒等优势产业营收均实现两位数增长。

对此，王敏认为，主要得益于杭州高新区形成了一条技术优势明显、软硬产能兼备的数字经济全产业链。

多年来，杭州高新区在产业链各个关键环

节均有谋划布局，打造出一条以新一代信息技术为支撑，从关键控制芯片设计，到传感器和终端设备制造、物联网系统集成、网络通信设备、信息软件开发以及电子商务运用，再到网络运营服务、云计算、大数据应用、网络安全的数字经济核心产业的全产业链体系。

杭州高新区经信局党组书记、局长张炬刚举例介绍，软件和集成电路是当地产业集群的核心。中美贸易摩擦形势下，当地政府积极推动集成电路企业发展及国产芯片在高端领域应用，整机厂商在高端芯片领域积极开展国产芯片的适配研发，芯片需求进一步带动了上下游相关产业。

杭州高新区发改局副局长朱小琴也表示，杭州高新区在产业链各个细分领域均已培育出代表性企业，这些企业通过技术裂变带动产业上下游完善，从而催生了多个千亿级规模的产业集群。

集聚要素　锻造强劲创新链

国内新冠肺炎疫情突袭而至后的5个月内，浙江向国内外供应40余万台红外热像仪，约占全国的三分之二。其中，杭州高新区占到浙江总产量的97%。

“海康威视、大华、宇视科技等数字安防企业基于视觉识别领域的技术积累，快速研发红外热成像仪等新产品并落地为产能。”杭州高新区科技局副局长金文洪表示，企业持之以恒抓创新蓄技术，利用知识创造和技术创新能力全力应变，才能这般厚积薄发。

王敏表示，30年来，杭州高新区每届政府都坚持自主创新，走创新驱动发展路子。高新区围绕关键技术突破、产业重大应用、专利、知识产权以及标准等，构建了一整套的产业机制架构，包括形成一系列以企业为主、科研机构和院校等共同参与的技术联盟。

“华为杭州研究所、诺基亚杭州研发中心等研发平台落户，深度融入杭州高新区。”金文洪表示，在“双循环”大背景下，高新区还预见性地布局了基础前沿和关键技术研发。

正是因为创新，今年上半年，杭州高新区率先实现了经济指标的逆势而进，实现GDP增速7.0%；数字经济核心产业增加值增速13.1%；规上工业增加值增速14.5%。

科技金融链护航　迎接下一个黄金期

在杭州高新区，既有龙头企业乘风破浪，也有大批中小微企业茁壮成长。如何发现“好苗子”，畅通企业融资渠道，破除“大树底下不长草”的魔咒？

早在10年前，杭州高新区就开始探索知识产权质押贷款，企业以专利撬动金融。今年1—7月，区内企业专利质押和商标质押总额已达10.853亿元。

以企业营业收入规模为标准，将评价对象企业划分为“种子期—苗木期—成长期—壮大期—成熟期”五个发展阶段。不久前，杭州高新区启用“企业创新积分”制度，作为支持企业信贷的依据之一。

朱小琴表示，到2025年，数字经济核心产业主营业务收入实现翻番，力争超过6000亿元。既要靠龙头企业持续带动，也要让中小微企业大展身手。

围绕数字经济产业链，杭州高新区充分发挥政府基金对风险投资的引导作用，构建从种子轮、天使轮、ABC到上市的全周期科技金融链。

近三年来，杭州高新区政府出资规模8.66亿元，撬动社会资本超过34.24亿元，有力地缓解了初创期科技型企业融资难问题。累计上市公司52家，总数列全国前列、浙江首位。

今年上半年，泰林生物在创业板上市，光云科技在科创板上市，网易、泰格医药在港交所二次上市，上市公司数量持续保持稳步增长。

“我们走出了一条‘人才带技术、技术变项目、项目融资金、实现产业化’的‘滨江路径’，形成产城人融合发展的态势，将持续打造良好生态，迎接数字经济发展的下一个黄金期。”王敏说道。

（2020年10月14日《科技日报》1版）

两个武汉娃娃和7个临时妈妈

记者 陆 健 通讯员 宋桔丽 阮 元

这是一个来自武汉的家庭，一家5口平时生活在浙江省杭州市滨江区。春节前，一家人到武汉探亲返回杭州后，父母亲和外婆先后被确诊为新型冠状病毒感染的肺炎，到定点医院接受隔离治疗，剩下的兄妹俩也要接受医学观察。

哥哥8岁，妹妹两岁，家里大人都住进了医院，让武汉老家再来人照顾，显然不现实。“怎么照顾两个孩子成了大问题，尤其是妹妹才两岁，离开家人如何才能适应？”滨江区疾控中心主任胡建江感到很棘手。

1月28日，滨江区社会发展局发动3个街道社区卫生服务中心护理人员自愿报名，征集6名志愿者照顾兄妹俩。

“一开始担心没人报名，因为任务很艰巨，也有一定的危险性。”滨江区社会发展局副局长徐建说。

志愿者们需要陪他们在医学观察点高压工作14天，每6小时轮班一次，值班期间需要全副武装——不能脱防护服，不能进食，不能喝水，也不能上厕所。在两个孩子解除医学观察后，志愿者还要再接受14天的医学观察。这意味着这28天里，志愿者们得远离人群，远离家人。至于危险——两个孩子虽然没有出现症状，但是他们是密切接触者，存在着携带病毒的可能性。

然而很快，所有的担心都变成了感动。

“中午接到报名通知，我想，这种时候党员带头上呗。”西兴街道社区卫生服务中心护士长邵慧霞和同事傅静马上报名。

长河街道社区卫生服务中心程红梅和汤春燕主动加入。程红梅当了20多年护士，参加过2003年抗击非典战役。汤春燕也没跟丈夫商量，“都不用考虑的，作为医护人员，这是最基本的责任”。

浦沿街道社区卫生服务中心两位年轻护士黄绿宝、柴聪聪被选中。“我们年轻，没啥后顾之忧，家里人也很支持我们。”柴聪聪说。

两位70后、两位80后、两位95后，不到两个小时，一支由6人组成的医学观察护理队就成立了。参加陪护的还有孩子父亲的一位同事尤丽。这7个人就这样成了两个武汉娃娃的临时妈妈。

1月28日11点多，两个武汉娃娃被接到了被称为“爱心天使驿站”的医学观察点。街道为医学观察点安排了社工和保安，每日饮食由社工定时送上门。

当天晚上，傅静、程红梅、黄绿宝、柴聪聪作为第一梯队，和尤丽一起进驻医学观察点，第二梯队邵慧霞、汤春燕留在后方待命。

临时妈妈们被分成了4班，每班6小时。孩子们在二楼，每次值班，会有一人进去，剩下的3人则在一楼休整。在医学观察期间，兄妹俩除了睡觉，每小时还要测一次体温，临时妈妈都要做记录，一旦有异常情况随时通过对讲机向外汇报。到2月4日，两个娃娃住进观察点已经7天，体温数据一切正常。

临时妈妈们面对的最大难题还是哄娃。兄妹俩住进观察点的第一个上午，房间空荡荡的，两个娃娃和值班护士柴聪聪“大眼瞪小眼”，有点坐不住了。

柴聪聪通过对讲机向外边求援，工作人员迅速送来了哄娃利器——书本、拼图、玩具等。

最近，杭州市钱塘实验小学数学老师来煜婷听说兄妹俩的事情后，立马联系西兴街道防疫指挥部，通过视频每天给娃娃上起了数学课。有了书本和远程授课，偶尔玩一下，懂事的哥哥很安静。

“妹妹可能年纪小，乖的时候很黏人，阿姨阿姨叫个不停，但每天都会闹闹脾气。”黄绿宝、柴聪聪两个95后有点无奈。

比起白天的闹脾气，让大家最头疼的还是哄妹妹睡觉。程红梅说：“每天睡觉前，妹妹都吵着要妈妈，第一晚她抱着哥哥睡着了，后面有几次半夜醒来也会闹一下，我们就抱着哄她睡觉。”孩子已经上初中的程红梅特别理解妹妹的哭闹，“希望两个孩子的家长尽快出院，一家团圆”。

如果一切顺利，两个武汉娃将在2月11日解除观察。在这之前，7个临时妈妈会一直陪伴着他们。

（2020年2月6日《光明日报》8版）

强链补链　逆势增长

杭州高新区（滨江）集成电路产业引进大好高项目

记者　张　留　通讯员　宋桔丽

浙江集成电路产业再添新成员。近日，紫光股份5G网络应用关键芯片及设备研发项目正式落户杭州高新区（滨江）。该项目将进一步提升杭州高新区（滨江）在5G芯片和相关设备方面的研发和制造能力，助力集成电路产业集群式发展。

杭州高新区（滨江）是国家最早批准的7个国家级集成电路设计产业化基地之一，列入国家规划布局内重点软件和集成电路企业33家，占全省比例达72.7%。虽然设计和封测能力较为突出，但滨江区在集成电路产业的制造环节存在短板。今年以来，该区引导企业发挥芯片设计和制造的牵引作用，围绕强链补链激发“芯”动能，大好高项目纷至沓来，1月至4月，集成电路产业利润总额同比上涨24.8%，出口同比上涨25.5%。

进一步提升设计和测试能力，做强产业链。据了解，杭州高新区（滨江）集成电路产业在封测和设计领域，一直处于全国领先地位：杭州长川科技是国家集成电路产业基金布局的第一家集成电路封装测试设备公司；华为杭州研究所通过协同遍布全球的研发中心，一起攻关研发了鲲鹏所有处理器指令集以及鸿蒙操作系统。今年以来，杭州高新区（滨江）积极推进双招双引，浙江省鲲鹏生态创新中心、杭州长光产业技术研究院、杭州中科国家技术转移中心、国家数字服务出口基地先后落户，进一步集聚了优质集成电路创新资源，增强了创新引领发展的源动力。

补齐芯片制造短板，加快补齐产业链。今年3月，富芯半导体项目在杭州高新区（滨江）富阳特别合作区正式落地。项目总投资400亿元，将生产面向汽车电子、人工智能、移动数码、智能家电及工业驱动的高功率电源管理芯模拟芯片。建成后将成为浙江省最先进的模拟芯片制造工厂，补齐杭州高新区（滨江）芯片制造短板。

搭建高能级创新服务平台，引导企业实现“芯机联动”。依托国家集成电路设计杭州产业化基地杭州国家“芯火”双创基地，该区加快引导区内企业开发整机应用，形成国内领先、较为完善的“芯片—软件—整机—系统—信息服务”产业生态体系，提升区域内集成电路产业乃至相关整机产业的核心竞争力。

（2020年6月15日《浙江日报》1版）

杭州高新区迎来“而立之年” 新格局中如何交出高分报表

记者 金 波 吴雅茗 吴妙丽 张 留 章 卉

杭州高新技术产业开发区，30岁了。

而立之年，该区为未来15年做了一份“生涯规划”：建设世界一流高科技园区的规划纲要——

“到2035年，全面建成世界一流高科技园区。在更高起点、更高层次、更高目标上，构建具有全球影响力的自主创新策源地，代表国家全面参与全球竞争。”

这是杭州高新区贯彻省委“忠实践行‘八八战略’、奋力打造‘重要窗口’”部署，决心交出的一份高分报表。

30年前，杭州高新区作为全国首批、浙江首个高新区，率先承担起了“发展高科技、实现产业化”的使命。近年来，其综合实力两度位列全国169个国家级高新区前三，进入全国10个世界一流高科技园区建设序列。

今天，面对新冠肺炎疫情冲击、外部环境丕变，在加快构建新发展格局之际，坚持高新引领成为根本应对之策。聚焦创新驱动发展、长三角一体化发展等国家战略需求，杭州高新区如何争做国家战略的主平台和排头兵？

看清方位　为国家做出贡献能更大吗？

上半年GDP同比增长高达7%，4月至8月规上工业增加值持续5个月保持两位数增长。疫情常态化防控期间的一连串数据，再次体现了杭州高新区的经济韧性。

但是，区里上下的喜悦并没有外部想象的那么强烈。

事实上，从去年10月开始，杭州高新区就在进行一次“自我叩问”式的解放思想大讨论。这场讨论，直接缘于一份让人坐不住的新排名：杭州高新区在国家级高新区中从前三滑到第十。

虽然有其他高新区面积扩容等客观因素的影响，但这“当头一棒”，令杭州高新区开始全面审视自我：地区年生产总值一路高歌猛进、2019年已逼近1600亿元，但原始创新能力不强、经济总量不大等突出短板不解决，未来进步必将受限。

让“痛感”来得更猛烈一些！一场场务虚会，从杭州一路开到北京。各级领导干部与专家学者、企业家坐到一起，打开视野，站位全国、全球，把脉杭州高新区——

战略定位是否可以更高？科技部火炬中心高级工程师余志海说，作为国家级高新区，杭州高新区不能仅仅满足于当杭州的高新区，不能习惯于和省内区（县、市）比较，在区域和全国的实际定位应该更高。

原始创新能力能否更强？虽然杭州高新区研发投入占GDP比重始终保持两位数，每万人发明专利拥有量达357件，与京沪不分伯仲，但对比美国硅谷、国内深圳，杭州高新区对产业链的控制力相对较弱，服务全国、带动全省的创新策源作用有待进一步放大。

区域协同发展能否更积极？习惯于在72平方公里的“螺蛳壳”里做文章，杭州高新区与周边区域产业合作有限，围绕国家开放战略和长三角一体化发展需求，有待进一步以全球化视野推动开放协同创新。

创新创业生态能否更优？硬科技突破能力能否更强？企业创新主体作用能否更突出？……

一声声自我叩问，问的是高新区在新时代的新担当。

直面现实，杭州高新区去年开始酝酿，将规划建设世界一流高科技园区作为抢抓新一轮技术革命战略机遇、破解自身发展瓶颈的重要抓手。今年8月，杭州高新区主要负责人赴京与专家面对面论证新规划纲要，谋划新定位新坐标。

自省，为了更好的未来。新规划纲要里，杭

州高新区明确了四个战略定位：全球创新源、世界数字港、未来智慧城、国际魅力滨。“我们要以全球眼光、生态思维，勇开顶风船，打造全球创新策源地，代表国家参与世界竞争。”杭州高新区党工委书记王敏说。

瞄准一流　创新生态营造能更优吗？

初秋时节，再次来到杭州高新区物联网小镇、互联网小镇，记者发现这里已经多了个“自贸试验区”的头衔：今年9月，这两个特色小镇被纳入浙江自贸试验区杭州片区，为杭州高新区的创新生态营造再添助力。

眼下，创新竞争愈加激烈，国内各地营商环境不断趋同，高新区的政策与环境优势慢慢丧失。如果说，过去30年杭州高新区的成功经验主要来自“小政府”和“构建以企业为主体的创新体系”，那么今天它面临的挑战是：向世界一流高科技园区进军，需要政府更大的作为。如何用好这有形之手？

“我们的观念要从种树升级到种生态上。”杭州高新区党工委委员郑迪表示，高新区今天的成绩是“忍”出来的，紧盯“高新”技术、自主培育，用30年的耐心将一颗颗创新的种子培育成大树，“今后，我们还是要保持定力，打造一流的创新创业生态。”

坚持痛点思维、问题导向，杭州高新区制定了“高新引领、开放协同、体制突破”三大原则。

高新区，必须聚焦“高”与“新”。

在原有数字经济产业的基础上，高新区布局区块链、大数据、生命健康等新兴产业和未来产业，寻找更多突破点。在新冠肺炎疫情全球蔓延的背景下，杭州高新区生命健康产业及相关领域的企业市场前景看好，仅红外热成像产品产能就占全国的65%。“我们要抓住生命健康产业这个未来爆发点。”杭州高新区经信局局长张炬刚介绍，今年9月，高新区出台了新一轮生命健康产业发展规划，积极培育数字经济和生命健康融合产业，在未来5年要引进和培育上市龙头企业10家，打造世界级生命科创高地。

原有产业空间受限，就跳出“一亩三分地”，探索区域协同发展机制。

去年8月，杭州高新区与富阳区成立特别合作区，开创区域协同的“浙江实验”。“挂牌一周年，11个项目在建设，总投资453亿元；50个产业项目在谈。”特别合作区管委会副主任谭建军说。有了项目支撑，杭州高新区的辐射效应和富阳传统产业转型升级，都迎来关键一跃。

东融上海、西接合肥，提升在全球创新格局中的位势。去年以来，杭州高新区对接上海张江科学城、合肥高新区，全面开展人才合作、创新协同和产业融通，为长三角更高质量一体化发展注入新动能。

过去，因体制机制创新赢得优势；未来，仍需依靠改革破题。加快体制突破，杭州高新区上下形成共识：用制度固化优势，为人才、企业营造长期稳定可预期的制度创新环境。

人才需要什么，就配套什么。“在新发展规划纲要中，我们把与人才息息相关的教育、医疗、交通、住房等‘关键小事’，都上升到了战略高度。”杭州高新区发改局局长胡嘉欢介绍，10月9日，高新区在海康威视公司内开出了“陪爸妈上班”的公办幼儿园，有针对性地解决企业员工子女幼托难题。这种产业园区嵌入幼儿园的新模式，就是高新区为满足企业留住人才需求作出的改革。

企业需要什么，创新生态就往哪里突破。今年以来，杭州高新区紧盯“产学研用金、才政介美云”完善创新生态：光电企业需要研发支撑，就专门引进长春光机所等科研平台；小型初创企业需要资金扶持，就发挥政府基金的引导作用；龙头企业需要二次创业，就创新机制专门为阿里巴巴成立“阿牛办”……

创新生态，引凤来栖。今年1月至9月，杭州高新区通过“云”上招聘、路演、市场化认定人才等先手牌，新引进人才25371人，硕博比例占25%。至此，高新区人才引进总量达到38.2万，其中一半以上都是研发工程技术型人才。

新赛道上　企业关键科技突破能更多吗？

在数字经济这条赛道上，杭州高新区已打造出以新一代信息技术为支撑的全产业体系，在中国通信设备制造业和信息软件业开拓者的地位相对稳固，甚至还出现了代表世界最高水平的产业集群。以数字安防产业为例,集群企业579家、上市挂牌40家,全球冠亚军企业都在此扎根。

然而,新的比赛又开始了。

政府营造好生态,科技创新的突破有多大,关键看企业。高新区企业能否在核心领域、关键环节有更多高科技供给?

在无人区、高精尖领域寻求突破。今年疫情期间,因红外热成像体温筛检仪热销,浙江大立科技股份有限公司上半年的净利润增长近400%,超过了去年全年净利润的一倍多。大立科技董事长庞惠民感慨,当年抗击非典时,因某些器件完全依赖进口限制了产能,大立科技毅然踏上攻关路。从2006年投入研发到2016年实现产业化,10年间,他们始终坚守主业,自主创新挺进无人区,才有今天的"宝剑锋从磨砺出"。如今,公司又计划投入10亿元,提升产能及系统产品技术攻关。

"高新产业要活下去,并且活得更好,要兼顾效率与安全。"杭州高新区科技局局长柴志冬介绍。根据各类硬科技攻关难易程度,高新区引导推动产业链上下游多家企业参与协同创新。

重点围绕产业链部署创新链。杭州启明医疗器械股份有限公司在我国第一次成功上市和临床应用人造心脏瓣膜。今年,启明医疗进一步加快布局补齐产业薄弱环节短板。9月10日,公司宣布在生物材料领域新成立一家合资公司。"在心脏瓣膜生物补片、医疗器械金属材料等领域,我们与中科院金属所等单位机构对接,快马加鞭推进交叉学科研究和产业化。"公司董事长訾振军说,"未来3年,将在细分产业再贡献两家以上的上市企业。"

进军一项项新科技,驶入一条条新赛道,都是为了提高产业链稳定性和竞争力。

最近一个月,新华三集团总裁兼首席执行官于英涛,连续拜访多个省、市的党委、政府负责人。"我最大的担忧,就是产业链的稳定。"于英涛表示,解决中国产业链大而不强的困局,要发挥国内超大市场的规模优势,主动为畅通双循环提供高科技供给。目前,新华三正在杭州高新区建设一个5G关键部件项目,打造5G应用生态创新平台。

走没有走过的路,哪怕荆棘丛生。杭州国家芯火创新基地副总经理丁勇欣喜地看到,新华三、联芸科技、万高股份等各大中小企业,纷纷在关键环节布局,构建集成电路产业的闭环,"只要我们勇于做创新发展的探索者、组织者、引领者,就有希望在困境中凤凰涅槃、浴火重生。"

(2020年10月15日《浙江日报》1版)

(区委宣传部)

2020年杭州高新区（滨江）重要报道题录

平面媒体重要报道题录

表50

序号	刊发时间	刊发媒体	刊发版面	标题
1	8月24日	《人民日报》	头版	真抓实干、埋头苦干，推动长三角一体化发展不断取得成效——习近平总书记在扎实推进长三角一体化发展座谈会上的重要讲话引发热烈反响
2	1月29日	《人民日报》客户端	—	党旗高高飘扬 杭州滨江区400余名机关干部变身“社工”
3	4月30日	《人民日报》客户端	—	【一把手访谈】高新区（滨江）党委书记王敏：危中寻机，让生活与创业美美与共
4	8月19日	《人民日报》	18版	上半年杭州高新区（滨江）规模以上工业增加值增长14.5% 强劲韧性 源自创新
5	9月10日	《人民日报》	13版	杭州滨江高新区创新质押贷款形式，缓解中小科技企业融资难 让知识产权“坐地生财”（经济聚焦·高新区里见高招⑤）
6	11月23日	《人民日报》	19版	杭州高新区：双轮驱动托起数字经济高地（高新区看创新②）
7	12月23日	《人民日报》客户端	—	告别“系统各自为战、数据单打独斗” 杭州滨江区建成数字治水“超级大脑”
8	3月2日	《浙江日报》	头版	疫情倒逼各行各业加速“在线”，安恒在服务企业中发现了更大市场 机遇，只给有准备的人
9	3月18日	《浙江日报》	头版	总投资453亿元的10个项目开工 杭州“滨富特别合作区”打下第一桩
10	4月1日	《浙江日报》	头版	“新华三”全力驰援疫情最前线，“云研发”推动行业复产技术硬实力，让使命必达
11	5月13日	《浙江日报》	头版	新社区里看治理——滨江区东信社区激发居民自治活力
12	6月15日	《浙江日报》	头版	杭州高新区（滨江）集成电路产业引进大好高项目 强链补链 逆势增长
13	9月1日	《浙江日报》	头版	浙江助力贵州丹寨县发展特色农业：吊瓜套种板蓝根 山村致富有门道
14	10月15日	《浙江日报》	头版	杭州高新区迎来“而立之年” 新格局中如何交出高分报表
15	12月19日	《浙江日报》	头版	懂产业 懂城市 懂管理 滨江区培养实干型年轻干部
16	1月14日	《浙江日报》	9版	为了那份放不下的牵挂——三进贵州乡村支医， 杭州好医生张超倒在援黔一线
17	2月26日	《浙江日报》	16版	“服务专员”包企包园包楼 数据“画像”做到心中有谱 滨江：“静”心恒温服务“动”态施策赋能

续表50

序号	刊发时间	刊发媒体	刊发版面	标题
18	3月24日	《浙江日报》	07版	特别合作区，如何满足新制造业“特需”
19	5月13日	《浙江日报》	07版	抓住新基建机遇，华为在浙加速布局鲲鹏计算产业生态——三问鲲鹏如何“链”动浙江
20	6月22日	《浙江日报》	头版导读+05版深读	凭借三大优势把握发展机遇，销量占全国三分之二浙江红外热像产业，为什么这样红
21	6月27日	《浙江日报》	04版	数字赋能 安全加码 滨江工地进入“智慧”时代
22	7月28日	《浙江日报》	04版	推动行政服务中心实时在线 滨江撤减一半行政服务窗口
23	9月23日	《浙江日报》	16版专版	产业业态、城市形态、人才生态“三态融合” 杭州高新区（滨江） 一流人才生态区
24	10月16日	《浙江日报》	12版	杭州高新区：锚定世界一流 而立之年再冲锋
25	10月31日	《浙江日报》	04版	浙江自贸试验区滨江区块启动建设 首批10个项目落子
26	11月10日	《浙江日报》	03版	滨江发布人才新政激活力
27	11月25日	《浙江日报》	18版	多方联动　多元化解 滨江：一“码”解纠纷 锻造诉源治理硬核实力
28	12月15日	《浙江日报》	08版	杭州滨江区试水“多代同楼”养老服务模式 跨代社交，让“人生的秋天”暖暖的
29	12月21日	《浙江日报》	14版	浙江物联网小镇向特色小镇2.0迭代升级 弄潮物联网 十年磨一镇
30	2月21日	《杭州日报》	头版	4700余万元退税：2小时核准1日内到账 滨江以“高新速度”送企业“真金白银”
31	3月5日	《杭州日报》	头版	中共杭州市委追授张超同志为杭州市优秀共产党员
32	8月10日	《杭州日报》	头版	新增和累计上市企业数量均保持全省第一 上市公司“滨江板块”逆势上扬
33	10月19日	《杭州日报》	头版	而立高新竞一流——杭州高新区成立30周年侧记
34	11月13日	《杭州日报》	头版	第二十四届软博会在杭开幕 聚焦高质量发展，杭州软件业彰显硬实力
35	1月15日	《杭州日报》	A08版专版	建言献策谋发展　凝聚共识谱新篇——2019年滨江区政协工作亮点回眸
36	1月15日	《杭州日报》	A09版专版	滨江人大：情系民生守初心，尽职履责谱新章
37	1月15日	《杭州日报》	A03版专版	初心如磐　使命在肩 高新区（滨江）：以高质量主题教育推动高质量发展
38	2月20日	《杭州日报》	A09版专版	精准施策抓复工 暖心服务助生产 滨江有序安全复工复产加速加码

续表50

序号	刊发时间	刊发媒体	刊发版面	标题
39	3月5日	《杭州日报》	24版	高新区（滨江）架起“亲清”连心桥 “双线作战”促发展
40	4月11日	《杭州日报》	A01版	变群众“来办事”为干部“去帮亲” 高新区（滨江）探索建立“亲清三访”服务新机制
41	4月16日	《杭州日报》	A10版	推动基层党建和基层治理同频共振 滨江打响“基层组织建设年”发令枪
42	6月24日	《杭州日报》	A06版	政府牵线搭桥 北航派出“精兵”百名“技术专家”入驻滨江企业
43	7月22日	《杭州日报》	A05版	滨江区今年成立6个教育集团 鼓励名优教师跨校承担教学任务 激励校长向老校、新校流动
44	8月14日	《杭州日报》	T7版	三态融合“国际滨”
45	9月1日	《杭州日报》	A08版	激发市场主体活力 展示“数字滨江”独特魅力 企业e服务平台“上马石”正式上线
46	9月22日	《杭州日报》	A06版	让孩子“陪爸妈上班” 高新区（滨江）把幼儿园开进了产业园
47	10月15日	《杭州日报》	A06版	全球创新源 一个国家级高新区的使命与梦想
48	10月15日	《杭州日报》	A07版	世界数字港 数字经济的“高新示范”
49	10月16日	《杭州日报》	A08版	未来智慧城 城市大脑的高新实践
50	10月16日	《杭州日报》	A09版	国际魅力滨 科技新城的能级跃升
51	11月11日	《杭州日报》	A05版	智慧监督小切口 撬动作风大转变 高新区（滨江）上线“行政服务作风监督台”
52	11月17日	《杭州日报》	A08版	四家企业共建地下停车场，新增车位205个 智慧新天地地下空间联建互通破题“城市病”
53	11月24日	《杭州日报》	A07版	最美跑道2.0版试开放 滨江区17.4千米沿江跑道全线贯通
54	12月10日	《杭州日报》	T07版	滨江区：扮靓城市家园 绽放文明之花
55	12月17日	《杭州日报》	A07版	浙江省教育现代化发展水平最新监测出炉——滨江区总得分88.16，跃居全省第二
56	12月17日	《杭州日报》	A06版	高新区（滨江）率先尝试人才租赁房摇号配租 200名人才中签了！
57	12月22日	《杭州日报》	A03版	社区美好生活共同体 为高水平社区治理贡献智慧 居民来得随心，用得顺心，聚得开心 打造美好社区建设的滨江样板

续表50

序号	刊发时间	刊发媒体	刊发版面	标题
58	12月28日	《杭州日报》	A03版	高新区（滨江）引领示范 “数”“治”融合绘小康
59	7月3日	《科技日报》	07版	物联网产业厚积薄发 “国际滨”要输出一流数字服务
60	9月11日	《科技日报》	07版	凭积分增信争优 杭州高新区为企业构建创新画像
61	9月29日	《科技日报》	05版	杭州高新区：深化“三态融合”，建设数字滨江
62	10月14日	《科技日报》	头版	三十而立 数字经济好风正劲 杭州高新区30年高质量发展系列报道之一
63	10月15日	《科技日报》	03版	产业融合“1+1+1>3” 做强“数字+制造”双引擎——杭州高新区30年高质量发展系列报道之二
64	10月16日	《科技日报》	头版	产城人深度融合 “国际滨”让人才大展身手——杭州高新区30年高质量发展系列报道之三
65	7月19日	《新华每日电讯》	07版	“V型”反弹，高新技术展现“硬核”力量 探寻杭州滨江区工业经济两位数增长的奥秘
66	9月11日	《新华每日电讯》	06版	有了加梯“老娘舅” 加梯按下“快进键”
67	10月18日	《新华每日电讯》	头版	杭州高新区成立30周年：扛起高新使命，迈向世界一流
68	2月6日	《光明日报》	8版	两个武汉娃娃和7个临时妈妈
69	12月21日	《光明日报》	16版	人才生态系统作用凸显 区域人才共享或成趋势
70	6月9日	《科技金融时报》	头版	有为政府+有效市场，杭州中科国家技术转移中心落户滨江 “国际滨”再添产学研合作平台
71	10月20日	《钱江晚报》	06版	新基建成为经济建设新风口，杭州高新区争做“弄潮儿” 数字赋能，全“芯”打造那片“云”
72	6月10日	《都市快报》	A02版	平房变身LOFT 向纵深要空间 清运车开进垃圾房实现全封闭作业 这个滨江最先实行定时定点投放的小区 建了个“复式垃圾房”
73	10月14日	《都市快报》	B01版	迄今已经培养了超过10000家高科技企业 每年有超过3万名人才来这里 创业，就去杭州一个叫高新区（滨江）的地方（专版）
74	10月15日	《都市快报》	B01版	高新区（滨江），就是一个大孵化器 很多人选择来此创业，因为这里孵化出了许多大企业
75	10月16日	《都市快报》	B01版	杭州高新区的30年 正是创新生态不断优化、企业不断成长的30年
76	11月26日	《都市快报》	C04版	携手奔小康 他乡作故乡——奋进小康路上的滨江故事

电视广播网络媒体重要报道题录

表51

序号	播出时间	栏目	标题
1	2月13日	央视新闻频道 《朝闻天下》	浙江企业复工电力指数 反映复工情况
2	2月15日	央视新闻频道 《中国新闻》	浙江杭州：两个孩子和七个“临时妈妈”
3	3月13日	央视财经频道 《经济信息联播》	陆续有序复工复产 微营销解决方案助力企业复工复产
4	3月16日	央视财经频道 《经济信息联播》	网盛微营销解决方案，助力企业营销新局面！
5	3月26日	央视新闻频道 《新闻直播间》	人工智能物联网技术助力疫情防控
6	4月9日	央视综合频道 央视新闻频道 《朝闻天下》	高科技手段护航高新区复工复产
7	6月20日	央视新闻频道 《朝闻天下》	纪检监察机关 靠前监督推动复工复产
8	8月3日	央视新闻频道 《新闻30分》	浙江复苏图谱 地方经济半年报 上半年GDP增速0.5% 画出一条微笑曲线
9	8月28日	央视财经频道 《经济信息联播》	做好“六稳”，落实“六保”
10	12月6日	央视新闻频道 《新闻周刊》	滨江区学校班级微信群公约
11	2月13日	央视客户端	复工复产与防控疫情如何两不误 浙江善用大数据
12	2月3日	新华社客户端	战“疫”中的高新力量：产业报国，使命必达！
13	5月8日	浙江新闻客户端	工业增加值承压反弹？ 浙江“城市能级第一区”做了啥
14	6月23日	央广网	打造“诉源治理”滨江新模式 杭州滨江上线“一码解纠纷（诉讼）”平台
15	8月3日	央广网	杭州滨江逆势而上 上半年GDP增速达7%
16	10月19日	央广网	人均GDP达37.6万元 杭州高新区成立30年迈向世界一流
17	8月3日	中国高新网	杭州高新区（滨江）7件专利获国家级奖项
18	8月3日	人民网	杭州滨江区上线小程序助力调解 掌上“一码”解纠纷

续表51

序号	播出时间	栏目	标题
19	4月22日	浙江卫视 《浙江新闻联播》	迎难而上 危中寻机·发力“新基建”:创新路上迈开大步 数字经济龙头企业加码“新基建”
20	10月18日	浙江卫视 《浙江新闻联播》	杭州高新区:对标世界一流 三十而立再出发
21	1月1日	杭州电视台 《杭州新闻联播》	(这样很杭州)赞比亚小伙眼中的幸福杭城
22	1月2日	杭州电视台 《杭州新闻联播》	(一份“纲要”探新路)提旧创新破发展难题 上天入地拓产业空间
23	1月4日	杭州电视台 《杭州新闻联播》	(一份“纲要”探新路)建立健全平台机制 精准服务企业
24	1月9日	杭州电视台 《杭州新闻联播》	张仲灿在实地检查安全生产时强调 节前公共安全信访矛盾化解绝对不能松懈
25	1月13日	杭州电视台 《杭州新闻联播》	三次主动申请赴黔 43岁杭州医生倒在丹寨帮扶路上
26	1月17日	杭州电视台 《杭州新闻联播》	(高质量发展正当时 向世界一流高新区迈进)聚焦攻坚破难 抓好“关键小事” 以高质量主题教育推动高质量发展
27	1月17日	杭州电视台 《杭州新闻联播》	(生态环境保护督察整改在行动)治本巩固 2019年杭州“污水零直排区”建设超标准完成
28	1月18日	杭州电视台 《杭州新闻联播》	携手白马湖共创大未来 打造会展业新高地
29	1月24日	杭州电视台 《杭州新闻联播》	放弃休假 组织生产 杭企驰援疫情一线
30	1月26日	杭州电视台 《杭州新闻联播》	入户访查 鸣锣广播 各地村社防控疫情在行动
31	1月30日	杭州电视台 《杭州新闻联播》	居家隔离小日子:心情挺好 跟想象中完全不一样
32	2月1日	杭州电视台 《杭州新闻联播》	众志成城 机关党员干部勇担使命筑牢疫情“防火墙”
33	2月4日	杭州电视台 《杭州新闻联播》	暖心故事:医学观察点里的“临时妈妈”
34	2月7日	杭州电视台 《杭州新闻联播》	(抗击疫情 我们的心里话)疫情当前不退缩 守牢自己的一方天地
35	2月8日	杭州电视台 《杭州新闻联播》	疫情下的元宵佳节 简简单单却温暖人心
36	2月9日	杭州电视台 《杭州新闻联播》	(抗击疫情 我们的心里话)我用这种方式 为抗疫出力

续表51

序号	播出时间	栏目	标题
37	2月10日	杭州电视台 《杭州新闻联播》	冬日里的一抹温情 她种的蔬菜只送不卖 隔离不隔善
38	2月11日	杭州电视台 《杭州新闻联播》	战在“疫”线 向党靠拢争做先锋
39	2月11日	杭州电视台 《杭州新闻联播》	防疫生产两不误 医疗类企业有序复工复产
40	2月12日	杭州电视台 《杭州新闻联播》	定制公交 加密班次 保障市民复工后顺利出行
41	2月12日	杭州电视台 《杭州新闻联播》	教材来了 杭州本周起陆续向中小学生邮寄新课本
42	2月16日	杭州电视台 《杭州新闻联播》	统筹酒店床位 杭州积极解决返工人员过渡性住宿
43	2月16日	杭州电视台 《杭州新闻联播》	张仲灿在实地检查健康码使用情况时强调 要把数字赋能疫情防控落到实处
44	2月14日	杭州电视台 《杭州新闻联播》	防疫保生产两不误 企业复工忙 政府加把力
45	2月18日	杭州电视台 《杭州新闻联播》	企业有序复工：防控措施到位 现场督察盯紧
46	2月19日	杭州电视台 《杭州新闻联播》	（战“疫”群英谱）社区战“疫”的螺丝钉 关怀和防控两手抓
47	2月21日	杭州电视台 《杭州新闻联播》	金融帮扶 减负降税 让企业不再为“钱袋子”犯难
48	2月21日	杭州电视台 《杭州新闻联播》	重点工程项目复工率100% 克服多重困难力争赶上工程进度
49	2月24日	杭州电视台 《杭州新闻联播》	办事大厅恢复窗口服务 先预约 再办理
50	2月25日	杭州电视台 《杭州新闻联播》	杭州各地硬核“出招”暖企助复工
51	2月27日	杭州电视台 《杭州新闻联播》	线上实时面试 杭城首场“云校招”上线了
52	2月27日	杭州电视台 《杭州新闻联播》	（战“疫”群英谱）基层“守门人”我们有担当 介绍滨江区长河街道钱潮社区党总支书记徐海英
53	3月6日	杭州电视台 《杭州新闻联播》	（战疫情 促发展）新闻特写：“互学互比”争当服务企业的“勤务兵”
54	3月11日	杭州电视台 《杭州新闻联播》	红外线热感应测温仪 人脸识别 黑科技助力学校防疫

续表51

序号	播出时间	栏目	标题
55	3月17日	杭州电视台 《杭州新闻联播》	总投资453亿元 “特别合作区”吹响高质量发展集结号
56	3月18日	杭州电视台 《杭州新闻联播》	(时段性免费乘车试行)首个早高峰 地铁线网客流增加5万多人
57	3月20日	杭州电视台 《杭州新闻联播》	省人大来杭调研居民生活垃圾分类处置工作 姒健敏带队 于跃敏参加
58	3月20日	杭州电视台 《杭州新闻联播》	云推介云签约 “云上”招商有序推进
59	3月24日	杭州电视台 《杭州新闻联播》	“最美跑道”迎来醉美时光
60	3月24日	杭州电视台 《杭州新闻联播》	吹响复工号角 杭州142台加装电梯加紧建设
61	3月27日	杭州电视台 《杭州新闻联播》	(转“危”为“机”的杭企探索)大数据预判 抢抓供应链 疫情下跨境电商的“开门红”
62	3月30日	杭州电视台 《杭州新闻联播》	(双线作战迎全胜)一码一平台 为“双线作战”添双翼
63	3月31日	杭州电视台 《杭州新闻联播》	(双线作战迎全胜)数字优势凸显 杭州稳住外贸“朋友圈”
64	4月1日	杭州电视台 《杭州新闻联播》	全员审核 容缺受理 滨江税务精准出招稳外贸
65	4月4日	杭州电视台 《杭州新闻联播》	精准落实复工复产各项举措 奋力实现今年经济社会发展目标任务 习近平总书记在浙考察时的重要讲话精神在全市各界引发热议
66	4月5日	杭州电视台 《杭州新闻联播》	25岁的代客祭扫者:面对一段段人生 传递爱与思念
67	4月8日	杭州电视台 《杭州新闻联播》	武汉“重启”杭州28个综合服务点 免费提供核酸血清双检测
68	4月9日	杭州电视台 《杭州新闻联播》	效率高 部分武汉来杭人员核酸检测结果出炉
69	4月12日	杭州电视台 《杭州新闻联播》	开学复课明日开启 住校生今天有序返校
70	4月12日	杭州电视台 《杭州新闻联播》	省人大来杭开展数字经济发展情况专题调研
71	4月20日	杭州电视台 《杭州新闻联播》	党建引领基层治理 数字赋能“清廉杭州”
72	4月20日	杭州电视台 《杭州新闻联播》	刘忻在滨江和萧山调研时强调 打造制度创新样本 争当创新发展标兵

续表51

序号	播出时间	栏目	标题
73	4月20日	杭州电视台 《杭州新闻联播》	第二批学生开学复课 防疫、课程衔接两手抓
74	4月21日	杭州电视台 《杭州新闻联播》	浙江省鲲鹏生态创新中心落地滨江
75	4月25日	杭州电视台 《杭州新闻联播》	亮码享折扣 滨江“志愿码”今日上线
76	4月30日	杭州电视台 《杭州新闻联播》	破题基层治理 高新区（滨江）发布年度社区治理十大创新项目
77	5月1日	杭州电视台 《杭州新闻联播》	节日坚守 杭州各工程争分夺秒追回“进度条”
78	5月2日	杭州电视台 《杭州新闻联播》	“精智”服务企业 “西兴行定制公交”上线
79	5月5日	杭州电视台 《杭州新闻联播》	人才E码上线 第三届杭州滨江国际人才节举行
80	5月8日	杭州电视台 《杭州新闻联播》	全省首家杭州市银行业人民调解委员会滨江工作室挂牌
81	5月9日	杭州电视台 《杭州新闻联播》	风险“五色图” 让社区治理更“聪明”
82	5月11日	杭州电视台 《杭州新闻联播》	全力以“复” 幼儿园5月18日起有序返园
83	5月13日	杭州电视台 《杭州新闻联播》	牵手11所高校 滨江启动区校“三联”工作机制
84	5月15日	杭州电视台 《杭州新闻联播》	7×24小时不打烊 杭州发出首张智慧审批营业执照
85	5月20日	杭州电视台 《杭州新闻联播》	不开火的厨房 老年食堂用上高科技
86	5月26日	杭州电视台 《杭州新闻联播》	（第一区里看“创新”）创新驱动产业发展 谋局布阵实现“逆风翻盘”
87	6月3日	杭州电视台 《杭州新闻联播》	全市首家婴幼儿照护服务指导中心成立
88	6月5日	杭州电视台 《杭州新闻联播》	杭州中科国家技术转移中心落地高新区
89	6月9日	杭州电视台 《杭州新闻联播》	紧抓直播风口 滨江打造直播产业第一区
90	6月10日	杭州电视台 《杭州新闻联播》	数字赋能基层治理 美好生活“e”触即达

续表51

序号	播出时间	栏目	标题
91	6月13日	杭州电视台 《杭州新闻联播》	打造有温度的“善城” 用“文明指数”获得百姓“幸福指数”
92	6月22日	杭州电视台 《杭州新闻联播》	纠纷调解“一码”掌握 让矛盾化解在诉前
93	6月21日	杭州电视台 《杭州新闻联播》	（第一区里看创新）行业学霸养成记：“创”字里下狠功
94	6月24日	杭州电视台 《杭州新闻联播》	节前抽查 公车私用了没？
95	6月26日	杭州电视台 《杭州新闻联播》	（第一区里看创新）4大类75个“一件事” 一座大厦里的创造力决心
96	6月26日	杭州电视台 《杭州新闻联播》	壮大民警“朋友圈” “长河e警”助力矛盾化解
97	7月2日	杭州电视台 《杭州新闻联播》	（重要窗口“头雁”领航）一脑治全城 数字赋能让城市更智慧
98	7月5日	杭州电视台 《杭州新闻联播》	暑假孩子没人管？ 党员“助少”来帮忙
99	7月5日	杭州电视台 《杭州新闻联播》	（重要窗口“头雁”领航）构筑高端人才“蓄水池” 注入持续创新不竭动能
100	7月6日	杭州电视台 《杭州新闻联播》	滨江区率先启动“工伤联合预防进工地”
101	7月15日	杭州电视台 《杭州新闻联播》	于跃敏调研智慧人大建设时强调 以数字赋能推动人大工作高质量发展
102	7月16日	杭州电视台 《杭州新闻联播》	变输血为造血 杭黔两地相隔千里携手小康路
103	7月17日	杭州电视台 《杭州新闻联播》	滨盛路下穿隧道主体结构封顶 年底前全线完工
104	7月30日	杭州电视台 《杭州新闻联播》	（幸福日历）有爱的“加梯”
105	8月3日	杭州电视台 《杭州新闻联播》	（来之不易的1.5）数字经济挑大梁 强势“抗压”增长10.5
106	8月5日	杭州电视台 《杭州新闻联播》	高效推进城市环境整治提升 “急行军”5天解决问题500余件
107	8月5日	杭州电视台 《杭州新闻联播》	杭州首个数字开标直播间建成投用
108	8月7日	杭州电视台 《杭州新闻联播》	一个都不少！ 全省首个结合老旧小区整治加梯全覆盖小区诞生

续表51

序号	播出时间	栏目	标题
109	8月18日	杭州电视台 《杭州新闻联播》	省内首批 杭州率先在核心城区取消计划停电
110	8月28日	杭州电视台 《杭州新闻联播》	全省首家市内免税店今天正式开业
111	8月28日	杭州电视台 《杭州新闻联播》	教师福利打包送 高新区（滨江）上线全国首个“教师码”
112	8月31日	杭州电视台 《杭州新闻联播》	“扶上马 送一程” 新平台让企业一马当先
113	9月4日	杭州电视台 《杭州新闻联播》	滨江将打造生命健康千亿级产业新蓝海
114	9月8日	杭州电视台 《杭州新闻联播》	政策“一键配”金融“一线通” 滨江全国率先试点“企业创新积分”
115	9月9日	杭州电视台 《杭州新闻联播》	第36个教师节：大爱无疆 致敬老师
116	9月11日	杭州电视台 《杭州新闻联播》	换位思考解心结 居民生活“乘梯而上”
117	9月15日	杭州电视台 《杭州新闻联播》	从串联到并联 民生工程改出加速度
118	9月16日	杭州电视台 《杭州新闻联播》	（改造“加减法”基层新智慧3）暖心服务 让民生工程得民心
119	9月16日	杭州电视台 《杭州新闻联播》	滨江首个美好生活共同体正式揭牌
120	9月27日	杭州电视台 《杭州新闻联播》	最动漫 看滨江（一）动漫游戏引领滨江文创：保持高速增长 稳坐全省动漫游戏第一区
121	9月28日	杭州电视台 《杭州新闻联播》	最动漫 看滨江（二）潮流与传统齐登场 13家“滨江军团”亮相动漫节
122	9月29日	杭州电视台 《杭州新闻联播》	最动漫 看滨江（三）纵梦白马湖 打造文创产业优质生态链
123	9月28日	杭州电视台 《杭州新闻联播》	助力亚运安全 滨江区首个综合体“瓶改管”顺利通气
124	9月25日	杭州电视台 《杭州新闻联播》	面对面 端对端 “和滨江”创新机制化解物业纠纷
125	9月27日	杭州电视台 《州新闻联播》杭	（“改革攻坚”比学赶超进行时）数字赋能让城市更聪明 改革引领让生活更幸福
126	9月29日	杭州电视台 《杭州新闻联播》	点亮金秋动漫之光 第16届中国国际动漫节今日启航

续表51

序号	播出时间	栏目	标题
127	10月1日	杭州电视台《杭州新闻联播》	动漫节遇上“双节” 这里有N种方式与动漫相遇
128	10月10日	杭州电视台《杭州新闻联播》	（高新30，迈向世界一流）从农田到天堂新中心
129	10月11日	杭州电视台《杭州新闻联播》	（高新30，迈向世界一流）以“减”促“简” 看数字化服务的强吸力
130	10月14日	杭州电视台《杭州新闻联播》	（高新30，迈向世界一流）三十载数次飞跃 百花争放春满滨江
131	10月21日	杭州电视台《杭州新闻联播》	三十而立 重新出发 杭州高新区成立30周年
132	10月28日	杭州电视台《杭州新闻联播》	中西文化碰撞 六大展区亮点纷呈 第十四届文博会明天开幕
133	10月26日	杭州电视台《杭州新闻联播》	（服贸创新看杭州）服务助力“双循环” 把握新机开新局
134	10月30日	杭州电视台《杭州新闻联播》	扩大有效投资 自贸区滨江区块项目集中签约
135	10月30日	杭州电视台《杭州新闻联播》	品杭味沐国风 文博会上感受华彩文化
136	11月1日	杭州电视台《杭州新闻联播》	当“潮”不让 第14届杭州文博会掀新文化新消费新生活
137	11月9日	杭州电视台《杭州新闻联播》	好政策硬实力 人才大会分会场亮点频出
138	11月23日	杭州电视台《杭州新闻联播》	“最美跑道”2.0版来了 17.4公里全线贯通
139	11月30日	杭州电视台《杭州新闻联播》	滨江率先采用《公约》制 管理微信家长群
140	12月2日	杭州电视台《杭州新闻联播》	（五中全会精神在基层）扩面提质立法管理 杭州住宅加装电梯惠及近2.2万户住户
141	12月2日	杭州电视台《杭州新闻联播》	（走向我们的小康生活之幸福杭州我发布）打造高效服务网 让企业成为VIP
142	12月4日	杭州电视台《杭州新闻联播》	“滨江故事——光影里的前世今生”图片展开展
143	12月4日	杭州电视台《杭州新闻联播》	杭州智慧之门正式结顶 智慧赋能让超高层建筑“活”起来
144	12月9日	杭州电视台《杭州新闻联播》	牵手文创 “直通车”助推网络文学产品转化
145	12月21日	杭州电视台《杭州新闻联播》	深入践行三江汇未来城市理念 滨江区分区总体城市设计公示

（王春松）

主要机构及负责人名录

中共杭州市滨江区委员会

区委书记
王　敏
区委副书记
李志龙
张　玮（女）
区委常委
王　敏
李志龙
张　玮（女）
黄利文
商丽萍（女）
沈　建
石　威（挂职）
郑　迪
杨晓峰（女）
屠国平
姜永柱
葛宇鹏（人武部政委，兼职，2020年11月止）
钟　孚（人武部部长，兼职，2020年11月始）

中共杭州高新技术产业开发区工作委员会

党工委书记
王　敏
党工委副书记
李志龙
张　玮（女）
党工委委员
王　敏
李志龙
张　玮（女）
黄利文
商丽萍（女）
沈　建
石　威（挂职）
郑　迪
杨晓峰（女）
屠国平
姜永柱
葛宇鹏（人武部政委，兼职，2020年11月止）
钟　孚（人武部部长，兼职，2020年11月始）

区委工作部门：

党委办公室（台湾工作办公室）

主任
冯建伟

信访局

局长
应　军

组织部

部长
商丽萍（女）
常务副部长
蒋应东

区直属机关党工委

书记
蒋应东（2020年1月止）
商丽萍（女，2020年1月始）

党委人才办

主任
商丽萍（女）
常务副主任
高　翔（2020年11月止）
林春盛（2020年11月始）

宣传部

部长
沈　建
常务副部长
周　皓

文明办

主任
任　军（2020年11月止）
任　勇（2020年11月始）

文创办

主任
龚　栩（女）

统战部

部长
杨晓峰（女）
常务副部长
袁海峰

政法委员会

书记
张　玮（女）
副书记
夏剑兵（2020年2月始）

杭州市滨江区人大常委会

主　任
韩建中
副主任
万爱民（女）
周建杭
丁幼芳（女）
汤伟平
陈玉棠
胡银根
党组书记
韩建中

人大常委会机关：

人大常委会办公室

主任
胡国渭

人大常委会监察和法制司法工委

主任
楼东文（2020年12月止）
彭　虹（女，2020年12月始）

人大常委会财经工委

主任
胡志明（2020年12月止）
高　翔（2020年12月始）

人大常委会城建环保工委

主任
项炳洪（2020年12月止）
楼东文（2020年12月始）

人大常委会教科文卫民宗侨工委

主任
陈有兴

人大常委会人事代表工委

主任

王晓莹(女)

人大常委会社会建设工委

主任

汤小萍(女,2020年10月始)

杭州市滨江区人民政府

区长

李志龙

副区长

姜永柱
石　威(挂职)
包嘉颖(女)
荆　慰
周力军
王斌达(2020年9月止)
梁　旭(2020年5月止)
李放瑜(挂职,
2020年4月止)
陈　健(2020年5月始)
陆文俊(挂职,
2020年5月始)
陶　峰(2020年9月始)

杭州高新技术产业开发区管理委员会

主任

李志龙

副主任

姜永柱
石　威(挂职)
包嘉颖(女)
荆　慰
周力军
王斌达(2020年9月止)
梁　旭(2020年5月止)
李放瑜(挂职,
2020年4月止)
陈　健(2020年5月始)
陆文俊(挂职,
2020年5月始)
陶　峰(2020年9月始)

区管委会、政府工作部门：

办公室

党组书记、主任

郭吉龙

发展改革和经济局

党组书记、局长

胡嘉欢

经济和信息化局

党组书记、局长

张炬刚

教育局

党委书记、局长

来江飞

科学技术局

党组书记、局长

汤　茵(女,2020年5月止)
柴志冬(2020年5月始)

民政局

党组书记、局长

戴灿东(2020年12月止)

党委书记、局长

戴灿东(2020年12月始)

司法局

局长

蔡文刚

财政局

党委书记、局长

顾华锋

人力资源和社会保障局(党委编办)

党组书记、局长,编办主任

胡也静(女,2020年12月止)

党委书记、局长,编办主任

胡也静(女,2020年12月始)

住房和城市建设局

党组书记、局长

郁廷栋(2020年12月止)

党委书记、局长

郁廷栋(2020年12月始)

农业农村局

局长

许利萍(女,2020年12月止)

党组书记

唐晓雄

商务局

党组书记、局长

郑　丽(女,2020年12月止)
许江晨(2020年12月始)

社会发展局

党委书记、局长

吕林青(2020年4月止)

党委书记

孙雪帆(2020年4月始)

局长

陈月利(女,2020年4月始)

应急管理局

党组书记、局长

高国明(2020年4月止)

党委书记、局长

高国明(2020年3月始)

审计局

党组书记

谢迎光

局长

谢迎光(2020年8月始)

市场监督管理局

党委书记、局长

钱毓军(女)

城市管理局

党组书记、局长

李树人

退役军人事务局

党组书记、局长

郭　良

公安分局

党委书记、局长

荆　慰

政委

何华坤

常务副局长

徐国宏

行政服务中心

党委书记

姜永柱

党委副书记、主任

张志真(2020年7月止)
王　汀(女,2020年10月始)

杭州白马湖生态创意城管委会

党工委书记

邵　臻

管委会主任

空缺

杭州高新区江东科技园管委会

党组书记

张志真(2020年7月始)

主任

詹艳青(2020年7月止)
张志真(2020年7月始)

杭州高新区（滨江）富阳特别合作区管委会

党组书记、主任

谭建军（2020年11月始）

规划和自然资源分局

党组书记、局长

宓伟庆（女）

生态环境分局

党组书记、局长

高德洪

税务局

党委书记、局长

郭富礼

民宗局

局长

袁海峰

政协杭州市滨江区委员会

主席

王国珍（女）

副主席

张爱莲（女）

夏福志

余静漪（女）

周　翔

秘书长

李海松

党组书记

王国珍（女）

政协委员会机关:

办公室

主任

金永明（2020年4月止）

政协提案委员会

主任

姜菊生

政协经济科技委员会

主任

傅焕林

政协城市建设和人口资源环境委员会

主任

陈　悦（女）

政协教育文化卫生体育和文史委员会

主任

沈　璞

政协社会法制民族宗教和港澳台侨委员会

主任

陈建祥（2020年12月止）

许利萍（2020年12月始）

政协委员工作委员会

主任

朱来兴

中共杭州市滨江区纪律检查委员会

书　记

黄利文

副书记

杜海涯

周国桥

中共杭州高新技术产业开发区纪律检查工作委员会

书　记

黄利文

副书记

杜海涯

周国桥

杭州市滨江区监察委员会

主　任

黄利文

副主任

杜海涯

周国桥

巡察办

主任

侯百曙（2020年7月止）

杜海涯（2020年7月始）

常务副主任

侯百曙（2020年7月始）

第一巡查组

组长

俞天平

第二巡查组

组长

林章忠

第三巡查组

组长

孙　连

第四巡查组

组长

钱寿青（2020年11月止）

任　军（2020年11月始）

杭州市滨江区人民法院

法院院长

池海江

杭州市滨江区人民检察院

检察院检察长

夏　涛

民主党派

民革杭州高新区（滨江）基层委

主委

冯　枫（女）

民盟杭州高新区（滨江）基层委

主委

高　澜（女）

民建杭州高新区（滨江）基层委

主委

詹艳青（女）

民进杭州高新区（滨江）基层委

主委

陈月利（女）

农工党杭州高新区（滨江）基层委

主委

罗红英（女）（2020年9月止）

宣苏岚（女）（2020年9月始）

致公党杭州高新区（滨江）总支部

主委

许利萍（女）

九三学社杭州高新区（滨江）基层委

主委

楼华龙

部分群众团体

杭州高新区（滨江）总工会

主席

丁幼芳（女）

常务副主席

王利君

共青团杭州高新区（滨江）委员会

书记

许江晨

杭州高新区（滨江）妇女联合会

党组书记、主席

彭　虹（女，2020年11月止）

杨晓红（女，2020年11月始）

杭州高新区（滨江）科学技术协会

主席

汤　茵（女，2020年7月止）

柴志冬（2020年7月始）

杭州高新区（滨江）归国华侨联合会

主席

曹才源

杭州高新区（滨江）工商业联合会

主席

陈月利（女，2020年3月止）

范　渊（2020年11月始）

党组书记、副主席

林榕兴（2020年4月止）

汤　茵（女，2020年4月始）

滨江区文学艺术家联合会

主席

周　皓

滨江区社会科学界联合会

主席

周　皓

杭州高新区（滨江）残疾人联合会

理事长

马剑平

其他机构

城建指挥部（地铁办）

党组书记、总指挥，地铁办主任

空缺

智慧新天地建设指挥部

党组书记

孙灿平（2020年3月止）

总指挥

虞文华（2020年3月止）

物联网产业园建设指挥部

党组书记

丁昌钰（2020年3月止）

总指挥

史　琼（女，2020年3月止）

互联网经济产业园建设指挥部

党组书记

瞿　野（2020年3月止）

总指挥

王建武（2020年3月止）

智慧新天地发展服务中心

党委书记

虞文华（2020年3月始）

主任

詹艳青（2020年3月始）

物联网产业园发展服务中心

党委书记、主任

史　琼（女，2020年3月始）

互联网产业园发展服务中心

党委书记、主任

王建武（2020年3月始）

区全域城市化、全域景区化领导小组办公室

主任

楼东文

区“五水共治”领导小组办公室

主任

韩知初（2020年8月止）

高德洪（2020年8月始）

高新总公司（奥体滨江公司）

董事长、总经理

劳唯中

科技创业服务公司

执行董事、总经理

梁芳霞（2020年11月止）

董事长、总经理

张炳于（2020年11月始）

资产经营公司

董事长

徐学文

总经理

胡跃华（2020年11月止）

梁芳霞（2020年11月始）

城建发展公司

董事长、总经理

唐贞伟（2020年5月始）

高新国有控股集团

董事长

董一义（2020年11月始）

总经理

胡跃华（2020年11月始）

水务公司

董事长、总经理

唐贞伟（2020年5月止）

街　道

西兴街道

党工委书记

丁昌钰

人大工委主任

何美娟（女）

办事处主任

周　翔

长河街道

党工委书记

瞿　野

人大工委主任

林　文

办事处主任

周小刚（女）

浦沿街道

党工委书记

孙灿平

人大工委主任

陈贤忠

办事处主任

来惟贫

（区委组织部　区委统战部　区委编办）

索 引

说 明

一、本年鉴索引依照国家标准《索引编制规则（总则）》GB/22466-2008 进行编制，由主题索引、图照索引和表格索引三部分组成。内文内容均可通过索引进行检索。

二、类目、分目标题用黑体字标示。

三、主题索引中文标目按汉语拼音顺序排列，同音字按笔画数从少到多排列。第一字相同，按第二字音序排列，依次类推。

标目后的阿拉伯数字表示内容所在页码。数字后的英文字母 a、b、c 分别表示从左到右第一、二、三栏。标目后有多个页码的，则表示相关信息在这些页码中均出现。副标目或说明语缩进两个汉字放在主标目下面。

图照索引仅标注所在页码，不标注分栏。表格索引按序号排列，仅标注所在页码，不标注分栏。

主题索引

C

F

G

H

J

Q

T

W

Z

字符

图照索引

B

C

D

G

F

H

J

M

P

Q

S

T

表格索引